KB043350

지역 다양성과 사회 통합

세계 각국의 시민-정당 연계 동향과 쟁점

지역 다양성과 사회 통합

세계 각국의 시민-정당 연계 동향과 쟁점

초판 1쇄 발행 2014년 12월 31일

지은이 윤종빈 · 정회옥 외

펴낸이 김선기
펴낸곳 ㈜푸른길
출판등록 1996년 4월 12일 제16-1292호
주소 (152-847) 서울시 구로구 디지털로 33길 48 대륭포스트타워 7차 1008호
전화 02-523-2907, 6942-9570-2
팩스 02-523-2951
이메일 purungilbook@naver.com
홈페이지 www.purungil.co.kr

ISBN 978-89-6291-267-8 93340

*이 도서의 국립중앙도서관 출판시도서목록(CIP)은 e-CIP홈페이지(http://www.nl.go.kr/ecip)
와 국가자료공동목록시스템(http://www.nl.go.kr/kolisnet)에서 이용하실 수 있습니다.(CIP제
어번호: CIP2014037704)

이 저서는 2013년 정부(교육부)의 재원으로 한국연구재단의 지원을 받아 수행된 연구임(NRF-
2013S1A3A2042859).

지역 다양성과 사회 통합

미래정치연구소 학술 총서 시리즈 01

세계 각국의 시민-정당 연계 동향과 쟁점

미래정치연구소 편

윤종빈 · 정회옥 · 김윤실 · 박병훈 · 김진주
박해림 · 윤서영 · 하종민 · 박다은 · 김예아

푸른길

Regional Diversity and Social Integration

Trends and Issues of Citizens-Parties Linkages in the World

Korea Institute for Future Politics
by Jong Bin Yoon and Hoi Ok Jeong

PURENGIL

책을 내면서

2012년은 한국 정치사에서 중요한 변곡점으로 기록될 해이다. 4월의 국회의원 선거와 12월의 대통령 선거를 같은 해에 치르며, 그동안 산적했던 정치 개혁의 과제를 다시금 재확인하는 계기가 되었기 때문이다. 우리나라의 선거는 1987년 6월 민주화 운동 이후 상당한 수준으로 민주적, 경쟁적으로 발전했으나 아직도 제도적으로 완성되지 못했고, 여전히 행위자들의 민주 의식 결핍 또한 드러나고 있다. 대통령 선거 캠페인 과정에서 주요 대선 후보들은 정치제도와 관련된 다양한 개혁 공약을 제시했지만 여전히 그 공약들을 제대로 추진하지 못하고 답보 상태에 머물러 있다.

물론 부진한 정치 개혁의 책임을 전적으로 정치권에게만 돌려서는 안 된다. 정치인들은 권력의 획득, 선거에서의 재당선이라는 사활을 건 단기적 당면 과제로 인해 장기적인 안목의 개혁 과제에 매진하는 데에는 한계를 지니고 있기 때문이다. 이에 사회과학을 전공하는 관련 전문가들의 사회적 책임감이 강조될 수밖에 없다. 특히 정치학자들이 이론적, 경험적 연구를 통해 정치 개혁을 위한 대안을 제시하고, 이를 실행하기 위해 시민사회, 언론과 함께 압력을 가하는 역할을 수행해야 한다.

많은 사람들이 우리나라의 정치제도는 선진국 수준이라는 말을 하지만, 이러한 현실 진단에 쉽게 동의하기 어려운 면이 있다. 그 이유는 전문가들조차 설명하지 못하는 정치적 현상이 너무나도 많기 때문이다. 아직도 정치학자들은 당원협의회가 어떻게 운영되는지, 과거의 지구당과 어떻게 다른지, 이를 유지하기 위해 실제로 어느 정도 규모의 돈이 투입되고 있는지 밝혀내지 못하고 있다. 또한 정치인과 정당이 일반 유권자와의 유대를 위해 어떠한 콘텐츠를 가지고 어떤 방식으로 접촉을 위한 노력을 기울이고 있는지에 대해 객관적이고 과학적인 근거를 들어 설명하지 못하고 있다.

다행히 본 연구팀은 2013년 9월부터 한국연구재단의 지원(한국 사회과학 연구 지원: Social Science Korea-SSK 사업)을 받아 시민과 정당·정치인이 어떠한 모습으로 접촉하고 있는지에 대한 이론적, 경험적 연구를 시작하게 되었다. 최장 10년간 연구할 계획이며, 초기 3년간의 연구 의제는 [지역 다양성과 사회 통합]이다. 구체적인 연구 과제명은 '대의 민주주의 강화를 위한 시민-정당 연계 모델과 사회 통합'이다.

본 연구의 목표는 크게 세 가지로 요약할 수 있다.

첫째, 이론적인 관점에서 보면 대의제 민주주의의 정치적 대표 실패 극복을 통한 사회 갈등의 완화와 사회 통합의 제고이다. 둘째, 그동안 사회 통합이 경제적, 사회 문화적 영역에서만 논의된 것을 넘어서 정치적 영역에서의 사회 통합을 바라본다. 다시 말해 정당 본연의 기능 회복을 탐색하는 것으로, 변화하는 정치 환경에서 정당의 대의제 기능 강화 방안을 탐색함으로써 대의 민주주의를 강화하고, 나아가 사회 통합을 모색하는 것이다. 물론 중장기적으로 경제적, 사회 문화적 영역에서의 통합 연구와 융합하는 것을 목표로 한다. 셋째, 해외 다양한 지역에 대한 정당 사례의 비교 분석을 통한 한국적 사회 통합을 모색하고자 한다. 세계적인 추세로 나타나는 정당 정치의 위기를 새로운 한국형 정당 모델을 창출함으로써 극복할 수 있는지를 분석하는 것이다. 이를 통해 서구 중심적 시각에서 탈피해 역사적 경험과 정당 발전 경로가 상이한 제3의 정당 모델을 추구하고자 한다.

이를 위해 민주주의 제도화의 수준이 중간 수준(유럽 의회) 혹은 하위 수준(동유럽)인 정치제도의 정당에 대한 연구와 동시에 제도화 수준이 높은 국가인 미국과 일본 정당의 과거 및 현재의 생존 전략을 연구하기로 한다.

2014년 8월은 1차년도 연구가 종료된 시점이다. 지난 1년간을 회고해 볼 때 공동 연구원 여섯 분, 정회옥(명지대 정치외교학과)·박경미(전북대 정치외교학과)·유성진(이화여대 스크랜튼학부)·장승진(국민대 정치외교학과)·한의석(중앙대 정치국제학과)·한정훈(숭실대 정치외교학과) 교수님들의 노고가 매우 소중했다. 현실 정치에서의 사회적 수요와 교내 행정 등으로 눈코 뜰 새 없이 바쁘신 데도 불구하고, 매달 열린 월례 발표회에 빠짐없이 참석해 진지하고 치열한 학술적 논쟁을 벌여 주신 데 대해 깊은 감사를 드린다. 특히 명지대학교 미래정치연구소 부소장이신 정회옥 교수님이 연구팀의 중추를 맡아 연구 보조원들의 해외 각국의 동향 및 쟁점 정리와 발표를 지도해, 공동 연구원들이 각 지역의 동향과 쟁점을 함께 토론하고 수정·보완하는 데 크게 기여하셨다. 또한 본 연구 과제의 프로포절 작성 과정에서부터 참여해 연구는 물론 온갖 수고를 마다하지 않은 명지대 박사 과정의 김윤실 연구원에게도 진심으로 감사의 마음을 전한다. 금년에 새로이 팀에 합류한 김진주 석사 과정 연구원, 연구 자료 수집과 동향 및 쟁점 분석을 실질적으로 담당한 명지대 정치외교학과 학생들께도 감사의 마음을 전한다.

본 학술 도서는 연구 과제를 주관하는 명지대학교 미래정치연구소의 첫 번째 학술 총서로서 매우 큰 의미를 가진다. 아울러 정당과 관련된 다양한 이론적 쟁점과 정치 현실 분석을 담은 추가적인 연구 총서가 매년 발간될 수 있기를 기대한다. 마지막으로 출판을 적극 지원해 주신 푸른길 출판사 김선기 사장님께도 감사의 마음을 전한다.

2014년 8월
남가좌동 연구실에서 저자들을 대신하여
미래정치연구소장 **윤종빈**

머리말

사회 통합은 한국 사회의 중요 화두 가운데 하나이다. 정치적, 경제적, 사회적 분열로 인해 사회 구성원 간의 화합과 소통이 부족한 우리나라의 현 상황은 사회 통합에 대한 학문적 연구의 필요성을 강하게 제기한다. 이 책은 바로 이러한 사회 통합이라는 한국 사회의 현안에 대한 진지한 학문적 고민으로부터 시작되었다. 주지하다시피 한국 사회의 통합 수준은 세계 여러 국가들에 비해서 상당히 낮다. 삼성경제연구소의 2009년 보고서에 따르면 우리나라의 사회 갈등 지수는 OECD 국가 중 터키, 폴란드, 슬로바키아의 뒤를 이어 4위로 나타나 우리 사회의 분열과 양극화의 정도가 심각한 수준에 있음을 여실히 보여 준다. 단일민족국가임을 내세우며 사회 구성원들 간의 친밀성과 화합, 소통을 자랑하던 한국의 전통적인 가치들이 빛을 잃은 지 오래다. 극한 분열을 향해 치닫는 우리 사회 현실은 "우리나라의 사회 통합을 저해하는 요인들은 무엇인가?", "통합된 사회를 달성하기 위해 무엇을 해야 하는가?"라는 질문들에 대한 해답을 찾는 노력이 지금 바로 시작되어야 함을 뜻한다.

이 책은 이러한 질문들에 대한 해답을 찾기 위한 미래정치연구소의 첫걸음마이다. 공동 연구원들은 한국의 사회 통합을 저해하는 가장 중요한 요인 중 하나로 정치적 대표성의 약화에 있다는 데 의견을 같이하였다. 한국의 민주주의는 단기간에 압축 성장한 까닭에 튼튼한 대의 민주주의의 틀을 짜지 못하였고, 이것이 바로 사회적 통합을 저해하는 근본적인 요인으로 작용한다는 것이다. 즉 다양한 이해관계를 가진 유권자 집단들의 요구를 수렴하여 정책을 통해 적절히 반영하는 것이 정치가 담당해야 할 기본적인 임무이지만, 한국의 경우 민주주의의 성장을 위한 시간이 부족했고, 정상적인 정치 발전 과정이 이루어지지 못한 것이다.

보다 구체적으로 공동 연구원들은 한국 정치의 '시민-정당 간의 연계(linkage) 약화'에 주목하였다. 정당은 시민들의 다양한 이익을 집약하고 제도화하는 기능을 수행해야 한다. 그렇게 시민과의 연계성을 강화함으로써 정치에 대한 신뢰가 높아지고 대의 민주주의는 강화될 것이며, 궁극적으로 한국 사회의 갈등과 분열이 감소될 수 있을 것이다. 즉 정당의 시민에 대한 대표성을 제고하는 것이 통합된 한국 사회에 이르는 가장 효과적인 방법이라는 것이다. 이는 공동 연구원들이 책을 통해 전달하고자 하는 주요 메시지이다.

이 책은 2013년도 한국연구재단의 한국 사회과학 연구 지원(SSK) 사업에 선정된 명지대학교 연구팀의 여러 사업들 중 하나로 기획되었다. 기존 연구에서 볼 수 없는 독창적인 주장과 방법론을 사용함으로써, 이론적으로 그리고 실제적으로 한국 사회의 통합에 기여하는 연구가 될 수 있도록 고민하였다. 그 결과 다양한 지역들을 서로 비교하여 분석함으로써 한국 사회의 통합 방안을 모색하고자 하는 것이 연구팀이 취한 핵심 전략이었다.

따라서 연구의 스펙트럼을 한국에만 국한하지 않고 동유럽, 유럽연합, 미국, 일본 등 세계의 다양한 지역까지 포함하여 여러 지역들의 동향 및 쟁점에 대한 비교 분석을 수행하였다. 예를 들어 미국, 일본, 유럽연합 등 선진 민주주의 국가들이 사회 통합을 이루기 위해서 추진하였던 방법은 한국 사회의 갈등을 해소하는 반면교사로 삼을 수 있을 것이다. 그러한 측면에서 세계 여러 나라들은 사회 통합의 수준에 있어서 각기 다양한 상황을 보여 주고 있으며, 이들 국가들이 사회적 분열을 치유하기 위해 사용한 각기 다른 전략은 한국 사회의 통합 모색에 유의미할 것이다.

우리는 복지 확대 요구와 이에 반대하는 목소리, 자유주의의 위기 현상과 양극화의 문제를 겪고 있는 미국 정치 동향에 대한 구체적인 조사와 쟁점 분석을 통해 미국 사회의 분열이 어떤 형태를 띠고 있으며 어떠한 방식으로 해결되고 있는지 살펴보았다. 그리고 극우주의 세력의 등장과 지속적인 유럽연합의 위기 문제를 겪고 있는 유럽 의회 역시 우리 사회의 통합 문제를 논의하는 데 있어서 반드시 참고해야 할 지역 중의 하나로 꼽았다. 또한 동유럽 지역의 신생 민주주의 국가들에게도 보다 많은 학문적 관심이 필요하다고 판단하였다. 동유럽은 양극화, 반정부 시위, 그리고 에너지 안보 위기 등의 문제를 겪으며, 현재 한국 사회와 유사한 정치적 대표성의 문제를 갖고 있기 때문이다. 따라서 이들 나라에서 추진되고 있는 사회 통합 전략은 우리에게 유용한 시사점을 줄 것이다. 덧붙여, 동유럽 지역에 대한 기존 연구들은 지역 정치 이론에만 머물렀으며 경험적 연구가 충분치 않은 한계를 갖고 있다. 이 책이 제공하는 동유럽 지역에 대한 풍부하고 생생한 정보와 동향은 해당 지역을 연구하는 데 있어 귀중한 토대 자료로 쓰일 수 있을 것이다. 한편 역사적, 지리적으로 그리고 정치, 경제, 사회적인 측면에서 한국과 밀접한 관계를 갖고 있는 일본은 우경화와 변화하는 안보 정책이라는 측면에서 한국 사회의 통합에 유의미한 함의를 제공하므로 살펴보아야 했다.

이 책의 마지막 부분에는 한국의 동향 및 쟁점을 소개하였다. 통합 신당의 등장과 극단적 대립이 계속되고 있는 한국 정치의 동향을 생생하게 분석함으로써 독자들에게 한국 사회의 갈등 양상에 대한 심도 있는 정보를 제공하고자 노력하였다.

미래정치연구소 학술 총서 시리즈의 첫 번째 결과물인 이 책을 디딤돌 삼아 향후 한국 사회의 통합 모델과 대의 민주주의 강화 모델을 제시하는 후속 시리즈가 나오기를 기대한다. 또한 학문적 연구 결과물의 축적과 실제적인 적용을 통해 한국 사회의 갈등 해소와 분열 치유의 과정이 시작될 수 있으리라 믿는다. 마지막으로, 이 책이 한국의 사회 통합을 위한 치열한 학문적 논의의 시발점이 되었으면 하는 희망을 내비치며 서문을 마치고자 한다.

2014년 8월
정회옥

차례

동유럽의 동향 및 쟁점

- 양극화, 반정부 시위, 그리고 에너지 안보 위기

제2부

유럽 의회의 동향 및 쟁점
- 극우주의 연합의 등장과 유럽연합의 위기

제3부
미국의 동향 및 쟁점

- 복지 확대와 자유주의의 위기, 그리고 양극화

제4부
일본의 동향 및 쟁점

- 일본의 우경화와 변화하는 안보 정책

제5부
한국의 동향 및 쟁점
- 통합 신당의 등장과 극단적 대립 정치의 지속

지역 다양성과 사회 통합: 세계 각국의 시민-정당 연계 동향과 쟁점

제1부

동유럽의 동향 및 쟁점

양극화, 반정부 시위, 그리고 에너지 안보 위기

제1장
동유럽의 동향

1차 (2013년 7월~9월 말)

박해림

폴란드에서 올 초부터 시작된 집권 여당 시민연단(PO: Plaforma Obywatelska) 과 제1 야당 법과정의당(PiS: Prawo i Sprawiedliwość)의 정치적 싸움은 시민연단 의 패배로 점철되는 듯하다. 폴란드 수도 바르샤바에서 재선에 성공한 크론키에비츠−발츠 시장에 대한 불신임 투표가 발단이 된 것으로 분석된다. 폴란드 의 도날드 투스크 총리는 시장 불신임 투표 추진에 부정적인 입장을 취하며 이 는 야당의 정치적 공세라고 비난하고 있다. 하지만 최근 내놓은 투스크의 연 금 개정법과 현재 폴란드의 불안한 고용 상태, 청년 실업 등의 경제적 불안감 을 토대로 여론의 비난은 시민연단 전체로 향하고 있다. 현재 크고 작은 반정 부 시위가 수도를 중심으로 급속하게 번져 나가고 있고, 젊은 세대들이 SNS를 통해 시민들의 반정부 운동을 주도하고 있다. 엎친 데 덮친 격으로 10월 19일 로 바르샤바의 시장에 대한 불신임 투표일이 정해지면서, 집권 여당에 대한 여 론은 점점 악화되고 있다. 만약 불신임이 가결될 경우 2014~15년 유럽 의회 선 거, 지자체 선거, 대선, 총선에 악영향을 미칠 것으로 전망되고 있다.

한편 터키의 정부와 시민사회 간의 갈등은 심각한 상황으로 치닫고 있지만 갈등을 해결할 정치적 리더십은 부재하다. 올 여름 시민들의 강한 반정부 시위로 이스탄불의 거리는 혼돈에 휩싸였다. 이 시위대들을 대하는 정부의 폭력적인 태도는 지금까지 6명을 숨지게 했다. 더구나 정부가 시위대 죽음의 책임을 개인에게 돌림으로써 여론의 거센 반발을 샀다. 이에 시위는 점점 더 대규모로 격화되고 있지만, 시민들의 시위 방법은 상대적으로 세련되고 평화적인 방법으로 진행되고 있다.

시민들 요구의 핵심 이슈 중 하나는 선거제도의 개혁이다. 터키는 쿠데타 후 1982년에 만들어진 정당 명부식 비례대표제 선거 방식을 유지하고 있다. 이때 정해진 10%의 봉쇄 조항을 낮춰야 한다는 것이다. 시민들의 저항이 심해지면서 집권당인 정의개발당도 정치개혁안을 내놓은 상황이다. 봉쇄 조항을 낮추는 것보다 소선거구제를 도입하는 방식으로, 선거제도를 전반적으로 수정하는 방향인 것으로 드러났다. 하지만 다가오는 2015년 6월에 치러질 총선에 적용하려면 빠른 선거법 개정이 요구되지만, 원내에 소선거구 최대 피해자들이 있어 합의를 이끌어 낼 수 있을지는 미지수다.

폴란드

07월 05일

• **여야, 정당 정부 보조금 제도 폐지 추진** (주 폴란드 대사관 07. 05)

– 여당인 시민연단(PO)은 7월 5일 정당에 대한 국고보조금 폐지 내용의 법안을 하원에 제출할 계획이다. 법안은 국고보조금 폐지 규정을 신설하는 대신 기존 관련법이 규정하고 있는 법인으로부터의 후원금을 금지한다는 내용이다. 단, 정당원 및 유권자 개인의 후원금은 허용한다. 또한 개별 정당들은 정기예금 및 국채 이자 수입, 정당 소유 부동산 매각 대금, 정당 발간물 인세 수입을 당 운영비로 충당 가능할 수 있게 했다. PO는 연간 5,500만 즈워티의 예산 절감 효과가 있을 것이라고 기대했다. 한편, 법과정의당(PiS) 탈당파가 창당한 폴란드최우선당(PJN: Polska jest Najważniejsza)은 납세자들의 소득세 일부 자진 기부 내용 이외에도 정당들의 지출 내역 매월 공개, 정당 홍보 액수 제한 등의 내용이 포함된 법안을 마련 중이다.

09월 14일
• 폴란드, 일자리를 위한 수천의 반정부 시위대들의 거리 행진   (RT 09. 14)
- 수천 명의 반정부 시위대들은 드럼, 깃발, 그리고 플래카드를 들고 평화적 시위 행진을 했다. 시위대들은 최저임금 인상, 청년들의 직업 안정성과 같은 불안한 경제 상황을 초래한 정부, 특히 중도 우익 정부의 국무총리 도날트 투스크의 연금법 개정안에 대해 강력한 반대를 하고 있다. 여론조사에 따르면 59%의 국민들은 시위대를 지지하고, 31%의 국민들은 시위대들의 요구에 반대하고 있다. 하지만 시위대들은 갈수록 악화되는 상황임에도 불구하고 정부는 국민과 대화를 거부하고 있다고 말하고 있다.

06월 14일~09월 16일
• 바르샤바 시장 불신임 투표 실시 확정…시민연단, 법과정의당 지지율 접전
                                              (주 폴란드 대사관 06. 14~09. 16)
- 폴란드의 수도 바르샤바의 시장은 중도 우익을 대변하는 시민연단 소속의 크론키에비츠-발츠다. 2006년에 처음으로 시장에 당선된 이후 2010년 재선에 성공하여 70%에 육박하는 지지율을 보였던 정치인이었다. 그러던 중 야당의 시장 불신임 투표가 정치적 해프닝처럼 시작되었으나, 시장 불신임 찬성 서명자가 30만 명을 넘어서고 투표 실시가 10월 13일로 확정되자 정치적 관세가 크게 움직이기 시작했다. PO의 지지율은 점점 떨어지고, 보수 우익 성향의 법과정의당(PiS)이 추월했다. 시민연단 소속 정치인들은 연이어 탈당을 선언하고, 또 다른 정당에서 탈당한 의원들과 새로운 당을 만들어 이미지 쇄신에 힘쓸 것이라고 알려졌다.

터키

07월 16일
• 터키 40대 여성, 선거법 개정 요구하며 백여 마일 거리 행진   (매일경제 07. 16)
- 아일린 코틸(Aylin Kotil)이란 여성이 터키의 비민주적인 선거법 개정을 이슈화시키기 위해 터키 대륙을 횡단하고 있다. 지난주 아일린은 이스탄불에서 수도 앙카

라까지 280마일의 행진을 시작했으며, 소수 정당이 원내 진입을 할 수 있도록 현재 10%인 봉쇄 조항을 5%로 낮춰야 한다고 주장하고 있다. 7월 8일 첫날 이후로 그녀의 트위터 팔로워는 2,500명에서 거의 19,000명으로 늘어났다. 실제로 최근 몇 주 사이에 SNS를 기반으로 봉쇄 조항을 낮춰야 한다는 크고 작은 캠페인들이 생기고 있다. 그중 한 운동은 정당 명부식 비례대표제가 아니라 다수대표제를 주장하기도 한다.

09월 11일

• 시위자 경찰 최루탄에 사망…터키 반정부 시위 다시 격화 　　　(국제신문 09. 11)

– 터키 남부에서 시위에 참가한 20대 남성이 경찰의 최루탄에 맞아 숨지는 사건이 발생하면서 반정부 시위가 다시 격화되고 있다. 이로써 레제프 타이이프 에르도안 총리에 반대하는 시위가 시작된 지난 6월 이후 숨진 반정부 시위대는 모두 6명이다. 하지만 경찰은 아타칸이 건물 옥상에서 돌을 던지다 떨어져 숨졌다고 주장했다. 아타칸의 장례식이 열린 10일 터키 전역에서는 그의 죽음에 항의하는 대규모 반정부 시위가 벌어졌다. 지난 6월 시위의 핵심 장소였던 이스탄불 탁심 광장 바깥에는 2000~3000명의 시위대가 모여 "탁심은 파시즘의 무덤이 될 것"이라는 등의 구호를 외쳤다.

09월 23일

• 터키, 선거제도 개혁으로 쿠르드 문제 푼다 　　　(파이낸셜뉴스 09. 23)

– 터키 정부가 최대 현안인 쿠르드족 문제를 해결하고자 국회의원 선거제도 개혁을 추진하고 있다. 터키 일간지 휴리예트는 집권당인 정의개발당(AKP: Adalet ve Kalkınma Partisi)이 소선거구제 변경과 국회 진출을 위한 최저 득표율 하향 조정 등을 검토하고 있다고 23일 보도했다. 레제프 타이이프 에르도안 총리는 이런 선거제도 개혁 등을 담은 이른바 '민주주의 종합 정책'을 오는 30일 직접 발표할 예정이다. 현지 언론들은 에르도안 총리가 쿠르드족을 비롯한 소수 종파에 유리한 소선거구제를 제안할 것으로 전망했다. 그러나 정의개발당 내부에서는 의견이 엇갈려 최종안을 도출하지 못한 상황이다. 국회 진출 득표율 하한선을 낮춰서 쿠르디스탄노

동자당(PKK: Partiya Karkerên Kurdistan)과 합의한 평화안을 이행해야 한다는 주장과 하한선을 하향하면 정의개발당의 의석수가 줄어 단독 정부 체제를 위협할 수 있다는 의견이 맞서고 있다. 현지 언론들은 에르도안 총리가 이 방안에 부정적인 뜻을 여러 차례 밝혔다는 점에 따라 하한선 하향보다는 선거구제 개편이 유력할 것으로 판단했다.

불가리아

09월 17일

• **불가리아 정부 넉 달 만에 불신임 직면**　　　　　　　　　　　　(파이낸셜뉴스 09. 17)

– 불가리아 정부가 출범한 지 넉 달도 안 돼서 제1당이 주도한 정부 불신임에 직면했다. 전 여당이자 제1당인 유럽시민발전당(GERB: Grazhdani za evropeysko razvitie na Balgariya)은 오는 19일 사회당 주도의 연립정부에 대해 불신임안을 제기하기로 했다. 불신임안 제기는 지난 5월 말 정부 출범 이후 처음 나온 것으로 소규모이나 끊이지 않는 정부 퇴진 요구 시위를 지지하는 것으로 풀이된다. GERB는 불신임안 가결 후 총선을 또 치르는 방안을 모색하고 있다. 그러나 시위대는 GERB의 복귀에도 반대하고, 부패한 정치 제도의 전면적 교체를 요구하고 있다고 이 통신은 지적했다. 불가리아는 지난 2월 전기료 상승에 항의한 시위가 전국적으로 확산되자 총리가 사임했고, 5월에 총선을 치렀다. 그러나 GERB가 40%의 지지율로 제1당이 됐을 뿐 과반 의석을 차지하는 정당은 나오지 않았다.

헝가리

09월 06일

• **총선 앞둔 헝가리, 선심 정책에 '중독'**　　　　　　　　　　　　(매일경제 09. 06)

– 내년 4월 총선거를 앞둔 헝가리에서 각종 선심성 정책이 쏟아져 나오고 있다. 그러나 이런 정책이 물가 상승률을 높이고 국가 신인도를 떨어뜨릴 수 있다는 우려도 일각에서 나오고 있다. 헝가리 여당인 피데스당은 난방이 필요한 가을로 접어

들자 난방비를 11%가량 낮추자고 정부에 제안했다. 이에 앞서 헝가리 정부는 국영 의료 부문 근로자 9만 5천 명의 임금을 올리기로 하고, 올 1월부터 소급 적용한다고 지난 2일 발표했다. 여당의 라자르 야노쉬 의원은 오는 11월부터 주택 관리비를 10% 인하하는 방안을 제시했는가 하면, 육류의 부가가치세를 현행 27%에서 10%로 낮추는 법안도 검토하고 있다고 덧붙였다. 내년 봄에 총선을 앞둔 헝가리는 현재 의석의 3분의 2를 차지한 여당인 피데스가 여론조사에서 50%를 넘는 지지를 받고 있다. 최근 여론조사에서 지지 후보를 정한 응답자의 50%는 여당인 피데스를, 23%는 사회당을, 12%는 극우 성향의 '요빅'을 지지하는 것으로 각각 나타났다. 그러나 절반 가량은 후보를 아직 정하지 않았고, 투표에 꼭 참여하겠다는 응답자의 비율도 49%에 그쳐 판도 변화 가능성은 남아 있다.

2차 (9월 말~10월 말)

박해림

폴란드에서는 수도 바르샤바 시장의 주민 소환이 무산되면서 집권 여당인 시민연단(PO)이 그나마 지지율 하락세에 제동을 걸 수 있게 되었다. 주민 소환 투표 전까지만 해도 시민들의 반정부 시위와 야당의 정치적 공세에 따라 중도 보수인 집권 여당 PO의 지지율이 보수 우익의 법과정의당(PiS)에 추월당하기도 했었다. 하지만 막상 주민 소환 투표율이 개표 기준에 미치지 못하자 여당은 일단 한숨 돌린 분위기다. 하지만 PO의 텃밭이라 여겨졌던 수도 바르샤바의 시장이 주민 소환 투표에 부쳐졌다는 사실 자체만으로 집권 여당에게는 큰 부담일 뿐만 아니라, 이 상황을 타개해 나갈 책임 있는 리더십도 부재한 상황이라 여와 야, 그리고 시민들 사이의 갈등이 원만하게 해결되기는 힘들 것으로 보인다.

불가리아는 현재 지난 5월 총선에서 과반을 득표한 정당이 없어 정국이 불안정한 상황이다. 게다가 국민의 과반 이상이 현재 여당에 불만을 가지고 있으며, 여론은 조기에 총선을 치르길 바라고 있다. 이에 불가리아 제1 야당은 최근 정부 불신임안을 두 차례 제기했다. 하지만 두 번 모두 의회 의결 정족수 미달로 표결이 무산되었다. 불가리아는 같은 이유로 6개월간 불신임안을 발의할 수 없기 때문에 당분간은 불가리아 집권 여당은 최악의 상황을 면했지만, 여론이 상당히 악화된 상황에서 주도적인 국정 운영을 해 나가기는 현실적으로 어려운 상황이다.

헝가리는 대내적으로 잠재해 있던 사회적 문제들을 해결해 나가려는 움직임을 보이고 있다. 먼저 공산당 시절의 과거사를 본격적으로 청산하기 시작했다. 집권 여당이 이를 위해서 공산당 치하에서 일어난 범죄의 공소시효를 삭제하는 법률을 개정하였고, 옛 소련 치하에서 있었던 헝가리 봉기를 제압한 공산당 중앙위원회 위원이었던 전 내무장관을 기소했다. 법원이 유죄를 인정하면 최고 종신형을 받게 된다. 또한 헝가리 정부는 사회 공공질서를 확립한다는 목적으로 노숙자를 단속하는 노숙규제법을 통과시켰다. 이 법은 공무원들이 노숙자들에게 퇴거를 명령할 수 있고, 벌금을 부과할 수 있도록 했다. 또한 판잣집을 지어 살 경우 징역에 처할 수 있도록 했다. 이에 헝가리 시민사회는 노숙자들의 인권 침해일 뿐만 아니라, 노숙자들을 수용할 쉼터 등의 공간조차 충분하지 않다는 이유로 반대하고 있다.

체코는 얼마 남지 않은 총선거 때문에 정당 간의 경쟁이 치열하다. 재벌 기업인이 당수인 신생 정당 긍정당(ANO)이 '부패 청산'이라는 구호를 내세워 새로운 정치인의 이미지를 부각시키며 유권자들의 마음을 움직이고 있으나, 전문가들은 사회민주당(CSSD)이 여당이 되고 총리를 배출할 것이라는 데에는 이견이 없다.

폴란드

10월 06일
• 하원 원내 3당 팔리코트운동 당명 개칭

(Gazeta Wybrocza, 주 폴란드 대사관 10. 07 재인용)

– 폴란드 하원 원내 3당인 '팔리코트운동(RP)'이 10월 6일 바르샤바 전당대회를 통해 당명을 '당신의운동(TR)'으로 변경했으며, 향후 중도 좌파 세력 결집을 모색할 계획이다. 법인세 인상, VAT 세율 단일화, 국민연금 폐지 등의 공약을 제시하고 있다.

10월 14일
• 폴란드 바르샤바 시장 '퇴출 모면'   (연합뉴스 10. 14)

– 폴란드의 바르샤바 시장이 주민 소환 투표가 무산된 덕분에 잔여 임기를 수행하게 됐다. 여성인 한나 그론키에비츠-발츠 바르샤바 시장은 13일 실시된 시장 소환 주민 투표에서 투표율이 개표 기준인 29%에 아슬아슬하게 모자란 27.2%에 그쳐 잔여 임기인 내년 말까지 자리를 지킨다고 폴란드 언론들이 14일 보도했다. 시민연단은 폴란드의 공산 정권 붕괴 후 처음으로 재집권에 성공했지만, 최근 야당에 처음으로 지지율이 뒤지면서 2015년 말에 예정된 총선을 앞당겨 치르자는 주장에 휘둘리고 있다. 개표가 무산됐지만, 전통적으로 여당세가 강한 바르샤바에서 여당의

대표 지도자가 소환 투표에 부쳐진 사실 자체가 집권 여당에 경고를 보내는 것이라고 폴란드 언론은 분석했다.

10월 02일
• 불가리아 대다수 조기 총선 선호   (연합뉴스 10. 02)

– 지난 5월 총선에서 과반을 득표한 정당이 없어 정국이 불안한 불가리아에서는 대다수가 재선거를 바라는 것으로 나타났다. 여론조사 기관인 '알파 리서치'가 조사해 2일 내놓은 조사 결과에서 조기 총선을 치르는 데 76%가 찬성한 반면 현 정권이 임기를 마쳐야 한다는 의견은 23%에 그쳤다고 소피아뉴스 통신이 보도했다. 총선을 치른다면 그 시기에 대해 39%는 유럽 의회 선거가 열리는 내년 5월을 선호했고, 37%는 앞으로 몇 개월 이내에 치러야 한다고 대답했다. 지지 정당에 대해서는 옛 여당인 유럽시민발전당(GERB)과 현 여당인 불가리아사회당(BSP)이 17.9%로 동률이었다. 총선 이후 수개월째 이어지는 반정부 시위를 이끄는 '개혁연대'는 7%로 3위에 올랐고, 터키계 주민을 지지 기반으로 삼은 '터키권리자유운동'은 4%를 얻어 의석 확보 하한선을 간신히 넘겼다.

10월 10일
• 불가리아 제1 야당 정부 불신임안 또 제기   (연합뉴스 10. 10)

– 불가리아의 제1 야당이 1주일 만에 정부 불신임안을 또 제기했다. 불가리아 유럽시민발전당(GERB)은 10일(현지 시간) 오전 의회에 '지역 개발 불균형'을 문제 삼아 정부 불신임안을 제기했다고 소피아뉴스 통신이 보도했다. GERB는 경제 개발 투자를 문제로 삼아 지난주에 불신임안을 제기했으나 의회 의결 정족수에 미달, 표결이 무산됐다. 불가리아 헌법에 따라 앞으로 3개월간 동일한 사유로 정부 불신임안은 제기할 수 없다. GERB는 불신임안을 제기하면서 내주 중 이 문제에 대해 견해를 밝힐 수 있도록 의회 토론을 요청했다고 소피아뉴스 통신은 덧붙였다. 불가리아는 지난 5월 총선을 치렀으나 옛 여당인 GERB가 지지율 40%를 얻어 제1당이 됐

을 뿐 과반 의석을 차지하는 정당이 나오지 않았다. 총선거 후 득표율 2~3위를 한 불가리아사회당과 터키계 주민이 지지하는 '터키권리자유운동'이 제휴해 연립정부를 꾸렸으나 지지 기반이 취약한 상태다.

10월 17일

• 불가리아 정부 불신임안 부결…정국 불안 해소 (연합뉴스 10. 17)

- 출범한 지 5개월이 채 안 된 불가리아 연립정부에 대한 2차 불신임안이 부결됐다. 이로써 불가리아는 몇 달째 이어진 정국 불안을 해소할 희망이 생겼고 정부도 지지 기반을 안정화할 수 있게 됐다. 불가리아 의회는 17일 제1 야당인 유럽시민발전당(GERB)이 발의한 정부 불신임안을 표결해 반대 118표, 찬성 93표, 기권 20표로 부결했다. 지역 정책 실패 등을 이유로 삼은 이번 불신임안은 이달 들어 두 번째 발의된 것으로 GERB는 지난 2일 경제 정책 실패를 문제 삼아 불신임안을 발의했으나 의결 정족수에 미치지 못해 표결에 부치지 못했다. 불가리아는 같은 이유로 6개월간 불신임안을 발의할 수 없어 현 정부가 큰 정책 실패를 범하지 않는 한 GERB는 불신임안을 제기할 근거가 약해졌다.

헝가리

09월 30일

• 헝가리 '공공질서' 확립에 안팎 반발 (연합뉴스 10. 01)

- 노숙자를 단속하거나 지적 장애인의 투표권을 박탈한 헝가리가 안팎에서 반발을 맞고 있다. 지난달 30일 밤 의회에서 노숙 규제 법안이 통과되자 수백 명의 인권 단체 회원 등이 의사당 앞에서 항의 시위를 벌였다. 중도 우파 여당인 '피데스'가 장악한 주요 도시의 시장들은 공공질서 확립을 주장하며 노숙을 단속하는 한편 목재나 골판지로 판잣집을 만들어 거주하는 것도 금지하고 있다. 판잣집을 지어 살 경우 심지어 징역에 처하도록 했다. 헝가리 정부는 노숙자를 수용할 호스텔이나 쉼터 등 공간이 충분하다고 주장하지만, 인권 단체 회원들은 약 4천 명분의 공간이 부족하다며 맞서고 있다.

이와 별도로 지적 장애인에게 투표권을 부여하지 않은 헝가리 정부의 조치가 장애인 인권을 침해하는 것이라고 유엔의 인권 전문가들이 지적했다. 스위스 제네바에 본부를 둔 '장애인권리위원회(CRPD)'는 헝가리 지적 장애인 6명이 지난 2010년 투표권을 빼앗기고 나서 제기한 청원을 검토한 결과, 이런 조치가 장애인의 참정권을 보장한 '장애인 인권 협약'을 침해한다고 결론을 내렸다. 이 위원회는 장애인들의 투표권이 복원돼야 한다고 밝힌 다음, 앞으로 유사한 사건이 생기지 않도록 관련 법을 개정하라고 헝가리 정부에 권고했다.

10월 16일

• 헝가리, 공산당 시절 과거사 청산 시작 　　　　　　　　　(파이낸셜뉴스 10. 16)
- 헝가리 검찰은 1956년 옛 소련 치하에서 일어난 헝가리 봉기를 제압한 당시 공산당 중앙위원회 위원이었던 비스쿠 벨라 전 내무장관을 전쟁 범죄 등의 혐의로 기소한다고 발표했다. 이번 기소는 집권 여당인 피데스가 공산당 치하에서 이뤄진 범죄의 공소시효를 삭제하는 내용의 법률을 지난 2011년 개정함으로써 재판이 가능해졌다. 비스쿠는 지난해 말 가택 수색에서 허가 없이 탄약을 소지한 혐의로 연금된 상태다. 1956년 헝가리 봉기는 부다페스트 시민이 10월 23일부터 11월 10일까지 무장봉기했다가 진주한 소련군 주도의 바르샤바조약군에 2천 명 넘게 학살된 사건이다. 그해 12월 헝가리 동부 도시인 살고터런에서도 시위가 발생하여 여성과 어린이를 포함해 모두 46명이 군 병력에 의해 살해됐고, 비스쿠는 이를 교사한 혐의를 받고 있다고 헝가리 검찰은 밝혔다.

체코

09월 30일

• 체코 총선, '부패 청산' 신당 급부상
　　　　　　　　　　　　　　(THE PRAGUE POST 09. 30, 연합뉴스 09. 30 재인용)
- 내달 25~26일 총선거를 치르는 체코에서 정당 간의 지지율 경쟁이 치열하다. 현재로서는 일간지 프라하포스트가 분석한 선거 판세 결과 사회민주당(CSSD)은 지지

율 30%로 1위, 공산당(14.5%)과 신생 ANO(11%)가 2위와 3위에 올라 있다. 연립정부에 참여했던 보수 계열 'TOP 09'와 시민민주당(ODS)은 각각 10.5%, 9%로 하위권으로 밀려났다. 체코의 농축산 재벌 기업인인 안드레이 바비스가 당수인 ANO당은 포스터 부착과 광고에서 대대적인 물량 공세를 편다고 프라하포스트는 소개했다. 바비스 당수는 부정부패 척결을 구호로 내세워 청바지와 재킷 차림으로 대중 집회에 나서면서 기존 정치인과 다르다는 점을 부각하고 있다. ANO가 정치권의 부패에 염증을 낸 유권자들의 마음을 움직여 상당수 여당 지지층이 ANO로 옮겨 간다고 프라하포스트는 분석했다. 그러나 투표일까지 이런 ANO의 상승세가 이어질지는 불확실하다. ANO가 급부상하지만 CSSD가 여당이 되고, 총리를 배출할 것이라는 전망에는 대체로 이견이 없다. 지지율 2위인 공산당은 연정에 참여하지 않으나 CSSD가 지명한 총리에 반대하지 않는다고 일찌감치 표명했다. CSSD는 여당이던 TOP 09 또는 시민민주당 등과 제휴할 것으로 관측된다.

3차 (10월 말~11월 말)

박해림

동유럽은 여전히 반정부 시위로 몸살을 앓고 있다. 폴란드는 독립 기념일을 맞아 극우주의 젊은이들을 중심으로 수만 명의 시위대가 바르샤바 시내를 뒤덮었다. 특히 러시아 대사관 앞에서 벌어진 폭력적인 시위와 관련하여 경찰이 제대로 대처하지 않은 데 대해 러시아 외교부가 폴란드 대사를 소환해 폴란드 정부의 사과와 시위 주동자에 대한 처벌 및 재발 방지를 약속할 것을 요구하면서 외교적 마찰로까지 이어졌다.

불가리아에서는 정치인의 부정부패, 족벌주의, 경제 양극화, 과두정치 등을 비판하며 정부가 물러나야 한다는 주장이 이어지면서 시위 규모가 점차 커지고 양상도 격렬해지고 있다. 지난달 말부터 학생들의 시위와 대학 캠퍼스 점거 운동이 시작되었고, 백여 명의 교수들은 특별 성명을 내 이들을 지지한다고 밝혔다. 한 여론조사 결과에 따르면 불가리아인 60%가 시위를 지지하는 것으로 나타났다.

체코의 총선은 내년 4월에 치를 예정이었다. 그러나 전임 총리의 측근 인사들의 비리와 뇌물 스캔들, 군 정보기관을 총리 부인을 사찰하는 도구로 사용하는 등의 부패한 모습이 잇따라 탄로 나면서 총리가 자진 사퇴하고 의회가 해산되기에 이르렀다. 이렇게 부패한 정치에 대한 냉소와 강한 반감의 여론이 팽배한 상황에서 조기 총선이 지난달 25일과 26일 양일간 있었다. 결과적으로 총 일곱 개의 정당이 원내에 진입했고, 제1당을 차지한 사회민주당이 득표율 20%를 겨우 넘기는 등 여대야소의 정부 구성이 어려운 상황이다. 게다가 부패 정치에 반대하며 부패한 사민당과 증세를 하겠다고 나선 공산당과는 연대하지 않겠다고 나온 신생 정당인 긍정당(ANO)이 예상 밖으로 선전하며 득표율 18.5%로 제2당으로 부상하며, 사실상 앞으로의 정국을 주도해 나갈 열쇠는 긍정당이 쥐고 있다. 권위주의와 부정부패 척결을 약속한 긍정당에 체코 국민들은 상당한 기대를 하고 있는 듯하다. 앞으로 혼란스러운 현 정국을 신생 정당 ANO가 지지자들과 함께 어떻게 풀어 나갈지 자못 기대된다.

10월 28일

• 동유럽 최초 민주 총리 마조비에츠키 폴란드 전 총리 타계 　　　(경향신문 10. 29)

– 폴란드 공산 정권을 무너뜨리고 첫 민주 총리에 오른 타데우시 마조비에츠키 전 총리가 28일 향년 86세의 나이로 별세했다. 1927년 폴란드 중부 프워츠크에서 태어나 어린 시절 독일 나치 정권 속에서 자랐다. 2차 세계대전 직후 바르샤바대 법학과를 다니다 그만두고 언론인으로 활동하며 인권·노동운동을 시작했다. 노동 투쟁이 절정에 이른 1980년, 그단스크 레닌조선소 파업을 이끌던 레흐 바웬사를 만나 폴란드 최초의 자유노조 '연대(솔리다리노스치)'를 만들었다. 1989년 8월 총선에서 연대는 공산당 정권을 상대로 대승을 거두면서 마조비에츠키가 총리로 임명됐다. 폴란드의 민주화를 시작으로 같은 해 독일의 베를린 장벽은 무너졌고, 소련의 공산 정권도 막을 내리면서 유럽을 둘로 나눴던 냉전의 시대도 저물었다. 그는 총리직 1년 3개월 뒤에 치른 대선에서 동지 바웬사에게 패배해 자리를 물려줬다. 이후 1997년 폴란드 첫 민주 헌법 제정에도 참여했다.

11월 12일

• 러시아, 폴란드에 폭력 시위 사과 요구 　　　　　　　　　　　(YTN 11. 13)

– 폴란드 독립 기념일(11월 11일)에 바르샤바 주재 러시아 대사관 앞에서 폭력 시위가 벌어졌다. 극우주의 젊은이들은 이날 독립 기념일을 맞아 거리로 나와 격렬한 시위를 벌이며 경찰과 충돌했다. 이에 러시아 외교부는 12일 모스크바 주재 폴란드 대사를 소환해 전날 폴란드 시위대가 바르샤바 주재 러시아 대사관 앞에서 폭력 시위를 벌이는 과정에서 경찰이 제대로 대처하지 않은 데 대해 사과할 것을 요구했다. 러시아는 또 폭력 시위 주동자에 대한 처벌과 유사 사건의 재발 방지를 약속하라고 요구했다. 폴란드에서는 독립 기념일을 맞아 5만여 명이 바르샤바에서 반정부 시위를 벌였으며, 특히 러시아 대사관 앞에서 차량 2대를 불태우고 경비 초소를 넘어뜨리는 등 폭력을 휘두르며 경찰과 충돌하기도 했다.

10월 28일

• 불가리아 여당 당수 "면책 특권 포기"

(소피아뉴스 통신 10. 28, 연합뉴스 10. 30 재인용)

– 불가리아 여당의 당수가 기밀 문서 분실과 관련한 검찰의 장기간 수사에 대해 결백하다며 뒤늦게 의원으로서 면책 특권을 포기했다. 불가리아 여당인 세르게이 스타니셰프 사회당 당수는 면책 특권을 포기한다는 내용의 서한을 의회 의장에게 보냈고, 의회 의장이 이런 사실을 검찰에 통보했다고 소피아뉴스 통신이 28일 보도했다. 불가리아 검찰은 스타니셰프 당수이자 전 총리가 국가 일급비밀로 분류된 7개 문건을 분실했다는 주장이 나오자 지난 2011년 말 수사에 들어갔다. 그러나 검찰의 수사는 소피아 민사 법원이 지난해 검찰에 재수사를 명령하는 바람에 크게 진전되지 못했다. 분실했다는 문건 중 3건은 국가안보청 관련 서류며, 2건은 내무부, 2건은 국방 관련 서류인 것으로 알려졌다. 스타니셰프 당수의 '면책 특권 포기' 선언은 검찰이 최근 5천 레프(약 370만 원)의 벌금을 부과하는 선에서 수사를 매듭지으려던 참에 나온 것이라 선언적 의미가 더 큰 것으로 분석된다.

11월 01일

• 불가리아 시위대, '인간 사슬'로 의회 봉쇄

(소피아뉴스 통신 11. 01, 연합뉴스 11. 01 재인용)

– 불가리아의 국경일인 1일 '국민 계몽일'에 대학생들이 중심이 된 시위 참가자들이 의사당을 둘러싸는 '인간 사슬' 시위를 벌이고 있다. 이날 소피아에서는 대학생과 교수, 여러 시민이 오후 1시가 다 되자 국가를 합창하며 의사당 정문으로 몰려들어와 서로 손을 잡거나 팔짱을 끼고 의사당을 에워쌌다. 이들은 의사당을 에워싼 채 부패 청산 구호를 외치며 연좌 농성을 벌이고 있다. 이들의 시위로 의사당에서 의원들이 나오지 못하고 있다고 소피아뉴스 통신이 전했다. 시위는 소피아대 학생들이 지난달 25일부터 학교 건물을 점거하고 수업을 거부하면서 시작됐다. 이들은 헌법재판소가 언론 재벌 데리안 페브스키의 의원직 유지를 합법이라고 내린 판

결에 항의하며 시위를 시작했다. 이 때문에 지난 5월, 당시 여당 유럽시민발전당 (GERB)은 퇴진, 이후 사회당(BSP)과 권리자유운동(MRF)이 총선 후 연립정부를 꾸렸으나 부정부패, 족벌주의, 빈곤이 계속된다는 이유로 정부 퇴진 시위는 지속됐다.

11월 10일

• 불가리아 학생 수천 명 정부 퇴진 요구 시위

(소피아뉴스 통신 11. 10, 뉴시스 11. 11 재인용)

– 불가리아 학생 수천 명은 공산주의 붕괴 24주년인 10일 소피아 중심가에서 국정 혼란과 경제 불안정 등에 항의하는 시위를 벌였다. 지난 5월 출범한 현 사회당 정부와 경제계의 정경 유착으로 인한 부패 스캔들이 제기되면서 매일같이 시위가 전개되고 있다. 지난주 집권 연정 소수당 파트너인 MRF 당의 흐리스토 비세로프 부대표가 조세 포탈과 자금 세탁 혐의로 검찰의 수사가 시작된 직후 물러났다. 수천 명의 학생들은 이날 시위를 '정의의 행진'으로 명명하고 정부 퇴진을 촉구했다. 대학 교수들과 교사들은 공동 성명을 통해 정치 사회적 환경의 재계 거물화, 거짓말 등을 규탄했다. 독립적인 알파 리서치 여론조사 결과에 따르면 불가리아인 60%가 학생들의 시위를 지지하는 것으로 나타났다.

체코

10월 23일

• 체코 25~26일 총선…정부 구성 불투명 (연합뉴스 10. 23)

– 지난 5월 페트르 네카스 총리가 측근의 부패 추문을 책임지고 물러나는 바람에 체코 정국은 혼란에 빠졌었다. 애초 내년 4월로 예정됐던 총선은 과도 정부 구성을 둘러싸고 대통령과 의회가 대립했고, 의회는 지난 7월 총선을 결의했다. 그리고 25~26일 총선거를 실시하면서 부패 추문으로 불거진 정국 불안을 해소할 가능성을 모색한다. 그러나 아직 과반 지지율을 얻는 정당이 없어 총선 후 당장 정부가 구성되지는 않을 것으로 전망된다. 야당인 체코 사회민주당(CSSD)이 줄곧 여론조사에서 수위를 지키고 있으나 정작 지지율이 25% 선에 머무르고 있다. 체코 공산당과

이번 총선을 겨냥해 창당한 신생 '긍정당(ANO)'이 각각 16~18%의 지지를 얻으며 2위 자리를 다투고 있다. 보수 계열의 여당이던 'TOP 09'가 10% 지지율로 4위를, 제1당으로 여당인 '시민민주당(ODS)'은 8% 지지율로 5위로 처졌다. 체코 정치 평론가들은 사민당과 공산당의 제휴가 현재로선 가장 가능성이 크고, 차기 총리로 사민당 보후슬라프 소보트카 당수가 유력할 것으로 예상한다.

10월 27일
• 체코 정국 돌풍 일으킨 신생 정당 '긍정당'　　　　　　　　　　(연합뉴스 10. 27)

– 26일 총선거를 치러 한창 개표 작업이 진행 중인 체코에서 신생 정당인 '긍정당(ANO)'이 18%가 넘는 득표율로 2위 자리를 지키고 있다. 지난 2011년 창당한 긍정당은 영어로는 '예스(Yes)'를 뜻하는 체코어이자 '불만 시민 행동'의 현지 표기 머리글자를 따 당명을 지었다. 당수는 체코의 농산물 가공 업체를 운영하는 안드레이 바비스 아그로페트르 그룹 회장이며, 그는 부패 정치에 반대하며 의원의 면책 특권을 폐지하겠다는 공약을 펴 민심을 사로잡았다. 당시 페트리 네차스 총리의 여성 보좌관은 권력을 휘둘러 관직을 대가로 의원들로부터 뇌물을 받았는가 하면 군에 압력을 행사, 군 정보기관원이 총리 부인을 미행하도록 해 파문이 일었다. 네차스 총리는 이에 대해 책임을 지고 사임했다. 바비스(ANO 당수)는 행정부에 대한 정치적 영향을 차단하고, 세금을 효율적으로 징수하는 한편 의약품과 식품, 서적 등의 부가세를 감면하는 것을 공약으로 내걸었다. 그는 사민당-공산당의 연립정부 출범 가능성에 대해 "우리 당의 첫 번째 정책은 차기 정부에 참여하지 않는다는 것"이라고 못 박았다고 프라하포스트가 보도했다. 그는 "부패한 사민당과도, 증세하려는 공산당과는 손잡지 않겠다."고 강조하며 ANO만의 정책을 추진하겠다고 강조했다.

10월 27일
• 체코 의회 7개 정당 진출…정국 혼란 우려　　　　　　　　　　(연합뉴스 10. 27)

– 체코의 총선거가 정국 혼란을 씻어 줄 것으로 기대됐으나 오히려 원내에 진출한 정당이 모두 7개에 이르는 등 정국은 더 어지러워질 것으로 전망된다. 개표 결

과 2006년 정권을 내줬던 사회민주당(이하 사민당)은 득표율이 20%를 겨우 넘기며 제1당 자리에 올랐다. 그러나 재벌 기업인이 창당한 '긍정당(ANO)'은 일약 18.5%의 득표율로 제2당으로 부상해 정국의 핵심으로 등장했다. 여론조사에서 2위를 달렸던 공산당은 15% 득표율로 3위로 밀렸고, 이전 연립정부에 참여했던 보수 계열의 'TOP 09'는 11.9%, 여당이던 시민민주당은 7.7%로 추락했다. 일본계인 오카무라 상원의원이 창당한 '직접 민주주의 여명당'과 '기독민주당'도 의석 확보 하한인 전국 득표율 5%를 각각 넘겨 원내 진출한다. 이렇게 되면 최소 4개당이 제휴해야 의석 과반을 확보한 연립정부가 출범할 수 있다. 의석 과반의 정부가 탄생하려면 '적과의 동침' 형태인 좌·우파 대연정이 불가피하다. 만일 두세 당이 제휴해 정부를 구성한다면 부득이 의석 40%를 겨우 넘긴 '여소야대' 정부가 등장할 수밖에 없다. 결국 정치권 판도는 제1당 사민당이 쥐었다기보다 제2당인 ANO의 지지를 얻느냐에 따라 갈릴 것으로 체코 언론은 전망했다. 바비스 당수의 '연정 불참' 선언은 앞으로 독자 노선을 추구하며 '킹메이커'가 되려는 뜻이라고 체코 언론은 분석했다.

10월 30일

• 체코 총선 제1당 '승자의 저주' 내분 조짐

(호스포다르스케 10. 30, 연합뉴스 10. 30 재인용)

- 최근 체코의 총선에서 제1당 자리에 오른 사회민주당(이하 사민당)이 내부 갈등으로 분열 조짐을 보이고 있다. 분열이 가속되면 체코 정치권은 정당들의 제휴가 더 어려워져 정부 구성에 오랜 시일이 걸릴 것으로 전망된다. 사민당에서는 최근 당원 200여 명으로 구성된 '중앙집행위원회'가 보후슬라프 소보트카 당수를 자리에서 물러나게 하려는 계획을 추진하고 있다고 체코 일간지 호스포다르스케가 보도했다. 특히 제1당으로서 득표율이 20.5%에 불과한 점은 '사민당' 간판이 정치 생명 연장에 큰 도움이 되지 않는다고 판단하는 당원들이 늘어나 사민당이 앞으로 갈림길에 설 것이라고 다른 일간지인 리도베는 예상했다. 이런 상황에서 밀로스 제만 대통령과 퇴임한 하세크 사민당 전 부의장의 정치적 야심은 적절한 시기가 오면 곧바로 분출될 것이라고 리도베는 내다봤다. 하세크 전 부의장은 지방에 지지 기반이 확고한 터라 소보트카 당수를 뒤흔들 잠재력도 갖췄다고 리도베는 평가했다. 여기

에다 사민당 출신으로 올해 초 첫 직선 대통령에 당선된 밀로스 제만 대통령도 또 다른 변수가 될 전망이다. 직선 대통령이라는 배경으로 그간 권력 확대를 추구해 온 제만 대통령은 사민당의 내분을 활용해 자신의 정치적 영향력을 더 키우려 들 것이라고 다른 일간지는 지적했다.

4차 (11월 말~12월 말)

2013년 초부터 동유럽 국가들은 정부의 불안한 리더십, 끊이지 않는 반정부 시위, 악화되는 경제난 등으로 인해 불안한 국정 운영을 이어 나갔다. 이에 각 국가의 정치 지도자들은 저마다의 방법으로 국정 운영의 안정화를 시도하기 시작한 듯 보인다.

폴란드는 5월 말 투스크 총리가 이끄는 정부가 출범한 이래로 크고 작은 반정부 시위와 함께 정부 퇴진 요구가 계속되었다. 여론의 악화는 폴란드 수도인 바르샤바 시장의 주민 소환 투표로까지 이어졌고, 여당의 의원들이 탈당을 하고 새로운 당을 만드는 등 정부 여당으로서는 불안정한 상황이 계속되었다. 이에 투스크 총리는 최근 당내 영향력부터 강화하려는 움직임을 보이고 있다. 전당대회에서 당내 2인자인 스헤티나의 측근들을 이번 개각과 당 지도부 개편에서 제외시킬 것이라는 예측이다. 일각에서는 스헤티나 계파의 자발적 탈당 가능성도 있다고 한다. 뿐만 아니라, 시민들의 반발을 염두에 두고, 당원들의 부정부패 사건이 생길 경우에 공천을 배제하고 엄정한 처벌이 있을 것이라고 경고하기도 했다. 하지만 여전히 제1 야당인 법과정의당과는 지지율 경쟁이 치열하고, 정당 간에 이합집산이 계속될 것으로 예상되기 때문에 현 정부의 노력이 효과를 보일지는 미지수이다.

불가리아 역시 정치인들과 사회 전반에 만연한 부패 척결을 요구하는 시민들의 대규모 집회가 퍼져 나가자 정치인들 스스로 국정 운영의 안정화를 위해 노력하고 있는 모습을 보이고 있다. 지난달 여당 당수의 국회의원들의 면책 특권 포기 선언에 이어서 이번 달에는 여당과 야당의 적극적인 합의로 의회에서 정당 국고보조금을 삭감하기로 결의했다. 하지만 불가리아 국민들 사이에 뿌리 깊이 박힌 정치인들에 대한 불신의 마음은 크게 바뀌지 않고, 대학생들의 시위와 환경 단체들의 금광 개발 반대 등의 시위는 계속되고 있다.

체코는 지난 5월부터 페트르 네카스 총리가 측근의 부패 추문을 책임지고 물러나는 바람에 혼란에 빠져 있었다. 그러던 중 부패 척결을 슬로건으로 내세운 긍정당(ANO)이 총선에서 새로운 바람을 불러일으켰다. 바로 부패 정치에 반대하고 나온 긍정당(ANO)이 예상 밖의 선전을 펼치며 득표율 2위를 차지했다. 사실상 내각 구성 과정에서 주도권을 쥔 긍정당은 부패한 정당과는 손을 잡지 않겠다고 약속했기 때문에 연정을 이루고 정부를 구성하기 쉽지가 않았다. 하지만 결국은 총선을 치르고 40여 일 후에 결국 가장 많이 득표를 한 사회민주당(CSSD)과 긍정당(ANO), 그리고 기독민주당이 세제와 의료 개편 등에서 이견을 좁히고 연립정부를 구성하기로 잠정 합의하기에 이르렀다. 또한 연금과 최저임금을 늘리는 등의 정책을 실현하는 데 같이 노력하기로 했다. 총리는 사민당의 보후슬라프 소보트카 당수가 유력하고, 긍정당은 재무장관을 비롯한 일곱 각료직을 배정받게 되었다.

폴란드

11월 23일

• 시민연단(PO), 법과정의당(PiS) 정당대회

(Rzeczpospolita 11. 25, 주 폴란드 대사관 11. 25 재인용)

– 집권 여당인 시민연단 전당대회가 11월 23일 바르샤바에서 개최되었으며, 투스크 총리는 시민연단 장기 집권에 따른 당원들의 부정부패 발생을 우려하며, 향후 비리 적발 시 차기 선거 공천 배제 및 사법기관의 엄중한 처벌이 있을 것이라고 경고했다. 한편, 제1 야당 법과정의당(PiS)의 전당대회가 같은 날 개최되었으며, 당내 강경파 마치에레비츠를 비롯한 4명의 신임 부총재 선출 등 지도부 개편이 이루어졌다. 당내 일각에서는 보수 강경파 마치에레비츠의 부총재 선출로 중도 성향 유권자의 표심 이탈 가능성이 있다는 우려의 목소리를 내비쳤다.

12월 19일

• 법과정의당(PiS)–시민연단(PO) 지지율 혼전 양상

(Gazeta Wyborcza, 주 폴란드 대사관 12. 19 재인용)

– 국영 TVP 방송이 실시한 정당 지지율 조사에서 선두 법과정의당과 정부 여당

인 시민연단과의 지지율 격차가 전월의 5%포인트에서 3%포인트로 줄어들었으나 최근 수개월 간의 PiS 지지율 선두 상황이 지속되고 있다. 결과적으로 법과정의당 (29%), 시민연단(26%), 민주좌파연합(10%), 고빈과함께폴란드(5%), 당신의운동(5%), 농민당(4%)의 지지율을 보여 주었다. 법과정의당의 지지율 선두 상황이 지속됨에 따라 정치권 일각에서는 다음 총선에서의 시민연단과 민주좌파연합과의 연합 가능성을 제기하고 있다. 한편, 시민연단 탈당파가 최근 창당한 '고빈과함께폴란드당'은 현 연정 파트너인 농민당보다 높은 지지율을 기록하는 이변을 보였다.

불가리아

11월 25일

• 불가리아에 이슬람 정당 창당 움직임　　　　(BTV 11. 25, 연합뉴스 11. 25 재인용)
– 불가리아에 소수 이슬람계 주민의 지지를 받는 정당이 곧 생길 전망이다. 불가리아의 이슬람계 주민을 지칭하는 '포막'의 연대체인 '유럽 포막 기구'의 이프렘 몰로프 대표는 25일 불가리아 BTV에 출연, 앞으로 보름 내에 '포막당'을 창당하겠다고 밝혔다. 그는 "소모전이 이어지는 불가리아 정치권에 더 기댈 수 없어 우리를 대표할 정당을 만들어야 한다는 여론이 커지고 있다."고 설명했다. 불가리아에서 이슬람계 주민은 중북부와 로도프 산맥 남부에 주로 거주하며 인구는 약 20만 명에 이른다. 그러나 불가리아 헌법이 인종이나 종교를 기반으로 삼는 정당을 금지하고 있어 창당은 순탄치 않을 전망이다. 몰로프 대표는 새 정당이 불가리아의 통합을 추구하는 만큼 헌법에 어긋나지 않는다고 강조했다. 반면 우파 국수주의 정당인 '불가리아민족운동(VMRO)'은 포막당이 생기면 '가톨릭당'도 나타날 수 있는 만큼 이 당이 분열을 조장할 것이라고 비난하고 있다. 최근 불가리아에서는 시리아계 난민이 대거 늘어나면서 소수 인종이나 이주민을 공격하는 사건이 잇따라 발생하고 있다.

12월 09일

• 불가리아, 정당 국고보조금 삭감 결의 (소피아뉴스 통신 12. 09, 연합뉴스 12. 09 재인용)
– 정치인에 대한 불신이 큰 불가리아에서 의원들이 자진해 정당 보조금을 삭감하

기로 했다. 불가리아 의회는 내년부터 정당 보조금을 9%가량 삭감하는 안건을 9일 표결해 찬성 104표, 반대 4표로 통과시켰다고 소피아뉴스 통신이 보도했다. 의회 예산결산위원회 위원장이 발의한 이 안건이 확정됨으로써 연간 약 400만 레프(약 30억 원)의 예산을 절감, 다른 부문의 예산을 늘릴 수 있다고 이 통신은 전했다. 불가리아는 선거에서 전국 득표율이 1% 이상인 정당에 국고보조금을 지급하고 있다. 지난 5월 총선거 결과 여당인 불가리아 사회당과 유럽시민발전당(GERB), 터키계 주민이 지지하는 '권리자유운동' 등을 포함해 모두 10개 정당이 전국 득표율 1%를 넘겼다. 불가리아는 총선 이후에도 부패 척결을 요구하는 대학생들이 의회를 봉쇄하고 의원들의 출입을 막았는가 하면, 환경 단체의 금광 개발 반대 등으로 시위가 끊이지 않고 있다.

체코

12월 11일

• 체코 3당 연정 합의…곧 정부 출범   (CTK 통신 12. 11, 연합뉴스 12. 11 재인용)

– 총선을 치르고도 40여 일간 정부를 구성하지 못한 체코에서 1~2위 당이 주도해 연립정부를 구성하기로 잠정 합의했다. 체코 사회민주당(CSSD)과 긍정당(ANO), 기독민주당 등 3개 당이 세제와 의료 개편 등에서 이견을 좁힌 것이다. 총리에는 CSSD의 보후슬라프 소보트카 당수가 유력하며, 소보트카 당수는 3당이 정책 제휴 내용과 각료 인선을 마무리해 13일 발표할 예정이라고 전했다. 이로써 지난 5월 부패 추문을 책임지고 총리가 물러난 이후 이어졌던 체코의 불안정한 정국이 안정을 이루게 됐다. 특히 3당은 정원 200석인 의회의 과반인 111석을 확보했고, 제3당인 공산당의 동조를 얻고 있어 정국 불안의 소지가 크게 줄었다.

12월 13일

• 체코 3당 연정 "복지 수준 크게 높인다"   (CTK 통신 12. 13, 연합뉴스 12. 13 재인용)

– 연립정부에 참여키로 한 체코의 3개 당이 연금과 최저임금을 높이는 것을 골자로 한 '정부 구성 합의안'을 공개했다. 체코 사회민주당(CSSD)과 긍정당(ANO), 기독

민주당 등 3개 당의 당수는 13일(현지 시간) 연금과 최저임금을 늘리고 의료비 일부를 폐지하되 세율 인상을 2015년부터 시행하는 내용의 합의안을 발표했다. 늘어나는 복지 지출 재정은 도박에 대한 세율 등을 높이는 방식으로 충당하기로 했다. 당수들은 복지 지출이 늘어나더라도 국내총생산(GDP) 대비 재정 적자 비율을 3% 이내로 맞춰 유럽연합(EU)이 정한 기준선을 지키기로 했다고 강조했다. 늘어나는 복지 부문은 최저임금을 월평균 임금의 40% 수준으로 높이고, 물가 상승률에 맞춰 연금을 올리는 한편 연금을 받으면서 일하는 이들에게 면세하는 것을 골자로 삼고 있다. 의료 복지도 확대해 진료비와 처방비를 폐지하기로 했다. 이들이 합의안을 공개했지만, 후임 총리를 확정 발표하지는 않았다. 한편 체코는 지난 5월 부패 추문에 총리가 물러났고 이후 총선을 치렀으나 제1당인 CSSD의 지지율이 22%에 머물며 모두 7개당이 원내에 진출, 정부 구성에 난항을 겪었다.

12월 21일

• 체코, 연내에 3당 연립정부 출범할 듯   (파이낸셜뉴스 12. 22)

– 체코의 기독민주당이 21일 중도 좌파 연립정부의 각료직을 수락함으로써 연내에 사회민주당과 긍정당(ANO) 및 기독민주당의 연립정부가 이루어지게 됐다. 이 3개 연립 정당 가운데 가장 적은 의석을 확보한 기독민주당은 농업부장관과 문화부장관 및 무임소장관을 배정받았다. 한편 재벌인 안드레이 바비스가 영도하는 제2당인 ANO는 재무장관을 비롯한 7개 각료직을 배정받은 바 있다.

5차 (12월 말~2014년 1월 말)

박해림

동유럽의 국가들은 부정부패, 정부 운영의 투명성 부족, 양극화 심화 등의 사회 구조적 문제를 안고 있다. 이로 인해 정부에 대한 국민들의 불만이 최고조로 치닫자, 각국은 지난달부터 자국의 상황에 적절한 방법을 통해서 국정 운영의 안정화를 시도했었다. 그 결과 이번 달 들어서 부분적으로 사회 혼란이 다소 진정되는 듯 보인다.

우선 폴란드의 경우 정치 사회 이슈가 국내 정치에서 국제 정치로 이동하면서 국내 정치의 갈등이 어느 정도 완화된 모습을 보였다. 이슈 변화의 발단은 영국 정부가 EU를 상대로 이주민 육아 수당 지원 대상에서 국외에 거주하는 자녀를 제외하는 방향으로 복지 규정을 개정하려는 움직임이었다. 4만여 명의 이민자 자녀 중 절반 이상을 차지하는 폴란드인 자녀를 대표해서 폴란드의 총리와 몇 정치인들이 강하게 반대 의사를 밝혔고, 이는 양국 간의 외교 분쟁으로 이어지고 있다. 따라서 반정부 시위로 정국이 혼란스러웠던 폴란드는 국제 정치 이슈의 등장으로 국내 정치의 갈등을 덮어 버리는 효과를 보이고 있다.

불가리아의 경우 대학생들이 대학가와 시민사회를 중심으로 7개월 동안 이어 온 대규모 반정부 시위를 종료하기로 했다. 이번 시위 종료 결정으로 당분간은 시민사회와 국가 간의 갈등이 드러나지 않을 것으로 기대된다. 하지만, 불가리아 제1 야당인 유럽시민발전당(GERB)은 정부의 유럽연합과의 협상 결과를 본 후, 그 결과에 따라 정부 불신임을 세 번째로 추진할 것이라고 밝혀 머지않아 정쟁과 사회 갈등이 다시 일어날 것으로 예상된다.

체코는 총선 이후 내각을 구성하지 못해 혼란스러웠지만, 내각의 모습이 거의 정해졌다. 물론 일부 장관 후보들이 자질 논란에 휩싸이고, 장관 임명 과정에서 총리와 대통령 간의 갈등을 보였지만 예상대로 총리직에는 사회민주당의 지도자 보후슬라프 소보트카 대표가, 재무장관직에 긍정당의 대표인 안드레이 바비스 등이 임명되었다. 이처럼 중도 좌파 정부가 출범하면서 지난해 6월 부패 스캔들과 군 정보기관의 첩보 활동 등으로 우파 정부가 붕괴되면서 생긴 정국의 위기는 종지부를 찍을 것으로 보인다.

폴란드

12월 31일

• 여야 정당, 2014년 유럽 의회 선거 총력 전망

(Rzeczpospolita 12. 31, 주 폴란드 대사관 12. 31 재인용)

– 여야 주요 정당들은 내년 5월 실시 예정인 유럽 의회 선거 전략 마련에 이미 착수했으며, 2월 이후 본격적인 선거전을 개시할 것으로 전망된다. 최근 제1 야당 법과정의당(PiS)에 지지율을 역전당한 집권 여당 시민연단(PO) 총재인 투스크 총리는 유럽 의회 선거(5. 25) 및 지자체 선거(11. 16) 패배 시 당 분열 및 권력 약화가 가속화될 것을 우려하고 있어 선거 승리를 위해 총력전을 펼칠 것으로 예상된다. PiS는 내년 2대 선거의 선전을 발판으로 2015년 총선 승리 및 재집권을 노리고 있으며, 최근 10%대의 지지율을 유지 중인 민주좌파연합(SLD)은 집권당과의 연정 가능성을 모색할 것으로 예상된다.

01월 08일

• 폴란드–영국 간 이민자 양육 수당 지급 문제 갈등

(Gazeta Wyborcza 01. 08, 주 폴란드 대사관 01. 08 재인용)

– 현재 영국 정부는 자국 거주 이민자 자녀 4만여 명에 대한 양육 수당을 지급하고 있는데, 이 중 2만 5천여 명이 폴란드인 자녀인 것으로 추산된다. 영국의 캐머런 총리의 영국 거주 이민자 자녀들에 대한 양육 수당 지급 제도를 축소하는 것이 바람직하다는 언급에 대해 폴란드 투스크 총리와 시코르스키 외교부장관이 부정적 입장을 표명했다. 폴란드 정부는 캐머런 총리의 발언에 대해 자국 법령 개정은 해당국 정부의 고유 권한이지만, 폴란드 이민자들을 양육 수당만 노리는 국민들로 매도하는 것은 바람직하지 않고, 또한 양육 수당 수혜는 당연한 권리라는 주장으로 맞받았다. 이러한 영국과 폴란드 사이의 긴장감이 양국 간 외교 분쟁으로 확대될 조짐을 보이고 있다.

01월 11일

• EU 이주민 갈등에 폴란드 불매 운동 맞불 　　　　　(The Huffington Post 01. 11)

– 루마니아와 불가리아에 대한 EU 이주 개방으로 갈등이 내연하는 가운데 폴란드 정치권이 영국의 이주민 규제 정책에 항의하며 불매 운동 공격에 나섰다. 출발점은 폴란드의 연립정부 참여 정당인 폴란드농민당(PSL) 얀 베리 당수였다. 공개적으로 베리 당수는 영국 정부가 EU를 상대로 이주민 육아 수당 지원 대상에서 국외에 거주하는 자녀를 제외하는 복지 규정 개정을 추진하는 것에 불만을 터뜨렸다. 자녀를 본국에 남겨 두고 영국에서 일하는 폴란드 노동 이민자의 목소리를 대변한 것이다. 도널드 투스크 폴란드 총리도 불매 운동을 거들진 않았지만, 영국의 이주민 정책에 불만을 제기해 베리 당수를 두둔했다. 그는 EU 복지 규정에 대한 영국의 개정 움직임에 대해서는 확고히 거부권을 행사할 것이라고 강조했다. 강경 기류가 고조되자 캐머런 총리는 투스크 총리에게 전화를 걸어 EU 개혁을 위해 복지 체계 정비가 필요하다는 뜻을 설명했다. 하지만 두 정상은 EU 복지 체계 개정 문제를 놓고 평행선을 달린 것으로 알려졌다.

불가리아

01월 02일

• 불가리아 제1 야당, 이달 중순 정부 불신임 재추진

　　　　　　　　　　　(소피아뉴스 통신, 아시아투데이 01. 02 재인용)

– 불가리아의 제1 야당인 유럽시민발전당(GERB)이 이달 중순 정부 불신임을 또 추진할 것으로 알려졌다. GERB가 불가리아 정부가 유럽연합(EU)과 협상할 '2014~2020년 유럽 정책'의 결과를 본 다음 불신임안 제기 여부를 결정할 예정이라고 보도했다. GERB는 오는 15일 종료될 이 협상에서 불가리아가 받을 EU 기금이 여러 분야에서 종전보다 줄어들 것으로 보고 있다. 지난해 GERB는 정부의 투자 정책과 지역 발전 정책 실패 등을 이유로 삼아 불신임안을 두 차례 제기했으나 모두 실패했다.

01월 13일

• 불가리아 대학생들, 7개월 이어 온 시위 끝내기로

(소피아뉴스 통신, 연합뉴스 01. 15 재인용)

– 불가리아 대학생들이 작년 7월부터 시작해 7개월간 지속한 '부패 추방' 시위를 종료하기로 했다. 대학생 대표자들은 13일 오후 불가리아 소피아대학 교내 한 기념 홀에서 시위 종료 여부를 두고 투표해 이렇게 결정했다. 애초 학생들은 작년 플라멘 오레샤르스키 총리가 한 언론 재벌을 국가안보청장에 임명하자 이에 반대해 시위를 시작했다. 안보청장 임명이 철회된 이후에도 학생들은 부패 청산을 요구하며 적게는 수십 명에서 많게는 수천 명씩 시위를 이어 갔다. 시위는 작년 10월 22일부터 소피아대학교 내 한 강의실에서 '연좌 농성'으로 번졌고 다른 대학에서도 시위가 뒤를 이었다. 이번 시위 종료 결정으로 불가리아의 사회 혼란은 다소 진정될 것으로 기대된다.

체코

01월 06일

• 체코, 총리-대통령 갈등 재연 조짐   (CTK 통신, 연합뉴스 01. 06 재인용)

– 체코에서 연립정부 구성을 둘러싸고 총리 후보와 직선 대통령이 또 갈등 양상을 보이고 있다. 체코 제1당인 사회당의 보후슬라프 소보트카 당수는 최근 3당 합의로 선출한 장관을 밀로스 제만 대통령이 임명하지 않으면 자신이 장관 역할을 임시로 수행하기로 했다. 소보트카 당수는 대통령이 견해 차이를 이유로 장관 임명을 거부할 수 없다고 강조했다. 특히 장관 중 한 명이라도 퇴짜를 맞는다면 헌법재판소에 대통령의 권한을 제한해 줄 것을 청구할 것이라고 강조했다. 앞서 소보트카 당수는 장관 17명으로 이뤄진 각료 명단을 지난 3일 제만 대통령에 공식 제출했다. 장관 명단에는 제1당인 사회당(CSSD)이 8명, 긍정당(ANO)이 6명, 기독민주당이 3명이 각각 안배된 것으로 알려졌다. 작년 10월 총선거를 치른 체코는 12월 중순 3개 당이 연립정부 구성에 합의, 그간 장관 인선 작업을 진행했다. 앞서 작년 5월 비리 의혹을 책임진 총리의 사임 이후 체코는 첫 직선인 제만 대통령이 의회가 추천한 총리

후보를 거부하고, 의회도 제만 대통령이 임명한 총리 대행을 인준하지 않아 마찰을 빚고 있다.

01월 08일

• 체코 정부 출범 진통…총리 후보-대통령 회동   (CTK 통신, 연합뉴스 01. 08 재인용)

- 체코 CTK 통신의 8일 보도에 따르면 장관 후보 17명 가운데 안드레이 바비스 긍정당 당수가 재무장관 후보에 오른 것으로 알려지자 굴지의 재벌이 경제 정책을 좌우할 수 있다는 우려가 제기됐으며, 환경장관 후보도 화학 기업인 '로보케미'의 리차르드 브라베치 이사회 의장이 지명된 것으로 알려지자 정책을 공정하게 집행할지 의문이라는 주장이 대두됐다. CTK는 또 밀로스 제만 대통령이 정부의 지지 기반이 취약한 점을 이용해 자신의 정치적 영향력을 확대하려 한다는 독일 일간지 '쥐트도이체 자이퉁'의 보도를 소개하면서, 제만 대통령이 사회당 당원 시절 대통령 자리에 나섰던 2003년 당시 자신을 지지하지 않았던 보후슬라프 소보트카 현 총리 후보 등에 대한 감정의 앙금을 아직 씻지 못한 것 같다고 지적했다. 최근 사회당과 긍정당, 기독민주당 등 3당은 연립정부 구성과 장관 인사에 합의하고 대통령에게 임명을 제청했으나 나흘째 확답을 듣지 못하고 있다. 따라서 정부 구성이 진통을 거듭하고 있는 가운데 소보트카 사회당 당수는 10일 제만 대통령과 만나 담판을 지을 예정이다.

01월 17일

• 체코 총리에 좌파 지도자 소보트카 임명   (AP 통신, 뉴시스 01. 18 재인용)

- 밀로스 제만 체코 대통령은 17일 지난해 10월 총선에서 승리한 사회민주당 지도자 보후슬라프 소보트카 대표를 새 총리에 임명했다. 소보트카는 2002~2006년 재무장관을 지냈다. 사회민주당은 지난해 총선에서 20.5%(50석)의 득표율로 1위를 기록했으며, 농산물 가공 업체를 운영하는 안드레이 바비스 당수의 긍정당이 18.7%(47석)로 2위, 공산당이 14.9%(33석)로 3위를 나타냈다. 총 200석의 의회에서 과반 의석을 확보한 정당이 없어 사회민주당이 중도 긍정당과 역시 중도 성향의 기독민주당과 연합해 연립정부를 구성하기로 합의했다. 소보트카 정부는 이번 달 출

범할 예정이다. 중도 좌파 정부가 출범하면 지난해 6월 부패 스캔들과 첩보 활동 등으로 중도 우파 정부가 붕괴되면서 촉발된 정국 위기는 종료될 것으로 보인다.

01월 20일

• 체코 2위 재벌, 재무장관 되려 회장직 사표　　　　　(AFP, 뉴시스 01. 21 재인용)

– 체코 2위의 재벌 기업인이자 긍정당(ANO) 대표인 안드레이 바비스가 자신이 회장으로 있는 아그로페르트 그룹에 사표를 제출했다. 바비스 대표는 20일 자신의 페이스북에 "나는 오늘 스스로 사표를 제출한다. 회사와의 이해관계를 들먹이며 갈등을 일으키는 사람이 없길 바란다."는 글을 남겼다. 바비스는 자신이 2011년 창당한 긍정당(ANO)이 지난해 10월 총선에서 부패 척결 공약에 힘입어 제2 정당으로 떠오르자 정부 구성에 참여하지 않을 수 없게 됐다. 하지만 그의 재무장관 기용설에 우려의 목소리도 나온다. 거대 재벌의 입김이 체코의 경제 정책을 좌우할 수 있다는 비판 여론이다. 식품, 화학 등 200여 개 계열사를 거느린 아그로페르트 그룹을 경영해 온 바비스 대표의 자산은 20억 달러(약 2조1302억 원)에 이르는 것으로 알려졌다.

6차 (2014년 1월 말~2월 말)

하종민

동유럽 국가들의 고질적 문제인 부정부패와 양극화 등의 사회 구조적 문제는 나아질 기미를 보이고 있지 않다. 국가별 상황에 맞추어 각국의 정부는 사회 안정을 도모하고 있지만 여전히 삐걱거리는 모습이다.

폴란드는 방식은 다르지만 여야 모두 부정부패의 문제보다는 양극화 및 경제 성장에 집중하고 있는 모습이다. 폴란드 중앙은행은 최저 수준인 현행 금리를 그대로 유지하기로 했다고 밝혔으며, 이는 최근 보인 통화 불안이 중앙은행의 금리 결정에 큰 영향을 주지 않았을 것으로 분석되고 있다. 또한 법과정의당(PiS) 역시 폴란드인들의 최대 관심사인 실업과 의료 서비스 등 경제 문제에 집중할 것임을 밝히면서, 정치권의 부정부패 문제는 차후에 다룰 것으로 예상되고 있다(Rzeczpospolita 2014. 02. 13).

불가리아는 전 '특혜 방지 위원장'이 정치 부패 혐의로 기소되면서 정치권의 부정부패가 여전히 개선되지 않은 것으로 드러났다. 또한 정권 교체를 가져온 작년 2월의 전기료 인상 시위가 다시 한 번 전국적으로 확산될 것으로 예상되고 있어 현 정치권의 촉각이 곤두서 있다. 그리고 지난 5월에 전기료 인상 항의 시위의 책임을 지고 물러났던 보이코 보리소프 전 총리가 제1 야당인 유럽시민발전당(GERB)의 당수에 재선되었고, 치안 부재를 이유로 현 정부의 불신임안을 세 번째로 제기했다. 정부가 출범한 지 1년도 채 안 되어 세 번의 불신임안이 제기되면서, 여야의 정치적 갈등이 더욱 심화되고 있는 실정이다.

체코는 7개월 동안 공백 상태였던 정부가 지난달 29일 밀로스 제만 대통령이 보후슬라프 소보트카 총리가 재청한 장관 17명을 임명하면서 공식적으로 출범했다. 공식 정부는 작년 10월 총선에서 제1당이 된 사회민주당과 제2당이 된 긍정당(ANO), 그리고 기독민주당이 제휴하면서 3당의 연립정부가 구성되었다. 공식 정부 출범으로 어느 정도의 불안은 해결된 양상이지만, 긴축 재정에 대해 제2 정당인 긍정당이 반대하고 있으며, 장관 임명 과정에서 몇몇은 대통령과 이견을 보였던 점은 새 정부의 갈등 요인이 될 것으로 예상된다. 또한 프라하 시장이 우크라이나 대통령의 체코 방문에 부정적 의견을 밝히면서, 우크라이나 대통령을 초대했던 밀로스 제만 체코 대통령과의 갈등으로까지 확산될 가능성도 있다.

폴란드

01월 30일

• 폴란드 경제 회복세로 긍정적인 성과 기대

(Rzeczpospolita 01. 30, 주 폴란드 대사관 01. 30 재인용)

– 폴란드의 주요 수출국인 EU 국가들의 경제 상황이 나아지는 양상을 보이면서, 폴란드 경제가 점점 불황에서 벗어나고 있는 상황이다. 유로화 대비 즈워티화 약세도 폴란드 경제에 대한 긍정적인 전망의 요인 중 하나가 되고 있다.

02월 05일

• EU 자금 지원에도 불구하고 폴란드 지역 간 빈부 격차 심화

(Dziennik Gazeta Prawna 02. 05, 주 폴란드 대사관 02. 05 재인용)

– EU 자금 지원에도 불구하고 폴란드의 지역 간 빈부 격차가 심화되고 있는 것으로 밝혀졌다. 특히 중·서부 지역과 동부 지역 간의 빈부 격차가 심각한 것으로 알려졌다. GUS(폴란드 중앙 통계청)의 최근 자료에 의하면, 동부 지역의 명목 GDP는 폴란드 평균 임금보다 낮고, 10년 전보다 수치가 악화되었다. 2007부터 2012년까지 1인당 자금 지원은 중·서부 지역보다 동부 지역이 더 받았음에도 불구하고, 동부 지역의 열악한 인프라로 인해 빈부 격차 발생하고 있다. 이 때문에 중·서부 지역은 산업이 우세한 반면 동부 지역은 농업이 우세하게 되었고, 경제 구조의 차이로 인한 지역 간 빈부 격차는 더욱 심화될 전망이다.

02월 05일

• 폴란드 중앙은행, 현행 금리 유지 (연합뉴스 02. 05)

– 신흥국의 금융 불안으로 금리를 올렸던 터키 등 일부 국가와 달리 폴란드는 최저

수준인 현행 금리를 그대로 유지하기로 했다. 앞서 한 금융통화 위원은 현지 언론과의 인터뷰에서 경제 성장률과 물가 상승률 등을 고려해 하반기에 금리를 조정할 수 있다고 밝힌 바 있다. 금리 동결 결정 후 폴란드 통화인 즈워티는 유로당 4.19즈워티로 전날보다 0.3%포인트 떨어졌다. 시장 관계자들은 통화 가치 하락(환율 상승)이 수출 주도의 폴란드 경제에 해로운 게 아닌 만큼 최근 보인 통화 불안이 중앙은행의 금리 결정에 큰 영향을 주지 않았을 것으로 분석하고 있다. 금리 동결 발표 후 폴란드 금융 안정도를 보여 주는 5년 만기 국채 수익률은 큰 변동 없이 0.07%포인트 하락한 3.84%를 보이고 있다.

02월 13일

• 법과정의당(PiS), 유럽 의회 선거 앞두고 새로운 정책 발표 계획

(Rzeczpospolita 02. 13, 주 폴란드 대사관 02. 13 재인용)

− 법과정의당(PiS)은 오는 5월에 예정된 유럽 의회 선거를 앞두고 폴란드인들의 최대 관심사인 실업과 의료 서비스 등 경제 문제에 집중할 것으로 밝혀졌다. 이에 따라 폴란드 정치권의 최대 고민인 부패 문제는 차후에 다룰 것으로 예상되고 있다.

불가리아

02월 04일

• 불가리아 전 '특혜 방지' 위원장 피소 (소피아뉴스 통신 02. 04, 연합뉴스 02. 05 재인용)

− 정치권 부패가 심각하다는 지적을 받은 불가리아에서 '특혜 방지 위원장'이 특정인들을 돌봐준 혐의로 재판에 넘겨졌다. 불가리아 검찰은 필리프 즐라타노프 전 특혜 방지 위원장이 2012년 9월부터 지난해 7월까지 여러 정치인들의 편의를 봐준 단서와 증언 등을 확보해 4일(현지 시간) 업무상 배임 혐의로 기소했다고 소피아뉴스 통신이 보도했다. 검찰은 부위원장을 수사하는 과정에서 업무 편의를 청탁한 인사의 머리글자가 적힌 '특혜 대상 비밀 장부'를 찾아 압수했다. 비밀 장부에는 현 대통령과 전 총리를 비롯해 전 여당인 유럽시민발전당(GERB)의 주요 당직자, 의회 의장 등의 이름임을 암시하는 머리글자가 적혀 있다고 전했다. 즐라타노프 전 위원장은

이 장부가 업무상 아이디어 등을 적어 놓은 개인 기록에 불과하다며 관련 의혹을 부인했다. 최근 유럽연합 집행위원회는 부패 척결에 진전이 없다고 지적하며 불가리아를 '협력 검증 메커니즘(CVM)' 대상국으로 유지한다고 밝힌 바 있다. CVM 대상국에 오르면 EU 회원국과 교류에 제약을 받고 관련 부문에서 EU 기금의 지원도 받지 못한다.

02월 07일

• 불가리아 전기료 항의 시위…정치권 '긴장'   (연합뉴스 02. 07)

— 지난해 전기료 인상에 항의한 전국적인 시위로 정권이 바뀌었던 불가리아에서 다시 전기료 상승에 항의하는 시위가 벌어지고 있어 불가리아 정치권은 촉각을 곤두세우고 있다. 지난해 시위를 이끈 주동자들은 9일(현지 시간) 정오 소피아 시청 앞에 모여 전기 요금 청구서를 불태우는 항의 시위를 벌일 예정이라고 소피아뉴스 통신이 7일 보도했다. 시위 주동자들은 작년 시위 후 변한 게 없는 만큼 이번 시위의 요구 사항도 작년과 동일하다고 밝혔다. 불가리아에서는 작년 2월 전기료 상승에 항의한 시위가 전국으로 번지자 보이코 보리소프 당시 총리가 사임했고, 그해 5월 총선거를 해 불가리아 사회당이 집권했다. 앞서 부패 청산을 요구하는 불가리아 대학생들은 6일 정부 청사 앞에서 의원들의 세비 인상에 항의하는 집회를 열었다. 이들 대학생은 작년 언론 재벌이 국가안보청장에 임명된 데 항의한 시위를 벌여 임명을 철회시켰고, 이후에도 부패 청산을 요구하며 작년 10월까지 '일일 시위'를 이어갔다.

02월 12일

• 불가리아 정부 3차 불신임안 부결…여진 지속

(소피아뉴스 통신 02. 12, 연합뉴스 02. 12 재인용)

— 불가리아 정부가 출범한 지 1년도 채 안 돼 제기된 세 번째 불신임안이 12일(현지 시간) 의회 투표에서 부결됐다. 불가리아 의회는 제1 야당인 유럽시민발전당(GERB)이 '치안 부재'를 이유로 제기한 정부 불신임안을 표결해 반대 116표, 찬성 93표로 부결했다. 불신임안 부결 이후 GERB 당수인 보이코 보리소프 전 총리는 "비록 실

패했지만, 이번 불신임안은 치안 문제를 환기했다."고 평가하면서 새로운 불신임안을 모색할 뜻을 밝혔다고 소피아뉴스 통신이 보도했다. 불가리아에서는 작년 5월 총선거 후 제2당인 불가리아 사회당과 제3당이자 터키계 주민이 지지하는 '권리자유운동'이 제휴해 연립정부를 구성했다. 여당이었던 GERB는 득표율 40%로 제1당이라는 지위를 활용, 지금까지 세 차례 불신임안을 냈으나 모두 실패로 돌아갔다. 여당인 불가리아 사회당은 이번 불신임안이 근거로 삼은 '치안 부재'가 전 정부의 책임이라고 주장하며 집권 이후 치안과 조직 범죄 단속 등이 정상화되고 있다고 강조했다.

02월 16일

• 불가리아 전 총리, 제1 야당 당수에 재선

(소피아뉴스 통신 02. 16, 연합뉴스 02. 17 재인용)

– 불가리아 제1 야당인 유럽시민발전당(GERB)의 당수에 보이코 보리소프 전 총리가 16일(현지 시간) 재선됐다. 보리소프 전 총리는 이날 열린 전당대회에서 1천102명의 대의원들로부터 만장일치로 당수에 추대됐다고 현지 언론이 보도했다. 대의원들은 또 보이소프 당수의 제안에 따라 츠베탄 츠베타노프 전 내무장관을 비롯해 소피아와 부르가스 시장 등 3명을 GERB 부대표로 선출했다. GERB는 작년 총선에서 득표율 40%로 1위를 했으나 정부를 구성하지 못했고, 2위를 한 불가리아 사회당과 3위의 권리자유운동 등이 제휴한 연립정부에 정권을 넘겨줬다.

체코

01월 29일

• 체코 정부 공식 출범…7개월 공백 마감   (CTK 통신 01. 29, 연합뉴스 01. 30 재인용)

– 총선 이후 석 달여간 정부를 구성하지 못했던 체코에서 3개 정당이 제휴한 연립정부가 29일(현지 시간) 공식 출범했다. 작년 6월 부패 추문 등으로 총리가 사임하면서 생긴 국정 공백과 정국 불안은 이로써 일단 마무리됐다. 밀로스 제만 체코 대통령은 이날 보후슬라프 소보트카 총리가 제청한 장관 17명을 임명했다고 현지 언론

들이 보도했다. 새 정부는 작년 10월 총선에서 득표율 20.5%로 제1당이 된 사회민주당과 득표율 18.7%인 긍정당, 기독민주당 등이 제휴하면서 구성됐다. 총선 전에 제만 대통령이 임명한 이리 루스노크 총리 대행은 의회의 비준을 받지 못해 그간 제대로 총리 역할을 수행할 수 없었다. 새 정부는 세금을 늘리고 공공 지출을 줄여 국내총생산(GDP) 대비 재정 적자 비율을 3% 이내로 낮추는 것을 목표로 삼고 있다. 다행히 체코의 경제 상황이 회복되고 있어 세수 증대 등을 통한 재정 확보에 큰 어려움은 없을 것으로 예상된다. 그러나 이런 긴축 정책은 연립정부 제2당인 긍정당이 반대해 새 정부에 갈등 요인으로 잠복한 상태다. 또 장관 임명 과정에서 제만 대통령이 이견을 보여 몇몇 장관을 개별 면담했던 점을 고려하면 소보트카 총리와 대통령이 반목하는 상황도 나타날 수 있다고 현지 언론은 내다봤다.

02월 04일

• 체코 프라하시 "우크라 대통령 환영 안 해"(CTK 통신 02. 04, 연합뉴스 02. 05 재인용)
– 체코의 프라하시 당국이 야권의 시위로 혼란을 겪는 우크라이나 대통령의 체코 방문을 "환영하지 않는다."며 방문 취소를 촉구하고 있다. 토마스 후데체크 프라하 시장은 4일(현지 시간) 빅토르 야누코비치 우크라이나 대통령이 체코 방문 시 환영 행사에 참여하지 않을 뿐만 아니라, 시 재원을 사용하지 않기로 했다고 체코 CTK 통신 등이 보도했다. 후데체크 시장은 더 나아가 야누코비치 대통령이 프라하의 바츨라프 하벨 공항에 내리는 것조차 "몰상식한 일"이라고 극언을 퍼부었다. 또 프라하시가 우크라이나 야권 시위대에 50만 코루나(약 2천650만 원)를 후원했다고 상기한 다음 우크라이나 대통령이 체코에 도착하면 어떤 의전 행사도 벌이지 않을 것이라고 강조했다. 우크라이나 대통령은 밀로스 제만 체코 대통령의 초청으로 4월에 체코를 방문할 예정이다.

7차 (2월 말~3월 말)

하종민

구 소련 붕괴 후, 미국과 러시아 간의 냉전 시기를 직접 체험했던 동유럽 국가들에 다시 한 번 거센 폭풍이 찾아왔다. 우크라이나에서 일어난 쿠데타에 러시아 및 서방 국가들의 이권이 개입되면서 새로운 긴장감이 조성되고 있기 때문이다. 이번 사태는 기존의 사건들과는 달리 신냉전(Neo Cold-War)이라고 언급될 만큼 군사적 긴장감 또한 매우 높아져 있다. 러시아 군은 자국의 흑해함대가 주둔해 있는 크림 반도와 그 주변에 군사력을 증강 배치했고, 미국 역시 주변국인 폴란드와 흑해로 자국의 병력을 증강시키며 동유럽에 새로운 전운을 감돌게 하고 있다.

우크라이나와 직접적으로 국경을 맞대고 있는 폴란드의 경우 자국 통화(즈워티)와 증시(WIG)가 폭락하는 사태가 벌어졌다. 특히 폴란드 증시는 평균 1%포인트 정도로 계속 하락하고 있는 상황이다. EU의 대 러시아 경제 제재가 실시되면 러시아로 수출되고 있는 폴란드 상품의 제한으로 인해 GDP 하락이 불가피하다는 전망이 나오면서, 폴란드 경제 전체가 위축되고 있는 상황이다. 지난 12일에는 폴란드의 투스크 총리와 독일의 메르켈 총리가 직접 대화를 나누었지만 해결책을 찾지 못한 채 서로의 입장만 확인했다.

헝가리 역시 우크라이나와 직접적으로 국경을 맞대고 있으며 대부분의 에너지를 러시아로부터 수입해서 사용하고 있다. 따라서 무엇보다도 에너지 공급의 다각화에 신경을 집중하고 있는 상황이다. 지난 6일, 에스토니아 나르바에서 열린 우크라이나 사태 관련 외교부장관 특별 회담에서 에너지 공급이 가장 화두가 되었다고 언급했으며, 자국 인터뷰에서 역시 에너지 공급의 다각화를 무엇보다도 먼저 모색해야 한다고 주장했다. 아울러 현재 우크라이나에 거주하고 있는 자국민의 안전을 위해 어떠한 원조도 할 준비가 되어 있다고 밝혔다.

체코는 이번 우크라이나 사태와 관련하여 러시아에 대한 강도 높은 비난을 이어 가고 있다. 체코 외무부장관은 직접적으로 푸틴의 이름을 언급하면서 러시아를 향한 날선 비방을 계속하고 있다. 체코 외무부장관인 루보미르 자올렉

(Lubomir Zaoralek)은 러시아의 크림 반도 합병을 인정할 수 없다는 정부의 입장을 직접 밝혔으며, "푸틴 러시아 대통령은 지옥으로 가고 있다."고 밝히기도 했다. 더불어 보후슬라프 소보트카 체코 총리 역시 러시아의 크림 반도에 대한 조치를 받아들일 수 없으며, 앞으로 러시아에 대한 유효한 제재가 증가될 것이라고 밝혔다.

폴란드

03월 04일

• 폴란드 경제부장관, 러시아-우크라이나 간 분쟁, 향후 폴란드 경제에 악영향 우려

(Biznes.interia.pl 03. 04, 주 폴란드 대사관 03. 04 재인용)

- 폴란드 수출 중 대 러시아 수출 비중 14%, 대 우크라이나 수출 비중 5%를 차지하고 있어, 러시아-우크라이나 간 분쟁에 촉각을 곤두세우고 있다. 러시아가 우크라이나 사태에 무력으로 개입할 경우 경제 제재가 예상되며, 이로 인해 폴란드 경제가 크게 타격을 입을 것으로 예상되고 있다.

03월 11일

• 폴란드 투스크 총리, 즉각적인 유로화 도입은 위험하다고 지적

(Rzeczpospolita 03. 11, 주 폴란드 대사관 03. 11 재인용)

- 폴란드의 투스크 총리가 즉각적인 유로화 도입에는 많은 위험이 따른다고 지적했다. 우크라이나 사태와 무관하게 폴란드의 유로화 도입 준비가 미흡하다는 이유에서이다. 반면 폴란드 중앙은행(NBP) 총재는 국가의 이윤을 보호하기 위해 유로화 도입이 시급하다는 의견을 표명했다.

03월 12일

• 크림 반도 독립 선언으로 3월 11일 즈워티(폴란드) 통화 가치 하락

(forsal.pl 03. 12, 주 폴란드 대사관 03. 12 재인용)

- 우크라이나 사태가 악화됨에 따라 폴란드의 통화 가치가 하락하고, 10년 만기 국

채 금리 또한 4.22%로 상승했다. 주변 동유럽 국가들의 통화 가치 역시 모두 하락했다. 투자 위험 증가로 외국인 투자자들 역시 향후 우크라이나의 상황을 예의 주시하고 있는 상태이다.

03월 12일

• 폴란드 투스크 총리, 독일 메르켈 총리와 우크라이나에 대해 12일 논의 예정

(pb.pl 03. 12, 주 폴란드 대사관 03. 12 재인용)

– 도날드 투스크 총리는 EU 국가들의 에너지 다각화 필요성과 우크라이나에 에너지 제공에 대해 논의하길 희망한 것으로 알려졌다. 또한 러시아에 대한 에너지 의존도를 줄이기 위해 EU 행정부에 에너지 공동 구매를 제의할 예정이다.

헝가리

03월 05일

• 헝가리 외교부장관, 우크라이나에 거주하는 자국민 위한 지원

(Hungarian Government 03. 06, 주 헝가리 대사관 03. 11 재인용)

– 야노쉬 머르토니(János Martonyi) 외교부장관은 지난 5일 국회에서 열린 국가 안보와 해외 문제에 관한 위원회에서 현재 사태는 몇 시간 후를 장담할 수 없는 상황이라고 밝혔다. 그리고 헝가리 정부는 우크라이나에 거주하고 있는 자국민을 위해 어떠한 지원도 즉시 가능한 상태라고 언급했다.

03월 07일

• 헝가리 외교부장관, 에너지 공급 다각화 필요성 역설

(hirado.hu 03. 07, 주 헝가리 대사관 03. 11 재인용)

– 야노쉬 머르토니 외교부장관은 지난 7일 만일의 사태에 대비해 에너지 공급원을 다각도로 확보해야 한다고 밝혔다. 머르토니 장관은 지난 6일 에스토니아 나르바(Narva)에서 열린 비셰그라드 4개국과 북유럽 국가 5개국, 발트해 3개국이 참여한 우크라이나 사태 관련 외교부장관 특별 회담에서 에너지 공급이 가장 화두가 되었

다고 언급했다. 한편 비셰그라드 4개국 주미 대사관들은 공동 명의로 미국 의회에 해당국에 천연가스 수출량을 늘리라는 내용을 담은 서한을 보낸 것으로 알려졌다.

03월 09일

• 헝가리 경제부장관, 우크라이나 사태 제한적 영향

(bbj.hu 03. 11, 주 헝가리 대사관 03. 11 재인용)

– 버르거 미하이(Varga Mihaly) 경제부장관은 지난 9일 M1 뉴스 프로그램에 나와 우크라이나 사태가 지금까지 헝가리 경제에 미친 영향은 제한적이라고 밝혔다. 아울러 현재 헝가리 OTP 은행과 수출입 은행이 우크라이나에 있고, 양국은 식품 및 의약품 산업에서 긴밀한 관계를 맺고 있는 만큼 우크라이나 사태를 예의 주시하고 있다면서, 헝가리 정부가 조치를 취해야 하는 상황이 오면, 반드시 취할 것이라는 의지를 밝혔다.

체코

03월 12일

• 〈우크라 사태〉 체코에 '히틀러 모습' 푸틴 그림

(프라하포스트 03. 12, 연합뉴스 03. 12 재인용)

– 체코 북부 보히미아 지방의 한 소도시에 블라디미르 푸틴 러시아 대통령이 군복을 입고 히틀러 모습을 한 걸개그림이 12일(현지 시간) 등장했다. 체코 북부 리베르치시에 있는 '탈공산주의 시민 연합'이라는 시민 단체가 제작한 이 그림은 '프라하의 봄' 때 사망한 9명을 기리는 기념관에 내걸렸다.

옛 소련은 1968년 체코 시민이 봉기한 '프라하의 봄' 시절에 동유럽 공산 국가들의 군사 동맹체인 '바르샤바조약군'을 동원, 체코를 진압했다. 이 시민 단체는 빅토르 야누코비치 우크라이나 대통령이 러시아 군대를 요청한 것은 프라하의 봄 당시 체코 정치인들이 바르샤바조약군을 부른 것과 똑같은 상황으로 비유했다고 체코 일간지 프라하포스트가 전했다. 이 단체 관계자는 "체코 정부는 물론 유럽연합과 북대서양조약기구(NATO)는 러시아를 민주주의와 자유의 위협 세력으로 간주해 대처해야 한다."고 주장했다. 특히 러시아어를 쓰는 주민이 많다는 이유로 우크라이나의 크림 반도를 러시아에 병합하려는 시도는 히틀러가 1938년 같은 이유로 체코의 주데텐을 병합했던 것과 동일하다고 비난했다.

03월 18일
• 러시아의 계획은 알 수 없어…제재 확대될 것　　　　　　(CTK 통신 03. 18)
‒ 보후슬라프 소보트카 체코 총리는 우크라이나와의 관계에 있어 러시아의 조치를 받아들일 수 없으며, 앞으로 러시아에 대한 유효한 제재가 증가될 것이라고 밝혔다. 하지만 당분간 러시아 대통령인 블라디미르 푸틴을 대상으로 하지는 않겠다고 밝혔다. 또한 체코는 아직 어떠한 외교 안보적 조치를 취하고 있지 않으며, 이는 체코에 대한 직접적인 위협이 없는 한 지속될 것이라고 밝혔다. 마지막으로 총리는 유럽 각국의 정상들이 이번 사태에 대해 면밀히 조사하고 러시아와의 대화 가능성도 고려해야 하며, 자신들의 주장을 명확히 전달해 러시아를 압박해야 한다고 주장했다.

03월 19일
• 체코 정부는 크림 반도 합병을 인정하지 않는다…외무부 밝혀　　(CTK 통신 03. 19)
‒ 체코 공화국은 우크라이나를 약화시키고 크림 반도를 합병하는 것에 대해서 결코 동의하지 않을 것이라고 체코 외무부가 밝혔다. 또한 러시아의 정치적 행동은 국제적 기준에서 불법적이며, 여타 다른 유럽 국가들의 평화를 위협하고 있다고 주장했다. 아울러 1930년대 이후의 역사적 경험 때문에, 체코 공화국은 최근 러시아의 행보에 특히 더 민감하다고 언급했다. 현재 러시아는 크림 반도를 합병하기 위한 과정을 계속하고 있으며, 지난 일요일, 국민투표에서 러시아로의 합병에 대해 96.6%의 찬성표가 나왔지만 서방 국가들은 이를 인정하지 않고 있다.

03월 19일
• "푸틴은 지옥으로 가는 길을 열고 있다." 체코 외무부장관 밝혀　　(CTK 통신 03. 19)
‒ "러시아 대통령 푸틴은 지옥으로 가는 길을 내딛기 시작했다."고 체코 외무부장

관인 루보미르 자올렉(Lubomir Zaoralek)이 주장했다. 만약 모든 사람들이 자신들 스스로 국경을 결정하는 권리에 대해 말한다면, 그것은 상상도 할 수 없으며 매우 우스꽝스럽게 될 것이라고 밝히며 러시아의 크림 반도 합병에 대해 강도 높은 비판을 이어 갔다. 또한 그는 이번 사태야말로 민족주의 정당과 인기 영합적인 정당을 증가시키는 방아쇠가 될 것이라고 밝혔다. 마지막으로 그는 러시아와의 과거를 청산하고 새로운 형태의 관계를 형성하길 원한다고 밝혔다.

8차 (3월 말~4월 말)

　이번 우크라이나 사태는 많은 동유럽 국가들에게 자신들의 국방과 안보를 뒤돌아보게 하는 계기가 되었다. 우크라이나를 비롯한 다른 독립국가연합(CIS)과 동유럽 국가들은 국방력 강화와 에너지 독립을 위해 부단한 노력을 기울이고 있는 모습이다.

　폴란드의 경우 실시된 여론조사에서 응답자의 47%가 현재 폴란드 안보가 위협받고 있다고 답변했고, 안보 위협 응답자의 80%는 러시아를 가장 큰 위협 대상으로 꼽았다. 또한 NATO군의 폴란드 영토 배치와 관련한 조사에서는 주둔 찬성이 63%를 기록했다. 이와 관련하여 시에모니악(T. Siemoniak) 폴란드 국방부장관은 NATO군의 유럽 동부 지역 상설 주둔과 핵무기 배치 금지에 대하여 신중히 검토해야 할 때라고 밝혔다. 투스크 총리 역시 에너지 수급의 독립성을 유지하고, 러시아에 대한 경제 의존도를 낮추기 위해 EU에 공동 에너지 안보에 관한 기구 설립을 촉구하고 있다. 이와 더불어 여론조사에서는 집권 여당인 시민연단(PO)이 28%(3월 초 대비 +2%포인트)로 지난 1월 이후 지속적으로 지지율이 상승하고 있는 것으로 드러났다.

　헝가리의 경우 6일 실시된 총선에서 오르반 빅토르 총리가 이끄는 청년민주동맹(피데스)이 의석의 3분의 2가량을 차지할 것으로 나타나면서 세 번째 집권 성공이 예상됐다. 헝가리 선거 당국은 약 98% 개표가 진행된 현재, 사회당을 포함한 진보 좌파 계열 5개 정당 연합이 26%, 극우 정당인 요빅당이 20.6% 득표율을 보이고 있다고 밝혔다. 외신들은 헝가리 국민들이 오르반 총리의 경제 정책으로 자국이 경기 침체를 벗어났다고 평가해 이와 같은 힘을 실어 준 것이라고 분석했다. 한편 극우 정당인 요빅당도 이번 총선에서 약진해 주목된다. 현재 요빅당의 득표율은 지난해 오스트리아의 극우 정당인 자유당의 득표율(20.5%)보다 높아 유럽의 극우 민족주의 정당이 받은 득표율 중 가장 높은 수치를 기록하고 있다.

　체코는 러시아가 우크라이나 동부 지역에 대한 합병을 시도할 경우 나토군

62　지역 다양성과 사회 통합

파견을 비롯해 강력한 조치를 취할 수도 있다고 밀로스 제만 체코 대통령이 직접 경고했다. 제만 대통령은 이날 체코 공영 라디오 방송에 출연해 "러시아가 자국 영토를 우크라이나 동부로까지 확장하기로 결정하는 순간, 재미없는 일이 발생할 것"이라며 "가장 강력한 수준의 유럽연합(EU) 제재는 물론 나토동맹군의 개입까지도 고려하고 있다."고 밝혔다. 반면, 체코의 자올렉(Zaoralek) 외교부장관은 러시아에 대한 경제적 제재에는 부정적 입장을 밝혔다. 그는 러시아와의 경제전(戰)은 러시아뿐만 아니라 다른 유럽 지역의 국가들에게도 매우 부정적 영향을 끼칠 것이라고 전망했다. 또한 UN의 목표는 러시아의 경제적 붕괴가 아니라 러시아의 국제법 위반을 명백히 하는 것이라고 밝혔다.

폴란드

04월 10일

• 여당 시민연단(PO) 정당 지지율 1위 지속

(Gazeta Wyborcza 04. 10, 주 폴란드 대사관 04. 11 재인용)

- 전문 여론조사 기관 CBOS가 실시한 폴란드 정당 지지율 조사에서 집권 여당 시민연단(PO)이 28%(3월 초 대비 +2%포인트)로 지난 1월 이후 지속적으로 지지율이 상승하고 있다고 밝혔다. 이외 법과정의당(PiS) 21%, 민주좌파연합(SLD) 7%, 농민당(PSL) 5% 순으로 지지율을 기록했다. 또한 조사 대상자의 52%는 5월 25일 실시 예정인 유럽 의회 선거에 투표할 것이라고 응답했다. 폴란드 정계 관계자들은 최근 우크라이나 사태, 러시아의 공격적 외교 정책 등 불안한 주변 정세로 인해 정국 안정을 원하는 폴란드 국민들이 현 정부에 대한 지지로 선회하고 있는 것이 PO 지지율 상승의 주요 원인이라고 분석했다.

04월 14일

• 폴란드 하원의원, 의정 활동비 지출 내역 논란

(Rzeczpospolita 04. 14, 주 폴란드 대사관 04. 14 재인용)

- 폴란드 하원의원들은 1인당 연간 14만 5천 즈워티(약 4만 8천 달러)의 의정 활동비

를 지원받고 있으며, 매년 3월 말까지 전년도 지출 내역을 사무처에 제출 후 일반에 공개할 의무를 가진다. 금년 신고 내용 조사 결과 다수의 의원들이 당협위원회 사무실 직원을 비정규직으로 채용하며 인건비를 줄이는 대신, 용도가 불명확한 사적 목적으로 의정 활동비의 대부분을 지출하고 있는 것으로 파악되면서 논란이 일고 있다. 하원의원들은 유류비를 과대 편성하거나 기타 통신 요금을 유용하는 방법으로 의정 활동비를 개인적으로 사용한 것으로 확인되고 있다.

04월 11일

• 폴란드 국민 안보 위협 우려 증가

(Gazeta Wyborcza 04. 11, 주 폴란드 대사관 04. 18 재인용)

– Gazeta Wyborcza 일간지가 실시한 안보 관련 여론조사에서 응답자의 47%가 현재 폴란드 안보가 위협받고 있다고 답변했다. 안보 위협 응답자의 80%는 러시아를 가장 큰 위협 대상으로 꼽았으며, 이어서 독일 7%, 우크라이나 4% 순으로 나타났다. 안보 위협 요소가 없다고 답변한 응답자는 41%로 집계되었다. 또한 폴란드의 NATO 회원국 지위 찬성 의견은 81%로 2001~2002년 테러와의 전쟁 개시 당시 기록했던 72% 수준을 넘어 최고 수치를 기록했다. NATO군의 폴란드 영토 배치와 관련한 조사에서는 '한시 주둔 찬성 43%', '영구 주둔 찬성 21%', '주둔 반대 25%'로 드러났다.

04월 17일

• 폴란드 국방부장관, NATO군 폴란드 주둔 필요성 발언

(Gazeta Wyborcza 04. 17, 주 폴란드 대사관 04. 17 재인용)

– 시에모니악(T. Siemoniak) 폴란드 국방부장관은 러시아의 크림 반도 합병과 우크라이나 동부 지역 합병 시도가 유럽에 심각한 위협 요소로 대두되고 있는 가운데, NATO군의 유럽 동부 지역 상설 주둔을 신중히 검토해야 할 때라고 밝혔다. 또한 시에모니악 장관은 1997년 NATO-러시아 간 합의한 NATO 신규 가입국 영토 내 핵무기 배치 금지를 재검토할 필요가 있으며, 현재 자국 영토 내에서 진행 중인 폴란드-미국 간 합동 군사 훈련(미 F-16 12기 참여) 종료 이후에도 미군의 폴란드 잔류

를 검토할 계획이라고 밝혔다.

04월 22일

• 투스크 총리, EU 공동 에너지 안보 체제 구축 필요성 강조

(Rzeczpospolita 04. 22, 주 폴란드 대사관 04. 24 재인용)

– 투스크 총리는 대 러시아 가스 의존도 축소를 위해 EU 공동 에너지 안보 체제의 구축이 시급하다고 밝혔다. 투스크 총리는 러시아가 가스 공급을 독점하고 있는 상황이 EU 개별 회원국들의 에너지 산업 경쟁력 약화를 유발하고 있으며, 이를 해결하기 위해 러시아산 가스 가격을 인하시키기 위한 EU 공동 가격 협상 기구 창설이 필요하다고 강조했다.

헝가리

04월 06일

• 헝가리 총선 與 승리…오르반 총리 세 번째 집권, 극우 요빅당 21% 득표 '약진'

(문화일보 04. 07)

– 오르반 빅토르 총리가 세 번째 집권에 성공했다. 6일 실시된 헝가리 총선에서 오르반 총리가 이끄는 집권 여당인 청년민주동맹(피데스)이 지지율 44.5%를 얻어 의석의 3분의 2가량을 차지할 것으로 나타났다. 이에 따라 피데스는 1위 당에 부여되는 가중치를 포함해 정원 199석 의회에서 133석을 확보해 개헌 가능한 의석수를 확보하게 됐다. 헝가리 선거 당국은 약 98% 개표가 진행된 현재, 사회당을 포함한 진보 좌파 계열 5개 정당 연합이 26%, 극우 정당인 요빅당이 20.6% 득표율을 보이고 있다고 밝혔다. 의회에서 좌파 계열 정당 연합은 38석, 요빅당은 23석을 각각 차지할 것으로 전망된다. 이번 총선은 지난 2012년 1월 신헌법 발효 후 처음 치러진 것으로 신헌법에 대한 국민 지지도를 평가해 볼 수 있는 시험대였다. 신헌법은 중앙은행과 법관의 독립성 위협, 잠재적 언론 자유 침해 등의 내용을 담고 있어 논란이 된 바 있었다. 하지만 헝가리 국민들은 오르반 총리의 손을 들어 줬다. 외신들은 헝가리 국민들이 오르반 총리의 경제 정책으로 자국이 경기 침체를 벗어났다고 평

가해 이와 같은 힘을 실어 준 것이라고 분석했다. 헝가리는 지난해 국제통화기금(IMF) 빚을 모두 갚아 경제 주권을 되찾았으며 물가 상승률도 사상 최저치를 기록했다. 가스와 전기료도 지난해에 4차례 인하했다. 한편 극우 정당인 요빅당도 이번 총선에서 약진해 주목된다. 현재 요빅당의 득표율은 지난해 오스트리아의 극우 정당인 자유당의 득표율(20.5%)보다 높아 유럽의 극우 민족주의 정당이 받은 득표율 중 가장 높은 수치를 기록했다. 요빅당은 일자리 창출, 범죄 엄벌, EU 가입에 대한 국민총투표 등을 주요 공약으로 내세웠다.

04월 07일

• EU 집행위, 헝가리 지속적인 협력 기대

(politics.hu 04. 07, 주 헝가리 대사관 04. 10 재인용)

‒ 피아 아렌킬데 한센(Pia Ahrenkilde Hansen) EU 집행위원회 대변인은 지난 7일 기자회견을 통해 오르반 빅토르(Orban Viktor) 총리의 청년민주연맹(Fidesz)의 승리를 축하하며, 유럽의 대통합을 위해 헝가리 정부의 지속적인 관심과 협력을 기대한다고 밝혔다. 또한 그녀는 유럽과 헝가리의 경제가 나란히 성장의 길에 들어섰지만, 경제 위기는 아직 끝난 것이 아니라며, 유럽 2020 전략 실행과 경제 지배 구조 강화를 위해 더 많은 서로의 노력이 필요하다고 언급했다.

04월 16일

• 헝가리 홀로코스트 기념식…유대인 보이콧   (연합뉴스 04. 17)

‒ 세계 2차 대전 당시 독일 치하에서 나치에 동조, 유대인 박해에 나섰던 헝가리에서 16일(현지 시간) '홀로코스트' 70주년 기념식이 거행됐다. 그러나 피해 당사자인 유대인 단체는 헝가리 정부가 반유대 움직임을 외면한다고 항의하며 행사에 불참했다. 헝가리는 1944년 독일 나치 치하에서 유대인을 격리 수용한 이날을 '홀로코스트 2014'라는 이름으로 수년 전부터 추념 행사를 계획했다. 그러나 유대인 단체는 극우파이자 반유대주의를 표방한 정당인 요빅당이 헝가리에서 득세하고, '홀로코스트 부인' 발언이 공공연하게 나오는 등 과거를 미화하려는 움직임이 일고 있다고 비난했다. 또 헝가리가 과거 유대인 박해의 잘못을 사죄하지 않은 채 용서받으

려 한다고 유대인 단체는 비난의 목소리를 높였다.

04월 16일

• 헝가리 OTP 은행, 18일 크림 반도로부터 철수

(metropol.hu 04. 16, 주 헝가리 대사관 04. 18 재인용)

– 헝가리 OTP 은행은 18일 크림 반도에서 최종 철수할 예정이며, 이는 현 우크라이나와 상반되는 러시아 금융 시스템 관련 법률로 인한 결정이라고 밝혔다. 학-코바치 터마쉬(Hak-Kovacs Tamas) OTP 은행장은 크림 반도를 제외한 우크라이나 내 다른 지점은 계속 운영할 계획이라고 밝혔다.

04월 17일

• 헝가리 에너지관리청(MEKH), 천연가스 공급 이상 없어

(bbj.hu 04. 17, 주 헝가리 대사관 04. 23 재인용)

– 지난 17일, 헝가리 에너지관리청은 최근 러시아로부터 많은 수입을 하고 있는 천연가스 공급에 관한 우려에 대해, 가스 수입량은 헝가리의 천연가스 수요를 충족시킬 수 있다고 발표했다. 유럽연합 국가들은 러시아의 최대 천연가스 수출 지역이며, 헝가리 또한 러시아로부터 천연가스를 수입하고 있다. 또한 헝가리 에너지관리청은 가스 공급이 헝가리 시장에 안정적으로 이루어질 수 있도록 상황을 주시하고 있을 뿐만 아니라, 우크라이나로부터 예상치 못한 조달 문제 발생 또는 기상이변과 같은 상황에도 대비하고 있다고 전했다. 러시아는 유럽의 천연가스 수요 30% 이상을 조달하고 있으며, 이중 절반가량이 우크라이나를 경유해 공급되고 있다.

체코

04월 06일

• 체코 대통령 "러, 우크라 동부 합병 시도 시 나토군 투입"

(로이터 통신 04. 06, 뉴스1 04. 07 재인용)

– 러시아가 우크라이나 동부 지역에 대한 합병을 시도할 경우 나토군 파견을 비롯

해 강력한 조치를 취할 수도 있다고 밀로스 제만 체코 대통령이 6일(현지 시간) 경고했다. 제만 대통령은 이날 체코 공영 라디오 방송에 출연해 "러시아가 자국 영토를 우크라이나 동부로까지 확장하기로 결정하는 순간, 재미없는 일이 발생할 것"이라며 "가장 강력한 수준의 유럽연합(EU) 제재는 물론 나토동맹군의 개입까지도 고려하고 있다."고 밝혔다. 그는 "매파도 아닌 내가 보기에도 러시아의 우크라이나 동부 합병 시도는 금지선을 넘는 행위"라면서 "그 순간 나는 비둘기에서 강력한 제재를 외치는 매로 변할 것"이라고 덧붙였다. 체코는 지난 1999년 나토가 유고슬라비아 공습을 결정하기 몇 주 전 나토에 합류했다.

04월 09일

• 체코, 마리화나 처벌 강화 　　　　　　　(CTK 통신 04. 09, 연합뉴스 04. 09 재인용)

– 체코 대법원이 대마초(마리화나) 등 마약류 소지 한도를 낮추는 방식으로 처벌 기준을 강화해 미국의 일부 주에서 대마초를 허용한 것과 대조를 보인다. 체코 대법원은 마약의 사용자 수가 늘고, 생산 규모도 커지는 데 대응해 소지 한도를 낮춰 적용하기로 했다고 체코 CTK 통신이 9일(현지 시간) 보도했다. 소지 한도는 한 사람당 마리화나 10g, 헤로인과 메스암페타민(일명 필로폰)은 각각 1.5g, 코카인 1g, 해시시 5g으로 낮아졌다. 대법원은 소지 허용 한도는 기준선일 뿐이며 마약의 농도나 범죄와 관련됐는지 여부 등 여러 정황을 참작해 적용한다고 설명했다. 대법원은 2007년부터 마리화나의 농도가 점차 짙어졌고, 상당수 베트남계 주민들이 마약 범죄에 연루된 점을 고려해 이같이 기준을 강화했다고 덧붙였다. 대마초는 미국 콜로라도주에서 올해부터 허용됐고, 워싱턴주는 하반기부터 허용할 예정이다. 브라질과 우루과이 등도 합법화 움직임을 보이고 있다.

04월 24일

• 체코 외교부장관…러시아에 대한 경제적 제재 이유 없다 　　　　　(CTK 통신 04. 24)

– 체코의 자올렉(Zaoralek) 외교부장관이 러시아에 대한 경제적 제재에 부정적 입장을 밝혔다. 그는 러시아의 우크라이나 사태는 분명하게 혐의가 있지만, 이것이 러시아에 대한 경제 제재를 강제하는 이유가 될 수 없다고 언급했다. 또한 러시아

와의 경제전(戰)은 러시아뿐만 아니라 다른 유럽 지역의 국가들에게도 매우 부정적 영향을 끼칠 것이라고 전망했다. 그는 유럽연합(EU)의 목표가 러시아의 경제적 붕괴가 아니고 UN에서 보장하고 있는 권리를 침해했다는 것을 명백히 하는 것이라고 밝혔다.

9차 (4월 말~5월 말)

하종민

5월 동유럽 국가들은 여전히 경제 성장 및 에너지 안보와 관련하여 돌파구를 다각도로 모색하고 있었으며, 이와 동시에 25일(한국 시각)에 실시될 예정인 유럽 의회 선거에도 많은 신경을 쓰는 모습을 보였다. 하지만 각국 정부의 부단한 노력에도 불구하고 여전히 GDP 성장률은 높지 않은 것으로 나타나 정책 실효성에 대해 의문이 제기되고 있다.

폴란드는 우크라이나 사태 이후 주요 수출국인 러시아와 우크라이나의 수출이 감소했다고 폴란드 통계청(GUS)이 발표했다. 전년 동기 대비 각각 7.1%, 20.6%씩 감소했으며, 반면 독일과 스위스에 대한 수출은 11%, 19.4% 증가했다고 발표했다. 특히 2013 동계 올림픽으로 인해 급증했던 러시아로의 사과 수출이 심각한 타격을 입으면서 다양한 출구를 모색하고 있는 상황이다. 유럽부흥개발은행(EBRD)은 2014년 폴란드 GDP 성장률을 종전 대비 0.1%P 상향한 2.8%로 조정했지만, 여전히 폴란드 경제는 나아지지 않고 있는 모습이다. 이는 우크라이나 사태로 인해 폴란드 동부의 긴장감이 고조되고 있으며, 소비자의 소비 심리 또한 얼어붙고 있기 때문이라고 BGZ 은행은 분석했다.

헝가리의 경우 유럽연합 집행위원회가 5일 발표한 춘계 경제 전망 보고서에 따르면 GDP 성장률이 2014년 2.3%, 2015년 2.1%를 기록할 것으로 전망된다. 더불어 헝가리의 2014년 재정 적자는 GDP의 2.9%, 2015년 2.8%로 예상했다. 지난 7일에는 지난 4. 6 총선 결과에 따라 새로이 구성된 국회가 개시되었다. 청년민주동맹(Fidesz) 117명, 헝가리 사회당(MSZP) 29명, 우파연합(Jobbik) 23명 등 199명의 대표의원으로 구성되었으며, 청년민주동맹(Fidesz)의 수장 오르반 빅토르(Orban Viktor)가 새 정부의 총리로 임명되었다. 오르반 총리는 앙겔라 메르켈(Angela Merkel) 독일 총리와 회담을 가질 예정이며, 에너지 안보 강화와 협력을 논의할 것으로 알려졌다.

체코의 경우 36%의 체코인들이 현재 체코의 정치 상황에 만족하고 있는 것으로 STEM의 조사 결과 드러났다. 이는 2006년 이후 가장 긍정적인 결과이며, 40%의 사람들은 체코가 옳은 방향으로 발전 중이라고 인식하는 것으로 드러났다. 또 다른 여론조사 기관인 CVVM에 의해 시행된 조사 결과에서 긍정당(ANO)은 25%, 집권 여당인 사회민주당(CSSD)은 23%의 지지율을 보임에 따라, 체코인들의 현 정권에 대한 만족감을 어느 정도 계측할 수 있었다. 또한 소보트카 체코 총리는 최근 위협이 되고 있는 러시아산 천연가스 공급 위기에 대해 "체코에는 충분한 가스가 있으므로 체코에 있는 다른 회사들과 가계들에 위협이 되는 일은 없을 것이다."라고 밝혔다.

폴란드

05월 02일

• 투스크 총리⋯EU 에너지 담당 집행위원, 유럽 에너지 연합 창설 방안 논의

(Gazeta Wyborcza 05. 02, 주 폴란드 대사관 05. 06 재인용)

– 폴란드 투스크(D. Tusk) 총리는 'EU–러시아–우크라이나' 가스 협상 참석차 바르샤바를 방문한 외팅어(G. Oettinger) EU 집행위원회 에너지 담당 위원을 면담하고 유럽 에너지 연합 창설 방안에 관해 협의했다. 투스크 총리는 EU 집행위가 폴란드 에너지 공동 기구 창설 제의를 긍정적으로 검토하고 있는 것에 대해 만족감을 표명했으며, 외팅어 집행위원은 EU의 가스 수입 가격 통합 필요성에 대해 공감했다. 한편, 같은 날 개최된 'EU–러시아–우크라이나' 가스 협상은 당사자들의 이견 차이로 별다른 성과를 거두지 못한 채 종료되었다.

헝가리

04월 29일

• 헝가리 EU 집행위 대표단, 헝가리 EU 탈퇴 가능성 낮다고 밝혀

(hirado.hu 04. 29, 주 헝가리 대사관 05. 05 재인용)

– 쇠츠 터마시(Szűcs Tamás) 유럽연합 집행위원회 헝가리 대표단장은 29일 10년 동안 유럽연합 가입국으로서 많은 이익을 받았다고 밝히며, 헝가리 EU 탈퇴 가능성

을 일축했다. 올해 EU 가입 10주년이 된 헝가리는 가입 시점인 2004년 대비 2012년 GDP는 67% 상승했고, EU 기금 지원으로 현재까지 80,000여 개의 공공 개발 프로젝트를 완료했다고 밝혔다.

05월 06일

• 헝가리, 새로운 국회 개시　　　(hirado.hu 05. 06, 주 헝가리 대사관 05. 07 재인용)

– 지난 4. 6 총선 결과에 따라 새로 구성된 국회가 6일 오전 10시에 열렸으며, 청년민주동맹(Fidesz) 117명, 헝가리 사회당(MSZP) 29명, 우파연합(Jobbik) 23명 등 199명의 대표의원 및 아데르 야노쉬(Ader Janos) 대통령 등이 참석했다. 이날 국회에서는 야노쉬 대통령이 재선에 성공한 청년민주동맹(Fidesz)의 수장 오르반 빅토르(Orban Viktor)를 새로운 정부의 총리로 임명하였다.

05월 08일

• 오르반 빅토르 총리, 앙겔라 메르켈 독일 총리와 회담 가져

　　　　　　　　　　　　(hirado.hu 05. 08, 주 헝가리 대사관 05. 08 재인용)

– 오르반 총리는 베를린에서 메르켈 총리와 회담을 가질 것이며, 본 회담에는 마틴 슐츠 유럽 의회 의장, 호세 마뉴엘 유럽 집행위원회 의장도 참석할 것으로 밝혀졌다. 이번 회담에서는 현재 유럽연합의 에너지 안보 문제와 이에 대한 방안인 에너지 안보 강화 및 협력이 주된 논제가 될 것으로 전망했다. 현재 유럽연합 회원국은 러시아에 대한 에너지 의존도가 높지만, 최근 우크라이나 사태와 관련해 러시아가 에너지를 정치적 강제 수단이나 안보 위협 수단으로 사용함에 따라 문제가 되고 있다.

05월 08일

• 유럽 의회 미디어, 유럽 의회 선거 여론조사 결과 발표

　　　　　　　　　　　　(nepszava.hu 05. 08, 주 헝가리 대사관 05. 19 재인용)

– 유럽 의회 여론조사 담당 부서인 유럽 의회 미디어는 5월 25일 열리는 유럽 의회 선거에서 청년민주동맹(Fidesz), 우파연합(Jobbik), 헝가리 사회당(MSZP)이 의석을 확보할 것이라고 전망했다. 유럽 의회 미디어가 4월 25일~29일 5일 동안 실시한 여

론조사에서 응답자의 46%가 선거 참여 의사를 밝혔으며, 청년민주동맹, 우파연합, 헝가리 사회당은 각각 53%, 18%, 15%의 지지율을 기록했었다.

05월 12일

• **오르반 총리 취임** (hirado.hu 05. 12, 주 헝가리 대사관 05. 13 재인용)
- 오르반 총리는 지난 10일 의회에서 찬성 130표, 반대 57표로 총리로 재선되었다. 그는 취임사에서 여당(Fidesz, 청년민주동맹)을 재신임함으로써 우리가 추진해 온 일을 계속할 수 있도록 허락해 준 것에 깊은 감사를 느낀다고 밝혔다. 또한 최근 카르파티아 분지(헝가리 동부, 루마니아 접경 지역) 지역의 문제에 대해 언급한 후, EU/NATO와의 협력을 계속해 나갈 것이라고 밝혔다. 오르반 3기 정부는 다음 달 6일부로 신정부를 출범시킬 예정이며, 일부 정부 조직 개편과 장관 교체가 있을 것이라고 예고했다.

체코

05월 13일

• **3명 중 1명은 현재 상황에 만족하고 있다** (CTK 통신 05. 13)
- 36%의 체코인들이 현재 체코의 정치 상황에 만족하고 있는 것으로 STEM의 조사 결과 드러났다. 이는 2006년 이후 가장 긍정적 결과이며, 40%의 사람들은 체코가 옳은 방향으로 발전 중이라고 인식하는 것으로 드러났다. 전문가들은 사람들의 만족도는 선거가 끝난 후 두드러지게 상승하는 경향이 있으며, 이번 조사 결과 역시 2013년 10월 정권 교체의 영향이 어느 정도 작용한 것으로 판단된다고 밝혔다.

05월 15일

• **비셰그라드 4국은 안보에 집중해야 한다!** (CTK 통신 05. 15)
- 15일 슬로바키아에서 열린 국제 안보 포럼(Globsec)에서 체코의 소보트카 총리는 비셰그라드 4국이 안보와 관련한 협력을 증진시켜야 한다고 주장했다. 소보트카 총리는 NATO가 중앙유럽 지역 안보의 중추적인 역할을 하고 있지만, 몇몇 국가들

은 지역 안보에 집중해야 한다고 발언하면서, 급변하는 우크라이나 사태에 맞춰 외교안보 협력을 강화해 가자고 밝혔다.

05월 19일

• **체코의 유럽 의회 여론조사 결과…ANO, CSSD당 두드러져**   (CTK 통신 05. 19)

– CVVM에 의해 시행된 여론조사 결과에서 긍정당(ANO)은 25%, 집권 여당인 사회민주당(CSSD)은 23%를 기록했다. 제3당인 KSCM(공산당)은 11%를 기록했고, 나머지 정당들은 한 자릿수의 지지율을 기록했다. 유럽 의회 선거는 23, 24일에 걸쳐 실시될 예정이며 결과는 25일 밤에 발표될 예정이다.

05월 20일

• **체코에는 충분한 가스가 있다!**   (CTK 통신 05. 20)

– 보후슬라프 소보트카 체코 총리는 최근 위협이 되고 있는 러시아산 천연가스 공급 위기에 대해 "체코에는 충분한 가스가 있으므로 체코에 있는 다른 회사들과 가계들에 위협이 되는 일은 없을 것이다."라고 밝혔다. 지난 주 푸틴 러시아 대통령은 유럽으로 가는 가스 공급을 중단할 수도 있다고 밝힌 바 있다.

10차 (5월 말~6월 말)

하종민

　폴란드는 최근 발생하고 있는 사회 각층의 갈등으로 골머리를 앓고 있으나, 미래 경제에 대한 긍정적 전망으로 큰 걱정을 던 모습이다. 폴란드 투스크 총리는 19일 정치 지도자들에 대한 도청 파문이 잦아지지 않으면 수주 안에 조기 총선을 치러야 할 것이라고 말했다. 최근 증가하는 도청 파문과 공산당 지도자의 국립묘지 안장과 관련된 각 정당 간 갈등에 대한 경고의 성격을 띤 발언으로 판단된다. 반면, 폴란드의 각종 경제 지표는 긍정적 전망치를 나타내고 있다. S&P는 2014년 중동부 유럽 GDP 성장률이 타 지역 대비 가장 높을 것으로 예상했으며, 폴란드 노동부차관은 전월 대비 실업률이 하락할 것이라고 판단했다.

　헝가리의 경우 최근 출범한 새 정부가 새로운 활동을 개시하고 있고, 대부분 활동이 경제 성장 및 에너지 수급의 자립에 초점을 맞추고 있다. 버르거 미하이(Varga Mihaly) 경제부 예비 장관은 '예비 장관 발언회'에서 경제 성장, 일자리 창출, 경쟁력 강화 관련 헝가리 경제 정책을 1년 반 내로 확정하여야 한다고 밝혔다. 더불어 최근 헝가리 경제가 안정화 단계에 접어든 것을 밝히며, 현 헝가리의 부채 부담을 줄이기 위해 경제 성장률의 지속적인 증가가 필수적이며 이를 위한 정책이 우선되어야 한다고 밝혔다. 또한 오르반 빅토르(Orban Viktor) 총리는 6월 3일, 카자흐스탄 총리와의 회담에서 양국 관계를 '전략적 동반자 관계'로 격상키로 합의하였다. 오르반 총리는 헝가리의 성공적인 미래를 위해 동부로의 진출이 필수적이라고 밝히며, 카자흐스탄과의 관계 격상이 헝가리에 긍정적인 영향을 줄 것이라고 언급했다. 헝가리의 대통령 아데르 야노쉬(Ader Janos) 역시 동유럽 정상들과 버락 오바마(Barack Obama) 미국 대통령과의 정상회동에서 EU 에너지 안보와 자주성에 대한 강화를 촉구했다고 밝혔다.

　체코는 2015년 예산안을 놓고 각 정당별 논쟁이 끊이지 않고 있다. 체코 정부는 지난 10월부터 이어진 예산안 관련 논쟁의 첫 번째 안을 승인했고, 이를 체코 하원에 제출할 것이라고 밝혔다. 이 과정에서 연립정부를 구성하고 있는 사회민주당(CSSD)과 ANO — 기독민주당(KDU-CSL) 간의 합의가 쉽게 이루어지지 않았다. 대통령이 각 당의 당수를 초청해 조정하는 과정을 거치면서 겨우 첫 번째 안이 하원에 제출될 수 있었다. 하지만, 여전히 각 정당별 행정 부처에서 더 많은 예산안 편성을 원하고 있어 앞으로 논란은 계속될 전망이다.

폴란드

06월 01일

• 폴란드 마지막 공산당 지도자 국립묘지 안장 '논란'   (뉴스1 06. 01)
– 냉전기 폴란드 공산 정권의 마지막 대통령을 지낸 보이치에흐 야루젤스키는 지난 25일 암 투병 중 뇌졸중이 겹쳐 90세 생을 마감했다. 야루젤스키 전 대통령은 공산당 서기로 있던 1981년 전국에 계엄령을 선포하고 자유노조(솔리다르노시치)를 해산시키는 등 폴란드의 민주화 물결을 억압한 인물이다. 유족 측은 장군 출신인 그가 "살아 생전 국군묘지에 묻히기를 간절히 원했다."며 바르샤바에 위치한 포봉즈키 국군묘지에 그를 안장시킬 것을 강력히 주장했다. 그의 지지층 역시 그가 이전 구 소련권 지도자들과는 달리 대규모 유혈 사태 없이 정권을 민주 정부에 이양한 공로를 들어 국가 예우를 갖춘 '군장(軍葬)'을 요구했다. 현 민주 좌파 연합의 당수인 레세크 밀레는 브로니스와프 코모로프스키 대통령에게 편지를 보내 그의 죽음에 대한 국가 애도일 선포를 요구했다. 하지만 반대 여론 또한 만만치 않다. 이들은 야루젤스키 전 대통령이 '구 소련의 꼭두각시'였다고 반박했다. 또한 계엄령 기간에 자유노조 지도자 등이 구속되고 수많은 사람들이 목숨을 잃었다며, 그는 국군묘지에 안장될 자격이 없다고 주장했다.

06월 03일

• 폴란드 노동부차관, 2014년 5월 실업률 전월 대비 최소 0.5%P 감소 전망
                    (parkiet.com 06. 03, 주 폴란드 대사관 06. 05 재인용)
– 폴란드 실업률 감소 폭이 4월보다 클 것으로 예상되고 있으며, 폴란드 노동부장관도 동일한 의견 표명하고 있다. 지난달 실업률은 전월 대비 0.5%P 하락한 13.0%

를 기록했다(GUS 기준).

06월 12일

• Ernst&Young사, 폴란드인 14%만이 부정부패 만연하다고 생각하는 것으로 집계

(Rzeczpospolita 06. 12, 주 폴란드 대사관 06. 14 재인용)

– 폴란드인의 부정부패 지수는 14%로 조사되었으며, 이는 지난 몇 년간 설문조사 결과 중 가장 낮은 수치로 기록되었다. 동 설문조사의 중동부 유럽 평균은 47%를 기록했다. 또한 폴란드인의 67%는 반부패 정책 또는 행동 강령이 회사 내규에 규정되어 있다고 답변했다.

06월 19일

• 폴란드 총리, "언론은 가지고 있는 정치인 대화 비밀 녹음을 모두 공개해야 한다."

(뉴시스 06. 19)

– 폴란드 투스크 총리는 19일 정치 지도자들에 대한 도청 파문이 잦아들지 않으면 수주 안에 조기 총선을 치러야 할 것이라고 말했다. 투스크 총리는 잡지 Wprost를 비롯 미디어들에게 가지고 있는 정계 지도자들의 사적 대화 비밀 녹음을 모두 공개하라고 요청했다. 폴란드는 "깊은 위기"에 빠져 있으며 모든 것이 공개, 게재되지 않으면 국가는 제대로 작동할 수 없고, 자신의 정부는 공갈에 쉽게 넘어갈 것이라고 총리는 강조했다. 이 잡지는 최근 폴란드 중앙은행 총재와 내무장관이 지난해 7월 레스토랑에서 가진 대화 비밀 녹음을 공개했다. 이 자리에서 두 사람은 2015년 총선에서 현 정부가 승리할 수 있게 중앙은행이 도와줄 수 있는 방안을 논의했다.

헝가리

06월 04일

• 헝가리 대통령, 동유럽–미국 정상 회동에서 에너지 안보 강화 촉구

(hirado.hu 06. 10, 주 헝가리 대사관 06. 10 재인용)

– 아데르 야노쉬(Ader Janos) 헝가리 대통령은 지난 4일, 동유럽 정상들과 버락 오바

마(Barack Obama) 미국 대통령과의 정상 회동에서 EU 에너지 안보에 대해 강화를 촉구했다고 밝혔다. 아데르 대통령은 EU의 원활한 에너지 공급을 위해 카타르나 미국에서 수입될 천연가스의 운반과 저장을 위한 터미널 증설 목적의 펀드 조성에 나서야 한다고 주장했다.

06월 16일

• 헝가리 혁명 기념식 열려   (metropol.hu 06. 16, 주 헝가리 대사관 06. 18 재인용)
- 1956 혁명 기념식이 비르터눅 광장(Vartanuk ter)에서 열렸다. 기념식에는 아데르 야노쉬(Ader Janos) 헝가리 대통령뿐 아니라 체코, 폴란드, 독일 등 각국의 수상들이 참석하였다. 1956년 혁명은 학생, 노동자, 시민들이 공산당 독재와 공포 정치에 반대해 반(反)정부 집회를 열었던 의미 있는 혁명이었으나, 결국 소련군의 병력 투입으로 좌절되었고, 1958년 부다페스트 감옥에서 너지 임레(Nagy Imre) 등 혁명 주도자들이 감옥에서 순교하였다.

체코

06월 12일

• 체코 대통령 "3년 후 유로화 도입 가능" (프라하데일리 06. 12, 연합뉴스 06. 12 재인용)
- 체코가 오는 2017년까지 통화를 유로화로 바꿀 수 있다고 밀로스 제만 대통령이 밝혔다. 제만 대통령은 기자들과 만난 자리에서 "2017년까지는 유로존(유로화 사용 18개국)에 가입할 수 있으리라 본다."며 "유로화 도입이 성공하길 다 함께 기원하자."고 말했다고 현지 일간지가 보도했다. 체코는 지난 2004년 유럽연합(EU)에 가입하면서 자국 통화인 코루나 대신 유로화를 도입하려 했으나 유럽 통합에 회의적이던 바츨라프 클라우스 전 대통령이 미온적인 태도를 보여 계획이 지연됐다.

06월 16일

• 체코 정부, 2015 예비 예산 적자 승인…!   (CTK 통신 06. 16)
- 체코 정부는 지난 10월부터 이어진 예산안 관련 논쟁의 첫 번째 안을 승인했고,

체코 하원에 제출할 것이라고 밝혔다. 정부는 "우리는 예산안 관련 논쟁의 첫 번째 마라톤을 마쳤으며, 여전히 부채와 소방수, 교사, 경찰 등의 임금을 상승시키는 것을 포함하고 있다."고 밝혔다. 더불어 재정부는 예산안의 부채가 정부의 부채를 증가시키지는 않을 것이라고 밝혔다.

06월 19일

• 체고 국방부 내 부패 방지 사단 설치   (CTK 통신 06. 19)

– 체코 국방부 내에 부패 방지 팀을 만들고 있는 중이라고 체코 국방위원장인 마틴 스트롭니키가 밝혔다. 이 팀은 해당 부서에서 일하던 사람들로 구성될 것이며 부서 내의 부패를 감시하는 역할을 맡을 것이다. 국방부는 그들 내에 새로운 긴장감이 조성될 것이며, 보다 이익이 되는 가격을 협상하는 데 도움이 될 것으로 전망했다.

제2장
동유럽의 쟁점

동유럽 국가들이 우리에게 던져 주는 시사점

박해림

 2011년 서울 시장 선거 당시부터 지난 대선까지 우리 사회의 화두는 '정당의 위기'였다. 한국 사회의 갈등 해결 과정에서 시민사회의 목소리를 제대로 대표하지 못하는 정당들에 대한 불신이 선거 과정에서 드러난 것이다. 하지만 지난 대선 이후에 발생됐던 현실 정치의 상황 때문에 과거의 국민적 여론은 수면 아래로 들어가 있는 것으로 보인다. 갈수록 정당은 시민들의 의견을 제대로 대표하고 있지 못하고, 그나마 있는 거대 제1 야당도 역할을 다하지 못하는 상황이다. 언제든지 우리 사회 갈등이 수면 위로 나와 증폭될 가능성이 있다.

 이러한 상황에서 신생 민주주의 국가들 중 동유럽의 사례는 우리에게 많은 시사점을 던져 주고 있다. 지금까지 한국 정치는 일반적으로 역사적 특수성 때문에 보편적인 해외 사례들을 국내에 적용시키는 데 한계가 있었다. 하지만 동유럽에서 있었던 두세 달간의 동향을 살펴본 결과는 그러한 통념을 다시 한 번 생각해 보게 했다. 우리가 겪었던 혹은 지금도 겪고 있는 사회적 문제들이 동유럽 사회에서 크고 작게 벌어지고 있기 때문이다. 실제로 2010년 사회 갈등

지수를 살펴보면, 터키(1위), 폴란드(3위), 슬로바키아(6위) 등으로 우리나라(2위)와 비슷한 수준이었다. 흥미로운 점은 선거제도나 정부 형태가 많이 다른데도, 지금까지 서구 사례에서 찾아보기 힘든 우리나라의 독특하다고 여겨졌던 정치 현상이 동유럽에서 빈번하게 일어나고 있다는 것이다. 예컨대 (1) 유사한 이념을 가진 정당 간의 인물을 중심으로 한 이합집산, (2) 갈등 해결에 필요한 통합적 리더십 부재, (3) 사회 전반에 만연한 부정부패와 지하 자금, (4) 시민들의 대화 요구를 무시하는 정부, (5) 정치 포퓰리즘에 쉽게 흔들리는 가변적 여론, (6) 장기적이고 격렬한 반정부 시위들이 생겼다는 것이다.

결론적으로 사회 통합을 위한 우리의 문제를 진단하기 위해서 동유럽의 사회 현상을 관찰하는 것이 도움이 될 것이다. 이분법적으로 이야기하자면 우리 사회와 동유럽의 사회가 가지고 있는 현상의 차이점은 갈등 해결을 위해 시급한 문제는 아닐 수 있을 것이며, 위에서 나열한 정치 현상처럼 동유럽과의 보편적인 변수들이 사회 통합을 저해하는 요소일 수 있을 것이다.

‖‖

닮아도 너무 닮은 동유럽, 우리는 어떻게 할 것인가?

박해림

지난달 이전의 주요 동유럽 국가들에서는 집권 여당을 향한 야당들의 정치적 공세가 잇따랐고, 그에 상응하는 국민적 반정부 시위가 곳곳에서 일어났다. 그리고 최근 들어서는 여당들이 그 고비를 넘기고 한숨 돌리는 분위기이다. 하지만 의회가 국민의 대의를 반영한 후 여야 간 합의를 통해 문제를 해결하는 방법이 아니었다는 점에서 또 다른 정쟁이 불거지고 사회적 갈등이 가열된다면 정국을 불안하게 만들지 않으리라고 장담할 수는 없다.

이러한 동유럽 주요 국가들의 정치사회의 이슈들을 살펴보면 우리나라와 매우 유사한 사회문제들을 발견할 수 있다. (1) 사회 전반에 뿌리 깊이 박힌 부정부패(연합뉴스 2013. 09. 30), (2) 기존 정치인과 다른 새로운 인물에 대한 국민적 기대(연합뉴스 2013. 09. 30), (3) 제대로 청산하지 못한 과거사 문제(파이낸셜뉴스 2013. 10. 16), (4) 여야 간의 불신과 갈등(연합뉴스 2013. 10. 02), (5) 지지율 변화에 따른 정당 간의 이합집산(주 폴란드 대사관 2013. 09. 16) 등이 그 모습이다. 그렇다면 '우리는 어떻게 할 것인가?'라는 질문이 나올 것이다.

그 답의 실마리는 동유럽 사회를 연구하는 데서 찾을 수 있을 것으로 보인다. 역사적, 사회적으로 유사한 환경에서 민주주의 발전을 위해 끊임없이 시행착오를 겪고 있는 신생 민주주의 국가인 동유럽을 연구하는 것은 한국 사회를 좀 더 객관적으로 바라보도록 하여 우리 사회의 문제를 정확하게 진단하는 데 큰 도움이 될 것이기 때문이다. 더 나아가 동유럽 국가들이 대의 민주주의를 보강하려는 노력들에서 긍정적으로 작용한 사례를 찾는다면 타산지석으로 삼을 수 있을 것이다.

참고 문헌

연합뉴스 2013. 09. 30.
연합뉴스 2013. 10. 02.
주 폴란드 대사관 2013. 09. 16.
파이낸셜뉴스 2013. 10. 16.

‖‖‖

사회 갈등과 불신의 토양에 뿌리내린 민주주의

박해림

동유럽의 신생 민주주의 국가들은 지금 몸살을 앓고 있다. 부패한 정치 지도자들, 권력 싸움에 이용되는 국가기관, 극심해지는 양극화와 세금 문제 때문에 반정부 시위가 끊임없이 이어지고 있다. 사회 갈등은 점점 더 첨예해지고, 갈등을 해결할 정부와 정당마저 내분과 정쟁으로 혼란스러운 상황이다.

이러한 동유럽의 사회문제가 우리나라와 매우 유사한 모습을 보이고 있다는 데에는 누구도 부인하지 못할 것이다. 물론 사회 갈등 양상의 정도에서 차이는 있다. 하지만 민주주의를 제도적으로 받아들이고도 안정적으로 시스템을 운영하고 있지 못하다는 공통 분모가 존재한다. 근본적으로 정치 권력을 민주적으로 견제할 수 있는 시민사회가 발달하지 못했다는 점도 있지만, 오랫동안 뿌리를 내린 권위주의 문화를 바탕으로 사회 전반에 존재하는 지도층들의 부정부패, 그리고 대중들이 권력을 나누어 줄 만큼 신뢰할 만한 정치 지도자가 많지 않다는 점 등이다. 바로 이러한 부분이 우리나라를 비롯한 동유럽의 신생 민주주의 국가가 서구 유럽이나 북미 국가들에 비해 상대적으로 취약한 점이라고 할 수 있다.

2012년에 국제투명성기구가 발표한 국가별 부패 지수(CPI)를 살펴보면, 우리나라(45위)가 폴란드(41위)보다 부패 정도가 더 심각한 것으로 나타났고, 헝가리(46위)나 체코(54위)와도 비슷한 순위로 기록되었다. 사회가 부패하면 사회 구성원들은 그 사회를 이끄는 지도자들에 대해 불신을 갖는 것은 당연하다. 대의 민주주의는 대중이 선거로 뽑은 대리인들이 공공 의사를 대신 결정하는 정치 형태이다. 그리고 그 시스템이 잘 작동하려면 권력을 견제할 수 있는 시민들의 참여와 역량이 절대적으로 필요하다. 하지만 그보다 더 우선으로 전제되어야 할 것은 대중의 신뢰를 받을 수 있는 정치인(정당)이다. 정당과 시민사회 간의 연계를 강화하기 위해서라도 신뢰할 만한 정부와 의회를 만드는 것이 우선적으로 실현되어야 할 것이다. 그럼에도 불구하고 동유럽 신생민주주의 국가와 우리나라의 정당과 정치 지도자들은 대중의 신뢰를 얻지 못하고 있다. 다시 말해서 정치 불신과 혐오감을 갖게 하는 사회적 부패와 권위주의라는 사회문제는 동유럽의 신생 민주주의 국가들과 우리나라가 공통적으로 풀어 나가야 할 숙제이다.

체코에 부는 긍정(ANO)의 바람

박해림

올해가 마무리되어 가는 즈음에도 각국의 정치판은 여전히 시끄럽다. 약 4
개월 동안 지켜봐 온 동유럽 국가들과 우리나라도 예외가 아니다. 그동안 폴란
드, 불가리아, 헝가리, 그리고 체코 등의 국가들의 정당과 시민들 사이의 정치
동향을 살펴보면서 두드러진 두 가지 현상과 특징을 발견할 수 있었다. 그 특
징들은 우리나라의 정당과 시민사회 간의 문제를 공감하게 하고, 해결 방안을
모색하는 데 큰 시사점을 던져 준다.

먼저 동유럽 국가들의 정치사회를 공통적으로 표현할 수 있는 단어는 '불신'
이다. 시민사회의 정부에 대한 불신의 감정뿐만 아니라 내각을 구성한 뒤에도
여당과 야당의 상대 정당에 대한 불신임의 태도는 불안한 국정 운영의 원인이
되고 있다. 특히 불가리아 국민들은 부정부패, 족벌주의, 양극화 등의 이유로
정부를 믿지 못하고, 퇴진 운동을 광범위하게 진행 중이다(소피아뉴스 통신, 연합뉴
스 2013. 11. 01 재인용). 뿐만 아니라, 올해 5월에 불가리아의 새로운 정부가 출범
했지만, 과반을 차지하지 못한 여당에게 야당은 지금까지 수차례 불신임안을
제기했다(소피아뉴스 통신, 연합뉴스 2013. 10. 10 재인용). 불가리아 내각은 현재 안팎
으로 불신이 초래한 갈등으로 인해 대의 민주주의가 제대로 작동하기 불가능
한 상태로 보인다.

또한 시민들을 제대로 대변해 줄 수 있는 정치인이나 정당의 부재, 동시에
시민들은 기존 정치인들과는 다른 깨끗하고 신선한 이미지를 가진 정치인의
출현에 대한 기대가 공존한다는 것이다. 최근 체코의 총선에서 나타난 긍정당
(ANO)이라는 새로운 바람이 이를 반증한다. 체코의 총선에서 기존 정당들에 실
망하기만 했던 체코 국민들은 정치 부패를 척결하겠다고 등장한 새로운 긍정
당에 열렬한 지지를 보냈다. 결과적으로 총선 직후 내각을 구성하는 과정에서

긍정당의 영향력이 클 수밖에 없었고, 내각을 구성한 정당들로부터 선거 전 약속한 공약 이행에 대한 협조까지 약속 받았다. 우리나라의 '안철수 현상'을 떠올리게 하는 대목이다. 물론 그 내막이야 모두 같을 수는 없지만 긍정당과 안철수는 두 국가가 직면해 있는 사회문제의 본질을 잘 건드리고, 국민이 원하는 개혁의 대상을 논쟁의 장으로 끌어냈다는 공통점을 가진다.

시작은 창대하고 마무리는 미약한 동유럽의 정치 과정

박해림

용두사미(龍頭蛇尾). 동유럽 국가들의 정치 과정을 한마디로 표현하자면 '용두사미'라고 할 수 있겠다. 작년 여름부터 동유럽의 각 국가들은 시민들의 격렬한 반정부 시위로 몸살을 앓았다. '부정부패'와 '양극화'라는 두 가지 이슈를 둘러싸고 일어난 사회적 갈등 해소 요구의 열기는 겨울로 들어오면서 식기 시작했고, 지금의 사회 분위기는 어떠한 문제도 제대로 해결하지 못한 채 갈등을 덮어 두고 있는 모양새다. 이러한 동유럽의 정치 특성은 문제의 악순환의 고리를 끊어 내지 못하게 하는 주요 원인이라고 볼 수 있다.

우리 사회도 마찬가지이다. 정치의 주기능인 문제 해결 능력은 근본적으로 상실됐고, 하루가 멀다 하고 수많은 정치적 문제들이 표면에 드러나고 있다. 하지만, 어떠한 문제도 제대로 해결되지 않은 채 협상 테이블에서 사라지고 있으며, 역시나 해결하지 못한 사회문제는 또다시 사회 갈등을 가중시키게 된다. 이런 상황의 반복은 국민의 정치 혐오와 정부에 대한 불신을 더 깊어지게 할 뿐이다.

문제 해결의 출발점은 문제가 무엇인지 정확하게 아는 것이라고 했다. 문제를 어떻게 진단하느냐에 따라 해결 방안이 달라지기 때문이다. 정당과 시민사회의 연계를 강화하기 위해서는 우리나라와 동유럽 국가들의 공통적인 현상과 사회 이슈에 초점을 맞춰 생각해 보아야 한다. 왜냐하면 사회문제 해결의 정답은 그 사회의 바탕에 내재되어 있기 때문이다. 지금까지의 통념은 우리나라의 정치 문제는 정치 시스템의 선진화로 해결할 수 있다고 믿어 왔다는 것이다. 정치제도의 후진성이 사회 갈등을 해결하지 못하고 있다는 문제 진단을 했기 때문이다. 과연 그러할까?

2010년에 『이코노미스트』가 전 세계 167개국을 대상으로 조사한 민주주의 지수를 살펴보면 근본적인 문제가 무엇인지 다시 생각해 보게 한다. 선거의 절차, 정부의 기능, 정치 참여, 정치 문화, 그리고 시민의 권리 등으로 점수를 내어 순위를 매긴 결과 우리나라는 20위로 완전한 민주주의 국가에 속했고, 체코는 16위로 우리나라보다 더 나은 민주주의 국가로 분류되었다. 그리고 헝가리(43위), 폴란드(48위), 불가리아(51위) 등 대개의 동유럽 국가들은 결함이 있는 민주주의 국가의 단계에 속했다. 우리나라와 체코와 같이 완전한 민주주의 국가에 속하더라도, 그리고 부족한 민주주의 국가이더라도 유사한 사회 갈등이 발생한다는 것은 적어도 신생 민주주의 국가들에게는 정치제도나 시민들의 참여 등의 변수가 사회 통합에 큰 영향을 주지 않는다는 반증일 것이다.

그렇다면 무엇이 문제인가? 문제는 건강한 시민사회가 뿌리내릴 토양인 사회적 신뢰와 관용, 건전한 규범 등의 사회적 자본이 부족하다는 것이다. 더 근본적으로는 이러한 사회적 자본의 생산을 방해하고 있는 사회 구조적 문제이다. 경제적 양극화, 사회의 부정부패라는 사회적 자본이 척박한 토양에서는 민주주의가 제대로 꽃필 수 없는 것은 당연하다. 따라서 이제부터라도 동유럽의 사례들을 반면교사로 삼아 제도보다는 사회 구조의 변화가, 시민의 정치 참여를 독려하는 것보다도 사회 구조의 변화가 우선되어야 할 것이다.

한국의 정치 과정, 동유럽에 타산지석이 될 수 있다

하종민

지난 한 달간 동유럽의 정치 과정을 살펴본 결과 정치 발전 수준과 과정이 우리나라 정치와 매우 유사하다는 것을 알 수 있었다. 동유럽 국가들이 겪고 있는 정당 간의 불신, 정당과 국민과의 괴리, 부정부패, 양극화, 경제 성장이 우선된 정책 등의 문제들은 민주화 정부가 시작된 후의 한국 정치를 그대로 닮아 있었다. 특히 가장 큰 문제로 지적되고 있는 것은 '양극화'와 '부정부패'이다. 이러한 문제들의 속성은 국민들의 정치적 무관심을 키우고 정치인에 대한 불신을 증가시키는 것으로, 결국 국민들을 정치 혐오증에 이르게 한다는 것이다. 이는 정당과 국민들의 거리를 더욱 멀어지게 만들 뿐이다. 그리고 이미 이러한 문제를 심각하게 경험한 우리나라 국민들은 새로운 정치에 대한 열망을 기성 정치인이 아닌 제3자에게 기대하는 현상으로 나타내기 시작했다.

유명 벤처 사업가인 안철수 씨가 정치인이 아님에도 불구하고 많은 국민들의 지지를 얻은 현상이 바로 그것이다. 국내에서는 '안철수 현상'으로 정의되고 있는데, 국민들이 기존 정치와는 거리가 먼 인물에게 자신들의 정치적 열망을 표출하는 것을 의미한다. 이런 현상은 기존 정치에 대한 반감 때문에 발생한 현상으로 정당 역할의 실패가 주된 원인이라고 할 수 있다. 따라서 정당정치의 측면에서는 부정적 현상이라고 할 수 있으며, 한국의 정치 과정을 그대로 답습하고 있는 동유럽 국가들의 경우도 이와 비슷한 현상이 발생할 가능성이 높다. 이미 부정부패가 극에 달한 체코에서는 부패 척결을 전면에 내세운 기업가 안드레이 바비스가 '긍정당(ANO)'을 창당하고 높은 지지율을 기록한 상황이 발생하기도 하였다.

다른 동유럽 국가들의 상황 역시 이와 크게 다르지 않다. 이미 동유럽 국가들의 부정부패와 양극화, 정당 간의 반목과 질시는 현재 한국의 정치 상황보다 심각하기 때문이다. 불가리아의 경우 정부가 출범한 지 채 1년도 되지 않은 상황에서 벌써 3번째 불신임안이 건의되었다. 야당이 제1당인 지위를 이용하여 지속적으로 불신임안을 건의하고 있는 상황으로, 정당 간 불신과 갈등을 볼 수 있는 대목이다. 게다가 전 특혜 방지 위원장이 특정인들을 돌봐준 혐의로 재판에 넘겨진 사건 역시 국민들의 정치 혐오증을 증가시키는 요인이다. 폴란드의 경우 여당과 야당 모두 경제 성장 위주의 정책에 집중하면서 부패 청산에 대한 관심은 상대적으로 적어지고 있으며, 이러한 편향된 정책은 장기적 관점에서 국민들의 신뢰를 잃을 수 있는 대목이다.

앞서의 언급처럼 국민들의 정치에 대한 불신과 혐오증이 원인이 된 소위 '안철수 현상'은 현대 정치 과정에서 긍정적이라고 평가할 수 없다. 정당과 국회, 정치인들이 국민의 신뢰를 잃었고, 정당이 제 역할에 충실하지 못했다는 반증이기 때문이다. 현재 우리가 겪고 있는 정당정치의 실패를 동유럽 국가들이 반면교사로 삼는다면 자국의 정당정치 발전에 보다 도움이 될 것으로 전망한다.

‖‖

우크라이나 사태, 동유럽만의 문제 아니다!

하종민

동유럽의 한 국가에서 발생한 이번 사태는 유럽 및 아시아를 넘어 전 세계 국가들에 위기감을 조성하고 있다. 러시아와 역사를 함께해 온 우크라이나는 구 소련으로부터 독립한 1991년 이후에도 계속해서 러시아의 경제 및 자원에 의존해 왔다. 2004년 '오렌지 혁명' 이후에는 잠시 반(反)러시아 정당이 정권을 잡았지만, 지속된 경제 위기에 우크라이나 국민들은 2011 대선에서 친(親)러시아 후보인 빅토르 야누코비치를 당선시켰다. 야누코비치 대통령은 당선 후 EU와의 FTA 협상 및 모든 대화를 중단하고, 러시아의 구제 금융 및 경제적 지원을 천명한다. 이에 우크라이나 수도 키예프에서는 대규모 시위가 발발하고, 이를 진압하는 과정에서 대통령은 물러나게 되며, 다시 반러시아 정당이 우크라이나 과도 정부를 구성하게 된다. 이후 러시아는 자국민 보호와 크림 자치 공화국의 안전을 명목으로 크림 반도를 장악하고, 크림 자치 공화국은 주민 투표를 시행한 끝에 96.6%로 러시아로의 편입을 찬성한다. 이에 푸틴 러시아 대통령은 크림 자치 공화국의 러시아 편입을 승인하고 의회의 동의도 얻으면서 크림 반도를 러시아의 영토로 편입한다. 이러한 러시아의 조치에 대해 다른 EU 국가들 및 미국은 국제법 위반이라며 강력한 경제 제재 및 무력 행사도 피하지 않을 것이라고 밝히고 있다.

동유럽 국가인 우크라이나의 쿠데타로부터 발발한 이번 사태는 단순히 한 국가의 쿠데타 사건으로만 볼 수는 없다. 우크라이나 국가의 주도권을 놓고 주변 강대국들의 이권이 개입되면서 '파워게임(Power Relationship)'이 작용했기 때문이다. 러시아는 우크라이나를 통해 대부분의 천연가스를 유럽에 제공하고 있고, 자국의 앞마당에 서방 국가의 영향력 확대를 견제하려는 이해관계가 있다. 반면 EU 및 미국의 경우 자국의 영향력 확대와 러시아의 세력 확대를 견제하려는 목적이 있다. 이처럼 강대국들의 이해관계가 얽히면서 이번 우크라이나 사태는 단순히 정권 교체로 끝나지만은 않을 것이라는 전망이 대부분이며, 대다수의 국가에 직간접적 피해를 끼칠 것으로 예상된다.

이미 동유럽에서는 군사적 긴장감도 높아져 있는 상황이고, 물리적 피해는 아니더라도 주변국들이 상당한 정치적, 경제적 타격을 입은 모습이다. 대부분의 동유럽 국가들의 통화 및 금융 시장이 지속적인 하락세를 보이고 있으며, 정치적으로도 의견이 분분한 모습을 보이고 있다.

특히, 우리나라와 같이 수출 의존도가 높은 국가들의 경우 피해가 심각해질 수 있다는 분석이다. 단적인 예로 러시아는 전 세계 천연가스 1위 수출국이며, 우크라이나는 대표적인 식량 수출국이다. 또한 미국은 우리나라와 군사동맹 및 FTA까지 체결하고 있는 국가이기 때문에 이번 사태로 인한 파장은 결코 만만치 않을 것이다. 앞으로 어떻게 결론이 맺어질지 알 수 없지만, 우리 정부도 이번 사태를 예의 주시하고 예상되는 피해에 미리 대비해야 할 것이다.

위기는 기회, 보수 정당의 약진

하종민

러시아의 크림 반도 합병으로 어느 정도 마무리 단계로 들어섰던 우크라이나 사태가 다시 한 번 뜨거운 감자로 대두되고 있다. 러시아의 크림 반도 합병과 더불어 우크라이나 동부로의 세력 확장은 다른 동유럽 국가들에게 상당한 부담감을 안겨 주고 있는 상황이다. 크림 반도의 러시아 합병은 미국을 중심으로 한 서방 국가들의 지원을 믿고 있던 우크라이나에게는 날벼락 같은 사건이었다. 눈 뜨고 코 베였다는 말처럼 한순간에 자국의 영토를 러시아에게 빼앗겼기 때문이다. 우크라이나의 핵 폐기에 대한 보상으로 핵우산 및 영토 보호를 약속했던 서방 국가들은 이번 사태가 발발하면서 아무것도 하지 못하는 무기력한 모습을 보여 주었다. 결국 우크라이나는 영토를 빼앗겼고, 그에 따른 미국 및 EU의 경제 제재는 아직도 시작되지 않고 있다. 이번 사태를 통해 우크라이나를 포함한 동유럽의 여러 국가들은 외교 노선을 분명하게 선택해야 하는 기로에 놓이게 됐으며, 더불어 자국의 국방력 강화와 에너지 안보에 대한 부담이 상당히 가중되고 있다. 또한 국민들의 안보에 대한 불안감이 급증하고 있으며, 이를 해소하기 위해 각국의 정상 및 집권 여당들이 발 빠르게 움직이고 있는 상황이다.

이러한 가운데 각 국가들의 극우 보수 정당들의 지지율이 높아지는 현상이 공통적으로 나타나고 있다. 폴란드의 전문 여론조사 기관 CBOS가 실시한 폴란드 정당 지지율 조사에서 집권 여당인 시민연단(PO)에 이어 보수 정당인 법과정의당(PiS)이 21%의 지지율로 두 번째로 높은 순위를 기록했다. 다른 진보 성향의 정당들이 한 자릿수에 머물렀던 것을 감안하면 상당한 차이를 보이는 지지율을 기록한 것이다. 또한 헝가리의 극우 정당인 요빅당도 이번 총선에서 집권 여당 다음으로, 단일 정당으로는 두 번째로 높은 지지율을 보였다. 이러한 극우 정당 및 보수 정당들의 지지율 상승은 이번 우크라이나 사태의 유산이 자 안보 위협에 대한 불안감을 가지고 있던 국민들의 의중이 겉으로 표출된 결과라고 할 수 있다. 국민들의 안보 위협이 증가함에 따라 이를 정확히 읽어 내고 지속적으로 국방력 증가와 에너지 독립 등 보수적 이념을 주장하던 보수 정당들의 지지율이 함께 반등한 것이기 때문이다.

이제 동유럽 국가의 국민들은 자신들의 주장을 정당 지지를 통해서 드러내는 데 그치지 않고, 다음 달에 있을 유럽연합 선거를 통해서도 드러낼 가능성이 높다. 현재까지 집권 여당들 역시 국민들의 의견에 따라 국방 안보와 에너지 안보에 힘쓰는 모습을 보이고 있기 때문에 보수 정당들의 영향력이 미미할 수도 있다. 하지만 안보 문제가 계속해서 대두되고 보수 정당의 지지가 지속된다면, 유럽 의회 선거에서 보수 정당이 지각 변동을 일으킬 수 있는 상황도 배제할 수 없을 것이다. 위기 속, 국민의 의중을 정확히 읽었던 보수 정당들에겐 이번 사태가 새로운 기회가 될 전망이다.

문제는 경제야, 바보야!

하종민

우크라이나 사태로 인한 잡음이 계속해서 동유럽 국가들을 감싸고 있는 모습이다. 벌써 반 년이 다 되어 가지만 여전히 러시아의 천연가스 공급 중단 위협, 우크라이나 동부 합병에 대한 위협과 군비 증강, 러시아와 서방 국가들의 대립 등 많은 불안 요소들이 존재하고 있다. 이에 각 국가들은 에너지 수급의 자주권을 확보하고, EU 차원의 에너지 안보 기구 설립을 도모하는 등 다양한 방면으로 활로를 모색하고 있는 중이다. 새로운 정부가 출범한 헝가리의 경우 연임에 성공한 오르반 총리가 베를린에서 메르켈 총리와 회담을 가질 예정이며, 본 회담에는 유럽 의회 의장과 집행위원장도 참석해 유럽연합의 에너지 안보 강화와 협력에 관한 이야기를 나눌 것으로 알려졌다. 체코의 소보트카 총리 역시 15일 슬로바키아에서 열린 국제 안보 포럼(Globsec)에서 비셰그라드 4국의 안보 협력 증진을 주장했으며, 폴란드의 투스크 총리도 EU 집행위원회 에너지 담당 위원을 면담하고 유럽 에너지 연합 창설 방안에 관해 협의하는 모습을 보여 주었다.

이처럼 각 나라의 정상이 직접 에너지 안보에 힘쓰는 모습을 보이면서 동유럽 국가의 국민들은 계속해서 집권당에 높은 지지를 보이고 있다. 체코의 경우 CVVM에 의해 시행된 여론조사 결과에서 연립정부를 구성한 ANO당과 CSSD이 각각 가장 높은 25%, 23%를 기록했으며, 헝가리의 경우도 새로 구성된 국회에서 여당인 청년민주동맹(Fidesz)이 117명으로 국회에서 가장 많은 의석수를 차지하였다. 또한 유럽 의회 미디어(Media)의 유럽 의회 선거 여론조사 결과에서도 청년민주동맹이 53%를 기록하면서 과반 이상의 지지를 얻고 있는 것으로 나타났다.

다만 높은 지지율에도 불구하고 에너지 수급의 불안정성이 계속되고 있다는 점은 앞으로의 지지율에 변화가 예상되는 부분이며, 특히 무엇보다 중점을 두어야 하는 경제 지표가 모두 낮은 상태를 기록하고 있는 것은 집권 여당에 악재가 될 전망이다. 폴란드의 경우 대부분의 은행에서 GDP 성장률을 2%대로 예측하고 있으며, 헝가리의 성장률 역시 2%대로 예측됨과 더불어 국가 자산 대비 부채 비율 또한 증가할 것으로 내다봤다. 분명 현 정권의 지지율이 높은 상태를 유지하고 있다는 것은 정부 정책이나 외교 활동이 국민들에게 신뢰를 주고 있다는 반증이다. 또한 에너지 수급의 안정성을 위해 다방면의 전략을 세우는 것 역시 고무적인 일이다. 하지만 계속해서 성장률이 낮은 상태를 유지하고 있는 것은 주객이 전도된 상황이라고 할 수 있다. 본래의 목표인 경제 성장보다 에너지 수급에만 치우친 정부 정책은 당장의 가시적 성과를 거둘 순 있겠지만, 장기적 관점에서는 부정적이며 국가의 재정 건전성을 위협할 수도 있다. 앞으로의 정책 및 외교 활동의 목표는 경제 성장에 보다 방점이 찍혀야 할 것이며, 에너지 수급의 안정성 도모는 하나의 방법이 되어야 할 것이다.

배려와 이해는 필수…!

하종민

　정치에 있어서 서로에 대한 배려와 이해는 기초적인 요소이며, 특히 국민들의 이익을 대표하고 있는 정당들의 정치 과정에 있어서 배려와 이해는 필수적인 요소라고 할 수 있다. 정당의 기본적인 역할에 충실하고, 시민과 정당 간 연계를 강화하기 위해서라도 상호 배려와 관용의 태도는 빼놓을 수 없는 중요한 요인일 것이다. 그러나 이번 동유럽의 정치 과정에서는 서로에 대한 배려와 이해가 부족한 모습을 많이 보여 주었다.

　폴란드의 경우 냉전기 공산 정권의 마지막 대통령을 지낸 보이치에흐 야루젤스키의 사망 후, 국립묘지 안장과 관련하여 여야 간 격론을 펼쳤다. 계엄령을 선포하고 자유노조를 해산시키는 등 폴란드의 민주화 물결을 억압했으므로 자격이 없다는 우파 정당들과, 구 소련권 지도자들과는 달리 대규모 유혈 사태 없이 정권을 민주 정부에 이양한 공로를 들어 국가 예우를 갖춘 '군장(軍葬)'을 요구하는 민주 좌파 연합과의 열띤 논쟁이 벌어졌다. 체코의 경우 역시 2015년 정부 예산안 처리 과정에서 많은 잡음이 발생했다. 연립정부를 구성한 CSSD당과 ANO당 사이에 예산안 배정과 관련해 서로 더 많은 예산을 끌어오기 위해 논쟁을 펼치면서 예산안이 합의되지 못하는 상태가 지속되었다. 결국 제만 대통령이 직접 나서서 가장 논란의 중심이었던 재무부와 교통부장관을 초청해 중재하면서 사태가 마무리되기 시작했고, 재무부와 교통부장관 모두 이번 예산안의 핵심이 '상당량의 투자 증진'에 있다는 데 합의했다. 결국 첫 번째 예산안이 하원에 제출되어 통과되었지만, 앞으로의 문제가 더 중요할 것으로 전망되고 있다. 2015년 예산안에는 여전히 재정 적자 상태로 남아 있는 부분이 존재하며 승인된 제안서가 최종본이 아니라는 점, 그리고 함께 연립정부를 구성하고 있는 정당인 CSSD당의 다른 행정 부서에서 더 많은 예산안을 요구하고 있다는 점은 앞으로 얼마든지 예산안의 파행이 우려되는 상황이다.

　이러한 정당 간 갈등은 언제든지 발생할 수 있으며, 대의 정치를 시행하고 있는 국가에서 정당 간 갈등은 오히려 당연한 부분일 수도 있다. 그러나 연립 정부를 구성하고 있는 정단 간 갈등의 경우 국민들의 정부에 대한 신뢰를 떨어 뜨릴 수 있으며, 특히 국가의 내년 예산안을 처리하는 과정에서 각 정당에 소속된 행정 부서의 이익만을 대변하고 있다는 점은 국민들의 정당에 대한 불신 으로까지 이어질 수 있다. 또한 정당 간 갈등은 국민들의 정치 혐오로까지 확대될 수 있으며, 결국엔 그 피해가 정당에 돌아가게 되어 있다. 즉 자신만을 생각하는 이기주의가 마지막에는 자신에게 큰 피해를 끼치게 되는 것이다.

　이를 방지하기 위해서는 배려와 이해가 필요하다. 상대방을 먼저 생각하고 행동하는 태도가 종국엔 자신에게 이익이 되기 때문이다. 정치의 기능은 갈등을 조절하는 것이며, 정당의 역할 역시 다양한 이익집단 간 갈등을 조절하는 것이다. 결국 대의 민주주의를 실현하고 있는 정당에서 가장 필요한 기본 요소는 갈등을 조정하기 위한 배려와 이해가 될 것이다.

제2부

유럽 의회의 동향 및 쟁점

극우주의 연합의 등장과 유럽연합의 위기

제1장

유럽 의회의 동향

1차 (2013년 7월~9월 말)

김진주

유럽 의회는 매달 1회씩 1주간(5일) 정기 본회의를 가진다. 9월 9일 정기 본회의가 스트라스부르에서 개최되었다. 휴가 기간(8월)에는 각 정당(S&D, EPP)과 유럽 의회 자체의 보도 자료 모두 올라오지 않았다. 9월에 접어들면서 쟁점이 되는 법안들에 대해 홍보와 더불어 각자 진영에 유리한 방향으로 보도 자료를 내놓았다. 사회당그룹(S&D: Socialists&Democrats)과 유럽국민당(EPP: European People's Party)은 주로 정책에 대해 논쟁을 벌였다. S&D는 EPP보다 정책에 대한 홍보와 자신들의 의견을 보도 자료로 많이 내놓았고, 상대적으로 EPP는 9월 22일에 치러진 독일 연방의 선거에 초점을 맞추었다. 유럽 의회 전체 736석중 독일 의원이 99석으로 다수를 차지하는 점이 영향을 미친 것으로 보인다.

선거에서는 독일의 선거가 EPP의 주요 관심사였으며, 독일의 앙겔라 메르켈 총리가 3선을 차지하는 쾌거를 이뤘다. 이는 2014년 유럽 의회 선거에 영향을 미칠 것이라는 분석이다. 유럽 의회의 이번 본회의 쟁점은 새로운 담배 제한안, 은행 계좌 정보 보안, 은행 통합 감독권, 탄소 배출권, 공동 농업 정책 등이었다. 또한 2014년 선거를 대비해 의회 차원의 정보 제공 캠페인을 시작한 것은 주목할 만하다.

마지막으로 유럽의 여론은 유럽연합에 대한 의심과 실태 조사, 선거 전망으로 나뉠 수 있다. 유로존에 대한 문제점을 제시하는 기사를 그리스의 전 장관이자 진보적 정책연구센터 회장이 기고하면서 그에 대한 대안도 제시하고 있는 부분은 옳고 그름을 떠나서 유로존이 문제가 되고 있음을 시사한다. 또한 G20에서 유럽연합이 제 역할을 하지 못하고 있음을 비판하는 글도 존재했다. 더 구체적으로는 유로바로미터의 EU 회원들에 대한 실태 조사가 있었는데, 소폭이지만 작년보다 유럽연합에 대한 인식이 부정적으로 변했음을 보여 준다. 2014년 선거에 대한 전망도 나타나기 시작했다. 유럽은 유로화 위기 등으로 인해 보수 진영이 유리해지고 있으며, 직선제를 가미한 내년 선거에 대한 유럽 유권자들의 관심이 높아지고 있음을 알 수 있었다.

유럽 의회 정당

08월 30일

• **독일 선거 이후로 담배 제한안 투표를 연기하자**　　　　　(European Voice 08. 30)

- 중도 우파의 독일 의원들은 9월 10일에 EU의 새로운 담배 제한안을 유럽 의회에서 투표하기 위해 추진하고 있다. 일부 독일 의원들은 여름휴가 이후에 법률안을 검토할 시간이 충분치 않다는 이유로 투표의 연장을 요청했다. 현재 EPP의 대표는 연장을 요청할지 결정되지 않았다고 말하고 있으나, 담배 제한안이 투표된다면 ECR이 EPP를 지지할 것으로 예상된다. 건강 캠페인 운동가들은 이것이 담배 업계의 지연 전술 중 일부임을 우려하고 있다. 의회의 환경 및 공중보건위원회는 지난 7월 10일 담뱃갑 포장의 75%를 건강 위험 경고로 하고, 얇은 담배와 담배에 향료 첨가를 금지하는 안을 제안한 바 있다.

09월 03일

• **S&D, 시리아에 대한 유럽의 공동 행동 촉구**　　　　　(S&D Newsroom 09. 03)

- UN 난민 기구에 따르면 이제 2백만 명 이상의 시리아 국민은 난민이다. S&D의

대표인 하네스 스워보다(Hannes Swoboda)는 이러한 재앙에 해결책을 찾는 것이 국제 사회와 EU의 최우선 순위이며, 유럽 차원에서의 공동 정책이 필요하다고 말했다. S&D 부대표는 곧 개최되는 G20 회의에서 이 문제를 논의할 것을 언급했다.

09월 04일

- S&D, 담배 제한안 투표를 진행하고 공정하게 임할 것을 EPP에 요구

(S&D Newsroom 09. 04)

- S&D는 다음 주 개최되는 본회의에 새로운 담배 제한안의 투표 일정을 존중하길 촉구했다. 날짜를 설정하지 않고 투표를 연기하려는 EPP의 요청에 대해 S&D 대표는 EPP가 담배 회사의 로비 압력을 받는 것에 매우 실망스러우며, 다시 한 번 유럽 시민과 어린이, 젊은 사람들을 보호하는 데 주력해 주길 바란다고 말했다.

09월 12일

- S&D는 이집트의 자유와 민주주의를 요구한다　　　　(S&D Newsroom 09. 12)
- S&D는 이집트를 돕는 결의안을 환영하고, 이집트 시민들이 자유와 민주주의 건설에 총력을 기울이기를 촉구한다. S&D 부대표는 이집트 내의 테러, 폭력 등을 비난하며 인간의 권리와 시민의 기본적 자유를 증진하길 요구했다. 또한 시민 단체들의 역할이 중요하다고 강조하면서 '간섭 없이 자유롭게 국가가 운영되어야 한다.'고 말했다.

09월 22일

- EPP 대표는 앙겔라 메르켈과 CDU의 완전한 승리를 축하한다　　　(EPP 09. 22)
- EPP 대표는 독일 연방 선거에서의 CDU와 앙겔라 메르켈 독일 총리의 완전한 승리를 축하했다. 잠정 결과에 따르면 CDU와 CSU는 42% 이상의 지지를 받았다. EPP 대표인 윌프리드 마르텐스(Wilfried Martens)는 독일인들이 메르켈 총리와 CDU가 지난 8년 동안 기여한 결과를 반영했으며, 오늘의 선거 결과는 독일뿐 아니라 유럽에도 매우 중요함을 언급했다. 또한 2014년에 중요한 유럽 의회의 선거에도 EPP와 정치적 가족으로서 협력해 주기를 기대한다고 말했다.

09월 05일

• 의회는 담배 제한안 투표를 연기했다 (European Voice 09. 05)

– 담배 제한안 투표가 연기되었다. 독일 연방 선거로 인해 담배 제한안을 소화하기
에 시간이 부족하다는 독일과 영국 의원들의 의견을 채택했다. 투표는 다음 달 본
회의 첫 번째 기간으로 변경되었다. EPP 대변인은 리투아니아 대표직이 끝나기 전
에 합의될 수 있도록 하겠다고 밝혔다. 한편 이번 휴가 기간 동안 양쪽 정당 모두에
게 담배 업계의 로비가 있어 왔기에 건강 캠페인 운동가는 담배 업계의 지연 전술
이라고 우려하고 있다.

09월 10일

• 유럽 의회가 2014년 선거를 향해 정보 캠페인을 시작한다

(European Parliament News 09. 10)

– 유럽 의회는 2014년 유럽 선거를 위해 9월 10일부터 인식과 정보에 대한 캠페인
을 시작한다. 이 캠페인은 4가지 단계로 구성되어 있다. 첫째는 지금부터 시작하는
프레젠테이션으로 EU 시민들에게 유럽 의회의 새로운 권력과 그 의미를 설명하는
것을 목표로 한다. 둘째는 경제, 일자리, 삶의 질, 돈, 세계 속의 EU라는 다섯 가지
핵심 주제를 강조하는 일련의 이벤트를 제공한다. 셋째는 2014년 2월에 시작하는
선거 캠페인으로 5월 22~25일에 있을 선거 기간에 초점을 맞추는 것이다. 마지막
으로는 선거 후 새로 선출된 유럽 의회 의원과 유럽위원회 위원장에 초점을 맞추는
것이다. 이를 통해 EU 유권자들이 자신들의 능력을 잘 행사할 수 있도록 지원할 것
이다.

09월 10일

• 유럽 의회, EU-미국 은행 계좌 정보 공유 중단 촉구 (파이낸셜뉴스 09. 10)

– 미국 정보기관이 국가 간 은행 계좌 거래 정보를 수집해 온 사실이 밝혀지면서
유럽 의회 의원들이 EU 집행위원회에 대해 미국과 체결한 은행 계좌 정보 공유 협

약(TFTP)에 따른 의무 이행을 중단할 것을 요구하고 나섰다. EU 전문 매체 EU옵서버는 10일 유럽 의회 의원들이 테러 자금 추적을 위해 EU와 미국이 체결한 은행 계좌 정보 공유 협약의 효력을 정지할 것을 촉구했다고 보도했다. 협약 체결 당시 개인 정보 보호 위반이 드러날 경우 EU는 언제든지 이 협정을 폐기할 권리를 갖고 있음을 명확하게 밝힌 바 있다. EU는 미국 정보기관의 무차별적인 정보 수집 스캔들이 폭로된 이후 정보 공유 협정 전반에 대한 재검토 작업을 벌이고 있다.

09월 12일

• 유럽 의회, ECB에 은행 통합 감독권 부여 승인　　　　　　　　(연합뉴스 09. 12)

- EU가 금융 위기 재발을 방지하고 금융 구조를 개혁하기 위해 추진하는 '은행 연합(Banking Union)'이 큰 진전을 이룩했다. 유럽 의회는 12일 유럽중앙은행(ECB)에 유로존(유로화 사용 17개국) 6천 개 은행에 대한 통합 감독권을 부여하는 방안을 승인했다. 이에 따라 은행 연합 구축의 핵심 제도의 하나인 단일 은행 감독 체제가 출범할 수 있게 됐다. 은행 연합은 첫 번째 단계로 '은행 단일 감독 기구'를 설립하고, 두 번째로 부실 은행 처리 과정에서 납세자와 정부의 부담을 최소화할 수 있는 '단일 정리 체제'를 구축하며, 마지막으로 단일 예금 보장 체제를 마련하는 3단계 방식으로 추진될 예정이다. EU 집행위원회는 올해 연말까지 합의되기를 희망하고 있으나 독일은 단일 정리 체제 출범을 위해서는 EU 설립 조약 변경이 필요하다면서 신중하게 추진할 것을 요구하고 있어 은행 연합 구축 일정이 지체될 것으로 우려되고 있다.

09월 18일

• 유럽 의회 의원이 ETS 개정 보고서를 거부하다　　　　　　(European Voice 09. 18)

- 유럽연합은 탄소 가격이 낮다는 문제를 가지고 있다. 유럽 의회의 환경위원회는 탄소 배출권거래제도(ETS)를 개정해 유럽 의회에 제출했으나 거부되었다. 환경위원회는 다음 달 새로운 개정안을 제시할 예정이지만, EU는 여전히 탄소 가격에 대해 고심 중이다.

09월 19일

• 아직 해결되지 않은 CAP를 세부적으로 개혁하다 　　　　(European Voice 09. 19)

– 농산부장관은 공동 농업 정책(CAP) 개혁의 남은 예산 문제에 대한 교착 상태를 깨려고 시도할 것이다. EU 회원국과 유럽 의회는 2014~2020 기간 CAP 개혁을 다루기로 했다. 그러나 이 개혁안은 EU의 장기 예산에 연결된 요소를 포함하지 않고 있다. 농업위원회 위원장인 파올로 드 카스트로(Paolo de Castro)는 이 사안이 합의되지 않더라도 위원회에서는 계속 9월 30일에 CAP 전체를 투표에 부칠 것이라고 서신에서 답했다. 이 사안은 다음 주 초에 다뤄질 것이다.

유럽 의회 여론

08월 26일

• 유로존의 잘못된 정설 　　　　(Yannos Papantoniou 08. 26)

– 유로의 위기와 통화 동맹의 미래는 아직까지 격렬한 논쟁에 있다. 유로존은 일반적으로 북부는 채권 국가, 남부는 채무 국가로 나뉜다. 그러나 무너져 내린 통화 연합에서의 승리는 제대로 된 승리가 아닐 것이다. 이것을 해결하기 위해 다섯 가지 전략을 제안할 수 있다. 첫째, 각국의 국내 예산 정책을 완화해야 한다. 또한 유럽 투자은행을 통해 자원을 동원하고 EU 구조 기금을 활용해야 할 것이다. 둘째, 추가 금리를 줄이고 수요를 강화하며, 더 높은 인플레인을 허용해야 한다. 셋째, 유럽의 공공 부채를 부분적으로 상호화해야 한다. 넷째, 국가 부채에서 개인 손실을 분리하기 위해 유로존 지도자들은 유럽 은행 노조, 예금 보험 제도를 만들어야 한다. 마지막으로 유럽의 재정 조율과 경제, 정책 개선, 유럽 의회에 책임을 가할 강한 기관이 필요하다. 이러한 전략을 추구한다면 유럽은 정책에 대한 지지 확보가 용이해질 것으로 전망된다.

09월 05일

• St Petersburg의 공포와 혐오 　　　　(Stewart Fleming 09. 05)

– 이번 주 20개국 지도자들은 미국과 러시아 사이에 시리아 개입에 대한 긴장감이

흐르는 가운데 정상회담에 참여하게 된다. G20은 경제 문제를 해결하기 위한 회담이다. 그렇기에 시리아에 대한 논의가 있더라도 G20에서는 서로 믿음을 보여 줄 필요가 있다. 이번 회담에서는 미국의 통화 정책, 인도와 중국의 외환 보유에 대한 논의가 있었다. 그 과정에서 EU는 G20과 WTO가 글로벌 거버넌스임을 주장하며 국제적 외교를 건설해 나갔다. 그러나 EU가 내부의 정치 및 경제 긴장을 해소시키지 못하고 있는 상황에서 미래 또한 전망할 위치에 있지 않은 것으로 보인다.

09월 05일

• 회의론자들에게 준비는 최선의 방어다 (European Voice 09. 05)

- 내년 유럽 의회의 선거는 EU 전역에 중요한 의미가 있을 것이다. 이미 9월 22일에 열릴 독일의 선거는 EU 사업들에 위협 효과를 가져올 것으로 예상된다. 2014년 5월 22일에서 25일까지 개최되는 유럽 의회 선거 또한 큰 영향력을 미칠 것이다. 따라서 9개월 앞둔 선거는 향후 EU 사업에 결정적일 것이다. 유럽 의회와의 관계를 다루는 유럽위원회의 위원은 EU가 현재 경제 위기로 인해 좌파 진영이 약해지고 있으며, EU 내에서도 국가별로 고르게 분포되어 있지 않은 점을 지적했다. 이러한 문제들의 해결과 관련하여 내년 유럽 의회 구성에 귀추가 주목된다. 선거는 큰 영향력을 미칠 뿐만 아니라 앞으로 EU를 이끌어 갈 의무를 부과하는 것이기 때문이다. 따라서 변화에 대한 논쟁은 신중하게 준비되어야 할 것이다.

09월 09일

• 직선제 가미 유럽 의회 선거 유권자 관심 높아 (연합뉴스 09. 09)

- 내년 5월 실시되는 유럽 의회 선거에서 직선제 효과가 가미돼 유권자들의 관심이 높아지고 있다. 8번째로 실시되는 내년 선거에서는 사상 처음으로 유럽 의회 선거 결과와 유럽연합(EU) 행정 권력의 수장인 EU 집행위원회 위원장 선출을 연계함으로써 직선제 효과를 거둘 수 있는 제도적 장치를 마련했다. 이런 제도 변화와 각 정파별 집행위원장 후보 윤곽이 드러나면서 EU 시민들의 선거 관심도가 높아지고 따라서 투표율도 높아질 것으로 여론조사 결과 나타났다고 EU 전문 매체 유랙티브가 보도했다.

09월 12일

• 여론조사가 EU 회원들의 깊은 분열을 알아내다   (European Voice 09. 12)

- 유럽연합 가입으로 국가가 혜택을 받았다고 느끼는 사람들과 그렇지 않다고 느끼는 사람들이 있다. 따라서 본 매거진에서 유럽 의회에 대한 여론조사를 알아보았다. 70%의 유럽 유권자들은 앞으로 완전한 직선제가 실현되기를 희망하는 것으로 나타났다. 십 년간 EU가 직면한 주요 과제에 대한 질문에는 사회적 불평등(33%), 공공 부채(32%), 청소년 문제(29%) 순으로 나타났다. EU가 자신의 국가에 좋은 영향을 미친다고 생각한 사람은 작년과 같이 50% 수준이었으며, 중립은 31%, 부정적이라고 생각한 의견은 17%로 작년에 비해 1%포인트 소폭 상승했다. 특히 영국은 응답자의 33%가 부정적인 반응을 보였으며, 심지어 37%는 자신들이 EU 회원이 아니라고 생각했다. 긍정적인 입장은 27%로 부정적인 입장이 더 많은 유일한 나라였다. 유로존의 위기가 있으면서 유로존의 무력함을 느끼는 부분도 증가했다. 이번 조사는 유로바로미터에서 28개 회원국 27,624명을 대상으로 이뤄졌다.

2차 (9월 말~10월 말)

김진주

10월에는 10월 7일부터 10일까지 스트라스부르에서 본회의가 있었으며, 21일부터 24일까지 예산안을 중점으로 본회의가 개최되었다. 본회의 기간 중 EPP는 당의 아버지로 불리던 그룹 대표가 타계하면서 그 부분에 초점이 맞춰졌고, 새로 당선된 노르웨이 총리에 대한 축하와 구금 중인 우크라이나 전 총리의 석방 등 인물에 초점을 맞추는 양상이었다. 반면, S&D는 자신들의 정책 및 안건에 대한 입장에 초점을 맞추고 자신들의 세력이 나아가야 할 방향을 모색했다. 그리고 양 진영에서 2014년 EU 집행위원장 자리를 놓고 후보자 선택을 위한 본격적인 준비에 들어가기 시작했다.

이번 정기 본회의에서는 지난달 담배 규제안과 미국의 TFTP에 대한 대응, 시리아 문제가 지속적으로 논의되었으며, 국경 통제에 대한 안건도 상정되었다. 담배 규제안의 경우 기존의 제한안과 큰 차이를 보이지는 않았으나 EPP의 압력으로 경고 문구가 표면에 75%였던 것이 65%로 수정되어 이루어졌다. 또한 지난 10월 3일 람페두사에서 벌어진 불법 이민자들의 보트 전복 사건으로 많은 이들이 사망한 사건을 계기로 이민자들에 대한 문제가 불거졌다. 유럽 의회에서는 유럽 시민들의 기본권과 이민자들의 안전을 위해 국경 통제, 즉 국경에서 일어나는 상황을 공유하고 감시하는 시스템을 승인했다. 그러나 이번 사태는 국경을 불법으로 넘으려다가 생긴 것이기에 이러한 강화된 감시가 또 다른 람페두사 사건을 야기하지는 않을지 우려되는 측면이 있다.

유럽 의회 정당

10월 05일
- EPP는 율리아 티모셴코의 용서를 요청하고 그녀의 석방을 요구한다

(EPP Press Releases 10. 05)

– 2004년 우크라이나의 오렌지 혁명을 이끌었던 티모셴코는 지난 2011년 10월 총

리로서 러시아와의 천연가스 계약 협상에서 권력을 남용했다는 혐의로 징역 7년 형을 선고받고 복역 중에 있다. EPP는 유럽연합과 우크라이나의 연대를 강조하며, EU가 그녀를 석방하는 데 노력해 줄 것을 촉구한다.

10월 10일
• 윌프리드 마르텐스: 위대한 정치가, EPP와 EU 건국의 아버지

(EPP Press Releases 10. 10)

– EPP의 대표인 윌프리드 마르텐스는 77세 나이로 운명했다. 그는 건강상의 문제로 지난 8일 EPP 대표의 책임을 위임했으며, EPP의 대표 대리인 요셉 다울은 마르텐스의 유럽 통합을 위한 업적을 기리며 추모를 표했다.

10월 16일
• 에르나 솔베르그가 노르웨이의 새 총리가 되다　　(EPP Press Releases 10. 16)

– EPP의 대표 대리인은 노르웨이의 새 총리로 취임한 에르나 솔베르그를 축하하며, 앞으로 다른 북유럽 EPP의 성공 모델이 될 것을 기대한다고 덧붙였다. 에르나 솔베르그는 전국 의회 선거를 이기고 현재 중도 우파 연립정부를 선도하고 있다.

10월 04일
• 하네스 스워보다 "람페두사의 비극은 유럽을 일깨운다."

(S&D Newsroom 10. 04)

– S&D는 이민 정책을 현실화시키고자 다음 주 수요일 본회의에서 노력할 것이다. S&D 대표는 람페두사의 비극은 유럽에 경종을 울리고 있고, 유럽의 책임을 직시해야 함을 일깨운다고 말했다. 또 그는 이민자들의 정착과 경제, 사회 활동을 지원하는 국가 간 협력을 강화해야 한다고 주장했다.

10월 09일
• EU는 우익 극단 세력을 이길 진보적인 전략이 필요하다　(S&D Newsroom 10. 09)

– 유럽 의회에서 최근 몇 년 동안 유럽에 공포를 확산시키는 극우 세력에 대한 우

려를 표명했다. S&D 부대표는 그들에게서 민주적 가치를 보호하기 위해서는 강력한 조치가 필요하다고 말하며, 더 많은 연대와 더욱 평등한 사회 통합이 이뤄져야 한다고 강조했다. 특히 S&D 드리트리 의원은 최근 황금새벽당의 범죄가 밝혀진 만큼 정치 지도자와 사회 전체가 책임을 인식하고 정의를 되찾아야 된다고 말했다.

10월 14일

• S&D는 대기업의 이사회에 여성이 증가했는지 확인을 촉구한다

(S&D Newsroom 10. 14)

– 유럽위원회의 최근 자료에 따르면, 유럽에 있는 대기업 이사회의 여성 비율은 전년 15.8%에 비해 소폭 상승했지만 16.6%를 넘지 못했다. S&D 에블린 의원은 이사회에서 여성의 비율을 증가시키는 법안은 가능한 넓은 범위로 해야 한다고 주장했다. S&D의 브리타는 유럽의 여성 인재들에게 지도자에 관해서는 동일한 기회를 부여해야 함은 상식이라고 말했다.

유럽 의회 선거·의회

10월 10일

• EU 국경 감시: 의회가 Eurosur 운영 규칙을 승인했다

(European Parliament News 10. 10)

– 지난 3일 발생된 람페두사 사건과 같은 비극을 방지하고자 유로수르(Eurosur)가 승인되었다. 유로수르는 EU의 국경에서 일어난 영상이나 데이터를 실시간으로 공유할 수 있는 국경 감시 시스템이다. 불법으로 EU국에 들어오는 것을 막고 EU 기본권을 보호하기 위한 목적이다. 우선 EU 회원국 중 11개국은 12월 2일부터 시행되며, 나머지 국가들은 2013년 12월 1일에 시행할 예정이다.

10월 15일

• EU 집행위원장 후보 경쟁 시작   (연합뉴스 10. 15)

– 2014년 유럽 의회 선거를 앞두고 유럽 의회의 각 정당에서는 EU 집행위원장 후

보로 선정되기 위한 경쟁이 시작되었다. EPP에서 유력한 현 집행위원장 바호주는 유럽 의회 선거법상 3선에 출마 가능하지만 가능성은 희박해 보인다. 따라서 비비안 레딩과 룩셈부르크 총리, 스웨덴 총리도 후보에 나설 것이라는 추측이 있다. 반면 중도 좌파 S&D는 마틴 슐츠 유럽 의회 의장이 후보로 확정돼 후보 경쟁에서 앞서 나가고 있다.

10월 17일

• NSA 스누핑: EU-US 은행 데이터 거래를 중단할지 여부에 대한 입장

(European Parliament News 10. 17)

– EU가 미국과의 TFTP 합의를 지속해야 하는지에 대해 본회에서 논의되었다. 말름스트룀(Malmstrom) EU 내무 담당 집행위원은 거래를 중단하자는 제안을 하지 않을 것이라고 밝혔다. S&D, ALDE, 녹색/EFA와 GUE/NGL 의회 의원은 도청 의혹에 대한 응답으로 협약을 중단할 것을 요구했지만, EPP와 ECR 회원은 그러한 조치가 무책임한 행동이 될 수 있다고 주장했다.

10월 17일

• 여성에게 비즈니스 세계에서 동등한 기회를 제공

(European Parliament News 10. 17)

– 기업에서 여성을 위한 임원 할당량 제안이 법무위원회에서 승인되었다. 기업 임원직에 더 동등한 여성의 접근을 보장하기 위해, 의회는 EU 상장 기업의 임원의 40% 이상이 여성일 것을 요구하는 제안을 추진했다. 11월 총회에서 모든 의회 의원들이 표결할 것이다.

유럽 의회 여론

10월 03일

• 우리는 근본적인 충돌을 보고 있다   (Kazanevski 10. 03)

– EU의 가장 큰 과제는 EU가 하나가 되는 느낌과 초국가적 문제를 해결하기 위해

자원을 분배하는 것과 관련하여 자국의 문제를 관리할 필요를 인정하는 것이다. 최근 성공적으로 유럽의 각 국가는 매우 밀접해졌다. 그러나 국가들 내부에는 문제들이 존재하며, 이러한 내부의 결함이 유럽연합에 영향을 미치는 것을 무시할 수 없다. 다시 말하면 유럽 내에서 보조금 등의 지원은 남부에 많이 들어가며, 이는 국가 간 격차를 야기하게 될 것이다. 적어도 브뤼셀에서는 통합이 이루어지고 있지만 위기를 해결하는 방법에 있어 국가들이 차이를 보이면서 유럽의 붕괴가 우려되는 부분이다. 유럽 시민들은 유럽의 빠른 성장에 대해 믿음을 잃어 가고 있다. 그리고 향후 유럽 선거에서 그 불신을 반영하게 될 것이고, 그것이 현실화된다면 우리가 보는 것은 정치 세력 간의 충돌뿐만 아니라, 오랜 기간 유럽 내에서의 국가 간의 충돌일 것이다.

3차 (10월 말~11월 말)

김진주

유럽 의회는 예산안을 중심으로 하는 본회의가 10월 21일부터 24일까지 열렸고, 11월의 본회의는 11월 18일부터 21일까지 개최될 예정이다. 10월에 열린 두 번째 본회의에서는 2013년의 적자를 충당하기 위한 현재 예산을 개정하는 것과 EU의 2014년 예산 삭감 반대 사안이 논의되었다. 또한 SWIFT(국제 은행 간 통신망)로 인한 EU-미국 은행 데이터 거래를 정지하는 결의안이 채택되기도 하였다.

유럽 의회의 대표적 정당인 유럽국민당(EPP)과 사회당그룹(S&D)은 슬로베니아에 대한 쟁점 사안 외에는 각 정당 활동을 보도하는 데 주력했다. 우선 EPP는 요셉 다울이 새로운 대표로 취임했으며, EPP 의원이 발의한 스마트 국방 예산 보고서가 채택된 내용을 볼 수 있었다. 그 밖에는 본회의에서 논의되고 통과된 안건들에 대한 기사가 일반적이었다. S&D의 경우 체코 공화국 선거에서의 승리를 축하하며 유럽 내에서 진보 정당들의 연합이 강화되어야 함을 주장했다. 또한 의회 안건으로는 계절 노동자의 권리 증진에 대해 발의한 것이 보도되었다. 이번 달 두 정당의 주요 쟁점은 EPP가 슬로베니아 사법부에 대해 우려를 표명하고 결의안을 채택한 것이었다. EPP는 슬로베니아 사법부의 독립성을 보장하고 지원한다는 명분을 내세웠으나 실상은 야네즈 얀사(Janez Janša)의 제1심 유죄 판결에 대한 우려에서 결의안을 채택한 것으로 보인다. 그에 따라 S&D의 대표는 EPP의 결의안을 부끄러운 행동이라며 비난하고, 그들의 간섭에 우려를 표명했다. 선거와 관련해서는 2014년 선거에 대비해 프랑스 극우파 정당 국민전선(FN)의 당수가 13일 네덜란드를 방문해 극우파 자유당(PVV) 당수와 만나 본격적으로 선거 연대를 구축하기 시작했다.

대외적인 사건으로는 10월 23일 SWIFT로 인한 미국과의 은행 데이터 거래를 정지하는 결의안이 채택되었지만 EU 집행위원회의 결정이 남아 있는 상태이다. 유럽 의회의 결의안은 구속력이 없기 때문에 집행위원회에 유럽 의회의 의견을 주장한 것으로 볼 수 있다. 또한 필리핀 태풍 재난과 관련해 EU 차원에서 지원하는 방안도 승인되었다. 대내적으로는 공동 농업 정책(CAP)이 11월 본회의 승인을 남겨 두면서 최종 투표를 기다리고 있다.

유럽의 여론은 정책에 관련한 사항은 찾아볼 수 없었으나 EU의 방향성을 재정비해 글로벌 세계에서 영향력을 발휘해야 한다는 내용을 찾을 수 있었다. 마스트리트조약 이후 EU가 출범한 지 20년이 되는 이 시점에 EU의 방향성을 심도 있게 생각해 볼 필요가 있다.

유럽 의회 정당

10월 28일

• 체코 선거: 스워보다 "지금 변화를 가지는 것은 CSSD의 의무이다."

(S&D Newsroom 10. 28)

– 10월 27일에 있었던 체코 공화국 의회 선거에서 사회민주당(CSSD)은 20.45%로 가장 큰 점유율을 차지했다. 이에 대해 스워보다(Swoboda) 사민당 대표는 "큰 연합인 CSSD는 현재 정부를 구성할 권리와 의무가 있다. 체코 사람들이 기존의 정치를 거부하고 새로운 포퓰리즘에 투표한 것은 새로운 정부를 기대하는 명확한 표시이다."며 "내년 유럽 선거 전에 이러한 점을 인정하고 가장 진보적인 정책을 통해 프로그램이나 의제를 제안할 것이다."고 말했다.

11월 14일

• 비유럽연합 계절 노동자에 대한 착취의 끝이 와야 한다   (S&D Newsroom 11. 14)

– S&D와 유럽 의회 진보 그룹은 계절 노동자로 유럽에 오는 이민자와 EU 노동자들 사이의 불평등을 피하기 위해 더 나은 조건을 설정하는 법률의 초석을 다졌다. 노동자위원회 추정에 의하면 매년 십만 명 이상의 계절 노동자들이 주로 농업, 관광 분야에서 일하기 위해 EU에 온다. 계절 노동자들에 대한 법안은 최소 근로 조건 및 사회적 권리를 보장하는 내용을 담고 있다.

11월 14일

• 스워보다 "슬로베니아 EPP 결의안은 부끄러운 일이다." (S&D Newsroom 11. 14)
- EPP 결의안에 대해 S&D그룹 대표인 하네스 스워보다(Hannes Swoboda)는 "EPP
가 슬로베니아 사법부의 독립성에 의문을 제기한 것은 부끄러운 일이다. EPP는 슬
로베니아 법치주의가 존중되었는지 여부를 의심하는 대신에 부패에 대항하는 슬
로베니아의 싸움을 지원하는 방법에 대해 생각해야 한다."고 말했다.

10월 24일

• 유럽의 국방 정책: 스마트 지출 비용을 가져올 것이다 (EPP Press Releases 10. 24)
- 유럽 의회 외교위원회는 보안 및 국방 문제에 대해 EPP 그룹인 마이클 가러(Mi-
chael Gahler)의 보고서를 채택했다. 심각한 예산 제약 시대에 스마트 협력의 증가는
유럽의 기술 우위를 유지하고 제한된 비용을 가지고 할 수 있는 좋은 방법이다. 유
럽 방위청은 가급적 적은 지출 등을 달성하고자 스마트 협력을 제공하고 있다. 회
원국은 국위 프로젝트를 극복하고 EDA를 작동해야 한다.

11월 12일

• 요셉 다울이 새로운 EPP 대표로 선출되다 (EPP Press Releases 11. 12)
- EPP의 정치 회의에서 요셉 다울이 새로운 EPP 대표로 선출되었다. 그는 "특히
2014년 5월 유럽 선거와 같은 중요한 도전을 앞둔 시점에 EPP의 대표로 위임될 수
있어 큰 영광이다. 마르텐스의 리더십과 헌신을 이어받아 EPP를 유럽에서 가장 크
고 영향력 있는 정당으로 만들기 위해 최선을 다할 것이다."고 말했다.

11월 13일

• EPP 정치회의는 슬로베니아의 상황에 대한 우려를 표현한다

(EPP Press Releases 11. 13)
- EPP의 정치회의(PA)는 어제오늘 슬로베니아 상황에 대해 깊은 우려를 표명했다.
PA는 만장일치로 다음과 같은 결의안을 채택했다. 1. 슬로베니아의 어려운 경제 상
황과 금융 위기를 해결하고 극복하기 위해 필요한 개혁을 촉구하고 광범위한 지원

을 요구한다. 2. 무엇보다도 슬로베니아의 정당 대표 야네즈 얀사의 제1심을 비난하며, 현재 야네즈 얀사에 대해 진행되고 있는 재판은 정치적인 판결로 실행되지 않길 바란다. 3. 국제 표준의 규칙과 절차의 호환성에 따라 OSCE와 같은 독립적인 조직을 초대한다. 4. EPP 멤버인 SDS뿐 아니라 N.Si와 SLS도 지원한다. 5. EPP는 모든 회원국에서 공정하고 독립적인 사법부의 필요성을 강조한다. 따라서 이 과정의 투명한 대중의 감시를 요청한다. 6. 모든 회원국에서 공공 절차 보장을 위한 해당 위원회 호출을 요구하면서 투명성과 효율성을 확보해 EU 법에 규정된 요구 사항을 따를 것이다.

유럽 의회 선거·의회

10월 25일

• 10월 말 총회의 내용　　　　　　　　　　　　(European Parliament News 10. 25)

− 1. 아웅산 수치 여사 사하로프상 수상, 2. EU의 2014년 예산 삭감을 반대하는 투표 및 적자를 충당하기 위한 현재의 예산 개정, 3. SWIFT로 인한 미국과의 협약 정지 상정, 4. 의료 기기의 인증과 모니터링, 의료 진단 도구에 대한 안전 요건 강화, 5. 선박 재활용 시설 승인 계획 채택.

11월 11일

• 11월 총회에 농업 개혁에 대한 최종 투표가 예정되어 있다

　　　　　　　　　　　　　　　　　　　　　　(European Parliament News 11. 11)

− 저렴한 음식 가격, 농촌과 농민에 대한 활기찬 지원을 위한 공동 농업 정책(CAP)이 11월 20일 의회에서 투표로 확정될 예정이다. EU 장기 예산의 1/3을 농업 지출 계정으로 사용하는 개혁은 2014~2020에 대한 EU의 장기 예산 회담과 함께 협상하고 있다. EP와 EC는 2013년 6월 16일에 EU 공동 농업 정책에 대한 논의를 시작해 9월 30일 새로운 법안을 승인하면서 개혁에 다가가고 있다. 장기 예산 협상이 완료되면 CAP 규정의 전체에 대한 투표가 이뤄질 것이다.

11월 13일

• 프랑스-네덜란드 극우 정당 유럽 의회 선거 연대 시동 　　　　　(연합뉴스 11. 13)

－ 프랑스와 네덜란드의 극우 정당이 내년 유럽 의회 선거를 앞두고 연대 움직임을 본격화하고 있다. 프랑스 극우파 정당 국민전선(FN)의 마린 르펜 당수는 13일 네덜란드 행정 수도 헤이그를 방문해 극우파 자유당(PVV)의 헤이르트 빌더스 당수와 만나 선거 연대 방안을 논의했다. 극우 정당들은 내년 5월 유럽 의회 선거에서 연대해 강력한 원내 세력으로 부상하려는 계획을 추진하고 있다. 양당의 선거 연대를 확정한 후 다른 극우파 정당들을 끌어들이는 방안을 추진할 것으로 예상된다.

유럽 의회 여론

11월 14일

• EU와 회원국 간의 긴장 악화는 서로에게 도움이 되지 않는다 　　　(GMF Blog 11. 14)

－ EU의 미래 역할에 대한 논쟁은 계속되고 있다. EU는 가능한 모든 정책 영역에서 배경이 되려고 한다. 그러나 앙겔라 메르켈 독일 총리도 지적했듯, 브뤼셀에서 모든 작업을 수행할 필요는 없다. EU는 국가 주권을 너무 많이 침해하지 않도록 주의해야 한다. 퓨리서치 센터의 조사에 따르면 평균 1/3의 EU 시민이 유럽 경제 통합이 자국의 경제를 강화했다고 생각한다. 이렇듯 유럽연합에 대한 긍정적인 전망은 많지 않다. 글로벌 세계에서 EU 시민에게 유럽 통합은 더 이상 마냥 합법화되지 않는다. EU가 하는 행동을 정당화시켜야 하며, 지도자들은 EU 회원국들이 글로벌 경쟁에서 더 적합할 수 있도록 EU를 재설계해야 할 것이다. EU 국가들은 상호 의존적이기 때문에 각자의 실패는 쉽게 유럽의 실패로 나아갈 수 있다.

4차 (11월 말~12월 말)

김진주

11월 본회의가 11월 18일부터 21일까지 개최되었으며, 12월 9일부터 12일까지 12월 본회의가 개최되었다. 유럽 의회 사이트는 11월, 12월 유럽 의회에서 논의되는 쟁점과 사안들을 기록하고 있다. 특히 11월 이후 웹사이트에 '선거 2014' 파트를 만들어 의회에서 하는 일과 의회의 역할을 설명하고 있다. 도표와 그림 등을 사용해 유권자가 자세히 의회의 역할을 알 수 있게끔 기록하고 있으며, 선거법과 선거 날짜 등도 보여 주고 있다.

유럽 의회의 대표적인 정당 그룹인 EPP와 S&D는 각 그룹의 입법 사안과 논의에 주력했다. EPP는 11월 22일 우크라이나 정부가 유럽연합(EU)과의 제휴 협정을 중단한 데 이어 유럽연합과의 연합 협정에 사인하지 않자 우크라이나에서 대규모 반정부 시위가 발생한 사안과 관련하여 외교단을 파견하여 우크라이나 시민들의 의견을 존중해야 한다는 점을 강조했다. 그리고 12월 19일 EPP 정상 회의가 브뤼셀에서 개최되었다. 정상 회의에서 2014년 유럽 의회 선거를 위한 유럽 전역 차원의 캠페인을 진행할 EU 집행 위원회 위원장 후보를 뽑는 일정을 확정했다. S&D는 우크라이나 반정부 시위에 대해 우크라이나 대통령에 대해서는 비난하나 반정부 시위대가 폭력적으로 변하는 양상은 우려가 된다는 의견을 피력했다. 그 밖에 유럽의 집시인 '로마'에 지원을 지지하는 입장과 28개국이 승인한 담배 규제안과 관련해 전자 담배도 규제하는 확대 방안을 주장했다.

유럽 의회에서는 공동 농업 정책(CAP)과 함께 EU 장기 예산이 채택되었고, 2020년까지 유럽 대형 상장 기업 비상임 이사의 40% 이상을 여성으로 채우도록 하는 방안이 통과되었다. 우크라이나가 EU협회 계약서에 서명하지 않은 것에 대한 결의안 채택, MFF를 수산 펀드와 재교육 및 일자리 펀드에 사용하는 것도 논의되었다. 마지막으로 UN 기후 변화 회의 참여를 위한 2020년까지 온실가스 30% 감축을 목표로 높이는 EU의 제안을 재확인했다.

2014년 유럽 의회 선거를 앞두고 EPP는 정치회의를 소집했고, S&D는 정책 활동에 주력하는 모습이다. 그러나 2014년 선거에 대해 극우파의 강세가 우려된다는 의견이 등장하고 있다. 스페인에서 신나치 동맹이 결성되었으며, EU 집행위원회도 유럽 선거에서 유럽 극우파의 득세를 경고하고 있다.

유로바로미터에서 2013년 11월 17일 총 28개 EU 회원국 및 전 5후보 국가(마케도니아, 터키, 아이슬란드, 몬테네그로와 세르비아의 구 유고슬라비아 공화국) 3만 2409명을 대상으로 2013년 가을 유럽인들의 인식 조사를 진행했다. 조사 결과 유럽연합에 대한 인식이 9월 조사보다 낙관적인 것으로 나타났다. 이는 2014년 유럽 의회 선거를 기대하는 효과가 작용한 것으로 보인다.

유럽 의회 정당

12월 12일

• S&D는 우크라이나의 평화로운 시위대를 지지한다　　　(S&D Newsroom 12. 12)

– 유럽 의회는 오늘 우크라이나 시위가 폭력적으로 가는 것을 우려하며 오히려 평화로운 대화를 촉진하도록 당국에 촉구했다. S&D그룹 대표 하네스 스워보다는 "유럽연합은 연맹 협의의 문을 늘 열어 놓고 있다. 그러나 이를 위해선 믿을 수 있는 파트너가 필요한데, 지금까지 대통령 야누코비치는 신뢰할 수 있는 파트너가 되지 못했다."며 "우리는 키예프의 마이단 광장에서의 평화로운 시위대에게 전폭적인 지지와 연대를 표한다. 법률 및 유럽과 긴밀한 관계의 규칙을 요구하는 우크라이나 사람들의 뜻을 명확히 보여 주고 있다."고 말했다.

12월 12일

• 로마 사람들: EU 정부는 시간 낭비를 중지해야 한다　　　(S&D Newsroom 12. 12)

– 유럽 의회는 국가 로마의 통합 전략 구현에 대한 유럽위원회의 2013년 중간 보고에 대해 새로운 결의안을 채택했다. 위원회의 보고서에 따르면 2011년 국가 전략의 도입 이후 약간의 진전이 있으나 아직도 국가들이 충분한 예산 지원을 하지 않고 있다고 밝혔다. S&D 협상가는 "유럽의 많은 곳에서 로마 사람들이 언어적, 물리적 폭력의 피해를 받고 있다. 법을 집행하는 당국이 범죄를 식별하는지 확인해야

한다. 유럽위원회는 회원국이 국가의 법률 안에서 인종 평등 지침을 실행하는지 여부와 집행하는 사람들이 로마 사람들의 자유, 정착할 권리와 보호를 실행하고 있는지 모니터링해야 한다. 그렇지 않으면 위원회는 침해 방지 절차를 수행해야 한다." 며 "또 다른 주요 문제는 학교에서 인종 차별을 극복하고 로마의 아이들을 위한 양질의 교육이 필요하다."고 말했다.

12월 18일

• MEP 린다: 새로운 담배 제품 지침을 요구 　　　　　　　　(S&D Newsroom 12. 18)

– 담배 제한안에 대해 EU의 28개 회원국이 합의했다. 그러나 전자 담배에 대한 사안의 경우, 애초에 의학 치료용으로만 허용하려던 EU 집행위원회의 안이 유럽 의회 논의 과정에서 후퇴하였다. 이에 대해 우려를 표명하며, 앞으로 3개 국가 이상에서 건강상의 이유로 전자 담배 판매를 금지할 경우 EU 전역에서 전자 담배를 금지할 수 있다는 EU의 지침을 찬성한다.

12월 09일

• 우크라이나인은 그들의 국가에 대한 The European Course를 선택할 권리가 있다

　　　　　　　　(EPP Press Releases 12. 09)

– EPP 부대표와 유럽 동부 파트너십 EPP 그룹 의장, EPP 외교장관회의 의장, EPP 외교 코디네이터가 지난 주말 우크라이나를 방문했다. 그들은 우크라이나인들은 자신의 나라에 대한 선택권이 있음을 강조하며, 우크라이나의 문이 열려 유럽의 지원이 제공되길 바란다고 말했다. 또한 그들은 희망의 메시지와 함께 율리아 티모센코와 유지니아 티모센코 등 EPP 자매 정당의 지도자들을 만났으며, 우크라이나 병력에 의해 구타당한 시민 시위자를 만나기 위해 병원을 방문했다.

12월 19일

• EPP 지도자: 유럽위원회 위원장 후보 선출을 위한 과정과 일정을 공개

　　　　　　　　(EPP Press Releases 12. 19)

– EPP 리더들은 12월 19일 EPP 정당 정상 회의를 위해 유럽이사회(European Council)에서 모였다. 그들은 2014년 유럽 선거를 대비해 유럽 전역의 EPP 캠페인을 진행할 유럽 집행위원회의 위원장 후보 선출을 위한 과정과 일정을 승인했다. 2월 13일: 후보자 공개 제출, 3월 5일: 입후보 제출 마감, 3월 6일: 입후보 검토 협의회, 3월 7일: 집행위원장 후보 선출 투표 및 후보자 선포, 캠페인 시작.

유럽 의회 선거 · 의회

12월 04일

• EU 집행위, 유럽 의회 선거 극우파 득세 경고 　　　　　　 (EU 비즈니스 12. 04)
– 유럽 각국에서 극우파 정당들의 지지율이 상승하고 있는 가운데 세실리아 말름스트룀 유럽연합 내무 담당 집행위원은 유럽 의회 선거에서 극우 정당 세력이 많은 의석을 얻어, 유럽 의회 정책 결정에 영향력을 행사하게 될 것이 우려된다고 말했다. 그리스를 방문한 말름스트룀 위원은 "그리스의 황금새벽당 등 극우 정당들이 경제 위기를 거치면서 더욱 세력을 확장하고 있다."고 밝혔다.

12월 18일

• 스페인, 신나치 동맹 결성. 유럽 의회 선거, 나치즘 강화 우려 　　　 (참세상 12. 18)
– 유럽에서 인종주의가 확대되는 가운데, 스페인에서도 전체주의적 신나치 세력이 정치 세력화를 도모하고 있다. 최근 다양한 우익 단체들이 집결해 '스페인행군'이라는 동맹을 결성했다. 이들은 스페인에서 최근 반파시스트 운동을 직접적으로 탄압하며 주의를 모아 왔다. 스페인행군은 창립 선언문에서 "스페인이 몰락하고 있다."며 애국으로의 복귀만이 나라를 구할 수 있다."고 밝혔다. 애국적 구조를 위해 스페인 우익은 1978년 제정된 시민 민주주의 헌법과 함께 17개의 자치 정부를 폐지하고 중앙 집중적 국가를 건설한다는 방침이다. 또한 이들은 이주민은 엄격하게 제한, 동성 결혼은 금지, 낙태권 또한 제한돼야 한다고 주장하며, 그리스와 스페인 우익 동맹은 내년 5월 유럽 의회 선거에서 공동 대응할 것임을 강조했다. 이들은 이를 위해 필요한 현직 의원 50명의 서명을 확보하기 위해 국민당 내 우익 세력과 다른 소규모 정당에 시선을 돌리고 있다.

11월 19일

• 2014년부터 2020년까지 걸친 EU의 장기 예산안(MFF)을 승인

(European Parliament News 11. 19)

- 수개월간의 복잡한 협상 과정 끝에 유럽 의회는 EU의 장기 예산안(MFF)을 승인
하였다. 모든 조건들은 지난 7월의 결의안에서 정해진 대로 진행되었고, 2014년부
터 7년간에 걸친 예산은 총 9600억 유로로 예정, 9080억 유로로 집행된다. 의회는
먼저 이사회와 의회의 논의로 결정되는 EU 계획들을 위한 법적 기반을 마련하였
으며, 재정 자원을 효율적으로 관리하기 위한 고위 실무 그룹 결성에도 동의하였
다. 이 예산 집행은 2016년에 유럽위원회에 의해 회고되고 재정 상황에 맞게 수정
될 계획이다. 장기 예산안은 537표 찬성, 126표 반대, 19표 기권으로 통과되었다.

11월 20일

• 기업 경영진의 40% 이상을 여성에게 할당 　　(European Parliament News 11. 20)

- EU에 상장된 기업의 비상임 이사의 40% 이상을 여성에게 할당하는 결의안이
채택되었다. 2013년 현재 EU의 대기업 전체 비상임 이사 중 17.6%만이 여성이며,
이번 결의안은 채용 과정을 투명화하고 동일 조건에서 소수 성(여성)의 채용을 우대
하여 2020년까지는 40%의 여성 비율을 달성하는 것을 목표로 한다. 이 결의안은
직원이 250명 이상이거나 매출이 5천만 유로를 넘는 기업만을 대상으로 하며, 할
당량을 정해 여성에게 우선권을 주긴 하지만 투명한 채용 과정에 대해서는 처벌은
없기 때문에 강제성은 없다고 할 수 있다. 이 결의안은 459표 찬성, 148표 반대, 81
표 기권으로 통과되었다.

11월 11일

• 11월 총회에 농업 개혁에 대한 최종 투표가 예정되어 있다

(European Parliament News 11. 11)

- 공동 농업 정책(CAP)이 11월 20일 의회에서 투표로 확정될 것이다. EU 장기 예산
의 1/3을 농업 지출 계정으로 사용하는 농업 개혁은 2014~2020에 대한 EU의 장기
예산 회담과 함께 협상되고 있다. EP와 EC는 2013년 6월 16일에 EU 공동 농업 정

책에 대한 논의를 시작해 9월 30일 새로운 법안을 승인했다.

11월 20일

• 환경 보호 및 공평한 재정 분배를 위한 공동 농업 정책(CAP) 개편

(European Parliament News 11. 20)

- EU의 농업 정책을 개혁하는 5가지의 제정법에 대한 이사회와의 협정이 지지되었다. 농업위원회의 위원장인 파올로 드 카스트로(S&D, IT)는 농업 정책에 있어서는 첫 번째인 이번 개편이 앞으로의 농업 정책이 식품 안전과 환경 보호는 물론 농업인들의 잠재적 문제 해결 능력 배양으로 이끌 것이라고 기대했다. 이번 개편은 핵심적으로 소규모 농업인에 대한 지원 확장, 환경 보호 정책 불이행자에 대한 불이익 제정, 농업인 단체의 권력 강화 등을 다뤘다. 이번 개편은 2010년 의회에서 처음 시작되었으며, 이번 의회에서 최종적으로 승인되었다.

12월 10일

• 유럽의 미래를 위해 우크라이나 반정부 시위대에 대한 EU의 지지 촉구

(European Parliament News 12. 10)

- 이날 열린 토론에서 유럽 의회 의원의 대부분은 EU가 EU와의 연계를 거부한 우크라이나 정부에 저항하는 우크라이나 국민들을 포기하면 안 된다고 주장했다. 일부 의원은 우크라이나 정부의 결정이 이미 EU의 외교 정책의 실패이자 러시아의 승리라고 말했다. 이외에도 우크라이나 국민들의 긴장된 상황에 대한 유럽의 단기적, 장기적 역할들이 제시되었다. 우크라이나의 상황을 주제로 한 이번 토론에서 언급된 사항들은 차후 EaP(Eastern Partnership)에 대한 정책 결정에 고려될 예정이다.

유럽 의회 여론

12월 20일

• 2013년 가을 유로바로미터: 경제 회복과 성장에 대한 믿음 (4-traders 12. 20)

- 유로바로미터 설문조사 결과에 따르면, 유럽인들은 유럽의 경제 상황에 대해 조

금 더 낙관적으로 보고 있다. 유럽의 절반 이상(51%)은 EU의 미래에 대해 낙관하고 있다(2013년 봄 유로바로미터=49%). 전반적으로 2013년 봄 조사에 비해 2%포인트가 상승했다. 시민의 43%가 EU가 위기에서 올바른 방향으로 나아가고 있다고 느꼈다. 그러나 일반적으로 실업(49%), 경제 상황(33%), 물가(20%)와 정부 부채(15%) 등 네 가지 주요 문제가 유럽인들에게 자리하고 있다고 응답했으며. 경제 상황(45%), 실업(36%) 및 회원국 공공 재정의 상태(26%)에 관해서는 EU가 당장 직면한 문제라고 답했다. 마지막으로 단일 통화, 유로 경제 통화 동맹에 대한 지원이 거의 안정적으로 유지되고 있다고 생각하는 유럽인이 절반 이상(52%, 2013년 봄 이후 +1%포인트)이었다.

5차 (12월 말~2014년 1월 말)

김진주

2014년 유럽 의회의 첫 본회의는 1월 13일부터 16일까지 4일간 개최되었다. 5월 22일에서 25일까지 있을 유럽 의회 선거가 올해로 접어든 가운데, 오히려 유럽 의회는 차분하게 유럽연합의 확대, 유럽 시민권 보장 등 실질적이고 정책적인 부분에 중점을 두며 진행되었다. 각 정당 그룹 또한 선거를 요란스럽게 준비하기보다 자신들의 책임을 먼저 다하는 분위기였다. 특히 유럽국민당(EPP)은 선거를 위한 그룹 집행위원장 후보를 선출하는 전당대회도 현재 EPP 소속의 EU 집행위원장의 레임덕을 우려하여 그 임기가 끝나는 3월로 미룬 상태이다. 반대로 S&D 소속의 유럽사회당그룹(PES)은 2013년 11월 대표를 이미 선정해 선거를 준비하고 있다. S&D는 정당들의 그룹인 만큼 유럽 시민들의 사회 보장 혜택, 이동의 자유 등에 중점을 두고 정책적인 보도를 이어 갔다. 그리고 EPP와 S&D 모두 유럽의 미래에 대한 콘퍼런스를 준비 중이다. 이는 선거를 앞둔 시점에 필요한 이벤트로 보인다.

유럽 의회 선거가 다가오면서 각 정치 그룹의 집행위원장 후보가 논의되고 있다. PES는 이미 마틴 슐츠 유럽 의회 의장이 집행위원장 후보로 선출됐고, EPP는 치열한 경쟁 양상을 보이고 있다. 오는 3월이면 각 정치 그룹의 집행위원장 후보가 정해지고 본격적인 선거 활동이 시작될 것이다.

유럽연합 내에서는 EU 역내 이민자의 복지 혜택에 대해, 복지 관광을 우려하는 영국과 독일에 맞서 유럽 시민의 이동이 자유로워야 한다는 유럽 의회의 강력한 입장이 있었다. 그리고 EU 시민권에 관하여 시민권 거래가 이뤄지는 사안에도 비판적인 결의안을 채택했다. 유럽연합의 대외적인 활동으로는 세르비아와 아이슬란드의 유럽연합 가입 협상을 진행할 것이 논의되었다.

유럽의 여론은 2014년 선거를 앞둔 새해를 맞이하여 소셜 미디어와 같은 선거에 필요한 전략적인 부분에 주목하는 것과 2014년 전체를 아울러 어떠한 과제가 있는지를 전망하는 기사를 찾을 수 있었다. 전반적으로 EU 및 유럽 의회에 대해 기대하는 측면과 해결되어야 할 문제점들을 제시하고 있다.

01월 14일

• 우크라이나: EPP 부대표는 율리 루첸코에 대한 폭력적인 공격을 비난하고 책임 있는 사람들을 기소할 것을 우크라이나 당국에 요구한다　(EPP Press Releases 01. 14)

– EPP의 부대표 및 유럽 의회 의원인 우스키(Jacek Saryusz Woski)는 지난주 평화적인 시위대와 경찰 사이에서 일어난 충돌에서 우크라이나의 야당 지도자인 율리 루첸코가 받은 폭력적인 공격을 비난했다. "나는 율리 루첸코가 받은 잔인한 구타를 포함해 토요일에 키예프에서 있던 사건에 경악했다. EPP는 민주적인 독립과 우크라이나에 대한 그들의 헌신에 박수를 보내며, 유럽의 우크라이나에 대한 모든 지원을 재확인할 것이다. 나는 즉시 루첸코에 대한 공격을 조사하고, 집회의 자유에 대한 기본 원칙을 어긴 책임자를 기소할 것을 우크라이나 당국에 요청한다. 또한 이번 사태에 대해 취할 수 있는 적절한 조치를 EU 기관에 요청한다."고 말했다.

01월 14일

• EPP는 EPP Saint Gery Dialogue의 4번째 콘퍼런스를 발표하게 된 것을 기쁘게 생각한다　(EPP Press Releases 01. 14)

– 2014년 1월 27일 19시~21시 30분 사이에 브뤼셀에서 콘퍼런스가 열린다. 이 콘퍼런스는 지금 우리가 하는 경제적, 정치적 의사 결정이 미래에 유럽의 경제 위기를 극복하기 위해 내린 결정임을 설명할 수 있는 포럼이다. 이전의 콘퍼런스의 전통에 따라 포럼의 주요 목적은 경제 위기 극복을 위해 유럽연합의 회원국에서 시행된 경제 개혁을 논의하는 것이다. 특히 경제 성장과 고용의 측면에서 효과적으로 위기에 대응하기 위한 광범위한 개혁 프로그램의 필요성과 개혁을 통한 긍정적인 효과에 중점을 두고 설명할 것이다.

01월 14일

• 모든 근로자는 사회보장의 혜택을 받아야 한다　(S&D Newsroom 01. 14)

– 자영업자를 포함한 모든 노동자는 오늘 S&D 의원에 의해 발의된 결의안이 채택

됨에 따라 사회보장제도를 받을 수 있어야 한다. 결의안을 발의한 S&D 의원은 투표 후 "경제 위기는 오늘날 유럽에서 약 2천7백만 명의 실업자를 만들었다. 동시에 많은 유럽의 정부는 급격한 긴축 정책으로 연금 및 사회적 혜택을 삭감했다. 우리는 실업자 등 취약 계층에 대한 적절한 사회보장을 하기 위해 EU 회원국에 요청한다. 우리는 모든 근로자가 적절한 사회적 보호를 누릴 수 있도록 EU 국가들의 노력을 촉구한다."고 말했다.

01월 15일

• 테살로니키에서 다시 선보이는 유럽: 위기에서 벗어날 새로운 아이디어

(S&D Newsroom 01. 15)

‒ S&D는 'Relaunching Europe'을 1월 23일 8시 그리스에서 개최할 것이다. 우리는 위기를 모면할 수 있는 새로운 아이디어 추구를 위한 심도 있는 논의와 함께 이벤트를 개최한다. 그리스 사람들은 몇 년 동안 긴축 정책으로 인해 고통받았다. 이러한 정치적 접근 방식을 더 이상 계속할 수 없기에, 우리는 다양한 분야에서 성공한 전문가와 기업가의 아이디어와 경험을 공유할 것이다.

01월 16일

• EU에서 이동의 자유는 우리가 보호해야 할 근본적인 기본 원칙이다

(S&D Newsroom 01. 16)

‒ 유럽 의회는 오늘 스트라스부르에서 EU 내에서 이동의 자유를 제한하는 포퓰리즘적 요구를 거부하는 결의안을 채택했다. 유럽 의회 의원들은 이러한 EU의 시민 기본권을 제한하는 행위는 근로자의 이동성에 대한 장애물로 EU의 경제 이익과 경제력을 손상할 것이라며 우려했다. S&D 부대표는 EU 시민 중 2.8%가 고향이 아닌 다른 회원 국가에 살고 있다며, 소위 '복지 관광(EU의 빈국 출신 노동자들이 복지 혜택만을 위해 서유럽 선진국으로 몰려갈 것이라는 용어)'에 대한 언급은 민족주의와 보호주의를 증가시키기 위한 것이라고 비판했다. 또한 EU 국가에서 빈곤으로 인한 이동에 집중하는 것보다 노동자에게 평등한 기회를 주고, 양질의 노동 조건을 제공하는 고용주를 장려하여 사회적으로 경제 성장을 위해 노력해야 함을 주장했다.

01월 02일

• 유럽 의회 선거운동 본격 시작 (연합뉴스 01. 02)

– 오는 5월 22일부터 25일까지 실시하는 유럽 의회 선거는 처음으로 선거 결과와 EU 집행위원장 선출을 연계하는 직선제 효과를 가미함으로써 유권자들의 관심이 높다. 유럽국민당그룹(EPP), 사회당그룹(PES), 자유민주당그룹(ALDE)은 집행위원장 후보를 선출하고 공약을 마련하고 있다. 우선 PES는 마틴 슐츠 유럽 의회 의장이 2013년 11월 이미 후보로 선출되어 선거를 지휘하고 있다. EPP의 후보로는 비비안 레딩(EU 집행위원회 부위원장)이 거론되는 가운데, 장 클로드 융커(룩셈부르크 전 총리)와 프레드릭 라인펠트(스웨덴 총리)도 후보 도전에 나설 전망이다. EPP는 조기에 후보를 확정할 시 현 EU 집행위원장의 레임덕을 우려하여 3월에 있을 전당대회에서 집행위원장 후보를 공식 선정할 것이다. ALDE는 페어호프슈타트(당수)와 올리 렌(EU 경제 담당 집행위원)이 경쟁하고 있다. ALDE는 2월 1일 브뤼셀 전당대회에서 후보를 선출할 계획이다. 그 밖에 극우파인 프랑스의 국민전선(FN)과 네덜란드의 자유당(PVV)이 선거 연대를 확정한 뒤 극우파 그룹도 나올 것으로 예상된다.

01월 15일

• 더블린의 카운트다운: 누가 EPP의 후보가 될 것인가 (Europedecides 01. 15)

– EPP는 50일 뒤 유럽 의회 선거를 이끌어 갈 집행위원장 후보를 선출하기 위해 더블린에서 선거 회의를 연다. 사회주의자, 자유주의자의 상관없이 EPP의 후보 등록은 누구나 가능하다. EPP의 대표인 요셉 다울은 12월에 6명의 경쟁자를 언급했다. 지르키 카타이넨(Jyrki Katainen, 핀란드 총리), 미쉘 바니어(Michel Barnier, 국내 시장과 서비스 위원), 엔다 케니(Enda Kenny, 아일랜드 총리), 장 클로드 융커(Jean Claude Juncker, 룩셈부르크 전 총리), 크리스틴 라가르드(Christine Lagarde, IMF 관리 이사), 프레드릭 라인펠트(Fredrik Reinfeldt, 스웨덴 총리), 비비안 레딩(Viviane Reding, 유럽연합 집행위원회 부의장)이다. 그 밖에 다른 후보도 나올 것으로 보인다.

01월 13일

• 개회: 라트비아 유로존 가입, 나쁜 날씨, 시리아 미래에 대한 UN 회의

(European Parliament Plenary session 01. 13)

– 유럽 의회의 의장인 마틴 슐츠는 올해 첫 본회의를 개회했다. 슐츠는 1월 1일부로 유로에 가입하여 18번째 유로존 가입국이 되는 라트비아를 축하하고, 리투아니아에 대해 내년에 유로의 19번째 가입국이 될 것이라는 대담한 신호를 보냈다. 이번 회의에서 광범위한 폭풍 피해, 해안의 침수 등과 같은 나쁜 날씨의 영향을 토론할 것을 제안하며, 피해자와 의회의 연대를 강조했다. 마지막으로 시리아의 미래에 대한 두 번째 UN 회의가 1월 22일에 제네바에서 시작되어야 한다고 강조했다.

01월 15일

• EU 국가는 자유로운 이동에 대한 권리를 존중해야 한다

(European Parliament Plenary session 01. 15)

– 의회는 2014년 1월 1일로 만료된 불가리아와 루마니아 출신 노동자들의 자유로운 이동에 관하여, 목요일에 열린 임시 제한 조치에서 결의안을 통해 시민의 이동의 자유를 제한하고 변경할 것을 요청한 일부 유럽 지도자들에 대해 강하게 이의를 제기했다. EPP, S&D, ALDE, 녹색당/EFA 및 GUE/NGL 그룹에 의해 상정된 공동 결의안에서, 의회는 이동의 자유는 모든 유럽 시민들에게 보장된 권리라는 조약의 규정을 준수하라고 회원국에게 요청했다. 전체 EU 시민의 2.8%는 자신의 국가가 아닌 다른 EU 국가에 살고 있으며, 그들은 국내 시장에서 성공의 핵심 요소이며 유럽의 경제를 활성화시킨다고 유럽 의원들을 말했다. 따라서 유럽 의회 의원은 EU 이동 근로자를 차별하지 말 것을 회원국에 촉구했다.

01월 16일

• EU 시민권이 어떤 가격에도 판매되어서는 안 된다

(European Parliament Plenary session 01. 16)

– 목요일, EU 시민권에 '가격 태그'가 붙어서는 안 된다는 결의안이 상정되었다. 이는 특히 몰타를 우려하는 것으로서, 제도를 도입한 모든 회원국들이 공동의 가치와

업적 보존에 책임이 있다는 것을 인식하면서도 직접 또는 간접적으로 제3국 국민에게 EU 시민권을 판매하는 행위가 일부 회원국들에서 발생하고 있는 데 따른 것이다. EU 시민권이 판매되는 것은 상호 신뢰를 훼손하는 것이며, EU 시민권이 판매되어서는 안 된다는 결의안은 기권 44, 반대 22, 찬성 560표에 의해 통과되었다.

01월 16일

• 세르비아와 코소보: 유럽 의회 의원들은 역사적인 합의 및 과정을 환영한다

(European Parliament Plenary session 01. 16)

– 유럽 의회는 세르비아의 안정화 및 코소보와의 협상을 시작하는 것과 함께 가입 회담을 시작한 유럽 이사회(European Council)의 결정을 환영했다. 세르비아는 지난 4월 협정에 서명함으로서 코소보와 관계 정상화로 가는 길을 열었다. 따라서 유럽 의회 의원은 공식적으로 가입 협상을 시작했다. 1월 21일 정부 간 회의는 역사적인 단계이며 세르비아는 EU 가입의 의지를 보여 주고 있다. 본 결의안은 기권 51, 반대 43, 찬성 528로 통과되었다.

유럽 의회 여론

01월 07일

• EU의 정치적 토론을 소셜 미디어로 끌고 오다　　　(ELIZABETH LINDER 01. 07)

– 최근 몇 년 동안 유권자와 정치인 사이에 전통적으로 작용했던 소통의 장벽이 소셜 미디어 덕분에 빠르게 무너지며 진화하고 있다. 그러나 시민들이 적극적으로 온라인 정치를 하고자 하지만, 이들의 목소리와 완전히 연결되지 못하고 상호 작용하지 않는 정치인 사이의 격차는 여전히 해소할 필요가 있다. 퓨리서치 센터의 연구에 따르면 페이스북을 하루에 여러 번 사용하는 사람은 자신의 투표에 대해 타인을 설득할 가능성이 57%, 그리고 43%가 정치 집회나 회의에 참석하기 위해 시간을 내는 사람들로 나타났다. 따라서 EU의 정치 지도자는 온라인 대화에 참여하여 시민들에게 다가가야 한다. 소셜 미디어에 접근하는 방법이 정해진 것은 아니지만 몇 가지 방안을 제시할 수 있다. 우선 다른 사람들보다 먼저 소셜 미디어를 구축하

는 것이다. 그리고 자신의 스타일에 맞게 콘텐츠를 설정하며, 사람들이 어느 시간과 어떤 콘텐츠에 반응하는지 통찰해야 한다. 또한 유럽 의회 의원에게 정보를 받고 있다는 생각을 할 수 있게 유용한 정보를 제공해야 한다. 마지막으로 콘텐츠 제작자로서 사람들의 응답이나 태그 등을 사용해 그들에게 다가갈 필요가 있다.

01월 09일

• 이전 유럽연합에 대한 테스트의 해 (European Voice 01. 09)
- 2014년 한 해 동안 EU의 성공과 실패 여부를 평가하는 기준이 필요하다. 이를 알아보기 위해서는 다음 세 가지 질문을 통해 가능할 것이다. 첫째, 중장기적으로 문제가 되는 것은 EU가 민주적으로 대표성을 확보하는지 여부이다. 5월의 유럽 의회 선거에서 무엇보다 중요한 것은 전체적인 그림이다. 2009년의 43%의 투표율과 같이 50% 미만의 투표율을 기록한다면 이는 실패로 간주될 것이다. 낮은 투표율로 광범위한 유럽에 적용하려는 것은 대표성을 훼손할 수 있기 때문이다. 만약 낮은 투표율을 보인다면 이는 유럽 의회가 발생한 문제들에 대해 유권자들의 입장에서 적절하게 대처하지 못했다는 것을 의미한다. 두 번째는 사람들이 선거를 한 뒤에 선거 결과에 대한 응답 여부이다. 즉 유럽연합 집행위원장, 유럽연합 상임의장 등이 선거 결과에 따라 지정되어야 할 것이다. 마지막으로 세 번째는 2014년 말에 유럽 시민들이 EU에 대해 큰 이해심을 가지고 있는지 여부가 될 것이다.

6차 (2014년 1월 말~2월 말)

김진주

2014년 2월에는 본회의가 두 번 개최되었다. 2월 3일부터 6일까지와 2월 24일부터 27일까지이다.

2014년 5월 선거가 다가오면서 각 정당 그룹의 집행위원장 후보가 그 윤곽을 드러내고 있다. 사회당그룹(PES)은 마틴 슐츠 유럽 의회 의장이 2013년 11월 후보로 선출되었으며, 자유민주당그룹(ALDE)은 2월 1일 브뤼셀 전당대회에서 현 당수인 페어호프슈타트를 정당 그룹의 후보로, 올리 렌을 선거 캠페인 공동 지도자로 선출했다. 유럽국민당그룹(EPP)은 2월 13일부터 후보 모집을 시작한 가운데 독일의 앙겔라 메르켈 총리 등은 장 클로드 융커(룩셈부르크 전 총리)를 지지하고 나섰다. EPP는 3월 5일까지 후보자를 받고, 3월 5일 더블린 회의를 통해 후보자를 검증한 뒤, 3월 6일 집행위원장 후보를 선출할 계획이다.

선거를 100여 일 앞두고 반EU 정당인 극우 정당들의 활동도 본격화되고 있다. 네덜란드 극우 정당인 자유당(PVV)의 당수가 2월 6일 네덜란드 경제를 위해 EU와 유로존에서 탈퇴해야 함을 주장했고, 프랑스에서도 국민전선(FN)이 여론 조사에서 1위를 차지하면서 그 세력이 확장되어 가고 있는 실정이다. EU 집행위원회는 5월 선거에서 극우 정당 그룹이 많은 의석을 차지할 것을 우려하여 1월 16일 유럽 내 좌우 극단주의를 막기 위해 2천만 유로(약 290억 원)를 투입해 극단주의 폭력 감시 센터를 설립할 계획을 발표했다. 또한 EU는 젊은이들이 극단주의에 빠지지 않도록 '탈극단화 프로그램'을 마련할 것을 각 회원국에 요구했다.

유럽 의회 본회의에서는 대내적으로는 CO_2 규제 방안과 비계절 노동자의 근로 조건 보장에 관한 논의가 진행되었다. 대외적으로는 우크라이나 사태의 관련하여 여행 금지와 재정 지원에 대한 결의안이 채택되었으며, 시리아와 관련하여 제2의 제네바 회담을 준비해야 한다는 내용이 있었다. 또한 NSA의 도청 사건과 관련하여 조사 보고서가 발표되었으며, 다음 달 본회의에서 최종 보고서 채택 논의가 있을 예정이다.

유럽의 여론은 대외적으로 우크라이나 사태와 관련해 우크라이나 정부를 규탄하는 내용이 다수를 차지하였으며, 유럽 의회 선거와 관련해서는 유럽 의회 다수가 유럽의 소수 집단과 소수 민족사회의 의견을 존중하여 다 함께 유럽연합을 구성해 가야 한다는 의견이 존재했다.

2014년 3월 본회의는 3월 10일에서 13일에 이뤄질 예정이며, 3월 동향 보고서에 2월 24일부터 27까지 진행된 2월의 두 번째 본회의 내용도 포함될 것이다.

유럽 의회 정당

02월 01일

• 유럽 공동 선거운동을 이끄는 사람 페어호프슈타트와 올리 렌

(ALDE Press Releases 02. 01)

− ALDE 정당 그룹은 오늘 공식적으로 유럽위원회 집행위원장 후보로 벨기에 전 총리인 기 페어호프슈타트를, 유럽 선거를 위한 유럽 자유주의 운동의 공동 지도자로 EU 경제·통화 담당 집행위원인 올리 렌을 선출했다. 1월 20일 두 후보 사이의 합의에 따라 두 후보가 공동으로 동등한 캠페인을 이끌 것이다. 두 사람은 더욱 자유로운 유럽을 위해 일할 것이며, 2013년 11월 30일 런던 당 대회에서 채택된 ALDE 당 선거 선언문에 명시된 선거 플랫폼에서 함께 선거운동을 할 것이다.

02월 04일

• 메르켈, EU 집행위원장에 융커 지지

(FINANCIAL TIMES 02. 03, 연합뉴스 02. 04 재인용)

− 앙겔라 메르켈 독일 총리가 EPP의 유럽연합(EU) 집행위원장 후보에 장 클로드 융커 룩셈부르크 전 총리를 지지했다. 메르켈 총리는 독일 중도 보수 기독민주당(기민당·CDU)에 속해 있으며, 융커 전 총리는 룩셈부르크 기독교사회당(기사당·CSV) 소속이다. 융커는 1995년부터 2013년까지 18년간 룩셈부르크에서 총리로 선출되어 민주적인 절차를 거친 최장수 정부 수반이란 기록을 세웠다. 그는 2005년부터 7년간 유로존 재무장관 협의체(유로 그룹) 의장직을 맡아 왔다.

02월 13일

• 3월 6일부터 7일까지: EPP는 집행위원장 후보를 선출하기 위한 일정을 시작했다

(EPP Press Releases 02. 13)

− 유럽국민당(EPP)은 3월 6일부터 7일까지 더블린에서 EPP 선거 프로그램을 논의하고, EPP의 대표를 선출하는 회의를 개최할 예정이다. 이번 회의에는 39개국에서 2,000명의 대표들이 참가할 것으로 보인다. 오늘(2월 13일)부터 3월 5일까지 EPP의 대표 후보자를 받을 예정이며, 3월 5일 더블린 회의를 통해 후보자 검토 및 검증이 이뤄질 것이다. 3월 6일에는 EPP의 유럽연합 집행위원장 후보를 선출하는 투표가 있으며, 당일 개표를 통해 후보가 선출되고 본격적인 선거 캠페인을 시작할 예정이다.

02월 22일

• 우크라이나: EPP 대표는 율리아 티모센코의 자유를 환영한다

(EPP Press Releases 02. 22)

− 2011년부터 수감되었던 율리아 티모센코가 22일 석방되면서 EPP의 대표인 요셉 다울은 율리아 티모센코의 자유를 환영했다. 그녀는 야누코비치 정권에 반대하여 우크라이나에서 친유럽 시위를 벌여 왔다. 석방된 티모센코 우크라이나 전 총리는 23일 연설에서 유혈 사태 희생자들을 영웅이라며 칭찬하고 대통령 선거에 출마할 것이라고 밝혔다.

02월 10일

• 함께 승리를 위해 투표하자 (PES News 02. 10)

− "우리는 5월 선거에서 승리해야 한다. 여론조사에서 승리하는 것만으로는 충분하지 않다."고 PES 사무차장은 말했다. 사회민주당과 사회당은 유럽 전체에서 증가하고 있다. PES 사무차장은 연설에서 PES가 승리하려면 지속적으로 유권자를 동원할 필요가 있으며, 지속적인 그룹의 활동과 더불어 수천의 유권자를 동원하여 함께 문을 두드리는 'Knock the vote'는 좋은 캠페인 활동의 예라며 칭찬했다.

02월 20일

• PES는 강하게 우크라이나의 폭력을 비난한다   (PES News 02. 20)

— PES는 우크라이나의 현재 상황에 큰 우려를 표명한다. 월요일, 수천 명의 시위자들이 헌법 개정을 위한 논의가 열리기로 한 의회로 향하면서 경찰과 시위대의 충돌은 다시 재개되었다. 약 50명이 사망했고 수백 명이 부상을 입었다. 무역조합 건물은 불에 타올랐고 상황이 언제 해결될지는 불분명하다. 지난 두 달간 PES는 민주주의의 법치를 지지하며 인권 폭력과 과격주의에 대해 반대하는 목소리를 내 왔다. PES는 또한 2월 10, 11일에 대리인을 보내 반대편, 국가 원수 그리고 시민사회 조직과 만남을 가졌다. PES는 우크라이나에서의 폭력 재발과 심각한 상황에 대해 진심으로 우려하며 희생자와 그의 유가족들에게 애도의 뜻을 보낸다. 또한 우리는 어떤 형태가 되었든 폭력에 대해 강력히 규탄한다. 우크라이나 정부는 위기를 직시하고 헌법 개정을 포함한 개혁을 향한 결정을 내려야 한다. 모든 정당이 우크라이나의 국민과 나라의 통합과 주권을 위해 평화적으로 노력하기를 바란다.

유럽 의회 선거 · 의회

02월 07일

• 유럽 의회 선거 앞두고 극우 정당 反EU 캠페인   (연합뉴스 02. 07)

— 유럽 의회 선거를 앞두고 유럽 극우 정당들이 반유럽연합(EU) 캠페인을 벌이면서 세력 확대에 나서고 있다. 유럽 각국 극우 정당들이 유럽 의회 선거 연대를 모색하는 가운데, 영국에 뒤이어 네덜란드에서도 EU 탈퇴와 유로화 사용 중단이 제기됐다. 네덜란드 극우 정당인 자유당(PVV)의 헤이르트 빌더스 당수는 6일 네덜란드는 경제를 위해 EU와 유로존에서 탈퇴해야 함을 주장했다. 프랑스에서는 극우 정당인 국민전선(FN)이 여론조사에서 양대 정당인 사회당(PS)과 대중운동연합(UMP)을 제치고 유럽 의회 선거에서 1위를 차지할 것으로 예상됐다. 영국에서도 영국독립당(UKIP)이 27%의 지지율로 노동당(26%)과 보수당(25%)을 앞질렀다. 네덜란드 자유당 역시 여론조사에서 지지율이 상승하는 것으로 나타났다. 2014년 5월 유럽 의회 선거에서 극우 정당 그룹이 많은 의석을 차지할 것을 우려해 EU 집행위원회는

지난달 유럽 내 좌우 극단주의를 막기 위해 2천만 유로(약 290억 원)를 투입해 극단주의 폭력 감시 센터를 설립할 계획을 발표하였다. 또한 EU는 젊은이들이 극단주의에 빠지지 않도록 '탈극단화 프로그램'을 마련할 것을 각 회원국에 요구했다. 독일과 프랑스는 친EU적인 대응 방안을 공동으로 마련하고 있다.

02월 11일

• 2014년 유럽 의회 선거: This time it's different (European Parliament News 02. 11)
– 2014년 유럽에서 열릴 선거가 100일 앞으로 다가왔다. 세계에서 두 번째로 큰 민주주의 운동으로 유럽의 4억 명이 새 유럽 의회 구성을 위해 투표한다. 5월에 의석을 획득하게 되는 의원은 향후 5년 동안 유럽 정책의 방향을 설정하고, 유럽 집행위원회(European Commission) 집행위원장을 선출할 것이다. 2009년 이후 유럽연합은 경제 위기를 맞아 해결 방안을 모색하였고, 그것을 해결하고자 유럽 의회 의원은 예산 분야에 집중하며 무엇보다 경제 위기를 해소하는 데 많은 기여를 해 왔다. 이번 선거를 통해 먼저 유럽연합의 기관 중 유일한 직접 선출 기관인 의회, 즉 법률을 만들고 감독하는 유럽 의회를 구성하고, 다음으로 유럽 연합의 집행 기관을 이끌 유럽위원회 집행위원장을 결정한다. 따라서 이번 선거에서는 어느 때보다 유권자의 영향력이 큰 것이다.

02월 05일

• 비계절 노동자에게 더 나은 근무 조건과 권리를

(European Parliament PLENARY 02. 05)
– EU 외부에서 들어온 비계절 노동자들은 수요일에 의회에서 통과되는 법률에 따라 근무하는 기간 동안 적절한 숙박 시설 및 조건들을 받을 수 있게 된다. 유럽연합 집행위원회는 약 10만 명의 계절 노동자가 매년 들어오는 것으로 추정하고 있으며, 12개월 중 5~9개월 동안 있는 노동자들에 한해서 그들을 보호하기 위한 최소한의 기준을 마련하고 있다. 여기에는 작업 계약 또는 임금과 근로 시간 등 중요 사항이 포함되고, 숙박 시설의 경우 고용주가 제공할 시 임대료가 과도해서는 안 되며 자동으로 근로자의 임금에서 제하도록 하고 있다. 이 법안에 따르면 EU 소속이 아닌

비계절 노동자에게 EU 국민과 동일한 권리를 부여하며, 노동조합에 가입할 수 있도록 한다.

02월 06일

• 우크라이나: 유럽 의회 의원은 우크라이나 여행 금지와 재정적 지원을 요청한다

(European Parliament PLENARY 02. 06)

– 2014년 2월 2일 우크라이나 수도 키예프에서 2천 명의 시위대가 부상을 당했으며 최소 6명이 사망한 것으로 알려졌다. EU와 회원국은 우크라이나의 여행 금지와 우크라이나 시위대의 살인에 책임이 있는 사람들의 EU 자산을 동결하는 등의 제재를 준비해야 한다. 또한 우크라이나에 대한 EU의 재정 지원을 요구하는 바이다.

02월 06일

• 시리아에 대한 제네바 회담은 정치적이고 민주적인 해결안으로 이어져야 한다

(European Parliament PLENARY 02. 06)

– 시리아가 자유와 민주주의로 전환하려면 시리아에 대한 두 번째 제네바 회담이 예정, 준비되어야 한다. 이러한 해결안은 국제사회의 지원과 함께 시리아의 정치적 과정을 통해 이루어질 수 있다. 우선 민간인의 고통을 더는 것을 EU와 국제사회는 우선시해야 한다. 따라서 유럽 의회는 이를 위해 긴급 유엔 안전보장이사회를 열어 인도주의적으로 해결할 것을 요청한다. 또한 2011 사하로프상 수상자인 라잔의 석방을 EU에 요청하는 바이다. 마지막으로 화학무기를 처리하는 데 있어서 적절하고 안전하게 파괴해야 할 것이며, 이러한 제거 방법이 환경적으로 안전하게끔 이루어지길 요청한다.

02월 13일

• 유럽 의회, 내부 고발자 보호 촉구…스노든 보호는 무산　　　　(연합뉴스 02. 13)

– 유럽 의회 시민자유위원회는 2월 12일 전 미국 CIA 요원인 에드워드 스노든이 미국 국가안보국(NSA)의 불법 정보 수집 행위를 폭로한 사건에 대한 조사 보고서를 발표했다. 시민자유위원회는 내부 고발자 보호에는 합의했으나 EU 회원국이 스노

든에 대한 보호를 제공할 것을 명시하자는 독일 녹색당 의원들의 제안은 채택하지 않았다. 보고서는 EU가 미국과 공유해 온 은행 계좌 정보 및 항공 여객 정보 교환 협정에 따른 의무 이행을 중단할 것을 요구했다. 또한 현재 EU와 미국이 진행하고 있는 FTA 협상에서 개인 정보 보호 방안을 FTA와 연계할 것을 요청했다. 유럽 의회 시민자유위원회가 이날 조사 보고서를 발표한 데 이어 3월 본회의에서 최종 보고서를 채택할 예정이다. 2013년 6월 스노든의 폭로로 미국이 브뤼셀에 있는 EU 본부를 도청하고 EU 전산망에 침투하는 등 EU와 유럽 각국에 대해 광범위한 불법 정보 수집을 감행한 사실이 드러난 이후 유럽 의회는 진상 조사를 벌여 왔다. 시민자유위원회는 2014년 1월 스노든을 청문회의 증인으로 채택하고 실시간 화상 증언 방안을 승인했다. 유럽 의회 본회의에서 스노든 증인 채택안이 통과되면 4월 중으로 스노든의 유럽 의회 청문회 화상 증언이 이뤄질 것이다.

유럽 의회 여론

01월 27일

• 유럽연합(EU)의 투표와 유럽이 간과한 소수 민족　　　　　　(Euobserver 01. 27)
– EU 시민의 중요한 권리 중 하나는 투표와 선거에 후보로 설 수 있는 권리이다. 1979년부터 유럽 의회 선거는 투표율의 지속적인 하락을 보여 왔고, 다음 유럽 선거가 가까이 다가올수록 후보자들은 유권자의 관심을 얻고자 노력했다. 이러한 맥락에서, 소수 민족과 소수 종교 공동체에 속한 EU 시민은 곧 있을 유럽 의회 선거에서 이러한 추세를 반전시키는 중요한 역할을 할 수 있다. 그들은 큰 범위를 차지하지만 소수 민족사회는 지금까지 대부분의 선거와 투표에서 제외되었다. 그들은 유럽 전체 인구의 약 12%를 구성하며, EU에는 약 6000만 명의 소수 민족과 소수 종교가 있다. 사실 그들은 모든 우파 집단을 합친 것보다 훨씬 더 크기에 정당에 변수로 작용할 수 있다. EU의 소유권과 자신의 권리를 강화하는 것은 시민권에 대한 지속적인 논쟁이며 더욱이 다가올 유럽 선거운동 기간 동안 해야 한다. 이전의 유럽 의회 선거에서는 몇 명의 소수 민족 대표를 볼 수 있었다. 게다가 적은 수이지만 소수 민족 대표는 유럽 의원에 당선되기도 하였다. 그러나 소수 민족들은 유럽 의

회 선거에서 낮은 투표율과 지나친 극우주의자들에게 밀려 더욱 취약해졌다. 그렇기에 권리를 되찾기 위해서 정치적 전략의 변화는 필수이다. 유럽의 소수 민족 또한 특정 이익집단이고, 그들은 유러피언 프로젝트를 살리기 위해 투표권을 행사하고자 한다. ENAR와 UNITED 같은 인종 차별주의에 반대하는 단체들은 유권자들에게 EU의 중요성을 알리고 투표 당일에 투표함으로써 EP 선거에 참여하도록 경각심을 일깨우고자 한다. 이는 외국인 혐오, 인종 차별주의와 분열을 초래하고 사회와 반대적인 생각과 프로그램을 직·간접적으로 지향하는 후보자들을 지지하지 않음을 의미한다. 따라서 우리는 유럽과 각국의 정당 차원에서 극우와 영합하는 것을 막고 유럽의 소수 집단과 소수 민족사회와 함께 본래 유러피언 프로젝트가 다시 진행되도록 하기 위한 의논이 있기를 희망한다. 소위 '소수 유권자'들은 유럽에 막대한 기여를 할 준비가 되어 있다. 문제는 다수가 그들의 의견을 존중하고 적극적으로 함께할 준비가 되어 있느냐는 것이다.

7차 (2월 말~3월 말)

김진주

   2014년 2월 24일부터 27일까지 이루어졌던 유럽 본회의에서는 크게 두 가지 사안이 논의되었다. 우선 2월 26일부터 새로운 규제안이 적용된 담배가 판매될 예정이며, 이에 대하여 앞으로 그 규제를 더욱 강화하여 젊은이들의 흡연을 억제하기 위한 유럽 의회의 투표가 있었다. 또한 우크라이나 사태에 대해 유럽연합(EU)이 재정적으로는 우크라이나의 금융 구제를 도와야 하지만, 우크라이나에서의 폭력 사태에 대한 제재로 EU가 조치한 자산 동결을 동의하는 결의안이 채택되었다. 본 결의안은 우크라이나에서 사태가 해결될 경우 EU 가입 협상을 다시 진행할 여지를 남겼으며, 러시아의 압력 행사를 규탄하는 내용을 포함하고 있다.

   3월 10일에서 13일에 3월 본회의가 열렸다. 이에 앞서 3월 7일 유럽국민당(EPP)은 더블린에서 전당대회를 개최하여 유럽의 정당 그룹 중 마지막으로 유럽 집행위원회 위원장 후보를 선출했다. 장 클로드 융커가 EPP의 후보로 선정되었으며, 그리하여 유럽사회주의당(PES)의 마틴 슐츠, 자유민주당그룹(ALDE)의 페어호프슈타트와 나란히 유럽 의회 선거 경쟁에 뛰어들게 되었다. 이로써 다음 달부터 본격적인 선거 경쟁에 나설 것으로 보이며, 현재 각 정당은 이미 홈페이지를 통해 선거 플랫폼을 공개한 상태이다. PES의 마틴 슐츠는 이미 아테네를 돌며 유럽의 진보 연합을 추진하려 하고 있다. 그는 3월 9일 그리스 아테네에서 집회를 열고 그리스인들의 진보 연합에 대한 지지를 촉구했다. 또한 공식적으로 European Network Against Racism과 International Lesbian, Gay, Bisexual, Trans and Intersex Association의 선언에 서명하고, 그들을 차별하는 것에 대한 반대 운동을 진행할 것을 선포하며 선거를 준비하고 있다.

   3월 본회의에서는 여전히 우크라이나 문제가 중요한 부분을 차지했다. 유럽 의회는 3월 13일 러시아가 우크라이나에서 당장 군대를 철수하라는 강력한 결의안을 채택했으며, 크림 반도와 러시아가 합병될 경우 EU가 러시아에 대한 제재를 해 줄 것을 촉구했다. 그 밖에 개인의 데이터 보호를 위하여 데이터를 제3국에 전송하는 업체들의 경우 당사국에 승인을 받아야 하며, 그를 이행하지 않을 시 최대 1억 유로 혹은 글로벌 매출의 5%를 벌금으로 내는 강력한 규제를 통과시켰다.

유럽 의회 선거를 위한 각 정당 그룹의 집행위원장 후보가 모두 정해진 상황에서 다음 달 각 정당 그룹의 행보가 주목되며, 2014년 4월 본회의는 14일에서 17일까지 개최될 예정이다.

유럽 의회 정당

03월 07일

• 장 클로드 융커가 유럽 집행위원회 위원장을 위한 EPP 후보로 선출되다

(EPP Press Releases 03. 07)

— 유럽국민당(EPP)은 더블린에서 2014년 유럽 의회 선거에 유럽위원회(European Commission)의 EPP의 집행위원장 후보가 될 사람을 뽑는 전당대회를 개최하였다. 의결 결과 대의원 627표 중 장 클로드 융커가 382표, 미셸 바르니(EU 역내 시장·서비스 담당 집행위원)가 245표를 얻었다. 이로서 장 클로드 융커(룩셈부르크의 전 총리)가 EPP 유럽위원회 위원장 후보이자 2014년 유럽 의회 선거에서 EPP를 이끌 대표로 선정되었다.

03월 09일

• 슐츠, 아테네 방문으로 유럽 의회 선거 '진보 연합' 추진   (PES News 03. 09)

— 현 유럽 의회 의장이자 유럽사회주의당(PES)의 유럽위원회 집행위원장 후보인 마틴 슐츠는 오늘 그리스 아테네에서 열리는 진보적 정치 집회에 참석했다. 집회는 그가 지난주 3월 1일 로마의 PES 전당대회에서 PES 공통의 후보로 지지받은 데 이어 일주일이 지난 뒤 개최되었다. 새로운 '올리브 나무' 연합 주최의 집회는 5월 말에 있을 유럽 선거를 준비하는 것이다. 마틴 슐츠는 "그리스 사람이라면 5월의 유럽 선거에서 강력한 진보적 옵션을 가질 가치가 있다. 그들의 주요 관심사는 긍정적인 방향으로 사회가 회복되는 것이다. 따라서 사회의 긍정적인 미래를 위하여 유

권자 모두가 진보 연합을 신뢰하여 진보 세력이 역할을 다할 수 있도록 해 주기를 바란다."고 말했다.

03월 19일

• 유럽사회주의당은 차별 없는 유럽연합(EU)의 선거 캠페인을 지원한다

(PES News 03. 19)

– 유럽사회주의당은 공식적으로 인종 차별주의에 대한 유럽네트워크(ENAR)와 국제 레즈비언, 게이, 양성애자, 트랜스 및 간성 협회(ILGA-유럽)가 주최하는 행사에서 차별 없는 선거운동을 위한 PES의 노력을 약속했다. 이러한 약속은 평등에 대한 본 정당의 핵심 공약에 부합하는 것이며, 이미 우리의 선거 선언에 포함되어 있다. Marije Laffeber(PES 사무차장)는 "ENAR 및 ILGA-유럽과 함께 소수 민족의 이익을 표현하는 방법이 진정한 민주주의의 척도이다. PES는 지난 5년 동안의 성과를 자랑스럽게 생각하고 앞으로 포괄적인 캠페인에 최선을 다할 것이다. 우리는 PES의 유럽 의회 의원과 위원들이 모든 다양성을 포용하고 다양한 유럽 사회 내에서 모든 그룹을 대변할 수 있도록 할 것이다."라고 말했다. 또한 ENAR-ILGA 선언에 서명하고, 인종 차별주의, 성 차별주의, 동성애 공포증, 성전환 혐오와 차별의 모든 형태에 대한 반대 운동을 진행할 것을 언급했다.

유럽 의회 선거·의회

02월 26일

• "당신의 마음을 다치게 하지 마시오." 흡연을 억제하기 위한 의회 투표

(European Parliament News 02. 26)

– 2월 26일부터 겉면의 2/3가 건강에 대한 경고로 덮인 담배 및 전자 담배가 판매될 예정이다. 이미 유럽연합 보건장관과의 합의를 통해 젊은이들에게 담배 제품이 덜 매력적으로 느껴지도록 만드는 방안이 논의 중이다. 전자 담배의 경우 추후 의약품으로 규제될 예정이지만, 치료 또는 예방으로 처방되지 않은 제품은 담배 제품으로 규제된다. 앞으로 유럽 의회는 5월에 있을 선거까지 한 달에 한 번 흡연을 억

제하기 위한 주제로 사진을 선정해 발표할 예정이다. 이번 달에는 에르난데스의 사진이 선정되었다.

02월 27일

• 우크라이나: 유럽 의회는 금융 구제를 위해 EU를 촉구하며, 표적 제재 조치도 결의한다 (European Parliament PLENARY 02. 27)

– 목요일에 전달된 결의안을 통해 유럽 의회는 우크라이나의 경제 악화 및 국제 수지 문제를 해결하기 위해 EU와 국제 금융 기구가 필요한 개혁을 지원해야 함을 촉구하고, 2월 20일 EU 회원국의 동의로 우크라이나 여행 금지를 제정하고, 우크라이나에서의 폭력에 대한 제재로 EU의 자산을 동결했다. 아울러 곧 정치적 위기가 해결된다면 EU와 우크라이나의 협의 계약 및 무역 계약에 서명할 준비가 되어 있음을 밝혔다. 이 결의안의 최종 목표는 EU와 우크라이나의 협의를 넘어 EU의 가입을 신청하는 우크라이나를 포함한 모든 유럽 국가의 민주주의, 기본적 자유 및 인간과 소수 민족의 권리와 법의 보장을 약속하는 것이다. 또한 유럽 의회는 5월 25일 우크라이나 대통령 선거가 신뢰할 만큼 자유롭고 공정해야 한다는 것을 강조했다. 마지막으로 러시아에 대하여 1994년 미국과 영국에 서명한 "부다페스트조약"에서 우크라이나의 영토 보전을 유지하기로 약속한 것을 지적하며, 자신의 이익을 위해 우크라이나에 경제 압력을 행사하는 것을 자제하길 요청했다.

03월 12일

• 유럽 의회, 디지털 시대에 개인 정보를 보호하기 위한 규칙 제정
(European Parliament PLENARY 03. 12)

– 유럽 의회는 개인의 데이터에 대한 통제를 강화하기 위해 새로운 규칙을 승인했다. EU의 데이터 보호 법률은 주요 정밀 검사에서 비EU 국가로 전송되는 EU 시민의 개인 데이터에 대한 강력한 보호를 포함시켰다. 새로운 규칙은 사람들의 개인 정보에 대한 추가 제어를 제공하기 위해 동일한 통신 규칙이 모든 EU 회원국에 적용되도록 하는 것을 목표로 하고 있다. 유럽 의회는 이러한 개인 정보 보호의 규칙을 어기는 기업에 대해 벌금을 최대 1억 유로 혹은 글로벌 매출의 5%로 증가시켰

다. 국가의 데이터 보호를 위하여 각국의 사전 승인을 요청하는 기업(예를 들어 검색 엔진, 소셜 네트워크나 클라우드 스토리지 서비스 제공 업체)들은 제3국에 정보를 전송할 때, 그 국가의 승인을 받아야 한다. 규칙은 기권 30, 반대 276, 찬성 371표에 의해 승인되었다.

03월 12일
• 유럽 의회는 러시아에 우크라이나에서 군대를 철수할 것을 요구한다

(European Parliament PLENARY 03. 12)

- 유럽 의회는 목요일 결의안을 채택하여 러시아가 즉시 우크라이나 영토에서 모든 군대를 철수할 것을 요구했다. 러시아의 이러한 "크림 반도 침략 행위"는 비난받아야 하며 EU 안보에 위협이 될 것이라고 경고했다. 의회는 한 목소리로 우크라이나의 권리를 위한 EU 및 회원국의 지원 필요성을 강조하고 있다. 유럽 의회는 러시아 비자 자유화와 제휴 협상을 중단한다는 EU 집행위원회의 결정에 경의를 표하고, 크림-러시아가 합병될 경우 EU는 신속하게 무기 금수와 자산 동결, 비자에 대한 제한을 부과해야 한다고 말했다. 또한 EU는 러시아가 크림 반도에 대하여 해결 의지를 보이지 않으면 자산 동결과 여행 금지 등을 담은 2차 제재를 17일에 부과하기로 했다.

유럽 의회 여론

03월 06일
• 유럽연합(EU)은 러시아에 어떻게 응답해야 하는가?　　　(European Voice 03. 06)
- 2월 27일 목요일, 러시아 군인은 전쟁이나 대중 정당화 선언 없이 우크라이나의 크림 반도를 점령하였다. 푸틴 러시아 대통령은 우크라이나를 침공하기 위해 자신의 생각에 무조건 도장을 찍어 주도록 연방의회에 요청했다. 그는 "러시아는 자국의 이익과 그 지역의 러시아계 인구를 보호할 수 있는 권리를 보유하고 있다."고 주장했다. 러시아 군대는 크림 의회를 인수하고 자신들의 꼭두각시로 크림의 작은 러시아당 총리를 지도자로 임명했다.

러시아의 크림 반도 침공은 유엔 헌장, 헬싱키 최종 의정서, 1994년 12월 우크라이나에 대한 안전 보장을 약속하는 부다페스트 각서, 1997년 러시아-우크라이나의 우호 조약, 1997년의 세 바스 토폴 해군 기지 협정을 위반하고 있다. 러시아의 기본적 실수는 경제적 약점과 유럽에 대한 의존도를 무시한 것이다. 가장 큰 경제 대국으로서 유럽은 더 엄격하게 기존의 규칙을 적용하여 러시아에 큰 영향을 미칠 수 있다. 일반적으로, 현재의 법적 기준에 따라 러시아 국영 기업들에게 유럽의 금융 기관들과 거래를 허용할 수 없을 것이다. 유럽에 대한 러시아 수출의 3/4은 석유와 가스로 구성되어 있다. 이제 에너지 붐은 끝났다. 유럽은 2006년과 2009년에 가스 공급을 삭감한 후 액화천연가스, 셰일가스 및 기타 에너지원이 대체 가능하다. EU가 유럽에 대한 러시아의 가스 공급을 제재한다면, 러시아는 천억 달러 또는 수출 매출의 1/5을 잃을 것이며, 이로 인해 경제 위기가 만연할 것이다. 유럽은 경제적, 법적 대응을 할 수 있다.

그러나 궁극적으로 유럽은 오랫동안 등한시되어 온 안보에 대한 생각을 달리해야 한다. EU의 군사비 지출은 향후 몇 년 안에 두 배로 늘려야 할 것이며, EU는 새로운 군사 조직을 필요로 한다. 미국은 더 이상 EU를 돕지 않을 것이며, 러시아의 위협은 진짜이기 때문이다.

8차 (3월 말~4월 말)

김진주

2014년 4월 14일에서 17일까지 유럽 의회 선거(5월 22~25일) 이전에 개최되는 마지막 본회의가 스트라스부르에서 개최되었다. 그러나 본회의는 평소와 같이 정책적인 논의 중심으로 진행되었다. 이번 본회의에서는 유럽연합 창립 이후 가장 큰 금융 개혁인 은행 동맹이 통과되었다. 이번 법률은 유럽 중앙은행과 EU 집행위원회(EC), 관리위원회가 유로존 내 은행에 대해 자체적으로 재정 상태를 확인하고 파산 여부를 결정할 수 있게 한 것이다. 그 밖에 제1차 세계대전 100주년을 맞이하여 민족주의의 위험성에 대해 토론하였으며, 플라스틱 가방 규제안, 유럽 내 기간제 근로자 보호법 설정 등의 의제가 논의, 통과되었다.

5월 선거를 한 달 앞둔 시점에서 각 정당 그룹의 활발한 선거 활동도 이어졌다. 유럽국민당(EPP)은 집행위원장 후보인 장 클로드 융커를 중심으로 그의 행보를 일일이 사이트에 기재하고 있으며, 장 클로드 융커는 각 지역을 순회하며 유럽국민당 그룹의 후보자들을 지지하는 데 총력을 기울이고 있다. 유럽사회민주당(PES, S&D)의 집행위원장 후보인 마틴 슐츠도 선거 활동을 진행 중이다. 특히 유럽사회민주당 그룹은 'Knock the vote'라는 캠페인 타이틀을 가지고 그룹 지지 자원 봉사자들을 동원하여 풀뿌리 선거 캠페인을 진행하고 있다. 반면 극우주의 연합에는 제동이 걸린 것으로 보인다. 영국 독립당(UKIP)이 프랑스 국민전선(FN)의 극우주의 연합 제의를 거절하면서 그룹화는 무산될 전망이다. 그러나 유로바로미터와 TNS의 의석 예측 조사에 따르면 거대 정당인 유럽국민당과 유럽사회민주당 다음으로 기타 그룹의 의석 확보 예측이 높은 것으로 나타났다. 극우주의 연합이 그룹화되지 않더라도 5월 유럽 의회 선거에서 많은 의석을 차지할 것으로 예상된 것이다. 또한 독일에서도 유로화 통용 반대를 기치로 내건, 유럽연합 통합 회의론자로 여겨지는 '독일을 위한 대안(AfD)'이 새롭게 등장해 상승세를 타면서 5월 선거에서 독일의 방향도 귀추가 주목된다.

5월에는 본회의가 없으며, 제8회 유럽 의회 의원을 선출하는 선거가 5월 22일부터 25일까지 치러질 예정이다.

04월 24일

• 선거까지 앞으로 30일. 이 시간은 다르다 　　　　　(EPP Press Releases 04. 24)

– 장 클로드 융커는 기자회견을 갖고, "이번 선거는 정치 그룹의 집행위원장 후보
가 유럽연합의 집행위원회 다음 집행위원장이 될 것이니만큼 향후 5년을 위한 중
요한 선거"라고 말했다. 그는 또한 이번 선거에서 성장과 일자리 창출 정책을 우선
순위로 내세우고, 유럽의 신재생 에너지 확대, 미국과의 합리적이고 균형 잡힌 무역
협정, 그리고 마지막으로 통화 동맹의 개혁을 지속적으로 추진할 것임을 주장했다.

04월 11일

• 유럽사회주의당(PES) 의장단은 유럽의 선거운동을 위한 전략을 설정했다

　　　　　　　　　　　　　　　　　　　　　　　　　　　　(PES News 04. 11)

– 유럽사회주의당 대표인 세르게이 스타니셰프는 유럽 의회 선거운동을 논의하고
자 브뤼셀에서 회의를 개최하였다. 그는 마틴 슐츠와 장 클로드 융커의 첫 TV 토
론에 대해 "마틴 슐츠는 사회 및 경제 정책에 대한 명확한 차이를 드러내며, 우수한
역량을 보여 주었다."고 말했다. 또한 유럽사회주의당의 여성 대표인 지타 구르마
이가 마틴 슐츠의 선거운동에 중심 역할을 담당할 것이라고 밝혔다. 이번 회의에서
유럽 전역의 유럽사회주의당 후보들은 선거 시 부드러운 이미지를 제공하기 위해
노력해야 할 것으로 논의되었다.

04월 15일

• 수천 명. 마틴 슐츠의 Knock the Vote 　　　　　　　(PES News 04. 15)

– 4월 12일에서 13일까지 주말 동안 풀뿌리 운동가 수천 명이 유럽 선거를 위해 유
권자들과 접촉했다. 유럽사회민주당은 다시 한 번 유럽 내에 넓은 동원력을 통해
지역 사회 접촉이 가능한 유일한 정당임을 보여 주었다. 스페인에서는 전략 회의가
있었으며, 독일 베를린에서는 유럽사회민주당 및 독일 사민당 지지자들이 크로이
츠베르크 광장에서 선거 유세 활동을 벌였다. 프랑스 파리에서는 이미 3월 17일부

터 사회주의 캠페인에 대한 광범위한 동원이 시작되었다. 이탈리아와 롬바르디아 등의 나라에서도 Knock the vote 워크숍 활동과 캠페인이 이어졌다. 체코에서는 젊은 유럽사회주의자(YES) 그룹이 마틴 슐츠를 만났다. 유럽사회민주당의 Knock the vote 캠페인 전략은 언론의 주목을 받고 있다.

04월 16일

• 마틴 슐츠, 룩셈부르크 사회당과 진보적 가치에 대해 토론하다 　(PES News 04. 16)
– 4월 16일 저녁, 마틴 슐츠는 룩셈부르크에서 유럽연합의 미래에 대한 비전을 설정했다. 룩셈부르크 사회당 당원과 교류하였으며 룩셈부르크의 유럽 의회 후보를 지지했다. 마틴 슐츠는 과거와는 명확히 다른 개혁 의제를 발표하였고, 강한 진보적 가치를 위해 싸울 것이라고 주장했다. 그는 소비자 보호 기준과 노동자 권리, 환경 보호를 내세우며, 다른 나라와 협약 시 이러한 성과와 유럽의 권리를 포기하지 않겠다고 말했다. 또한 유럽에서 성장하는 극단주의에 맞서 싸울 것이며, 젊은이들의 실업 정책과 긴축 정책을 통해 투자에 우선순위를 둘 것임을 밝혔다.

유럽 의회 선거·의회

04월 18일

• 유럽연합 선거 캠페인 주장의 사실을 확인하는 웹사이트 　　　(EurActiv 04. 18)
– 유럽 정치인들이 5월 선거에 있어 사실을 말하는지 확인하는 'Fact Check EU' 웹사이트가 구축되었고, 후보자들의 연설과 토론, 유세 등의 발언에 대한 사실 관계를 확인해 공표하고 있다. 새로운 프로젝트는 유럽 회원국 시민들의 참여로 이뤄지며, 자원 봉사자와 시민 기자 그리고 Fact check EU팀이 함께 검증한다.

04월 19일

• 英 · 佛 극우 정당, 유럽 의회 선거 연대 무산

(The Guardian 04. 19, 연합뉴스 04. 19 재인용)
– 영국의 보수 정당인 영국 독립당(UKIP)의 나이젤 파라지 대표는 프랑스를 방문해

국민전선(FN)의 반(反)유대 성향에 우려를 제기하며 연대 제안에 대해 거부 의사를 밝혔다. 영국 독립당은 이에 따라 5월 유럽 의회 선거에서는 반유럽연합 정책을 주장하지만 유럽 극우주의의 정당들과는 거리를 유지하는 독자 노선을 추구할 것으로 알려졌다. 영국 독립당은 국수적 이민자 규제와 반유럽연합 노선을 앞세워 영국 정치권에 돌풍을 일으키는 정당이다.

04월 22일

• 영국의 반EU 정당, 이민자들 위협 광고   (뉴시스 04. 22)

‒ 반유럽연합을 주장하는 영국 독립당(UKIP)이 22일 본격적인 선거운동을 시작했다. '그들(EU 회원국인 영국에 거주할 권리를 가진 유럽연합 회원국 근로자)이 당신들의 일자리를 노리고 달려오고 있다.'는 캐치프레이즈를 앞세우고 있다. 또한 'EU 근로 조약'을 내세우며 정책 변경을 호소하는 건설 노동자를 그린 포스터와 2600만 명의 유럽인들이 일자리를 찾고 있는데, 그 일자리가 누구 것이냐고 묻는 광고도 있다. 나이젤 파라지 당 대표는 포스터들이 "현실을 적실하게 반영하고 있다."고 말했으나 노동당의 마이크 게이프스 의원은 독립당이 "이민자에 대한 공포와 증오와 앙심의 씨를 뿌리는 선거운동을 펼치고 있다."고 비난했다.

04월 15일

• 유럽, 위기 극복 한뜻 은행 감독 기구 하나로

               (Financial Times 04. 15, 파이낸셜뉴스 04. 16 재인용)

‒ 유럽 의회는 EU 창립 이후 가장 큰 금융 개혁을 단행했다. 유럽연합은 2008년 세계 금융 위기 이후 부실한 은행이 증가하면서 회원국 정부의 권한을 넘는 은행 동맹의 필요성이 제기되어 왔다. 이번 법률 통과로 유럽 중앙은행과 EU 집행위원회, 관리위원회가 유로존 내 은행에 대해 자체적으로 재정 상태를 확인하고 파산 여부를 결정할 수 있게 되었다. 은행 동맹은 2015년 1월부터 효력을 발휘하며 파산 관리는 2016년부터 시작할 계획이다.

04월 17일

· 우크라이나: 유럽 의회는 러시아의 에너지 기업에 대한 유럽연합의 제재를 촉구한다

(European Parliament PLENARY 04. 17)

- 유럽연합은 러시아를 대상으로 제재 조치를 강화할 준비를 해야 한다. 유럽 의회
는 목요일에 유럽연합의 제재를 요구하는 결의안을 채택했다. 우크라이나 동쪽에
서의 러시아 군대 철수를 요구하며, 우크라이나에 위치한 러시아의 에너지 관련 기
업과 자회사에 대한 조치를 주장했다.

04월 18일

· 유럽 의회 총회: 은행 동맹, 계약 노동자, 자연재해에 대한 지원

(European Parliament PLENARY 04. 18)

- 유럽 의회 선거 전 마지막 본회의에서는 유럽의 금융 시스템 개혁, 자연재해에
피해를 입은 국가에 대한 신속한 조치, 그리고 해외에서 온 노동자에 대한 엄격한
검사에 대한 논의가 있었다. 유럽연합은 의회의 승인으로 은행 동맹에 한걸음 더
나아가는 결의안을 화요일(15일)에 채택하였다. 또한 식품 외 물품에 원산지를 표시
하는 의무를 논의하였으며, 2017년까지 플라스틱 가방 사용량을 50%로 줄이는 방
안을 통과시켰다. 노숙자들이 수수료 없이 은행 계좌를 만들 수 있게 하였으며, 자
연재해를 돕는 유럽연합 공동 기금에 대한 새로운 규칙을 승인하였다. 수요일(16일)
토론에서 유럽 의회는 제1차 세계대전 100주년을 맞아 민족주의의 위험성에 대해
경고하고 평화와 안정을 위해 연합하여 강한 유럽을 만들어야 함을 강조했다. 또한
Posted worker(유럽 내에서 기간제로 일하는 해외 근로자)들을 보호하고 최소한의 노동
규칙을 적용하여 불공정한 경쟁에서의 피해를 방지하는 법안을 채택하였다.

유럽 의회 여론

04월 23일

· 독일인 81% "유로존 재정 위기 안 끝나"   (BILD 04. 23, 연합뉴스 04. 23 재인용)
- 독일 유력 일간지 빌트는 인자(조사 기관)에 의뢰해 시행한 설문조사에서 독일인 5

명 중 4명인 81%는 유로존 재정 위기가 아직 끝나지 않았다고 생각하는 것으로 나타났다고 보도했다. 인자의 헤르만 빈케르트 소장은 "유로존 재정 위기가 끝나지 않았다는 우려가 5월 유럽 의회 선거에 영향을 미칠 것"이라고 말했다. 또한 독일 내에서는, 유로화 통용 반대를 기치로 내건 신생 정당인 '독일을 위한 대안(Alterna-tive für Deutsh land)'이 최근 여론조사에서 지지율이 6%대로 올라서는 등 상승세에 있다.

04월 25일

• 2014 유럽 선거: 의회 의석의 최신 예측   (European Parliament New Press 04. 25)
– 유럽 의회와 TNS가 28개 유럽연합 회원국에서 매주 여론조사를 수집 분석한 결과 전체 751석 중 유럽국민당(EPP)이 28.63%(215석), 유럽사회민주당그룹(S&D)은 27.83%(209석)을 가질 것으로 예측되었다. 주목할 점은 그 외에 정당 그룹으로 설정되어 있는 집단이 9.05%(68석)를 차지할 것으로 예측되었다. 이는 유럽국민당과 유럽사회민주당그룹의 뒤를 잇는 제3의 형태로 보이며, 유럽 극우주의 정당들의 의석일 것으로 예상된다.

9차 (4월 말~5월 말)

제8회 유럽 의회 선거가 한 달도 채 남지 않았다. 유럽 의회는 지난 4월 유럽 의회 선거를 앞두고 마지막 본회의를 진행하였기에 이번 5월은 선거에만 초점이 맞춰졌다. 선거는 5월 22일부터 25일까지 4일간 진행될 예정이며, 22일에 영국과 네덜란드를 시작으로 23일은 아일랜드와 체코, 24일에는 라트비아, 몰타, 슬로바키아에서 투표가 이루어질 것이다. 마지막 25일에는 나머지 21개 국가들의 투표가 진행되면서 26일에는 그 결과가 드러날 전망이다. 이번 선거에서 선출하는 의석은 총 751석으로 그중 독일은 회원국 가운데 가장 많은 96명의 유럽 의회 의원이 선출된다. 프랑스는 74석, 영국·이탈리아는 각각 73석, 스페인은 54석, 폴란드는 51명을 배정받았다.

선거를 앞두고 유럽국민당의 집행위원장 후보인 장 클로드 융커와 유럽사회당의 집행위원장 후보인 마틴 슐츠는 각자의 캠페인을 진행 중이다. 장 클로드 융커는 지난달과 같이 자신의 활동을 중심으로 홍보하고 있으며, 유권자와 소통하는 프로그램은 5월 11일에 시작된 유럽국민당 청년(YEPP)들의 로드 트립이다. 이들은 각 지역을 돌며 유권자들과 접촉하고 그들의 의사를 장 클로드 융커 후보에게 전할 예정이다. 반면, 마틴 슐츠 후보는 대대적으로 자신들의 풀뿌리 동원 운동에 주력하고 있다. 'Knock the vote' 캠페인을 통해 자신들이 유권자와 소통하고 있음을 강조했다. 또한 트위터, 페이스북 등을 통한 온라인 활동에도 주력하는 모습을 보여 주고 있어, 젊은 층과의 소통에도 노력하는 모습을 볼 수 있었다.

유럽 의회 선거를 위해 각 정당 그룹의 후보뿐만 아니라 의회 차원에서도 많은 노력을 기울이고 있다. 지속적으로 떨어지는 투표율을 상승시키고자 유럽 의회를 개방하여 방문하는 프로그램을 가동하고, 홈페이지를 통하여 유럽 의회가 유럽인들을 위해 지난 5년간 무엇을 해 왔는지 정리하여 홍보하고 있다. 또한 유럽 청년 이벤트 2014(The European Youth Event)를 통해 유럽의 젊은이들의 참여도 유도하는 것으로 보인다. 이번 선거에서는 반(反)유럽연합을 주장하는 극우 세력의 득표율과 각 정당 그룹 후보의 차별화된 공약 및 캠페인 등을 통해 승리하는 당은 어느 쪽이 될 것인지에 관심이 집중되고 있다.

　유럽 선거를 앞두고 유럽 전체의 여론은 긍정적이지만은 않은 것으로 보인다. 영국 일간지 파이낸셜 타임즈의 설문조사 결과 프랑스, 스페인 등의 유럽 국가 유권자들은 자국의 경제 상황에 비관적이며, 극우 정당을 지지할 의사가 있다는 답변이 적게는 15%부터 많게는 36%까지 나타났다. 뿐만 아니라, 아일랜드 타임즈의 설문조사에서는 62% 응답자가 유럽 의회 선거에 큰 관심이 없는 것으로 나타남에 따라 이번 투표율 역시 우려스러운 전망이다.

유럽 의회 정당

05월 08일

• 위원장 후보 TV 대결: 장 클로드 융커는 다음 유럽위원회(European Commission)를 이끌 준비가 되어 있다는 것을 보여 주었다　　　　　(EPP Press Releases 05. 08)

－ 오늘 저녁, 독일과 오스트리아 TV(ZDF 및 ORF)의 라이브 TV 토론에서 장 클로드 융커, 유럽 의회 선거 2014년 유럽국민당의 집행위원장 후보는 강하고 신뢰할 수 있으며 책임 있는 집행위원장이 자신이라는 준비 상태를 보여 주었다. "나는 공공재정, 경제 성장과 일자리에 관한 성공과 책임이 있는 유럽을 원한다."고 그는 말했다. 또한 금융 및 재정 위기를 타파하기 위해 유럽 자체적인 디지털 시장을 구축해야 하며, 저작권, 데이터 보호 및 소비자 보호 법률이 필요하다고 언급했다. 그리고 경제를 위해서는 중소기업의 역할이 중요하다는 등의 이야기를 전개했다.

05월 11일

• "집행위원장에 융커를" 로드 트립이 시작되었다　　　　(EPP Press Releases 05. 11)

－ 유럽국민당 청년(YEPP)들은 오늘 유럽 집행위원회 위원장으로 장 클로드 융커를 지지하는 11일간의 자동차 여행을 시작했다. 청년 유럽인들이 5팀으로 나누어 25개국을 방문하고 60개의 이벤트에 참여할 예정이다. 여행에 참여하는 팀들은 유럽 의회 의원 후보와 이벤트에 참여하는 유권자들과 대화하고 유럽의 청년들로부터

메시지를 수집한다. 5월 21일 이후 브뤼셀에 도착하여 장 클로드 융커가 유럽 집행 위원회 위원장으로 선출될 경우 이 메시지들을 제출할 것이다.

05월 08일
• 마틴 슐츠 프로그램 시작 및 캠페인 안내   (PES News 05. 08)
- 마틴 슐츠는 5월 7일에 브뤼셀에서 유럽 전역에서 온 60명 이상의 기자들에게 자신의 정책 프로그램을 공표하였다. 마틴 슐츠는 2014년 3월 1일 PES 집행위원장 후보로 지명된 이후 본인의 캠페인을 진행 중이다. 그는 가능한 한 많은 유권자의 선택을 얻고자 온라인 캠페인도 진행 중이며, 트위터와 페이스북을 통해 8백만 명 이상의 추종자와 지지자들에게 접촉하고 있다. 오프라인 운동은 올리브 트리 연합의 출시와 함께 그리스에서 시작했으며, 코펜하겐에 있는 덴마크 사회민주당 활동가와 핀란드의 후보를 만났다. 또한 3월 말에는 독일에서 선거 캠페인을 시작했으며, 그 외에 활동들을 이어 갔다. 슐츠는 5월 1일 국제 노동절에 거리 행진을 진행했으며, 바르샤바 도시를 방문하기 전에 폴란드 SLD(민주좌파동맹) 회원 및 지지자들과 함께 투어를 했다. 그 후 포르투갈의 사회당과 함께 거리 운동 캠페인에 참여했으며, 슐츠는 선거운동 마지막 3일 동안 빠르게 6개의 나라를 방문할 예정이다. 이러한 캠페인 행사 및 사진은 온라인으로 볼 수 있다.

05월 15일
• 슐츠는 유럽연합 유권자와의 최고의 연결이다   (PES News 05. 15)
- PES는 'Knock the vote'를 통해 대중 동원 운동을 시작했다. 이 운동의 목표는 유권자를 동원하기 위해 실제와 가상의 문을 노크하는 것이다. PES 내의 활동가들은 유럽의 넓은 네트워크를 동원하기 위해 훈련받았으며, 2000명의 디지털 활동가는 매일 온라인으로 유권자와 상호 작용하기 위해 노크한다. PES는 유권자와의 소통을 극대화하는 진정한 풀뿌리 동원력을 가진 유일한 범유럽 정당이다.

05월 06일

• 이번에는 다르다: 언론인에 대한 사전 선거 세미나

(European Parliament Press releases 05. 06)

- 유럽 의회는 5월 5일부터 6일까지 유럽연합이 직면한 도전과 기회에 대한 토론을 위해 기자들을 초청한다. 화요일에는 전 유럽 중앙은행 총재인 장 클로드 트리셰 총재가 경제 및 지정학적 도전과 유럽연합이 직면한 기회에 대해 논의할 것이며, 다른 발언자들은 선거에 관련된 문제의 범위에 대해 이야기할 것이다.

05월 09일

• 유럽 의회 선거서 이민 정책 최대 쟁점 부각   (연합뉴스 05. 09)

- 5월 8일 독일 ZDF 방송과 오스트리아 ORF 방송이 공동 주최한 TV 토론이 열렸다. 유럽국민당그룹(EPP)의 집행위원장 후보인 장 클로드 융커와 사회당그룹(PES)의 마틴 슐츠는 정당 집행위원장 후보 간 TV 토론에서 이민 문제에 대해 중도적인 입장에서 합리적인 대안을 제시하려는 모습을 보여 주었다. 두 후보 모두 이민 문제를 해결하기 위해 유럽연합이 적극 나서야 한다는 데는 동의했다. 그러나 융커 후보는 "모든 이민이 불법은 아니지만 분명 불법 이민자가 존재한다. 우리는 이 문제를 해결해야 한다."고 말했으며, 슐츠 후보는 "모든 사람이 이주할 필요는 없지만 누구에게나 기회는 주어져야 한다."고 말하여 구체적인 부분에서는 차이를 보였다. 두 후보는 사회복지 혜택을 노리는 '빈곤 이민'으로 인한 부담을 줄이려면 향후 몇 년간 EU 회원국 확대는 없어야 한다는 데에 동의하였고, 융커 후보는 "앞으로 5년간 새 회원국을 받아들이지 않을 것"이라고 말했다.

05월 19일

• 지난 5년간 의회가 당신을 위해 무엇을 했는가?

(European Parliament Press releases 05. 19)

- 7번째 유럽 의회는 이전보다 더 큰 역량을 발휘했다. 지난 5년 동안 유럽연합은

세계적인 금융 위기를 포함하여 다양한 문제에 직면했으나, 유럽연합은 의회 의원 수를 늘리고, 2013년 크로아티아를 새로운 회원국으로 가입시켰다. 그 외에도 2,110개의 보고서를 채택시키는 동안 2,821번의 위원회 회의를 진행하였으며, 유럽에 대한 문제를 해결하기 위한 491번의 공청회와 260일간의 총회 등을 개최하며 유럽인들을 위한 일을 해 왔다. 정책적으로는 2015년까지 로밍 요금과 함께 승객의 권리를 강화하기 위한 계획, 유럽연합의 은행 노동조합에 대한 조치 및 개선, 연금 권한 승인, 담배 규제안 및 흡연 억제를 위한 다양한 조치를 일구어 냈다. 또한 유럽에서의 유럽인들의 권리를 보호하기 위해 ACTA 및 SWIFT 계약을 해지하기도 하였다.

05월 02일

• 5월 4일 스트라스부르의 유럽 의회 공개

(European Parliament Press releases 05. 02)

‒ 유럽 의회는 5월 4일에 스트라스부르의 유럽 의회를 대중에게 공개할 예정이다. 의회의 기능에 대한 자세한 정보 제공뿐 아니라, 유럽 의회 의원들을 만나 유럽 의회 선거에 대해 논의하는 데에 참여할 수 있도록 방문자들에게 일일 '여권'을 제공한다.

05월 13일

• 젊은 사람들이 유럽의 미래에 대해 의견을 말하다

(European Parliament Press releases 05. 13)

‒ 5월 9일부터 11일까지 유럽의 청년 문제에 대해 의견을 공유하기 위해 16세에서 30세의 유럽인 5000명이 스트라스부르에 모이는 유럽 청년 이벤트 2014(The European Youth Event)가 개최되었다. 참가자들은 200개 이상의 워크숍 및 세미나를 통해 유럽의 미래 방향에 대한 아이디어를 교환했으며, 3일간의 논쟁 후 유럽연합 선거 규칙 및 유럽 문제에 대한 것과 연수생들에게 더 나은 교육을 지원하는 등의 제안을 내놓았다. 젊은 저널리스트들은 모두 토론에 참석하여 결과에 대한 보고서를 편집하고, 7월에 의회에 제출할 예정이다.

05월 16일

• 5월 17일 브뤼셀의 유럽 의회 공개   (European Parliament Press releases 05. 16)
– 유럽 의회는 5월 17일 토요일에 브뤼셀에 있는 유럽 의회를 대중에게 공개할 예정이다. 각 부서장이 의회의 내부 활동에 대해 자세히 설명할 것이며, 방문자들에게 일일 '여권'을 제공한다. 또한 벨기에에 있는 유럽 의회 의원을 만나고 전시회도 방문할 수 있을 것이다.

05월 22일

• 선거의 시작: 유럽 의회 사이트의 개표 결과를 따라오세요

(European Parliament Press releases 05. 22)
– 첫 번째 투표 부스는 영국과 네덜란드에서 열린다. 25일까지 4일 동안 4억 명의 유럽인들이 투표권을 행사할 것이며, 모든 결과는 공식 홈페이지를 통해 게시할 것이다. 또한 트위터의 특별한 계정을 설정하여 링크 및 비디오, 사진 등을 제공할 것이다. 제8회 유럽 의회 선거는 28개 회원국이 22일부터 25일까지 투표하게 된다. 22일에는 영국과 네덜란드, 23일은 아일랜드와 체코, 24일에는 라트비아, 몰타, 슬로바키아에서 투표할 것이고, 마지막 25일에는 나머지 21개 국가들의 투표가 진행될 것이다. 25일 저녁 9시에 유럽연합 차원의 투표율을 게시할 것이며, 10시에는 설문조사 및 예비 결과에 따라 유럽연합 차원에서 첫 번째 예측을 발표할 것이고, 11시에는 첫 번째 예비 결과를 공개할 예정이다. 선거 결과는 26일까지 업데이트될 것이다.

유럽 의회 여론

05월 12일

• 유럽 의회 선거 앞두고 유권자들 경제 불만

(Financial Times 05. 12, 연합뉴스 05. 12 재인용)
– 영국 FT가 유럽 경제 규모 1~5위인 독일, 프랑스, 영국, 이탈리아, 스페인 5개국 유권자 5천여 명을 대상으로 유럽 의회 선거 및 각국 경제를 주제로 여론조사한

결과 유럽 의회 선거를 앞두고 유권자들이 자국 경제에 느끼는 불만이 큰 것으로 나타났다. 프랑스에서 경제 상황에 대한 불만이 가장 컸으며, 프랑스인 3분의 2가 "경제가 1년 전보다 나빠졌으며 일자리도 불안정해졌다"고 대답했다. 이탈리아 국민 다수도 "경제 상황이 1년 전보다 악화했다"고 응답했으며, 응답자 58%는 "일자리가 전혀 안정적이지 않다"고 불안해했다. 스페인 역시 3분의 1 이상이 "경제가 1년 전보다 나빠졌다"고 느꼈으며 43%는 "경제가 나아지지 않았다"고 답했다. 여론 조사 결과 영국인의 36%는 이번 선거에서 극우 정당인 영국 독립당(UKIP)에 투표할 의향이 있다고 답했으며, 반유럽연합 정당에 대한 선호도는 프랑스 22%, 스페인 16%, 독일 15%로 조사됐다. 또한 조사 대상의 절반 이상이 "EU로부터 너무 많은 이민자가 자국으로 넘어오고 있다"는 데 동의한다고 대답해 이민 문제도 주요 이슈로 작용할 것으로 보인다.

05월 12일

• 유럽의 선거에 대해 대다수가 관심이 없다   (The Irish Times 05. 12)

– 크로아티아, 아일랜드 등 12개 국가에 걸쳐 온라인으로 8,333명의 인터뷰를 실시한 조사에서 유럽 선거에 관심이 있냐고 묻는 질문에 38%는 어느 정도 있거나 상당히 관심이 있었으나, 나머지 62%는 별로 없거나 전혀 없다고 응답했다. 가장 관심이 높은 국가는 폴란드였고, 네덜란드는 가장 낮은 관심을 가진 국가로 나타났다. 유럽 선거에 관심이 별로 없다는 수준에도 불구하고, 많은 사람들은 부정적인 것보다 자신의 국가의 정치 상황에 긍정적인 관심을 가지고 기대하고 있었다.

05월 12일

• 〈유럽 의회 선거 D-10〉 反EU 정서 확산…극우파 득세   (연합뉴스 05. 12)

– 각 나라별로 극우파의 득세가 늘어나고 있다. 프랑스 일간지 르피가로가 실시한 유럽 의회 선거 지지 정당 여론조사에서 국민전선(FN)이 20%를 차지하여 우파 야당인 대중운동연합(UMP, 22%)과 단 2%포인트의 차이를 보였다. 또한 영국에서도 선데이타임스의 여론조사에서 독립당은 31%의 지지율로 보수당, 노동당을 제치고 1위에 올라섰다. 오스트리아 자유민주당(FPOe) 역시 유럽 의회 선거에서 최소

20%의 지지를 얻어 유럽 의회에서 4~5석을 차지할 것으로 예상되며, 덴마크에서도 극우 성향의 덴마크 국민당이 유럽 의회 선거 지지율 조사 결과 1위를 달리고 있다. 심지어 일부 분석가들은 극우 정당 그룹이 유럽 의회 의석의 25% 정도를 차지할 가능성이 있다고 보고 있으며, 유럽 싱크탱크의 전망에 따르면, 극우 세력 외에도 기성 정치를 전면 부정하는 정당과 유럽 통합 정책에 반대하는 극좌파까지 포함하면 반유럽연합 세력이 최대 30%의 의석을 차지할 수 있을 것으로 보인다.

10차 (5월 말~6월 말)

김진주

2014년 5월 22일부터 25일까지 진행된 제8회 유럽 의회 선거가 막을 내리고, 새로운 유럽 의회가 구성되고 있다. 이번 선거의 투표율은 43.09%로 지난 선거보다 소폭 상승하였다. 가장 의석을 많이 차지한 정당 그룹은 유럽국민당(EPP)으로 총 751석 중 221석(29.43%)을 확보하였다. 유럽사회민주당그룹(S&D)은 191석(25.43%)으로 유럽국민당과 30석의 차이를 보이며 제2 정당의 자리를 차지하였다. 선거 전에 제3 정당 그룹으로 여겨졌던 자유민주당그룹(ALDE)은 유럽보수개혁당(ECR)에게 1석 뒤지며 제3 정당 그룹의 자리를 내주었다. 유럽보수개혁당은 68석(9.05%)을 차지했으며, 이번 선거에서 반(反)유럽연합 정당 그룹의 의석 확보에 큰 역할을 했다. 그 외에도 영국 독립당이 중심인 자유와 민주주의유럽정당(EFD)은 48석, 프랑스의 국민전선이 중심이 되는 자유를위한 유럽동맹(EFA)은 50석을 차지하며 극우주의 정당들이 약진한 양상이다.

이 같은 선거 결과에 따라 6월 24일까지 유럽 의회 내 교섭단체 등록이 진행되는데, 특히 극우주의 연합의 교섭단체 구성이 우려되고 있다. 유럽 의회 내 교섭단체는 7개국 이상의 대표와 25명 이상의 의원으로 구성되며, 교섭단체가 구성될 경우 연간 수백 만 유로의 지원금을 받고, 총회 발언권이 주어지게 된다. 현재 극우주의 그룹 중에서는 영국 독립당이 중심이 되는 EFD가 교섭단체 요건을 충족시켰으며, EFA도 24일까지 교섭단체 등록을 위해 노력할 전망이다. 이들의 교섭단체 등록은 선거 이전에 우려했듯, 유럽연합 내에서 유럽연합에 반대하는 세력들의 목소리가 높아지는 것이기에 앞으로 유럽 의회 및 유럽연합의 변화 및 개혁이 주목된다.

교섭단체 등록 외에도 6월 26일에는 유럽연합 집행위원회 위원장 지명이 이루어질 예정이다. 제8회 유럽 의회 선거에서는 집행위원장의 선출이 기존의 유럽이사회의 추천에서 벗어나 유럽 의회 선거에서 승리한 정당의 집행위원장 후보가 유럽연합 집행위원장으로 지명되도록 바뀌었다. 그러나 이러한 직선제와 같이 변경된 제도에도 불구하고 유럽 회원국 정상들로 구성된 유럽이사회에서의 지명 후 유럽 의회의 과반수를 통과하면 유럽연합 집행위원회 위원장이 될 수 있다. 변화된 제도로 인해 유럽이사회의 지명이 명분뿐인 제도인지, 아니면 과거 유럽이사회의 지명에 대한 영향력과 차이가 없을지는 26일 후에 유럽연합 정상 회의에서 확인될 것이다.

선거가 끝나고, 영국에서는 이번 유럽 의회 선거의 선거 명부 등록제에 대한 제도적인 문제가 등장했으며, 집행위원장 직선제 및 다양한 홍보에도 불구하고 투표율이 크게 상승하지 않은 결과가 초래되었다. 새로운 의회가 시작되는 7월 1일 이전에 이러한 문제들은 다시 한 번 재고되어야 할 것으로 보인다.

유럽 의회 정당

06월 03일

• 유럽국민당(EPP) 정치회의에서 유럽 선거 승리를 평가하다

(EPP Press Releases 06. 03)

– 2014년 6월 2일부터 3일 동안 열린 EPP 정치회의에서 유럽 의회 선거의 승리 결과를 논의하였다. 정치회의 멤버들은 EPP의 승리에 기여한 다른 회원국의 결과들을 검토했으며, 최초로 유럽연합 차원의 선거 캠페인을 주도한 장 클로드 융커에게 감사를 표했다. 장 클로드 융커에 대한 완전한 지지를 보내며, 그가 유럽연합 집행위원회 위원장이 될 것으로 기대한다.

06월 04일

• 마틴 슐츠를 향후 유럽연합 집행위원장에 대한 S&D의 협상 대변인으로 임명

(S&D News room 06. 04)

– 6월 4일 S&D그룹은 27개 회원국의 대표단들을 초청하여 정치회의를 가졌다. 이번 회담에서 차기 S&D그룹 대표에 대한 협상이 진행되었다. 현재 S&D그룹 대표인 하네스 스워보다는 27개국 대표단의 승인으로 유럽연합 집행위원장에 대한 협상 대변인으로서 마틴 슐츠를 임명하며, 장 클로드 융커의 가혹한 긴축 재정이 빈곤을 증가시킬 수 있다며, 이에 대한 반대 의견 개진자로서 마틴 슐츠가 역할을 해

줄 것으로 기대했다. 또한 2014년 6월 18일에 있을 차기 S&D그룹 대표 선거에 마틴 슐츠가 공식적으로 출마할 것이라고 말했다.

06월 12일

• **스워보다는 반 롬푸이와의 미팅 후 융커의 제안을 재차 강조했다**

(S&D News room 06. 12)

– 유럽 의회 선거가 끝나고 3주가 지났다. 유럽이사회(European Council)에서는 유럽연합 집행위원장에 대한 어떤 진전도 이루어지지 않았다. 유럽연합 상임의장인 헤르만 반 롬푸이는 의회 주요 지도자들과 만났다. 스워보다는 반 롬푸이와의 회의 후 유럽 의회에서 가장 큰 그룹의 후보는 적절한 프로그램 제안을 통해 유럽 의회에서 과반수를 먼저 차지해야 한다고 말했다. S&D는 두 번째로 큰 그룹이기에 유럽 의회의 균형을 유지해야 하며, 의사 진행의 방해는 도움이 되지 않는다고 말했다. 그리고 시민들에게 유럽 의회에 대한 실망을 주지 않기 위해서라도 우선순위의 작업에 대한 협상을 해야 할 것이라고 말했다.

06월 18일

• **S&D그룹의 새로운 대표로 마틴 슐츠가 선출되다**   (S&D News room 06. 18)

– 6월 18일 브뤼셀에서 진행된 회의에서 S&D를 강화시키고, 향후 EU 집행위원장 선임과 지명 회담에서 그룹의 위치를 강화하기 위해 새로운 그룹 대표로 마틴 슐츠를 선출했다. 그는 S&D그룹이 자신을 신뢰해 준 것에 대해 매우 기쁘며, 앞으로 유럽연합 집행위원장과 정책 등에 대해 유럽 의회 내에 협상을 효과적으로 이끌겠다고 말했다. 그는 또한 장 클로드 융커가 모든 민주적 단체에 대한 명확한 약속을 통해 과반수를 획득해야 한다고 말했다. 특히 S&D그룹은 유럽연합을 위해 큰 도전을 할 준비가 되어 있는 유럽연합 집행위원장을 지지한다고 말했다.

06월 22일

• **정치 교섭단체 형성을 위한 마지막 시도**   (European Voice 06. 22)

– 6월 24일 화요일에 유럽 의회 교섭단체 신청을 마감한다. 영국 독립당이 중심인

자유와민주주의유럽정당(EFD)은 기준을 충족했으나, 프랑스의 국민전선이 중심이 되는 자유를위한유럽동맹(EFA)은 아직 회원국 대표 수를 못 채운 상황이다. 유럽 의회 교섭단체는 7개국 이상의 대표와 25명 이상의 의원으로 구성되어야 하며, 교섭단체가 구성될 경우 연간 수백 만 유로의 지원금을 받고, 총회 발언권이 주어지게 된다.

06월 19일

• 유럽 의회 선거 결과   (European Parliament Election results 06. 19)
– 제8회 유럽 의회 선거 결과 투표율은 43.09%를 기록했으며, 총 751석 중 유럽국민당(EPP)이 221석(29.43%)으로 제1당이 되었다. 유럽사회민주당그룹(S&D)은 191석(25.43%)으로 제1당과 30석의 차이를 보이며 제2 정당의 자리를 차지하였다. 제3 정

출처: http://www.results-elections2014. eu/en/election-results-2014. html(검색일: 2014. 06. 16)

당은 유럽보수개혁당(ECR)으로 68석(9.05%)을 차지했으며, 자유민주당그룹(ALDE)보다 1석 더 앞선 결과가 나타났다.

06월 03일

• 소셜 미디어를 유럽 의회 선거에서 사용하는 방법

(European Parliament Press releases 06. 03)

– 소셜 미디어는 투표를 거부하는 젊은이들과 소통할 수 있는 좋은 기회를 제공한다. 유럽 의회는 유튜브, 페이스북에 젊은 유권자들을 위한 특별 영상을 만들었고 250만 번 이상 클릭된 것으로 나타났다. 유럽 의회 공식 선거 영상 역시 천백만 회 이상 실행된 것으로 나타나 그 영향력을 증명했다. 수많은 사람들이 유럽 의회 선거를 소셜 미디어를 통해 논의했으며, 선거 일주일 동안은 유럽 의회 선거 태그가 백만 번 이상 트윗되었다. 유럽 의회는 이번 선거를 홍보하기 위해 트위터를 통해 선거 배너도 활용했으며, 페이스북에 응용프로그램을 개발하며 가상 풍선을 공유하고 '나는 유권자입니다.'라는 문구가 담긴 풍선을 통해 투표율 향상을 위한 노력을 진행하였다.

06월 04일

• 유럽 의회 위원회: 유럽 정치의 중심 (European Parliament Press releases 06. 04)

– 새롭게 선출된 유럽 의회 의원은 7월 1일 임기를 시작하며, 첫 번째로 하는 것 중에 하나는 자신이 속하는 위원회를 정하는 것이다. 이는 의원들의 노력이 집중되는 분야를 결정하는 것이기에 중요하다. 위원회는 새로운 입법 제안에 대한 의회의 입장 초안을 만드는 곳으로 정책 결정에 중요한 역할을 한다. 유럽 의회는 20개의 위원회가 있으며, 크기는 모두 다르지만 각 정당 그룹에 비례하여 구성한다.

06월 22일

• 융커 EPP 집행위원장 후보 EU 집행위원장 고지 오를 듯   (연합뉴스 06. 22)

– 유럽 의회 선거에서 제1당을 차지한 유럽국민당(EPP)의 장 클로드 융커 집행위원장 후보가 EU 집행위원장 고지에 오를 것으로 보인다. 선거 이틀 후인 5월 27일 열

린 비공식 EU 정상 회의에서 캐머런 총리는 "융커 대표가 EU 집행위원장이 되는 것을 받아들일 수 없다."면서 "유럽 통합에 대한 그의 비전은 유럽인들의 견해와 보조를 맞추지 못하고 있다."고 지적한 바 있다. 캐머런 영국 총리, 오르반 헝가리 총리, 뤼테 네덜란드 총리, 라인펠트 스웨덴 총리 등이 융커를 반대하고 나섰으나 메르켈 독일 총리가 지난 9~10일 스웨덴 스톡홀름에서 영국, 네덜란드, 스웨덴 정상들과 만나 설득 작업을 벌임으로써, 이탈리아 총리가 융커의 집행위원장 지명을 조건부로 용인하는 쪽으로 돌아섰다. 6월 21일 파리에서 EU 중도 좌파 정상들이 융커 지지를 표명하고, 올랑드 프랑스 대통령은 "정상들은 유럽 의회 최대 정파가 EU 집행위원장 후보를 지명하는 전통을 존중한다."고 말했다. 독일 연정에 참여한 사민당(SPD) 역시 사민당 출신의 마틴 슐츠 사회당그룹(PES) 대표가 다시 유럽 의회 의장으로 선임된다면, 융커의 집행위원장 선출을 지지할 것이라고 밝혔다. 그러나 사실상 여전히 집행위원장 선출 권한은 EU 정상들의 협의체인 유럽이사회가 가지고 있으며, 26~27일 열리는 EU 정상 회의에서 조제 마누엘 바호주 EU 집행위원장이 후임 지명자를 발표할 예정이다. 집행위원장 지명자는 7월 중순께 열리는 유럽 의회 본회의에서 재적 과반수의 지지를 얻으면 차기 유럽연합 집행위원회 위원장으로 확정된다.

유럽 의회 여론

05월 24일
• EU 시민은 등록 양식에 대한 혼란으로 영국에서의 투표를 중지했다

(The Guardian 05. 24)

– 영국의 유럽연합 선거 명부 등록제에 대한 바뀐 제도가 많은 불편을 초래하고 있다. 영국에 거주하는 유럽 시민들의 경우 유럽 의회 선거에 대한 명부를 작성해야 하는데, 기존의 거주 단위로 등록하던 제도가 개별 단위로 바뀌면서 당연히 등록되어 있을 것이라 생각하고 투표장에 간 유권자들이 투표할 수 없는 상황에 놓이게 된 것이다. 많은 영국에 거주하는 외국인들이 이에 대한 불만을 SNS로 표출하였으며, 영국의 유럽인 이주 연합(European Movement UK)의 대표는 이러한 일부 유럽 시

민들의 인식 오류에 대해 선거 등록 임원들은 좀 더 유럽 시민들이 변화된 명부에 대한 인지할 수 있도록 노력했어야 한다고 말했다.

06월 04일

• 2014 유럽 선거: 43.09% −성공? 실패?   (Euronews 06. 04)

− 2014 유럽 의회 선거를 분석한다. 우선 투표율의 경우 지속적으로 떨어지던 투표율에서 벗어나 소폭 상승한 것을 볼 수 있다. 제7회 유럽 의회 선거에서는 43%의 투표율을 기록했으나 제8회 유럽 의회 선거는 43.09%의 투표율을 보인 것이다. 그러나 0.09%포인트의 증가가 진정한 성공인지 확인할 필요가 있다. 구체적으로 보았을 때 벨기에와 룩셈부르크의 투표율은 거의 90%에 도달한다. 이는 놀라운 일이 아니며 의무적으로 투표를 하게 하는 국가들의 경우 높은 투표율을 보이고 있다. 전반적으로 이번 선거의 투표율이 증가했으나 이는 단지 유럽연합 회원국이 증가한 데 기인한 것으로 분석할 수 있다. 유럽위원회는 집행위원장의 직선제 효과 등을 내세우며 유럽연합의 투표율 개선에 희망을 기대했으나 실제 선거 결과는 그러한 노력이 투표율 향상에 큰 역할을 하지 못했다고 할 수 있다. 이번 선거의 투표율 상승은 선거가 의무적인 국가들과 지방선거나 대통령 선거와 날짜가 일치한 일부 회원국들의 상승된 투표율 때문인 것이다.

제2장

유럽 의회의 쟁점

2014년 선거를 앞둔 유럽 정당, 무엇이 우선인가

김진주

　앞으로 9개월 정도 남은 2014년 유럽 의회 선거가 독일의 총선이 끝나고 본격적으로 준비에 들어간 것으로 보인다. 유럽 의회의 각 정당은 국가별로 자신들과 정치적 신념을 같이하는 정당들을 지원하며 2014년 선거의 협조를 구하고 있다. 또한 자신들의 정책적 의견과 각 국가에서의 승리 등을 유권자들에게 강조하며 꾸준한 홍보를 이어 가고 있다.

　유럽국민당(EPP)은 의석이 가장 많은 독일에 주력하고 있다. 2014년 선거에 독일에서 몇 석을 얻느냐는 정당에게 중요한 부분인 것이다. 그렇기에 기독민주연합(CDU)을 지원하고 앙겔라 메르켈의 당선을 축하하고 있다. 반면 유럽사회민주당(S&D)은 각국의 선거보다는 정책에 대한 입장 표명을 지속적으로 보도 중이다. 이러한 각 진영의 흐름은 유럽 유권자에게 다른 느낌을 갖게 할 것이다. 유럽 의회는 각 국가의 개별 의회와는 달리 모든 회원국들의 의사를 의원들이 반영해야 하며, 유권자들을 위해 끊임없이 일하고 있음을 보여 주어야 한다. 때문에 유럽 의회는 인터넷 홈페이지를 통해 지속적으로 의회의 상황을 알리고 있다. 그러나 유럽 의회 사이트에 접속해 각 정당의 활동을 찾는 것은 쉽지 않기에, 온라인 활동은 고유의 소속 정당 홈페이지가 더욱 효과적일 수 있다. 하지만, 각 정당의 홈페이지 관리는 소홀하기만 하다. S&D의 경우 그나마 관련 보도 자료를 지속적으로 올림으로써 S&D라는 정당명을 검색하는 것만으로도 그들이 어떠한 정책을 펼치고 있는지 알 수 있다. 반면 EPP는 이번 독일 선거에서 승리한 메르켈을 응원하는 글뿐 어디에서도 자료를 찾아볼 수 없으며 2012년, 2011년 이전의 자료들뿐이다. 유럽연합에 대한 비판론이 점차 늘어나는 시점에서 정당의 내부부터 공고히 하는 자세가 필요할 것이다.

또한 현재 유럽 의회의 의원 수는 그 규모에 비해 많지 않기 때문에 시민들에게 직접 다가가는 것은 무리가 있다. 거대한 규모의 의회와 정당이 정치적 통합을 제대로 이루려면 실제로 유럽 곳곳의 의견을 잘 수렴하는 것에서부터 비롯되어야 한다. 그렇기에 장기적으로 각 국가에 퍼져 있는 정치적 신념을 함께하는 당들과 의견을 조율하면서 점차 하나된 당의 모습을 갖춰 나가고, 동시에 유럽 의회 의원 수를 늘리는 방안도 검토되어야 할 것이다.

2014년 선거의 승리를 위해 유럽의 정당들은 여러 전략을 검토 중일 것이다. 그러나 다양한 전략을 구사하기 전에 거대한 규모의 시민들을 대표하는 정당으로서의 형태를 공고히 할 필요가 있다. 유권자들에게 보이는 것은 곧 정당의 이미지가 된다. 그러므로 이를 유념해 선거 준비를 시작해야 할 것이다.

우경화되어 가는 유럽, 노력하지 않는 보수

김진주

지난 10월 13일 프랑스 지방의회 보궐선거에서 극우 정당인 국민전선(FN)이 승리를 거두었다. 이로써 유럽 내에 우파의 약진에 이어 극우파까지 그 세력을 확장하고 있는 것이다. 특히 극우 세력은 2014년 유럽 의회 선거에서 공동전선을 구축하고자 영국, 핀란드, 헝가리, 스웨덴 등의 극우 정당까지 가세하고 있다. 극우 세력은 유럽 의회 내 다수당인 중도 우파들에게도 부담스러운 존재이다. 그들은 반EU를 주장하기 때문이다. 지금까지는 유럽 의회에서 소수 정당에 불과했으나 이들의 급부상은 유럽 의회 내에 불안감을 가져오고 있다.

경기 침체 이후 유럽은 독일의 앙겔라 메르켈의 선전에 이어 우경화된 정당들이 집권하는 경우가 증가하고 있다. 그렇다면 유럽 내의 보수층을 아우르는 유럽 의회 보수당들의 영향력이 증가할 것 같은데, 오히려 극우파들의 영향력이 증가하는 현상이 벌어지고 있다. 이는 유럽 의회에서 보수당이 제 역할을 하지 못하는 것에서 원인을 찾아야 할 것이다. 현재 유럽국민당(EPP)은 중도 우파라고 하지만 유럽 의회의 대표적인 보수당이다. 그러나 유럽 의회 본회의에서 논의되는 내용들을 볼 때, 그들은 보수보다는 중도에 가까워 보인다. 10월 본회의에서도 많은 안건은 사회민주당(S&D)으로부터 나왔고, 그들의 안건은 생각보다 순조롭게 승인되었다. 물론 보수이기에 제안하는 안건은 적을 수 있으나, 진보 진영의 안건들에 대해 자신의 입장을 제대로 표명하는 것은 필요해 보이는 대목이다. 예컨대 이번 담배 제한안에 있어서 EPP가 지난달 투표를 연기하는 모습을 보였으나, 결국 본래 안과 매우 유사하게 승인되었다. 이러한 모습은 노력하지 않는 보수당으로 보이고, 결국 유권자들에게도 유럽 의회 내의 보수당에 대한 불신이 생기면서 그것이 극우 정당의 지지로 변화하는 것이 아닐까 생각된다. 그렇기에 극우 정당의 세력 확장을 막는 방법은 우파 세력이 더 시민들의 의견을 반영하고 자신들의 정강을 바로 세워야 하는 것이다.

2013년 9월 유로바로미터 조사에 따르면 유럽연합에 대해 긍정적인 시민들은 50%에 달한다. 반면 부정적으로 생각하는 입장은 17%이다. 그러나 유럽연합의 존재에 대해 끊임없이 효용성의 문제가 제기되고 있고, 그러한 측면에서 아직도 유럽연합을 부정적으로 받아들이는 이들이 17%인 것이다. 게다가 각 국가에서 극우 정당이 득세한다면 유럽연합을 반대하는 이들이 유럽 의회에 자리 잡을 수 있다. 점차 우경화되어 가는 유럽에서 보수당은 자신들에게 유리한 상황을 잘 활용하면서 시민들의 의견을 읽어 제 역할을 해야 할 것이다.

유럽연합은 통합인가 간섭인가

김진주

올해(2013년)는 EU 출범 20년이 되는 해이다. 그러나 유럽 의회의 분위기는 20주년을 기념하는 것과는 사뭇 다르다. 오히려 반EU를 외치는 극우 세력이 2014년 선거를 대비해 연대를 구축하고 있다. 이러한 상황에서 여론은 끊임없이 EU의 효율성과 성과에 대해 부정적인 시각으로 바라보고 있는 추세이다. EU가 유럽 시민을 대변하는 것을 떠나 EU의 근본적 존폐 위기가 도래하고 있는 것이다. EU는 1993년 경제적 연합으로 시작됐으나 정치적으로 확대되면서 회원국들과 점차 밀접하게 자리하고 있다. 이러한 밀접함이 오히려 각 국가의 주권에 위협이 되고, EU의 존재가 연합의 의미인지 간섭인지 그 논의가 심각해지고 있다.

11월 13일 유럽국민당(EPP)은 슬로베니아의 야당 지도자 야네즈 얀사의 유죄 판결에 대해 우려를 표명하고 슬로베니아의 경제 개혁 요구를 결의했다. 이 결의안에 대해 슬로베니아 법무부장관은 "아직 결정 나지 않은 법정 절차에서 이러한 정치적 결의안은 공정한 재판이 부적절한 것처럼 보일 수 있다."며 경고했다(The Slovenia Times 2013. 11. 14). 유럽사회민주당(S&D)도 이 결의안이 부끄러운 행동이라며 우려를 표명한 상태이다. EU는 연합이지만 각 국가가 주체이기 때문에 그 선을 지키는 것이 매우 중요할 것이다. 그렇기에 EPP의 이와 같은 행보는 유럽을 통합하기보다는 오히려 내정 간섭으로 보일 여지가 있고, 정당의 행보이지만 나아가 유럽 의회의 이미지에도 타격을 미칠 것이다. 유럽연합과 의회는 시민들의 염원에서 시작하기보다 정치적 엘리트들의 합의에 의해 시작되었다. 따라서 시민들에게는 자신의 소속에 대해 유럽인이라는 것보다는 각 국가의 국민이라는 것이 더욱 밀접할 것이며, 그렇기에 자국에 이익이 되지 않는다면 유럽연합은 존재할 이유가 없다. 이렇듯 주체인 국가는 무엇보다 중요하며 EU와 EP(유럽 의회)가 하나의 연합체로서 유럽인에게 다가가려면 각 회원국에 대한 영향력 행사의 합의가 우선시 될 필요가 있다.

　EU는 유럽의 정치·경제 통합을 실현하기 위하여 출범했다. 그러나 이러한 통합이 의미가 있으려면 효과가 보이고, 각 회원국에게 긍정적인 영향을 미쳐야 할 것이다. 현재 유럽인들이 느끼는 유럽연합의 효과는 그다지 높지 않다. 2014년 선거를 앞둔 이 시점에 각 정당은 정당이 살아남을 방법을 구사하기 이전에 유럽연합을 지켜 내야 하는 상황에 놓여 있다. 정당은 존재의 참 의미를 깨닫고 정책 중심으로 유럽 시민을 진정으로 대변할 수 있도록 노력해야 하며, 더 나아가 유럽연합-회원 국가 이익 사이를 조율하는 역할을 수행하여 유럽 시민과의 밀접성도 높여야 할 것이다.

참고 문헌

The Slovenia Times 2013. 11. 14.

‖‖

유럽연합에 보이는 희망

김진주

　유럽연합(EU)과의 협력 협정 체결 중단을 선언한 정부에 반발한 우크라이나 국민들의 시위가 정권 퇴진까지 요구하는 등 격화되어 가고 있다. 이 시위는 반정부 친EU 세력을 중심으로 이뤄지고 있다. 우크라이나가 EU에 소속되어야 함을 우크라이나 국민이, 유럽 시민이 강력하게 요구하는 것이다. 이는 EU가 유럽인에게 20년간 자리했던 만큼 EU를 지지하는 세력도 건재하게 존재함을 반증한다.

　2013년 한 해 EU가 20주년임에도 EU 불신론이 끊임없이 나오고, 그 역할의 필요성이 의심되었다. 유럽연합을 반대하는 여론도 만만찮아 그 존재를 위협받고 있는 듯 보인 것이다. 그렇지만 유럽연합의 미래가 어둡지만은 않다. 매년 봄, 가을 이뤄지는 유로바로미터의 유럽인들의 인식 조사에 따르면 유럽인들의 EU에 대한 지지도가 2013년 봄 조사보다 가을에 그 인식이 더 낙관적으로 변한 것이다. 전체적인 %가 상승하면서 유럽연합의 미래에 대해서 기대하는 양상이 나타났다. 그러나 이러한 기대가 실제로 인식이 긍정적으로 변하고 있는지, 단순히 2014년 새로운 선거를 앞두고 전망 효과에 따른 지지인지는 명확하지 않다. 그렇지만 2014년 유럽 의회 선거가 유럽 시민들이 유럽연합에 대해 긍정적으로 기대하게 하는 일종의 매개체, 이벤트로서의 역할을 하고 있다는 점은 분명하다.

유럽연합과 그에 소속된 유럽 의회 의원 및 정당들은 이러한 기회를 십분 활용할 필요가 있다. 우선적으로는 정책 및 활동에 대한 홍보가 이루어져야 한다. 유럽 의회에서는 웹사이트 내에 'Election 2014' 파트를 만들어 의회 의원들이 어떠한 사안을 논의하고 결정하는지 도표 및 설명을 통해 자세히 보여 주고 있다. 이러한 온라인 활동뿐만 아니라 오프라인에서도 유럽 시민들에게 유럽 의회 의원들이, 정당들이 하는 역할을 직접적으로 보여 주는 것이 중요하다. 2014년 선거를 대비하는 캠페인에서 각 나라의 후보자들이 직접 유권자를 만나면서 자신들의 정책을 홍보하는 방향으로 나아가야 할 것이다. 그리고 유권자들이 직접 의회 의원이 되어 보는 프로그램을 계획하는 것도 좋은 방안일 것이다. 온라인 가상 프로그램을 통해 2014년 선거에 유권자가 직접 출마하면서 그 과정을 보여 주고 당선 뒤에 의원들이 하는 일들을 간접적으로 경험할 수 있게 한다면 유럽연합과 의회가 유럽 시민들을 위해 어떠한 역할을 하고, 얼마만큼의 노력을 하는지 느낄 수 있을 것이며, 유럽연합의 존재와 필요성을 유권자에게 보여 줄 수 있을 것이다.

2014년 유럽 의회 선거는 유럽연합의 중요한 전환점이 될 것이다. 극우파가 본격적으로 연합을 맺고 다수의 의석을 차지한다면 유럽연합이 존폐 위기에 놓일 수 있다. 그렇기에 유럽 시민들에게 유럽연합의 필요성을 보여 주면서 자신들의 정책을 어필하는 것이 중요하다.

유럽 의회 선거 준비를 위한 제언

김진주

2014년에 들어오면서 5월에 있을 유럽 의회 선거에 대한 관심과 준비가 본격적으로 이뤄지기 시작했다. 각 정당의 그룹인 유럽국민당(EPP), 사회당(PES), 자유민주당(ALDE)은 차기 유럽연합을 이끌 집행위원장 후보 선출을 위한 준비를 하고 있으며, 그중 PES는 지난해 11월에 이미 현 유럽 의회 의장인 마틴 슐츠를 집행위원장 후보로 선출하여 선거 준비에 박차를 가하고 있다. 특히 올해 선거는 EU 집행위원장 선출이 각 정치 그룹별로 후보를 내세우고 선거에서 승리한 정치 그룹의 후보가 EU 집행위원장에 올라가는 형태의 직선제와 같은 형식으로 변경되었다. 이는 과거 유럽이사회(European council)에서 후보를 지명하고, 그 후보에 대한 승인을 유럽 의회에서 받으면 이뤄졌던 EU 집행위원장 선출과는 확연히 다른 대표성을 지닌다 할 수 있다. 이 밖에도 2014년 선거는 반EU 노선인 극우파의 약진이 예상되면서 유럽 의회와 유럽연합이 좀 더 다양한 의사를 반영하고, 유럽 시민의 대표성을 구축해 나가는 첫 단추라 할 수 있다.

이러한 중요한 선거를 앞두고 유럽의 여론은 기대와 우려를 동시에 내보이고 있다. 더욱이 연초부터 영국에서 EU 개혁에 관한 비판이 거세게 일어나면서 반EU 정서가 고조되는 양상도 보인다. 2014년 1월 15일 영국 재무장관이 유럽 개혁 관련 회의에서 EU의 잘못된 규정이 영국과 유럽 전체에 악영향을 미칠 것이며, EU 협정의 목적에 벗어난다는 비판을 하면서 EU와 영국 간의 대립 양상이 첨예해졌으며, 이러한 반EU 분위기가 고조되면서 EU에게는 불리한 상황이 발생했다. 그러나 다른 한편으로는 선거를 앞둔 시점에 유럽 시민들의 EU에 대한 태도가 긍정적으로 변화했으며, 라트비아가 유로존에 가입하고 아이슬란드의 EU 가입 협상 결의안이 채택되면서 확대되고 있는 EU의 역량도 무시할 수 없게 되었다.

유럽의 여론과 EU의 전반적인 상황을 놓고 볼 때 정치 그룹들은 선거를 준비함에 있어서 신중할 필요가 있는 시점이다. 그렇기에 대표적인 정치 그룹별로 필요한 전략을 제언하고자 한다.

우선 유럽국민당그룹(EPP)은 현재 EU에서 가장 큰 정치 집단으로 지난 기간 EU를 이끌었다. 보수적인 입장을 취하고 있는 EPP에게 이번 선거에서 극우파 선거 연합이 생겨나는 것은 위기로 다가올 수 있다. 뿐만 아니라, 극우의 주장은 여당과 비슷한 입장이므로 유럽연합에 대한 부정적인 인식에 영향을 받기 쉽다. 따라서 보수적인 유권자들에게는 그들의 의견을 많이 수용하는 것처럼 보이되, 그 반대 진영의 유권자들에게는 오히려 극우를 막기 위한 중도적인 정치 그룹이라는 입장을 부각하는 것이 좋은 방안이 될 수 있을 것이다.

반대로 사회당그룹(PES)은 EPP와 반대로 전 정권에서 실패한 사항들과 불만족스러운 부분을 부각해야 할 것이다. 특히 유럽 전체에서 생겨나는 극우파 문제에 대해 보수 집단의 책임을 명확히 하고, 꾸준히 유럽연합 의회의 결의안과 정책을 중심으로 어떤 집단보다 유럽 시민들을 위해 일해 온 모습을 보여 줌으로써 실질적으로 유럽 시민을 대표한다는 인식에 중점을 두는 것이 필요하다.

마지막으로 자유민주당그룹(ALDE)은 두 거대 정파에 맞서고 있기 때문에 당장의 선거보다는 추후에 정권 획득을 위하여 본인들의 이미지 구축에 나서야 할 것이다. 특히 영국, 이탈리아, 네덜란드, 벨기에, 루마니아 등이 주축이 된 자유주의 성향의 정당 그룹인 만큼 반EU 정서에 흔들리지 않고 EPP나 PES와의 연정 협상을 준비하는 형태가 필요할 것으로 보인다.

선거가 본격화되면서 오는 2월에는 ALDE의 집행위원장 후보가 정해질 것이고, 3월에는 EPP의 집행위원장 후보가 정해질 것이다. 이번 선거가 집행위원장 후보의 역할이 막중해진 만큼 적절한 노선과 방안을 채택해 전략적인 선거운동을 펼쳐야 한다. 점차 유럽연합의 범위가 확대되어 가고 대표해야 하는 유럽 시민이 많아졌으므로 시민과 접촉할 수 있는 소셜 미디어와 같은 소통을 위한 활동에도 적극적으로 나서야 할 것으로 보인다.

각 진영의 집행위원장 후보가 선정되면 선거운동이 본격적으로 시작될 것이다. 앞으로 각 정당 그룹이 어떠한 형태로 선거를 준비해 나갈지 기대되며 귀

추가 주목된다.

참고 문헌

연합뉴스 2014. 01. 02.

European Voice 2014. 01. 09.

BBC 2014. 01. 15.

http://europedecides.eu/ 2014. 01. 20.

||||||||||||||||||||||||||||||||||||||||||||||||||||||||||||||||||||||||||||||||||||||||||||||||||||||||||||||||||||||||||||||||||||||||||||||||||||||||||||||||

이민자 문제, 유럽연합의 대안은 없는 것인가

김진주

　이민자 문제는 유럽 지역에서 끊임없이 이슈가 되어 왔다. 특히 유럽연합에 가입한 국가일 경우 국가의 빈부와 상관없이 유럽연합 회원국 내에서 자유로운 이동이 보장된다. 서유럽에 위치한 소위 유럽의 부유한 국가들은 이주자 문제에 관하여 유럽연합에 민감한 입장을 보여 왔다. 특히 최근 영국과 독일을 중심으로 유럽연합의 이민법 개정에 관한 주장이 확대되면서 이민자 문제가 유럽 통합의 변수로 작용하게 된 것이다.

　2월 20일 유럽연합과 양자 협정을 체결해 사실상 회원국과 비슷한 혜택을 누려 온 스위스에서 이민 제한법이 통과되면서 그 여파가 더욱 거세지고 있다. EU는 스위스에서 진행 중이던 연구·교육 협력 협상을 중단한다는 제재를 가하고 있지만, 이미 스위스를 시작으로 프랑스, 독일 등에도 이민 제한법이 필요하다는 분위기가 확대되어 가고 있다. 이제 이민자 문제는 단순히 유럽 통합을 넘어 유럽연합의 위기 요인으로까지 자리하게 되었다. 유럽의 극우 정당들이 스위스의 이민 제한법에 찬성하며, 나아가 유럽연합을 탈퇴해야 한다는 목소리까지 내고 있기 때문이다.

2014년 5월 선거를 앞두고 극우 정당 연합이 빠르게 세력을 확산시키고 있다. 극우 정당 연합은 반유럽연합적인 캠페인을 진행하며 유럽연합의 존재 자체에 반기를 들고 있다. 이러한 극우 정당 연합이 이번 선거에서 유럽 의회에 다수 의석을 차지한다면 유럽연합의 존폐 위기까지 우려되는 상황이 야기될 가능성이 충분하다. 현재 유럽의 경기 침체로 인해 극우 정당 연합이 상승세를 타고 있는 상황에서 이민자 문제까지 극우 정당 연합의 지지 요인의 하나로 작용하게 된다면 극우 정당 연합의 유럽 의회 진출은 현실화될 것이다. 그렇기에 이민자 문제는 현재 유럽연합과 극우 정당의 가운데에 놓여 있는 중요한 포인트 중 하나이다.

이러한 문제를 해결하려면 유럽연합은 이민자 정책에 있어 개혁이 필요하다. 이민과 같이 국경에 관한 내용은 국가의 고유 권한 중 하나이다. 유럽연합이 비록 연합체와 같은 형태로 이루어져 있으나 아직 정치적인 연합에는 다가가기 어렵다. 이는 독일과 프랑스의 관계와 같이 역사적인 문제도 있을 것이고, 서유럽과 동유럽의 경제적인 문제도 포함될 것이다. 유럽연합의 역사가 짧은 만큼 급하게 모든 것을 통합하려는 행위는 오히려 반감을 조성할 뿐이다. 그렇기에 이민과 같은 부분은 국가 주권에 양보를 하는 것도 필요하다. 유럽연합에 대한 긍정적인 인식이 자리해야 유럽 통합으로 나아갈 수 있기 때문이다. 극우 세력이 확대되는 것은 유럽연합에 대한 부정적인 유럽 시민의 의식을 단적으로 보여 주는 것이다. 따라서 이민자 문제와 같이 국가의 주권이 침해되는 부분은 유럽연합이 본래의 취지와 의미를 되새기며 한발 양보하는 자세를 취해야 할 것이다.

유럽연합 집행위원회가 2월 15일 극단주의의 발호를 막기 위해 극단주의 폭력 감시 센터를 설립할 계획을 밝혔다. 이러한 대안이 유럽인들의 의견을 잘 반영하는 것인지 의문을 가지게 된다. 극단주의도 유럽인들의 생각이고 여론이다. 그들의 의견을 반영하기 이전에 감시부터 하는 행위는 유럽연합의 진정성에 위배되는 것이다. 진정한 통합은 의식에서 비롯되어야 한다. 유럽연합이 유럽의 통합을 이루게 되면 이민자는 더 이상 문제될 만한 이슈가 되지 않는다. 유럽인이라는 정체성과 자긍심을 가질 수 있도록 유럽연합이 유럽인들의 의견을 잘 수렴하고, 유럽 의회를 통해 유럽인들을 위한 활동을 진행할 필요가 있어 보인다.

참고 문헌

연합뉴스 2014. 01. 16.

연합뉴스 2014. 02. 07.

한겨레 2014. 02. 10.

reuters 2014. 02. 19.

아시아경제 2014. 02. 20.

진정한 유럽연합은 가능한가

김진주

현재 유럽연합은 2013년 크로아티아가 가입하면서 총 28개국의 연합체로 확대되었다. 유럽연합의 규모는 커져 가고 진정한 유럽 대륙 내 국가들의 연합체가 되어 가는 듯 보인다. 그러나 우크라이나 사태가 발생하고 동유럽에 위기가 오면서 유럽연합의 진정한 목표가 실행될 수 있을지 의문이 생기고 있다.

우크라이나는 유럽 대륙의 동쪽에 위치한 나라로 구 소련 연방에 속해 있었으나 1991년 소비에트 연방이 무너지면서 독립국가로 자리하게 되었다. 과거 소련 연방 소속이었다고 해도 우크라이나는 엄연히 유럽 대륙에 위치하고 있으며, 크림 반도 역시 유럽 대륙에 포함되는 반도이다. 우크라이나와 지리적 근접성을 가지고 있는 루마니아는 현재 유럽연합에 가입되어 있으며 루마니아의 유럽연합 가입 후 동유럽 국가들의 유럽연합 가입 협상의 이야기가 오가고 있었다. 특히 우크라이나는 유럽연합과 2013년 11월 28일과 29일 이틀 동안 리투아니아 공화국 수도인 빌뉴스에서 정상회담을 열고 가입 협상을 합의할 예정이었으나, 벨라루스와 카자흐스탄이 이미 가입해 있는 관세 동맹을 내세운 러시아가 압력을 가함으로써 협상이 결렬되었다. 당시 우크라이나 대통령 빅토르 야누코비치는 관세 동맹에 가입함으로써 일자리 창출, 국내총생산 증가가 가능할 것으로 전망하여 러시아를 택했다(EKNews 2013. 11. 25). 그 후 우크라이나의 유럽연합 가입은 잠정 보류되었고, 2014년 우크라이나는 현재와 같은 사태를 맞이하였다. 이러한 상황에서 구 소련 연방에 소속되어 있던 동유럽 국가들의 유럽연합 가입은 당분간 불투명할 것으로 보인다. 이는 유럽 대륙에서의 진정한 유럽연합에 제동이 걸리는 것이며, 유럽 전체를 아우르는 유럽연합이 아닌 유럽 '일부 국가' 연합으로 명칭을 바꾸어야 할지도 모른다.

이러한 우크라이나 사태뿐만 아니라, 2014년 유럽 의회 선거를 앞둔 상태에서 유럽연합을 반대하는 반유럽연합 극우 정당들의 기세도 상승하여 꾸준히 유럽연합의 존재를 위기로 몰아넣고 있다. 3월 23일 프랑스에서 이루어진 프랑스 지방선거 1차 투표에서 극우 정당인 국민전선(FN)이 창당 이후 최고의 성적을 낼 것으로 전망되었다. 국민전선의 사무총장인 스티브 브리와가 프랑스 북부 에낭 보몽에서 과반수 이상인 50.3%의 지지를 얻어 1차 투표에서 시장으로 확정됐다. 그 밖에 국민전선에 소속된 시장은 1997년 선거 4명이 최다였으나 이번 선거에서 이를 넘어설 것으로 예상된다(연합뉴스 2014. 03. 23). 이러한 극우 정당의 약진은 5월 22일에서 25일까지 열릴 유럽 의회 선거에서 반유럽연합 세력의 약진에 큰 영향을 미칠 것이고, 이는 유럽연합뿐만 아니라 유럽 대륙 전체에 통합과 협력의 목소리를 낮추는 역할을 할 것이다.

유럽연합은 유럽이라는 하나의 대륙에서 유럽인들이 국가를 넘어선 협력을 이룸으로써 공동의 이익을 추구하려는 초국가적인 연합체이다. 이러한 유럽연합이 장기간에 걸쳐 진정한 연합체로 거듭나려면 유럽 내의 일부 국가들만 포함하는 현재의 형태가 아닌 유럽 대륙 전체를 아우르는 형태로 나아가야 한다. 그러나 현재 그러한 도약에 제동이 걸려 있다. 이를 위해 유럽연합은 좀 더 강해질 필요가 있어 보인다. 있으나 마나 한 연합체, 단순히 올바른 방향을 제시

하기만 하는 연합체가 아닌 진정으로 유럽을 더 나은 방향으로 이끌 만한 연합
으로 거듭나야 유럽의 통합을 이루는 초국가적 연합체의 역할을 수행할 수 있
을 것이다.

참고 문헌

EKNews 2013. 11. 25.
연합뉴스 2014. 03. 23.

||||||||||||||||||||||||||||||||||||||||||||||||||||||||||||||||||||||||||||||||||||||||||||||||||||||||||||||||||||||||||||||

누가 어떻게 유럽을 대변할 수 있는가

김진주

2014년 5월 22일부터 25일까지 유럽 전역에서 치러질 제8회 유럽 의회 선거
가 한 달도 채 남지 않았다. 유럽 의회의 대표 정당 그룹인 유럽국민당(EPP)과
유럽사회민주당(S&D)은 본격적인 선거 캠페인을 벌이고 있으며, 그에 맞서 자
유민주당(ALDE), 녹색당(Green) 등의 기존 정당과 새롭게 급부상하는 극우주의
노선의 영국 독립당(UKIP), 프랑스 국민전선(FN) 등도 선거운동을 시작했다. 치
열한 접전이 벌어지는 가운데 선거에서 누가 가장 많은 의석을 차지할지 귀추
가 주목된다.

유럽 의회 선거는 유럽연합 회원국 전역에서 이루어지며, 각 국가의 대표를
선출해 유럽 의회 의원의 자격을 부여한다. 이러한 유럽 의회는 소속 정당 그
룹의 이익을 떠나 유럽 전역의 유럽 시민들의 의사를 반영해야 할 의무를 지닌
다. 그들의 활동은 유럽 시민을 위해 행해져야 하며 공공의 이익을 위해 광범
위한 정책을 펼쳐야 한다. 그러나 끊임없이 유럽 의회의 정책에 반기를 드는
집단이 등장하고, 그들의 세력은 날로 성장해 가고 있다.

유럽 의회는 이러한 세력에 대응하고자 유럽 시민에게 다가가는 새로운 방법을 택한 것으로 보인다. 유럽 의회 뉴스(European Parliament News)에 따르면 이번 선거를 앞두고 유럽 의회는 애플리케이션을 개발했다. 유럽 시민 누구나 손쉽게 유럽 의회가 어떠한 활동을 하고 있는지에 대해 가정, 생활, 직장, 환경 등의 분야별로 접할 수 있도록 하였다. 또한 게임 및 타인과의 교류 등의 기능을 추가하여 즐겁게 유럽 의회 선거와 의회 활동을 이해할 수 있게 만들었다. 이는 유럽연합이라는 지리적으로 방대한 공간에서 유럽 시민에게 보다 효과적으로 유럽연합과 의회의 입지를 공고히 하는 방법이라고 할 수 있다. 이러한 방식의 유권자 접촉은 유럽 의회 선거를 앞둔 시점에 좋은 역할을 할 것으로 기대된다.

유럽연합의 존재와 유럽 의회의 정책에 반기를 드는 극우주의 정당들에 대항하는 방법은 여러 가지가 있을 것이다. 부정적적 활동보다는 유럽 시민에게 자신들의 역할과 필요성을 보여 주는 이러한 온라인 접촉 방식은 상향식 지지기반의 구축이 가능할 것으로 예측해 볼 수 있다. 향후 추가적으로 온라인을 통한 쌍방향 소통이 가능해진다면 더욱 좋은 효과가 있을 것이다.

그렇다면 지지 기반을 공고히 하기 위한 노력의 결과로, 이번 선거에서 누가 유럽 의회 주인이 될 수 있을까? 현재는 유럽국민당(EPP)의 근소한 차이의 승리가 예상된다(유럽 의회 뉴스 2014. 04. 25). 그러나 선거 캠페인 전반을 보았을 때 조심스레 유럽사회민주당(S&D)의 승리도 예상해 볼 수 있다. 유럽국민당은 집행위원장 후보를 중심으로 선거운동을 진행 중이다. 반면에 유럽사회민주당의 경우 'Knock the vote'라는 슬로건을 가지고 풀뿌리 선거운동을 진행 중이다. 지지자와 자원 봉사자들을 동원하여 그들 스스로가 슬로건을 외치며 각 지역에서 활동을 할 수 있게 격려하는 것이다. 또한 그들의 활동을 온라인으로 꾸준히 보도하며, 유럽사회민주당은 유럽 시민들의 자발적 지지를 기반으로 하는 정당 그룹이라는 이미지를 심어 주고 있다. 그렇기에 한 달이 남은 이 시점에서 유럽사회민주당의 선거 캠페인 효과가 더욱 클 것으로 예상된다.

물론 선거 결과는 개표를 해 보아야 알 것이다. 그러나 국민으로부터 나오는 권력은 그 어떤 것보다 정당성을 부여받는다. 그러므로 유럽사회민주당의

'Knock the vote' 캠페인이 어느 정도의 효과가 있을 것인지 5월 25일 유럽 의회 선거 결과가 기대된다.

참고 문헌

유럽 의회 뉴스(European Parliament News) 2014. 04. 23.
유럽 의회 뉴스(European Parliament News) 2014. 04. 25.

‖‖

무엇이 진정한 유럽 '연합'인가

김진주

유럽연합 의회 선거운동이 마무리되면서, 이제는 그 결과만을 남겨 둔 상황이다. 이번 유럽 의회 선거에서 우려되는 것은 크게 두 가지이다. 반(反)유럽연합 정당들의 약진과 저조한 투표율이다.

반유럽연합 정당들의 약진에 대한 우려는 최근 유럽연합 내에서 경제 위기가 지속되고, 이민자 문제가 이슈화되면서 점차 증가하는 추세였다. 유럽 의회 선거 이전 영국 독립당의 거절로 극우주의 연합은 무산되었으나, 아직 그들의 세력과 힘은 여전히 유지되고 있으며, 언제든 함께할 수 있는 정강과 노선을 걷고 있기에 그들의 위력은 무시할 수 없는 수준이다. 그러나 극우주의 정당들의 유럽 의회 입성은 오히려 2차적인 문제이다. 극우주의 정당이 유럽 의회에 입성하는 것도 유럽 시민들의 의견이 반영된 것이기에 민주주의에 위반된다고 볼 수 없기 때문이다. 오히려 유럽연합과 의회가 직면한 진정한 문제는 낮은 투표율이다.

유럽 의회 선거 투표율은 처음 1979년에 치러질 당시 61.99%를 기록했다. 그 이후 두 번째 선거인 1984년에는 58.98%, 1989년에는 58.41%, 1994년에는

56.67%로 조금씩 하락하는 양상을 보였다. 그러더니 1999년에는 49.51%를 기록하여 유럽 의회 선거가 치러진 지 20년 만에 약 10% 이상이 하락하게 되었다. 이후에도 지속적으로 투표율은 하락했고, 2009년 선거에서는 사상 최저인 43%를 나타냈다. 벨기에의 브뤼셀연구소는 제8회 유럽 의회 선거 투표율이 40%를 기록할 것으로 예상했다(연합뉴스 2014. 05. 22). 만약 실제로 이러한 투표율이 나타난다면 이는 유럽 의회의 정당성이 위협받을 것이며, 유럽의 통합이라는 하나의 이념 역시 타격을 입을 가능성이 높다. 이러한 현상을 방지하고자 이번 유럽 의회 선거에서는 직선제와 같이 유럽 집행위원회 위원장을 선출하고, 의회 차원에서도 참여 프로그램, 홍보 등을 지속적으로 하고 있다. 그러나 이러한 활동이 투표율을 향상시킬 수 있을지는 미지수다.

그렇다면 무엇이 가장 큰 문제인 것인가? 온라인으로 유권자와 접촉하기 위해 노력하고 홍보하지만 그들의 문제는 쌍방향적 소통이 안 된다는 점으로 추측해 볼 수 있다. 유럽 의회 사이트에는 댓글을 달거나 토론할 수 있는 공간이 마련되어 있지 않다. 단순히 유럽 의회가 무엇을 했으며, 어떠한 안건을 통과시켰는지 자신들의 보도 자료만을 가지고 일방적인 정보를 제공하는 것이다. 그러나 유권자들의 진정한 참여를 이끌기 위해서는 그들의 소리를 들을 공간이 필요할 것으로 생각된다. 정당 그룹들도 마찬가지이다. 이번 선거 캠페인에서 유럽사회민주당은 유권자들을 동원하기 위해 온라인, 오프라인 캠페인을 진행함으로써 소통에 초점을 맞추고 유권자들을 대변하고자 한다. 그러나 유럽국민당의 경우 소통보다는 엘리트적 활동에 주력하는 활동을 주로 하고 있다. 유권자들의 참여를 이끌려면 모든 부분에서의 소통이 이루어져야 할 것이다. 특히 극우주의 정당이 세력을 확장하는 상황에서 유권자들의 소리를 제대로 듣고 그들을 대변한다면, 투표율 향상뿐만 아니라 극우주의 정당의 세력을 약화시키는 데에도 큰 도움이 될 것이다.

유럽연합은 단순히 유럽 대륙의 연합이 아니다. 유럽연합을 출범할 당시의 명분이 유럽 통합이라는 이념이었듯, 이러한 통합은 유럽 시민, 유럽 전체의 연합이어야 한다. 그렇기에 단순히 연합에 가입을 하고, 정책을 맞추는 것은 중요하지 않다. 실질적으로 각 국가의 국민들이 유럽인이라는 인식을 가져야 하며, 그렇게 될 때에 진정한 연합으로 나아갈 수 있을 것이다. 유럽인들의 참여 하나도 이끌지 못하는 유럽연합이 과연 제대로 유럽과 유럽인들을 통합할 수 있을지 다시금 생각해 보아야 할 것이다.

참고 문헌

연합뉴스 2014. 05. 22.

유럽 의회의 위기가 시작되다

김진주

유럽 의회 선거가 막을 내리면서, 선거 이전에 우려했던 일들이 현실로 다가왔다. 이번 제8회 유럽 의회 선거에서는 유럽 의회 차원에서 많은 유럽 시민들의 참여를 독려하였고, 유권자와 소통하기 위해 다양한 활동이 진행되었다. 그렇기에 지속적으로 떨어지던 유럽 의회 선거 투표율이 아주 미미하지만 소폭 상승했으며, 많은 유권자들이 자신의 의견을 선거를 통해 표출하였다. 즉 이번 선거의 결과는 유럽연합 회원국 시민들의 의견, 여론이라 할 수 있는 것이다. 그렇다면 과연 이번 선거에서 유럽 시민들은 어떠한 의견을 보여 주었는가? 결과는 유럽국민당의 승리였으나 제2당 그룹인 유럽사회민주당과 30석밖에 차이가 나지 않았으며, 그중 두드러진 결과는 바로 극우주의 정당의 약진이다.

BBC에 따르면 이번 선거에서 극우주의 계열의 정당들은 140석의 의석을 확보한 것으로 나타났다. 221석을 획득한 유럽국민당, 191석을 획득한 유럽사회민주당에 이어 세 번째로 많은 의석을 차지하게 된 것이다. 그들의 이러한 약진에 대해 데이비드 캐머런 영국 총리는 유럽 시민들이 유럽연합에 대해 환멸을 느끼고 있다고 표현했으며, 장 마르크 애로 프랑스 총리는 유럽 전역에서 유럽 회의주의에 대한 정치적 지진이 일어났음을 언급했다. 이렇듯 유럽연합에서 지속적으로 우려하던 일이 현실이 된 것이다. 앞으로 유럽 회의주의에 대한 목소리는 더 높아질 것이고, 교섭단체를 구성하게 될 그들은 유럽연합 내에서 유럽연합의 폐지를 주장하게 되는 아이러니한 상황을 연출하게 될 것이다. 그렇다고 이러한 반(反)유럽연합 지지자들의 행동을 무시할 수는 없다. 앞서 말했듯 유럽 시민들의 의견이 공식적으로 드러난 것이기 때문이다. 따라서 유럽 시민들이 유럽연합을 원하지 않으며, 유럽 국가 간의 깊은 연대를 불편하게 여긴다는 점은 진지하게 생각해 볼 필요가 있다.

유럽연합은 기독교 윤리하에 유럽이라는 공동체의 역할 및 의무를 강조하면서 시작되었다. 기독교 윤리를 그 원인으로만 볼 수는 없으나, 유럽연합을 구성하는 사람들은 유럽이 통합을 이루려면 모든 것이 '하나'로 통일되어야 한다고 생각하는 듯하다. 그러나 유럽은 점차 다양화되어 가고 있으며, 각기 다른 국가들은 다양한 역사적인 배경 속에서 그들만의 고유한 문화를 유지해 왔다. 모든 유럽의 국가들을 정치적·경제적인 다양성을 없앤 채 획일화시키는 것이 과연 궁극적인 유럽의 통합인지 심도 있게 고민해 보아야 할 것이다.

연합(union)은 분명 통합(unification)과는 다르다. 내면까지 전부 같게 만드는 통합이 아니라, 다양한 것들이 하나의 조직체로서 각각의 특성을 유지하며 연합하는 형태를 유지해야 할 것이다. 유럽연합이 European Union으로서 각 국가의 특성 및 주권을 존중한 상태에서 유럽 시민들에 대한 정책과 활동을 펼쳐 나간다면, 반유럽연합에 대한 소리들이 점차 줄어들고 유럽연합과 유럽 의회의 필요성이 확대될 것이다.

이번 선거 결과로 유럽연합에 대한 위기가 실제로 도래하였다. 7월 1일부터 시작되는 새로운 유럽 의회가 유럽 시민의 의견을 잘 대변하고, 그들과 소통하는 활동을 펼쳐 나갈지 기대되는 바다.

참고 문헌

BBC "Eurosceptic 'earthquake' rocks EU elections" 2014. 05. 26.

제3부

미국의 동향 및 쟁점

복지 확대와 자유주의의 위기, 그리고 양극화

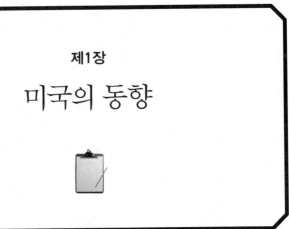

제1장
미국의 동향

1차 (2013년 7월~9월 말)

윤서영

2013년 8월 21일. 시리아 다마스쿠스 외곽 지역에서 수백 명을 숨지게 한 시리아의 화학무기 사용 사건은 전 세계를 주목시켰다. 오바마 대통령은 시리아 정부가 화학무기를 사용했다는 의혹이 제기된 후 처음엔 시리아 무력 진압 계획을 발표했으나, 곧 입장을 바꿔 시리아에 대한 군사 개입에 앞서 미 의회 표결로 결정권을 넘겼고, 이후엔 의회가 표결을 연기할 것을 요청했다. 스위스 제네바의 회담에서 러시아는 시리아의 화학무기를 국제 통제에 맡긴 뒤 폐기하자고 제안했고, 미국이 이를 수용하면서 합의안이 도출됐다. 그리고 시리아가 러시아 제안을 받아들여 화학무기금지협약(CWC)에 가입하겠다고 밝히면서 일단락되었다.

이와 같은 결정이 나오기까지 무엇보다도 여론의 힘이 컸다. 국민들의 과반 이상이 시리아에 대한 군사 개입을 반대했으며, 심지어 의회 표결 과정에서 민주당 상원의원 2명이 반대 의사를 표방하였다. 또한 시리아 이민자들도 백악관 앞에서 군사 개입에 반대하는 시위를 벌였다.

오바마의 지지도는 2012년 11월 재선에 성공한 이후 지속적으로 하락했다.

경기 회복 속도가 예상보다 더딘 데다 시퀘스터(정부 예산 자동 삭감)를 둘러싼 정치권의 혼란, 국세청의 보수 단체 표적 조사 스캔들, 국가안보국(NSA) 감시 프로그램 파문 등 악재가 줄줄이 터졌기 때문이다. 게다가 여론의 반대가 압도적인 '시리아 공격' 카드를 만지작거리며 한 달여간 국정 에너지를 허비한 점도 부정적 영향을 미쳤다.

한편, 2016년 대선을 위한 양당의 움직임도 눈에 띄었다. 차기 대선에서 민주당의 유력 대선 후보로 꼽히는 힐러리 클린턴 전 장관이 시리아 군사 제재안에 지지 입장을 확인하면서 일각에서는 차기 대선을 의식한 것이 아니냐는 분석이 제기됐다. 반면 공화당은 아시아계 유권자 끌어안기 활동의 하나로 '한인지도자 연석회의'를 마련했다. 베트남에 이어 두 번째로 미주 한인 유권자들의 이해와 지지를 당부하는 자리였다. 또한 공화당은 CNN과 NBC 방송이 힐러리 전 국무장관에 대한 다큐멘터리 방영을 계획한 것에 대해 취소를 요구하였고, 2016년 대선의 주요 가치에 대해서는 당내에서 갈등의 양상을 보였다.

미국 정당

07월 19일

• 미 공화당, 의회로 한인 지도자 초청해 지지 호소　　　　　　　　(동아일보 07. 19)

- 2016년 대선에서 정권 교체를 노리고 있는 공화당은 아시아계 유권자 끌어안기 활동의 하나로 이날 '한인 지도자 연석회의'를 마련했다. 베트남에 이어 두 번째로 미주 한인 유권자들의 이해와 지지를 당부하는 자리였다. 미국 정당 지도부가 한국계 미국인들을 워싱턴 한복판의 의회로 초대해 지지를 호소한 것은 처음 있는 일이다. 이는 미국 정치에 대해 양적, 질적으로 확대된 한인들의 영향력을 반영한 것이다.

08월 06일

• 공화당 "CNN · NBC 방송, 힐러리 홍보 중단하라"　　　　　　　(뉴스1 08. 06)

- 미국 공화당은 CNN과 NBC 방송이 2016년 대선을 노리고 있는 힐러리 클린턴 전 국무장관에 대한 다큐멘터리 방영 계획을 취소하지 않으면 보이콧하겠다고 위

협했다. 힐러리의 대선 선거 캠페인을 홍보하는 것 같은 영상물을 방영할 경우 앞으로 해당 방송국이 주최 혹은 후원하는 '프라이머리(예비선거) 토론회'에 참석하지 않겠다는 것이다.

08월 06일

• 미국 공화당은 지금 '정체성' 고민 중…갈등 표면화 　　　　　　 (연합뉴스 08. 06)

– 2016년 대선에서 정권 교체를 노리는 미국 공화당이 극심한 정체성 논란에 휩싸이고 있다. 취약한 중도층 공략을 위해 이념적 외연을 넓혀 나갈 것이냐, 아니면 보다 선명한 보수 기치를 내세우며 전통적 지지 기반을 다질 것이냐의 갈림길에서 뚜렷한 방향타를 잃은 것 같다는 게 워싱턴 정가의 평가다. 또한 정부의 재정 지출 계획과 이민법 이슈, 오바마 대통령의 건강보험 개혁법 이행을 무력화하는 전략, 그리고 국가 안보 이슈 등 주요 이슈를 둘러싼 당 내부의 '코드 불일치'가 이 같은 정체성 논란을 극명히 보여 준다. 게다가 2016년이면 히스패닉계를 중심으로 비(非)백인 유권자들의 비중이 작년 대선 때보다 훨씬 커질 것이라는 게 현지 언론들의 공통된 시각이다. 이에 따라 공화당으로서는 지금부터라도 달라진 유권자의 변화를 수용할 정책상의 변화를 꾀하는 게 긴요해 보인다.

09월 10일

• 오바마, 시리아 사태 개입하려다 민주당 분열 · 개혁 입법 후퇴 '역풍'

　　　　　　　　　　　　　　　　　　　　　　　　　　 (경향신문 09. 12)

– 오바마 미국 대통령은 10일 시리아에 대한 무력 사용 승인 결의안 표결을 연기해 달라고 의회에 요청했다. 지난달 21일 시리아에서 화학무기 사용으로 무고한 인명이 희생된 이후 20일 동안 이어 온 미국의 시리아 공격론은 시리아가 러시아 제안을 받아들여 화학무기금지협약(CWC)에 가입하겠다고 밝히면서 급속히 수그러들고 있다. 오바마 대통령은 애초 신중한 태도를 유지하다 갑자기 군사 개입 쪽으로 방향을 잡은 뒤 다시 의회에 사전 승인을 요청하는 보기 드문 결정을 하는 등 시리아의 화학무기 사용 대응에 일사불란한 모습을 보여 주지 못했다는 평가가 많다.

　현 시점에서 오바마가 잃은 것 가운데 큰 것은 민주당의 분열이다. 민주당 의원

세 명이 반대 또는 기권표를 던진 상원 외교위의 지난주 표결에서 드러났듯 오바마의 강력한 호소에도 민주당 상원의원들조차 대통령보다는 지역구 유권자들을 보면서 움직이기 시작했다. 향후 오바마 대통령의 국정 운영에 부담이 될 요인이다.

09월 22일

• 미 공화당 대권주자들, 오바마케어에 찬 · 반 양분 　　　　　　　(뉴시스 09. 22)
– 오바마 미국 대통령이 추진하고 있는 건강보험 개혁안(일명 '오바마케어')은 공화당과 민주당을 격렬한 대립으로 몰아넣고 있을 뿐 아니라, 2016년 대선에 출마설이 나도는 공화당의 잠재 대권주자들도 찬·반 양론으로 양분시키고 있다. 공화당이 우세한 하원은 20일 건강보험개혁법안을 제외하고, 12월 중반까지 연방 정부의 재정을 지원하는 단기지출법안을 통과시켰다. 그러나 민주당이 우세한 상원은 이 보험을 부활시키려 할 것이며, 양측이 타협에 실패할 경우 정부 기관들이 예산 문제로 폐쇄될 가능성도 있다.

미국 선거·의회

09월 09일

• 힐러리 시리아 군사 제재 지지…2016년 의식? 　　　　　　　(뉴스1 09. 10)
– 민주당의 잠재적 차기 대권 주자인 힐러리 클린턴 전 미 국무장관이 9일(현지 시간) 오바마 대통령의 시리아 군사 제재 계획에 지지를 표명했다. 그는 "미국의 시리아 군사 제재는 국제사회로부터 (화학무기 사용에 대한) 더 강력한 반응을 이끌어 낼 것"이라면서 의회에도 이에 대한 지지를 촉구했다. 클린턴 전 장관은 또한 러시아의 시리아 화학무기 포기 제안에 대해서도 "화학무기를 국제적 통제하에 놓는 중요한 조치가 될 것"이라며 높게 평가했다. 또 "아사드 정권이 러시아와 존 케리 미국 국무장관의 제안대로 화학무기를 즉각 국제적 통제 내에 내놓는다면 중요한 조치가 될 것"이라고 말했다. 2016년 대선에서 민주당의 최고 유력 대선 후보로 꼽히는 클린턴 전 장관이 시리아 군사 제재안에 지지 입장을 확인하면서 일각에서는 차기 대선을 의식한 것이 아니냐는 분석을 제기했다.

09월 16일

· 미 '잠룡' 지지율 힐러리 압도적 선두   (세계일보 09. 18)

- 16일(현지 시간) 공개된 CNN·ORC인터내셔널의 양당 경선 후보 선호도 공동 조사에서 힐러리 클린턴 전 장관 지지율은 65%로 2위인 존 바이든 부통령(10%)과 큰 격차를 보였다. 여성인 엘리자베스 워런 상원의원(매사추세츠)이 7%, 앤드루 쿠오모 뉴욕 주지사가 6%로 뒤를 이었다. 클린턴 전 장관은 특히 여성(76%), 65세 이상(66%), 진보(68%), 남부(68%)에서 지지율이 높았다. 바이든 부통령은 남성(15%)과 50~64세(19%)에서 비교적 강세를 보였지만 클린턴 전 장관 대항마로는 역부족이다. 이번 조사는 지난 6~8일 1022명에 대한 전화 면접 방식으로 실시됐다.

09월 21일

· 백악관·공화당 또 예산안 대치…미 연방 정부 폐쇄 현실화 우려   (경향신문 09. 21)

- 미국 공화당이 장악한 하원이 연방 정부 일시 폐쇄 시한을 약 열흘 앞두고 오바마 대통령의 핵심 정책인 건강보험 개혁안(오바마케어) 예산을 삭감한 잠정 예산안을 가결했다. 미 하원은 오는 12월 15일까지 예산을 현재 수준으로 집행할 수 있도록 한다는 내용의 2014 회계연도 잠정 예산안을 표결에 부쳐 찬성 230표, 반대 189표로 통과시켰다고 20일 AP 통신이 보도했다.

   공화당은 오바마케어 관련 예산을 제외한 예산안을 통과시킴으로써 일단 연방 정부 폐쇄를 막고, 향후 국가 부채 상한선 조정 협상에서도 유리한 고지를 차지하겠다는 전략을 썼다. 하지만 민주당이 우세한 상원이 이 예산안을 거부할 뜻을 밝히면서 정부 폐쇄가 현실화되리라는 우려가 나오고 있다.

미국 여론

09월 09일

· "미국 성인 59% 시리아 군사 개입 반대"   (세계일보 09. 09)

- 9일(현지 시간) CNN 방송과 여론조사 업체 ORC인터내셔널에 따르면 지난 6~8일 전국의 성인 1022명을 대상으로 실시한 공동 여론조사에서 의회의 군사 개입

결의안 처리에 대해 전체 응답자의 59%는 반대한다고 밝혔다고 연합뉴스가 전했다. 정당별로는 민주당원의 56%는 찬성한다고 밝혔으나 공화당원과 무소속은 찬성 응답 비율이 각각 36%와 29%에 그쳐 큰 차이를 보였다. 또 의회가 공습을 승인할 경우를 가정했을 때도 전체의 55%는 공격에 반대한다고 밝혔고, 의회의 승인이 없는 경우에는 71%가 군사 개입을 해서는 안 된다는 의견을 내놨다.

09월 09일

• 시리아계 미 이민자들 "오바마 지지하지만 시리아 공습은 반대"　(경향신문 09. 10)
- 바샤르 알 아사드 시리아 대통령이 "내가 화학무기 사용을 지시했다는 증거가 없다."고 말한 CBS 방송 인터뷰가 방영된 지난 9일, 미국 워싱턴 시내에서는 시리아 국기를 든 사람들이 종종 목격됐다. 미시간주에서 온 아바스 바치(42)는 이날 백악관 앞에서 가족들과 함께 시리아 국기를 흔들며 "전쟁 계획을 당장 접으라."고 외치고 있었다. 그는 1979년 여덟 살 때 시리아에서 이민 온 미국 시민으로 중고차 판매업에 종사하고 있다. 그는 "나는 두 번의 대선에서 모두 오바마에게 투표했다. 이제 표로 다시 그를 심판할 기회는 없지만 오바마가 시리아를 공격하겠다고 하니 이건 아니다 싶어서 나왔다."고 말했다. 그는 "아사드가 독재자이기는 하지만 그 문제는 시리아 국민들이 알아서 할 문제이지 미국이 나서서 뭐라고 할 문제가 아니다."라고 말했다. 그는 "미국 내 시리아인들이 아사드 정권에 대해 같은 생각을 갖고 있는 것은 아니지만, 미국이 전쟁에 개입하는 데 대해선 대부분 부정적일 것"이라고 했다. 프리덤플라자 앞에서 만난 아지즈 아자르(46)는 아사드 대통령 얼굴이 그려진 시리아 국기를 들고 나왔다. 그는 "아사드 정부가 화학무기 공격을 지시했다는 것은 100% 날조된 얘기"라며 "화학무기 사용은 알카에다와 연결된 무슬림 극단 세력이 했을 가능성이 매우 높다."고 주장했다. 그는 기독교도로서 미국에 이민 온 지 26년 됐지만 매년 가족들을 보기 위해 시리아를 방문하고 있다고 했다.

09월 11일

• "9·11 테러와 금융 위기 겪은 미 청년들, 전쟁 더 많이 반대"　(경향신문 09. 11)
- 미국의 젊은 세대는 왜 오바마 대통령의 시리아 군사 개입에 더 많이 반대하는

가. 여론조사 전문가인 존 조그비는 새로운 미국인의 탄생으로 설명했다. 9·11 테러 이후 미국의 젊은 세대가 보이는 성향을 추적해 온 그는 이 세대를 미국의 '첫 글로벌 세대(First Globals)'로 규정했다. 이 세대의 삶을 규정한 사건은 2001년 9·11 테러와 2008년 금융 위기였다. 9·11은 '타자'에 대한 증오심을 고취할 만한 사건이었지만, 그와 동시에 이 글로벌 세대에게 '왜 미국 밖 사람들은 우리와 똑같은 옷을 입고 똑같은 음악을 즐기는데 우리를 싫어하는가?'라는 질문을 던져 줬다. 1979년 생들은 중학생 때 미국이 주도한 걸프전을 시작으로 이라크전, 아프가니스탄전을 보면서 성장했다. 하지만 전쟁이 세계나 미국의 상황을 호전시키지 못했고, 오히려 자신들의 삶을 더 나쁘게 만들었다는 것을 알게 됐다. 전쟁 속에 정부 부채가 늘고, 금융 위기까지 겹치며 이들의 사회 진출은 늦어졌고, 아직도 부모에게 의존하는 비율이 높다. 또한 이들은 '미국 예외주의'를 잘 이해하지 못하는 세대이다. 그렇다고 고립주의 외교를 선호하는 것도 아니다. 문제가 있으면 유엔 등을 통해 해결하기를 바라지, 조지 W 부시가 말한 '의지의 동맹', '가치 동맹' 같은 것을 좋아하지 않는 세대이다.

09월 15일

• 차기 '세계 경제 대통령(연방준비제도 의장)' 서머스 낙마 (조선일보 09. 17)

– 내년 1월 퇴임하는 벤 버냉키 미국 연준(Fed·연방준비제도) 의장의 후임으로 유력시되던 로런스(래리) 서머스 전 재무장관이 15일 후보군에서 자진 사퇴했다. 재무장관과 하버드대 총장에 이어 '세계의 경제 대통령'으로 불리는 연준 의장을 노리던 '까칠한 천재'의 야망이 여론의 십자포화를 맞고 좌절된 것이다. 서머스가 낙마함에 따라 재닛 옐런 현 연준 부의장이 버냉키를 승계할 가능성이 커졌다. 연준 100년 역사상 처음으로 여성 의장 탄생이 가시화되고 있는 것이다. 서머스는 오바마 대통령의 절대적 신임 속에 화려한 경력을 쌓아 왔다. 이와 동시에 독선적인 성격과 거친 언행, 양적 완화 정책에 대한 부정적 인식, 월가와의 유착 의혹 등으로 언론과 학계, 여성계의 비판을 받았다. 그는 하버드대 총장 시절 "여성은 남성보다 수학과 과학적인 능력이 떨어진다."는 등 여성 폄하 발언으로 논란을 빚었다. 특히 야당인 공화당뿐 아니라 민주당 내에서도 반대 여론이 높았다.

2차 (9월 말~10월 말)

16일간의 셧다운(부분 업무 정지) 사태가 미 상원 여야 지도부의 합의로 끝이 나며 극적으로 디폴트 위기를 피하게 되었다. 하지만 이번 셧다운 사태의 주범으로 인식되는 '티파티(Tea party)'의 비호감도가 역대 최고 수준으로 치솟았다. 처음 일반 시민의 주도로 티파티 운동이 시작됐을 때는 '풀뿌리 정치 운동'으로 긍정적 평가를 받았다. 하지만, 티파티의 자기 이념을 밀어붙이기 위해 타협을 일절 거부하고 때론 극우적 성향까지 보이는 등 본질이 변질되면서 국민뿐만 아니라 공화당 내부에서도 점차 껄끄러운 존재가 됐다.

양당이 서로의 주장을 내세우며 합의점을 도출하지 못한 채 셧다운 사태가 지속될 때에는 국민들이 SNS를 통해 적극적으로 불만을 표출하였다. 비판의 대부분이 양당이 합의점을 찾지 못하는 것이었고, 버락 오바마 대통령과 민주당보다 공화당을 더 많이 비난했다. 이는 갤럽의 여론조사에서도 확인할 수 있었다. 공화당의 정당 지지도가 1992년 조사가 시작된 이래로 최저치인 28%를 기록했는데, 공화당이 국민적 지탄의 대상이 되고 있다는 것을 시사한다.

하지만 티파티의 지원을 받는 공화당 보수파 의원들은 내년 초 다시 오바마케어 폐기에 나설 것이라는 점을 분명히 하였다. 따라서 양당의 핵심 쟁점의 합의가 쉽지 않을 것으로 예상됐다. 더구나 내년 중간선거를 앞두고 양당 의원들이 지역구의 '표'에 더욱 민감할 수밖에 없어 어려움이 가중된다는 것이다. 양당 간뿐만 아니라, 공화당 자체에서 벌어지는 내부 균열 또한 극에 달하고 있다. 당장 현안이 될 것으로 보이는 농업법 개정안 또는 이민법 개혁안 처리나 연말연시에 있을 또 다른 예산 전쟁에서 적전 분열까지 예고하고 있어 공화당 지도부로서는 아주 부담스러운 상황이다.

한편 대선 예상 후보 선호도 공동 조사에서 높은 지지율로 부동의 1위를 유지하고 있는 힐러리 클린턴 전 국무장관이 2008년 대선 당시 민주당 후보 경선 이후 처음으로 공개 선거 캠페인에 나섰다. 이에 2016년 대선을 위한 움직임의 시작이 아니냐는 분석이 나오고 있다.

10월 09일

• 美 경찰, 도로 점거 농성 의원 수갑 채워 연행   (한국경제 10. 09)

– 미국 연방 하원 민주당 소속 의원 8명이 의사당 앞에서 벌어진 이민법 개정 촉구 시위에 참가해 도로 점거 농성을 벌이다 경찰에 연행됐다. 미 전역에서 모여든 수천 명의 시위대는 공화당 주도의 연방 하원이 이민 개혁법 승인을 미루고 있는 것을 규탄하면서 연내 법안 처리를 요구했다.

10월 11일

• 美 정부 셧다운 주도한 티파티는 누구?   (MK News 10. 11)

– 미국 연방 정부 폐쇄가 11일째로 접어들며 정치권을 향한 비난이 거세진 가운데 셧다운을 주도한 티파티 세력에 대한 관심이 높아지고 있다. 의회가 예산안 처리와 부채 한도 증액 협상을 둘러싸고 교착 상태를 계속 보이는 데에는 티파티의 강경한 태도가 원인이라는 분석이 나오고 있기 때문이다. 일각에서는 티파티의 예산안 발목 잡기가 수개월 전부터 계획됐다는 의혹도 나오고 있어 협상이 타결되더라도 책임 논란은 쉽게 가라앉지 않을 전망이다.

10월 19일

• 공공의 적으로 찍힌 '티파티 세력'   (조선일보 10. 19)

– 이번 셧다운 사태의 '주범'으로 인식되면서 티파티의 비호감도가 역대 최고 수준으로 치솟았다. 공화당 중진인 존 매케인 상원의원은 티파티를 겨냥해 "정치인은 국민의 동의를 얻는 데 주력해야 한다. 미 국민들이 더는 공화당의 주장에 동의하지 않고 있다."고 지적했다. 2009년 기성 정치권이 아닌 일반 시민의 주도로 티파티 운동이 시작됐을 때는 '풀뿌리 정치 운동'으로 긍정적 평가를 받았다. 이들은 그 어느 단체보다 강한 결집력으로 세력화에 성공했다. 하지만 이들은 자기 이념을 밀어붙이기 위해 타협을 일절 거부하고 때론 극우적 성향까지 보이면서 공화당 내부에서도 점차 껄끄러운 존재가 됐다.

10월 20일

• 美 공화 셧다운 여진…티파티 둘러싼 균열 심화 　　　　　(연합뉴스 10. 20)

- 버락 오바마 미국 대통령과의 예산 전쟁에서 완패한 공화당의 내부 균열이 심상치 않다. 오바마 대통령이나 민주당에 대항해 다음 싸움을 준비하기 위해 단합하자는 존 베이너(오하이오) 하원 의장의 간청에도 공화당은 서로에 대한 공격의 고삐를 더 죄고 있다. 당장 현안이 될 것으로 보이는 농업법 개정안 또는 이민법 개혁안 처리나 연말연시에 있을 또 다른 예산 전쟁에서 적전 분열까지 예고하고 있어 공화당 지도부로서는 아주 부담스러운 상황이다. 많은 공화당 중진은 오바마 대통령의 건강보험 개혁안, 이른바 오바마케어를 좌절시키기 위해 연방 정부의 셧다운(부분 업무 정지)과 국가 디폴트(채무 불이행)를 볼모로 한 이번 예산 전쟁의 전략은 '자멸 행위'의 단적인 사례라고 지적한다. 극단 보수주의 운동인 티파티(Tea Party) 세력에 밀려 이길 수 없는 싸움에 뛰어들었다는 것이다.

미국 선거 · 의회

10월 15일

• 힐러리, 5년 만에 정치 행사 나선다 　　　　　　　　　　(세계일보 10. 15)

- 2016년 미국 대선의 유력한 후보로 꼽히는 힐러리 클린턴 전 국무장관이 오랜만에 공개 정치 행사에 나선다. 지난 3월 공직에서 물러난 뒤 정치와 거리를 둬 왔기에 관심이 쏠리고 있다. 클린턴 전 장관은 버지니아 주지사에 출마한 민주당 테리 맥컬리프 후보를 지지하기 위해 19일 버지니아주에서 열리는 '테리를 지지하는 여성' 모임에 참석해 연설한다. 2008년 대선 당시 민주당 후보 경선 이후 처음으로 공개 선거 캠페인에 나서는 것이다. 클린턴 전 장관은 민주당과 공화당의 대선 예상 후보 선호도 공동 조사에서 65%의 지지율로 부동의 1위를 유지하고 있다. 그는 지난달 언론과 인터뷰에서 대선 출마 가능성에 대해 "나는 실용적이며 현실적인 사람이고 미국을 위해 옳다고 생각하는 가치와 정책을 대변하기 위해 어떤 지위에서든 내가 할 수 있는 일을 하겠다."면서도 "대선이 3년이나 남은 상황이다. 결정을 서두르지 않는다."고 말했다.

10월 16일

• 美 셧다운 종료…'석 달짜리 미봉책' 그칠 수도　　　　　　　　　(국민일보 10. 17)

– 미 상원 여야 지도부는 16일 연방 정부의 셧다운을 끝내고 국가 디폴트 사태를 피하기 위한 합의안을 도출했다. 월스트리트저널(WSJ)에 따르면 이번 사태를 종식시키는 법안이 하원을 통과했지만 티파티의 지원을 받는 공화당 보수파 의원들은 내년 초 다시 오바마케어 폐기에 나설 것이라는 점을 분명히 했다. 워싱턴포스트(WP)는 새로 구성되는 '재정 적자 감축을 위한 초당적 위원회'에서도 고령층과 농민들에 대한 지원을 축소하는 등 핵심 쟁점의 합의가 쉽지 않을 것으로 예상했다. 특히 내년 중간선거를 앞두고 양당 의원들이 지역구의 '표'에 더욱 민감하기 때문에 어려움이 가중된다는 것이다.

미국 여론

10월 03일

• 셧다운 관련 美 SNS 비난글 쇄도…'바보짓 멈춰라'　　　　　　　(뉴시스 10. 03)

– 미국 연방 정부의 일시 업무 정지(셧다운) 상태가 사흘째 지속되는 가운데 미국 소셜 네트워크 서비스(SNS)에서 줄다리기를 계속하는 정치권을 비난하는 글이 쇄도하고 있다. 대부분 네티즌들은 타협점을 찾지 못하는 두 정당에 대해 이해하지 못하겠다는 반응이고, 셧다운 사태와 관련해 버락 오바마 대통령보다 공화당을 더 비난하는 것으로 나타났다.

10월 09일

• 美 공화당 지지율 사상 최저치　　　　　　　　　　　　　　　(Gallup 10. 09)

– 지난 3~6일 전국의 성인 1천28명을 대상으로 실시한 여론조사 결과 공화당에 대한 지지율은 28%로, 지난 1992년 해당 조사가 시작된 이후 가장 낮은 수치를 기록했다. 이는 지난달 조사 때보다 무려 10%포인트나 급락한 것으로, 최근 예산안 및 연방 정부 부채 한도 증액 협상 난항이 결정적인 영향을 미친 것으로 분석됐다. 전문가들은 최근 정치권의 극한 대치 국면에서 백악관과 민주당도 여론의 비판을

받고 있지만 주로 공화당이 국민적 지탄의 대상이 되고 있다고 분석했다.

10월 16일

• **티파티의 이미지 더 부정적으로 변해** (퓨리서치 10. 16)

- 티파티에 대한 미국인의 비호감도는 49%로 역대 최고를 기록했다. 건강과 경제에 관한 오바마의 정책에 대한 보수적 반대 운동 이후로 현재 심각하게 부정적이고, 이는 2010년의 25%에 비해 2배 가까이 상승한 것이다.

3차 (10월 말~11월 말)

11월 5일 치러진 지방선거는 민주당이 압승을 거두며 티파티 심판론으로써 작용했다. 그중 버락 오바마 대통령과 공화당 강경파 티파티의 대리전 양상으로 치러진 버지니아 주지사 선거에서 테리 매컬리프 민주당 후보가 승리를 거두었고, 뉴욕, 보스턴, 애틀랜타, 디트로이트의 4개 주요 도시 시장 선거에서도 민주당이 승리를 휩쓸었다.

진보 성향의 빌 드 블라지오 후보는 무려 73.3%의 압도적 지지율을 올리며, 민주당이 20년 만에 배출한 뉴욕 시장이 됐다. 보스턴과 애틀랜타에서 민주당 마티 월쉬 후보와 카심 리드 후보가 무난히 당선됐으며, 최근 파산 상태에 빠진 디트로이트에서도 민주당 마이크 더간 후보가 55%의 득표율로 '40년 만의 백인 시장'으로 당선됐다. 한편 뉴저지에서는 공화당 크리스 크리스티가 온건 보수란 강점을 앞세워 민주당 텃밭인 뉴저지에서 가뿐히 재선에 성공했다(한겨레 2013. 11. 06).

하지만 민주당의 이번 지방선거 압승이 오바마와 오바마 행정부에 대한 신뢰도를 반영한다고 보기는 어렵다. 오바마 대통령의 국정 운영을 지지한다는 응답은 42%로 역대 최저를 기록하고 있기 때문이다. 의회 업무 수행 지지도 조사에서도 의회의 업무 수행을 지지한다는 응답 또한 9%에 그치며 오바마 행정부에 대한 국민들의 신뢰는 바닥으로 떨어졌다.

오바마 대통령의 지지도 추락은 NSA(미 국가안보국)의 도청 파문, 시리아의 화학무기 사용 문제를 둘러싼 논란, 연방 정부 셧다운 및 오바마케어 논란 등 지난 9월 이후 드러난 국정 운영 난맥상들이 복합적으로 결합된 탓이라는 분석이다(NBC, WSJ, 조선일보 2013. 11. 01 재인용/ Politico, 조선일보 2013. 11. 14 재인용).

한편 여론에서는 2016년 대선 예비 후보들이 속속 거론되고 있다. 공화당의 차기 대선 후보로 유력한 인물은 뉴저지 주지사인 크리스 크리스티, 전 플로리다 주지사 젭 부시, 위스콘신주 하원의원이자 미국 하원 예산위원회 위원장인 폴 라이언, 켄터키주 상원의원 랜드 폴, 마르코 루비오 플로리다 상원의원 등

194 지역 다양성과 사회 통합

이 있다. 아직 높은 지지율은 얻고 있지는 않지만 민주당 차기 대선 후보로 엘리자베스 워런 매사추세츠 상원의원이 거론되고 있다(Politico 2013. 11. 13).

미국 정당

11월 05일

• '소탈한 거구' 크리스티, 美 공화 대선 후보 질주   (연합뉴스 11. 06)

– 5일(현지 시간) 치러진 미국 지방선거에서 최대 스타는 공화당 소속 크리스 크리스티 뉴저지 주지사였다. 이 풍채 좋은 남자는 온건 보수란 강점을 앞세워 민주당 텃밭인 뉴저지에서 가뿐히 재선에 성공했고, 공화당의 차기 대선 주자로서 입지를 다시 확인했다. 미국 언론은 그가 '셧다운(연방 정부 부분 업무 정지)' 파동 이후 '극우' 비판에 시달리는 공화당에 매력적인 카드로 꼽힌다고 분석했다. 중도 표심을 잡을 수 있어서 민주당 대선 주자로 꼽히는 힐러리 클린턴의 대항마로 최적이라는 풀이다.

11월 10일

• "월가 개혁" 워런 상원의원, 힐러리 대항마로 급부상   (경향신문 11. 12)

– 힐러리 클린턴 대세론의 함정에 진보 성향의 시사 주간지 뉴리퍼블릭이 불을 지폈다. 이 잡지는 지난 10일(현지 시간) '힐러리의 악몽? 민주당의 정신이 엘리자베스 워런에게 있음을 깨닫는 민주당'이라는 장문의 글을 게재했다. 악몽이란 클린턴이 2008년 당내 경선에서 대세론에도 불구하고 초선 상원의원 오바마에게 역전당한 것을 가리킨다. 워런은 하버드대 로스쿨 교수 출신으로, 지난해 매사추세츠주 연방 상원의원에 당선됐다. 지난 2월 상원 은행위원회 청문회에서 금융감독기구 기관장들을 상대로 "월가의 대형 금융 기관들을 제소한 경우가 있느냐? '대마불사'가 '대마불소송'이 됐다."고 따지는 장면은 유튜브에서 100만 건 이상 조회 수를 기록할 정도로 대중적 인기를 얻고 있다. 〈맞벌이의 함정: 중산층 부모는 왜 파산하는가〉라는 베스트셀러의 저자이기도 하다. 워런은 지난 9월 CNN 조사에서 민주당 차기 잠룡들 가운데 힐러리(65%), 조 바이든 부통령(10%)에 이어 7%를 얻어 3위에 올랐다.

11월 05일

• 미국 민주당, 버지니아 주지사 선거 2%P 차 신승…한숨 돌린 오바마, 심판받은 '티
파티'   (경향신문 11. 06)

– 버락 오바마 행정부 2기 들어 처음 치러진 일부 주지사·시장 선거에서 민주당이
버지니아 주지사와 뉴욕 시장을 탈환하고, 공화당은 뉴저지 주지사 재선에 성공하
는 데 그쳤다. 특히 오바마 대통령과 힐러리 클린턴 전 국무장관까지 총출동해 지
원 유세를 하며 주목받은 버지니아 주지사 선거에서 테리 매컬리프 전 민주당 전국
위원회 의장이 공화당 티파티 소속의 켄 쿠치넬리 버지니아주 검찰총장에게 승리
함으로써 오바마는 향후 정국 주도권을 잡게 된 것으로 보인다.

11월 05일

• 마크 김, 美 버지니아 주의원 3선 성공   (아시아경제 11. 06)

– 미국 버지니아주의 첫 한국계 주 하원의원인 마크 김 의원이 3선에 성공했다. 민
주당 소속인 김 의원은 5일(현지 시간) 버지니아주 하원 제35지구에서 치러진 선거에
서 65.9%의 득표로 공화당의 리앤 루스 후보(33.9%)를 압도적으로 이겼다. 그는 지
역구를 집집마다 방문하며 추진하고 있는 정책을 설명하는 등 풀뿌리 민주주의를
실천하는 정치인으로 알려져 있다.

11월 06일

• 미 주지사·시장 선거서 공화 강경파 참패   (한겨레 11. 06)

– 버락 오바마 대통령과 공화당 강경파 티파티의 대리전 양상으로 치러진 미국 버
지니아 주지사 선거에서 테리 매컬리프 민주당 후보가 승리를 거뒀다. 뉴저지 주지
사 선거에선 공화당의 유력한 차기 대선 주자로 꼽히는 크리스 크리스티 현 주지사
가 압승을 거두며 재선에 성공했다. 이날 동시에 치러진 4개 주요 도시 시장 선거
는 민주당이 휩쓸었다. 진보 성향의 빌 드 블라지오 후보는 무려 73.3%의 압도적
지지율을 올리며, 민주당이 20년 만에 배출한 뉴욕 시장이 됐다. 보스턴과 애틀랜

타에서 민주당 마티 월쉬 후보와 카심 리드 후보가 무난히 당선됐으며, 최근 파산 상태에 빠진 디트로이트에서도 민주당 마이크 더간 후보가 55%의 득표율로 '40년 만의 백인 시장'으로 당선됐다.

11월 10일

• 지지율 바닥 오바마…전략은 'I am sorry'   (조선일보 11. 12)

－ 미 국가안보국(NSA)의 도청 파문과 연방 정부 셧다운(일시 폐쇄), 오바마케어(오바마 대통령의 건강보험 개혁 법안) 시행 차질 등 잇따른 악재로 지지율이 급락한 버락 오바마 미 대통령이 사과 정치를 통해 국면 전환에 나섰다. 워싱턴포스트(WP)는 10일(현지 시각) "역대 대통령들은 심지어 잘못된 줄 알면서도 공개적으로 사과를 잘 하지 않았다."면서 "오바마의 사과는 이례적(rare)"이라고 평가했다. 오바마는 지난 7일 NBC 방송 인터뷰에서 지난 10월부터 오바마케어를 시행한 이후 기존 건강보험을 취소해야 하는 국민 수백만 명에 대해 "이런 상황이 발생한 데 대해 죄송하다."고 말했다. 오바마가 현직 대통령으로는 이례적으로 공개 사과에 나선 것은 최근 바닥을 기고 있는 지지율과 무관치 않다는 분석이다.

미국 여론

10월 30일

• 오바마 날개 없는 추락…지지율 역대 최저 42%

(NBC 10. 30 · WSJ 10. 30, 조선일보 11. 01 재인용)

－ 미 국가안보국(NSA)의 도청 파문, 연방 정부 폐쇄(셧다운) 등의 여파로 버락 오바마 미국 대통령의 지지율이 급락한 것으로 조사됐다. 30일(현지 시각) 미 NBC 방송과 월스트리트저널(WSJ)의 공동 여론조사에 따르면 오바마 대통령의 국정 운영을 지지한다는 응답은 42%, 반대한다는 응답은 51%였다. 국정 운영 지지율 42%는 이달 초 조사 때보다 5%포인트 하락한 것으로, 사상 최저치다. 여론조사 전문가들은 "오바마 대통령의 지지도 추락은 NSA의 도청 파문, 시리아의 화학무기 사용 문제를 둘러싼 논란, 연방 정부 셧다운 및 건강보험 개혁안(오바마케어) 논란 등, 지난 9

월 이후 드러난 국정 운영 난맥상들이 복합적으로 결합된 탓"이라고 말했다.

11월 06일

- 오바마 지지율 39%…2년여 만에 최저 (YTN 11. 06)

– 건강보험 개혁 제도, 일명 '오바마케어' 사이트의 접속 장애 등으로 버락 오바마 미국 대통령의 지지율이 급격히 떨어져 2011년 10월 이후 가장 낮은 39%를 기록했다. 여론조사 전문 기관 갤럽은 지난 2일부터 4일까지 미국 성인 1,500명을 전화 설문조사한 결과 이런 결과가 나왔다며, 오바마의 국정 수행 능력 지지도가 지난달 초 건강보험 사이트 개설 이후 내림세를 보이고 있다고 밝혔다. 지지도 하락에는 미국 정보기관의 무차별 정보 수집 의혹과 시리아에 대한 군사력 사용 요구도 영향을 미친 것으로 분석됐다.

11월 12일

- 美 의회 날개 없는 추락…지지율 9%로 사상 최저

(Politico 11. 12, 조선일보 11. 14 재인용)

– "더 이상 떨어질 곳이 없다고 생각했는데, 그게 아니었다." 미 정치 전문지 폴리티코는 12일(현지 시각) 여론조사 기관 갤럽의 '의회 업무 수행 지지도 조사'에 대해 이같이 평했다. 이날 발표된 조사 결과에서 의회의 업무 수행을 지지한다는 응답은 9%에 그쳤다. 지난 39년간 매달 실시된 같은 조사에서 의회 지지도가 한 자릿수로 떨어진 것은 이번이 처음이다. '의회의 나라'로 불리는 미국에서 의회의 위상이 바닥없는 추락을 하는 것이다.

워싱턴포스트(WP)는 "미 의회가 국민의 외면을 받고 있다는 것은 이미 '뉴스'도 아니지만, 특히 최근 연방 정부의 셧다운(부분 업무 정지) 사태를 겪으면서 의회를 보는 국민의 시선이 그 어느 때보다도 싸늘해졌다."고 했다. 의회 업무 수행 지지도는 지난 9월 의회가 백악관의 '시리아 군사 개입' 카드를 거부한 직후 19%까지 올랐었다. 당시 "시리아 군사 개입에 부정적인 국민 여론을 의회가 모처럼 반영했다."는 평가를 받았다.

하지만 이후 정치권이 '국가 디폴트'와 셧다운을 볼모로 잡으면서까지 전쟁을 벌이면서 지지도는 반 토막이 됐다. 10월에는 11%로 추락했고, 이달에 또다시 2%포인트가 더 깎여 역대 최저치를 경신했다. 기존 최저치는 2011년 정치권의 싸움으로 미 국가 신용 등급이 강등됐을 때 기록한 10%다. 특히 의회에 대한 불만은 응답자의 정치 성향을 가리지 않고 공통으로 나타났다.

4차 (11월 말~12월 말)

양당이 지난 몇 달간 미뤄졌던 올해 10월부터 내년 9월까지의 2014 회계연도와 2015 회계연도 예산안에 대한 합의안을 마련하며, 연말연시의 셧다운을 가까스로 피할 수 있게 되었다. 하지만 이번 합의는 건강보험과 복지 지출, 세금 제도 등 근본적인 문제는 거의 건드리지 않고 '스몰 딜'로 일단 시간을 벌자는 데 의견 일치를 본 것으로 해석된다(한겨레 2013. 12. 11).

한편, 지난 셧다운 사태의 여파로 미국 공화당 지도부와 공화당의 중요 지지 세력인 유권자 단체 티파티의 균열이 점점 심해져, 이제는 공개적으로 설전을 주고받는 상황에까지 이르렀다. 일각에서는 공화당 지도부와 티파티가 동지에서 적으로 돌아서면서 보수 진영의 '적전 분열' 양상이 심해질 경우 내년 중간선거에도 상당한 영향을 끼칠 가능성이 있다는 관측을 하고 있다(한겨레 2013. 12. 15). 이렇듯 공화당 내에서는 균열이 심해지고 있는 반면, 공화당 지지자들은 민주당 지지자보다 2014년 중간선거에서의 공화당의 기회에 대해 더 낙관적으로 평가하고 있음이 조사를 통해 밝혀졌다(USA Today 2013. 12. 13).

그간 입장을 표명하지 않았던 2016년 유력 대선 후보인 힐러리 클린턴 전 국무장관은 19일(현지 시각) 차기 대선 출마에 대해 "내가 할 수 있는 일이 무엇인지를 면밀하게 살펴보고 내년에 결정을 내릴 것"이라고 말했다. 클린턴이 대선 도전 여부에 대해 '시한'을 언급한 것은 이번이 처음이다(조선일보 2013. 12. 21). 차기 대선 유력 후보인 힐러리 전 국무장관을 비롯해 미국 정계에서 여풍이 불고 있다. 지난해 미국 여성 상원의원들의 1인당 정치자금 모금액이 사상 최고치를 기록했다. 여성 상원의원 중 지난해 가장 많은 정치자금을 모은 사람은 엘리자베스 워런(민주·매사추세츠) 의원으로 조사됐다(조선일보 2013. 12. 02). 그녀는 민주당 내에서 주목받고 있는 차기 대선 후보 중의 한 사람이다.

반면 넬슨 만델라 전 남아프리카공화국 대통령의 공식 추모식에 참석했던 버락 오바마 미국 대통령이 행사장에서 라울 카스트로 쿠바 국가평의회 의장과 악수한 이후 '독재자와 한편'이라는 색깔 공세에 시달리고 있으며, 또한 영국, 덴마크 총리 등과 환하게 웃는 얼굴로 '셀카(자가 사진 촬영)'를 찍어 부적절한 행동이라는 비난을 받았다.

미국 정당

12월 02일

• 美 여성 상원의원 정치자금 모금액 사상 최고   (조선일보 12. 02)

- 워싱턴 D.C. 소재 '책임정치연구소'에 따르면 지난해 미 여성 상원의원들의 1인당 정치자금 모금액이 900만 달러(약 95억 원)를 기록, 2010년(800만 달러)보다 약 100만 달러 증가한 것으로 나타났다. 반면 남성 상원의원들의 지난해 평균 모금 액수는 700만 달러로 조사돼 '여성 정치인은 남성보다 자금력이 약하다.'는 고정관념은 잘못된 것이라고 뉴욕타임스(NYT)가 보도했다. 여성 상원의원 중 지난해 가장 많은 정치자금을 모은 사람은 엘리자베스 워런(민주·매사추세츠) 의원으로 조사됐다.

12월 11일

• 미 민주–공화 예산안 합의, 연방 정부 '셧다운' 피할 듯   (한겨레 12. 11)

- 협상 대표인 폴 라이언(공화) 하원 예산위원장과 패티 머레이(민주) 상원 예산위원장은 이날 저녁 성명을 내어 2014 회계연도(올해 10월~내년 9월)와 2015 회계연도 예산안에 대한 합의안을 마련했다고 밝혔다. 현재 시행되는 자동 지출 삭감(시퀘스터)의 규모를 약 630억 달러 줄이되, 다른 부문에서 지출을 850억 달러 삭감하는 방식으로 한해 재정 적자를 220억 달러 가량 추가 감축한다는 게 핵심이다. 시퀘스터 감축으로 국방·국내 부문 지출은 증액되는 반면에, 이를 위한 재원은 공무원·군인 연금 혜택 축소, 항공기 승객들에 대한 수수료 인상, 메디케어(노인·장애인 건강보험) 지출 2% 삭감안 2년 연장 등으로 마련된다.

이번 합의는 건강보험과 복지 지출, 세금 제도 등 근본적인 문제는 거의 건드리지 않았다. 두 당은 짧은 협상 기간에 이를 타결 짓기는 힘들다고 판단하고 '스몰딜'로 일단 시간을 벌자는 데 의견 일치를 본 것으로 해석된다. 특히 2011년 이후 예산안에 사사건건 발목을 잡아 온 공화당이 태도를 바꾼 것은 예산안보다는 건강보험 개혁법(오바마케어)에 비판의 초점을 맞추려는 의도로 보인다.

12월 13일
• 미 공화당 지도부-티파티 분열 조짐   (한겨레 12. 15)
– 공화당의 존 베이너 미 하원 의장은 13일 의회에서 티파티 등 보수 단체들에 대
해 "그들은 모든 신뢰를 잃었다고 생각한다."고 직격탄을 날렸다. 베이너 의장은
12일 공화당 의원들과의 비공개 회의에서도 "그들(티파티)은 보수당의 원칙을 위해
싸우는 게 아니다. 더 많은 모금을 하고 조직을 확장하려고 당신들을 이용하는 것
이다. 웃기는 일이다."라고 말했다. 미치 매코널 공화당 상원 원내 대표도 최근 보
수 단체들에 대한 불만을 표출하고 있다.
　이에 대해 티파티 단체인 '티파티 패트리어츠'는 최근 회원들에게 보낸 이메일에
서 "베이너 하원 의장이 티파티에 대해 선전포고를 했다."고 경고했다. 이 단체는
베이너 의장을 '지배 계급 정치인'이라고 규정하면서, "실제로는 '세금을 올려 재정
지출을 늘리는 진보주의자'이면서 보수 정치인을 가장하고 있다."고 비난했다. 또
하원을 통과한 예산안에 대해 "복지 지출에 대한 개혁도 없고 오바마케어의 재원
을 모두 대 주는 막후 협상의 산물로, 미국 국민에 대한 완전한 배반이었다."고 주
장했다. 이 단체 외에도 다른 보수 단체들도 하원을 통과한 예산안에 반대하면서
베이너 의장에게 비난의 화살을 퍼붓고 있다. 일각에서는 공화당 지도부와 티파티
가 동지에서 적으로 돌아서면서 보수 진영의 '적전 분열' 양상이 심해질 경우 내년
중간선거에도 상당한 영향을 끼칠 가능성이 있다는 관측을 내놓고 있다.

미국 선거·의회

12월 13일
• 오바마, 내달 28일 의회서 신년 국정 연설   (연합뉴스 12. 14)
– 버락 오바마 미국 대통령이 다음 달 28일(이하 현지 시간) 의회에서 신년 국정 연설
을 통해 2014년 한해 국정 청사진을 밝힌다고 백악관이 13일 밝혔다. 내년 국정 연
설에서 오바마 대통령은 경제 회복을 비롯해 이민 개혁, 안보 역량 강화 등을 위한

주요 정책을 설명하고 정치권의 초당적 협조를 당부하면서 일각에서 제기하는 '조기 레임덕' 지적을 불식시키는 데 주력할 것으로 예상된다. 특히 내년 말 중간선거를 앞두고 다양한 서민·중산층 정책을 내놓으면서 표심을 자극할 것으로 보인다. 오바마 대통령은 올해는 지난 2월 12일 열린 상·하원 합동 회의에서 집권 2기 첫 국정 연설을 통해 일자리 창출을 비롯해 총기 규제, 이민 개혁 등의 국정 어젠다를 제시했다.

12월 19일

• 힐러리 "大選 도전 여부 내년에 결정"　　　　　　　　　　　　(조선일보 12. 21)

– 힐러리 클린턴 전 미국 국무장관은 19일(현지 시각) 차기 대선 출마에 대해 "내가 할 수 있는 일이 무엇인지를 면밀하게 살펴보고 내년에 결정을 내릴 것"이라고 말했다. 클린턴이 대선 도전 여부에 대해 '시한'을 언급한 것은 이번이 처음이다. 클린턴 전 장관은 이날 ABC 방송의 유명 앵커인 바버라 월터스와 인터뷰에서 "아직은 마음을 정하지 않았다. 이는 아주 어려운 결정이기 때문에 서둘러서 내리지 않을 것"이라며 이같이 말했다. 월터스가 "당신은 꼭 출마해야 한다."고 하자, 그녀는 "미국에서 여성 대통령이 탄생하는 것은 중요하지만 언제, 누가 될지는 모르겠다."고 했다. 그러면서 "나는 우리가 벌써부터 다음 선거를 생각하기보다는 지금 하고 있는 일에 집중해야 한다고 본다. 미국의 실업률은 너무 높고, 예산 삭감으로 푸드 스탬프(저소득층 식료품 지원)를 받지 못하는 사람들은 늘고 있고, 소규모 자영업자들은 융자를 얻지 못하고 있다."고 말했다.

미국 여론

11월 25일

• "불법 이민자 추방 막아 달라." 오바마 연설 막은 韓人 남성

(AP 통신 11. 25, 조선일보 11. 27 재인용)

– 버락 오바마 미국 대통령이 샌프란시스코 차이나타운에서 이민개혁법 통과를 촉구하는 연설을 하는 도중 한인 남성 홍주(24) 씨가 소리를 질러 연설이 중단되는

일이 벌어졌다고 AP 통신이 25일 보도했다. 오바마 대통령의 연설이 끝날 무렵 연단 뒤에 있던 홍씨는 "미국 내 1150만 명에 이르는 불법 이민자들의 추방을 멈추기 위해 제발 당신의 행정 권한을 행사하라."고 소리쳤다.

　오바마 대통령은 홍씨에게 "이민 문제는 소리 지르는 것만큼 쉬운 문제가 아니다. 이 문제를 해결하기 위해서는 설득이 필요하다."고 말했다. 그러나 청중들은 "추방을 멈춰라. 우린 할 수 있다."고 소리치며 장내가 소란해졌다고 현지 언론이 전했다. 오바마 대통령은 경호원들이 청중들을 퇴장시키려 하자 이를 제지한 뒤 "가족을 생각하는 열정을 존중한다."고 말했다.

12월 11일

• **오바마 지지율 43%로 취임 이후 가장 낮아**　　　(WSJ 12. 11, 조선일보 12. 13 재인용)

－ 버락 오바마 미국 대통령 지지율이 바닥 모를 추락을 계속 중이다. 국정 수행에 대한 반대 여론이 취임 후 가장 높은 수치를 기록했고, 정직도·결단력 등 개인 자질과 관련한 미 국민 평가도 뚝뚝 떨어지고 있다. "2기 임기 내내 낮은 지지도에 시달렸던 전임 조지 W 부시 대통령의 길을 그대로 갈 수도 있다."(폴리티코)는 평가처럼 '사실상 조기 레임덕'이란 해석도 나온다. 11일(현지 시각) 월스트리트저널(WSJ)·NBC 방송 공동 여론조사 결과 오바마 대통령의 국정 수행을 지지한다는 응답은 43%에 그쳤다. 반면 '국정 수행 반대'는 54%였다. 오바마에 대한 반대 여론은 취임 후 최악이다. 올해 1월 2기 임기 시작 때와 비교해 반대 여론이 10%포인트나 급증한 것이다. 오바마 지지도 하락에는 더딘 경기 회복 속도, 시퀘스터(정부 예산 자동 삭감) 파동, 국가안보국(NSA) 감시 프로그램 파문 등이 작용했다. 최근 가장 큰 악재는 한두 달 새 오바마의 지지 기반이었던 젊은 층을 대거 이탈시킨 '오바마케어(건강보험 개혁안)' 논란이다.

12월 12일

• **오바마, 꼭 그의 손 잡아야 했나**　　　　　　　　　　　　(동아일보 12. 12)

－ 오바마 대통령은 넬슨 만델라 전 남아프리카공화국 대통령의 추모사를 위해 연단에 오르던 중 가장 앞줄에 있던 라울 카스트로 쿠바 국가평의회 의장과 악수를

하며 잠깐 동안 인사말을 주고받았다. 미 백악관과 국무부는 "사전에 계획된 것이 아니었다."며 쿠바 정책에 변함이 없다고 강조했지만, 공화당 내 강경파들은 강력한 비난에 나섰다. 공화당의 존 매케인 상원의원은 둘의 악수를 네빌 체임벌린 전 영국 총리와 아돌프 히틀러 전 독일 총리의 악수에 비유했다. 일리애나 로스레티넌 공화당 하원의원도 "카스트로와 같은 무모한 독재자의 피 묻은 손을 잡는 것은 독재자의 선전용"이라고 거들었다. 미국의 일부 보수 진영은 만델라가 과거 남아공 백인 정권과 싸우기 위해 공산당과 연대했던 점, 그가 이끌던 아프리카민족회의(ANC)가 폭력 투쟁을 벌였다는 점 등을 들며 색깔론에 불을 붙이고 있다. 또 오바마 대통령은 이날 추모식에서 데이비드 캐머런 영국 총리, 헬레 토르닝 슈미트 덴마크 총리와 함께 즐거운 표정으로 셀카를 찍는 모습이 취재진의 사진에 포착됐다. 문제의 사진은 주요 언론과 소셜 미디어를 통해 급속하게 퍼졌고, 고인을 추모하는 자리에서 적절한 행동이었는지에 대한 비난이 나오고 있다. 일부 누리꾼은 "장례식이 아닌 추모식이었다. 큰 문제가 될 것 없지 않느냐."고 반박하기도 했다.

12월 13일

• 공화당 지지자들이 2014년 선거에 더 낙관적인 것으로 드러나 (USA Today 12. 13)
- 공화당 지지자들이 민주당 지지자보다 2014년 중간선거에서 공화당의 기회에 대해 더 낙관적인 것으로 조사되었다. 퓨리서치 센터와 USA투데이의 조사에 따르면 55%인 절반이 넘는 공화당원과 공화당 지지자들이 공화당이 최근에 있었던 투표보다 더 잘할 것이라고 생각했다. 1/3가량은 지금과 비슷할 것이라고 믿고 있고, 5%는 상황이 더 악화될 것이라고 생각하였다. 민주당 지지자들은 43%가 민주당이 최근에 있었던 선거에서보다 내년에 더 잘할 것이라 했고, 43%가 비슷할 것이라고 말했다. 9%가 상황이 악화될 것이라고 전망했다. 퓨리서치는 지난 12월 3일부터 8일까지 1,579명의 등록된 유권자들을 조사했다(2.9%의 표준 오차). 여기에는 752명의 공화당원과 공화당 지지자, 715명의 민주당원과 민주당 지지자들도 포함된다.

5차 (12월 말~2014년 1월 말)

윤서영

다가오는 11월 중간선거를 앞두고 양당은 어떤 태도를 보이고 있을까? 우선 공화당 내부에서는 중간선거를 비롯하여 2016년 대선에 있어서도 긍정적인 미래를 내다보고 있는 상황이다. 공화당으로서는 기존 의석에 6석만 보태면 하원과 함께 상원까지 장악하면서 오는 2016년 대통령 선거까지 정국을 주도할 수 있게 되기 때문이다. 많은 공화당 의원들이 현 정권에 실망하여 국민들이 회고적 투표를 할 것이라며 기대하는 것이다(연합뉴스 2014. 01. 20). 미국인 73%가 이번 회기 의회가 최악이라고 한 최근의 조사가 이들의 밝은 전망을 뒷받침한다(CNN 2013. 12. 26). 반면 최근 몇 달간 오바마케어 실행 혼란으로 정치적 궁지에 몰린 버락 오바마 미국 대통령과 민주당은 '최저임금 인상'이라는 비장의 무기로 유권자들의 표심을 사로잡으려 하고 있다. 현재의 정국 흐름이 계속된다면 올해 11월 중간선거에서 상원 다수당 지위를 공화당에 빼앗길 우려가 크다는 것을 알기 때문이다(한겨레 2013. 12. 31).

실제로 대다수의 국민들은 최저임금 인상을 절실히 원하고 있다. 응답자의 72%가 시간당 최저임금 인상을 지지하고, 공화당의 지지층 중 57%도 최저임금 인상에 찬성한다는 조사가 발표되었다(CBS 2014. 01. 08).

한편 유력한 공화당의 차기 대선 후보인 크리스 크리스티 뉴저지 주지사가 연초부터 최대의 정치적 위기를 맞고 있다. 일명 '브리지 게이트' 사건과 지난 허리케인 샌디 재해 복구 때 공금을 유용했다는 의혹까지 사고 있는 것이다(경향신문 2014. 01. 09·한겨레·CNN 2014. 01. 14). 이 여파로 크리스티는 대권 지지도에서 힐러리 클린턴 전 국무장관에게 뒤지는 것으로 조사됐다(연합뉴스 2014. 01. 21). 또 다른 공화당 대선 후보인 테드 크루즈는 이중국적이라는 문제로 구설수에 오르기도 했다(경향신문 2014. 01. 06).

마지막으로 미국 버지니아주 상원 교육보건위원회 산하 공립교육소위원회는 주내 공립학교가 사용하는 교과서에 '동해 병기'를 의무화하는 내용의 법안을 만장일치로 통과시켰다(조선일보 2014. 01. 14). 또한 일본 정부의 '위안부 결의안' 준수를 촉구하는 내용이 포함된 2014년도 행정부 통합세출법안 보고서 '위안부 결의안 준수 독려 의무' 포괄적 세출 법안이 하원, 상원을 거쳐 오바마 대통령이 최종 서명했다(경향신문 2014. 01. 16). 이로써 한국과 일본 중 한쪽 편을 드는 것처럼 보이는 행보를 극도로 꺼려 왔던 미국 정부의 기존 태도에 변화가 불가피해졌다.

미국 정당

12월 31일

• 11월 중간선거 겨냥한 오바마의 승부수 최저임금 인상   (한겨레 12. 31)

- 최근 몇 달간 오바마케어 실행 혼란으로 정치적 궁지에 몰린 버락 오바마 미국 대통령과 민주당이 최저임금 인상을 회심의 반전 카드로 준비하고 있다. 오바마 행정부와 민주당이 치밀한 준비에 나서는 것은 현재의 정국 흐름이 계속된다면 내년 11월 중간선거에서 상원 다수당 지위를 공화당에 빼앗길 우려가 크기 때문이다. 오바마 행정부와 민주당은 최저임금 인상 카드가 공화당을 이러지도 저러지도 못하는 곤란한 처지에 빠지게 할 수 있는데다, 중간선거에 잘 참여하지 않는 소수자들과 젊은 층의 투표율을 높일 수 있을 것으로 기대하고 있다. 특히 극심한 빈부 격차로 인해 유권자들이 지지 정당 여부에 큰 상관없이 최저임금 인상에 찬성하고 있다는 점에 주목하고 있다. 이에 따라 오바마 행정부와 민주당은 연방 정부는 물론이고 각 주 차원에서 최저임금 인상을 추진할 방침이다. 현재 미국 연방법에선 매출액 50만 달러 이상 기업에 시간당 7.25달러를 최저임금으로 제시하고 있으며, 각 주에서도 별도로 최저임금을 규정하고 있다. 연방법과 주법에 동시에 해당되는 노동자에겐 둘 중 높은 최저임금이 적용된다. 연방 차원에서는 2015년까지 시간당 10.10달러로 인상하는 안을 추진키로 했다.

01월 20일

• 美 공화, 올해 중간선거서 상·하원 다수당 '청신호'   (연합뉴스 01. 20)

- 올 연말 미국 중간선거를 앞두고 야당인 공화당이 연방 상·하원에서 모두 다수

당의 지위를 차지할 수 있을지에 관심이 집중되고 있다. 공화당으로서는 기존 의석에 6석만 보태면 하원과 함께 상원까지 장악하면서 오는 2016년 대통령 선거까지 정국을 주도할 수 있게 되기 때문이다. 미국 의회 전문 매체 '더 힐'에 따르면 공화당은 현재 민주당이 차지하고 있는 중간선거 대상 지역구 가운데 12개 주(州)를 유력 혹은 경합 지역으로 분류하는 것으로 알려졌다. 공화당이 상원 다수석을 차지할 경우 상원 재무위원장을 노리는 오린 해치(유타) 상원의원은 "미국 국민은 민주당이 이 나라를 제대로 이끌지 못한다고 생각하고 있기 때문에 올 연말 승리는 낙관적"이라고 말했다. 제프 세션스(공화·알래스카) 상원의원도 "민주당 상원과 오바마 대통령의 능력에 대한 실망감이 커지고 있음을 실감 한다."면서 "과거보다 선거 전망이 밝다."고 주장했다. 그러나 민주당은 공화당의 주장은 '허풍'에 불과하다면서 다수당의 지위를 충분히 지켜 낼 수 있다고 반박하고 있다. 민주당 상원선거위원회(DCSS)의 저스틴 버래스키 대변인은 "우리는 선거 자금, 조직, 선거운동 등에서 공화당을 압도하고 있다."면서 "특히 공화당은 '티파티' 세력 때문에 골치를 앓고 있다."고 지적했다.

미국 선거·의회

01월 06일

• 잠재적 대권주자 이중국적 구설수…美 공화당 　　　　　　　　(경향신문 01. 06)

- 미국 공화당의 잠재적 대권 주자 테드 크루즈(텍사스) 연방 상원의원이 이중국적 문제로 구설에 올랐다. 1970년 캐나다 캘거리에서 태어난 그는 지난해 8월 캐나다 국적을 포기하지 않은 것으로 드러나 대통령이 될 자격이 없다는 비판이 쏟아지자 이중국적을 정리하겠다는 뜻을 밝혔다. 새해를 맞아 그가 캐나다 이중국적을 포기하는 절차에 들어갔다고 발표하자 "늦었지만 다행"이란 평가 대신 "그동안 왜 뭉그적거렸느냐?"는 의문이 제기됐다. 그는 지난달 말 댈러스모닝뉴스와 인터뷰에서 캐나다 국적 포기를 위해 전문 변호사를 선임했다며, 올해 말까지 관련 절차를 마무리 지을 것이라고 밝혔다. 그는 넉 달 만에 약속 이행에 들어갔지만 언론에서는 "하버드대 법학대학원 출신 변호사 맞느냐?"는 조롱까지 나오고 있다.

01월 08일

• 선거 앞둔 美 정치권···교황 따라 하기 열풍 　　　　　　　　(조선일보 01. 08)

– 올해 중간선거를 앞둔 미국 정치권에서 프란치스코 교황의 후광에 기대려는 움직임이 일고 있다. 교황의 대중적 인기를 득표 전략에 활용하기 위해 유사점을 강조하는 것이다. 민주당 상원의원들은 작년 말 내부 정책 회의를 갖고 최저임금 인상과 실업 급여 확대를 올해 주요 이슈로 부각시키기로 했다고 뉴욕타임스가 6일 보도했다. 어려운 이웃에 대한 관심을 촉구하는 교황의 행보와 일맥상통하는 내용이다. 공화당 의원들도 앞다투어 교황 칭송에 나섰다. 공화당은 저소득층에 대한 푸드 스탬프(식비 지원)와 실업수당 등 정부 지원을 축소하고 시장 기능을 활성화하자는 입장이지만, 사회 정의에 무관심하지 않다는 점을 부각시키려 애쓰고 있다. 차기 대선 후보로 거론되는 폴 라이언(위스콘신) 하원의원은 "교황이 빈곤과의 전쟁에 새로운 생명력을 불어넣었다."고 말했다. 미국 정치권이 교황을 앞세운 '마케팅'을 강화하는 까닭은 역대 선거에서 풍향계 역할을 해 온 가톨릭 신자들의 표심을 잡기 위해서라는 분석이 나온다.

01월 09일

• '미 대선 잠룡' 크리스티 뉴저지 주지사, 복수심에 발목 잡히나 　　(경향신문 01. 09)

– 차기 미국 대통령 선거의 공화당 유력 후보로 거론되고 있는 크리스 크리스티 뉴저지 주지사가 최악의 정치 위기를 맞고 있다. 자신의 재선을 반대한 시장에게 정치적 '복수'를 했다는 일명 '브리지 게이트'가 터졌기 때문이다. 이는 크리스티 주지사의 참모들이 작년 9월 주지사 선거를 앞두고 크리스티 지지 선언을 하지 않은 마크 소콜리치 포트리 시장(민주당)을 골탕 먹이기 위해 뉴저지와 맨해튼을 연결하는 조지워싱턴 다리 일부를 고의로 폐쇄해 시민들에게 큰 불편을 끼쳤다는 의혹이다.

　이후 다리 폐쇄가 크리스티가 벌인 '정치적 복수'가 아니냐는 지적이 나왔다. 다리 폐쇄로 피해를 본 포트리 시장이 크리스티 주지사 재선을 반대했기 때문이다. 크리스티는 의혹이 처음 제기됐을 때는 "별일 아니다."라고 부인했다. 하지만 의혹은 사그라지지 않았고, 지난달에는 조지워싱턴 다리의 관리 책임을 맡은 항만공사 사장이 사임하기도 했다. 이로써 크리스티가 차기 대권 주자로 쌓아 온 이미지가 결정적인 타격을 받을 것으로 보인다. 워싱턴포스트는 "이번 일로 법과 원칙, 진실성 등 크리스티가 쌓아 온 이미지가 깨졌다."고 보도했다.

01월 14일

• 크리스티 또…이번엔 '공금 유용' 의혹 악재   (CNN 01. 14, 한겨레 01. 14 재인용)

– CNN 방송은 14일 "연방 주택도시부(HUD) 감사국이 최근 허리케인 샌디 구호기금 가운데 뉴저지주 관광업계 홍보용으로 할당된 2500만 달러의 용처에 대한 공식 감사에 착수했다."고 보도했다. 초점은 지난해 5월 공개된 '뉴저지는 허리케인보다 강하다'는 제목의 홍보 광고 입찰 과정에 맞춰져 있다. 해당 광고에는 크리스티 주지사 일가족이 출연했다. 당시 한창 진행 중이던 주지사 선거운동에 이를 활용한 게 아니냐는 비판도 나온다. 민주당 프랭크 팰론 하원의원(뉴저지주)은 CNN 인터뷰에서 "광고 대행사 선정 과정에서 2위 업체보다 220만 달러나 비싼 제안서를 낸 업체가 선정됐다."며 "광고를 싸게 찍었다면, 남은 비용을 허리케인 피해 주민들에게 지원할 수 있었을 것"이라고 지적했다. 크리스티 주지사 쪽은 13일 성명을 내어 "해당 광고는 연방 정부의 승인을 받아 제작한 것"이라고 해명했다.

'브리지 게이트'에 이어 뉴저지주의 또 다른 민주당 소속 자치단체장이 크리스티 주지사 쪽의 '정치적 보복'을 당했다는 주장도 나왔다. 스티븐 풀럽 저지시티 시장은 13일 〈뉴욕타임스〉와 만나 "지난해 7월 중순께 크리스티 주지사를 지지하지 않는다고 밝힌 직후 주정부 주요 인사들과 잡혀 있던 면담이 줄줄이 취소됐다."며 "약속한 예산 지원도 늦어져, 허리케인 샌디 피해 복구 작업에 차질이 빚어졌다."고 말했다. 크리스티 주지사 쪽은 "정치적 목적에서 나온 주장일 뿐"이라고 부인했다.

01월 14일

• 버지니아주 동해 병기 법안, 미국에서 처음으로 '일본해', '동해' 병기 표기해

(조선일보 01. 14)

– 미국 버지니아주 상원 교육보건위원회 산하 공립교육소위원회는 주내 공립학교가 사용하는 교과서에 '동해 병기'를 의무화하는 내용의 법안을 만장일치로 통과시켰다. 과거사 문제가 발목을 잡고 있는 한일 양국은 이번 교과서 '동해 표기' 의무화

문제에서도 갈등이 있었다. 한인 단체 대표와 주미 일본 대사관 대리인은 '동해 병기 법안' 심사에서 의원들을 상대로 팽팽한 논리 대결을 펼쳤고 한국 측의 완승으로 끝났다. 특히 미국 주재 일본 대사관이 법안을 좌절시키기 위해 정치권을 상대로 치열하게 로비전을 펼치는 와중에 법안이 소위원회를 통과해 의미가 더 깊다. 법안을 발의한 데이브 마스덴(민주) 상원의원은 이날 '공립학교 교과서 동해 병기 의무화 법안'에 대한 제안 설명에서 "동해는 1천 100년대부터 있었던 명칭이기 때문에 역사적으로 정확한 것"이라며 "국가 간 이견이 있는 문제에 대해선 교실에서 토론과 학습이 있어야 한다."고 밝혔다.

01월 16일

• "위안부 문제 해결"…미 국무장관 '정치적 의무' 법률로 첫 명시　(경향신문 01. 16)

– 미 하원이 15일(현지 시간) 통과시킨 행정부 통합세출법안 보고서에 포함된 '위안부 결의안 준수 독려 의무' 조항은 하원이 6년여 전 채택한 위안부 결의를 행정부로 하여금 이행하라고 촉구하는 것이다. 쉽게 말해 존 케리 미 국무장관이 다음에 기시다 후미오(岸田文雄) 일본 외상을 만나면 미국 의회의 위안부 결의안을 지키라고 권해야 한다는 것이다. 2007년 위안부 결의는 '일본 정부는 제2차 세계대전 기간 중 1930년대 아시아와 태평양 섬들을 식민지 또는 전시 지배하면서 일본 군대가 젊은 여성들을 위안부로 알려진 성 노예로 내몬 것에 대해 분명한 태도로 역사적 책임을 인정하고 사과해야 한다는 점을 표현하는 하원의원들의 결의'라는 긴 정식 명칭을 갖고 있다.

세출 법안에 '준수 독려 의무' 문구가 들어갈 수 있었던 것은 기본적으로 미국 의회나 정부가 위안부 문제를 한·일 관계 차원에서 보지 않고 보편적 인권 문제로 구분해 보고 있기 때문이다.

미국 정부는 위안부 결의에도 불구하고 한국과 일본 중 한쪽 편을 드는 것처럼 보이는 행보를 극도로 꺼려 왔다. 그래서 일본 측에 위안부 문제를 공개 거론한 적은 거의 없었다. 하지만 법안에 이번 조항이 채택됨으로써 행정부는 정치적 차원에서 이를 존중하고 이행 상황을 담은 보고서를 내야 하는 의무가 생겼다. 따라서 미국 정부의 기존 태도에 변화가 불가피해졌다.

12월 26일

• "미국인 73% 이번 회기 의회 '최악'" CNN 최신 여론조사 　　　　　 (CNN 12. 26)

– CNN과 ORC인터내셔널이 공동으로 지난 16~19일 전국의 성인 1035명을 대상으로 한 여론조사 결과, 미국 국민 3명 가운데 2명꼴로 제113대 연방 의회를 '아무것도 하지 않는(do-nothing)' 최악의 의회라고 평가하는 것으로 나타났다. 이번 의회가 "내 생애 최악"이라고 밝힌 전체 응답자가 전체의 68%를 차지한 가운데 '그렇지 않다'는 응답 비율(28%)을 훨씬 웃돌았다. 또 응답자의 73%는 이번 의회가 지금까지 미국의 문제점을 해결하기 위해 한 일이 전혀 없다고 비판했다.

　정당별로는 민주당 지도부가 미국을 잘못된 방향으로 이끌고 있다고 보느냐는 질문에 52%가 그렇다고 답했으며, 공화당 지도부가 미국을 잘못된 방향으로 이끌고 있다고 보느냐는 질문에는 54%가 그렇다고 대답해 모두 절반을 넘었다. 응답자의 54%는 버락 오바마 대통령도 민주당의 일원으로, 미국을 잘못된 방향으로 이끄는 일을 똑같이 하고 있다고 평가했다. CNN 방송은 이 같은 결과에 대해 이번 의회가 최근 예산안을 처리했지만 올해 초 113대 의회가 출범한 이후 1년간 오바마 대통령의 서명까지 마친 법안이 60개에도 미치지 못했고, 새해에도 나아질 기미가 전혀 보이지 않기 때문이라고 분석했다.

12월 31일

• 오바마 작년 外交 학점 'C' 　　　　　 (워싱턴포스트 12. 31, 조선일보 01. 02 재인용)

– 버락 오바마 미 대통령의 지난해 '외교 성적표'는 어떠했을까? 워싱턴포스트(WP)는 "2013년 오바마 외교는 종합적으로 'C학점'으로 낙제점을 간신히 면했다."고 보도했다. 세부 항목을 보면 '북한' 부문은 C+로 평가됐다. WP는 "북한은 핵실험을 한 차례 더 했으며, 장거리 미사일 실험도 하면서 위협의 강도가 높아졌다."고 했다. 하지만 "연초 북한의 온갖 위협에도 무력 충돌은 일어나지 않았다."는 점도 지적했다. 특히 미국 등 국제사회의 대북 압박 정책에 중국이 동참할 기미를 보인 것이 점수를 얻었다. '중국' 부문은 지난해 오바마 외교에서 유일하게 A학점을 받았

다. WP는 "중국과는 파트너십을 구축하고 경제 협력을 강화하면서도 군사 야욕을 억제하고 인권·환율 문제를 압박하는 고도의 외교를 펼쳐야 했다."고 전했다. 반면 '이집트' 관련 외교는 F학점을 받아 '낙제'였다. 미국은 이집트의 군사 쿠데타를 막지 못했고, 쿠데타 후에는 이집트 군부와의 관계를 고려해 제재도 하지 못한 채 우왕좌왕했다는 것이다. '러시아' 부문에서는 D학점을 받았다. 국가안보국(NSA)의 기밀 문건을 폭로한 에드워드 스노든의 망명을 둘러싸고 1년 내내 마찰을 빚은 탓이다.

01월 08일

• 미국인 대다수 최저임금 인상에 강한 지지   (CBS 01. 08)

− 퀴니피액대학이 전국 등록 유권자 1천487명을 상대로 실시한 여론조사 결과에 따르면 응답자의 72%가 시간당 최저임금 인상을 지지했다. 무당파층의 64%가 최저임금 인상에 찬성했으며, 심지어 최저임금 인상을 반대하는 공화당의 지지층 중 57%가 찬성한다고 밝혔다. 스스로 '온건파'라는 응답자의 70%도 찬성했다.

01월 21일

• '브리지 게이트' 크리스티, 힐러리에 지지율 뒤져   (연합뉴스 01. 21)

− '브리지 게이트'로 곤욕을 치르는 크리스 크리스티 미국 뉴저지 주지사가 대권 지지도에서 힐러리 클린턴 전 국무장관에게 크게 뒤지는 것으로 조사됐다. 퀴니피액대학이 최근 전국 성인 유권자 1천933명을 대상으로 실시한 여론조사 결과에 따르면 2016년 대통령 선거에서 유력한 민주당 후보인 클린턴과 공화당 대권 주자인 크리스티에 대한 지지도는 46% 대 38%였다.(오차 범위 ±2.2%포인트) 지난해 12월 같은 기관 조사에서는 크리스티가 42%, 클린턴이 41%로 오차 범위 이내이기는 하지만 크리스티가 리드했었다. 크리스티에 대한 지지도가 지난해 12월보다 4%포인트나 떨어지면서 팽팽했던 클린턴과의 지지율 격차가 크게 벌어진 것이다. 이는 지지 정당이 없는 무당파 유권자들이 크리스티에게 등을 돌렸기 때문으로 풀이된다. 크리스티가 당선되면 훌륭한 대통령이 될 것이라는 답변도 지난해 12월 49%에서 이번에는 35%로 곤두박질했다.

6차 (2014년 1월 말~2월 말)

　미국의 두 주축 정당인 민주당과 공화당이 집안 내 싸움으로 골머리를 앓고 있다. 민주당의 경우 오바마 대통령과의 갈등이 심화되고 있다. 오마바 대통령은 자신의 입법 의제를 승인하는 데 민주당의 도움을 절실히 원하고 있지만, 민주당 상원의원들은 평소와는 다르게 무역 문제부터 이란 제재, 오바마케어, 키스톤 XL, 송유관 사업 국가 안보, 에너지 정책 문제까지 비판하고 나섰다. 또한 NSA 감시 프로그램은 각 당의 분열을 더욱 심화시키고 있다. 이 주제에 대한 분열은 공화당 쪽이 더 심해 보인다. 공화당은 스파이 기관의 광범위한 감시 권한을 반대하는 자유주의적 변화를 포용하기 시작하며 자유주의자들의 주장에 합류하고 있다. 이러한 상황 속에서 오바마 대통령은 2~4월에 걸친 순방을 떠난다. 이번 순방에는 멕시코, 유럽, 아시아가 포함되었고, 한국 방문도 예정되어 있다. 이번 순방을 통해 오바마 대통령은 미국의 관심사를 해외에 홍보하고 국제 관계를 개선할 기회도 갖게 된다.

　한편, 1월 28일(현지 시간)에 있었던 국정 연설에서 오바마 대통령은 자신의 리더십에 대한 국민들의 신뢰를 회복하고자 빈부 격차를 해소하고 경기 회복에 박차를 가하는 데 총력을 다하겠다고 선언했다. 또한 더 이상 의회에 끌려다니지 않고 행정명령 권한을 적극적으로 활용하여 계류된 현안들을 해결하겠다는 의지를 밝혔다. 이에 공화당 의원들은 의회와의 협상을 포기한 발언이라고 비난했다. 2월 4일에 발표된 오바마케어에 대한 '노동력 200만 이상 감소시킬 것'이라는 미 의회 예산국 보고서는 또다시 공화당 의원들의 비판을 불러왔고, 오바마 행정부와 민주당은 노동시간을 줄이게 될 것을 노동력 감소로 표현했다며 비판을 일축했다. 미국 의회는 연방 부채 한도 1년 유예안을 통과시켰다. 이로써 이달 말로 예정되어 있었던 디폴트 상황을 피해 한숨 돌릴 수 있게 되었다. 이에 따라 연방 정부는 내년 3월 15일까지는 디폴트 우려를 피한 상태에서 오는 11월 중간선거를 치를 수 있게 될 것으로 보인다. 초반 공화당은 부채 한도 상한을 올리는 대가로 오바마케어의 핵심 조항 철회 등의 양보를 얻어 내려는 전략을 취했지만, 회기 마감이 촉박한 현 상태에서 실현 가능성이 없어 당내 지지를 받지 못했다.

2016년 대선 초읽기에 들어간 민주당과 공화당은 매우 다른 후보 대결 구도를 보인다. 민주당의 경우 힐러리 클린턴 대세론으로 들썩이고 있는 반면, 공화당은 수많은 잠룡들이 엎치락뒤치락하는 형세를 보이고 있기 때문이다. 가장 유력한 주자였던 크리스티 주지사의 지지도는 브리지 게이트로 인해 하락하였고, 새롭게 폴 라이언 하원의원이 유력 후보로 부상하고 있다.

1월 말 실시한 여론조사에서는 오바마를 불신한다는 대답이 59% 차지하며 미국 국민들은 갈수록 대통령의 능력을 우려하고, 경제에 불만을 품고, 나라의 미래를 걱정하고 있다는 것을 보여 주었다.

미국 정당

02월 02일

• 민주당 상원의원들이 오바마로부터 떨어져 나오다 (Politico 02. 02)

– 버락 오바마 대통령은 민주당의 상원의원들이 자신의 입법 의제를 승인하는 데 도움이 되기를 기대하고 있다. 그러나 많은 민주당 상원의원들은 주요 문제들에 대해 공개적인 방법으로 그를 비난했다. 심지어 대통령의 부동의 동맹인 네바다 상원의 해리 리드 원내 대표마저도 지난주에 무역 협정 법안을 거절하며 노골적으로 대통령을 비판했다. 이는 공화당 내에서도 놀라는 분위기를 만들었다. 민주당의 웨스트 버지니아 소속 존 맨친 상원의원은 국정 연설에서의 잘못을 지적하며 대통령을 비판했다. 그러나 한편으로 민주당의 일부 의원들은 민주당 의원들과 오바마의 의견 차이가 2014년 중간선거에서 민주당 유권자들에게 혼란을 줄 수 있다며 의견을 조율하고 있다. 그러나 문제는 이러한 갈등이 계속될 것 같다는 것이다. 민주당 의원들은 NSA 감시 프로그램에 대해 비난했고, 이는 최대 몇 년간 백악관과의 갈등을 불러올 수도 있다. 오바마의 입법 요청은 최근까지 비판을 받았고, 오바마가 민주당 의원들과 개인적으로 굉장히 친밀하게 지내는 것도 아니기 때문에 갈등은 계속될 것으로 보인다.

02월 13일

• 오바마가 멕시코, 유럽, 아시아 순방을 계획하다   (The wall street journal 02. 13)

– 오바마 대통령이 2~4월에 걸쳐 멕시코, 네덜란드, 벨기에, 이탈리아, 사우디아라비아, 일본, 한국, 말레이시아, 필리핀을 방문할 것으로 알려진다. 그는 다음 주에 멕시코 순방에 나서면서, 3월에는 유럽, 4월에는 아시아 순방이 예정되어 있다. 이탈리아에서는 프란치스코 교황과도 만날 예정이다. 이 회동에 가장 큰 이목이 쏠릴 것으로 보인다. 가톨릭 단체들이 대통령이 발의한 건강보험개혁법에 대해 소송을 제기한 상황이지만, 대통령은 빈곤한 이들의 고통과 빈부 격차에 대한 우려를 부각시키기 위해 기울여 온 교황의 노력을 칭찬해 왔기 때문이다. 순방에서는 다수의 외교 정책 사안들도 다뤄질 예정이다. 이란의 핵 프로그램, 시리아의 위기 상황, 그리고 일본의 경우에는 동중국해의 영유권 분쟁 지역과 중국의 방공식별구역 신설 등의 사안이 논의될 것이다. 오바마 행정부는 중국의 방공식별구역 선포를 비난해 왔으며, 그것이 지역 내에서 판단 착오를 불러일으킬 수 있는 위험을 고조시켜 심각한 분쟁을 촉발할 수 있다고 언급해 왔다. 아베 총리와의 회동 시에 대통령은 이 사안을 처리해 달라는 요청을 받을 가능성이 높을 것으로 예상된다.

02월 18일

• NSA 프로그램이 양당의 분열을 드러내다   (The Washington post 02. 18)

– 미국인의 전화 기록의 드래그망 감시를 계속하는가의 여부는 국가 안보 정치에 대한 민주당과 공화당의 분열을 심화시키고 있다. 일부 선도적인 민주당 의원들은 국가 안보 기관의 전략을 비난하는 것을 조심하고 있지만, 공화당은 스파이 기관의 광범위한 감시 권한을 반대하는 자유주의적 변화를 포용하기 시작했다. 공화당 전국 위원회와 공화당의 켄터키 상원의원인 랜드 폴과 같은 자유주의자는 논쟁의 한쪽에 있는 민주당의 메사추세츠 상원의원인 엘리자베스 워런과 같은 자유주의자들의 주장에 합류했다. 이들과 반대 측면에 서 있는 의원들도 있다. 공화당의 플로리다 상원의원 마르코 루비오, 민주당 전 힐러리 로드 클린턴 장관, 상원 하원 지도부는 테러의 위협을 막기 위해 부시 행정부에서 시작하고 오바마 행정부의 관리로 이어져 온 감시 프로그램이 필요하다고 주장한다. 그 결과 NSA에서 감시 전략을

계속할지 여부에 대한 논쟁은 국가 안보 정치의 흐름을 바꿀 수도 있다. 이러한 당내 분열은 2014년의 중간선거에서 실제적인 정치적 결과를 초래할 수도 있으며, 다음 대선에까지 영향을 미칠 수 있다는 분석도 있다. 오바마 행정부는 감시 프로그램을 계속 승인하며 지속적인 지원을 정당화한다고 말하면서도 더 많은 개인 정보 보호 및 투명성을 확보하라고 지시했다. 한편 민주당의 가장 유력한 대선 후보인 힐러리 클린턴은 NSA 논쟁에서 거의 침묵하고 있다. "자신의 경험을 비추어 볼 때 정보 수집 및 분석은 매우 중요하다."고 했지만 그뿐이었고, 클린턴의 대변인은 지난주에 추가 의견을 제공하는 것을 거절했다.

미국 선거·의회

01월 25일

• DMZ 찾은 루비오…공화당 차기 주자의 대북 압박　　　　　(중앙일보 01. 25)
- 한국을 방문 중인 마르코 루비오 미 연방 상원의원은 아산정책연구원 초청 강연에서 "'민주주의 한반도'를 만들기 위한 노력을 계속할 것이다. 하지만 우리가 외교적 조치를 취할 때 신중하지 않으면 북한은 이를 악용할 수 있기 때문에 퍼 주기는 답이 아니다."라고 말했다. 또한 그는 북한 정권을 "북한은 주민들의 기본적인 자유와 신이 주신 잠재력을 억압하고 있다."고 비판했다. 북한이 이날 오전 공개서한을 보낸 데 대해서도 "이런 유화 메시지를 보내고 곧 도발이 뒤따르는 사이클은 너무나도 익숙한 행동 패턴이며, 핵심은 이를 신뢰할 만한 추가 조치가 뒤따라야 한다는 것이다. 하지만 나도, 전 세계도 그런 행동은 본 적이 없다."고 비판했다. 그는 중국의 천안문 사태에 대해서도 비판적 인식을 드러냈다. 루비오는 중국의 방공식별구역 지정을 두고 "중국의 경제·군사력 증대는 중요한 위기이며, 중국과 (미국의) 동맹국들 사이에 불협화음이 증대되는 것을 두고 보지 않겠다."고 강조했다.

01월 28일

• 오바마 "의회 계류 현안 독자 추진할 수 있다."　　　(The wall street journal 01. 28)
- 버락 오바마 미국 대통령이 28일 국정 연설에서 자신의 리더십에 대한 국민들의

신뢰를 회복하고자 빈부 격차를 해소하고 경기 회복에 박차를 가하는 데 총력을 다하겠다고 선언했다. 이번 연설은 힘을 잃은 의제에 새로운 활기를 불어넣고, 남은 임기 동안 정파 갈등을 정면 돌파하겠다는 선언에 가깝다. 경제 사정이 어려운 시기에 국민들의 소득과 저축을 높이고 일자리를 창출하기 위한 여러 정책을 제안하겠다는 것이다. 오바마 대통령은 독자적으로 행동에 나설 수 있다는 의지를 천명하며, 정책을 제정할 수 있는 제한된 권한인 행정명령을 사용할 수도 있다는 뜻을 내비쳤다. 공화당 의원들은 오바마 대통령의 의욕이 도를 넘었다고 경고하며, 의회와의 협상을 포기한 것 아니냐고 의심했다. 모든 문제는 의회와 협의해야 하는데 단독 행동이 가능하다는 식으로 말하고 있다는 것이다. 그러나 오바마 대통령이 요청한 법안을 의회가 통과시킬 가능성에 대해서 백악관의 기대치는 낮아지고 있는 것이 사실이다.

01월 29일

• 오바마 대통령이 새로운 은퇴 연금 계획을 발표하다: 'myRA' (USA TODAY 01. 29)
– 오바마 대통령은 화요일 저녁 국정 연설에서 '넣어도 손해 보지 않을' 새로운 은퇴 연금 계좌를 발표했다. 그는 현재 노동자들의 사회보장은 충분하지 않으며 현재 직장 연금인 401(k)이 없는 사람에게는 전혀 도움이 되지 않는다는 점을 지적했다. 오바마 대통령은 "사람들이 더 간단하게 국채에 투자할 수 있도록 'myRA'라는 새로운 저축 채권을 만들도록 재무부에 직접 명령했다."고 말했다. 또 "이 새로운 저축 채권은 기존의 저축 채권과 같이 미국 정부에 의해 보장될 것이고, 이후에 직장 연금이나 개인연금인 IRA로 바꿀 수 있도록 하기 때문에 안전할 것"이라고 말했다. 뉴욕 금융 플래너인 Gary Scha tsky 씨는 "이것이 쥐덫이 될지 아닐지는 더 지켜보아야 한다."면서도 "많은 이들에게 이 제도는 의미 있는 방식으로 그들이 다양한 은퇴 연금에 참여하는 첫 번째 기회가 될 수 있다."고 말했다.

02월 02일

• Early Drive for Clinton Unsettles Democrats (The wall street journal 02. 02)
– 2016년 대선에서 힐러리 클린턴을 후보로 추대하기 위해 엄청난 세력을 지닌 캠

페인 기구가 발족하자, 민주당 내부에서는 당내 대선 후보 경쟁을 무력화하고, 올 가을 치러질 중간선거에 출마하는 후보들을 위한 자금이 새어 나가는 것 아니냐는 우려의 목소리가 나오고 있다. 민주당이 상원에서 다수당 지위를 이어 가기 위해 중간선거를 한창 준비하고 있는 가운데, 힐러리 클린턴을 추대하는 슈퍼 팩인 '미국을 위한 최우선 행동'이 등장한 것이다. 민주당 일각에서는 이 기구가 11월 중간선거에서 당내 후보들이 당선되기 위해 필요한 기부금을 빼앗아 갈 수도 있다고 경고하고 나섰다. 민주당 일각에서는 힐러리 클린턴이 별 탈 없이 민주당 대선 후보로 결정된다면, 정부의 감시 기능과 무역 협정, 이란 핵 폐기 등 당내 이견이 존재하는 중요한 쟁점들을 논의할 기회 자체가 사라지는 것 아니냐고 걱정한다. 힐러리 클린턴은 아직 대선 출사표를 던지지 않았으며 올해 말까지 마음의 결정을 내리겠다고 밝혔다. 힐러리 클린턴이 여러 선택지를 놓고 부심하는 동안, 여러 외곽 후원 조직들이 결성돼 힐러리 클린턴의 앞길을 터 주고 있는 것이다.

02월 05일

• "'오바마케어', 노동력 200만 이상 감소시킬 것"…미 의회 예산국 보고서에 논쟁 붙어

(경향신문 02. 05)

– 미국 의회 예산국은 4일 '예산과 경제 전망: 2014년에서 2024년'이라는 보고서를 발표했다. 보고서 가운데 '환자 보호 및 부담 적정 보험법'이 노동시장에 미치는 영향 중, 오바마케어가 궤도에 오를 2017년에는 상근직 근로자 200만 명분의 노동력이 감소할 것이라고 예측했다. 2024년에는 감소 노동력 규모가 250만 명 수준에 이를 것이라 예측한 내용도 있었다. 보고서의 예측이 나오자 공화당에서 비판의 목소리를 냈다. 존 베이너 미 연방 하원 의장은 "이번 의회 예산국 보고서는 중산층이 그들의 경제 상황을 쥐어짜야 한다는 점, 오바마케어가 점점 최악으로 치닫고 있다는 점을 확실히 알렸다."고 성명서를 통해 밝혔다. 오바마 행정부와 민주당은 공화당의 의견에 반박했다. 보고서의 예측치는 오바마케어로 인해 받을 수 있는 보장 범위가 넓어짐에 따라, 사람들이 노동시간을 줄이게 될 것이라는 예상을 노동력 감소로 표현했다는 것이다. 진 샤힌 뉴햄프셔주 연방 상원의원은 "아무것도 아닌 것을 정치적으로 이용한 것"이라고 평했다.

02월 16일

• 오바마, 연방 정부 부채 한도 1년 증액안 서명   (헤럴드경제 02. 16)

– 버락 오바마 미국 대통령이 국가 부채 한도를 내년 3월까지 한시적으로 증액하는 법안에 서명했다. 이로써 미국은 최종적으로 사상 초유의 국가 디폴트(채무 불이행) 사태를 피할 수 있게 됐다. 지난 11일 미국 연방 하원은 부채 상한 증액 내용만 포함된 '클린 빌(clean bill)'을 표결에 붙여 221 대 201, 근소한 차이로 가결해 극적으로 통과시켰다. 이튿날 상원에서도 가결됨으로써 오바마 대통령의 서명만을 남겨둔 것이었다. 이로써 미 재무부는 내년 3월 15일까지 국가 부채 상환을 위한 대출 권한을 계속 부여받게 된다. 연방 정부는 사회보장 혜택, 공무원 임금 지급 등에 필요한 돈을 자유롭게 빌릴 수 있게 됐다. 미국 부채 한도는 법정 상한인 16조7000억 달러로 제한되어 있었으며 지난해 10월부터 국가 부도 위기에 몰렸다. 그러나 지난해 말 정치권은 이달 7일까지 일시적으로 부채를 늘리기로 하는 법안을 통과시켜 부채는 17조3000억 달러까지 올랐다. 정부는 대규모 신탁 기금 유치 등 긴급 처방으로 자금을 수혈했다. 한편 오바마 대통령은 군인 연금 삭감 규모를 줄이겠다는 내용의 법안에도 서명했다. 당초 의회는 정부 예산에서 군인 연금을 삭감했으나 퇴역 군인들의 반발이 잇따랐고, 군인 연금 삭감 규모를 축소하는 내용의 법안을 통과시켰다.

02월 20일

• 공화당 폴 라이언 부상 "힐러리는 내가 상대"   (매일경제 02. 20)

– 2016년 미국 대선에서 민주당의 유력한 후보인 힐러리 클린턴 전 국무장관의 '맞수'로 폴 라이언 하원의원이 급부상하고 있다. 라이언 의원은 2012년 대선에서 공화당 부통령 후보로 출마했던 인물로, 지난해 12월 연방 정부 예산안 합의를 도출해 낸 공화당 측 주역이다. 20일 미국 퀴니피액대 여론조사팀이 발표한 오하이오주 유권자 설문조사 결과에 따르면 클린턴 전 장관은 공화당 소속의 크리스 크리스티 뉴저지 주지사와의 가상 대결에서 '49% 대 36%'로 승리하는 것으로 나타났다. 지난해 11월 조사 결과에 비해 격차가 크게 벌어진 것이다. 이른바 '브리지 게이트'로 크리스티 주지사에 대한 지지도가 상당한 타격을 입었다는 방증이다. 이에 비해

클린턴 전 장관과 라이언 의원의 가상 대결 결과는 '49% 대 40%'로 나타나 공화당 '잠룡' 가운데 가장 근접한 승부를 펼쳤다. 크리스티 주지사의 부진을 틈타 라이언 의원이 공화당 최고의 '대항마'로 부상한 셈이다. 클린턴 전 장관은 테드 크루즈 상원의원(텍사스), 마르코 루비오 상원의원(플로리다), 랜드 폴 상원의원(켄터키) 등 여타 공화당 '잠룡'들에 대해서도 우위를 보였다.

미국 여론

01월 24일

• 월스트리트저널-NBC 여론조사, 오바마 불신 59%　　(The wall street journal 01. 28)
- 월스트리트저널과 NBC가 공동 실시한 설문조사에 따르면 미국 국민들은 갈수록 대통령의 능력을 우려하고, 경제에 불만을 품고, 나라의 미래를 걱정하고 있는 것으로 나타났다. 그래도 국민들은 오바마 대통령이 국정 연설에서 강조할 것으로 보이는 주제와 정책 다수를 지지했다. 응답자 대다수가 일자리 창출과 취학 전 교육을 중시했고, 이보다는 적지만 역시 많은 이들이 최저임금 인상을 선호했다. 절반 조금 넘는 수가 정부가 소득 불평등을 줄이는 데 노력해야 한다고 답했으며, 오바마 대통령이 빈부 격차를 좁히기 위한 광범위한 노력의 일환인 관련 분야 안건을 지지할 것으로 예상됐다. 응답자 10명 가운데 6명은 "오바마가 남은 임기 동안 무슨 일을 할지 알 수 없다, 걱정된다, 비관적이다."라고 답했다. 의회에 대한 불신도 거의 사상 최고 수준이었다. 오바마의 낮은 지지율은 올 11월 중간선거를 앞둔 의회 민주당 의원들에겐 불길한 조짐이다. 그러나 지난해 7월 시작된 지지율 하락 행진은 멈춘 듯했다. 직무 수행 능력에 대한 의구심에도 불구하고 절반 이상이 미국이 직면한 문제들을 해결하기 위해 오바마가 명확한 아젠다를 제시했다고 답했다. 또한 공화당보다 민주당이 주도권을 잡는 의회를 원한다는 응답자가 조금 더 많았고, 오바마는 취학 전 교육에 대한 기회 확대나 최저임금 인상에 대해 민주당과 비슷한 견해를 보이는 무소속 유권자들에게서 큰 지지를 얻었다.

7차 (2월 말~3월 말)

박다은

2014 중간선거를 앞두고 민주당과 공화당이 고심에 빠졌다. 결과를 쉽게 예측할 수 없는 상황에서 각 당은 다양한 문제에 직면해 있기 때문이다.

민주당은 하원 다수당을 공화당에 내준 데 이어 이번 중간선거에서 상원도 다수당을 공화당에게 뺏길 위기에 처했다. 미국 연방 상원의원 선거가 예정된 지역구에서 집권 여당인 민주당의 지지율이 공화당보다 떨어지는 것으로 나타났기 때문이다. 민주당은 오는 11월 중간선거의 향방을 가늠해 볼 수 있는 풍향계가 될 것으로 보여 관심이 집중됐던 플로리다주 탬파에서도 공화당에 패배했다. 게다가 최저치를 기록한 오바마 대통령의 지지율까지 민주당을 괴롭히고 있다. 여론조사는 중간선거에서 오바마 파워를 기대할 수 없다는 사실을 증명해 주었으며, 나아가 오바마가 민주당에게 독이 될 가능성도 제기되었다.

공화당도 안심할 수는 없는 상황이다. 대표적인 레드 스테이트(공화당 우세 지역)인 애리조나주에서 변화가 예상된다. 이는 민주당 지지 성향이 강한 히스패닉 등 소수 인종이 점차 증가하는 현상에서 기인한다. 이 같은 문제는 비단 애리조나뿐 아니라 미국 전역으로 확대될 가능성이 높다. 미국 내 소수 인종이 차지하는 비율이 점차 커지고 있기 때문이다. 아시아계 미국인들도 자신의 정체성을 공화당보다는 민주당으로 정하고 있다. 여기서 끝이 아니다. 소수 인종뿐 아니라 젊은 밀레니엄 세대도 공화당에게서 등을 돌리는 추세이다. 조사 결과에 따르면 밀레니엄 세대가 앞선 세대들보다 훨씬 더 진보 성향을 띠고 민주당을 지지하는 경향도 강한 것으로 나타났다. 공화당은 오바마 대통령에 대한 젊은 층의 높은 지지도와 이들의 강한 정치적 독립성 등을 고려할 때 밀레니엄 세대가 2016년과 그 이후에는 공화당으로 다시 돌아와 역할을 할 것이라는 희망을 갖고 있다. 하지만 전문가들은 이들의 민주당 성향은 오바마를 훨씬 넘어 진보적인 정치적 시각을 가졌다고 지적한다. 이러한 상황 속에서 의회의 공화당 의원들은 당의 정책, 사회적 가치 등에 대해 부정적인 입장을 보이고 있다. 특히 티파티 소속 의원들은 지금보다 공화당이 더 보수적으로 가야 한다고 주장한다. 티파티 의원들은 소수이지만 공화당을 주도하는 세력으로 커 나가고 있다. 그러나 국민들은 이 집단에 대해 호의적이지만은 않다. 극보수 세력인 이들은 보수를 결집시키는 힘이 있으나 중도층에게는 거부 반응을 일으키기 때문이다. 이번 중간선거에서 공화당은 티파티의 밸런스를 얼마나 잘 맞추느냐가 중요할 것으로 보인다.

한편, 오바마 대통령은 우크라이나 사태에 대해 러시아에 지속적인 제재 조치를 취하고 있다. 그러나 이러한 제재 조치가 크림 반도의 러시아 병합을 저지하거나 러시아에 큰 타격을 줄 수 있을 것이라고 보는 시각은 거의 없다.

미국 정당

02월 24일

• 공화당의 28%만이 당이 그 원리를 잘 지킨다고 믿는다　　　　　(퓨리서치 02. 24)

– 의회의 공화당 의원들은 지난 몇 달간의 소속 정당의 성향에 대해 만족하지 못했다. 의회의 공화당 의원들은 당의 정책에만 실망한 것이 아니다. 당이 보수적인 전통적 가치들을 잘 지키고 사회에 훌륭한 일을 하고 있는가? 라는 질문에 70%는 별로 그렇지 않다고 대답했다. 2009년부터 공화당 의원은 자신의 당에 대해 지속적으로 부정적인 입장이 되고 있다. 민주당 의원들의 거의 절반은 자신의 소속 정당이 소수 민족의 이익과 노동자들을 대표하고 가난과 궁핍을 돕는 좋은 일을 하고 있다고 평가했다. 오바마가 집권한 2009년 이후 실시된 5번의 설문조사에서 공화당 의원보다 더 많은 민주당 의원들이 소속 당이 전통적인 가치를 잘 지키고 있다고 평가했다.

03월 04일

• 美 민주, 중간선거 상원 다수당 수성 '위기'　　　　　(연합뉴스 03. 05)

– 올 연말 미국 연방 상원의원 선거가 예정된 지역구에서 집권 여당인 민주당의 지지율이 공화당보다 떨어지는 것으로 나타나 다수당 교체 가능성이 조심스럽게 점쳐지고 있다. 4일(현지 시간) 워싱턴포스트와 ABC 방송이 실시한 여론조사에 따르

면 상원의원 선거가 치러지는 34개 주 유권자 가운데 민주당 후보를 지지할 것이란 응답이 전체의 42%로, 공화당 후보 지지율(50%)에 못 미쳤다. 하원 선거에 대한 질문에는 민주당 후보와 공화당 후보를 지지한다는 응답 비율이 각각 46%와 45%로 거의 같은 것으로 나타났다. 현재 연방 의회 상원은 무소속을 포함한 민주당 진영이 55석, 공화당이 45석을 각각 차지하고 있어 공화당은 기존 의석에 6석만 보태면 하원과 함께 상원까지 장악하면서 오는 2016년 대통령선거까지 정국을 주도할 수 있게 된다. 특히 최근 민주당 중진 상원의원들의 출마 포기가 잇따르는데다 잇단 정쟁으로 현직 의원들에 대한 여론이 악화되면서 민주당의 상원 다수당 수성이 어려울 것이라는 관측이 잇따라 나오고 있다. 실제로 이번 여론조사에서 현직 의원에게 투표할 것이라는 응답이 전체의 22%에 불과한 데 비해 '새 얼굴'을 선택할 것이라는 응답 비율은 무려 68%에 달한 것으로 나타났다.

하원의 경우 전체 435석 가운데 현재 민주당과 공화당이 각각 201석과 234석을 차지하고 있으며, 이번 중간선거에서도 공화당이 다수석을 유지할 것이라는 전망이 지배적이다.

워싱턴포스트는 "미국 국민은 전반적으로 최근 현안에 대해 공화당보다 민주당을 신뢰한다."면서 "그러나 이런 분위기가 올 연말 중간선거의 상·하원 다수석 쟁탈전의 판세로 연결되지는 않고 있다."고 전했다.

03월 05일
• 티파티는 공화당의 가장 친한 친구다. 그러나 그것이 문제다

(The Washington post 03. 05)

– '티파티 후보'는 독이 되는 배지인가, 명예의 배지인가? 그것은 당신이 누군지에 따라 달라진다. 공화당은 새로운 티파티 소속의 후보자가 나오면 티파티 지지자들을 결집시켜 투표가 더 높아질 것이라고 말한다. 즉 일반적으로 예비선거에서 공화당이 티파티 후보를 포용하는 것은 좋은 생각이라는 것이다. 그러나 일반 선거에서 그것은 좋지 않은 생각일 수 있다. 예비선거에서는 티파티 후보자들이 선전하지만, 이들이 일반 선거로 갔을 때는 독으로 작용하기 때문이다. 티파티에 호의적인 공화당은 이러한 결과를 놓고 티파티 소속의 후보들이 많은 것은 당의 보수적 지지를

결집시킬 수 있기 때문에 좋다고 얘기한다. 그러나 이러한 지원은 그에 따른 비용을 지불해야 할 것이다. 공화당 지지자들의 일부는 티파티 소속의 후보를 지지하느니 민주당 소속의 후보를 지지하겠다고 주장하기 때문이다. 2014년 공화당은 이 줄다리기 위에서 균형을 잘 맞추어야 한다.

03월 06일

• 美 '공화당 아성' 애리조나도 민주당 우세지 된다   (연합뉴스 03. 06)

– 보수 공화당이 장악한 미국 애리조나주 정치 권력 구도에 앞으로 15년 이내에 거대한 변화가 예상된다. 애리조나주는 대표적인 '레드 스테이트'이다. 현재 이곳에서 백인계가 아닌 라티노는 전체 인구의 30%이지만 15년 뒤인 2030년이면 44%가 될 것으로 전망된다. 더구나 애리조나주 라티노의 특징은 젊은 층이 많아 유권자의 인종 분포는 세월이 갈수록 라티노 비중이 높아진다는 계산이다. 라티노 주민 평균 연령은 백인 주민보다 20세나 어리다. 18세 이하 애리조나 주민 60%가 백인이 아니라는 통계도 제시됐다. 라티노는 대체로 민주당 지지 성향이 강하다. 애리조나주에서도 예외가 아니다. 전문가들은 애리조나주가 블루 스테이트로 변하는 것은 시간문제라고 말한다. 애리조나주 라티노에게 가장 민감한 정책 이슈는 이민 정책이다. 라티노 유권자들은 불법 체류자 구제가 지역 경기 회복보다 더 중요하다고 여긴다. 이 때문에 오바마 대통령의 이민 정책에 반대하는 공화당은 애리조나주에서 장래가 어둡다. 2012년 여론조사에서 라티노의 39%가 민주당을 지지한다고 밝혔고 공화당 지지는 12%에 불과했다.

03월 09일

• 공화당에 등 돌리는 美 '밀레니엄 세대'   (서울신문 03. 11)

– 9일(현지 시간) 워싱턴포스트(WP)가 전한 퓨리서치 센터 조사 결과에 따르면 밀레니엄 세대가 앞선 세대들보다 훨씬 더 진보 성향을 띠고 민주당을 지지하는 경향도 강한 것으로 나타났다. WP는 "이 같은 결과는 공화당이 향후 선거에서 또 다른 중요한 인구학적 문제에 직면하게 될 것임을 시사하는 것"이라고 밝혔다. 특히 밀레니엄 세대가 민주당과 진보적인 정책들에 더 끌리는 성향은 민주당 출신인 버락 오

바마 대통령의 후보 출마와 대통령직 수행을 넘어 확대되고 있다는 것이 특징이다. 밀레니엄 세대의 50%는 자신을 민주당원으로 여기거나 민주당으로 쏠린다고 답했다. 공화당원 또는 공화당으로 쏠린다는 답변은 34%에 그쳤다. 또 69%는 자신이 정치적으로 진보적 또는 중도적이라고 밝혀, 보수적(26%)이라는 응답보다 유일하게 많은 세대로 나타났다. 특히 68%는 동성 결혼을 지지하고, 55%는 불법 이민자를 수용해야 한다고 밝혔으며, 56%는 낙태를 합법화해야 한다고 답하는 등 대다수 정치·사회적 문제들에 대해 민주당과 비슷한 진보적인 시각을 드러냈다.

미국 선거·의회

03월 04일

• 오바마 "러시아는 역사의 과오를 범했다."고 말하다 (The wall street journal 03. 04)
– 미국이 푸틴 러시아 대통령에 대한 대응으로 러시아에 대한 경제적, 외교적 징벌 조치를 고려하고 있다고 말했다. 오바마 대통령은 이 조치로 러시아 정부가 큰 대가를 치르게 될 것이라고 경고했다. 오바마 대통령은 "러시아가 군대를 파병하고 전 세계가 인정하는 기본 원칙을 위반하고서도 처벌받지 않는 것은 있을 수 없는 일이며, 전 세계 국가들이 러시아를 강력하게 비난하는 것을 보면 러시아가 얼마나 잘못된 판단을 했는지 알 수 있다."고 말했다. 우크라이나 사태 대응을 둘러싸고 공화당으로부터 비난받고 있는 오바마 대통령은 미국 정계가 협력해 자신의 접근법을 지지해야 한다고 강조했다. 오바마 대통령은 "현 단계에서는 '정당한 이유 없이 타국에 군대를 보낼 권리가 있는 나라는 없다.'는 원칙에 민주당과 공화당이 당파 이익을 떠나 만장일치로 합의를 이뤄야 한다."며 "나는 이 목표를 달성하기 위해 의회의 협력을 기대한다."고 덧붙였다.

03월 12일

• 美 공화당, 플로리다주 하원 보궐선거 승리…중간선거 앞두고 오바마케어에 대한 첫 시험 무대 (뉴시스 03. 12)
– 오는 11월 미 중간선거를 앞두고 버락 오바마 대통령의 건강보험개혁법안인 오

바마케어에 대한 첫 시험 무대로 관심을 모았던 플로리다주 탬파에서의 하원의원 보궐선거에서 공화당이 민주당에 승리를 거두었다. 민주당과 공화당에서 거물 정치인들이 선거 유세 지원에 나서고, 양당 합쳐 1100만 달러가 넘는 막대한 선거 비용이 투입된 이번 보궐선거에서의 패배는 민주당에게 매우 뼈아픈 패배가 아닐 수 없다. 공화당의 데이비드 졸리가 48.5%의 지지율로 46.7%를 득표한 민주당의 알렉스 싱크 후보를 근소한 차이로 물리쳤다. 이번 선거는 오는 11월 미 중간선거의 향방을 가늠해 볼 수 있는 풍향계가 될 것으로 보여 관심이 집중됐었다.

03월 16일

• 랜드 폴, 美 공화당 대선 후보로 급부상   (매일경제 03. 17)

– 미국 공화당의 차기 대통령 후보감으로 랜드 폴 상원의원의 부상이 뚜렷해지고 있다. CNN 방송과 ORC인터내셔널이 공동 조사해 16일 발표한 차기 대통령 후보 선호도 조사에 따르면 폴 상원의원은 공화당 지지층에서 16%의 지지율로 1위를 차지했다. 이어 폴 라이언 하원의원(15%)과 릭 페리 텍사스 주지사(11%)가 2, 3위를 기록했다. 지난해 11월 24%의 지지율로 1위를 차지했던 크리스 크리스티 뉴저지 주지사는 이번 조사에서는 공동 6위(8%)에 머물렀다. '브리지 게이트'의 후유증이 지속되고 있다는 분석이다. 민주당 지지층에서는 힐러리 클린턴 전 국무장관의 지지율이 63%를 기록해 2위인 조 바이든 부통령(13%)에 비해 압도적으로 높았다.

03월 18일

• 브루스 로너, 공화당 일리노이 주지사 후보 경선 승리   (USA TODAY 03. 18)

– 억만장자 벤처 사업가인 브루스 로너가 화요일에 있었던 공화당 일리노이 주지사 후보 경선에서 승리했다. 그는 이번 경선에서 주 상원의원인 빌 브래디와 커크 딜라드, 주 재무관인 댄 루더포드를 제쳤다. 이로써 그는 오는 11월 선거에서 현재 일리노이 주지사인 팻 퀸과 대결하게 된다. 그는 이번 선거비용으로 자신의 돈인 600만 달러를 포함한 1400만 달러를 썼다. 그는 민주당 정치인들을 억제하는 캠페인 광고에 많은 돈을 썼다. 그는 민주당이 기업에 대한 적대감을 부추기며 계급 투쟁으로 몰아가고 있다며, 기업이 커야 실업 문제를 해결할 수 있다고 주장했다.

03월 19일

• 의회, 오바마의 이란 정책에 대해 만장일치로 실망   (The washington post 03. 19)
– 상원과 하원의 대다수는 이란 정책에 있어서 대통령을 신뢰하지 않는다. 이란의 불법 핵무기 프로그램을 해제하는 데 필요한 요구 사항에 대한 하원의원들의 제안서는 상원의원들의 더 자세한 검증에 들어갈 것이다. 그러나 의회는 지금 거의 합의한 거나 마찬가지이며, 핵을 포기하지 않는 이란에 대한 믿음이 근본적으로 부족한 상태다. 상원, 하원 모두 백악관이 마지막에는 이란이 핵무기 프로그램을 계속하게 하는 거래를 할까 봐 염려하고 있다. 의회는 이란 문제에 대해 대통령을 신뢰하지 않는다. 그 의견에 동의하는 상원 83명 중 41명은 민주당이었기 때문이다.

03월 20일

• 오바마 대통령, 러시아 추가 제재 발표   (Voice of America 03. 23)
– 오바마가 20일 러시아의 크림 반도 합병과 관련해 추가 제재 조치를 취했다. 미국 정부는 이날 러시아인 20명과 은행 1곳을 추가로 제재 대상에 포함했다고 밝혔다. 재무부는 이번 추가 제재가 오바마 대통령의 행정명령에 따라 이뤄졌으며, 러시아 대통령 비서실장 등 정부 관료 16명과 푸틴 대통령 최측근 4명, Bank Russia에 적용된다고 말했다. 이번 조치로 이들의 미국 입국과 모든 거래가 금지되며, 미국 내 자산은 동결된다. 앞서 오바마 행정부는 지난 17일 푸틴 대통령의 측근을 포함해 러시아 정부와 의회 인사 7명과 우크라이나인 4명을 제재한 바 있다. 러시아는 이에 대한 보복으로 미국 정부와 의회 인사 9명에게 입국 금지 등의 제재를 가했다. 러시아 외무부는 이날 오바마 대통령의 추가 제재 발표 직후 미국 정부 인사와 정치인 등 9명에 대해 비자 발급 중단 등의 제재를 가했다고 밝혔다.

미국 여론

03월 04일

• 최저임금 인상에 대한 강력한 지지   (퓨리서치 03. 04)
– 오바마 대통령은 오늘 의회에 2015년도 예산안을 제출했다. 이 중에서 오바마

가 가장 강력하게 대중의 지지에 호소할 수 있는 하나의 문제는 최저임금을 시간당 7.25달러에서 10.10달러로 인상하는 것이다. 3월 2일 발표된 워싱턴포스트-ABC 뉴스 여론조사에서 모든 성인의 절반이 최저임금을 인상하는 것을 지지하고 지원하는 후보에게 투표할 가능성이 있다고 답변했다. 19%는 임금 인상을 지지하지 않는 후보에게 절대 투표하지 않을 것이라고 말했다. 이는 민주당에게 유리한 것으로 보인다. 민주당의 후보들이 공화당의 후보들보다 이 사안에 대해 지지 입장을 훨씬 더 많이 표명하고 있기 때문이다. 지난달 실시되었던 퓨리서치 센터의 조사에서도 조사 대상자의 73%가 최저임금 인상에 대해 찬성했다. 다른 조사 기관에서 실시한 조사에서도 뉴저지의 69%, 뉴욕의 77%, 버지니아의 65%가 오바마의 최저임금 인상을 지지하는 것으로 나타났다.

03월 13일

• 오바마 지지율 41%로 취임 후 최저치   (The wall street journal 03. 13)
– 월스트리트저널(WSJ)과 NBC 방송이 실시한 여론조사 결과에 따르면 오바마 대통령의 국정 운영 지지율이 최저치를 기록했다. 이 조사 결과에 따르면 오바마 대통령은 올 가을로 예정된 중간선거에서 민주당에 부담이 될 수도 있을 것으로 보인다. 특히 민주당이 상원에서 다수당 위치를 지키는 데 있어 큰 비중을 차지할 보수 성향 주들에서 더 부담이 될 수도 있을 것으로 보인다. 대통령에 대한 지지율은 41%로 추락했다. 지난 1월의 43%보다 낮은 것으로 집권 이후 최저치다. 11월 중간선거 이전에 상황이 변화할 수도 있지만, 민주당 후보들을 지원해야 할 오바마 대통령의 파워가 제한적인 듯하다. 응답자들은 오바마 대통령과 가까운 후보들을 지지할 의사가 별로 없다고 밝혔다. 오바마 대통령에 대한 지지도는 특히 남부와 중서부에서 낮게 나타났다. 민주당은 이 두 지역에서 상원 의석을 지키는 데 힘겨운 시간을 보낼 것으로 점쳐진다.

03월 18일

• 왜, 아시아계 미국인들은 민주당일까?   (Politico 03. 18)
– 미국 내 급속히 증가하고 있는 인종인 아시아계 미국인들은 그들 자신의 정체

성을 공화당보다는 민주당으로 정하고 있다. 2012년 선거에서 아시안-아메리칸들 중 73%가 오바마에게 투표했다. 이는 히스패닉(61%)과 여성(55%)보다 높은 수치다. 1600만 명 이상의 아시아계 미국인들은 인구의 5% 유권자의 4%로 상당한 투표 블록을 차지하며 선거 파급 효과를 일으키기 시작했다. 일반적으로 부유한 사람들은 공화당이 될 가능성이 높으나, 이들은 그렇지 않다. 자신의 민족 배경 때문에 일어나는 사회적 배제의 느낌이 그들을 공화당과 멀게 느껴지게 하는 것이다. 그들이 느끼기에 공화당은 'maker'를 백인으로 규정지으며 소수 민족은 이들의 것을 뺏는 'taker'로 생각하며 그들을 환영하지 않는다는 것이다. 아시아계 미국인들은 'maker' 임에도 불구하고 말이다. 그러나 보수층에서는 아시아인들의 육아에 대한 규율, 기업가 정신을 좋아하는 경향 등은 보수에 가깝기 때문에 앞으로 보수도 충분히 아시아인들의 마음을 사로잡을 수 있다고 생각한다.

8차 (3월 말~4월 말)

박다은

　민주당이 큰 지지층을 놓치고 있다. 민주당의 텃밭처럼 여겨졌던 청년층과 여성 유권자들이 오바마 대통령과 민주당의 편에서 멀어지고 있기 때문이다. 이들을 여론조사한 결과 2012년 대선 대비 오바마 대통령에 대한 지지율이 큰 폭으로 떨어졌다. 특히 싱글 여성들은 2012년 대선 당시 3분의 2가 오바마를 지지했었지만, 싱글 여성 중 3분의 1은 올해 11월에 있을 중간선거의 투표 의향조차 보이지 않고 있다. 민주당은 이들의 중요성을 인식하고 남녀 임금 차별, 최저임금 문제 등의 문제에 포커스를 맞추고 있다. 이런 노력들이 여성 유권자와 청년층을 사로잡을 수 있을지 귀추가 주목된다.

　이번 중간선거의 최대 이슈 중 하나인 이민 정책에 대해 공화당이 당내 분열의 조짐을 보이고 있다. 이민 정책에 완강히 반대하는 공화당원들과, 이민 개혁에 긍정적인 입장을 보이는 공화당원들이 갈등 양상을 보이는 것이다. 이러한 공화당의 방향성에 대해서 우려하는 목소리도 커지고 있다. 공화당이 현재 오바마와 민주당의 정책에 반대만 하며 국민이 진정으로 원하는 것을 놓치고 있다는 것이다. 실제로 공화당과 민주당의 대립으로 상정도 못 한 법안들이 줄줄이 나타나며, 작년 의회는 법안 처리를 212건밖에 하지 못했다. 이는 역대 최저치다. 의회의 업무 수행 지지율도 9%까지 떨어진 상태이다.

　한편, 2016년 대선의 출마가 유력시되는 공화당 정치인들이 12일 뉴햄프셔주 최대의 도시 맨체스터에서 수백 명의 보수 유권자들이 참가한 가운데 집회를 열었다. 이들은 표면상 버락 오바마 대통령의 건강보험 개혁안 등을 성토했으나 후보들 끼리의 은밀한 공방도 진행함으로써 비공식적인 대선 경쟁을 시작했다. 특히 부시 집안의 '또 다른 부시' 젭 부시의 상승세가 눈에 띤다. 미국 공화당 실세 다수가 젭 부시 전 플로리다 주지사를 2016년 공화당 대선 후보로 밀기 위한 막후 작업을 시작한 것이다. 브리지 게이트로 타격을 입은 크리스 크리스티 뉴저지 주지사와 티파티의 지지를 받는 랜드 폴 상원의원 대신 부시 전 주지사를 다음 대선 후보로 낙점하고 지원하는 모양새다. 또한 젭 부시는 이민 정책에 대해 기존의 공화당 주류 의견과는 다른 의견을 내놓으며 차별화를 꾀하고 있다. 그러나 아직 민주당의 힐러리 클린턴의 아성을 무너뜨리기엔 역부족으로 보인다. 힐러리의 지지율이 49%로 집계되며 2008년 이후 최악으로 기록되었지만, 공화당 유력 대선 후보들과의 일대일 가상 대결에서 모두 힐러리가 압승을 거뒀다. 또한 힐러리는 민주당 내 후보 여론조사에서도 69%를 얻어 14%를 얻은 조 바이든 부통령과 6%를 얻은 엘리자베스 워런 상원의원을 큰 차이로 따돌렸다. 현재 차기 민주당 대선 후보가 힐러리라는 것에는 이견이 없어 보인다.

오바마 대통령은 아시아 순방에 나섰다. 거듭 균형을 잃은 '아시아 중시 전략'이 자리를 잡을 수 있을지, 이번 방문이 중요한 열쇠가 될 것으로 보인다.

미국 정당

04월 15일

• 왜, 싱글 여성이 2014년 민주당의 주요 이슈인가   (Politico 04. 15)

– 결혼 여부는 투표 여부와 어느 당을 지지하는지를 알려 주는 강한 예측 요인 중 하나이다. 때문에 많은 진보주의자들과 민주당이 싱글 여성을 주목하는 이유이기도 하다. 지난 2012 대선 때 아직 결혼을 하지 않은 여성 및 이혼한 여성을 포함한 싱글 여성들의 3분의 2가 오바마 대통령을 지지했다. 또한 의회 선거에서도 민주당을 지지했다. 그러나 최근 조사에서 2012년 선거에 투표했던 싱글 여성 중 3분의 2정도만 이번 11월에 있을 중간선거에 투표할 것이라고 대답했다. 민주당은 이들과 동떨어진 이슈에만 관심을 두어 싱글 여성들은 더 이상 민주당을 지지하지 않게 된 것이다. 그러나 최근 민주당은 문제를 심각하게 인식하고 다시 싱글 여성들에게 포커스를 맞추기 시작했다. 오바마 대통령이 남녀 임금 차별 문제를 철폐하겠다고 말하고, 최저임금 인상을 주장하는 등 싱글 여성들을 잡기 위한 노력을 기울이고 있다. 싱글 여성들에게 이러한 민주당의 주장들을 알려 주자 투표하겠다는 응답이 높아졌다. 이번 중간선거에서 민주당이 싱글 여성에 관한 이슈를 포기할 수 없는 이유가 명백해진 셈이다.

04월 16일

• 청년 · 여성, 이제는 민주당 '텃밭' 아니다 (연합뉴스 04. 16)

－ 미국에서 여당인 민주당의 '텃밭'처럼 여겨졌던 청년층과 여성 유권자들이 버락 오바마 현 대통령과 민주당으로부터 등을 돌리고 있다. 청년층의 오바마 대통령에 대한 지지율이 이미 반대 비율보다 낮아지기 시작했고, 여성이나 남미계 유권자들의 지지율도 2012년 대선 때보다 크게 떨어졌다. NBC 뉴스/월스트리트저널(WSJ) 공동 설문조사 결과에 따르면 지난 3월 18~29세 유권자의 오바마 대통령에 대한 지지율은 45%, 반대율은 48%였다. 오바마 대통령이 재선된 2012년 청년층의 지지율이 60%로 반대율 37%를 크게 앞섰던 것과 대조적이다. 여성과 남미계 유권자의 오바마 대통령 지지에도 이상 기류가 형성됐다. 이번 설문조사에서 독신 여성의 오바마 지지율은 48%로 반대율 45%와 큰 차이가 없었고, 남미계의 지지율도 49%로 반대율 46%를 간신히 앞섰다. 야당인 공화당은 이런 현상에 반색하고 있다.

04월 25일

• 이민 정책이 공화당을 분열시키는 위협이 되고 있다 (FOX NEWS 04. 25)

－ 올해 선거를 앞두고 이민 정책은 공화당을 분열시키는 위협으로 작용하고 있다. 공화당 소속 연방 하원 의회 의장 존 베이너는 걸림돌이 생기더라도 적극적으로 이민 법안을 추진하기 위해 새로운 신호를 보내고 있다. 그러나 반대편에서는 공화당 상원들이 오바마의 이민 개혁법에 싸움을 걸고 있다. 오바마 대통령에게 목요일에 보낸 22명의 공화당 상원의원이 서명한 편지에서, 그들은 '이민 개혁은 헌법을 무시하는 행위이며 이민 단속에 대해 완전히 포기한 행위이다.'라며 행정을 비난했다. 이민 정책에 대한 공화당의 내부 분열은 더욱 심해지고 있다.

04월 26일

• 공화당, 'No' 대신에 '성장'을 말해야 될 때다 (USA TODAY 04. 26)

－ 로널드 레이건은 종종 '가장 좋은 정치는 좋은 정책'이라고 했다. 그러나 최근의 공화당은 이와는 거리가 멀어 보인다. 새로운 정책, 대안을 내놓기보다는 단순히 오바마에게 'No'라고 말하는 것에만 집중하고 있다. 이민 개혁에 대해서도 No, 오

바마케어에 대해서도 No, 부채 한도 인상에도 No라는 대답만 반복하고 있다. 최근 설문조사에서 국민들은 국가의 가장 큰 문제로 경제 문제(47%)를 지적했다. 건강 관리는 응답자의 15%, 이민과 불법 체류자에 대해서는 4%, 범죄에 대해서는 1%의 응답이 나왔다. 이러한 결과를 봤을 때, 현재 공화당이 나아가야 할 방향은 'No'가 아닌 성장이다. 그들이 국민들의 마음을 얻기 위해서는 의심의 여지없이 지속 가능한 성장을 얘기해야만 한다.

미국 선거 · 의회

03월 30일

• 美 공화 실세들, 부시 동생 젭 대선 후보 '낙점'　　　　　　　　(연합뉴스 03. 30)

– 미국 공화당 실세 다수가 젭 부시 전 플로리다 주지사를 2016년 공화당 대선 후보로 밀기 위한 막후 작업을 시작했다고 워싱턴포스트(WP)가 30일 보도했다. 이 신문은 공화당 주요 인사와 후원자들이 소위 '브리지 스캔들'로 타격을 입은 크리스티 뉴저지 주지사와 당내 강경 보수파의 지지를 받는 랜드 폴 상원의원 대신 부시 전 주지사를 백악관을 되찾을 희망으로 여기고 있다고 밝혔다. 특히 2012년 대선에 공화당 후보로 나섰다가 낙선한 밋 롬니 전 매사추세츠 주지사의 주요 후원자 상당수가 부시 전 주지사와 그의 측근들과 접촉하고 있다. 한 공화당 관계자는 롬니의 후원자 절대 다수가 공화당 대선 경선에서 부시 전 주지사를 지원할 것으로 내다봤다. 그러나 부시 전 대통령에 대한 부정적 여론이 여전히 크다는 점이 그의 최대 취약점이다. 최근 WP와 ABC 방송의 공동 여론조사에 따르면 응답자의 절반가량이 부시가(家)의 인물을 대통령으로 "절대 뽑지 않을 것"이라고 밝혔다.

04월 10일

• 11월 중간선거, 워싱턴은 지금 '임금 전쟁 중'　　　　　　　　(한겨레 04. 10)

– 민주당은 최저임금 인상, 시간 외 수당 확대, 남녀 동일 임금 등 일종의 개혁 입법을 추진하고 있지만 공화당이 매번 발목을 잡고 있다. 11월 중간선거를 앞두고 표를 확보하기 위한 '프레임 전쟁'이 벌어지고 있는 것이다. 민주당은 미국의 각 사

업장에서 여성의 평균 임금이 남자의 77%에 그친다고 보고 있다. 여성 가장 가구의 3분의 1이 빈곤층이라는 연구도 있다. 그러나 공화당의 견해는 다르다. 꼭 남녀 동일 임금법이 아니더라도 임금 차별은 이미 다른 법에서 불법으로 규정돼 있고, 새 법안이 만들어지면 기업주들이 여성 노동자 고용을 꺼리게 된다고 주장한다. 오바마 대통령으로서는 남녀 동일 임금은 매력적인 카드다. 반면 기업이나 자유 시장을 강조하는 공화당으로서는 물러설 수 없다. 현실적으로 공화당이 다수를 차지하고 있는 하원을 통과해야 입법이 되는 만큼, 오바마 대통령의 개혁 법안들은 중간선거에서 여성과 노동 계층의 표심을 끌어들이기 위한 프레임 대결의 의도도 짙다.

04월 12일

• 공화당 정치인들 뉴햄프셔에서 회합…"2016 대선은 사실상 시작"

(AP 통신, 뉴시스 04. 13 재인용)

− 2016년 대선의 출마가 유력시되는 공화당 정치인들이 12일 뉴햄프셔주 최대의 도시 맨체스터에서 수백 명의 보수 유권자들이 참가한 집회를 갖고 여당의 각종 정책을 성토했다. 이들은 표면상 버락 오바마 대통령의 건강보험 개혁안 등을 성토했으나 자신들끼리의 은밀한 공방도 함으로써 일부 정치 평론가들은 대선이 비공식적으로 개막한 것이라고 평했다. 이날 회의에서 이 정치인들은 오바마케어 외에도 히스패닉들의 지지를 얻기 위한 공화당의 고충과 다가오는 중간선거 등 여러 가지 문제에 대해 오디션을 갖듯 자신들의 정견을 자랑했다. 티파티의 지지를 받고 있는 텍사스주의 상원의원 테드 크루즈는 "우리는 오바마케어의 모든 자구들을 폐기할 작정이다."고 선언했다. 테드 크루즈와 랜드 폴 상원의원은 또 다른 유력 주자인 하원 예산위원장 폴 라이언이 주장한 예산안을 깎아내렸다. 최근 하원 총회에서 통과한 이 예산안은 오바마케어를 수용하기 위해 일부 항목을 수정했다.

04월 16일

• 폭스 뉴스 설문 결과: 일대일 매치업 (FOX NEWS 04. 16)

− '2016년 선거가 오늘 개최된 경우'에 대한 설문조사에서 힐러리 클린턴이 선두로 나타났다. 클린턴이 정직하고 믿을 만한 사람이다라는 응답은 50%로, 42%의 공화

당 소속 뉴저지 주지사인 크리스 크리스티 뉴저지 주지사보다 높았다. 클린턴은 공화당 소속 전 플로리다 주지사이자, 전 부시 대통령의 아들인 젭 부시와 공화당 소속 켄터키주 상원의원 랜드 폴 상원의원과의 일대일 매치업에서도 51% 대 42%로 승리를 거뒀다. 클린턴은 민주당 내 대선 후보 여론조사에서도 69%를 얻어 14%를 얻은 조 바이든 부통령과 6%를 얻은 엘리자베스 워런 상원의원을 이겼다.

04월 17일

• **힐러리 클린턴 2008년 이후 최악의 결과**   (The washington post 04. 17)

– 힐러리 클린턴 전 국무장관의 지지율이 2008년 이후 최악으로 기록되었다. 최근 폭스뉴스 여론조사에서 힐러리를 지지한다고 응답한 비율은 49%이며, 호의적이지 않다고 응답한 비율은 45%이다. 2008년 민주당 대선 후보 경선 때 힐러리 클린턴의 지지율은 47%로 이것이 가장 낮은 수치였었다. 국무장관 당시 지지율은 계속 높았으나 작년 국무장관 사임 이후 계속 하락하고 있다. 이번 조사 결과에서 더 놀라운 사실은 사람들이 공화당을 보는 시선이다. 공화당에게 호감을 가지고 있다는 대답이 45%로 호감이 없다는 대답(45%)과 일치했다. 작년 10월 조사에서 30%가 공화당에게 호감이 있다고 대답한 것과 비교된다. 민주당에 호감이 있다고 대답한 비율은 44%, 호감이 없다는 대답은 46%이다.

04월 22일

• **공화당 상원의원 제프 플레이크가 젭 부시의 이민자 '사랑스러운 행동(act of love)'**
발언을 옹호하다   (USA TODAY 04. 22)

– 공화당 소속 애리조나 상원의원 제프 플레이크가 이민자 가족에게 '사랑스러운 행동' 발언으로 공화당 내 보수파의 비난을 받은 대권 주자 젭 부시 편을 들었다. 그는 그의 페이스북 페이지에 "젭의 말에 동의하고 그것을 말할 용기를 가진 그에게 박수를 보낸다."라며 "애리조나에서 나고 자란 나는 불법으로 여기 오는 사람들을 많이 보았다. 그중 많은 사람들은 자신의 가족을 부양하는 방법을 찾으러 온다."며 그를 옹호하였다. 젭 부시는 이번 달 초에 "가족 부양을 위해 불법 입국하는 사람들의 행위를 사랑스러운 행동으로 봐야 한다."고 발언해 공화당의 일부 보수파에게

비판을 받았었다. 제프 플레이크 의원은 이민법 개혁을 주장한 여덟 명의 초당과 상원의원 구성원이다. 상원 법안은 지난해 통과됐지만, 공화당 의원들은 불법 이민자에 대해 강경론을 계속해서 주장하고 있다.

04월 23일

• 아시아 순방 나선 오바마 대통령, 주요 의제는?　　(The wall street journal 04. 23)
- 버락 오바마 대통령이 이번 주 아시아 순방길에 오르면서 외교 전략의 중심축을 아시아에 맞출 예정이다. 급성장하는 아시아와의 관계를 재조정하고 경제 및 안보 관계를 강화하겠다는 것이 이번 아시아 순방의 목적이다. 이번 순방의 결과로 가시적인 성과가 많이 나올 것 같지는 않다. 미국 정부 관리들은 주요 정책을 발표하기보다는 모멘텀을 구축하는 것에 초점을 맞출 생각이라고 전했다. 오바마 대통령은 아시아-태평양 지역이 세계에서 중요한 지역으로 급부상함에 따라 이 지역으로 무게중심을 이동하는 전략을 추구해 왔다. 이번 순방의 의제는 아시아 국가들과 관계를 활성화하고, 미국의 아시아 전략에서 각 국가별 특수한 요소를 진전시키는 것이 될 예정이다. 거듭 균형을 잃은 '아시아 중시 전략'이 자리를 잡을 수 있을지, 이번 방문에 귀추가 주목된다.

미국 여론

03월 29일

• 오바마케어 지지율 '최악'…중간선거 최대 현안 부각　　(연합뉴스 03. 29)
- '오바마케어'에 대한 미국인의 지지율이 역대 최악의 수준으로 떨어졌다. AP 통신과 여론조사 기관 GFK가 28일 공개한 결과에 따르면 오바마케어를 지지한다는 의견은 26%에 불과했다. 이번 조사에서는 또 10명 중 7명꼴로 건강보험개혁법이 실시되더라도 보완 대책이 강구돼야 할 것이라고 답했다. 보완 대책과 관련해서는 응답자의 30%가 중대한 내용이 돼야 한다는 의견을 밝혔고, 사소한 것이라도 좋다는 의견도 42%에 달했다. 법이 통과될 때의 내용 그대로 실시돼야 한다는 의견은 불과 12%였다. 미국인들은 오바마케어가 일단 확정된 제도로 시행될 것이라는 큰

흐름은 받아들이고 있지만 내용적으로 추후 보완돼야 한다는 의견을 갖고 있는 것으로 보인다. 특히 오바마케어 가입 과정에서 드러난 준비 부족과 만연된 '관료주의'에 대한 거부감이 크게 작용했다. 이번 조사는 31일까지로 돼 있는 가입 시한을 다시 연장하기로 한 연방 보건복지부의 지난 26일 발표 이전에 실시됐다.

04월 10일

• 중간선거에서 '오바마케어'에 대한 문제는 공화당에게 더 중요하다 (퓨리서치 04. 10)
– 가을에 있을 중간선거에서 공화당 후보자들은 민주당보다 오바마케어의 영향을 더 많이 받을 것이다. 공화당 등록 유권자의 64%가 오바마케어 법률에 대해 후보자의 입장이 자신의 투표 결정에 영향을 많이 끼칠 것이라고 답했다. 이는 민주당의 52% 무소속의 45%에 비해 높은 수치다. 또한 오바마케어에 반대하는 유권자일수록 오바마케어에 관한 후보자의 입장이 자신의 투표에 매우 중요할 것이라고 말했다. 작년 9월(63%)보다는 적은 수치지만 미국인의 대다수(57%)는 오바마케어가 효과가 없다고 생각했다. 따라서 오바마케어에 대한 후보자들의 입장은 이번 중간선거에서 유권자들의 선택에 매우 중요하게 작용될 것으로 보인다.

9차 (4월 말~5월 말)

박다은

11월 중간선거를 앞두고 미국이 들썩이고 있다. 특히 공화당은 예비 경선을 두고 당내 진통을 겪고 있다. 미국 공화당의 일부 지도층 인사들이 최근 당 방침과 달리 최저임금 인상을 지지하고 나선 것이다. 미국 상원은 30일 근로자의 시간당 최저임금을 7.25달러에서 10.10달러로 인상하는 법안을 토론종결투표에 부쳤으나 공화당의 반대에 부딪혀 가결 정족수에 미치지 못함에 따라 부결 처리한 바 있다. 그럼에도 불구하고 일부 공화당 인사들이 최저임금 인상을 지지하는 것은 중간선거를 염두에 두고 노동자층의 표심을 잡기 위한 것으로 해석된다. 또한 국민의 69%가 최저임금 인상을 지지하는 만큼, 이 표를 놓칠 수 없는 공화당 일부 인사들과 공화당 전통 지지층 사이의 분열은 앞으로도 불가피해 보인다.

또한 예비 경선을 치르고 있는 공화당은 공화당 주류 후보들과 티파티와의 대결을 벌이고 있다. 초반 경선에서 티파티 후보들이 후보 자리에 당선되며 승리의 깃발을 꼽는 듯 보였으나, 그 이후 티파티 후보들이 줄줄이 경선에서 패배하며 티파티가 몰락의 길을 걷는 것이 아니냐는 추측이 나오고 있다. 이러한 현상은 티파티가 지난해 가을 '오바마케어 무효화'를 명분으로 16일간 연방 정부 셧다운(정부 기능 일부 정지)을 주도하는 등 극단적인 성향을 보인 데 대해 민심이 등을 돌린 데서 나온 현상으로 보인다. 그러나 티파티의 몰락은 민주당에게는 그리 좋은 소식이 아니다. 여론조사 결과 중간선거에서 상·하원 모두 공화당이 다수당을 차지할 것이라는 전망이 나오고 있는 가운데, 온건 보수 성향의 공화당 후보가 많을 경우 민주당의 대응은 더욱 힘들 것으로 예상되기 때문이다. 다급해진 오바마 대통령은 시카고에서 열린 정치자금 모금 행사에서 공화당을 강도 높게 비판하며, 최소 상원만이라도 민주당을 다수당으로 지켜 달라고 부탁했다.

또한 이번 중간선거는 '돈의 전쟁'이라고 불릴 만큼 많은 돈이 쓰일 것으로 보인다. 민주당을 지지하는 억만장자 톰 스테이어, 공화당을 지지하는 억만장자 코치 형제 등 부자들의 정치 후원이 이어지고 있다. 지난 4월 미국 연방 대법원이 개인의 정치 후원금 총액 제한을 위헌 판결한 뒤, 선거 자금 빗장이 무한대로 풀리면서 올해 미국의 중간선거는 유례없는 '돈 잔치'가 예상되고 있는 것이다.

한편 민주당의 자타 공인 유력 대선주자인 힐러리 클린턴에게 공화당의 공격이 쏟아지고 있다. 건강 문제부터 나이까지 공격의 강도를 높이고 있는 것이다. 이러한 가운데 오바마 대통령은 제2의 오바마라고 불리는 히스패닉 정치인 훌리안 카스트로를 HUD(연방 주택도시개발부)장관으로 내각에 입성시켰다. 민주당은 선거 당락에 큰 영향을 끼치는 중남미계의 표심을 얻기 위해 카스트로를 부통령 후보로 생각하고 있는 것으로 알려진다. 힐러리가 공화당의 공격을 물리치고 카스트로 부통령까지 활용할 수 있을지 지켜봐야 할 대목이다.

미국 정당

05월 11일

• 공화당 일부도 '최저임금 인상' 지지　　　　　　　　　　　　(한겨레 05. 11)

– 미국 공화당의 일부 지도층 인사들이 최근 당 방침과 달리 최저임금 인상을 지지해 파장이 일고 있다. 2012년 공화당 대선 주자였던 밋 롬니 전 매사추세츠 주지사는 9일 "최저임금 문제와 관련해 공화당 다수와 의견을 달리한다."며 "최저임금을 인상해야 한다."고 주장했다. 그는 "모든 공화당원들은 블루칼라와 '일하는 사람들'을 위해 노력하고 있다는 것을 보여 줘야 한다."고 덧붙였다. 릭 샌토럼 전 상원의원, 팀 폴렌티 전 미네소타 주지사, 톰 틸리스, 테리 린 랜드 등 정치인들도 지난주에 이 대열에 가세했다. 공화당 인사들이 이렇게 최저임금 인상에 동조하고 나선것은 중간선거를 앞두고 노동자들의 표를 의식한 측면이 강하다. 최근 나온 여론조사로는 미 국민 69%가 최저임금 인상에 찬성하고 있다. 워싱턴포스트는 "공화당주자들은 최저임금 인상에 반대하는 전통 지지층과 노동자 계층 유권자의 표를 얻으려는 욕망 사이에서 균형을 잡기 위해 분투하고 있다."고 전했다.

05월 12일

• 베이너 "공화당 다수도 이민 개혁 원한다." (RADIO KOREA 05. 12)

- 존 베이너 하원 의장은 12일 텍사스 샌앤토니오 재계와의 회동에서 "공화당의 다수도 이민 개혁을 다루기를 원하고 있다."며 "일부 동료 공화당 의원들이 이민 개혁을 아예 다루지 말아야 한다고 반대하고 있으나 공화당의 절대 다수는 이민 개혁을 원하고 있다."고 지적했다. 베이너 하원 의장은 특히 "이민 개혁은 결코 정치적 또는 선거에 관한 이슈가 아니다."라면서 "이는 미국을 위해 옳은 일"이라고 잘라 말했다. 또한 미국 내 300만 개 업체들을 회원으로 두고 있는 미 상공회의소의 톰 도너휴 회장은 "공화당은 이민개혁법을 통과시키지 않으면 2016년 대통령 선거를 포기해야 할 것"이라고 강하게 경고하며 압박했다.

05월 12일

• 오바마 "최소 상원만이라도 민주당 다수 지켜 달라" (연합뉴스 05. 12)

- 오바마는 시카고에서 열린 정치자금 모금 행사에서 "미국에 열심히 일하는 대통령은 있으나 제 기능하는 의회가 없다."며 공화당 의원들을 비난했다. 이 자리에서 오바마는 올가을 선거에서 민주당을 연방 상원 다수당으로 지켜 달라고 호소했다. 오바마는 자신의 의제가 구현이 되지 못하는 탓을 공화당에 돌리면서 "백악관에서 열심히 일하는 대통령은 있다. 그러나 제 기능을 하는 의회가 없다."고 주장했다. 그는 "민주당이 너무 이념적인 것이 문제가 아니다. 이념적으로 매우 경직된 공화당원들이 의사당을 차지하고 있는 것이 문제"라면서 "내겐 새로운 의회가 필요하다. 최소 상원만이라도 민주당을 다수당으로 지켜 달라."고 당부했다.

미국 선거 · 의회

04월 30일

• 검은돈이 2012년 같은 때에 비해 3배 넘게 쓰이고 있다

(Center for Responsive Politics 04. 30)

- 이번 중간선거에서 이때까지 쓰인 검은돈은 같은 시기 2012년 대선에 비해 3배,

2010년 중간선거에 비해 17배가 급증했다. 지금까지 올해 선거에 쓰인 검은돈은 약 10억 달러 이상이다. 하지만 이런 비용들이 검은돈의 전부가 아니며, 이 수치는 포착된 비용만을 계산한 것이다. 대부분은 공개하지 않기 때문에 전체 액수는 알기 어렵다. 상원 경선을 위해 쓰인 TV 광고비의 59%가 검은돈에서 나왔다. AFP(번영을 위한 미국인들)가 TV 광고로만 900만 달러를 썼고, 텔레비전뿐 아니라 다른 홍보 비용까지 포함하면 3000만 달러를 썼다. 상원의원 케이 헤이건의 경우 지금까지 실행한 광고의 90% 이상이 검은돈을 포함한 외부의 그룹에서 나온 것이다.

04월 30일

• 美 공화, 최저임금 인상안 저지…오바마, 강력 비난   (연합뉴스 05. 01)

– 미국 상원은 30일 근로자의 시간당 최저임금을 7.25달러에서 10.10달러로 인상하는 법안을 토론종결투표에 부쳤으나 가결 정족수(60표)에 미치지 못함에 따라 부결 처리했다. 찬성은 54표, 반대는 42표였다. 버락 오바마 대통령이 '텐-텐 법안'으로 이름 붙이며 2009년 이후 처음으로 연방 최저임금을 올리는 것을 2기 임기의 역점 사업으로 추진해 왔으나 공화당 벽에 막혀 무산됐다. 오바마 대통령은 표결 직후 성명을 내고 "공화당 의원들이 열심히 일하는 2천800만 명의 최저임금 인상을 막았다."며 "수백만 명이 가난에서 벗어날 수 있게 도와 달라고 했으나 '노(No)'라고 말했다."고 비난했다. 백악관과 민주당은 11월 중간선거를 앞두고 유권자의 60%가 최저임금 인상에 찬성한다는 점을 들어 관련 법안을 통과시켜야 한다고 공화당을 압박해 왔다. 공화당은 그러나 최저임금 인상은 중소기업주들의 고용 회피라는 결과만 초래할 것이라며 반대하고 있다.

05월 12일

• 칼 로브 "힐러리는 아마 뇌 손상이 되었을 것이다."   (NEWYORK POST 05. 12)

– 로스앤젤레스 근처에서 열린 공화당의 회의에서 선거 전략가인 칼 로브는 "힐러리는 뇌 손상을 겪고 있을 것"이라고 말했다. 또한 "유권자들은 2012년 9월에 있었던 벵가지 이슈를 기억해야 한다."고 주장했다. 그때 클린턴 장관은 의회 청문회에 출석해야 했으나 뇌진탕 증세로 입원해 있었고, 그 후 한 달이 지나 안경을 쓰고 등

장했다. 칼 로브는 힐러리가 외상성 뇌 손상을 가진 사람을 위한 안경을 쓰고 등장했다며, 이에 대해 우리는 이것이 무엇을 의미하는지 알 필요가 있다고 주장했다. 그의 주장에도 불구하고 당시 국무장관이었던 힐러리의 공식 진단은 혈전증(혈액 응고)이었다. 이에 대해 클린턴 측은 "로브는 지난 몇 년간 국가를 속여 왔다."고 말하며 힐러리의 건강 상태는 100%라고 말했다.

05월 13일

• 2014 예비 경선 결과: 벤 쎄스가 네브레스카 공화당 예비선거에서 승리하다

(Politico 05. 13)

– 벤 쎄스가 화요일에 있었던 네브레스카 공화당 상원 예비선거에서 승리했다. 그는 티파티의 승리를 가져왔다. 공식적으로 벤 쎄스는 절반에 가까운 지지를 얻어 22%의 지지를 받은 시드 딘스데일과 21%의 지지를 받은 셰인 오스본보다 많은 지지를 얻었다. 시드 딘스데일 후보는 공화당 주류의 지원을 받은 후보로 은행가 출신의 인물이다. 셰인 오스본은 주 재무장관 출신이다. 벤 쎄스는 티파티의 후원을 받은 후보로 전 미드랜드대학 총장이었다. 쎄스는 낙태 반대, 총기 소지 등을 지지하는 보수적 성향이 짙은 후보이다. 그는 오바마케어 폐지나 수정을 주장한다.

05월 17일

• 훌리안 카스트로가 HUD(연방 주택도시개발부)장관으로 내각에 입성하다

(The NewYork Times 05. 17)

– 오바마 대통령은 히스패닉 정치인인 훌리안 카스트로를 연방 주택도시개발장관에 지명할 준비를 하고 있다고 말했다. 민주당의 잠재적인 부통령 후보로 자주 언급된 카스트로를 내각에 입성시키려는 것은 2016년 대선을 위한 것으로 보인다. 카스트로는 2012년 대선 전 민주당 전당대회에서 오바마를 위한 기조 연설자로 호평을 받은 바 있다. 오바마 대통령은 2012년 대선이 끝난 뒤 카스트로를 교통장관직으로 끌어들이려 했으나, "나는 올해 40살이며 앞으로 충분한 시간이 있다."며 시장을 계속하겠다고 했었다. 그러나 그가 이번에 장관을 하게 된 데에는 그의 평소 관심 분야가 주택 도시 개발이기 때문으로 보인다.

05월 18일

• 대세 힐러리, 나이가 약점?   (서울신문 05. 20)

– 로브는 18일 폭스 뉴스에 출연하여 "내가 문제 삼는 것은 단지 건강 문제가 아니다."라면서 "클린턴이 2016년 선거에 나설 때 나이가 69세다. 당선돼 재선까지 한다고 가정하면 77세가 된다."고 나이 문제까지 정면으로 거론했다. 워싱턴포스트 등은 로브의 지적을 전하면서 "클린턴 전 장관이 대선에 출마하면 역대 최고령이 된다."고 밝혔다. 미 전·현직 대통령 43명 가운데 취임할 때 최고령은 로널드 레이건으로, 1981년 취임 당시 70세였다. 클린턴 전 장관이 2016년 당선돼 2017년 취임할 경우 레이건과 같은 70세로 최고령 기록이 된다.

05월 20일

• 공화당 예비선거에서 공화당 주류가 선정되다   (The washington post 05. 21)

– 20일에 있었던 켄터키주 공화당 예비선거에서 맥코넬 의원이 공화당 후보로 선정되었다. 공화당 주류와 티파티의 지지를 받는 후보의 대결로 주목을 받았던 이번 선거는 주류의 승리로 끝났다. 맥코넬 의원은 11월 중간선거에서 민주당의 앨리슨 룬더건 그라임스와 맞붙게 된다. 티파티는 이번 예비선거에서는 패배했지만 여전히 낙관적인 입장을 보이고 있다. 네브레스카 경선에서 티파티의 지지를 받은 벤 쎄스 후보가 승리하는 등 티파티 후보들이 승리하기도 하였으며, 아직 남아 있는 예비선거도 있기 때문이다.

미국 여론

04월 30일

• 오바마의 지지율이 '약간' 오르다   (USA TODAY 04. 30)

– NBC가 실시한 여론조사에서 오바마 대통령의 지지율이 약간 올랐다. 그러나 정말 약간이다. 오바마 대통령의 국정 운영 지지율은 44%로 지난달 워싱턴포스트에서 실시했던 여론조사의 결과 41%보다 약간 오른 결과를 보였다. 지난달 결과는 오바마 대통령 지지율 조사 중 가장 최악의 결과였다. 오바마의 정책 중 경제 정

책을 지지하는 비율은 42%로 외교 정책을 지지하는 비율 38%보다 더 높았다. 또한 오바마케어를 좋은 아이디어로 보는 시각은 26%, 나쁜 아이디어로 보는 시각은 46%로, 지난달 조사 결과와 비교해 변화가 있었다. 지난달 결과는 각각 35%, 49%였다.

05월 08일

• **여론조사: 중간선거에서 공화당에 경사** (USA TODAY 05. 08)
- USA TODAY와 퓨리서치 센터가 함께 성인 1501명을 대상으로 '오늘이 선거라면 어느 후보에게 투표하겠습니까?'라는 설문을 한 결과 공화당은 47%의 지지율을 민주당은 43%의 지지율을 받았다. 이는 지난 20년간 USA TODAY와 퓨리서치 조사 시작 이후 최대 차이이다. 항상 차이 없음이나 민주당이 더 우세한 설문 결과를 보였었다. 경제 불안, 오바마케어에 대한 회의감, 낮은 대통령 지지율이 민주당 지지율 하락의 원인이다. 또한 이번 조사에서 2016년에 뽑힐 대통령이 지금 행정부와 다른 방향으로 가야 한다는 응답이 65%로 반대 30%보다 높게 나왔다. 또한 현재 미국 경제가 좋지 않다고 말한 응답은 40%로 좋다고 말한 17%보다 높았다.

05월 19일

• **여론조사: 공화당 유권자들은 이민 개혁을 지지한다** (Politico 05. 19)
- 여론조사 기관인 GfK에서 5월 2일부터 13일까지 유권자 867명을 조사한 바에 따르면 민주당 지지자의 78%, 지지하는 곳이 없는 유권자의 71%, 공화당 지지자들의 64%가 포괄적인 이민 개혁을 지지한다고 밝혔다. 전체의 28%만이 이민 개혁안에 반대했다. 영어와 스페인어로 실시된 이번 조사에서 히스패닉의 41%는 강력하게 지지한다고 답했다. 같은 질문에 백인은 28% 흑인의 17%가 강력하게 지지한다고 답했다. 이번 중간선거에서 후보자의 이민 정책에 대한 태도가 당신의 투표 행태에 중요한 영향을 미치느냐에 대한 질문에는 히스패닉의 85%, 백인의 78%, 흑인의 53%가 중요하다고 대답했다.

10차 (5월 말~6월 말)

박다은

공화당 에릭 캔터 하원 원내 대표의 예비 경선 패배 후 공화당이 대혼란에 빠졌다. 현직 원내 대표가 예비 경선에서 탈락한 것은 미국 역사상 처음이다. 이후 캔터 의원은 원내 대표직을 내놓았다. 공화당은 차기 지도부를 구성하려는 기존의 구상을 변경할 수밖에 없는 상황이 되었다. 당초 공화당은 존 베이너 하원 의장의 은퇴 후 캔터 의원을 중심으로 지도부를 구성하려고 했었으나 그의 사임에 따라 공화당은 케빈 맥카시 의원을 대안으로 선정하였다. 캔터 의원의 패배는 공화당뿐 아니라 민주당에게도 혼란을 가져왔다. 캔터 의원이 이민개혁법안에 호의적이었던 만큼 이번 그의 사임은 이민 개혁의 종말을 알리는 것으로 보는 시각이 우세한 상황이다.

민주당의 강력한 차기 대선 후보로 꼽히는 힐러리 클린턴은 내년에 선거 출마 여부를 발표한다고 했으나 이미 대선 후보처럼 행동하고 있다. 힐러리는 회고록 '힘든 선택들' 출간을 앞두고 TV 방송 출연이 예정되어 있으며, 타운홀 형식의 행사와 책 사인회에 참석할 예정이다. 이는 선거운동 같은 느낌을 주고 있다. 민주당과는 다르게 공화당은 대선 후보 경쟁이 치열하다. 공화당 지도자 연례회의에서 테드 크루즈 상원의원이 대권 후보 예비 투표에서 승리하였다. 민심의 풍향계 노릇을 해 온 예비 투표 결과를 볼 때, 현재 공화당 차기 대선 레이스는 크루즈, 폴 상원의원의 구도로 진행될 가능성이 제기되고 있다. 특히 두 의원 모두 당내 보수 강경파 그룹인 티파티의 지원을 받고 있어 티파티가 대선을 주도할 가능성이 커졌다. 그러나 햄프셔주에서 공화당 지지자들을 대상으로 한 설문조사에서 롬니가 24%로 1위를 차지하며 예측 불가능하게 되었다. 롬니는 대선에 나가지 않겠다는 의도를 분명히 하였지만, 이를 '연막 작전'으로 보는 시선도 있다. 올해 오바마, 힐러리에 대해 강도 높은 비판을 하는 등 정치 보폭을 넓히고 있기 때문이다. 공화당의 차기 대선 후보 경쟁이 어떻게 진행될지는 예측하기 힘들어 보인다.

한편 오바마 대통령은 사면초가에 빠진 듯하다. 오바마의 지지율은 44%로 지난달과 같지만, 힐러리가 대통령이 된다면 모든 면에서 현재 오바마보다 훨씬 더 나을 것이라는 여론조사가 발표되었다. 또한 이라크 사태로 인해 오바마의 외교 정책 지지율은 37%까지 떨어졌고, 공화당 역시 오바마의 대외 정책에 대한 비판의 수위를 올리고 있다. 오바마케어도 또다시 잡음을 내며 중간선거에서 민주당에 부담이 될 것으로 보인다. 오바마는 이러한 상황을 타개하기 위해 성적 소수자 차별 금지 행정명령에 서명하며 민심을 잡으려 노력하고 있다. 이 같은 노력이 중간선거에 어떠한 영향을 미칠지 관심이 집중된다.

미국 정당

06월 13일

• "무작정 반대도, 찬성도 힘들어" 이민법에 흔들리는 美 공화당　　　(조선일보 06. 13)

– 버지니아주 예비 경선에서 탈락한 에릭 캔터 미국 공화당 연방 하원 원내 대표가 당직을 내려놓겠다고 밝혔다. 공화당은 존 베이너 하원 의장의 은퇴 여부부터 시작해 지도부 구성을 둘러싸고 혼란 양상을 보이고 있다. 캔터 의원의 패배를 가져온 '이민법'에 어떻게 대응할지 방침을 정하는 데 혼란을 겪고 있는 것이다. 캔터 원내 대표가 버락 오바마 대통령이 추진하는 이민법에 호의적이라는 이유로 그를 낙마시켰다는 게 정설이다. 캔터 원내 대표가 불법 체류 미성년자들에게만 시민권을 허용하는 타협안을 오바마 대통령에게 제시한 사실이 알려지면서 표적이 된 것으로 보인다. 공화당의 고민은 여기에 있다. 공화당 지지자를 놓고 다투는 당내 경선에서는 이민 개혁을 공격하며 기세를 올릴 수 있지만, 정작 본선에서는 다르다. 급속도로 성장하는 히스패닉계를 포함해 이민과 연관된 상당수 유권자가 민주당 지지로 돌아설 가능성이 크기 때문이다.

06월 18일

• 12년 전 이라크전쟁 승인 美 의회 강경파 흔들　　　(매일경제 06. 18)

– 지난 2002년 강경파 주도로 이라크전쟁을 승인했던 미국 의회가 최근 이라크 사태 대응을 놓고서는 '신중' 모드를 보이고 있다. 12년 전 이라크전쟁의 필요성을 강

력히 주장하던 공화당 의원들마저 현재 검토되고 있는 공습 방안의 효과에 의문을 표하며 저마다 다양한 스펙트럼의 견해 차이를 나타내고 있다. 물론 존 매케인 상원의원처럼 군사 개입을 주장하며 강경한 입장을 이어 가는 공화당 의원들이 있기는 하다. 그러나 12년 전 이라크전쟁 개전에 목소리를 높여 온 공화당 의원 중에는 공습으로 ISIL의 득세를 막을 수 있을 것인지에 대한 회의적 시각도 상당하다. 이라크전쟁에 찬성했던 민주당 의원들도 당연히 부정적인 입장이다.

06월 19일

• 공화당 하원 원내 대표 에릭 캔터를 케빈 맥카시가 대체하다 (Huffington Post 06. 19)
– 버지니아주 예비 경선에서 데이비드 브랫 후보에게 패배한 뒤 하원 원내 대표 자리를 사임한 에릭 캔터를 대신하여 케빈 맥카시가 선출되었다. 공화당의 의원총회에서 맥카시 의원이 가장 많은 득표율로 원내 대표에 선정된 것이다. 티파티의 지원을 받은 라울 라브라도 의원은 패배했다.

미국 선거·의회

05월 31일

• 테드 크루즈 상원의원이 대권 후보 예비 투표에서 승리하다　(CNN NEWS 05. 31)
– 공화당 지도자 연례회회가 뉴올리언스에서 열렸다. 그곳에서 크루즈 의원이 대권 후보 예비 투표에서 승리하였다. 그는 30.33%의 지지율로 신경외과 의사 출신 보수 논객 벤 카슨, 랜드 폴 연방 상원의원, 마이크 허커비 전 아칸소 주지사, 릭 페리 텍사스 주지사를 제치고 1위를 차지했다. 연례회의의 주최 측은 참석 대의원 1500명 중 3분의 1이 이 비공식 투표에 참가했다고 밝혔다. 크루즈는 대의원들에게 자신의 타협 없는 의정 활동을 지속하겠다고 약속했다.

06월 05일

• '오바마케어' 또 잡음…중간선거 변수되나　(AP 통신 06. 04, 세계일보 06. 05 재인용)
– 오바마 대통령 정부의 강력한 추진력으로 약 810만 명이 오바마케어에 가입했으

나, 이 중 220만 명가량이 가입 서류에 문제가 있어 혜택을 받지 못할 위기에 처해 있다고 AP 통신이 4일 보도했다. 이는 곧 가입자 4명 중 1명이며, 이 문제가 해결되지 않으면 오는 11월 실시되는 중간선거에서 집권당인 민주당의 후보들이 타격을 입을 가능성이 크다. 약 100만 명은 정부 보조금을 받기 위해 제출한 서류와 연방정부의 기록이 일치하지 않았고, 약 96만 6천 명은 합법적인 신분 확인 서류가 미비한 것으로 나타났다. 공화당은 보험 가입자의 25%가량이 서류에 문제가 있다는 사실을 믿을 수 없을 정도라고 정부를 비난했다.

06월 09일

• 힐러리 클린턴, "공화당의 벵가지 공세가 대선 출마를 부추기는 기분"(뉴시스 06. 10)
− 힐러리 클린턴 전 미 국무장관은 9일 공화당이 2012년 리비아 벵가지 영사관 피습을 자신이 제대로 관리하지 못했다고 비난할수록 더욱 대선에 출마하려는 의욕이 생긴다고 말했다. 그는 이날 방송된 ABC뉴스와의 인터뷰에서 자신은 아직 2016년 대선에 출마할 것인지 결정하지 않았으나 공화당이 주도하는 벵가지 사태 조사로 더욱 출마할 욕구를 느낀다고 말했다. 벵가지 사건은 이슬람주의자들이 벵가지 영사관을 침입해 크리스 스티븐스 미국 대사와 3명의 미국 외교관들을 살해한 것으로, 공화당은 2012년 대선을 몇 주 앞둔 정부가 이 문제에 대한 의회의 조사를 가리고 미국 국민들을 오도했다고 비난해 왔다. 클린턴은 자신의 저술 '힘든 선택들'에서 이 문제를 파고든 공화당원들을 힐책하였다.

06월 10일

• 힐러리 클린턴, 행동은 이미 대선 후보   (The wall street journal 06. 10)
− 힐러리 클린턴 전 미국 국무장관이 2015년이 되어서야 2016년 대통령 선거 출마 여부를 발표할 것이라고 밝혔다. 하지만 클린턴 전 국무장관은 이미 대선 후보처럼 말하며 행동하고 있다. 회고록 '힘든 선택들(Hard Choices)' 출간을 앞둔 클린턴 전 국무장관은 모든 주요 TV 방송에 출연할 것으로 보인다. 또한 워싱턴DC에서 열릴 타운홀 형식의 행사에서 발언하고, 책 사인회에 참석하여 연설을 할 예정이다. 클린턴 전 국무장관의 공식 행보는 마치 선거운동 같은 느낌을 준다. 그녀는 지난

주 덴버에서 다음과 같은 말로 연설을 끝냈다. "나와 함께 미국을 위한 힘든 선택에 동참해 달라." 자신의 책 내용과 대선 출마에 대한 야망이 함께 담긴 발언이었다. 2016년 클린턴 진영 선거운동 책임자로 거론되는 민주당 전략가 로비 무크는 클린턴 전 국무장관의 수석 보좌관들과 만나고 있으며, 백악관 입성을 위해 충분한 수의 주를 확보하기 위한 전략을 논의하고 있다고 소식통이 전했다.

06월 10일

• 에릭 캔터가 티파티 도전자인 데이브에게 예비 경선에서 지다   (MSNBC 06. 10)

– 충격적이게도 다수당 하원 원내 대표인 에릭 캔터가 버지니아에서 있었던 공화당 예비 경선에서 극단적 보수주의 운동 세력인 티파티의 후원을 받는 도전자에게 패배했다. 캔터는 존 베이너 하원 의장이 내년에 은퇴한다면 차기 하원 의장으로 선출되는 것으로 간주되어 왔다. 그가 티파티 후보를 가볍게 누를 것이라고 예상했다. 하지만 243개 투표소 개표 결과 그는 44.5%의 지지율에 그쳐 55.5%의 지지를 얻은 브랫 후보에게 패배했다. 선거 자금도 브랫 후보는 20만 달러를 모금했으나 캔터 후보는 540만 달러를 모을 정도로 전폭적인 지지를 받았었다. 브랫 후보는 그동안 지속적으로 에릭 캔터 후보가 이민 개혁 문제에 호의적이라 불법 이민자들을 불러올 것이라고 그를 비난해 왔다. 예비 경선에서 하원 원내 대표가 패배한 것은 이번이 처음이다.

06월 16일

• 오바마가 성적 소수자 차별 금지 행정명령에 서명할 것이다

(The Washington Post 06. 16)

– 백악관은 오바마 대통령이 곧 성적 취향을 기준으로 게이, 레즈비언들을 차별하는 연방 정부 조달 업체와의 계약을 금지하는 행정명령에 서명할 것이라고 밝혔다. 이러한 움직임은 오바마가 동성애자들의 권리를 의회의 협력 없이 수행할 수 있는 마지막 가능성이라 매우 중요한 작업이다. 일단 서명하면 Exxon Mobil과 Tyons 등을 포함한 정부와 함께 사업을 하는 큰 기업들이 가장 먼저 타격을 받을 것으로 예상된다. 이번 발표 다음 날에는 뉴욕에서 열리는 민주당 전국 위원회의 동성애자

를 위한 기금 행사가 예정되어 있다. 이러한 행동은 올해 있을 중간선거에서 민주당의 기반을 결집하는 데 도움이 될 것이다. 성적 소수자 차별 금지 법안은 작년에 상원을 통과했으나 하원에서 통과되지 않고 있다. 공화당이 다수를 차지하고 있는 하원의원들은 중간선거가 있는 올해 이 법안을 처리할 생각이 없어 보인다.

06월 19일

• 롬니를 2016년 선두 주자로?　　　　　　　　　　　　　　(CNN NEWS 06. 19)

– 보스턴헤럴드와 서포크대가 목요일에 발표한 것에 따르면 뉴햄프셔주에서 공화당 지지자들 800명을 대상으로 2016년 대선 후보들에 대해 설문조사를 한 결과 롬니가 24%로 1위를 차지했다. 잠재적인 경쟁자인 크리스 크리스티 뉴저지 주지사는 9%의 지지율을 얻으며 2위에 올랐고, 랜드 폴 켄터키 상원의원은 8%로 3위, 젭 부시 전 플로리다 주지사는 7%로 4위에 올랐다. 그러나 롬니는 2016의 대선에 나가지 않겠다는 뜻을 분명히 하고 있다. 서포크대 정치 리서치 센터의 데이비드 팰럴로거스 소장은 "롬니에게 정말 미안하지만 우리는 다시 같은 질문을 해야 한다."고 농담을 던지며, 롬니의 의사만 변한다면 다시 대선 도전을 할 수 있는 가능성을 열어 두었다.

미국 여론

06월 12일

• 미국 국민들의 정치적 양극화　　　　　　　　　　　　　　(퓨리서치 06. 12)

– 퓨리서치 센터가 미국인 만여 명을 대상으로 조사한 결과 현재 미국인들은 공화당과 민주당이라는 이념적 라인을 따라 분할되어 있다. 이러한 경향은 단지 정치 성향뿐 아니라 일상생활까지 침투하였다. 미국인들은 투표할 때만 이념에 따라 나눠지는 것이 아니라 어디에 사는지, 어디 뉴스를 보는지 친구는 누구로 둘지 정할 때도 이념적으로 행동한다. 지난 20년간의 연구에서 이념적 분포도의 꼬리(극단적으로 진보 쪽이거나, 극단적으로 보수 쪽이거나)는 10%에서 21%로 2배 넘게 늘어났다. 중도적인 입장을 가지고 있는 사람은 10년 전에는 49% 현재는 39%이다. 이념적 일관

성의 증가를 넘어 이 양극화의 중요한 요소는 공화당, 민주당 성향의 사람 모두 상
대방에 대해 경멸하는 시각이 증가했다는 것이다. 상대방을 싫어하는 것은 정치에
서 새로운 것이 아니다. 그러나 최근에는 과거에 비해 그 폭이 광범위하고 골이 깊
어지고 있다. 당파성 반감 현상은 민주당보다 공화당에서 더 심각했다. 극단적인
진보적 시각을 가지고 있는 사람들의 50%가 공화당의 정책이 나라의 안녕을 위협
한다고 생각한 반면, 극단적 보수주의자들은 같은 질문에 66%가 민주당의 정책이
위험하다고 답했다.

06월 16일

• **미국인들은 미국 의회를 경멸한다; 오바마도 싫어한다** (USA TODAY 06. 16)

– 여론조사 기관 갤럽에 따르면, 중간선거를 앞두고 의회와 대통령 모두에 대한 지
지율이 최저 수준으로 집계되었다. 의회의 지지율은 16%로 1974년에 새로운 조사
방법으로 지지율을 조사한 이래로 중간선거가 있던 해에 진행했던 조사 중 가장 낮
은 수치를 기록했다. 이전의 가장 낮았던 수치는 2010년의 21%였다. 11월까지 이
지표가 상당한 개선을 보일 가능성은 매우 낮아 보인다. 이 지표는 중간선거를 바
라보는 대중의 태도를 알 수 있는 중요한 지표이다. 오바마 대통령의 지지율은 지
난달과 같이 44%로 집계되었다. 오바마 대통령의 반대율은 51%로 이 역시 지난달
과 같은 수치이다.

06월 16일

• **CNN/ORC 여론조사: 힐러리가 오바마에 비해 모든 이슈에서 월등하다**

(USA TODAY 06. 16)

– CNN과 ORC인터네셔널이 1003명에게 '만약 힐러리가 2016년 선거에서 대통령
에 당선된다면'이라는 가정하에 설문조사를 진행했다. 대부분의 미국인들은 그녀
가 국내의 중요한 사안들과 해외의 이슈에 관해서 잘 운영해 나갈 것이라고 생각했
다. 그녀는 다양한 이슈에 대한 수행 능력 전반에서 오바마 대통령보다 더 높은 점
수를 얻었다. 63%의 사람들은 힐러리가 대통령이 되면 현재 오바마보다(40%) 외교
정책을 잘 수행할 것이라고 생각했다. 테러 대응 능력에 대해서도 힐러리는 61%,

오바마는 49%로 힐러리가 더 잘할 것이라고 생각하는 사람들이 많았다. 경제 부분에서도 힐러리 63%, 오바마 38%로 힐러리가 앞섰다.

06월 19일

- 미국인 54% '오바마 못 믿겠다'…대외 정책 불신　　　　　　　　(뉴스 토마토 06. 19)

– 버락 오바마 미국 대통령의 대외 국정 운영 능력에 의문을 품고 있는 미국인들이 늘어난 것으로 집계됐다. WSJ와 NBC 방송이 공동으로 벌인 여론조사에 따르면 오바마 대통령이 미국을 이끌어 갈 수 있다고 믿지 않는다는 응답자는 54%에 달했다. 반면 그가 나라를 이끌 만한 역량이 된다는 측은 42%에 그쳤다. 우크라이나와 이라크 사태 등에 대한 오바마의 외교 정책 지지율은 37%를 기록했다. 이는 사상 최저치다. 반면 지지할 수 없다는 의견은 사상 최대치인 57%로 지난 4월에 집계된 53%에서 4%포인트 올랐다. 미국이 올바른 방향으로 가고 있느냐는 질문에는 63%가 그렇지 않다고 답했고 25%만이 그렇다고 답변했다. 오바마의 국정 운영 능력에 의문이 제기되자 민주당 의원들 사이에선 오는 11월에 열리는 중간선거에서 공화당에 밀릴 수 있다는 불안이 커졌다.

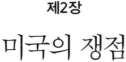

제2장

미국의 쟁점

정당들의 전략적인 표심 잡기

윤서영

　미국의 정당들은 유권자 및 사회 제반 세력들과의 밀접한 관계를 위해 끊임없이 노력한다. 그중 공화당은 베트남계 국민들을 의회에 초청한 데 이어 두 번째로 지난 7월, 한인을 의회에 초청하였다. 다가올 2016년 대선에서 지지를 호소하기 위함이었다. 공화당은 왜 아시아인들에 주목했을까? 연방인구통계국의 조사에 따르면 5세가 넘는 '언어 구사자' 인구 가운데 20.8%인 6006만 명이 영어가 아닌 다른 언어를 쓰고 있음이 밝혀졌다. 그중 스페인어 사용자가 과반을 넘었고, 중국어, 필리핀어, 베트남어, 프랑스어가 뒤를 이었다. 따라서 과거에는 소수자로 분류되었던 비영어 사용 유권자들이 대선의 결과를 좌우하게 되었고, 이들의 지지를 받는 것이 양당의 주요 목표 중 하나가 된 것이다. 물론 아직도 소수 인종에 대한 차별이 존재하지만 정당들이 비백인들을 등한시하지 않게 된 현 상황으로 미루어 볼 때, 다양한 인구가 바람직하게 공존하는 미국 사회가 도래하리라 기대할 수 있는 대목이다.

　민주당은 제2기 취임 이래 하락세를 면치 못하는 오바마 행정부의 지지도를 회복하고, 차기 대선에서 유권자들의 표심을 잡아야 하는 복수의 과제를 안고 있다. 오바마의 지지를 받았음에도 서머스 전 재무장관이 최근 연방준비제도 의장직을 자진 사퇴하게 된 데에는 부정적인 여론의 인식이 작용했다. 또한 9.11 테러와 세계 금융 위기를 겪은 미국의 젊은 층들은 특히 시리아에 대한 무력 개입을 반대했다. 따라서 SNS를 적극 활용한 캠페인으로 대선 후보 활동 당시 젊은 층에게 많은 지지를 받은 오바마 대통령은 민주당과 좀 더 적극적으로 SNS를 활용하여 젊은 층 표심 잡기 활동을 할 것으로 예상된다.

한편 선진국 중 미국이 '시민 참여도'가 가장 높은 국가로 밝혀졌다. 시민 참여도(Civic Engagement)는 갤럽의 2011년 조사에서부터 시민 참여 지수, 국민들의 돈의 기부 정도, 자원 봉사 활동, 타인을 돕는지에 대한 네 가지 요인을 종합하여 결론을 내는 것이다. 시리아 사태에서 보듯 미국 유권자들은 시리아 무력 개입에 대해 자신들의 의견을 숨기지 않고 개진하였다. 또한 미국의 다양한 지역 신문으로부터 정치에 관심 있는 유권자들이 자발적으로 모여 자신의 지역사회를 위하고, 바람직한 정치 사회를 위해 함께 이야기를 나누는 모습을 볼 수 있었다. 유권자들의 정치에 대한 관심과 그러한 유권자들과 긴밀한 관계를 유지하려는 정당의 노력이 지금의 미국 사회를 있게 하지 않았나 생각한다.

공화당은 당내 갈등 완화를 우선시하여야

윤서영

2013년 10월 1일부터 16일간 지속된, 미 역사상 17년 만의 셧다운(업무 일시 정지) 사태는 디폴트 위기 일촉즉발의 상황에서 상원 여야 지도부의 합의로 종지부를 찍었다. 애초 공화당 측에서 요구한 바를 관철시키지 못하고 합의를 본 점에서 셧다운 사태의 종식은 공화당의 패배라고 평가된다.

더 큰 사태인 디폴트는 극적으로 막았지만 공화당은 이번 일로 당내 갈등이라는 큰 위기에 처하게 되었다. 애초에 오바마케어에 대한 예산 투입을 반대한 인물들은 공화당 내에서도 강경파에 속하는 티파티였고, 이번 셧다운 사태도 공화당 전체가 아닌 티파티의 주도하에 발생하였다. 이런 상황에서 그들의 계획조차 성공하지 못하자 그간 타협안을 주도했던 공화당 온건파와의 내부 균열을 피할 수가 없어졌다(연합뉴스 2013. 10. 20). 게다가 디폴트 사태가 양당의 합의로 일단락되었음에도 티파티 주도의 공화당 세력은 여전히 오바마케어에 대한 폐지 의사를 강력히 내세우고 있다(쿠키뉴스 2013. 10. 17).

풀뿌리 민주주의의 대표였던 티파티는 이제 국민의 신뢰를 잃었다. 국민들은 공화당을 이번 셧다운 사태의 원인으로 삼으며 SNS를 통해 비난했다(뉴시스 2013. 10. 03). 이는 공화당에게 2016년 대선은 물론이거니와 당장 내년의 중간선거에도 치명적이다. 상원 100석 가운데 35석과 하원 435석 전 의석을 새로 뽑는 내년 중간선거를 앞두고 신중한 대책 마련에 주의를 기울여야 한다(연합뉴스 2013. 10. 20). 이를 위해 우선적으로 공화당의 정체성에 대해 재논의해야 한다. 당내의 여러 세력들이 중구난방으로 당론을 기치로 내거는 것은 민주당에 맞설 경쟁력을 갖추기도 힘들거니와 국민들의 혼란만 가중시킬 것이다. 따라서 공화당의 온건파와 강경파는 당장 현안이 될 것으로 보이는 농업법 개정안 또는 이민법 개혁안 처리나 연말연시에 있을 또 다른 예산 전쟁에 대비해 당 전체의 합의안을 도출해야 할 것이다. 그리고 다음으로는 등 돌린 국민의 마음을 돌려야 할 것이다. 이번 셧다운 사태로 공화당의 비호감도는 사상 최고치를 기록했다. 국민을 먼저 헤아리지 않으며 일부 공화당원이 보여 준 고집이 낳은 결과이다. 국민은 바보가 아니다. 내년 중간선거가 공화당에 대한 심판으로 이어지기 전에 공화당은 이번 사태 수습에 총력을 기울여야 할 것이다.

참고 문헌

뉴시스 2013. 10. 10.
쿠키뉴스 2013. 10. 17.
연합뉴스 2013. 10. 20.

잠룡들의 말 말 말

윤서영

민주당의 승리로 막을 내린 지방선거 이후 미국은 다가올 2016년 대선의 움직임을 조금씩 보이고 있다. 각 매체에서는 양당의 차기 대선 후보 목록을 만들며 각 후보에 대해 평가하고, 자천타천으로 대선 후보로 오르내리고 있는 후보들도 조심스럽지만 자유롭게 자신들의 대선 출마 의사를 내보이고 있다. 대선을 앞두고 있는 상황에서 대선 후보들의 말 한마디는 유권자들로부터 환심을 살 수도, 지지를 잃을 수도 있기에 중요하다. 몇몇 유력 대선 후보들이 한 발언들에 대해 알아보자.

이번 지방선거에서 일약 스타덤에 오르며 차기 대선에서도 유력한 후보로 거론되는 인물 중 한 사람은 뉴저지 주지사인 크리스 크리스티(Chris Christie)이다. 넉넉한 몸집에 서글서글한 외모로 대중적 인기도 높은 크리스티 주지사의 강점은 포용력이다. 또한 감성에 호소하는 설득에 능하고 입담이 좋다. 이번 셧다운 사태에 대해 크리스티는 "셧다운은 나라에 재앙이 될 것", "타협은 더러운 단어가 아니다.", "셧다운은 시스템에 책임이 있는 모든 사람들의 실패다."라고 강하게 자신의 의견을 말했다. 한편 이란 핵 문제에 대해서는 말을 아끼는 모습을 보이기도 했다.

공화당의 또 다른 대선 후보로 지목되고 있는 마르코 루비오(Marco Rubio) 플로리다 상원의원은 셧다운과 관련해 "공화당은 무조건 No라고 얘기하는 반대당이 되어서는 안 된다."라고 말했다. 또한 그는 "워싱턴이 어떻게 정부 운영을 유지할지에 대해 토론할 때, 워싱턴의 기능 장애로 경제와 삶을 방해받는 대다수 미국인의 아메리칸 드림을 어떻게 살릴지에 대해서는 너무 적은 사람들만이 이야기하고 있다."라며 비판했다.

크리스티는 공화당의 대표적인 '중도 타협파'로서 '공화당 위기론'의 주범으로 비난받는 강경 보수 티파티와 대척점에 서 있는 인물이다. 이에 반하여 쿠바 이민자의 아들인 루비오는 정치적 행보와 철학에 있어서 피부색, 태생과는 달리 티파티와 같은 보수적인 공화당의 가치를 지향하고 티파티의 지지를 받는다. 하지만 크리스티와 함께 뉴 리퍼블리칸(New Republican)이라고도 불리며 이민자법, 동성 결혼, 낙태 등에서 다른 공화당원보다 유연한 입장을 가진 의원이다.

반면 민주당 제1의 대선 후보로 지목되는 힐러리 클린턴 전 국무장관은 이번 셧다운 사태와 관련해 공화당원들에게 "공화당원들은 돌아가서 역사를 공부해야 한다. 왜냐하면 그들이 정부 폐쇄를 위해 노력하는 게 민주당에 대한 최악의 짓이 아니라는 것을 알게 될 것이기 때문이다."라며 일침을 가했다.

당내에서 타 후보들에 비해 지지율의 절대적 우세를 보이고 있는 민주당 힐러리 대선 후보에 비해, 공화당 대선 후보들의 지지율은 시간이 흐르며 변동이 있을 가능성이 농후하다. 따라서 공화당 후보들의 앞으로의 대선 행보와, 추후 나타날 여러 쟁점들에 있어서 어떠한 신념을 보이며 유권자들의 지지를 얻어 낼지에 대한 귀추가 주목된다. 또한 티파티의 무모한 셧다운 사태로 지지도가 바닥으로 떨어지며 이번 지방선거에서 사실상 패한 공화당은 추락한 당 인지도를 회복하고 차기 대선을 승리로 이끌어 내기 위해 부단한 노력을 할 것으로 예상된다.

참고 문헌

네이버 지식백과 http://terms.naver.com/entry.nhn?docId=1968113&cid=481
&categoryId=481

WP 2013. 10. 02.

조선일보 2013. 10. 13.

연합뉴스 2013. 11. 06.

조선일보 2013. 11. 07.

Politico 2013. 11. 10.

여풍 부는 미국

칠레에서 2006년 한 차례 대통령직을 지낸 미첼 바첼레트 후보가 지난 16일 대통령에 당선되면서 남미 A-B-C 3국으로 불리는 아르헨티나와 브라질, 칠레에서 모두 여성 대통령 시대가 열렸다(경향신문 2013. 12. 16).

이렇듯 정치는 더 이상 남성들의 전유물이 아니다. 과거 남성에게만 주어졌던 선거권을 투쟁으로 얻어 낸 것에서 발전하여, 여성의 정치 참여가 피선거권으로 정계에 진출하는 것으로 확대되었다. 더 나아가 이제 정계에서의 여풍은 전 세계적인 현상이라고 봐도 무방하다.

미국 정계에서도 여성 바람은 거세게 불고 있다. 올해 초 출범한 113대 의회에서 상·하원 여성 의원 숫자가 크게 늘었다. 미국 상원의원 100명 가운데 20명, 하원의원 435명 중 78명이 여성이다. 또한 지난해 미 여성 상원의원들의 1인당 정치자금 모금액이 900만 달러로 사상 최고를 기록했다(조선일보 2013. 12. 02). 여성 상원의원 중 지난해 가장 많은 정치자금을 모은 사람은 엘리자베스 워런 의원으로 조사됐다. 그녀는 2016년 유력한 대선 후보로 벌써부터 거론되는 힐러리 클린턴 전 국무장관을 비롯하여 민주당에서 차기 대선 여성 후보로 주목받는 인물이기도 하다.

그리고 다가오는 2014년 11월 중간선거에서는 주지사 자리를 놓고 여성들의 맹활약이 예상된다. 현재 여성 주지사는 50개 주 중 사우스캐롤라이나 주의 니키 할리, 애리조나 주의 잰 브루어, 뉴멕시코 주의 수자나 마르티네즈, 오클라호마 주 메리 폴린, 뉴햄프셔 주의 매기 하산 등 다섯 명이다. 브루어 주지사를 빼고 4명이 내년 연임에 도전하는데 당선이 거의 확실시 되고 있다는 분석이다(Politico 2013. 10. 22). 역대 가장 많은 여성 주지사가 재직한 것은 2004년과 2009년 9명이다. 하지만 내년 주지사 선거 결과도 이에 못지않을 것이라는 전망이

제3부.. 미국의 동향 및 쟁점 **259**

우세하다. 데비 월쉬 미국 여성정치센터(CAWP) 소장은 "주지사 선거는 여성에게 기회다. 여성의 정치에 대한 관심이 더욱 높아지고 있고 실제로 성장할 잠재력이 있다."고 말했다.

2014년 지방선거가 채 1년도 남지 않았다. 과거에 정치적 소수자로 분류되었던 여성이 이제는 한 나라의 대통령으로 당선되는 시대이다. 성별, 인종 등 미국의 많은 소수자들을 대변하는 대표로서의 그 당당한 행보를 기대해 본다.

참고 문헌

조선일보 2013. 12. 02.
경향신문 2013. 12. 16.
Politico 2013. 12. 22.

||||||||||||||||||||||||||||||||||||||||||||||||||||||||||||||||||||||||||||||||||||||||||||||||||||||||||||||||||

양당의 네거티브 캠페인에 대처하는 시민의 자세

윤서영

2016년 11월 8일 대선을 2년 8개월여 남짓 남겨 둔 상황에서 본격적인 양당의 네거티브 캠페인이 초읽기에 들어갔다. 당장 올해에 있을 중간선거의 승리 여부가 대선의 결과로 이어질 수 있기 때문에 벌써부터 주도권 싸움을 하고 있는 것이다. 양당이 깎아내리기에 혈안이 되어 있는 인물은 바로 민주당의 유력한 대선 후보인 힐러리 클린턴 전 국무장관, 그리고 공화당의 대선 후보로 거론되는 크리스 크리스티 뉴저지 주지사이다.

힐러리를 공격하는 공화당의 무기는 바로 '벵가지 보고서'이다. 9·11 테러가 일어난 지 11년째 되는 날인 2012년 09월, 알카에다와 연계된 한 무장 단체가 벵가지에 있는 리비아 주재 미국 영사관과 중앙정보국(CIA) 지부를 공격해 크리스토퍼 스티븐스 대사 등 미국인 4명이 숨진 사건이 있었다. 벵가지에서 벌어진 미국 영사관 피습 사건에 대해 미국 상원 정보위원회가 "미리 막을 수 있었다."는 결론을 담은 보고서를 지난 15일 공개한 것이다. 이는 대선에서 유력 후보인 힐러리 클린턴이 당시 국무장관으로서 어떻게 대처하고 판단했는지, 그의 과오 여부를 가리고 리더십을 평가할 아주 좋은 먹잇감인 셈이다.

반대로 공화당 크리스 크리스티 뉴저지 주지사는 연초부터 불거지는 다양한 의혹에 휘말리고 있다. 자신을 지지하지 않는 민주당 소속 시장을 골탕 먹이기 위해 일부러 다리를 막았다는 일명 '브리지 게이트' 사건이 그 시초였다. 반대로 자신을 지지하는 세력에게는 예산을 퍼 준다는 의혹, 그리고 허리케인 샌디 수해 복구 과정에서의 구호 성금 유용 및 투명성 논란 등이 그것이다.

'벵가지 보고서'와 '브리지 게이트' 사건으로 각 후보는 시간이 흐름에 따라 지지율에 있어서 변화를 보이고 있다. 지지율 조사에서 힐러리에 밀리지 않던 크리스티는 브리지 게이트 사건으로 지지율의 하락을 보였다. 하지만 두 후보 간의 지지율 차이는 크지 않아 충분히 만회할 가능성이 보인다.

선거에 있어서 네거티브 캠페인은 불가분의 관계이다. 후보 자신의 장점을 내세우기보다는 상대 후보의 단점을 드러냄으로써 얻는 효과가 톡톡하다는 것이다. 또한 더 나은 대선 후보 검증의 과정으로써 네거티브 캠페인은 시민에게 판단의 근거를 제공하기도 한다. 문제는 이러한 네거티브 공격이 그 진실 여부와 관계없이 이루어질 수도 있다는 것이다.

1988년 대선에서 공화당의 조지 H. W. 부시 후보는 당시 경쟁자였던 민주당 마이클 듀커키스 후보가 매사추세츠 주지사로 재임 시 보스턴 항구의 오염을 개선하는 법안에 반대했다고 공격하는 '보스턴 하버(Boston harbor)'라는 타이틀의 네거티브 TV 광고를 했다. 이 네거티브 캠페인 덕분에 부시 후보는 선거 초반의 열세를 만회하고 대통령에 당선될 수 있었다. 그러나 부시 후보의 당선 이후 이 광고에 나왔던 주장은 대부분 근거가 없었을 뿐 아니라, 화면에 등장했던 충격적인 이미지들 중 상당 부분이 보스턴 항구가 아닌 다른 곳에서 찍은 화면을 교묘하게 편집해 넣은 것으로 밝혀졌다. 이렇듯 진실이 아닌 네거티브 캠페인이 만연한 것이 현실이다.

따라서 2년 8개월가량 남은 2016년 미국 대선, 그리고 당장 10개월 후에 열릴 중간선거를 앞두고 상대 후보를 헐뜯는 양당의 더 심한 네거티브 캠페인이 시민들을 자극할 것으로 예상된다. 따라서 이에 휘둘리지 않고 객관적으로 사건을 바라볼 줄 아는 성숙한 시민의 자세가 요구된다.

참고 문헌

문화일보 2012. 08. 09.
경향신문 2014. 01. 09.
한겨레 2014. 01. 14.
한겨레 2014. 01. 16.
프레시안 2014. 01. 19.
연합뉴스 2014. 01. 21.
한겨레 2014. 01. 21.

위기의 오바마, 탈출구는 있을까?

박다은

'십면매복(十面埋伏)', 사방이 적으로 둘러싸여 있다. 현재 오바마 대통령의 처지를 가장 잘 나타내 주는 사자성어일 것이다. 공화당은 물론 민주당까지 오바마의 편은 아무도 없어 보인다. 공화당 의원들은 '텐-텐법안', '오바마케어' 등 오바마가 내놓은 사안들에 대해 끊임없이 제동을 걸고 있다. 심지어 공화당 의원들은 오바마케어 시행 과정에서 나타난 결함과 국가안보국(NSA) 도청에 대한 책임을 주장하며 오바마를 고소하겠다고 나섰다. 또한 대통령의 행정명령권 발동과 관련해 탄핵을 추진하겠다며 오바마를 압박하고 있다. 이러한 상황에서 민주당 또한 오바마의 방패가 되어 주지 않고 있다. 주요 문제들에 대해 민주당 내에서도 오바마에 대한 비판의 목소리를 거침없이 내고 있고, 오바마의 측근으로 꼽혔던 인물들조차 힐러리 진영에 합류하고 있기 때문이다.

외교 측면에서도 오바마는 그리 좋은 성적표를 받지 못하고 있다. 우크라이나 유형 사태로 오바마의 외교 노선을 포장한 '오바마 독트린'이 다시 시험대에 올랐기 때문이다. 반정부 시위대와 경찰의 유혈 충돌로 대규모 사상자를 낸 우크라이나 사태를 두고 오바마는 '선을 넘으면 반드시 대가를 치를 것'이라고 경고하고 나섰다. 그는 지난해에 내전 중인 시리아에도 이와 같은 금지선을 언급했었다. 그러나 이후 사태가 더 심각해졌을 때에도 개입에 주저하는 모습을 보여 비난을 받았다. 많은 사람들이 오바마가 말하는 우크라이나를 향한 경고의 신뢰성에 의문을 가질 수밖에 없는 이유이다.

국내의 여론도 오바마의 편이 되어 주지 못하고 있다. 1월 29일 WSJ에서 발표한 여론조사에서 절반을 넘는 국민들이 오바마의 국정 수행 능력에 불만을 표시했다. 1930년대 현대식 설문조사가 등장한 이래 오바마보다 더 불안한 상태로 임기 6년째를 맞은 대통령은 조지 W. 부시뿐이다. 오바마는 국내의 여론을 돌리기 위해 1월 말 있었던 국정 연설에서 빈부 격차를 해소하고 경기 회복에 박차를 가하는 데 총력을 다하겠다고 선언했다. 그러나 여론은 여전히 싸늘하다. 17일 발표된 CNN 방송 여론조사에 따르면 오바마 대통령의 국정 수행에 대해 '잘하고 있다'라고 평가한 응답이 42%로 취임 후 최저 수준을 보였다.

이런 상황을 벗어나기 위해서는 욕심을 버리는 것이 중요해 보인다. 재선 임기 첫해인 지난해 오바마는 너무 많은 이슈를 한꺼번에 내놓은 듯하다. 지난해에 내놓은 이슈들은 현재 오바마에게 화살이 되어 돌아오고 있다. 오바마케어, 이민법 개혁, 총기 규제, 중산층 살리기 등 너무나 많은 큰 이슈들은 대중의 피로감을 불러왔다. 또한 디테일이 떨어지는 이슈들은 손쉽게 야당의 타깃이 되어 줄곧 비판의 대상이 되어 왔다. 이런 상황을 타개하기 위해서는 몇 가지 가장 중요한 문제들에 대해서 선택하고, 이 문제들에 대해 세부적인 것들까지 신경 쓰는 선택과 집중이 필요하다. 또한 2월에서 4월까지로 계획된 멕시코, 네덜란드, 벨기에, 이탈리아, 사우디아라비아, 일본, 한국, 말레이시아, 필리핀 순방길이 분위기 전환의 기회가 될 수도 있다. 이번 순방은 대통령에게 워싱턴과 의회를 벗어날 기회를 제공할 것이다. 또한 외교적으로도 입지를 굳힐 수 있는 계기로 작용할 가능성도 있는 것이다. 과연 이번 순방길이 국내의 비판을 잠시 잠재우고 얽혀 있는 외교 문제들도 잘 풀어 내 오바마의 능력을 인정받을 수 있는 기회가 될지, 순방길을 떠나는 그의 행보가 더욱 주목된다.

참고 문헌

국민일보 2014. 02. 19.

중앙일보 2014. 02. 20.

연합뉴스 2014. 02. 21.

메트로 2014. 02. 25.

중앙일보 2014. 02. 25.

공화당에게 미치는 소수 인종의 영향력

박다은

"공화당도 이제 히스패닉과 흑인 사회에 모습을 드러내고 다양한 연령대와 대화를 나누는 등 전통적으로 민주당에 우호적인 지역에서 선거운동을 해야 한다." 이는 크리스 크리스티 뉴저지 주지사의 인터뷰 내용이다. 그는 '브리지 게이트' 파문으로 이미지가 훼손되었지만 히스패닉계에서 인기 덕분에 여전히 무시할 수 없는 대선 후보로 남아 있다. 한편 최근 새롭게 등장한 잠룡인 부시 주니어의 어머니는 가난한 집안 출신의 히스패닉계이다. 이는 공화당에 등 돌린 히스패닉계를 포용할 수 있다는 뜻으로 해석되어 그의 큰 장점으로 꼽힌다.

이들뿐만 아니라 요즘 공화당 의원들은 히스패닉계를 비롯한 소수 인종 마음잡기에 혈안이다. 미국 정치에 있어서 소수 인종의 투표의 위력이 점점 커지고 있기 때문이다. 히스패닉계 의원이나 스페인어를 조금이라도 아는 의원들은 스페인어 방송에 출연하거나 적극적으로 히스패닉계 유권자들과의 접촉을 확대하고 있다. 소수 인종들의 선거 영향력은 버락 오바마 대통령의 선거를 통해서 크게 주목받았다. 지난 대선에서 히스패닉 유권자의 71%가 오바마 대통령에게 투표하고, 롬니 후보에게는 단지 27%만이 투표했다. 롬니 후보의 패배 요인을 소수 인종, 특히 히스패닉을 잡지 못한 데서 찾는 의견도 있었다.

이러한 소수 인종의 영향력은 급속한 인구 증가에 기인하고 있다. 높은 출산율, 합법적 이민 증가 등으로 인해 히스패닉 유권자 수는 2370만 명에 달하고 있다. 2050년이 되면 히스패닉계 인구가 미국 전체 인구의 25%까지 될 것이라는 예측도 있다. 그러나 공화당 의원들의 노력에도 불구하고 여전히 대부분의 히스패닉은 민주당을 지지하고 있다. 미국 내에서 두 번째로 높은 증가율을 보이고 있는 민족인 아시안계도 마찬가지다. 그들 역시 공화당보다는 민주당에 자신들의 정체성을 두고 있다. 올해 말 치러지는 중간선거에서도 소수 인종들의 영향력은 더욱 커질 것으로 보인다.

공화당은 소수계 표를 얻기 위해 본격적으로 시동을 걸었다. 공화당 전국위원회(RNC)는 3일 "미국 내 소수계 커뮤니티와 관계 발전을 위해 아시안·아프리칸·히스패닉 아메리칸 자문위원회를 구성, 출범한다."고 밝혔다. RNC가 공개한 자료에 따르면 새로 출범한 3개 위원회 중 아시안 아메리칸 자문위가 총 31명으로 가장 큰 규모다. 아프리칸 아메리칸 자문위는 18명, 히스패닉 아메리칸 자문위는 14명으로 구성됐다. 공화당의 노력이 소수 인종의 마음을 돌릴 수 있을지 귀추가 주목된다.

참고 문헌

아시아경제 2014. 03. 03.
중앙일보 2014. 03. 03.
매일경제 2014. 03. 06.
국민일보 2013. 03. 08.

중간선거 최고의 화두로 떠오른 오바마케어

박다은

오바마 대통령이 의욕적으로 시행한 건강보험 개혁, 일명 오바마케어가 중간선거 최고의 화두로 떠올랐다. 백악관이 예상한 가입 인원은 600만 명이었지만, 마감 시한인 3월 말 집계된 가입자는 이에 훨씬 못 미치는 420만 명이었다. 이에 정부는 마감 시한을 4월 중순까지 늘렸다. 가입자를 늘리고, 마감 시간에 가입자가 몰리면 보험 가입 웹사이트가 또다시 접속 불량 등 문제가 발생할 수 있다는 판단에 따른 것이다.

이뿐 아니라 오바마케어는 시작부터 잡음이 끊이지 않고 있다. 웹사이트 접속 불량, 기존 보험 가입자 대규모 해지 사태 등 크고 작은 문제들이 끊임없이 터졌다. 특히 고객들이 내야 하는 보험료가 내년부터 급등할 것이란 관측은 국민들의 불안을 고조시켜 11월 중간선거에 직접적인 영향을 미치고 있다는 분석이 나왔다. 지난달에는 기업들이 종업원의 보험 가입 부담을 회피하기 위해 정규직 채용을 기피하게 되어 오바마케어가 정규직 일자리를 줄이는 결과를 낳을 것이라는 미국 의회 예산국의 결과가 나와 오바마 행정부와 민주당은 더욱 수세에 몰리게 되었다.

공화당은 이 기회를 놓치지 않고 오바마케어를 이번 선거의 대표적인 네거티브 전략으로 사용하고 있다. 마감 시한을 연장한 것을 두고, "법 시행을 엉망으로 하고 있다.", "오바마케어는 최대의 재앙이다."며 강도 높게 비판했다. 또한 오마바케어를 현 정부의 대표적인 실정 사례로 지목하고 민주당에게 공세를 퍼붓고 있다. 3월 28일 공개된 오바마케어 지지율은 26%로 역대 최악의 수치를 기록하며 여론 역시 공화당의 든든한 지원군이 되어 주는 것처럼 보인다.

하지만, 오바마케어가 이번 중간선거에서 공화당에게만 유리하게 작용한다고 단언하기는 힘들다. 민주당은 오바마케어 타깃층 대부분이 미국 사회에서 어렵게 살아가는 이민자 등이고, 민주당 성향이 강한 만큼 11월 중간선거를 앞두고 민주당 지지 세력을 확산하는 효과를 노리고 있다. 4월 중순 연장 마감 시간이 다가오자 가입자는 당초 예상을 훌쩍 넘긴 800만 명으로 집계되었다. 이 중 35세 미만 가입자도 35%가 되며 보험료 인상에 대한 우려도 어느 정도 잠재울 수 있게 되었다. 또한 4월 중순 로이터와 입소스가 공동으로 실시한 여론조사 결과 미국인들은 의료 정책에 있어서 공화당보다는 민주당을 신뢰하는 것으로 나타났다. 의료 정책에 대해 민주당을 신뢰한다는 응답이 지난 3월 31%에서 32%로 늘어났다. 반면 공화당을 신뢰한다는 응답은 3월 24%에서 4월 18%로 급락했다. 이는 민주당과 오바마 행정부에 큰 힘이 되어 주고 있다.

절반이 넘는 유권자들이 이번 중간선거에서 후보자가 오바마케어에 대해 어떤 입장을 내놓느냐가 투표 결정에 많은 영향을 미칠 것이라고 대답한 만큼 오바마케어가 이번 중간선거에서 어떻게 작용할지 앞으로의 향방이 주목된다.

참고 문헌

연합뉴스 2014. 03. 29.
한국경제매거진 2014. 03. 31.
우리방송 2014. 04. 16.
매일경제 2014. 04. 18.

돌아온 티파티, 부활할 수 있을까?

박다은

11월 중간선거를 앞두고 공화당의 후보를 뽑는 예비선거의 최대 화두는 단연 '티파티'이다. 2010년과 2011년에 전성기를 맞이한 후 내리막길을 걷는 듯했던 공화당 내 강경 보수파 티파티가 13일에 있었던 예비선거에서 부활의 신호탄을 쏘아 올렸기 때문이다. '공화당 주류 VS 티파티'의 상징적 대결로 꼽혔던 네브래스카 상원의원 예비 경선에서는 티파티의 지지를 받은 벤 쎄스 후보가 49.4%의 지지율을 얻어 시드 딘스데일 후보와 셰인 오스본 후보를 큰 차이로 따돌리며 승리했다. 웨스트버지니아 2선거구에서는 티파티가 지지한 알렉스 무니 후보가 하원의원 후보로 선정되었다. 선거 직후 티파티 측은 "티파티의 완벽한 승리다. 이번 승리는 티파티의 상승세를 확인시켜 주는 것이다."라며 자축했다.

그러나 이런 기쁨도 오래가지 못했다. 후보 경선의 최대 분기점인 '슈퍼 화요일' 경선이 치러진 20일, 티파티의 지지를 받은 후보들이 줄줄이 탈락했다. 20일 경선 중 가장 주목을 받았던 켄터키주에서는 공화당 주류인 매코널 후보가 60%의 지지율을 얻으며 티파티의 지지를 받은 매트 베빈 후보를 상대로 승리했다. 조지아주에서는 공화당 주류인 데이비드 퍼듀 후보와 잭 킹스톤 하원의원이 결선투표를 치르게 되었으나 티파티 후보는 최종 탈락했다. 오리건과 펜실베이니아, 아이다호 등 다른 3개주에서도 비슷한 상황이 되었다. 이날 패배한 티파티 후보들은 다른 후보들에게 두 자릿수 이상의 격차로 졌다. 그야말로 티파티의 완벽한 패배였다.

또한 공화당 내에서도 티파티 후보들의 본선 경쟁력이 취약하다는 의견이 많다. 특히 상원의원 선거에서 티파티 후보들은 예비 경선에서는 승리하더라도 본선에서는 승리하지 못하는 모습을 보이고 있어 당내에서 티파티의 입지는 더욱 좁아진 상황이다. 매코널 후보도 이 점을 공격점으로 삼았고, 이런 이유 때문에 랜 폴 상원의원도 매코널 후보를 지지했다. 이는 공화당원들의 티파티 지지율에서 가시적으로 나타난다. 2010년 7월 55%였던 지지율은 올해 32%로 하락했다. 국민들의 여론 역시 티파티에 등을 돌리고 있다. CBS가 21일 발표한 여론조사 결과에 따르면 티파티 지지율은 2010년 중간선거 직후 31%의 절반 수준인 15%에 그쳤다.

그러나 티파티 측은 아직 낙관적인 입장을 버리지 않고 있다. 티파티 조직인 프리덤웍스의 애덤 브랜던 대변인은 월스트리트저널과의 인터뷰에서 "티파티

운동은 공화당 주류들이 티파티의 주장들을 받아들이면서 공화당의 의제들에 장기적 영향을 주고 있다. 우리가 때때로 전투에서 지지만 전쟁에서는 승리하고 있다."고 말했다. 티파티가 악재를 무릅쓰고 부활할 수 있을지 다음 달 3일 미시시피주 상원의원 예비 경선의 결과가 주목된다.

참고 문헌

뉴시스 2014. 05. 13.
이데일리 2014. 05. 15.
한겨레 2014. 05. 22.

IIIIIIIIIIIIIIIIIIIIIIIIIIIIIIIIIIIIIIIIIIIIIIIIIIIIIIIIIIIIIIIIIIIIIIIIIIIIIIIIIIIIIIIIIIIIIIIIIIIIIIIII

중간선거 최대 화두 이민개혁법안, 살아남을 수 있을까?

박다은

11월 중간선거를 앞두고 예비선거가 치열하게 진행되며 선거 열기가 달아오르고 있다. 그중에서도 이번 선거 판세를 가를 수 있는 중요 이슈로 이민개혁법안이 꼽히고 있다. 오바마 대통령의 이민개혁법안은 불법 이민자들에게 호의적인 내용을 담고 있다. 국경 경비를 강화하되, 1100만 명으로 추산되는 불법 체류자들이 큰 범죄 사실이 없을 경우 그동안 내지 않은 세금 등을 납부하면 13년 뒤에는 시민권까지 얻을 수 있게 하는 내용이다. 또 어린 시절 부모를 따라 불법 입국한 아동들에 대해서는 2년간 군 복무 등을 하면 바로 시민권을 주도록 했다. 미국 가톨릭계의 주교들이 이민개혁법의 신속한 의회 통과를 압박하고, 이민개혁법안의 지지 시위가 열리는 등 이민개혁법안은 순조롭게 진행되는 듯했다. 2012년 대선 때 백인들보다 흑인, 히스패닉, 아시안 유권자에게 더 많은 지지를 얻은 오바마 대통령은 이민개혁법안을 통과시키려 애를 쓰고 있다. 그러나 이 법안은 지난해 6월 상원에서 통과됐지만 공화당 의원이 다수를 차지하고 있는 하원에서 통과되지 못하고 있다. 하원의 공화당 의원들은 불법 이민을 막는 방법을 미리 강구하지 않고서는 이민 개혁법을 통과시킬 수 없다는 입장이다. 또한 이민개혁법에 호의적인 입장을 보였던 에릭 캔터 의원이 예비 경선에서 패배함에 따라 이제 보수주의자들은 이민개혁법에 반대하는데 거리낌이 없을 것으로 보인다.

이민개혁법안 처리를 지연시키고 있는 하원 공화당 지도부와 달리 대다수의 공화당 유권자들은 포괄 이민개혁안을 지지하고 있는 것으로 조사되었다. 공화당 유권자의 과반이 훨씬 넘는 64%가 포괄 이민개혁안을 지지한다고 답한 것이다. 민주당 유권자의 경우 78%가 이민개혁안을 지지한다고 답했다. 이 결과를 봤을 때 정치적 성향에 관계없이 미 국민 대다수가 포괄 이민개혁안을 지지하고 있다고 볼 수 있다. 그러나 대다수의 국민들은 이민개혁법이 통과될지에 대해서는 의문을 가지고 있다.

이민 개혁법의 운명은 11월 중간선거 결과에 달려 있다. 이 선거에서 오바마가 이끄는 민주당이 과반 의석을 차지하지 못하면 이민 개혁법의 미래는 더욱 불투명해지기 때문이다. 또한 중간선거를 통해 공화당이 얼마나 더 보수 성향의 의원들로 채워지느냐에 따라 달라질 수도 있다. 에릭 캔터 의원의 예비 경선 패배 원인으로 이민개혁법안에 대한 호의적 태도가 꼽힌 만큼 상대적으로 이민 문제에 유화적이던 공화당 지도부의 태도에도 변화가 있을 수 있다. 이민 개혁법이 이번 중간선거에 어떠한 영향을 미칠지, 그 이후에 통과될 수 있을지 11월 중간선거에 귀추가 주목된다.

참고 문헌

Politico 2014. 05. 19.
뉴스 토마토 2014. 05. 27.
아시아 경제 2014. 06. 09.
연합뉴스 2014. 06. 12.

제4부

일본의 동향 및 쟁점

일본의 우경화와 변화하는 안보 정책

제1장

일본의 동향

1차 (2013년 7월~9월 말)

김윤실

선거에서 연전연승하는 동안 끈끈했던 일본 연립 여당 간 공조가 집단적 자위권 문제를 놓고 삐걱거리고 있다. '집단적 자위권'은 일본이 공격받지 않아도 동맹국이 공격받았다는 이유로 타국에 반격할 수 있는 권리로, 아베 신조 총리가 이끄는 집권 자민당이 '전후 체제 탈피'의 첫 프로젝트로 야심차게 추진 중인 사안이다. 그런데 본격적인 논의가 시작되기 전부터 연립 여당 파트너인 공명당이 상당한 저항을 예고하였고, 결국 아베 신조 총리가 집단적 자위권 행사를 위한 헌법 해석 변경을 내년 봄 이후로 미루기로 한 것으로 알려졌다. 한편 일본 사민당의 무라야마 도미이치 전 총리는 개헌 등을 향한 자민당의 독주를 저지하는 데 뜻을 같이하는 야당들끼리 통합 정당을 만들자고 제안했다. 그러나 9월 2일 일본 야권의 재편 방향을 모색하기 위한 일본유신회·다함께당 간사장 사이의 만남은 성과 없이 끝났다. 자민당의 독주에 맞서 야권이 힘을 모아야 한다는 데는 의견이 일치했지만, 합당을 하는 게 좋다는 일본유신회의 주장과 느슨한 정당 연합으로 가자는 다함께당의 의견이 팽팽하게 맞선 탓이다.

일본 참의원 선거가 자민당의 압승으로 끝난 다음 날인 7월 22일, 일본 도쿄

전력이 기자회견을 열어 후쿠시마 제1 원전 오염수의 바다 유출을 시인하였다. 이에 원전 재가동을 추진해 온 아베 신조 정권의 선거 승리에 영향을 주지 않기 위해 발표 시점을 늦추고 장기간 은폐해 온 것 아니냐는 의혹이 일고 있다. 이와 관련해 아사히신문의 자체 여론조사에 따르면 일본 국민의 95%가 방사능 오염수 문제에 대해 '심각하다'는 의견을 가지고 있으며, 일본 정부의 관련 대책에 대해서는 72%가 '대응이 느렸다'고 답한 것으로 나타났다. 또한 교도통신이 실시한 여론조사 결과에 따르면 아베 총리가 도쿄의 2020년 하계 올림픽 유치가 결정된 9월 7일 국제올림픽위원회(IOC) 총회에서 오염수 유출 문제에 대해 "앞으로도 건강에 문제는 없을 것임을 약속한다."고 말한 것에 대해 일본인 다수(64.4%)가 불신하는 것으로 확인됐다. 한편 아베 총리가 '8·15 추도사'에서 과거 아시아 국가에 대한 가해 사실과 그에 대한 반성을 생략한 데 대해 일본 여론과 야당에서도 비판이 일었으며, 일본 각료 및 국회의원들의 야스쿠니 신사 집단 참배로 인해 한국, 중국의 반발을 산 것과 관련해 대안 모색이 필요하다는 지적도 제기됐다. 이런 가운데 아사히신문의 여론조사 결과에 따르면 아베 정권이 내건 개헌과 집단적 자위권에 대한 일본 유권자들의 찬성도가 작년 말 정권 발족 당시에 비해 감소한 것으로 나타났다.

하지만 그럼에도 불구하고 일본 지지통신의 9월 여론조사에 따르면 아베 내각의 지지율이 4개월 만에 다시 60%대를 회복하여 61.3%를 기록했다. 각종 경제 지표가 호조를 보이고 올림픽 유치에 성공한 것이 지지율 상승으로 나타났으며, 오염수 문제 등과 관계없이 내각에 대한 지지도가 공고함을 보여 줬다는 것이 언론의 분석이다.

일본 정당

08월 19일

• 무라야마 전 총리 "개헌 저지 야권 통합하자." (연합뉴스 08. 19)
 – 일본 사민당 소속인 무라야마 도미이치 전 총리는 개헌 등을 향한 아베 신조 정권의 독주를 저지하는 데 뜻을 같이하는 야당들끼리 통합 정당을 만들자고 제안했

다. 무라야마 전 총리는 이 같은 야권 재편 과정에서 사민당의 역할에 대해서는 "전면에 드러나지 않고 배후에서 일해도 좋다."며 "전국의 지방 조직을 토대 삼아 그런 운동을 일으킬 수 있다면 좋을 것"이라고 강조했다. 그는 또 지난달 참의원 선거에서 1석을 가져가는 데 그친 사민당에 대해 "이대로 가면 장래가 없다."며 통합 야당 출범을 통해 당이 해체되는 상황도 받아들일 수 있다는 입장을 밝혔다.

08월 20일

• 일본 자민당 '파벌 부활의 여름'···잇달아 연수회

(산케이신문 08. 20, 연합뉴스 08. 20 재인용)

– 일본 집권 자민당에서 야당 시절 중단되다시피했던 파벌 연수회가 8~9월 줄지어 열린다고 산케이신문이 20일 보도했다. 자민당이 민주당에 정권을 내준 채 야당 생활을 한 2009~2012년에는 파벌 연수회가 거의 열리지 않았으며, 현재도 당 집행부는 '파벌 해소'를 촉구하는 입장이다. 그러나 자민당이 작년 12월 중의원 선거에서 압승, 여당으로 복귀한 데 이어 지난달 참의원 선거까지 크게 이기며 여유가 생기자 다시 '파벌 정치'가 고개를 드는 양상이다.

09월 02일

• 이념 · 정책 · 생각 제각각···일본 야권 통합 어디로 가나   (한겨레 09. 03)

– 일본 야권의 재편 방향을 모색하려고 2일 오사카부청에서 열린 마쓰이 이치로 일본유신회 간사장과 아사노 게이치로 다함께당 간사장 간의 만남은 일단 성과 없이 끝났다. 자민당의 독주에 맞서 야권이 힘을 모아야 한다는 데는 의견이 일치했지만, 생각이나 정책이 같은 정당끼리는 합당을 하는 게 좋다는 일본유신회의 주장과 현재 구조를 그대로 둔 채 느슨한 정당 연합으로 가자는 다함께당의 의견이 팽팽하게 맞선 탓이다.

09월 05일

• 일본 민주당, 당 요직에 '구관' 재기용   (연합뉴스 09. 05)

– 지난해 말 정권 상실 이후 추락을 거듭하고 있는 일본 민주당이 집권당 시절 요

직을 지낸 인사들을 당 주요 보직에 재기용하기로 했다고 일본 매체들이 5일 보도했다. 마에하라 전 외무상 등 3명은 2009~2012년 '3년 천하'로 끝난 민주당 내각에서 권력의 핵심에 있었다. 그 때문에 정권을 자민당에게 넘겨준 책임에서 자유로울 수 없는 이들은 작년 12월 중의원 선거 패배 후 들어선 가이에다 대표 체제하에서 2선으로 물러나 있었다. 그러나 가이에다 대표는 자신이 진두지휘한 6월 도쿄 도의회 선거와 7월 참의원 선거에서 거푸 참패하며 당내 기반이 흔들리자 '거당적 인사'를 기치로 각료 경험이 있는 마에하라 등 '구관'들을 요직에 기용했다.

09월 14일

• 일본 연립 여당, 집단적 자위권 놓고 '삐그덕'   (연합뉴스 09. 14)

– 선거에서 연전연승하는 동안 끈끈했던 일본 연립 여당 간 공조가 집단적 자위권 문제를 놓고 삐걱대고 있다. 집단적 자위권 행사는 아베 신조 총리가 이끄는 집권 자민당이 '전후 체제 탈피'의 첫 프로젝트로 야심차게 추진 중인 사안이다. 그런데 본격적인 논의가 시작되기 전부터 연립 여당 파트너인 공명당이 상당한 저항을 예고하였다. 사토 시게키 공명당 정책조사 회장 대리는 14일 요미우리 TV 프로그램에 출연, 집단적 자위권 행사는 헌법 해석 변경이 아닌 개헌을 통해 해야 한다고 주장했다. 집단적 자위권은 일본이 공격받지 않아도 동맹국이 공격받았다는 이유로 타국에 반격할 수 있는 권리를 말한다. 일본 정부는 "국제법에 따라 일본도 집단적 자위권이 있지만 헌법상 자위권을 행사할 수는 없다."는 헌법 해석을 고수해 왔지만, 아베 총리는 이 해석을 변경, 집단적 자위권을 행사할 수 있도록 할 계획이다.

09월 22일

• 일본 '집단 자위권' 헌법 해석 변경 2014년으로…연립 여당 반발로 연기

(세계일보 09. 22)

– 일본의 아베 신조 총리가 집단적 자위권 행사를 위한 헌법 해석 변경을 내년 봄 이후로 미루기로 한 것으로 알려졌다. 이는 연립 여당인 공명당의 거센 반발 때문인 것으로 분석된다. 본래 아베 정부는 자문 기구인 '안전보장의 법적 기반 재구축에 관한 간담회'가 가을쯤 보고서를 내면 이를 바탕으로 헌법 해석을 바꾸고 연말

까지 국가안보전략과 신방위대강 등에 반영할 예정이었다.

일본 선거·의회

08월 28일

• 참의원 선거 영향 안 주려…도쿄전력, 오염수 누출 은폐 의혹   (경향신문 08. 28)
– 일본 도쿄전력이 후쿠시마 제1 원전 오염수 저장 탱크의 누수 사실을 참의원(상
원) 선거를 의식해 장기간 은폐해 온 것 아니냐는 의혹이 일고 있다. 도쿄전력이 이
미 한 달여 전부터 오염수 누출을 의심할 만한 정황을 파악했던 것으로 드러났기
때문이다. 원전 재가동을 추진해 온 아베 신조 정권의 선거 승리에 영향을 주지 않
기 위해 발표 시점을 늦췄을 가능성이 거론된다. 도쿄전력은 일본 정부 기구인 원
자력규제위원회가 지난 7월 10일 "원자로 건물에 쌓인 고농도의 오염수가 지하수
와 섞인 채 바다로 유출되고 있다는 의심이 강하게 든다."고 지적했지만, 자료 축적
이 덜 돼 그런 판단을 내리긴 이르다고 주장하다가 7월 22일 기자회견을 열어 오염
수 바다 유출을 시인했다. 참의원 선거(21일)가 자민당의 압승으로 끝난 다음 날이
었다.

일본 여론

08월 13일

• 일본 아사히신문 "각료 신사 참배에 위헌 소지"

(아사히신문 08. 13, 국민일보 08. 13 재인용)
– 일본 내각 각료의 야스쿠니 신사 참배는 헌법 원칙에 벗어날 소지가 크다는 일본
유력 신문의 지적이 나왔다. 아사히신문은 13일 사설을 통해 "정치와 종교는 분리
되는 것이 현대 민주주의 철칙 중 하나"라며 "일본 내각 각료의 야스쿠니 신사 참배
는 정치와 종교를 분리하도록 한 헌법 원칙에 벗어날 가능성이 크다."고 주장했다.
그러나 우경화를 차근차근 진행시키고 있는 아베 총리는 종전 기념일인 15일 각료
의 야스쿠니 신사 참배를 제한하지 않을 방침인 것으로 알려졌다.

08월 16일

• 아베 '반성 없는 추도사' 일본 내부서도 역풍   (경향신문 08. 16)

- 아베 신조 일본 총리가 '8·15 추도사'에서 과거 아시아 국가에 대한 가해 사실과 그에 대한 반성을 생략한 데 대해 일본 안에서도 비판이 일고 있다. 각료 3명과 100여 명의 국회의원이 A급 전범이 합사돼 있는 야스쿠니 신사를 집단 참배해 한국, 중국의 반발을 산 것과 관련해 대안 모색이 필요하다는 지적도 제기됐다.

08월 25일

• 일본 국민 개헌 찬성 의견 감소   (아사히신문 08. 25, 연합뉴스 08. 25 재인용)

- 아베 정권이 내건 개헌과 집단적 자위권에 대한 일본 유권자들의 찬성도가 작년 말 정권 발족 당시에 비해 감소한 것으로 나타났다. 25일 아사히신문의 최근 여론조사 결과에 따르면 개헌에 찬성한다는 응답은 44%로 작년 12월 아베 내각 출범 후 실시된 조사 때의 51%보다 7%포인트 줄어들었다. 반면 개헌에 반대한다는 응답은 24%로 6%포인트 늘어났다. 아베 정권이 지난 7월 참의원 대승 후 사실상 '본격 추진'에 나선 집단적 자위권 행사 용인에 대해서도 작년 말 조사 때는 응답자의 45%가 찬성 의견을 밝혔으나 이번에는 39%로 줄어들었다. 이 같은 조사 결과는 개헌 등에 대한 유권자들의 이해가 아베 정권의 적극적인 자세와는 대조적으로 확산되지 않고 있음을 보여 주는 것이라고 신문은 분석했다.

09월 09일

• 일본 국민 95% "방사능 오염수 심각" 그래도 아베 지지율은 고공 행진

    (아사히신문 09. 09, 조선일보 09. 09 재인용)

- 일본 국민의 95%가 방사능 오염수 문제에 대해 '심각하다'는 의견을 가지고 있는 것으로 나타났다. 일본 아사히신문은 자체적으로 지난 7~8일 이틀간 실시한 전국 정례 여론조사에서 응답자의 95%가 도쿄전력의 후쿠시마 제1 원전 방사능 오염수 문제에 '심각하다고 생각한다'고 답했다고 9일 보도했다. 일본 정부의 오염수 관련 대책에 대해서는 72%가 '대응이 느렸다'고 답해 '대응이 빨랐다'(15%)는 답을 크게 앞질렀다. 그러나 아베 신조 내각에 대해서는 57%가 '지지한다'고 답했다. 이

는 '반대한다'(24%)를 크게 앞지른 수치로 오염수 문제 대처와 관계없이 아베 내각
에 대한 지지도가 공고하다는 것을 보여 줬다는 분석이 나온다.

09월 13일

• 아베 내각 지지율, 올림픽 유치로 60%대 회복

(지지통신 09. 13, 연합뉴스 09. 13 재인용)

– 일본 지지(時事)통신이 실시한 9월 여론조사에서 아베 내각 지지율이 전달보다
7.1%포인트 오른 61.3%를 기록했다. 지난 5월 이후 4개월 만에 60%대를 다시 회
복했다. 각종 경제 지표가 호조를 보이고 2020년 올림픽 유치에 성공한 것이 지지
율 상승으로 나타난 것으로 풀이된다.

09월 15일

• 일본인 64%, '오염수 문제없다' 아베 발언 불신

(교도통신 09. 15, 연합뉴스 09. 15 재인용)

– 후쿠시마 제1 원전의 방사능 오염수 유출이 '문제될 것 없다'는 아베 신조 총리의
발언에 대해 일본인 다수가 불신하는 것으로 여론조사에서 확인됐다. 교도통신이
14~15일 실시한 전국 전화 여론조사 결과에 따르면 아베 총리가 도쿄의 2020년 하
계 올림픽 유치가 결정된 지난 7일 국제올림픽위원회(IOC) 총회에서 오염수 문제에
대해 "앞으로도 건강에 문제는 없을 것임을 약속한다."고 말한 것을 놓고 응답자의
64.4%가 '신뢰할 수 없다'고 답했다. '신뢰할 수 있다'는 답은 28.3%에 그쳤다.

2차 (9월 말~10월 말)

일본 아베 총리가 국민적 지지를 얻음과 동시에 당까지 장악함에 따라 장기 독주 가능성이 커져 가는 가운데, 총리 관저의 힘이 너무 강해져 정당의 의견이 반영되지 않고 있다는 불만이 자민당 내부에서 싹트고 있다고 9월 말 아사히신문은 보도했다. 실제로 얼마 지나지 않아 산케이신문은 자민당 2인자인 이시바 시게루 간사장이 벌써부터 '포스트 아베'를 향해 움직이기 시작했다는 분석을 내놓았는데, 신문에 따르면 이시바 간사장이 주재하는 무계파 연구회에 자민당 소속 국회의원 400명 가운데 96명이 참석했다. 이에 이시바 간사장은 "아베 총리를 지원하기 위하여 모였을 뿐"이라 해명했지만, 아베 총리 주변에선 경계심을 높이는 분위기이다.

아베 총리에 대한 견제의 움직임은 자민당 밖에서도 진행되었다. 지난 참의원 선거(7월 21일)에서 아베 정권이 압승을 거둔 이후 야당의 약세가 계속되자 정계 개편을 꿈꾸는 야당 인사들이 모여 세력화를 논의하였다. 이들은 10월 15일 민주·유신회·다함께당 등 3개 정당에 소속된 의원 19명과 무소속 의원 1명이 참여하는 '새로운 사회보장제도를 확립하고 세대 간 격차를 시정하기 위한 연구회'의 설립 총회를 열어 본격적으로 결집 방안을 논의하기 시작하였다.

그러한 가운데 일본 자민·공명 연립 여당이 중·참의원 모두 과반 의석을 확보한 이후 처음으로 10월 15일 임시국회가 소집되었다. 임시국회 첫날 개회식에서 아베 총리는 네지레 상태(일본 중의원과 참의원의 다수당이 다른 상황)가 해소된 것을 강조하며 자신감을 보였다. 여야는 12월 6일까지 53일간의 임시국회에서 '아베노믹스(아베 신조 총리의 경제 정책)'의 성장 전략, 후쿠시마 제1 원전 오염수 문제, 특정비밀보호법안 등을 놓고 공방을 벌일 예정이다. 아베 총리는 이번 국회를 규제 완화와 혁신 산업 지원 등 성장 전략을 다루는 국회로 규정하고, 관련 법안에 대한 이해를 야당에 요구할 것으로 보인다(연합뉴스 2013. 10. 15). 반면 야당은 후쿠시마 원전과 관련한 각종 문제 및 향후 처리, 자민당이 주요 농산물을 관세 철폐의 예외 영역으로 보호하겠다고 공약했다가 최근 유연한 태도를 보여 논란이 된 환태평양경제동반자협정(TPP) 협상 등을 의제로 여당을 추궁할 계획이다.

한편 교도통신이 10월 초에 실시한 여론조사에 따르면 아베 정권에 대한 지지율은 63.3%로 지난달 조사 때보다 1.5%포인트 상승하였으며, 자민당의 지지율 또한 2.3%포인트 오른 46.4%를 기록하였다. 반면 야당들은 한 자릿수 지지율에 그쳤는데, 민주당 5.6%, 일본 유신회 4.2%, 공산당 3.6%, 공명당 3.2%, 다함께당 2.9% 사회당 1.2%, 생활당 1.1% 순이었다. 오히려 지지 정당이 없다는 응답은 30.9%를 기록했다. 닛케이가 9월 말 실시한 정당 지지율 조사에서도 자민당이 55%로 압도적 1위를 유지하는 결과가 나왔는데, 흥미로운 것은 공산당이 6%를 기록하며 2위로 약진하였다는 점이다.

일본 정당

09월 26일

• 자민당 내 '포스트 아베' 없어…내부 불만 (아사히신문 09. 26, 동아일보 09. 27 재인용)
 – 아사히신문은 26일 "자민당 내 '포스트 아베' 후보자나 아베 총리에 대항할 만한 존재가 없다."고 보도했다. 국민적 지지에 당까지 장악했기 때문에 아베 총리의 장기 독주 가능성이 커졌다는 것이다. 하지만 아베 총리가 언제까지 거침없이 달릴지는 미지수다. 총리 관저의 힘이 너무 강해져 정당의 의견이 반영되지 않고 있다는 불만이 자민당 내부에서 싹트고 있다고 신문은 전했다.

10월 06일

• 일본 야당 중진 "입헌주의 무시하면 망명"…민주당 찬반 갈려

(아사히신문 10. 06, 연합뉴스 10. 06 재인용)
 – 2009~2012년 일본 민주당 집권기에 관방장관과 경제산업상 등을 역임한 에다노 유키오 민주당 헌법종합조사 회장(중의원 의원·7선)이 집단적 자위권 행사를 위해 헌법 해석을 변경하는 이른바 '해석 개헌'에 반대하며 "이 나라에 입헌주의가 확보되지 않으면 망명하겠다."고 말했다. 에다노 회장은 개헌을 통해 집단적 자위권 행

사 요건과 한계를 헌법에 담아야 한다는 주장을 펴고 있다.

한편 민주당은 아베 총리가 추진 중인 '해석 개헌'을 통한 집단적 자위권 행사에 대해 찬반으로 갈려 있다. 가이에다 반리 대표를 중심으로 하는 집행부는 집단적 자위권 행사 자체에 대한 신중론에 입각, 해석 개헌에 반대하는 기류지만, 노다 요시히코 전 총리는 최근 미국에서 행한 강연에서 "일본의 방위밖에 못하는 현상이 미일 관계에 지장을 초래하고 있다."며 사실상 아베 총리의 방침을 지지했다.

10월 09일
• 일본 야당 정개 개편론자 세력화 시도 (산케이신문 10. 10, 연합뉴스 10. 10 재인용)
- 아베 신조 정권의 독주와 야당의 약세가 계속되고 있는 일본 정가에서 정계 개편을 꿈꾸는 야당 인사들이 지난 9일 도쿄 도내에서 첫 회동을 갖고 세 결집 방안을 논의했다. 이들은 오는 15일 민주·유신회·다함께당 등 3개 정당에 소속된 의원 19명과 무소속 의원 1명이 참여하는 연구회의 설립 총회를 열고 본격적으로 목소리를 낼 예정이다. 모임의 이름은 '새로운 사회보장제도를 확립하고 세대 간 격차를 시정하기 위한 연구회'다.

10월 09일
• '포스트 아베' 노리는 이시바 간사장 (산케이신문 10. 09, 세계일보 10. 09 재인용)
- 산케이신문은 9일 일본 집권 자민당 2인자인 이시바 시게루 간사장이 주재하는 무계파 연구회 '고사리(사와라비) 모임'에 국회의원이 100명 가까이 참여하고 있다고 보도했다. 그러면서 "자민당 내에선 이시바 간사장이 '아베 이후'를 호시탐탐 노리고 있다는 견해가 확산되고 있다."고 전했다. 자민당 안팎에서는 이시바 간사장이 세 결집에 공을 들이는 게 차기 총재 선거를 겨냥한 것 아니냐는 관측이 나오고 있다. 그는 지난해 대의원들이 참여한 9월 당 총재 선거 1차 투표에서 아베 총리를 꺾고 1위를 차지했지만 국회의원 대상의 2차 결선투표에서 역전패했기 때문이다.

이시바 간사장은 방위상과 농림수산상 등을 지냈고 영토와 군사 문제에 집착해 '방위 오타쿠'로 불리는 우익 성향 정치인이다. 2011년 신도 요시타카 의원 등의 '울릉도 방문' 추진도 그가 막후에서 지휘한 것으로 알려졌다.

09월 29일

• 하시모토 추락…오사카 지역 시장 선거서 소속 후보 패배 　　　(연합뉴스 09. 29)

－ 29일 오사카부 사카이시 시장 선거에서 일본유신회의 모체이자 산하 단체인 오사카유신회 소속 니시바야시 가쓰토시 후보가 자민·민주당이 함께 민 현직 시장 다케야마 오사미 후보에 패했다. 오사카 지역은 하시모토 도루 일본유신회 공동 대표(오사카 시장)의 정치적 거점으로, 최근 각종 선거에서 오사카에서만큼은 연승해 온 일본유신회는 충격에 빠졌다.

　사실상 '하시모토의 정당'이라고 해도 과언이 아닌 일본유신회는 하시모토 공동 대표가 지난 5월 "일본군 위안부가 당시에 필요했다."는 등 망언으로 국제적인 파문을 일으킨 뒤 추락을 거듭하고 있다. 6월 도쿄도 의회 선거에서 전체 127석 중 2석, 7월 참의원 선거에서 121석 중 8석을 얻는 데 그쳤다.

10월 08일

• 자민당, 선거 땐 "지키겠다." 공약해 놓고…농산물 관세 철폐할 듯

　　　　　　　　　　　　　　　　　　(도쿄신문 10. 08, 한겨레 10. 08 재인용)

－ 도쿄신문은 8일 자민당이 인도네시아 발리에서 열리고 있는 환태평양경제동반자협정(TPP·티피피) 회의에서 "절대 관세를 철폐하지 않는다."고 공약한 쌀·보리·돼지고기와 소고기·사탕·유제품 등 '중요 5항목'에서 갑작스레 양보할 자세를 보이기 시작했다고 보도했다. 하지만 지난 7월 자민당은 참의원 선거를 앞두고 발표한 정책 공약집에서 중요 5항목의 관세를 지키지 못하면 "교섭 탈퇴도 각오하겠다."고 밝힌 바 있다.

10월 15일

• 일본 임시국회 개회…아베 '네지레 해소' 강조 　　　(연합뉴스 10. 15, 한겨레 10. 16)

－ 자민·공명 연립 여당이 참의원(7월 21일) 선거를 거쳐 중·참의원 과반 의석을 확보한 이후 처음으로 15일 임시국회가 소집되었다. 이날 연설에서 아베 총리는 "국

회의 '네지레' 상태가 해소됐다는 것은 '(일본의) 곤란을 극복해 가라'고 (유권자들이) 등을 밀어주는 것이라고 생각한다."고 말했다. 일본의 이번 임시국회는 3년 만에 처음 등장한 '네지레'(꼬임이라는 뜻으로, 일본 중의원과 참의원의 다수당이 다른 상황을 일컬음) 없는 국회로 주목을 받고 있다. 현재 자민당은 연립 여당인 공명당과 함께 정원 480명인 중의원에서 압도적 다수인 325석(자민당 단독 294석), 정원 242명인 참의원에선 134석(자민당 단독 114석)을 확보하고 있다. 자민당이 원하는 일은 뭐든지 할 수 있는 의회 구도다. 아베 총리는 이번 국회를 '성장 전략의 실행을 묻는 국회'로 규정하며 "(성장 전략을 실행하는) 이 길을 망설임 없이 걸어가겠다."고 선언하였고, 이에 대해선 일본 안에서도 여러 우려의 목소리가 나오고 있다.

10월 16일

• '원조 극우' 이시하라 "총리, 헌법 파기 선언하라."　　　　　　　(연합뉴스 10. 16)

– 과거사와 관련한 망언으로 유명한 '원조 극우' 이시하라 신타로 일본유신회 공동대표가 16일 중의원(하원) 본회의장에서 야당 대표 자격으로 대(對)정부 질의를 하였고, '헌법 파기', '센카쿠 열도에 등대 건설' 등 소신을 피력했다. 특히 일본 현행 헌법에 대해 "전승국이 패전국을 통치하기 위해 만든 법률이 반세기 넘도록 효력을 유지하며 패자를 구속한 예는 없다."면서 "헌법에 정통성이 없다면, (총리는) 국가 최고 지도자로서의 책임으로 헌법 파기를 명시적으로 언급하면 된다."고 주장했다.

일본 여론

09월 30일

• 닛케이 여론조사…일본 공산당 지지율 6%로 2위 약진

(닛케이 09. 30, 연합뉴스 09. 30 재인용)

– 닛케이가 지난 27~29일 실시한 정당 지지율 조사에서 자민당이 55%로 압도적 1위를 유지한 가운데, 공산당이 지난달에 비해 2%포인트 상승한 6%를 기록하며 2위로 약진했다. 6%는 공산당의 지지율로는 2001년 2월 이후 최고치라고 닛케이는 전했다. 민주당은 2%포인트 내려간 5%로 1997년 9월에 기록한 역대 최저 지지

율과 어깨를 나란히 했다. 자민당의 연립 여당 파트너인 공명당과 일본유신회는 각각 1%포인트 하락한 3%를 기록했다.

10월 02일

• 日 소비세 인상 찬성 53%…아베 정권 지지율 소폭 상승

(교도통신 10. 02, 연합뉴스 10. 02 재인용)

－ 교도통신은 1~2일 실시한 전화 여론조사에서 아베 신조 총리가 발표한 소비세 인상 계획에 찬성한다는 답변이 53.5%, 반대가 42.9%로 나타났다고 보도했다. 일본 정부는 현재 5%인 소비세율을 내년 4월부터 8%로 인상키로 결정하였다.

아베 내각에 대한 지지율은 63.3%로 지난달 조사 때보다 1.5%포인트 상승했다. 정당 지지율은 자민당이 2.3%포인트 오른 46.4%였고, 민주당 5.6%, 일본유신회 4.2%, 공산당 3.6%, 공명당 3.2%, 다함께당 2.9% 사회당 1.2%, 생활당 1.1% 순이었다. 지지 정당이 없다는 응답은 30.9%를 기록했다.

10월 05일

• 일본 혐한 보도, 자신감 상실 · 우경화 반영 (도쿄신문 10. 05, 연합뉴스 10. 5 재인용)

－ 도쿄신문은 최근 일본 주간지 등에 우후죽순처럼 등장하는 혐한 보도는 장기 불황에 따른 일본인들의 자신감 상실과 그에 따른 사회의 우경화 흐름에 편승한 것이라고 특집 기사를 통해 진단했다. 도쿄신문의 취재에 응한 일본 주간지 주간현대의 모토키 마사히코 전 편집장은 "사회가 우경화하고 있는 중에 아베 정권이 탄생했다."며 혐한 기사가 오른쪽으로 가고 있는 독자들의 입맛에 맞다는 판단을 매체들이 하고 있는 것이라고 분석했다.

3차 (10월 말~11월 말)

김윤실

일본 외교 안보 정책을 총괄하는 국가안전보장회의(NSC) 창설 법안이 일본 중의원을 통과했다. 이 법안은 일본의 방위력 강화와 집단적 자위권 행사를 정당화하기 위해 아베 정권이 내세운 '적극적 평화주의' 정책의 1단계 조치라 할 수 있다. 지난 11월 7일 도쿄신문 보도에 따르면 아베 정권은 미국 조직과 닮은 일본판 NSC 창설과 특정비밀보호법안을 통해 미국과의 정보 협력을 강화한 후, 집단적 자위권 행사를 위한 헌법 해석 변경, 더 나아가 개헌까지 구상하고 있는 것으로 알려졌다. NSC창설법안이 소수 정당들의 반대에도 불구하고 자민·공명 연립 여당은 물론 민주당, 일본유신회, 다함께당 등 여야 다수의 압도적 찬성으로 통과되었다. 모든 법안은 중의원이 우선한다는 원칙에 따라 이후 진행될 참의원 표결이 사실상 통과될 것임을 감안하면, NSC는 내년 1월 경 큰 무리 없이 출범할 것으로 보인다.

그러나 아베 정권의 국무회의에 통과된 특정비밀보호법안은 국회에 제출되어 심의가 진행되고 있지만, 야당과 언론, 시민사회의 저항에 부딪혔다. 비밀 누설에 대한 처벌을 강화하는 내용을 담고 있는 이 법안이 통과되면 언론의 취재 활동과 국민의 알 권리는 물론 국회의 내각 견제 기능까지 위축시킬 수 있다는 우려 때문이다. 특히 '특정 비밀'의 기준이 모호해 정부가 불리한 정보공개를 막으려고 특정 비밀 지정을 남발할 수 있다는 지적이 제기되고 있다(연합뉴스 2013. 10. 25). 법안에 대한 여론도 부정적이다. 교도통신이 10월 말 실시한 여론조사 결과에 따르면 법안에 반대하는 응답이 절반 이상을 차지하며, 현 임시국회 회기 내에 처리되기보다는 신중하게 심의해야 한다는 의견이 80%를 넘었다. 아사히신문의 11월 중순 여론조사에서도 해당 법안에 반대하는 의견이 찬성보다 많았으며, 심지어 법안에 대한 인지도도 부족한 것으로 나타났다. 더불어 아베 내각에 대한 지지율도 하락하는 추세를 보였다.

특정비밀보호법안의 임시국회 회기 내 처리를 두고 야당의 반발과 부정적인 여론이 계속되자 자민당 인사들은 '수정이 필요하다면 각 정당과 협의하겠다.'

는 의견을 보이는 등 수정 의사를 밝히기도 하였다. 하지만 현재 참의원과 중의원 모두에서 자민·공명 연립 여당이 절대 다수를 차지하고 있기 때문에 여대야소의 수적 우세를 앞세워 단독으로 법안을 강행 처리할 가능성도 있다. 아베 정권은 현재 임시국회가 폐회되는 12월 6일 이전에 법안 처리를 목표로 하고 있다.

한편 자민당의 이시바 시게루 간사장은 적극적 평화주의의 핵심 정책인 집단 자위권과 관련해 행사 대상의 범위가 동맹국인 미국 외에도 동남아 국가들로 확대될 수 있다는 견해를 밝혔다. 하지만 집단 자위권 행사 용인을 위한 헌법 해석 변경에 연정 파트너인 공명당이 신중한 입장을 보이면서, 본격적인 논의는 내년으로 연기되었다.

일본 정당

11월 06일

• 일본 자민당 "집단 자위권 행사 범위 동남아로 확대"

(도쿄신문 11. 06, 연합뉴스 11. 07 재인용)

– 일본 집권 자민당의 이시바 시게루 간사장은 6일 일본의 집단 자위권 행사 대상에 동맹국 미국 외에도 동남아시아 국가들도 포함될 수 있다고 밝혔다. 이시바 간사장은 이날 한 TV 방송에서 집단 자위권 행사 대상 국가로 필리핀, 말레이시아, 인도네시아, 베트남을 예로 들면서 "이들 국가가 공격을 받을 경우 아시아·태평양 전체의 (군사) 균형이 크게 무너진다. 일본으로서는 사활적인 문제가 될 가능성이 있다."고 말했다. 그는 특히 미국이 아니라고 해서 자위대를 보내지 않는 것은 바람직하지 않다는 견해를 밝혔다.

이러한 발언은 동남아시아 지역에서 해양 진출을 확대하고 있는 중국을 염두에 둔 것으로 중국 측의 반발을 살 가능성도 있다고 도쿄신문은 보도했다.

11월 07일

• 일본판 NSC 창설 법안 중의원 통과

(도쿄신문 11. 07, 한국일보 11. 07 · 중앙일보 11. 08 재인용)

– 일본 외교 안보 정책을 총괄하는 국가안전보장회의(NSC) 창설 법안이 공산당, 생활당, 사민당 등 소수 정당의 반대표에도 불구하고 자민당, 공명당, 민주당, 일본유신회, 다함께당 등 여야의 압도적 찬성으로 7일 일본 중의원을 통과했다. 참의원 표결이 남아 있지만 모든 법안은 중의원이 우선한다는 원칙에 따라 통과가 사실상 확정되었으며, 일본판 NSC는 내년 1월 출범할 것으로 보인다. 법안의 핵심은 안전보장 정책의 사령탑인 '4인 대신(각료)회의'와 국가안전보장국의 신설이다. '4인 대신회의'는 총리와 관방장관·외무상·방위상 등 네 명으로 구성되며, 정책 결정의 기동력 확보를 위해 참석자를 극소수로 한정했다. 60명 정도로 구성될 국가안전보장국은 '4인 대신회의'를 떠받치는 사무국이다.

도쿄신문은 NSC 설치를 아베 총리가 내건 '적극적 평화주의'의 1단계 조치로 분석했다. 적극적 평화주의는 "세계의 평화와 안정에 적극적 책임을 지지 않고는 일본의 평화와 안정을 확보할 수 없다."는 주장으로 방위력 증강과 집단적 자위권 행사를 정당화하기 위해 고안됐다. 신문은 아베 정권이 적극적 평화주의 실현을 위해 '미국의 조직과 닮은 일본판 NSC 창설→비밀 누설에 대한 처벌을 강화하는 특정 비밀보호법안 처리와 미국과의 정보 협력 강화→무기 수출을 금지하고 있는 3원칙의 수정→집단적 자위권 행사를 위한 헌법 해석 변경→개헌'으로 이어지는 5단계를 구상 중이라고 전했다.

11월 07일

• 아베 추진 '특정비밀보호법' 국회 심의 시작   (경향신문 11. 07 · 연합뉴스 10. 25)

– 일본 아베 정권이 지난달 25일 각의(국무회의) 통과 후 국회에 제출한 특정비밀보호법에 대한 국회 심의가 7일 시작됐다. 자민당은 임시국회가 폐회되는 내달 6일 이전에 법안을 통과시키려 하고 있지만, 언론의 취재 활동과 국민 알 권리는 물론

국회의 내각 견제 기능까지 위축시킬 수 있는 독소 조항을 안고 있어 야당과 시민 사회의 저항이 거셀 것으로 보인다.

이 법안은 누설 시 국가 안보에 지장을 줄 수 있는 방위와 외교, 첩보 행위, 테러 등의 정보를 '특정 비밀'로 지정하고, 이를 유출한 공무원은 최장 징역 10년형에 처할 수 있는 등 처벌 수위를 대폭 올리는 내용을 담고 있다. 그리고 비밀 유출을 교사한 사람도 5년 이하의 징역형에 처할 수 있어 언론인이 공무원으로부터 '특정 기밀'을 취득할 경우 처벌받을 수 있는 여지를 열어 두었다. 또 국회의원이라도 특정 비밀을 누설할 경우 5년 이하의 징역에 처하도록 했다. 더구나 행정기관장이 '국가 안보에 현저한 지장을 미칠 우려'가 있다고 판단할 경우 국회에 비밀 정보 제공을 거부할 수 있고, 제3자의 검증이나 판단 없이 '특정 비밀'을 자의적으로 지정하기 때문에 행정부가 국회의 견제를 받지 않고 독주할 우려가 커진다.

11월 09일

• 日 여당, 야당 반발에 비밀보호법 행보 '주춤'(교도통신 11. 09, 연합뉴스 11. 11 재인용)
– 아베 정권이 내달 초까지인 임시국회 회기 안에 특정비밀보호법안을 처리하기 위해 속도전을 펴 왔지만, 보수 성향 야당들까지 이견을 제기하자 원안 일부를 수정할 의사를 내비쳤다. 지난 9일 일본 TBS의 한 프로그램에서 공산당의 고이케 아키라 참의원 의원은 "이처럼 지독한 법은 없다."며 "집단 자위권 행사의 여건 조성을 위한 것"이라고 비판했다. 또 다함께당의 아사오 게이치로 간사장과 보수 야당인 일본유신회의 마쓰노 요리히사 의원단 간사장은 특정 비밀 지정 범위를 제한해야 한다고 지적했다. 그러자 자민당을 대표해 참석한 나카타니 겐 전 방위청장관은 "수정이 필요하다면 각 정당과 협의하겠다."고 말했다. 또 이튿날 이시바 시게루 자민당 간사장은 시가현에서 행한 강연에서 "자민·공명 양당이 압도적 다수를 점하고 있다고 해서 무엇이든 원하는 대로 해서는 안 된다."며 "야당에 제대로 설명해서 하나라도 더 많은 당의 찬성을 얻고 싶다."고 말했다.

하지만 교도통신의 보도에 따르면 자민·공명 연립 여당은 야당과의 협의가 결렬될 경우 수적 우세를 앞세워 여당 단독으로 법안을 강행 처리하는 방안도 검토하고 있는 것으로 알려졌다.

10월 27일

• 교도통신 여론조사…아베 내각 지지율 소폭 하락

(교도통신 10. 27, 연합뉴스 10. 27 재인용)

– 교도통신이 26~27일 실시한 전국 전화 여론조사 결과에 따르면 아베 내각 지지율은 이달 초의 63.3%에서 60.7%로 떨어졌다. 아울러 아베 총리가 최근 국회에서 오염수 문제와 관련, "전체적으로 상황이 통제되고 있다."고 말한 데 대해 '신뢰할 수 없다'는 응답이 83.8%에 달했고, '신뢰할 수 있다'는 응답은 11.7%에 그쳤다.

한편 아베 내각이 지난 25일 국회에 제출한 특정비밀보호법안에 대해 반대하는 응답이 50.6%로 찬성(35.9%)을 상회했다. 또 특정비밀보호법안을 '12월 초까지 진행되는 임시국회에서 처리해야 한다'는 의견은 12.9%에 그친 반면 '현 임시국회 회기 내 처리를 고집하지 말고 신중하게 심의해야 한다'는 의견이 82.7%에 달했다.

11월 11일

• 여론조사…비밀보호법안 반대 많지만 인지도 낮아

(아사히신문 · NHK 11. 11, 연합뉴스 11. 11 재인용)

– 아사히신문이 10~11일 전화 여론조사를 한 결과 '알 권리 침해' 논란 속에 추진되고 있는 특정비밀보호법안에 대해 반대한다는 의견이 42%로 찬성(30%)보다 많았다. 더불어 특정비밀보호법으로 인해 비밀로 지정되는 정보가 늘어날 것이라는 데 대해 불안감을 느끼느냐는 질문에 68%가 '그렇다'고 답했다. 또 현 임시국회 회기 안에 이 법안을 처리할 필요가 있는지에는 '필요 없다'는 답이 64%로 '필요 있다'(20%)는 응답을 압도했다. 아베 내각 지지율은 지난달(56%)보다 3%포인트 떨어진 53%를 기록했다.

한편 NHK가 8~10일 실시한 전화 여론조사에서도 '특정비밀보호법안의 내용을 알고 있느냐?'는 질문에 '잘 알고 있다'(3%)와 '어느 정도 알고 있다'(33%)는 답이 모두 36%에 그쳐 '잘 모른다'(43%)와 '전혀 모른다'(18%)는 답변에 크게 못 미쳤다. 또 아베 내각 지지도는 60%로 집계됐다.

10월 30일

• 일본 혐한 시위 3년 만에 10배 (조선일보 10. 30)

– 일본 주재 한국 공관 부근에서 일어나는 혐한·반한 시위가 최근 3년 사이에 10
배 이상 급증했다. 국회 외교통일위원회 원유철(새누리당) 의원이 외교부로부터 제
출 받아 30일 공개한 최근 5년간 시위 현황 전수조사 자료에 따르면 2009년에 30
건에 불과하던 시위 건수는 2010년에 31건, 2011년에 82건, 2012년에는 301건으로
늘어났다. 올해는 지난 9월 말 기준으로 243건의 시위가 발생, 이런 추세라면 올
한 해 동안 총 320여 차례의 시위가 발생할 것으로 예상된다.

　시위는 일본 내 신흥 우익 세력으로 떠오른 '재특회(在特會·재일 특권을 허용하지 않
는 시민 모임)'를 중심으로 기존의 보수 우익 단체들과 인터넷 우익 네티즌(넷우익)들이
주도하고 있다. 시위에서는 전에는 찾아볼 수 없었던 격한 구호가 등장하며 물리적
충돌 사태까지 빚어지는 양상이다.

4차 (11월 말~12월 말)

김윤실

　지난달 특정비밀보호법의 처리 과정에서 당 집행부의 방침에 반발하여 다함께당(야당)에서 탈당한 에다 겐지 전 간사장 등 중·참의원 의원 14명이 무소속 의원 1명을 영입하여 '묶음당'을 결성하였다. 이에 중·참의원에서 총 35석을 보유하였던 다함께당은 의원의 약 40%가 빠져나가게 됨에 따라 결성된 지 4년여 만에 분열됐다. 이번 집단 탈당을 주도하여 신당의 대표로 취임한 에다 의원은 민주당이나 일본유신회 등과 연대를 추진하여 2015년 봄 지방선거까지 야당 진영을 재편하겠다는 방침을 강조하였다. 하지만 야당 내 신중론이 강하여 에다의 생각대로 야당 세력이 결집해 정계 재편이 이뤄질 가능성은 적다는 일부 현지 언론의 전망도 있다.

　한편 중국의 방공식별구역 선포를 계기로 일본의 안보·방위력 강화 정책에 가속도가 붙고 있다. 11월 27일 일본판 국가안전보장회의(NSC)법안이 참의원 본회의에서 압도적인 찬성으로 통과되었고, 12월 4일 출범하였다. 당초 연말 설치 예정이었지만 중국과의 긴장이 높아지면서 앞당기게 된 것이다(조선일보 2013. 11. 28). 아베 정부가 중점적으로 추진하는 또 다른 안보 정책인 특정비밀보호법안 역시 신속하게 강행 처리되었다. 야당의 격렬한 반대에도 불구하고 11월 26일 중의원 본회의에서 통과된 법안은 이달 5일 참의원 국가안전보장특별위원회를 거쳐 6일 참의원 본회의에서 통과되었다. 한때 자민당과 합의하기도 했던 일본유신회와 다함께당은 법안 처리 과정에서 충분한 심의가 이뤄지지 않았다며 표결에 참여하지 않는 등 반대 의사를 표명하였고, 민주당은 법 제정을 막기 위해 의장석을 점거하거나 내각에 대한 불신임안을 제출하는 등 강수를 두기도 했다. 특정 비밀로 지정할 수 있는 정보를 외교·국방 분야로 제한하거나, 정부의 자의적 법 운용을 막을 수 있는 제3자 기관의 감시 등의 내용을 포함시키자는 야당의 의견은 결국 받아들여지지 않았다(한겨레 2013. 11. 26). 법안은 13일 공포되었고, 이로부터 1년 이내에 시행되지만 일부 조항은 공포 즉시 발효된다.

특정비밀보호법이 본격적으로 심의되기 시작한 11월말부터 일본 시민들은 알 권리를 침해할 수 있다는 우려와 함께 반대 시위를 이어 나갔다. 특히 법안이 중의원 본회의에서 강행 처리된 이후 노벨상 수상자를 포함한 학자 2천여 명과 미야자키 하야오 감독을 중심으로 한 영화계 2백여 명이 반대 성명을 발표하는 등 다양한 분야의 단체에서 반대 목소리를 냈으며, 반대 여론도 급속도로 확대되었다. 고공 행진을 거듭하던 아베 내각의 지지율은 출범 이후 처음으로 50% 미만으로 떨어졌으며, 법안의 강행 처리가 계속되자 한 달 사이 10% 포인트 급락하기도 하였다. 여론의 반발이 거세지자 아베 내각의 장기 집권에 대한 회의적 전망이 일었고, 아베 총리는 기자회견을 통해 시간을 들여 국민에게 설명하지 못한 것을 반성한다고 말하기도 했다.

일본 정당

12월 09일
• 일본 다함께당 분열…연내 신당 결성, 야당 재편 신호탄 될지 주목

(교도통신 12. 09, 연합뉴스 12. 09 재인용)

– 일본 야당인 다함께당의 에다 겐지 전 간사장 등 소속 국회의원 14명이 특정비밀보호법 등을 둘러싼 와타나베 요시미 대표와의 갈등 끝에 9일 오후 당에 탈당 신청서를 제출했다. 이들은 무소속 의원 1명을 영입하여 연내에 새 정당을 결성할 것이라 밝혔다. 이에 중·참의원에서 총 35석을 보유한 다함께당은 의원의 약 40%가 빠져나가게 됨에 따라 결성된 지 4년여 만에 분열됐다. 더불어 이번 집단 탈당을 주도한 에다 전 간사장을 중심으로 야당 세력이 결집해 정계 재편이 뒤따를 가능성도 배제할 수 없게 됐다.

2009년 8월 와타나베 대표와 함께 자민당 탈당파들을 중심으로 다함께당을 창당한 에다 전 간사장은 야당 재편에 소극적인 와타나베 대표와 반목을 계속해 왔고, 지난달 26일 특정비밀보호법의 중의원 표결 때 찬성한다는 당 집행부의 방침에 반발, 퇴장하기도 했다.

12월 18일

• 일본 다함께당 탈당 의원 등 15명 신당 '묶음당' 결성

(교도통신 12. 18, 연합뉴스 12. 18 재인용)

- 다함께당에서 탈당한 에다 겐지 의원 등 일본 중·참의원 의원 15명은 18일 도쿄 도내에서 신당 창립총회를 열었다. 신당 이름은 '묶음당'으로 하고 대표에 에다 중 의원 의원, 간사장에 오노 지로 참의원 의원이 각각 취임했다. 다함께당 간사장 출 신의 에다 대표는 당명에 관해 "촉매 정당으로서 야당 세력을 묶어 결절점이 되겠 다는 의미를 담았다."고 말했다. 그는 "자민당을 대신할 집권 능력을 지닌 거대한 세력을 형성해야 한다."며 2015년 봄 지방선거까지 야당 진영을 재편하겠다는 방 침을 강조했다.

한편 묶음당은 이날 총회에서 야권 재편을 목표로 한 강령과 특정비밀보호법의 수정을 포함한 기본 정책을 승인했다. 또 탈원전, 지역 주권 확립, 규제 개혁 추진 등을 주요 정책으로 내걸고 민주당이나 일본유신회 등과 연대를 추진하기로 했다. 그럼에도 야당 내에 신중론이 강하여 에다 대표의 생각대로 야권 재편이 이뤄질 가 능성은 적다고 교도통신은 전망했다.

일본 선거·의회

11월 24일

• 日 후쿠시마 지자체장 선거 또 현직 패배 (연합뉴스 11. 25)

- 동일본 대지진과 원전 사고 피해 지역인 후쿠시마현 내 자치단체장 선거에서 물 갈이 바람이 이어졌다. 24일 투·개표가 이뤄진 후쿠시마현 니혼마쓰시·히로노초 의 자치단체장 선거에서 신인인 두 후보가 각각 3선에 도전한 현직 단체장들을 꺾 었다. 이로써 올 들어 4월 고리야마, 9월 이와키, 지난 17일 후쿠시마 등 후쿠시마 현 내 3개 주요 도시 시장 선거를 강타한 '현직 물갈이 바람'이 계속됐다. 이런 선거 결과는 2011년 3·11 동일본 대지진과 후쿠시마 원전 사고 이후 부흥 작업이 지연 되자 현직 자치단체장들에 대한 주민들의 불만이 표출된 것으로 분석된다.

11월 26일

• 일본 '비밀보호법안' 알 권리 침해 논란 속 중의원 통과

(한겨레 11. 26 · 중앙일보 11. 27 · 동아일보 11. 27)

- 일본 중의원은 26일 본회의에서 국가 기밀을 누설한 사람에게 최고 10년의 징역을 선고할 수 있는 특정비밀보호법안을 통과시켰다. 민주당은 의장석을 둘러싸는 등 격렬하게 반대하였지만 법안 처리는 강행됐다. 중의원 의석 3분의 2 이상을 차지한 자민·공명당의 연립 여당과 다함께당이 찬성한 가운데, 민주당 등 다른 야당들은 반대표를 던졌다. 한때 자민당의 법안 협의에 응한 일본유신회는 "충분한 심의가 이뤄지지 않았다."며 표결에 참여하지 않고 퇴장했다. 한편 특정 비밀로 지정할 수 있는 정보를 외교·국방 분야로 제한하거나, 정부의 자의적 법 운용을 막을 수 있는 제3자 기관의 감시 등의 내용을 포함시키자는 야당의 의견은 결국 받아들여지지 않았다.

11월 27일

• 日 NSC 법안 참의원 통과…아베 우경화 정책 잇단 현실화

(조선일보 11. 28 · 국민일보 11. 28)

- 27일 일본판 국가안전보장회의(NSC)법안이 참의원 본회의에서 찬성 213표, 반대 18표의 압도적인 다수로 통과됐다. 이에 따라 12월 4일 설치될 일본판 NSC는 외교·안보 분야를 중심으로 한 중장기 국가 전략 수립과 위기관리, 정보 집약 등의 역할을 맡게 된다. 아베 총리를 중심으로 관방장관, 외무상, 방위상으로 구성된 4인 각료회의가 2주일에 한 번씩 중요 과제를 논의하게 되며, 주로 북한 핵문제나 대중 관계 등이 다뤄질 것으로 전망된다. 이로써 아베 총리가 중점적으로 추진하는 안보·방위력 강화 정책 3종 세트인 특정비밀보호법안, NSC설치법안, 집단적 자위권 행사 중 사실상 집단적 자위권 행사만 남았다.

11월 28일

• 日 법원 "7월 참의원 선거 위헌…유권자 수 격차 심각"   (연합뉴스 11. 28)

- 최근 국정 선거 때마다 의원 1인당 유권자 수 격차 문제가 부상돼 온 가운데, 지

난 7월 참의원 선거에 대한 위헌 및 선거 무효 판결이 처음으로 나왔다. 히로시마 고법 오카야마 지부는 28일 '선거구별 의원 1명당 유권자 수 격차가 최대 4.77배였던 7월 참의원 선거는 무효'라며 변호사들이 제기한 소송에서 위헌 판결을 내렸으며, 오카야마 선거구의 선거 결과를 무효화했다.

이번 판결이 확정되면 해당 선거구의 이시이 마사히로 의원(자민당)은 의원직을 상실하게 되지만, 재판의 피고인 오카야마현 선거관리위원회가 상고할 것이 확실시돼 최종 판단은 최고재판소(대법원)의 몫으로 넘겨질 전망이다.

12월 05일

• 日 비밀보호법안 참의원 특위 통과…野 상임위원장 2명 해임

(교도통신 12. 05, 연합뉴스 12. 05 재인용)

− 일본 참의원의 국가안전보장특별위원회는 5일 특정비밀보호법 제정안을 집권 자민당과 연립 여당 공명당의 찬성으로 가결했다. 이날 오후 특위에서 자민당 소속의 나카가와 마사하루 위원장은 야당의 질의를 중단시키고 표결을 강행했다. 민주당 의원 등은 위원장석을 둘러싸고 강력하게 항의했고, 이 과정에서 마이크가 파손되기도 했다. 앞서 여당과 법안 수정에 합의한 일본유신회와 다함께당은 '심의가 충분하지 않고 야당의 반대를 무릅쓰고 가결하는 것은 강행'이라며 표결 전에 퇴장했다.

한편 여야 공방이 거세지는 가운데 자민당은 이날 야당 민주당 소속 참의원 상임위원장 2명을 해임하고, 그 자리에 여당 소속의 참의원들을 각각 임명하는 초강수를 뒀다. 야당 소속 상임위원장을 해임한 것은 양원에서 처음 있는 일이고 야당의 거점을 빼앗는 극히 이례적인 사태라 할 수 있다.

12월 06일

• 日 특정비밀보호법 참의원 통과…13일 공포…1년 내 시행 (연합뉴스 12. 06 · 12. 11)

− 6일 일본 참의원은 본회의에서 특정비밀보호법 제정안에 대한 표결을 시행해 찬성 130표, 반대 82표로 가결했다. 이 법은 13일에 공포되고 그로부터 1년 이내에 시행되지만 일부 조항은 공포 즉시 발효된다. 야당은 정부의 정보 통제를 강화하는

특정비밀보호법 제정에 강력히 반대했으나 의회의 과반을 점한 집권 자민당과 연립 여당 공명당이 찬성해 법 제정을 막지 못했다. 민주당은 이날 비밀보호법에 맞서기 위해 아베 내각에 대한 불신임안을 중의원에 제출하는 등 강수를 뒀으나 여당의 반대로 부결됐다.

일본 여론

11월 21일

• "비밀보호법 꼭 막아야"…도쿄 등 14곳서 대규모 반대 시위 (한겨레 11. 21)

– 아베 총리가 추진 중인 특정비밀보호법에 반대하는 일본 시민들이 21일 오후 도쿄를 비롯해 전국 14곳에서 '비밀보호법을 막아라 11·21 대집회'를 열었다. 시민들이 법안에 반대하는 것은 정부가 자기 입맛에 맞지 않는 정보를 '특정 비밀'로 지정해 영원히 감출 수 있다는 우려 때문이다.

11월 29일

• 일본 비밀보호법 통과 반발 확산…학자들 48년 만에 집단행동 나서

(도쿄신문 11. 29, 한겨레 11. 29 재인용)

– 도쿄신문의 보도에 따르면 노벨상 수상자 2명을 포함한 법학, 경제학, 철학 분야의 저명한 학자 31명이 28일 '특정비밀보호법에 반대하는 학자 모임'을 결성했다. 일본 학자들이 연구 분야를 뛰어넘어 모임을 결성해 정치적 반대 운동에 나서는 것은 1955년 개헌 반대를 위해 뭉친 이후 48년 만의 일이다. 학자 모임은 성명에서 "특정비밀보호법안은 헌법의 기본적 인권과 평화주의를 위협하는 법으로, 즉시 폐지해야 한다."고 주장했다.

12월 01일

• 日 변호사들도 비밀보호법안 반대하며 거리로 (NHK 12. 01, 연합뉴스 12. 01 재인용)

– 특정비밀보호법안에 대한 일본 각계의 반발이 거세지고 있는 가운데, 일본을 대표하는 변호사 단체까지 거리로 나섰다. NHK에 따르면 일본변호사연합회(일변련)

는 1일 도쿄 신주쿠에서 소속 변호사 약 40명이 참가한 가운데 시위를 열고 법안 폐기를 호소했다. 야마기시 겐지 일변련 회장은 시위에서 행한 연설을 통해 "특정비밀보호법안에는 비밀의 지정 및 해제에 대해 외부에서 감시하는 구조가 없다."며 "시민에게 중요한 정보가 공개되지 않을 우려가 있어 찬성할 수 없다."고 밝혔다.

12월 02일

• 아베 내각 지지율, 출범 후 처음 50% 밑돌아

(아사히신문 12. 02, 한겨레 12. 02 · 동아일보 12. 03 재인용)

– 일본 아베 내각의 지지율이 지난해 12월 출범 이후 처음으로 50% 미만으로 떨어졌다. 아사히신문에 따르면 지난달 30일부터 이틀 동안 실시한 전화 여론조사 결과 아베 내각을 지지한다는 응답자는 49%였다. 이는 지난달 조사 때(53%)보다 4%포인트 떨어진 수치다. 아베 내각의 지지율은 아베노믹스에 대한 기대 심리가 고조되던 올 상반기에 70%를 웃돌기도 했다.

신문은 아베 내각의 지지율이 하락한 배경에는 특정비밀보호법안을 강행 처리한 영향이 크다고 지적했다. 이번 조사에서도 법에 대한 반대 의견(50%)이 찬성 의견(25%)을 두 배 앞섰다. 법안의 강행 처리에 문제가 있다는 응답은 61%, 문제가 되지 않는다는 응답은 24%를 나타냈다. 또 법안을 자민당의 계획대로 이번 회기에 통과시켜야 한다는 의견이 14%에 불과한 데 반해, 6일까지인 회기를 넘기더라도 차근차근 계속 심의해야 한다는 의견은 51%였다. 아예 법안을 폐기해야 한다는 의견도 22%였다. 그러나 어느 정당을 지지하느냐는 질문에는 자민당이 36%로 민주당의 지지율 5%를 압도했다. 아베 정권이 추진하는 특정비밀보호법이나 환태평양경제동반자협정(TPP) 등에는 불만이 많지만, 딱히 지지할 야당이 없다는 일본 정치의 상황을 반영한 결과인 셈이다.

12월 04일

• 日 비밀보호법 논란…영화인 269명 반대 호소문 (연합뉴스 12. 04)

– 4일 일본 언론에 따르면 지난 9월 은퇴를 선언한 일본 애니메이션의 거장 미야자키 하야오 감독을 포함한 일본 영화감독과 배우 269명은 전날인 3일 '특정비밀보호

법안에 반대하는 영화인 모임'을 결성하고, 팬들에게 법안 반대에 동참할 것을 촉구하는 호소문을 발표했다. 이들은 호소문에서 특정비밀보호법안이 "알 권리를 빼앗고 표현의 자유를 위협할 수 있다."며 "민주주의의 정신에 비춰 용인할 수 없다."고 밝혔다.

12월 08일

• 비밀보호법 여파…日 아베 내각 지지율 또 하락

(아사히신문 12. 08, 연합뉴스 12. 08 재인용)

– 일본 자민·공명 연립 여당의 특정비밀보호법 강행 처리 이후 아베 내각의 지지율이 하락한 것으로 나타났다. 8일 보도된 아사히신문 여론조사에 따르면 특정비밀보호법이 참의원을 통과함으로써 최종 성립된 다음 날인 7일 실시한 전화 여론조사 결과, 아베 내각을 '지지한다'는 응답은 46%로 직전 조사에 비해 3%포인트 떨어져 추가 하락세를 보인 것이다. 하지만 이번 조사에서 자민당 지지율은 35%를 기록하며 직전 36%에서 소폭 하락하는 데 그쳐 특정비밀보호법 파문이 야당에 대한 지지 상승으로 직결되지는 않은 것으로 나타났다.

한편 이번 조사에서 특정비밀보호법을 찬성한다는 응답은 24%, 반대는 51%로 각각 집계됐다. 또 특정비밀보호법의 국회 논의가 '충분했다'는 견해는 11%에 그쳤고, '충분치 않았다'는 견해는 76%에 달해 다수 국민이 '날치기 통과'로 인식하는 것으로 나타났다.

12월 11일

• 지지율 추락에 급해진 아베 비밀보호법 수습 나섰지만…장기 집권 변수

(교도통신 · NHK · 요미우리신문 12. 11, 중앙일보 12. 11 · 연합뉴스 12. 13 재인용)

– 출범 이후 1년간 줄곧 높은 지지율을 유지하던 일본 아베 내각의 지지율이 지난달 말부터 이달 초에 걸쳐 여론의 반대를 무릅쓰고 '특정비밀보호법안'을 국회에서 강행 처리한 이후 급격히 추락하고 있다.

교도통신이 지난 8~9일 실시한 전화 여론조사 결과 내각 지지율은 지난달 조사(11월 23~24일) 때의 57.9%에서 10.3%포인트 떨어진 47.6%를 기록했다. 국민의 알

권리를 침해한다는 지적을 받는 특정비밀보호법에 대해선 '수정해야 한다'는 응답이 54.1%, '아예 폐지해야 한다'는 응답이 28.2%로 나타났다. 공영방송인 NHK가 법안이 성립한 6일부터 사흘간 실시한 여론조사에서도 아베 내각 지지율은 한 달 사이 10%포인트 급락한 50%를 기록했다. 정권 출범 이후 가장 낮은 지지율이다. 이 같은 추세는 특정비밀보호법의 정당성을 지면을 통해 설파하는 등 아베 정권에 우호적인 요미우리신문의 조사에서도 마찬가지로 나타났다. 신문이 지난 6일부터 사흘간 시행한 전화 여론조사 결과에서도 내각 지지율은 55%로, 약 1개월 전에 비해 9%포인트 하락했다. 이 또한 정권 출범 이후 최저치다.

아베 총리는 여론의 반발이 거세지자 9일 기자회견을 열고 "차가운 여론은 국민의 질타 목소리임을 겸허하고 진지하게 받아들인다."며 "보다 정중하게 시간을 들여 (국민에게) 설명했어야 하는 것 아니냐는 반성을 하고 있다."며 한발 물러섰다.

하지만 특정비밀보호법 강행 직후 나타난 내각에 대한 지지율 폭락은 다수당의 횡포, 국민의 목소리에 귀를 막은 정부라는 비판론이 거세지고 있는 상황을 보여준다. 또한 내각 지지율이 급락하면서 장기 집권의 가능성에 대한 회의적인 전망이 고개를 들고 있다.

5차 (12월 말~2014년 1월 말)

하종민

2013년, 원전 문제와 독단적 우경화 정책을 펼치던 아베 신조(安倍晉三) 일본 총리가 2014년 새해부터 또 다른 정치 행보를 시작했다. 지난해 12월 26일, 야스쿠니 신사 참배를 강행한 것이 바로 그것이다. 이어서 올해 1월 6일, 이세신궁 방문 후 가진 신년 기자회견에서 "헌법이 제정된 지 68년이 되어 간다. 시대의 변화를 파악해 해석의 변경과 개정을 위한 국민적 논의를 심화시켜야 한다."고 밝히며 평화 헌법 개정 의지를 재확인 시켰다(서울신문 2014. 01. 07). 또한 자신의 신사 참배에 대해 "중국, 한국에 성의를 갖고 설명하고 싶다."고 언급하면서 이중적 태도를 보여 주었다(동아일보 2014. 01. 07). 이와 관련해 중국은 화춘잉(華春瑩) 외교부 대변인을 통해 "아베는 양면적인 방법으로 대중 관계를 희롱해 왔다. 신사 참배를 해 중·일 간 4개 정치 문건의 원칙과 정신을 저버리고 중·일 관계의 정치적 기초를 엄중히 파괴했다."고 비판했다. 또한 32명의 해외 주재 중국 대사가 40여 차례에 걸쳐 인터뷰, 신문 기고, 기자회견, 입장 표명 등을 통해 이번 신사 참배와 관련하여 강도 높은 비난을 이어 가고 있다(서울신문 2014. 01. 07). 미국 역시 '중국 견제' 부담을 상당 부분 떠안아 줄 수 있는 일본의 전략적 가치가 어느 때보다 높아져 있는 상황에서 아베 총리가 주변국과 불필요한 마찰을 일으키는 것에 대해 비판적 인식이 팽배해지고 있다. 유럽연합과 독일 역시 외교 대변인을 통해 일본에 유감의 메시지를 전한 것으로 보도되었다(조선일보 2014. 01. 08).

아베 총리의 야스쿠니 신사 참배에 대한 부정적 국제 여론과 맞물려 일본 국내 여론 역시 부정적 의견이 다수로 나타나고 있다. 일본 산케이신문과 후지뉴스네트워크(FNN)가 지난 4~5일에 실시한 여론조사에서 부정적 응답이 53%로 긍정적 응답(38.1%)보다 높은 수치로 나타났으며, 부정적 응답의 61.9%가 '외교적 노력이 부족했다'고 평가했다. 이번 신사 참배로 일본 내에서 강하게 제기된 '무종교 국립 추도 시설 건립'에 대해선 부정적 응답이 더 높은 것으로 조사되었다(중앙일보 2014. 01. 08).

반면, 야스쿠니 신사 참배에 대한 부정적 여론이 적어도 지지율 면에서는 긍정적 영향을 끼친 것으로 드러나고 있다. NHK가 11~13일에 실시한 여론조사에서 아베 정권의 지지율은 지난달 50%에 비해 4%포인트 상승한 54%를 기록했다. 이 밖의 요미우리신문, 산케이신문 & 후지뉴스네트워크(FNN), 교도통신의 조사에서도 모두 아베 정권의 지지율이 상승한 것으로 집계되었다. 이러한 조사 결과는 여론의 반대 속에 지난달 강행 처리한 '특정비밀보호법'으로 인해 하락한 아베 내각 지지도가, 야스쿠니 신사 참배 이후 원상회복되는 양상을 보인다고 할 수 있다(연합뉴스 2014. 01. 14).

일본 정당

01월 02일

• 日 공명당 대표 "아베, 韓·美·中 목소리에 귀 기울여야"   (조선일보 01. 03)
– 일본 집권 자민당의 연립 정당인 공명당의 야마구치 나쓰오(山口那津男) 대표가 2일 아베 신조 총리의 야스쿠니 신사 참배를 비판했다. 야마구치 대표는 이날 도쿄에서 열린 가두연설회에 참석해 아베 총리의 야스쿠니 신사 참배에 관해 "한국과 중국은 물론 미국, 러시아, EU에서도 걱정하는 목소리와 비판이 들린다."면서 "이런 목소리에 겸허하고 진지하게 귀 기울여, 세계 평화와 안정에 공헌하는 일본의 자세를 보여 주어야 한다."고 말했다.

01월 04일

• 日 다함께당, 집권 자민당에 노골적 구애   (교도통신 01. 04, 연합뉴스 01. 04 재인용)
– 일본 야당인 다함께당의 와타나베 요시미(渡邊喜美) 대표가 집권 자민당을 향한 노골적인 구애 공세에 나섰다. 교도통신에 따르면 와타나베 대표는 4일 도치기현에서 기자들과 만난 자리에서 아베 신조(安倍晋三) 총리가 추진 중인 집단 자위권 행사 용인에 대해 연립 여당인 공명당이 반대하는 상황에 대해 언급, "올 상반기에는 자민·공명 양당 간에 보류해 온 문제의 결론이 나온다."며 "모라토리엄 기간(입장 차를 봉인해 두는 기간)이 끝나고 있는 것은 틀림없는 사실"이라고 말했다. 그는 이어

"연립 여당의 재조합이 있을지 모르겠지만, 그런 상황이 생길 때 다함께당은 이렇게 생각한다는 답변을 준비해 둘 필요가 있다."고 부연했다.

01월 06일

• 아베 총리, 평화헌법 개정 의지 재확인 　　　　　　　　　　　　(서울신문 01. 07)

– 아베 신조 일본 총리가 집단적 자위권 행사와 평화헌법 개정에 대한 의지를 재확인했다. 한국 및 중국 정상과 회담하고 싶다는 뜻도 밝혔다. 아베 총리는 6일 새해 첫 공식 활동으로 일본 왕실의 조상신에게 제사를 지내는 이세신궁에 참배한 뒤 현지에서 가진 기자회견을 통해 "헌법이 제정된 지 68년이 되어 간다. 시대의 변화를 파악해 해석의 변경과 개정을 위한 국민적 논의를 심화시켜야 한다."고 말했다. 이어 아베 총리는 집단적 자위권과 개헌에 대해 "중국과 한국을 포함한 여러 나라에 제대로 설명하고 싶다."고 부연했다. 이와 함께 아베 총리는 "중국, 한국과 대화를 도모하는 것은 지역 평화와 안정에 매우 중요하다."면서 양국 정상과 "어려운 과제가 있을수록 흉금을 터놓고 이야기해야 한다."며 정상회담에 대한 희망을 밝혔다. 지난달 26일 자신의 야스쿠니 신사 참배와 관련해서도 "중국, 한국에 성의를 갖고 설명하고 싶다."면서 전제 조건 없는 대화를 제안했다.

일본 선거 · 의회

01월 14일

• '타도 아베' 손잡은 두 전직 총리 　　　　　　　　　　　　(중앙일보 01. 15)

– 고이즈미는 14일 호소카와 모리히로(細川護熙) 전 총리와 회동을 하고 다음 달 9일 치러지는 도쿄 도지사 보궐선거에서 호소카와를 적극 지원하겠다고 선언했다. 자민당이 지원하는 후보가 아닌 호소카와와 손을 잡은 건 사실상 아베 신조(安倍晋三) 정권에 대한 정면 도전이다. 1993년 8월 야당인 일본신당의 대표였던 호소카와는 자민당 장기 집권에 종지부를 찍으며 비(非)자민 연립 정권의 총리로 취임해 8개월간 재임한 인물이다. 자민당 출신인 고이즈미가 정치적 성향이 완전 다른 호소카와를 끌어내 '호소카와–고이즈미 연합'을 이루고 '타도 아베'를 선언하게 된 고리는

'탈원전' 문제다. 호소카와 전 총리는 이달 초까지만 해도 출마를 망설였다고 한다. 측근 인사들도 "말년을 더럽히지 마라."고 조언했다. 그러나 고이즈미가 전면 지원을 약속한데다 아베 총리의 야스쿠니(靖國) 신사 참배 등 아베 정권의 거침없는 독주를 그냥 두고만 볼 수 없다는 판단 아래 '전직 총리의 지사 출마'를 결심하게 됐다고 한다. 아베를 포함해 총리 경험자는 전후(戰後) 33명 있지만 퇴임 후 지사 선거에 나서는 것은 이번이 처음이다.

01월 14일
• 전직 총리 2명 손 맞잡아…아베 독주에 견제 (한겨레 01. 14)

– 일본 정계의 '폭풍의 눈'으로 떠오른 것은 다음달 9일 치러지는 도쿄 도지사 선거다. 애초 이번 선거는 부패 혐의로 물러난 이노세 나오키 전임 도지사의 후임을 뽑는 보궐선거에 불과했다. 심심하던 선거판이 갑자기 활기를 띠게 된 것은 1993년 자민당의 장기 독재 체제(55년 체제)를 무너뜨린 호소카와 모리히로 전 총리의 출마 전망이 흘러나오면서부터다. 설마 하던 이들의 예상을 깨고 호소카와 전 총리는 14일 고이즈미 준이치로(72) 전 총리와 전격 회동해 지지를 이끌어 내는 데 성공했다. 이번 선거는 도쿄도를 넘어 야권을 중심으로 한 정계 개편에도 상당한 영향을 끼칠 전망이다. 호소카와 전 총리는 민주당의 노다 요시히코 전 총리를 '최고의 제자'로 부르며 애정을 쏟아 왔다. 이번 선거에서 호소카와 전 총리가 대승을 거두면 민주당의 노다파와 탈핵을 중심으로 정계 개편이 급물살을 탈 가능성이 있다.

일본 여론

01월 07일
• "일본인 53% '아베 야스쿠니行' 부정적 평가"

(산케이신문 01. 07, 연합뉴스 01. 07 재인용)

– 일본인 50% 이상이 아베 신조 총리의 작년 말 야스쿠니(靖國) 신사 참배를 부정적으로 평가한다는 조사 결과가 나왔다. 산케이신문과 후지뉴스네트워크(FNN)가 지난 4~5일 전국 성인 남녀 1천 명을 대상으로 공동 실시해 7일 결과를 공개한 전

화 여론조사에서 아베 총리의 야스쿠니 참배에 대해 '평가한다(가치 있는 것으로 간주한다는 의미)'는 응답은 38.1%에 그쳤고 '평가하지 않는다'는 답은 53%였다. '평가하지 않는다'는 응답자 중 61.9%가 '외교적 배려가 부족했다'는 점을 이유로 들었고, '평가한다'는 응답자 중 74%는 '전쟁 희생자에 대해 애도의 뜻을 표했기 때문'이라고 밝혔다. 아베 총리의 야스쿠니행에 대해 일본인 전체적으로는 부정적 평가가 많았지만 30대와 20대의 경우 '평가한다'는 응답이 각각 50.6%와 43.2%로 '평가하지 않는다'는 답(30대 41.4%, 20대 41.6%)보다 많았다. 특히 30대 남성 응답자의 64.3%가 '평가한다'고 답했다.

01월 08일

• 아베 피로감 확산…日 감싸던 美 인사들 "한국 입장 동의"　　　(조선일보 01. 08)

− "아베 신조(安倍晉三) 일본 총리는 개인 신념 때문에 다른 사람, 다른 국가들이 일본을 어떻게 볼지에 대한 인식이 없는 것 같다. 이번 일은 명백히 아베의 실수다." 미국 싱크탱크 전략국제문제연구소(CSIS)의 존 햄리 소장은 최근 아베 신조 일본 총리의 야스쿠니(靖國) 신사 참배 직후 이같이 말했다. 미·일 동맹은 여전히 미국 동북아 전략의 핵심 축"이라는 인식에는 변함이 없지만, 이와는 별개로 아베 개인에 대한 비호감도는 급격히 높아지고 있는 것이다. 이 때문에 한·일 관계 악화에는 한국보다 일본의 책임이 더 크다는 인식도 확산되면서 한국의 외교적 입지도 넓어졌다는 평이 나오고 있다. 아베는 취임 이후 '대미(對美) 올인 외교'를 펼치고 있고, 미국 입장에서도 국방비 삭감 기조 와중에 '중국 견제' 부담을 상당 부분 떠안아 줄 수 있는 일본의 전략적 가치가 그 어느 때보다 높아지면서 양국 관계는 '신(新)밀월'이라는 말을 들을 정도로 밀착돼 있다. 하지만 "아베는 언제든 과거사 도발 등으로 주변국과 불필요한 마찰을 일으켜 미국을 곤란하게 할 수 있는 불안 요소가 있다."는 것이다. 이번 야스쿠니 신사 참배는 이를 확인해 준 계기가 됐다. 지난해 아베를 만났던 커트 캠벨 전 국무부 동아태차관보는 한국 지인들에게 "이전에는 아베의 우익 행보가 '정치적 계산'에 따른 것이라고 생각했지만, 그를 만나고 보니 '자기 확신'에 따른 것이라는 걸 알게 됐다."고 말한 것으로 알려졌다. 아미티지 전 국무부 장관은 "일본의 추가 도발 방지를 장담할 수 없는 상황에서 박근혜 대통령이 아베

를 만날 수 없다는 한국 태도에 100% 동의한다."고 했다. 미국에서뿐 아니라 유럽 등에서도 아베에 대한 싸늘한 시선은 마찬가지다. 캐서린 애슈턴 유럽연합 외교·안보 고위 대표는 "아베의 참배는 동북아 지역 긴장 완화와 이웃 국가들과의 관계 개선 노력에 찬물을 끼얹는 행위"라고 했다. 앙겔라 메르켈 독일 총리의 대변인인 슈테펜 자이베르트는 이와 관련해 "일반적으로 모든 나라는 20세기의 끔찍한 사건에서 자기들의 역할에 정직하게 책임을 져야 한다. 이 책임 위에서만 다른 국가들과 미래를 건설할 수 있다."고 했다.

01월 14일

• 日 여론조사서 아베 야스쿠니행 비판 많지만 지지율↑   (연합뉴스 01. 14)

– 아베 총리의 지난달 26일 야스쿠니(靖國) 신사 참배 이후 일본 언론들이 실시한 여론조사에서 참배에 대한 부정적인 평가가 긍정적인 평가보다 많았지만 아베 내각 지지율은 참배 전에 비해 상승한 것으로 나타났다. NHK가 11~13일 전국 성인 남녀 1천66명을 대상으로 실시한 전화 여론조사에서 아베 총리의 야스쿠니 신사 참배에 대해 '매우 평가한다'(17%)는 답과 '어느 정도 평가한다'(27%)는 답이 합해서 44%였고, '그다지 평가하지 않는다'(29%)는 답과 '전혀 평가하지 않는다'(23%)는 답은 합해서 과반인 52%였다. '아베 총리가 앞으로도 야스쿠니 참배를 계속해야 한다고 보느냐?'는 질문에는 '계속하면 안 된다'는 답이 38%로 '계속해야 한다(27%)'는 답보다 많았다. 반면 아베 정권에 대한 지지율은 54%로, NHK가 지난달 6~8일 실시한 조사 결과(50%)에 비해 4%포인트 상승했다.

이런 경향은 다른 언론사 조사에서도 마찬가지였다. 요미우리신문이 10~12일 실시한 조사에서 아베 총리의 야스쿠니 참배에 대해 '평가하지 않는다'는 답이 47%로 '평가한다'는 답(45%)보다 약간 많았지만, 아베 내각 지지율은 직전 조사 때의 55%에서 7%포인트 뛴 62%를 기록했다. 산케이신문과 후지뉴스네트워크(FNN)가 지난 4~5일 실시한 조사에서 아베의 야스쿠니 참배에 대해 '평가한다'는 응답은 38.1%에 그쳤고 '평가하지 않는다'는 답은 53%였다. 그러나 아베 내각 지지율은 지난달 14~15일 조사 때의 47.4%에서 4.7%포인트 상승한 52.1%로 집계됐다.

6차 (2014년 1월 말~2월 말)

김예아

2월 5일 오전, 아베 총리가 참의원 예산위원회에 출석하여 반드시 헌법 개정을 하지 않아도 헌법 해석을 바꿈으로써 집단적 자위권을 행사할 수 있다고 말했다. 물론 아베 총리로서는 헌법 9조 개정이 최선의 방법이지만 헌법 96조의 개헌 발의 요건인 중·참의원 '3분의 2 찬성'을 얻기는 현실적으로 어렵기 때문에 9조의 해석 변경을 서두르고 있는 것이다. 아베 총리의 사적 자문기관인 '안전보장 법적 기반 재구축에 관한 간담회'가 4월 집단 자위권에 관한 최종 검토 보고서를 제시하면, 아베 내각은 이를 토대로 이르면 올여름 각의 결정 형식으로 헌법 해석 변경을 강행한 뒤 관련법을 정비할 것으로 예상된다.

그런데 지난 2월 12일 열린 중의원 예산위원회에서 아베 총리가 집단 자위권 행사 용인을 위한 헌법 해석의 최종 책임자가 자신이라고 주장하여 논란이 되고 있다. 이는 아베 총리가 헌법 해석 권한을 가진 내각법제국을 무시하고 입헌주의를 부정하는 듯한 발언으로 들릴 수 있기 때문이다. 이러한 아베 총리의 일방적인 정책 결정에 대해 자민당 내부에서도 불만이 나오면서 비판이 제기되었다. 또한 '내일의 자유를 지키는 젊은 변호사 모임'은 헌법의 기본을 이해하라는 뜻에서 대학생에게 헌법의 교과서로 자리매김한 아시베 노부요시 도쿄대 명예교수의 저서 '헌법'을 아베 총리에게 보내 항의의 뜻을 표출했다.

그러한 가운데 일본 집권 자민당은 '일본판 대만 관계법' 제정을 추진하기로 했다. '일본·대만 경제 문화 교류 촉진 소장과 의원 모임'이 정식 외교 관계가 없는 대만과의 관계 강화를 위한 법적 근거를 마련하기 위해 제정 추진에 나선 것이다. 이러한 대만 관계법 추진은 미국의 사례를 벤치마킹한 것인데, 미국은 1979년 중국과 수교하고 대만과 단교하면서 대만과의 공동방위조약을 폐기하는 대신 대만에 대한 안전보장과 무기 판매 등 조항을 담은 대만 관계법을 만들어 대만 해협에서 갈등이 발생할 때 개입할 수 있는 여지를 남겼다. 일본 학자들은 중국을 견제하기 위해 대만과의 관계를 강화하는 것은 일본의 미래에 중요한 일이라고 말했지만, 중국 정부는 단호히 반대하는 입장을 밝혔다.

한편, 도쿄 도지사 선거에서 아베 정권의 전폭적인 지지를 받은 마스조에 요이치 전 후생노동상이 압승을 거두었다. 개표 결과, 마스조에는 211만 3천 표를 얻었으며, 98만 3천 표와 96만 6천 표를 각각 얻은 우쓰노미야 겐지 전 일본변호사연합 회장과 호소카와 모리히로 전 총리를 큰 표 차이로 따돌렸다. 따라서 정권의 중간 평가 의미를 지닌 선거에서 승리한 아베 총리는 정책 추진에 탄력을 받게 되었고, 원전 재가동 방침을 담은 중장기 에너지 정책 지침 '에너지 기본 계획'을 이르면 이번 달 안에 내각 회의에서 결정할 것으로 보인다.

일본 정당

02월 08일
- **日 집권 자민당, '다케시마의 날' 중앙정부 행사로 승격 다시 추진**

(산케이신문 02. 08, 국민일보 02. 08 재인용)

— 자민당이 시마네현 자치로 주관해 온 '다케시마(독도의 일본식 명칭)의 날' 행사를 중앙정부 행사로 승격하는 방안을 재논의하기 시작했다. 자민당은 다케시마의 날(2월 22일)과 건국 기념일(2월 11일)에 중앙정부 행사를 개최하는 문제를 논의하는 '역사·전통·문화에 관한 연락 협의회'를 설치할 예정이다. 협의회 회장은 자민당의 시마네현 총 책임자인 다케시타 와타루 중의원 의원이 맡을 것으로 알려졌다. 이번 협의회 결성에 앞서 자민당 인사들은 지난 5일 임원 회의를 겸한 준비 회의를 열었다. 여기에는 아베 신조 총리의 측근인 하기우다 고이치 자민당 총재 특별보좌 등 국회의원 15명이 참석했다. 협의회 측은 당분간 각종 연구회를 열면서 다케시마의 날 중앙정부 행사 개최에 대한 취지 등을 홍보하는 데 주력할 것으로 보인다.

02월 13일
- **'헌법 해석 내가 책임자' 아베 발언에 당내 비판**

(지지통신 02. 13, 연합뉴스 02. 13 재인용)

— 아베 총리는 전날 국회 답변에서 그동안 내각법제국이 담당해 온 정부의 헌법 해석에 대해 "정부의 최고 책임자는 내각법제국장관이 아니라 총리다."라고 말했다.

이러한 아베 총리의 발언을 둘러싸고 야당과 사회단체는 물론이고 당내에서도 비판이 제기되긴 했지만, 실상은 아베 총리 앞에 놓인 집단 자위권 행사 용인과 관련된 '장애물'들은 하나둘씩 치워지고 있는 양상이다. 내각법제국의 요코바타케 유스케 차장은 12일 헌법 해석 변경을 통해 집단 자위권 행사가 가능하다는 견해를 밝혔으며, 또한 연립 여당이지만 집단 자위권 행사에 신중론을 펴온 공명당 소속 오타 아키히로 국토교통상은 같은 날 아베 총리가 헌법 해석 변경을 통해 집단 자위권을 행사할 수 있다고 한 데 대해 동의한다는 뜻을 밝혔다. 오타의 발언에 대해 야마구치 나쓰오 공명당 대표가 "당의 신중론에는 변함이 없다."며 진화에 나섰지만 공명당이 끝까지 헌법 해석 변경에 저항할 수 있을지에 대해 점점 회의론이 퍼지는 양상이다.

02월 18일
• 日 의원 '다케시마 반환' 위해 활동 강화   (교도통신 02. 18)

– 자민당, 민주당 등 초당파로 구성된 '일본의 영토를 지키기 위해 행동하는 의원연맹'은 18일, 국회에서 총회를 열어 한국이 실효 지배를 계속하는 다케시마(한국명 독도)의 반환을 요구하는 활동을 강화할 방침을 확인했다. 시마네현이 22일 '다케시마의 날' 식전을 개최하기에 앞서 올해 처음으로 회동을 열었으며 중·참의원 의원 약 50명이 참석했다.

02월 19일
• 일본 자민당, 당원 목표 못 채운 의원엔 벌금   (연합뉴스 02. 19)

– 일본 집권 자민당은 소속 국회의원에게 당원 확충을 위한 할당량을 부과하고, 이를 채우지 못하면 벌금을 물리기로 했다. 자민당은 전날 열린 총무회에서 내년 봄 지방선거에 대비한 조직 강화 차원에서 이 같은 방침을 정했다. 자민당은 현재 70만 명 수준인 당원 수를 내년 말까지 120만 명 이상으로 늘린다는 목표 아래 참의원 비례대표 의원은 1인당 1천~5천 명, 그 외 의원은 1인당 1천 명의 당원 증식 목표를 할당했으며, 목표치를 채우지 못한 의원의 경우 미달성 인원수 1인당 2천 엔(약 2만 원)의 벌금을 부과하기로 했다.

02월 20일

• "자민당 개헌 초안 문제 많다." 믿는 도끼에 발등 찍힌 아베　　　(한국일보 02. 20)

– 아베 신조 일본 총리의 적극적인 지지로 도쿄 도지사로 당선된 마스조에 요이치가 〈헌법 개정의 겉과 속〉을 통해 2012년 4월 자민당이 작성한 헌법 초안을 조목조목 비판했다. 도쿄대 교양학부 교수 출신인 마스조에는 2005년 자민당 참의원 시절 헌법 개정 작업에 참여했으나, 이후 개정안 내용이 완전히 바뀌어 버린 것에 반발해 이 책을 출간한 것으로 알려졌다.

　마스조에는 자민당 헌법 초안에서 '일왕은 일본국의 원수'라고 명기한 것은 종전 이후 상징적인 존재로 바뀐 일왕에게 정치적 책임을 동반할 위험성을 남겼다고 지적했다. '개인의 존엄과 양성의 본질적 평등에 입각한다.'는 헌법 24조와 관련해서는 자민당 초안에 '가족은 서로 돕지 않으면 안 된다.'는 조항이 추가된 것을 비판했다. 마스조에는 "입헌주의 입장에서 가족은 국가의 보호를 받는 것으로 가족 구성원의 상부상조는 헌법이 아닌 도덕 개념"이라고 평가했다. 또한 자민당 초안이 '공무원에 의한 고문 및 잔학한 처벌은 절대 금지한다.'는 헌법 36조에서 '절대'라는 단어를 뺀 것에 대해서도 때에 따라 고문과 처벌을 허용할 수도 있다는 의미로 해석된다고 비판했다. 하지만 마스조에는 자위대의 전력 보유와 교전권을 허용하지 않는 헌법 9조 변경에 대해서는 반대하지 않았다. 이에 대해 자민당 중진 의원은 "탈당한 마스조에를 도와 도쿄 도지사 선거를 승리로 이끌었더니 이번에는 헌법 문제로 자민당을 배신했다."며 불만을 표시했다.

일본 선거 · 의회

02월 04일

• 아베 "헌법 개정해야"…또 개헌론 제기　　(교도통신 02. 04 연합뉴스 02. 04 재인용)

– 아베 신조 일본 총리는 4일 중의원과 참의원 3분의 2 이상이 찬성해야 헌법을 개정할 수 있도록 한 규정을 완화해야 한다는 뜻을 밝혔다. 아베 총리는 이날 중의원 예산위원회에서 "단지 국회의원 3분의 1의 반대로 국민의 60~70%가 개헌을 바란다고 해도 거부하는 것은 이상하다."면서 현재의 헌법이 미군정 시기에 만들어져

시대의 변화를 반영하지 못하고 있다고 주장했다. 한편, 아베 총리는 작년 5월 참의원에서도 개헌 필요성을 강조한 바 있다.

02월 05일

• 아베 "헌법 해석 바꿔 집단적 자위권 행사 가능…헌법 개정 필요 없어"

(교도통신 02. 05, 조선일보 02. 05 재인용)

– 아베 신조 일본 총리가 5일 오전 참의원 예산위원회에 출석해 집단적 자위권 행사를 위해서는 반드시 헌법을 개정할 필요 없이 헌법 해석을 바꾸면 된다는 입장을 밝혔다. 그는 또 일본이 집단적 자위권을 행사할 권리가 없다는 기존의 헌법 해석에 대해 "행사할 권리가 없는 것은 큰 단점"이라고 강조했고, 헌법 해석을 바꾸는 것 외에 관련법을 정비할 필요가 있다고 밝혔다. 한편, 이날 아베 총리는 그간 헌법이 제정된 지 68년이 돼 간다는 점을 이유로 시대의 변화에 맞는 해석을 해야 한다거나 안보 환경의 변화에 맞는 방위 정책이 필요하다는 점을 주로 언급했다.

02월 09일

• 도쿄 도지사 선거 아베 우경화 가속화되나…마스조에 '압승'

(조선일보 02. 10 · 한국일보 02. 10)

– 지난 9일 치러진 일본 도쿄 도지사 선거에서 아베 신조 정권의 지지를 받은 마스조에 요이치 전 후생노동상이 압승했다. 일본 선거관리위원회에 따르면 최종 개표 결과 연립 여당인 자민·공명당의 지원을 받은 마스조에 후보는 211만 2979표를 획득하며 타 후보를 압도했다. 마스조에 후보는 이로써 일본 수도의 행정 책임자이자 2020년 도쿄 올림픽의 준비 책임자의 중책을 맡게 됐다. 아베 내각의 중간 평가 성격을 띤 이번 선거에서 마스조에 후보가 압승함에 따라 아베 정권의 국정 독주는 계속될 전망이다. 또한 이번 선거의 결과로 탈원전 문제가 국민의 지지를 받지 못했다고 판단하여 '원전 재가동' 정책을 적극적으로 추진할 것으로 보인다. 아베 총리는 중장기 에너지 정책인 '에너지 기본 계획' 발표를 선거 이후로 미뤄 왔는데, 이르면 이달 내에 내각 회의에서 원전 재가동을 포함한 포괄적인 정책 방침을 발표할 계획이다.

02월 15일

- **日 정부 '무기거래조약' 체결안 국회 제출 방침** (교도통신 02. 15)

– 일본 정부는 15일, 재래식 무기의 취급을 규제하는 첫 국제 규칙인 무기거래조약 (ATT)의 체결안을 2월 중에 국회에 제출할 방침을 확정했다. 회기 내의 승인을 목표로 하면서 다수의 국가에 조약 참가를 촉구해 세계로 규제망을 확대해 나가고자 하는 생각이다. 하지만 아베 신조 정권은 무기 수출 3원칙 완화를 검토하는 등 수출 확대에 적극적인 자세를 보이고 있어, 무기 규제 추진과 수출 금지 완화를 동시에 진행하는 난해함은 부정할 수 없다.

02월 17일

- **"日 자민당, 대만 관계법 제정 추진…중국 견제용"**

(산케이신문 02. 18, 연합뉴스 02. 18 재인용)

– 일본 집권 자민당 안에서 '일본판 대만 관계법' 제정을 위한 논의가 본격화되고 있다. '일본·대만 경제 문화 교류 촉진 소장파 의원 모임'이 17일 공개 회의에서 대만 관계법 제정을 추진하기로 한 것이다. 이 모임은 아베 신조 일본 총리의 동생 기시 노부오 외무성 부대신이 회장으로 있는 단체로 70여 명의 현직 자민당 소장파 의원들로 구성돼 있다. 이 단체는 정식 외교 관계가 없는 대만과의 관계를 강화하기 위한 법적 근거를 마련하기 위한 취지라고 설명했다. 이러한 일본판 대만 관계법 제정 추진은 미국의 사례를 벤치마킹한 것으로 전해졌으며, 학자들은 중국 견제 차원에서 대만의 전략적 가치를 직시해야 하며, 남중국해의 요충지인 대만을 영향권 안에 두는 것은 일본의 운명과 미·일 동맹의 미래를 위해 중요하다고 주장했다.

일본 여론

02월 01일

- **日 대학생들 '힙합 시위'…"특정비밀보호법 반대"** (교도통신 02. 01)

– 1일, 특정비밀보호법 성립에 항의하는 대학생들 약 500명이 도쿄도 신주쿠구에서 시위 행진을 실시하고, "일반 대학생들도 법 성립의 영향을 우려하고 있다."고

호소했다. 주최는 '특정비밀보호법에 반대하는 학생 유지회'로 메이지가쿠인대 3학년인 오쿠다 아키 씨가 친구들과 트위터 등을 통해 참가자를 모집했다. JR신주쿠역 앞을 중심으로 약 1시간 반 동안 힙합 음악에 맞춰 '특정비밀보호법, 반대'라고 외치며 행진했다.

02월 06일

• 수치로 확인된 일본 20대의 우경화　　　(도쿄신문 02. 06, 연합뉴스 02. 11 재인용)

– 아베 신조 정권 아래에서 일본 사회가 전반적으로 '우향우' 하고 있다는 게 중평이지만 20대의 우경화 경향은 최근 여러 계기를 통해 실례로 확인되고 있다. 가장 가까운 예는 9일 치러진 도쿄 도지사 선거다. 일본의 침략 전쟁을 부정하는 논문을 발표한 일로 제복을 벗은 극우 성향의 다모가미 도시오 전 항공막료장(공군 참모총장 격)은 12%의 득표율로 전체 4위였지만 아사히신문의 출구조사 결과 20대 유권자층에서는 24%의 지지를 얻으며 당당히 2위에 자리했다.

　또 '군 위안부가 어느 나라에나 있었다.'는 망언을 한 모미이 가쓰토 NHK 회장에 대해 전체 일본인의 57%가 회장직에 적합하지 않다는 평가를 한 것으로 조사된 가운데, 성별 및 연령대별 조사에서 유일하게 '20대 남성'의 경우 '회장직에 적합하다'는 견해가 '적합하지 않다'는 견해보다 많았다.

02월 14일

• "아베, 헌법 공부 좀 하세요"…日 변호사들 관련 책 선물

(교도통신 02. 15, 국민일보 02. 15 재인용)

– 일본의 젊은 변호사들이 14일 밸런타인데이를 맞아 아베 신조 총리에게 헌법에 관한 책과 초콜릿을 선물했다. '내일의 자유를 지키는 젊은 변호사 모임'은 일본의 많은 대학생들이 헌법의 교과서로 공부하는 아시베 노부요시 도쿄대 명예교수의 저서 '헌법'을 아베 총리에게 보냈다. 국회에서 입헌주의를 부정하는 듯한 발언을 일삼고 있는 아베 총리에게 헌법의 기본을 이해하라는 뜻에서 보낸 것이다. 젊은 변호사 모임의 구로사와 이쓰키 공동 대표는 "민주주의 국가가 공유하는 입헌주의를 과거 유물처럼 보는 아베 총리의 발언에 충격을 받았다."고 비판했다.

02월 17일

• 일본인 70% 이상 '독도는 일본 땅' 교과서 지침에 찬성 (연합뉴스 02. 17)

– 일본 정부가 중·고교 학습지도요령 해설서에 '독도는 일본 땅'이라는 주장을 담은 데 대해 일본인 70% 이상이 찬성하는 것으로 나타났다. 요미우리신문이 지난 14~16일 전국의 성인 남녀 1천65명을 상대로 실시한 여론조사 결과, 문부과학성이 최근 중·고교 교과서 제작과 교사의 지도 지침이 되는 학습지도요령 해설서에 독도와 센카쿠(중국명 댜오위다오) 열도를 '일본 고유 영토'로 명기한 데 대해 76%가 '평가한다'고 답해 '평가하지 않는다'(14%)는 응답보다 압도적으로 많았다. 또 산케이 신문이 지난 13일 수도권에 거주하는 남녀 500명을 대상으로 실시한 조사에서도 같은 질문에 대해 찬성이 73.2%, 반대가 20%로 나타났다.

02월 18일

• 일본 국민 52% "아베, 한·중 정상과 회담 서둘러야"

(아사히신문 02. 18, 중앙일보 02. 19 재인용)

– 아베 신조 일본 총리가 한국, 중국과의 정상회담을 서둘러야 한다고 생각하는 일본인이 절반을 넘는 것으로 조사되었다. 아사히신문이 지난 15~16일 3493명을 대상으로 실시한 정례 여론조사 결과 '한국, 중국과의 정상회담을 서둘러야 한다'는 응답은 52%로, '서두르지 않아도 된다'라고 응답한 34%를 크게 웃돌았다. 또한 '아베 총리의 대(對)한·중 외교 자세를 평가한다(잘한다)'라고 답한 비율은 33%인 반면 '평가하지 않는다'는 응답은 48%로 나타났다. 현재 일본과 한국, 중국과의 관계가 악화되고 있는 것에 대해선 '큰 문제다'라고 응답한 비율이 28%이고 '어느 정도 문제다'라고 응답한 비율은 50%로, 총 78%가 관계 개선의 필요성을 느끼고 있는 것으로 조사됐다.

7차 (2월 말~3월 말)

김예아

일본 내에서 집단적 자위권 행사와 관련된 헌법 해석 변경에 대한 논쟁이 여전히 뜨겁다. 이시바 시게루 자민당 간사장은 집단 자위권 행사의 전제인 헌법 해석 변경을 위해 총재 직속으로 새로운 기구를 설치하겠다고 밝혔다. 이 기구의 역할은 자민당 소속 중의원과 참의원이 일체가 되어 같은 인식을 지닐 수 있도록 정중히 논의하게 하는 것이다.

그런데 집단적 자위권 행사 목적의 헌법 해석 변경에 대해 연립 여당인 공명당이 반대 입장을 공식적으로 논의하기 시작하면서 아베 정권 내부의 갈등이 심화되고 있다. 공명당은 집단적 자위권을 행사하지 않더라도, 개별적 자위권과 경찰권을 활용해 충분히 안전보장이 가능하다는 논리를 내세우며, 아베 총리의 헌법 해석 변경에 반대하기 위한 이론적 근거를 마련할 것으로 보인다. 특히 공명당 내부에는 집단적 자위권 행사를 금지하는 현행 헌법 해석이 전후 평화 국가의 기틀을 다졌다는 공감대가 확산돼 있어 헌법 해석 변경을 강행하려는 아베 총리와의 일전이 불가피하다. 또한 자민당 내부에서도 헌법 해석 변경에 대한 신중론이 제기되었다. 일본의 집권 자민당은 지난 17일에 총무 간담회를 열고 집단적 자위권 행사를 위한 논의를 본격적으로 시작했는데, 일부 참석자들은 헌법 해석의 안정성을 강조하며 헌법 해석 변경 논의가 충분히 심도 있게 이뤄져야 한다고 주장했다. 따라서 아베 내각은 당초 6월 하순까지인 이번 정기국회 회기 안에 집단 자위권 행사 용인을 위한 헌법 해석 변경을 마무리하려던 계획을 늦추는 방안을 검토하고 있다.

그러한 가운데 일반회계 세출 규모가 95조 8,823억 엔(약 1,006조 7,642억 원)으로 사상 최대를 기록한 2014년도 예산안이 20일 저녁 참의원 본회의에서 여당 등의 찬성 다수로 통과되었다. 세입 규모 또한 소비세 인상과 법인세수 증가로 세수가 늘어나면서 7년 만에 50조 엔대를 기록했다.

한편, 아베 내각에 대한 일본 여론이 다시 부정적으로 돌아서고 있다. 니혼 TV가 14~16일 실시한 여론조사 결과에 따르면 아베 내각을 지지한다는 응답은 전체의 49%에 그쳤다. 이러한 아베 내각의 지지율 하락세는 주춤하는 아베노믹스의 파급 효과, 원자력발전소 재가동에 대한 부정적 여론 등이 복합적으로 작용한 결과로 풀이된다. 아베 총리는 지난 10일 참의원 예산위원회에서 안전이 확보된 원전은 재가동할 것이라며 적극적으로 원전 재가동 정책 추진 의사를 밝혔다. 더불어 재계도 경상수지 적자를 줄이고 수출 채산성을 높이기 위해 원전 재가동이 필요하다고 강력하게 촉구하고 있다. 그러나 여론에서는 원전 재가동에 대한 반기류가 확산되고 있다. 니혼 TV의 여론조사 결과, 원전 재가동 정책에 대해서 57.7%가 '지지하지 않는다'고 답했다.

일본 정당

03월 10일

• 日 자민당 "총재 직속 헌법 해석 변경 논의 기구 설치"

(요미우리신문 03. 11, 연합뉴스 03. 11 재인용)

− 이시바 시게루 자민당 간사장이 집단 자위권 행사의 전제인 헌법 해석 변경을 위해 총재 직속으로 새로운 기구를 설치하겠다는 뜻을 밝혔다. 이시바 간사장은 지난 10일 기자회견에서 "중의원과 참의원이 일체가 되어 자민당 소속 의원이 같은 인식을 지닐 수 있도록 정중하게 논의하길 원한다."며 새 기구의 역할을 설명했다. 아베 신조 일본 총리의 사적 자문 기구인 '안전보장의 법적 기반 재구축에 관한 간담회'가 다음 달 헌법 해석 변경에 관한 보고서를 내놓으면, 이를 토대로 논의가 이뤄질 것이라고 요미우리신문은 전망했다.

03월 11일

• 日 여당, 지자체장 '교육' 권한 강화 대략 합의 (교도통신 03. 11)

− 교육위원회 제도 개혁을 검토 중인 자민당과 공명당 워킹 그룹은 11일 회의에서 교육에 대한 지방자치단체장의 권한 강화를 골자로 한 개혁안에 개략적으로 합의했다. 교육장과 교육위원장 직책을 통합해 새로운 교육장 직책을 설치하고 지자체장에게 직접 임명권을 부여하게 된다. 지자체장이 주최하고 새로운 교육장 등과 주

요 시책을 논의하는 '종합교육회의'를 지자체에 신설하는 내용도 포함됐다. 자민당과 공명당 협의에서 쟁점으로 남았던 새 교육장 임기는 3년으로 절충됐다. 또한 지방 교육에 대한 정부 관여 확대도 논의해 집단 따돌림 자살 재발 방지책으로 문부과학대신이 교육위원회에 시정을 지시할 수 있도록 법 개정을 결정했다. 교과서 채택 문제 등에 대한 문부과학대신의 시정 요구는 요건 완화가 보류됐다. 교육위원회는 정치적 중립성을 중시하는 공명당의 요구에 따라 최종 권한을 갖는 '집행기관'임을 유지하기로 결정했다.

03월 12일

• 日 자민당 개헌 여론 몰이 박차…다음 달부터 집회 돌입

(교도통신 03. 13, 연합뉴스 03. 13 재인용)

– 자민당은 12일 개헌에 대한 국민적 이해 확산을 위한 '헌법 대화 집회'를 4월 12일 우쓰노미야시에서 처음 개최하기로 결정했다. 이를 시작으로 1년에 걸쳐 전국 각지에서 헌법 대화 집회를 열 예정이다. 우쓰노미야에서 열리는 첫 집회에서는 후나다 하지메 자민당 개헌 추진 본부장과 나카타니 겐 자민당 부간사장이 나선다. 두 사람은 대담 형식으로 자민당의 개헌안 초안을 소개하면서 개헌의 필요성을 호소할 예정이다. 개헌 집회 개최는 당면 현안인 집단 자위권 추진과 함께 다음 단계 과업인 개헌에 대해서도 사전 정지 작업을 진행하겠다는 포석으로 풀이된다.

03월 14일

• 日 연립 여당, 헌법 해석 변경 반대…아베 정권 갈등에 불

(아사히신문 03. 14, 문화일보 03. 14 재인용)

– 아베 신조 일본 총리가 추진하고 있는 집단적 자위권 행사 목적의 헌법 해석 변경에 대해 연립 여당 공명당이 반대 입장을 공식적으로 논의하기 시작하면서 아베 정권 내부의 갈등에 불이 붙고 있다. 공명당은 오는 19일부터 자민당과의 협의에 대비한 집단적 자위권 연구 모임을 시작하고, 이 모임에서 아베 총리의 헌법 해석 변경에 반대하기 위한 이론적 근거를 마련할 것으로 보인다.

다만 일각에서는 공명당이 반대 입장을 고집할 경우 아베 총리가 일본유신회 등

야당과 손잡고 집단적 자위권 행사를 추진하게 되고, 결국 공명당의 정치적 입지가 줄어들 수 있다는 우려도 제기되고 있다. 연정 파기를 각오하지 않는 한 아베 총리와 협의를 할 수밖에 없다는 관측이다.

한편, 자민당에서도 미묘한 갈등 기류가 감지되고 있다. 당내 2인자 이시바 시게루 간사장 등은 자민당 공약인 국가안보기본법을 제정해 집단적 자위권 행사를 제한해야 한다고 주장하고 있다. 그러나 아베 총리는 법안 제정에는 부정적이어서 입장 차가 드러나고 있는 상황이다.

03월 17일
• 日 자민당 내서도 '헌법 해석 변경' 신중론 솔솔

(교도통신 03. 17, 세계일보 03. 17 재인용)

- 일본의 집권 자민당이 9년 만에 이시바 시게루 간사장을 비롯한 당 집행부와 총무회 멤버 25명이 참석한 가운데 총무 간담회를 열고 집단적 자위권 행사를 둘러싼 당내 논의를 본격화했다. 일부 참석자는 집단적 자위권 행사를 위한 헌법 해석 변경 논의가 심도 있게 이뤄져야 한다고 주문한 것으로 알려졌다. 이날 간담회에서 집단 자위권 행사 신중파들은 기한을 정하지 말고 심도 있게 집단적 자위권에 대해 논의할 것을 주장한 것으로 알려졌다. 한편 아베 내각은 당초 6월 하순까지인 이번 정기국회 회기 안에 집단 자위권 행사 용인을 위한 헌법 해석 변경을 마무리하려던 계획을 늦추는 방안을 검토하고 있다.

일본 선거·의회

03월 10일
• 日 아베 총리, 참의원 예산위서 "원전 재가동 적극 추진"　　　(교도통신 03. 10)

- 아베 신조 총리는 10일 열린 참의원 예산위원회에서 원전 재가동에 대해 "원자력규제위원회가 엄격한 기준하에 안전하다고 인정한 원전은 현지에 양해를 구한 후 재가동할 것"이라며 재가동에 적극적인 자세를 거듭 밝혔다. 또 에너지 정책에 관해서는 "국민 생활과 경제활동에 지장이 없도록 책임 있는 에너지 정책을 마련

하는 것이 무엇보다도 중요하다."고 지적하며, 원전의 안전성에 대해서는 "도쿄전력 후쿠시마 제1 원전 사고를 교훈으로 삼아 안전을 확보하는 것이 대전제다."고 강조했다. 또한 원전을 포함한 장래의 전원 구성에 관해서는 여야 구분 없이 건설적인 논의를 할 것이라며 야당에 협력을 촉구했다.

03월 14일

• 일본 3당, 국민투표법 개정에 합의   (교도통신 03. 14)

– 자민당, 공명당, 민주당의 3당 실무자는 14일, 헌법 개정 절차를 확정시킬 국민투표법 개정안에 합의했다. 현안이었던 공무원의 정치적 행위를 둘러싸고 조직적으로 개헌에 대한 찬반을 호소하는 '홍보 운동'을 당분간 용인하자는 수정안을 여당이 제시했고, 민주당이 이에 동의했다.

합의 내용에 따르면 국민투표의 투표 연령은 당분간 '20세 이상'으로 하고, 시행 4년 후에 '18세 이상'으로 내리도록 법을 개정한다. 또한 엄격한 정치적 중립성이 요구되는 경찰관과 재판관 등의 홍보 운동은 금지한다. 그 밖에도 공무원이 지위를 이용해 홍보 운동을 벌일 경우를 대비한 벌칙 도입, 개헌 이외 국민투표의 올바른 모습에 대한 검토는 앞으로의 과제로 남긴 3당은 각각 당내의 양해 절차를 거쳐 이 달 내에 개정안을 공동 제출할 전망이며 이번 국회 내 성립을 목표로 한다.

03월 14일

• 아베 총리 "고노담화 수정 생각 안 해"   (지지통신 03. 14, 연합뉴스 03. 14 재인용)

– 아베 신조 일본 총리는 참의원 예산위원회에 출석하여 일본군 위안부 강제 동원을 인정한 고노담화를 수정할 생각이 없다고 밝혔다. 아베 총리는 일본군 위안부 문제에 대한 역사 인식을 담은 담화로 고노담화가 있다고 밝히고 "스가 요시히데 관방장관이 회견에서 밝힌 것처럼 아베 내각은 그것의 수정을 생각하고 있지 않다."고 말했다. 2012년 12월 총리로 취임하기 전 언론 인터뷰 등을 계기로 고노담화 수정 의지를 밝혔던 아베 총리가 총리 취임 이후 공개 석상에서 고노담화 수정 의사가 없음을 밝히기는 이번이 처음이다. 이는 한일 관계 개선을 강하게 요구해 온 미국 오바마 행정부가 고노담화 검증과 관련해 아베 정권에 경고의 메시지를 전

달한 것으로 알려진 것과 무관치 않아 보인다. 이날 같은 회의에서 스가 관방장관은 한일 정부 사이의 담화 문안 조율 여부 확인, 한국인 군 위안부 피해자들 증언에 대한 확인 등 고노담화 검증 작업은 예정대로 진행하겠다는 뜻을 밝혔다.

03월 19일

• 日 총리, 러시아에 추가 제재 검토 (교도통신 03. 19)

– 아베 신조 총리는 참의원 예산위원회에서 러시아에 의한 우크라이나 남부 크림반도 편입 선언에 대해, 18일에 발표한 도항 시 사증(비자) 발급 완화 협의의 중지 등 제재 조치에 더해 러시아에 대해 추가 조치를 검토하겠다고 밝혔다. 동시에 "우크라이나의 통일성과 주권, 영토의 일체성을 침해하는 것으로, 비난한다."고 말했다. 일본 정부는 미국 및 유럽연합(EU)이 이미 발표한 러시아 주요 인사를 대상으로 한 도항 금지 및 자산 동결 조치를 참고로 검토를 진행하고 있다.

아베 총리는 미국 정부로부터 24, 25일에 열리는 핵 안전보장 정상 회의에 맞춰 선진 7개국(G7) 정상이 참석하는 비공식 회담을 갖자는 제안이 있었다고 설명하고, 참석할 의향을 표명했다. 이어 "G7을 포함한 각국과 연계하면서 적절히 대응하고 싶다."고 강조했다.

03월 20일

• 日 올해 예산안, 오늘밤 통과…세출 '95조 엔' 사상 최대

(교도통신 03. 20, 문화일보 03. 21 재인용)

– 일반회계 세출 규모가 95조 8,823억 엔(약 1,006조 7,642억 원)으로 사상 최대를 기록한 2014년도 일본 예산안이 20일 저녁 참의원 본회의에서 여당 등의 찬성 다수로 통과되었다. 참의원 사무국에 따르면 이는 전후 세 번째로 빠른 수준이다. 이로써 일본 정부와 여당이 국회 전반기 최우선 과제로 꼽은 '조속한 예산안 통과'가 실현되었다. 예산안은 사회보장 비용이 처음으로 30조 엔대를 돌파하고 공공 사업비와 방위비가 2년 연속 증가했다. 세입 규모는 소비세 인상과 법인세수 증가로 세수가 늘어나면서 7년 만에 50조 엔대를 기록했다. 신규 국채 발행 규모는 41조 2,500억 엔이다.

03월 03일

• 아베 집단 자위권 '졸속 추진'…정치권 · 언론 · 학자 '집단 반발'

(아사히신문 03. 03, 아시아투데이 03. 03 재인용)

– 아베 신조 일본 총리가 각의 결정만으로 집단 자위권을 행사할 수 있도록 헌법 해석을 변경하려 하자 정치권과 언론, 시민 단체, 학자들을 중심으로 거센 반발이 일고 있다. 아사히신문은 "총리의 판단 하나로 국회가 오랜 논의를 통해 도출해 낸 합의를 수정하면 민주 국가의 토대인 입헌주의는 무너지고 만다."면서 개헌 절차에 따라 진행해야 한다고 주장했다. 또한 다카미 가쓰토시 조치대 교수는 "정부의 견해로 헌법상의 기본 규칙을 바꿀 수 있다면, 정치가 헌법의 통제에서 벗어나는 것을 의미한다."고 지적했다. 일본변호사연합회도 지난달 '헌법 문제 대책 본부'를 통해 각지의 변호사회와 연계하여 시민들에게 집단 자위권 관련 헌법 해석 변경의 문제점을 홍보하기로 했다. 또 시민 단체인 '9조의 모임'은 최근 발표한 입장에서 아베 총리가 헌법 해석의 최종 책임자가 자신이라고 주장한 데 대해 입헌주의의 원칙을 근본적으로 부정하는 것이라고 비판했다. 정치권에서도 제1 야당인 민주당의 가이에다 반리 대표는 지난 1일 국회에 특별위원회를 설치해 집단 자위권 용인 문제에 대해 충분한 토론을 벌일 것을 촉구했다.

03월 07일

• 日 시민 단체, '고노담화 재검토' 중단 요구…"강제성 명백"

(교도통신 03. 07, 세계일보 03. 07 재인용)

– 일본군 위안부 문제와 관련하여 일본군의 관여를 인정한 고노 요헤이 관방장관 담화를 재검토한다는 일본 정부의 움직임에 대해, 도쿄 나가타초 중의원 국제회의실에서는 위안부 연구자들과 시민 단체 관계자 등 시민 140여 명이 참석한 가운데 아베 정부의 고노담화 흔들기를 반대하는 집회가 열렸다. 참가자들은 아베 정권의 고노담화 흔들기를 허용할 수 없다고 입을 모았다. 집회에서는 주오대 요시미 요시아키 교수가 위안부에 대한 정부의 청취가 형편없다고 일부 언론이 보도한 것과 정

부의 검증팀 신설에 대해 "구 일본군에 의한 강제성을 부정하고 정부에 책임이 없었던 것으로 하려 하고 있다."며 강하게 비판했다. 또한 하야시 히로후미 간토가쿠인대 교수는 구 일본군이 인도네시아에서 여성을 강제로 위안부로 삼았던 것을 나타내는 새로운 자료로서 국립공문서관에 보관돼 있던 재판 기록 등을 공개하며 구 일본군의 책임은 명백하다고 주장했다.

03월 17일

• 지지율 50% 선 붕괴…아베, 다시 추락 　　　　　　　　　　　(문화일보 03. 17)

– 아베 신조 일본 내각의 지지율이 다시 하락세로 접어들었다는 조사 결과가 나왔다. 니혼 TV가 14~16일 실시한 여론조사 결과에 따르면 아베 내각을 지지한다는 응답은 전체의 49%에 그쳤다. 지난해 말 특정비밀보호법 강행 처리 여파로 산케이신문 등 다수의 언론 여론조사에서 50% 이하 지지율을 기록한 이후 상승세를 보였던 내각 지지율이 다시 하락한 결과다. 아베 내각의 지지율 하락세는 주춤하는 아베노믹스의 파급 효과, 원자력발전소 재가동에 대한 부정적 여론 등이 복합적으로 작용한 결과로 풀이된다. '아베노믹스가 순조롭게 진행되고 있다고 생각하느냐?'는 질문에는 '그렇지 않다'는 응답이 52.3%로 27.6%에 그친 '그렇다'는 응답을 크게 웃돌았다. 원전 재가동 정책에 대해서는 57.7%가 '지지하지 않는다'고 답했고, 지지한다는 응답은 32%였다. 아베 내각을 지지하지 않는 이유를 묻는 질문에는 '정책에 대한 기대를 가질 수 없어서'라는 답변이 37.6%로 가장 많았다.

8차 (3월 말~4월 말)

김예아

일본 아베 정부가 47년 만에 무기 수출 금지 정책을 공식적으로 폐기하고 무기 수출 확대 노선을 택했다. 즉 무기 및 관련 기술의 수출을 원칙적으로 금지해 온 '무기 수출 3원칙'을 대신해 '방위 장비 이전 3원칙'을 각의 의결한 것이다. '방위 장비 이전 3원칙'은 분쟁 당사국, 유엔 안전보장이사회 결의 등을 위반한 국가에는 무기를 수출하지 않고, 평화 공헌과 일본 안보에 기여하는 경우 무기 수출을 허용한다는 내용을 담고 있다. 이는 일본의 안보 정책의 대전환을 의미하지만, 한편으로는 평화주의를 표방해 온 일본이 국제분쟁을 조장할 것이라는 우려가 제기되기도 한다.

또한 일본 정부는 각의를 갖고 동일본 대지진 이후 가동을 잠정 중단했던 원전의 재가동을 규정한 '에너지 기본 계획'을 의결했다. 이로써 민주당이 집권 때 만들었던 원전 제로 원칙도 이날 완전히 폐기된 것이다. 아울러 이날 의결된 법에는 사용 후 핵연료를 재이용하는 '핵연료 주기(사이클)'의 추진 방침도 포함되어 특히 중국이 일본의 핵무기 생성에 대한 우려의 목소리를 높이고 있다.

집단적 자위권 행사와 관련하여 아베 총리는 집단적 자위권 행사의 대상을 일본과 밀접한 관계에 있는 국가, 방치하면 일본의 안전에 중요한 영향을 미치는 경우, 해당 국가의 명확한 요청이 있을 경우 등 6가지 전제 조건에 한정한다는 보고서 초안을 마련했다. 또한 국내외 반발을 우려하여 한반도를 비롯한 타국 영토에서 자위대가 집단적 자위권을 행사하는 것은 원칙적으로 인정하지 않는다는 방침도 세웠다. 한편 일본유신회는 적절한 범위 안에서 한정적인 집단 자위권 행사를 인정해야 한다며 집단 자위권에 대한 헌법 해석 변경을 찬성했지만, 연립 여당인 공명당은 여전히 신중론을 견지하고 있어 아베 정권의 '최후 관문'으로 평가받고 있다. 이러한 가운데 자민당 관계자 400여 명은 지지 여론을 확산하기 위해 도치기현 우쓰노미야시에서 개헌 대화 집회를 열고 헌법 개정에 대한 여론 몰이를 하기도 했다.

지난 22일에는 일본의 자민당, 민주당, 일본유신회 등 초당파 의원 연맹 '다함께 야스쿠니 신사를 참배하는 국회의원 모임' 의원들이 야스쿠니 신사 춘계 예대제에 맞춰 단체로 참배했다. 하지만 아베 신조 총리는 23~25일의 버락 오바마 미국 대통령의 방일과 한국, 중국의 반발을 고려해 야스쿠니 신사를 직접 참배하지 않고 지난 21일 공물을 봉납하는 것으로 대신했다.

한편, NHK가 실시해 14일 보도한 조사에서 집단 자위권 행사에는 찬성이 반대보다 많았지만, 헌법 해석 변경에 대해서는 반대 의견이 우세했다. 또한 일본이 17년 만에 소비세를 인상한 후 시행한 여론조사 결과 응답자 과반인 57%가 아베 신조 내각의 경제 정책(아베노믹스)을 지지하는 것으로 나타났다.

일본 정당

04월 01일

• 아베 '무기 수출 금지 국시' 폐기…안보 정책 대전환   (연합뉴스 04. 01)

– 일본 아베 정권이 전후 반세기 동안 일본의 '국시'로 간주해 온 무기 수출 금지 정책을 폐지하고 무기 수출 확대 노선으로 전환했다. 아베 정부가 1일 무기 및 관련 기술의 수출을 원칙적으로 금지해 온 '무기 수출 3원칙'을 대신해 각의 의결한 '방위 장비 이전 3원칙'은 중국의 해양 진출 등 안보 환경 변화에 대응하고, 일본 방위 산업 육성과 해외 진출 등을 겨냥한 것이다. 특히 '적극적 평화주의'라는 새 안보 기본 이념을 앞세워 아베 신조 총리가 추진 중인 집단 자위권 행사 용인과 함께 일본 안보 정책의 대전환을 의미한다. 무기 수출 3원칙은 공산권 국가, 유엔이 무기 수출을 금지한 국가, 국제분쟁 당사국 또는 그 우려가 있는 국가에 대해 무기 수출을 금하는 내용이 골자였다.

04월 03일

• 무기 수출 금지 풀자마자…日·호주 '방위 장비 공동 개발' 합의
                                   (요미우리신문 04. 03, 국민일보 04. 03 재인용)

– 일본이 무기 수출의 '족쇄'를 풀자마자 외국과의 무기 공동 개발에 나섰다. 아베 신조 총리가 7일 도쿄에서 토니 애벗 호주 총리를 만나 방위 장비를 공동 개발하는

등 양국 간 안보 협력을 추진하는 데 합의할 예정이라고 보도했다. 호주와의 방위 장비 공동 개발은 지난 1일 '무기 수출 3원칙'을 '방위 장비 이전 3원칙'으로 대체하며 무기 수출의 길을 열어 둔 데 따른 것이다. 호주 측은 일본 해상 자위대의 잠수함 기술에 관심을 갖고 있는 것으로 알려졌다. 일본의 이 같은 행보는 한국과의 관계가 악화된 상황에서 중국을 견제하기 위해 미국·일본·호주 간 3각 공조를 강화하려는 것으로 보인다.

04월 03일
• 일본 "한국 등 타국 영토에선 집단적 자위권 불인정" 방침

(니혼게이자이신문 04. 03, 한국일보 04. 03 재인용)

– 아베 일본 총리가 집단적 자위권의 행사 방안에 대한 대략적인 윤곽을 드러냈다. 자위대의 한반도 상륙 등 한국이 우려했던 내용은 포함되지 않았지만, 전수 방위에 입각한 헌법 9조의 틀을 흔드는 내용도 적지 않아 일본 국내는 물론 주변 국가의 우려가 커지고 있다. 지난 3일 아베 총리의 사적 자문 기구인 안전보장의 법적 기반의 재구축에 관한 간담회는 집단적 자위권 행사의 대상을 일본과 밀접한 관계에 있는 국가, 방치하면 일본의 안전에 중요한 영향을 미치는 경우, 해당 국가의 명확한 요청이 있을 경우 등 6가지 전제 조건에 한정한다는 보고서 초안을 마련했다. 초안에는 자위대가 제3국 영역을 통과하려면 허가를 받아야 하고, 자위권 행사 여부는 총리가 종합적으로 판단하며, 국회의 사전 승인을 의무화하되 긴급 시에는 사후 승인을 받을 수 있다는 내용도 포함된다. 일본 정부는 국내외 반발을 우려, 한반도를 비롯한 타국 영토에서 자위대가 집단적 자위권을 행사하는 것은 원칙적으로 인정하지 않는다는 방침도 세웠다.

04월 03일
• 日 자민당, 집단 자위권 '최후 관문' 공명당과 협의 착수

(아사히신문 04. 04, 연합뉴스 04. 04 재인용)

– 일본 집권 자민당이 집단 자위권 행사 용인 문제와 관련해 연립 여당 파트너인 공명당과의 조율에 착수했다. 이시바 시게루 자민당 간사장, 야마구치 나쓰오 공명

당 대표 등 양당 고위 인사들은 3일 회담을 갖고 집단 자위권 행사 용인 문제를 협의했다. 이 자리에서 자민당 측은 일본의 안보에 직결되는 '필요 최소한의 사태'에만 집단 자위권을 행사하는 이른바 '한정 용인론'에 대해 설명했지만, 공명당은 이른바 '필요 최소한의 사태'에도 현재의 개별적 자위권으로 대응할 수 있다며 신중론을 굽히지 않았다.

04월 09일
• 日 자민당 중진, 아베 격렬 비판 "파시즘 위기"

(교도통신 04. 09, 연합뉴스 04. 09 재인용)

- 일본 여당인 자민당의 중진 의원이 헌법 해석 변경을 통해 집단 자위권 행사를 용인하려는 아베 총리의 행보에 대해 '파시즘'을 거론하며 비판했다. 9선의 현직 중의원인 무라카미 세이치로 전 행정개혁담당상은 최근 발매된 진보 성향 월간지 '세카이'와의 인터뷰에서 집단 자위권과 관련한 헌법 해석 변경을 거쳐 자위대법 등 개별법을 개정하려는 아베 총리의 행보에 대해 "하위 법률로 상위의 헌법 해석을 바꾸는 것은 절대로 해서는 안 될 수(手)"라고 밝혔다. 무라카미 의원은 이어 "정치인이 지키지 않으면 안 되는 3권 분립과 입헌주의의 기본을 무시하고 파괴할 위험이 있다."며 "어느새 파시즘의 위기"라고 비판했다.

04월 11일
• 日 다함께당 새 대표에 아사오···親아베 행보 여부 주목 (연합뉴스 04. 11)

- 와타나베 요시미 전 대표가 불법 자금 의혹으로 사퇴한 일본 야당 다함께당의 새 대표로 아사오 게이치로 간사장이 선출됐다. 아사오 신임 대표는 한때 민주당 소속이었지만 2009년 8월 다함께당 결성에 참여한 데 이어 정책조사 회장과 선대 위원장을 역임했다. 참의원 2선, 중의원 2선 경력의 현직 중의원이다. 대표 교체 이후로도 다함께당이 친아베 행보를 이어 갈지가 관심을 모은다. 이와 관련해 아사오 신임 대표는 아베 정권이 추진 중인 집단 자위권 관련 헌법 해석 변경에 대해 "여러 시대 환경이 변하고 있다는 인식을 갖고 있다."며 "일본에 무엇이 최선인지를 논의해야 한다."고 언급했다.

04월 12일

• 日 자민당 개헌 논의 시동…시민 반대 집회도 열려

(교도통신 04. 12, 연합뉴스 04. 12 재인용)

- 일본 집권 자민당이 12일 도치기현 우쓰노미야시에서 개헌 대화 집회를 열고 헌법 개정에 대한 여론 몰이를 시작했다. 이날 집회에는 자민당 관계자를 중심으로 약 400명이 참석했다. 자민당이 2012년 4월 마련한 개헌안 초안은 교전권과 전력 보유를 부정한 헌법 9조 2항을 삭제하고, 자위대의 명칭을 국방군으로 바꾸는 내용이 골자다. 이번 개헌 집회 개최는 집단 자위권 추진의 당위성을 설명하며 지지 여론 확산을 꾀하는 동시에 다음 단계 과업인 개헌에 대해 사전 정지 작업을 진행하겠다는 포석으로 풀이된다. 반면 이날 오사카시 기타구에서는 시민 200여 명이 참석한 가운데 개헌과 집단 자위권 관련 헌법 해석 변경을 반대하는 집회가 열렸다.

04월 16일

• 일본유신회 '집단 자위권 헌법 해석 변경 찬성' 표명   (연합뉴스 04. 16)

- 일본의 제2 야당인 보수·우익 성향의 일본유신회가 16일 헌법 해석을 바꿔 집단 자위권을 행사할 수 있게 한다는 아베 신조 내각의 구상에 찬성한다는 뜻을 표명했다. 일본유신회는 이날 기자회견에서 "헌법 해석을 적정화해서 국가와 국민을 지키는 데 필요·적절한 범위에서 집단 자위권 행사를 인정해야 한다."는 의견을 발표했다. 또한 내각에 의한 헌법 해석이 헌법에 어긋나지 않는지를 심사하는 헌법재판소나 최고재판소 헌법부 신설을 검토해야 한다는 의견을 함께 제시했다.

04월 18일

• 日 유신회 "고노담화 수정 서명에 두 달간 14만 동참"

(산케이신문 04. 18, 연합뉴스 04. 18 재인용)

- 일본 야당인 일본유신회가 지난 2월 20일부터 현재까지 군 위안부 강제 동원을 인정한 고노담화의 수정을 요구하는 서명운동을 벌인 결과, 약 2개월간 14만여 명이 동참한 것으로 알려졌다. 나카야마 나리아키 중의원 등 유신회의 '역사 문제 검증 프로젝트팀' 관계자들은 18일 총리 관저를 방문, 스가 요시히데 관방장관에게

서명을 전달했다. 유신회가 국회에서 고노담화 검증 및 수정을 줄기차게 요구하는 가운데 아베 내각은 최근 고노담화 작성 과정에 대한 검증에 착수했다.

04월 21일

• 日, '한국 동의 없는 집단 자위권 행사 안 한다'　　　　　　　（연합뉴스 04. 21）

- 일본이 한국의 사전 동의 없이는 한반도에서 집단 자위권을 행사하지 않겠다는 입장을 우리 정부에 전달했다. 일본 측은 지난 17~18일 미국 워싱턴에서 진행된 한·미·일 차관보급 안보 토의(DTT)에서 이 같은 입장을 전했다고 워싱턴 소식통들이 20일 밝혔다. 일본 측이 외교 협의를 통해 집단 자위권 행사와 관련한 입장을 우리 정부에 공식 전달한 것은 처음이다. 국방부 김민석 대변인은 21일 정례 브리핑에서 "한국 측은 첫 번째로 한국의 국익 및 안보와 관련된 사항에 대해 한국 정부와 반드시 사전 협의를 해야 하고, 두 번째로 한반도에서의 집단 자위권 행사는 한국 정부의 승인과 동의를 받아야 한다는 점을 일본 측에 분명히 제시했다."고 밝혔다. 김 대변인은 이어 "일본 측은 이에 대해 한국의 사전 동의 없이는 한반도에서 집단 자위권을 행사하지 않겠다는 점을 우리 정부에 분명하게 밝혀 왔다."고 강조했다.

04월 22일

• 日 총무상·의원 146명 야스쿠니 참배　　　（교도통신 04. 23, 국민일보 04. 23 재인용）

- 아베 신조 내각의 각료를 비롯해 146명의 일본 의원들이 집단으로 야스쿠니 신사를 22일 참배했다. 교도통신을 비롯한 일본 언론들은 자민당과 민주당, 일본유신회 등 초당적 의원 연맹인 '다함께 야스쿠니를 참배하는 국회의원 모임' 소속 의원 146명이 야스쿠니 신사 춘계 예대제에 참배했다고 일제히 보도했다. 의원 연맹에는 에토 세이치 총리 보좌관을 비롯해 다카이치 사나에 자민당 정조회장, 하타유이치로 민주당 참의원 간사장 등이 포함됐다. 이들은 해마다 춘계와 추계 예대제, 8월 15일 패전일에 야스쿠니 신사를 참배해 왔다. 아베 총리는 23~25일 오바마 대통령의 국빈 방문을 고려해 직접 참배하지 않고, 21일 지난해와 마찬가지로 '내각 총리대신 아베 신조'라는 명의로 공물을 봉납했다.

04월 03일

• 일 정치권, 올 정기국회서 국민투표법 개정하기로 　　　　　　　(연합뉴스 04. 03)

– 일본의 헌법 개정 절차를 정한 국민투표법이 올 정기국회에서 개정될 전망이다.
자민, 민주 등 여야 7당은 3일 국민투표의 투표권 연령을 현재의 '20세 이상'에서
개정법 시행 4년 후 '18세 이상'으로 낮추는 것 등을 골자로 하는 국민투표법 개정
안을 8일 국회에 공동 제출키로 합의했다. 일본 헌법은 현재 중·참의원 3분의 2 이
상 찬성이 있어야 개헌 발의가 가능하며, 국회에서 발의된 개헌안을 국민투표에 부
쳐 과반수의 찬성을 얻으면 개헌이 이루어진다. 헌법 개정의 찬반을 묻는 국민투표
법이 개정되면 개헌 절차가 완비돼 앞으로 개헌의 길이 열리게 된다.

04월 11일

• 일본 정부 원전 재가동 의결…플루토늄 비축 명분 쌓아 　　　　　(국민일보 04. 11)

– 아베 신조 정권이 동일본 대지진을 계기로 가동이 중단된 원전의 재가동 추진을
명기한 '에너지 기본 계획'을 11일 각의를 열고 의결했다. 이로써 일본의 에너지 정
책은 민주당 정권 시절 '원전 제로' 정책에서 원전 가동으로 다시 돌아가게 됐다. 특
히 핵연료 재사용을 명분으로 비축 플루토늄도 더 늘어날 것으로 보인다. 에너지
기본 계획에 사용 후 핵연료를 재이용하는 '핵연료 주기(사이클)'를 완성한다는 기본
방침을 견지했기 때문이다. 또한 에너지 기본 계획에는 핵연료를 재처리해 추출한
플루토늄을 사용하는 고속증식로 '몬주'에 대해 실용화 연구를 계속 진행하면서 국
제 연구 거점으로 삼겠다는 방안도 포함됐다.

04월 04일

• 일본 지자체들, 원전 · 핵 정책에 잇달아 반발 　　　　　　　　　(한국일보 04. 04)

– 일본의 지방자치단체가 정부의 핵·원전 정책에 잇달아 반기를 들고 있다. 홋카

이도 하코다테시는 3일 도쿄지법에 혼슈 최북단인 아오모리현 시모키타에 추진 중인 오마 원전 건설 중단을 요구하는 소송을 제기했다. 일본 지자체가 정부의 원전 건설에 반대하는 소송을 제기한 것은 처음이다. 하코다테시는 오마 원전 부지와 약 23㎞ 떨어져 있어 원전 사고의 위험에 따른 피해 가능성을 반대의 이유로 제시했다. 또한 일본 중부 시즈오카현은 사용 후 핵연료를 재처리해서 추출한 플루토늄과 우라늄을 섞은 '혼합산화물' 연료를 현내 하마오카 원전에서 사용한다는 계획을 백지화할 방침이다. 재처리 핵연료를 사용하기로 돼 있던 원전의 소관 자치단체장이 이 계획을 백지화함에 따라 일본 정부의 핵 재처리 정책은 사실상 벽에 부닥친 셈이 됐다.

04월 06일

• 일본 108개 지방의회, 특정비밀보호법 폐지 요구

(아사히신문 04. 06, 연합뉴스 04. 06 재인용)

- 국민의 알 권리를 침해하고 정부에 대한 감시를 무력화한다고 비판받은 일본의 특정비밀보호법을 폐지하라는 지방의회 요구가 거세지고 있다. 작년 12월 제정된 특정비밀보호법의 폐지·철폐를 요구하는 의견서를 가결한 시초손(기초 지방자치단체) 의회가 전국에서 108곳에 달했다. 또한 의견서 접수 상황을 공표하는 참의원 사무국의 집계와 아베 총리에게 보내진 의견서를 합하면 작년 특정비밀보호법이 제정된 이후 제출된 의견서가 적어도 170건에 달한다고 전했다. 이들 의견서는 폐지 주장 외에도 적용 중지, 수정, 신중한 행사 등 대부분 이 법에 관해 부정적인 의견을 담고 있다.

04월 08일

• "아베는 평화 민주 파괴" 도쿄 5천 명 규탄 집회

(교도통신 04. 09, 국민일보 04. 09 재인용)

- 8일 저녁 일본 도쿄에서 아베 신조 정권의 집단 자위권 행사 시도에 반대하는 대규모 집회가 열렸다. 주최 측은 이 자리에 약 5000명이 모였다고 발표했다. 요시다 다다토모 사민당 당수, 민주당의 곤도 쇼이치 중의원 등도 참석했다. 시민들은 '전

쟁을 용납할 수 없다', '개헌 저지' 같은 문구가 적힌 플래카드를 들고 행사장인 도
쿄 지요다구 히비야 야외 음악당을 가득 채웠다.

04월 11일

• "아베의 야스쿠니 신사 참배는 위헌" 日 시민 손배소

(교도통신 04. 11, 세계일보 04. 11 재인용)

– 아베 신조 일본 총리가 야스쿠니 신사 참배 때문에 일본 시민들로부터 손해배상
청구 소송을 당했다. 일본 오사카시 시민 단체 회원 등 약 540명은 이날 아베 총리
의 야스쿠니 참배에 대해 1인당 1만 엔의 손해 배상 및 참배 중지를 아베 총리와 신
사 측에 요구하는 위헌 소송을 오사카 지방법원에 냈다. 소송을 낸 시민들은 "아베
총리의 야스쿠니 참배가 전쟁으로 사망하는 것을 미화하는 것으로 전쟁 준비 행위
에 해당한다."고 주장했다. 또 다른 시민들 270여 명도 조만간 도쿄 지방법원에 같
은 내용의 소송을 제기할 것으로 알려져 파문은 더욱 거세질 전망이다.

04월 14일

• "일본인 57% 아베노믹스 긍정 평가"   (NHK 04. 14, 연합뉴스 04. 14 재인용)

– 일본이 17년 만에 소비세를 인상한 후 시행한 여론조사에서 응답자 과반이 아베
노믹스(아베 신조 내각의 경제 정책)를 지지하는 것으로 나타났다. NHK가 최근 실시해
14일 공개한 여론조사에서 아베 신조 내각의 경제 정책을 매우 긍정적으로 평가한
다는 응답은 5%, 어느 정도 긍정적으로 평가한다는 답변은 52%를 차지했다. 반면
그다지 긍정적으로 평가하지 않는다는 답변은 30%, 전혀 긍정적으로 평가하지 않
는다는 반응은 8%였다.

04월 21일

• "일본인, 집단 자위권 찬성…헌법 해석 변경엔 반대"   (연합뉴스 04. 21)

– 집단 자위권을 허용한다는 구상에 찬성하는 일본인이 반대하는 이들보다 많지
만, 헌법 해석을 바꾸는 것에는 반대가 더 많은 것으로 파악됐다. 마이니치신문이
19~20일 실시한 여론조사에서 집단 자위권에 관해 응답자의 44%는 한정적으로

인정해야 한다고 답했고 16%는 전면적으로 허용해야 한다고 반응했다. 현재와 마찬가지로 인정하지 않아야 한다는 답변은 38%였다. 니혼게이자이신문과 TV도쿄가 18~20일 실시한 조사에서는 집단 자위권 행사를 위한 헌법 해석 변경에 관해 49%가 반대하고 38%가 찬성하는 것으로 집계됐다. 앞서 NHK가 실시해 14일 보도한 조사에서도 집단 자위권 행사에는 찬성이 반대보다 많았지만, 헌법 해석 변경에 대해서는 반대 의견이 우세했다. 당시 조사 결과 집단 자위권을 행사할 수 있게 하는 것에 대한 찬성은 24%, 반대는 22%였고, 헌법 해석 변경에는 찬성 21%, 반대 30%였다.

04월 22일

• 日 시민 단체 "망언 NHK 회장 퇴진 안 하면 수신료 거부"

(아사히신문 04. 22, 연합뉴스 04. 22 재인용)

– 일본의 시민 단체들이 일본군 위안부 관련 망언을 한 모미이 가쓰토 NHK 회장과 극우적인 발언으로 문제를 일으킨 경영위원이 퇴진하지 않으면 수신료 납부를 거부하겠다는 뜻을 밝혔다. 모미이 회장은 지난 1월 취임 기자회견에서 일본군 위안부 문제에 대해 군 위안부는 어느 나라에도 있었다는 취지로 말했다가 비판을 받자 개인적인 견해라며 발언을 철회했다. 'NHK를 감시·격려하는 시청자 커뮤니티' 등 7개 단체가 모미이 회장과 햐쿠타 나오키·하세가와 미치코 등 경영위원 2명의 사임·면직을 촉구하는 3만 3천802명의 서명을 NHK에 제출하며 이런 뜻을 표명했다. 이들은 이달 말까지 회장의 사임과 두 경영위원의 면직이 이뤄지지 않으면 수신료 납부 거부 운동을 시작할 계획이다.

9차 (4월 말~5월 말)

아베 신조 일본 총리가 지난 15일 집단 자위권 행사를 허용하도록 헌법 해석을 변경하겠다는 계획을 공식적으로 밝혔다. 이러한 계획은 '전수 방위'를 원칙으로 해 온 전후 일본의 안보 정책의 대전환을 예고하는 것이다. 아베 총리는 이날 자문 기구인 '안전보장 법적 기반 재구축 간담회'가 집단 자위권 헌법 해석 변경을 요청하는 보고서를 제출한 것에 맞춰 정부 견해를 밝히는 기자회견을 열었다. 그리고 아베 정권은 앞으로 연립 여당 내 협의와 조정 작업을 거쳐 집단 자위권 행사가 가능하도록 각의 의결 형식으로 헌법 해석을 변경하고, 이어 변경된 헌법 해석을 바탕으로 국회에서 자위대법 등 관련법을 개정할 것이라고 밝혔다.

그러나 헌법 해석 변경을 통해 집단 자위권 행사를 하겠다는 방침을 공식화한 이후 여당 안에서도 이견이 나타났다. 후나다 자민당 개헌 추진 본부장은 "집단 자위권 행사 용인에는 동의하지만, 절차는 제대로 취해야 한다."고 지적했으며, 자민당의 연립 여당 파트너인 공명당의 야마구치 대표도 아베 총리의 자문 기구인 안보법제간담회 보고서에 명시된 집단 자위권 행사의 요건이 추상적이며 애매하다고 지적했다. 또한 비록 현직 의원은 아니지만 자민당 소속으로 요직을 지낸 정치인들이 공산당 기관지에 등장하여 아베 내각을 비판하는 일이 일어나기도 했다.

아베 총리의 집단적 자위권 행사 용인과 해석 개헌에 반대하는 여론도 만만치 않았다. 마이니치신문이 17~18일 실시한 여론조사 결과에 따르면 '개헌이 아닌 헌법 해석 변경으로 집단적 자위권을 행사하는 계획'에 대해 반대하는 의견은 응답자의 56%로 찬성 37%를 웃돌았다. 집단적 자위권 행사 방침 자체에 대해서도 반대가 54%, 찬성이 39%로 반대 의견이 많았다.

이러한 가운데 연립 여당인 공명당은 집단 자위권 행사에 대해 계속해서 신중론을 고수하며 집단적 자위권보다는 경제 대책을 우선시해야 한다고 주장하고 있다. 이렇듯 좀처럼 의견 차이가 좁혀지지 않자, 자민당과 공명당은 20

일 오전 국회에서 '안전보장 법제 정비에 관한 여당 협의회' 첫 회의를 열고 아베 신조 총리가 지난 15일 기자회견에서 거론한 3가지 안보 법제 정비 사안 중에 상대적으로 수월한 사안인 그레이존(경찰과 자위대 출동의 중간 단계 상황)부터 논의한 뒤, 유엔 평화 유지 활동 및 집단 안보, 집단 자위권 순으로 논의한다는 데 합의했다.

한편, 지난 4월 27일 가고시마 현 제2구 중의원 보궐선거에서 여당인 자민당의 가네코 마스오 후보가 6만 6,360표를 획득하여 4개 야당이 추천한 무소속 우치코시 아카시 후보를 비롯한 다른 5명의 후보를 누르고 당선됐다. 또한 일본 오키나와 현 오키나와 시 시장 선거에서도 여당 후보가 승리하면서 아베 정부의 국정 운영에 탄력이 붙을 것으로 예상된다.

일본 정당

05월 03일

• 日 자민당, 개헌 발의 요건 완화 재거론   (NHK 05. 03, 연합뉴스 05. 03 재인용)

– 일본 집권 자민당이 헌법 개정 요건을 완화하는 방안을 다시 거론하고 나섰다. 후나다 하지메 자민당 개헌 추진 본부장은 헌법기념일인 3일 도쿄 도내에서 열린 심포지엄에서 개헌 발의 요건을 담은 헌법 96조 개정을 첫 번째 개헌 과제로 거론했다. 후나다 본부장은 "항상 중·참 양원 의원 각 3분의 2 이상의 찬성으로 개헌안을 발의하는 것은 극히 어려운 일"이라며 "가능하다면 개헌을 위한 첫 국민투표에서 96조를 개정하고 싶다."고 말했다. 헌법 96조는 중·참의원 각 3분의 2가 찬성해야 개헌안을 발의, 국민투표에 부칠 수 있도록 하는 내용을 담고 있다.

05월 06일

• 일, 자위권 발동 요건 완화 검토   (아사히신문 05. 06, 경향신문 05. 06 재인용)

– 일본 정부는 자위권 발동 3요건 중 '일본에 급박하고 부정(否定)한 침해가 있을 경우'로 돼 있는 현재의 기준을 '타국에 대한 무력 공격이 발생하고 그에 따라 일본의 존립이 위협받을 수 있는 경우'로 바꾸는 방안을 검토 중이라고 6일 아사히신문

이 보도했다. 아베 정권이 자위권 발동 요건을 개정하는 경우 자국에 대한 무력 공격이 없어도 '국가의 존립이 위태롭다'는 정부의 판단만으로 자위권을 발동해 무력을 행사할 수 있게 된다. 아사히신문은 아베 정권이 중동의 페르시아 만이나 호르무즈 해협(일본이 수입하는 원유의 80%가 통과하는 곳) 등이 기뢰 등으로 봉쇄돼 원유 공급이 중단되는 경우도 '국가의 존립을 위협한다'는 이유로 집단 자위권의 행사가 가능한 것으로 보고 있다고 지적했다. 또 한반도가 전쟁 등의 '유사 상태'에 접어드는 경우에도 일본이 '국가의 존립을 위협하는' 사태로 판단할 수도 있게 된다고 분석했다.

05월 15일

• 아베 "집단 자위권 행사 가능하도록 헌법 해석 변경" 공식화   (아시아투데이 05. 15)
– 아베 신조 일본 총리가 15일 일본의 헌법 해석 변경을 통해 집단 자위권을 행사할 수 있도록 한다는 정부 방침을 사실상 공식 표명했다. 아베 총리는 이날 자신의 자문 기구인 안전보장 법적 기반 재구축 간담회가 "집단 자위권을 한정적으로 행사할 수 있다."는 보고서를 내놓았다고 강조한 후, 앞으로 본격화될 연립 여당 내 협의 결과 "헌법 해석 변경이 필요하다고 판단되면 개정해야 할 법제의 기본적 방향을 각의 의결하겠다."고 밝혔다. 그는 다만 "자위대가 무력행사를 목적으로 타국 전투에 참가하는 일은 결코 없을 것"이라고 말했다. 그는 중국의 해양 진출 확대와 군사력 증강, 북한의 핵미사일 위협 등 일본을 둘러싼 안보 환경이 급변했다며, 현행 헌법에서 인정되는 '필요 최소한의 자위권 행사 범위'에 집단 자위권이 포함된다고 주장했다.

05월 17일

• 日 자민당 2인자, 자위대 다국적군 참가 가능성 거론
(교도통신 05. 17, 연합뉴스 05. 17 재인용)
– 이시바 시게루 일본 자민당 간사장이 자위대가 장래에 다국적군에 참가할 가능성을 거론했다. 이시바 간사장은 이날 "몇 년이 지나고 국민의 의식이 변했을 때는 유엔군이나 다국적군에 '일본만 참가하지 않는다'는 것이 변할지도 모른다."고 말

했다. 이시바 간사장이 아베 내각은 실행하지 않는다고 조건을 달았지만, 앞으로 어떤 정권이 출범하느냐에 따라 전쟁 참가 여부가 달라질 수 있다고 전제하고 있어, 아베 내각이 전쟁과 무력행사를 금지한 헌법을 사실상 훼손하려 한다는 비판이 거세질 것으로 보인다.

05월 18일

• '당사국 동의 예외 상황' 집단 자위권 '침략' 노골화?　　　(아시아투데이 05. 18)
– 아베 신조 일본 정부의 집단적 자위권 행사가 주변국 동의 없이 강행되는 것이 아닌가 하는 걱정의 목소리가 날로 커지고 있다. 간담회는 지난 15일 아베 총리에게 제출한 보고서에서 재외 일본인 보호와 구출을 위한 자위권 발동과 관련해 "영역국의 동의가 없는 경우에도 재외 자국민의 보호, 구출은 국제법상 소재지 국가가 외국인에 대한 침해를 배제하는 의사 또는 능력을 갖지 않고, 해당 외국인의 신체, 생명에 대한 중대하고 긴박한 침해가 있어 다른 구제의 수단이 없는 경우에는 자위권의 행사로서 허용되는 경우가 있다."고 명시했다. 결국 보고서 내용은 한반도 유사시 헌법상 남북한 모두를 영토로 규정하고 있는 한국의 동의가 없더라도 자위대가 북한에서 일본인 납북 피해자를 구출하는 작전에 나설 수 있는 가능성을 열어둔 것으로 보인다.

05월 19일

• 일본 여당 내에서도 집단 자위권 '이견' 분출 (교도통신 05. 19, 연합뉴스 05. 19 재인용)
– 아베 신조 일본 총리가 지난 15일 헌법 해석 변경을 통해 집단 자위권 행사가 가능하게 한다는 방침을 공식화한 이후 여당 안에서도 이견이 분출됐다. 후나다 하지메 자민당 개헌 추진 본부장은 당 안보 법제 정비 추진 본부 회의 후 "집단 자위권 행사 용인에는 동의하지만, 절차는 제대로 취해야 한다."고 강조했다. 한편 자민당의 연립 여당 파트너인 공명당의 야마구치 나쓰오 대표도 도쿄 도내에서 행한 강연에서 아베 총리의 자문 기구인 안보법제간담회 보고서가 집단 자위권 행사의 요건으로 '일본의 안전에 심각한 영향을 미칠 수 있는 경우'를 명시한 데 대해 "매우 추상적이고 애매하며 어디를 어떻게 제한하는지 명확치 않다."고 지적했다.

05월 19일

• 日 자민당 정치인, 잇따라 공산당 기관지서 아베 비판

(산케이신문 05. 19, 연합뉴스 05. 19 재인용)

– 일본 자민당 출신 정치인이 공산당 기관지 '아카하타' 지면을 통해 아베 신조 내각을 비판하는 일이 반복되고 있다. 가토 고이치 전 자민당 간사장은 18일 "해석 개헌은 잘못"이라는 제목으로 보도된 아카하타 일요관과의 인터뷰에서 아베 내각의 집단 자위권 추진이 "징병제에까지 이를 수 있다."고 지적했다. 아카하타 지면을 빌려 제2차 아베 내각을 견제하는 발언을 한 것은 가토 전 간사장뿐만이 아니다. 자민당 고가 마코토 전 간사장은 아베 총리가 개헌이 쉽도록 헌법 96조를 바꾸려는 것에 관해 작년 6월 "절대 해서는 안 된다."고 직격탄을 날렸다. 비록 현직 의원은 아니지만, 자민당 소속으로 요직을 지낸 이들이 공산당 기관지에 등장해 아베 총리에 대한 비판의 목소리를 내는 것이 상당히 이례적이라는 평가도 나온다.

05월 20일

• 日 공명당 간사장 "경제가 우선" 아베의 '집단적 자위권' 제동

(NHK 05. 20, 문화일보 05. 20 재인용)

– 일본 연립 여당 공명당이 "집단적 자위권보다는 경제가 우선"이라며 아베 신조 총리와 자민당이 추진하고 있는 집단적 자위권 행사 목적의 헌법 해석 변경 구상에 제동을 걸었다. 이노우에 요시히사 공명당 간사장은 20일부터 시작되는 여당 내 협의에 앞서 열린 19일 당정협의회에서 "국민이 무엇보다 바라는 것은 경기의 지속적인 회복이다. 경제 살리기를 위해 확실히 노력하겠다."고 답했다. 집단적 자위권 행사 계획에 초점을 맞추고 있는 자민당에 경제 대책이 정권 운영의 핵심이라고 반박한 셈이다.

05월 20일

• 日 연립 여당 집단 자위권 조율 착수…공명당 '어깃장'

(교도통신 05. 20, 연합뉴스 05. 20 재인용)

– 연립 여당인 자민당과 공명당은 이날 오전 국회에서 '안전보장 법제 정비에 관

한 여당 협의회' 첫 회의를 열고, 아베 신조 총리가 지난 15일 기자회견에서 거론한 3가지 안보 법제 정비 사안을 그레이존(경찰과 자위대 출동의 중간 단계 상황), 유엔 평화 유지 활동 및 집단 안보, 집단 자위권 순으로 논의한다는 데 합의했다. 공명당이 집단 자위권과 관련해 신중론을 굽히지 않는 상황에서 의견 절충이 상대적으로 수월한 사안부터 논의한 뒤 마지막 단계에서 집단 자위권 행사 용인을 위한 헌법 해석 변경 문제를 협의키로 한 것이다. 양측은 매주 한 차례씩 협의를 개최하기로 했다.

05월 23일

• 일본 여당 "프로야구팀 늘리자"…성장 전략의 하나　　　　　　　(연합뉴스 05. 23)

– 일본 집권당인 자민당은 아베노믹스의 '3번째 화살'인 성장 전략의 하나로 프로야구팀을 늘리는 방안을 검토하고 있다. 자민당은 현재 양대 리그(센트럴, 퍼시픽)에 각 6개 팀씩 총 12개인 프로야구 구단을 16개 구단으로 확대하는 방안을 대(對)정부 성장 전략 제언에 포함시킬 예정이다. 자민당은 시즈오카현, 시코쿠, 오키나와현, 호쿠신에쓰 지방 등 기존에 프로야구 구단을 유치하지 않은 지역을 새 구단의 근거지 후보로 예시하고, 정부에 지원책 검토를 요구하기로 했다. 프로야구팀을 늘리면 프로야구 자체 시장이 확대되는 것은 물론 지역의 산업 활성화에도 기여할 것이란 게 자민당 제언의 취지다. 하지만, 외국인 선수를 제외하고 일본인 선수들에게 지급하는 연봉 총액만 해도 팀당 15억 엔(151억 원)~41억 엔(413억 원)에 달하는 데서 보듯 운영 비용이 상당해 기업들이 나설지는 불투명하다고 일본 언론은 전망했다.

일본 선거 · 의회

04월 27일

• 日 중의원 보궐선거서 자민당 후보 낙승　　　　　　　　　　(연합뉴스 04. 27)

– 이달 1일 단행된 일본 소비세율 인상 이후 여론의 풍향계가 될 것으로 여겨졌던 27일 중의원 가고시마현 제2구 보궐선거에서 여당인 자민당 후보가 승리했다. 이번 선거는 일본 최대 의료법인 도쿠슈카이그룹의 선거법 위반 사건으로 도쿠다 다케시 전 중의원이 의원직에서 사퇴함에 따라 치러졌다. 선거관리위원회에 따르면

개표가 99% 진행된 가운데 자민당의 가네코 마스오 후보가 6만 6천360표를 획득, 민주당과 일본유신회, 결속당, 생활당 등 4개 야당이 추천한 무소속 우치코시 아카시 후보(4만 6천21표) 등 다른 5명의 후보를 누르고 당선됐다. 투표율은 약 46%를 기록했다. 이에 따라 집단 자위권 행사 용인, 환태평양경제동반자협정(TPP) 협상 등 안보 및 경제 관련 중대 현안 처리를 앞두고 있는 아베 정권의 국정 운영은 더욱 힘을 받게 됐다.

04월 28일

· 일본 오키나와 시장 선거 여권 후보 승리   (연합뉴스 04. 28)

– 일본 오키나와현 오키나와시 시장 선거에서 여당 후보가 승리했다. 전날 진행된 투·개표 결과 연립 여당인 자민·공명당이 추천한 구와에 사치오 후보가 공산·사민·생활당 등의 추천을 받은 시마부쿠로 요시노리 후보를 누르고 당선된 것이다. 이번 선거에서는 오키나와현 후텐마 미군 해병대 기지(비행장)를 현내 헤노코 연안으로 이전하려는 아베 정권의 정책에 대한 찬반이 주요 쟁점이었다. 투표율은 직전인 2010년 선거 때의 51.03%를 웃도는 57.73%로 집계됐다. 보수 진영 후보가 오키나와 시장에 당선된 것은 2006년 이후 8년 만이다.

05월 20일

· "일본 여당, 특정 비밀 감시 기관 설치 합의"

(아사히신문 05. 20, 연합뉴스 05. 20 재인용)

– 일본 집권 자민당과 연립 여당인 공명당이 정부가 지정한 특정 비밀의 타당성을 점검할 국회의 감시 기관인 '정보감시심사회'를 중의원과 참의원 양쪽에 설치하기로 합의했다. 정보감시심사회는 중의원과 참의원에 상설 기관으로 설치되며, 구성원 8명이 각 회파의 의석수에 비례해 할당된다. 또한 정부로부터 매년 비밀 지정이나 해제 상황에 관한 보고를 받아 심사하며, 상시 감시권과 정부에 대한 권고 권한을 지닌다. 그러나 정부가 특정 비밀의 제출을 거부할 때 이를 강제할 수 있는 권한이 없다는 한계를 지녔다. 야마다 겐타 센슈대학 교수는 "감시 기관의 위원이 의석수에 따라 할당되면 여당의 위원이 다수를 점한다. 정부의 비밀 지정을 용인하

는 형식적인 기관이 될 우려가 있고, 국회가 감시 기관보다는 추인 기관이 될 수 있다."고 우려를 표명했다.

04월 30일

• 집단 자위권 반대 日 여성들 도쿄서 집회　　　　　　　　(교도통신 05. 01)

– 아베 신조 총리의 집단 자위권 행사 용인 방침에 반대하는 일본 여성들이 지난달 30일 도쿄 도내에서 집회를 열었다. 국회의원을 포함해 약 100명이 참석한 이날 집회에서 아오이 미호 가쿠슈인대학 교수는 아베 정권이 각의 결정만으로 집단 자위권과 관련한 이전 정부의 헌법 해석을 변경하려 하는 데 대해 "헌법은 정치의 폭주를 막기 위해 존재한다는 점이 경시되고 있다."고 지적했다. 여성 단체인 '전일본아줌마당'의 대표 대행인 다니구치 마유미는 "사람들 말을 듣지 않는 '아저씨'들은 가상의 적을 잇달아 만들고는 '위기다', '집단 자위권이 필요하다'고 말하지만 망상에 불과하다."고 비판했다.

05월 06일

• "평화헌법 지키자"…日, 개헌 반대 확산　　　　　　　　(동아일보 05. 06)

– 아베 신조 일본 총리의 집단적 자위권 행사와 개헌 시도에 대해 일본 각계에서 반대 움직임이 광범위하게 확산되고 있다. 일본 평화헌법이 시행된 지 67주년을 맞은 지난 3일 헌법기념일, 도쿄의 번화가인 긴자 거리에서 아베 총리의 '해석 개헌'에 반대하는 학자, 주부, 학생 등 각계각층의 시민 3700명이 "평화헌법을 지키자"며 가두 행진을 벌였다.

05월 15일

• 집단 자위권 용인 반대 日 도쿄서 집회　　　　(NHK 05. 15, 국민일보 05. 15 재인용)

– 15일 도쿄 국회의사당 근처에서 약 2000명이 참석한 가운데 일본의 집단 자위권 행사 용인 방침에 항의하는 집회가 열렸다. 참석자들은 총리 관저를 향해 "집단

자위권 행사를 용인하는 데 단호하게 반대한다.", "헌법 9조를 지킬 것"이라는 등의 구호를 외쳤다. 문필가 모임인 일본 펜클럽은 이날 성명을 발표하고 집단 자위권 행사의 당위성을 강조한 아베 총리의 기자회견 내용에 대해 "민주주의의 절차에 입각하지 않은 총리의 정치 수법은 비상식적"이라며 "도저히 용납할 수 없다."고 항의했다.

05월 19일

• 아베 '헌법 해석 변경 꼼수' 반발 부딪쳐…과반수 이상 "집단 자위권 반대"

(문화일보 05. 19)

– 헌법 해석을 바꿔 집단적 자위권을 행사하겠다는 아베 신조 일본 총리의 구상에 일본 국민의 과반수가 반대하고 있다는 여론조사 결과가 잇따라 나오고 있다. 마이니치신문이 17~18일 실시한 여론조사 결과에 따르면 '개헌이 아닌 헌법 해석 변경으로 집단적 자위권을 행사하는 계획'에 대해 반대하는 의견은 응답자의 56%로 찬성 37%를 웃돌았다. 집단적 자위권 행사 방침 자체에 대해서도 반대가 54%, 찬성이 39%로 반대 의견이 많았다.

다만 아베 내각 지지율은 50% 전후로 집단적 자위권 행사를 추진하기 이전과 비슷한 수준을 보이고 있다. 마이니치신문 조사에서 아베 내각 지지율은 49%로 지난달과 같았고, 교도통신 조사에서는 지난달에 비해 5.1%포인트 떨어진 54.7%로 집계됐다.

05월 19일

• 일본인 "日王 존경" 34%…역대 최고치　　　(NHK 05. 19, 문화일보 05. 21 재인용)

– 일왕을 존경한다고 생각하는 일본인의 비율이 역대 최고치인 34%에 달한다는 조사 결과가 나왔다. NHK 방송 문화연구소가 발표한 2013년 '제9회 일본인의 의식 조사'에 따르면 조사 대상인 전국의 16세 이상 남녀 3070명 가운데 일왕에 대해 '존경한다는 생각을 갖고 있다'는 응답자가 34%를 기록해 조사를 시작한 1973년(33%) 이후 최고 수준을 기록했다. '특별히 아무런 느낌도 없다'는 무관심 응답은 28%로 역대 최저치로 떨어졌다. 반감은 1%로 극히 낮았다. 연구소 측은 "아키히토

일왕이 즉위 25주년(2014년)을 맞은 것과 2011년 동일본 대지진 당시 적극적으로 피해자 구호 활동을 했던 것이 영향을 미친 것 같다."고 설명했다.

05월 21일

• **日 지자체, 아베 정권 상대 극우 교과서 거부 싸움 승리**　　　(연합뉴스 05. 21)

– 일본 오키나와현 다케토미초가 극우 교과서를 사용하라는 아베 신조 정권의 압력에 맞서 승리를 거뒀다. 다케토미초가 속한 야에야마 지구는 2012년도부터 4년간 중학교 공민(사회) 교과서로 극우 성향인 '새로운 역사 교과서를 만드는 모임' 계열의 이쿠호샤 교과서를 쓰기로 했지만, 다케토미초는 오키나와 미군 기지 문제를 비중 있게 다루지 않는 점 등을 들어 이 책을 거부하고 도쿄서적 교과서를 사용해 왔다. 이에 대해 시모무라 하쿠분 문부과학상은 지난 3월 다케토미초에 직접 시정을 요구하는 강수를 뒀지만, 다케토미초는 야에야마 교과서 채택 지구에서 탈퇴하기로 하는 등 저항을 멈추지 않았다. 결국 오키나와현 교육위원회는 21일 다케토미초를 야에야마 교과서 채택 지구에서 분리하는 방안을 결정했다. 이에 따라 다케토미초 산하 학교들은 독자적으로 교과서를 선정해 사용할 수 있게 됐다.

10차 (5월 말~6월 말)

김예아

아베 정부는 집단적 자위권 추진을 여전히 가속화하고 있다. 지난 5월 28일, 아베 신조 총리는 연말로 예상되는 미일방위협력지침 개정 전에 일본의 집단 자위권 행사 관련 내용이 포함되도록 하겠다는 계획을 밝혔다. 특히 그는 대량의 원유가 수송되는 중동 호르무즈 해협 등의 해상 교통로에 기뢰가 부설될 경우 이를 제거하기 위해 일본이 집단 자위권을 행사할 필요가 있다고 거듭 주장했다.

그러한 가운데 일본 집권 자민당과 연립 여당인 공명당이 안보 법제 정비 협의에서 첫 합의에 이르렀다. 두 정당은 이날 협의에서 회색 지대 사태 중에 각의 결정과 국회 승인을 받은 후 총리의 명령을 받는 절차 없이 자위대의 치안 출동이 가능한 특정 상황을 구체화시켰다. 또한 이날 합의로 연립 여당의 논의는 상황이 급박한 경우 총리가 직권으로 치안 출동을 명령할 수 있게 하는 방향으로 전개될 전망이다.

그럼에도 불구하고, 집단 자위권에 대한 각계의 반대 움직임 역시 활발히 전개되고 있다. 일본 27개 광역 지방자치단체의 지방의원 215명은 '자치체 의원 입헌 네트워크'라는 집단 자위권에 대한 반대 모임을 설립했으며, 자민당 지역 본부에서도 아베 총리가 추진하는 집단 자위권에 대해 신중히 접근할 것을 요구하고 있다. 또한 과거 일본군 위안부의 강제 동원을 처음으로 인정한 고노 요헤이 전 일본 중의원 의장이 집단적 자위권 행사 계획을 관철하려는 아베 신조 총리를 총선에서 민의로 심판해야 한다고 거세게 비판하기도 했다. 이와 더불어 연립 여당인 공명당마저도 기뢰 제거 문제를 놓고 집권 자민당과 의견 차이가 좁혀지지 않자, 결국 지난 19일 양당은 당수 회담을 갖고 집단 자위권 문제에 대한 협의를 계속하여 결론 도출을 오는 22일까지인 정기국회 회기 이후로 미루기로 결정했다.

한편, 지난 20일 아베 정부는 일본 고노담화를 '한·일 간에 문안 조정이 있었다.'고 강조하면서 정치적 협상의 산물로 몰아붙여 사실상 무력화하는 검증 결과를 내놓았다. 이 같은 결과에 대해 아베 정권과 보수 진영은 고노담화의 문제점이 드러났다며 반기는 태도를 보였지만, 국제 여론은 물론이고 일본의 언론도 비판의 목소리를 높이는 등 한일 관계가 악화될 것을 우려하는 입장 또한 상당히 많았다.

NHK가 이달 6~8일 벌인 여론조사 결과에 따르면, 아베 신조 내각의 경제 정책에 관해 61%가 긍정적으로 평가했고, 집단 자위권에 관한 문항에서는 찬성 혹은 반대를 명확히 정하지 못한 응답자가 많았다. 동맹국이 공격당했을 때 일본이 대신 반격하는 집단 자위권 행사에 대해서 어느 한쪽을 택해서 답할 수 없다는 의견이 무려 41%였으며, 헌법 해석 변경을 통해 집단 자위권을 행사한다는 아베 내각의 계획에 관해서도 찬성과 반대 의견보다 어느 한쪽을 선택하지 못하겠다는 응답자가 40%로 더 많았다.

일본 정당

05월 28일

• 아베 "미일방위협력지침에 집단 자위권 반영" (연합뉴스 05. 28)

– 아베 신조 일본 총리는 28일 연내 개정 예정인 미일방위협력지침(가이드라인)에 일본의 집단 자위권 행사 관련 내용이 반영되도록 하겠다고 밝혔다. 그는 이와 함께 한반도 유사 사태와 관련, 일본 국민을 태우지 않은 미국 함정에 대해서도 자위대가 집단 자위권을 행사해 호위해야 한다고 주장했다. 아베 총리는 또 호르무즈 해협을 구체적으로 지칭하면서 이 해역의 기뢰 제거와 유조선 호위 등을 위해 집단 자위권 행사가 필요하다고 강조했다. 그는 다만 집단 자위권 행사가 헌법상 허용되더라도 "실제 무력행사를 할지는 고도의 정치적 판단이 필요하며 그때그때의 내각이 종합적으로 판단, 신중하게 결단하게 될 것"이라고 말했다.

06월 06일

• 日 연립 여당, 안보 법제 협의서 첫 합의 (연합뉴스 06. 06)

– 일본 연립 여당의 안보 법제 정비 협의에서 첫 합의가 도출됐다. 집단 자위권, 유

엔 평화 유지 활동(PKO), 회색 지대(경찰과 자위대 출동의 중간 단계) 사태 등에 대한 안보 법제 정비를 협의하고 있는 집권 자민당과 연립 여당 파트너인 공명당이 어떤 합의에 이른 것은 처음이다. 두 정당은 이날 속개된 협의에서 회색 지대 사태 중 일본의 낙도 등에 무장 집단이 상륙해 불법 행위를 한 경우와 일본 민간 선박이 무장 단체의 불법 행위에 당하고 있는 상황을 훈련 중이던 자위대가 직면한 경우에는 법 정비 없이 현행법 아래에서 자위대의 해상 경비 행동과 치안 출동의 발령 절차를 신속화하기로 했다. 현재는 자위대가 치안 출동을 하려면 각의 결정과 국회 승인을 받은 후 총리의 명령을 받아야 한다. 이날 합의로 연립 여당의 논의는 상황이 급박한 경우 총리가 직권으로 치안 출동을 명령할 수 있게 하는 방향이 될 전망이다.

06월 14일

• 일본 자민당, 내주 개헌 당내 논의 착수 (닛케이신문 06. 14, 연합뉴스 06. 14 재인용)
– 일본 집권 자민당이 다음 주부터 헌법 개정과 관련한 당내 논의에 착수한다. 자민당은 개정 국민투표법이 전날 국회를 통과하면서 개헌과 관련한 절차법이 완비됨에 따라 개헌 항목에 대한 검토에 들어가기로 했다. 자민당은 교전권을 부정하는 헌법 9조 개정을 개헌의 지상 과제로 삼고 있으며, 그것을 실현하기 위해 개헌 발의 요건을 완화하는 헌법 96조 개정을 희망하고 있다. 하지만 집단 자위권 논란에 평화헌법의 축인 헌법 9조 개정까지 더해지면 여론과 야당의 반발이 클 수 있다고 보고, 대형 재해 시 총리에게 강한 지휘권을 주는 긴급사태 조항과 환경권 신설 등을 우선 검토할 계획이다.

06월 13일

• 日 자민당, 자위권 발동 요건 수정안 제시

(요미우리신문 06. 13, 연합뉴스 06. 14 재인용)
– 아베 신조 일본 자민당 정권이 집단적 자위권 행사를 위해 기존 '자위권 발동 3요건' 수정안을 연립 공명당에 제시했다. 자위권 발동 3요건은 자위대가 출동해 무력을 행사할 수 있는 조건을 정한 것이다. ① 일본에 대한 급박하고 부정한 침해가 있고 ② 이를 배제하기 위한 다른 적당한 수단이 없을 경우 ③ 필요 최소한의 무력

을 행사한다는 내용이다. 수정안의 내용은 '일본에 대한 급박하고 부정한 침해가 있다.'는 제1 요건 부분이다. 요미우리신문에 따르면 제1 요건에 '타국에 대한 무력 공격'의 전제로 '일본의 존립이 위협받는' 경우와 '국민의 생명, 자유 및 행복 추구의 권리가 근본적으로 전복될 우려가 있는' 경우로 구체화했다. 후자는 공명당의 그동안의 요구를 반영한 것이다.

06월 15일

• 일본 지방의원 215명, 집단 자위권 반대 모임 설립

(교도통신 06. 15, 연합뉴스 06. 15 재인용)

– 일본 아베 신조 정권의 집단 자위권 행사 용인이 초읽기에 들어간 가운데 각계의 반대 움직임도 잇따르고 있다. 일본 27개 광역 지방자치단체의 지방의원 215명은 15일 도쿄에서 총회를 열고 '자치체 의원 입헌 네트워크(이하 네트워크)'를 설립했다. 공동 대표인 가도쿠라 구니요시는 "전후 일본의 평화주의, 전수 방위의 틀이 산산조각 나는 상황"이라고 지적한 뒤 "지역에서 반대 목소리를 높이고 연계해서 그릇된 흐름에 맞서 나갈 것"이라고 말했다. 네트워크는 향후 다른 단체와 연대해 서명 활동과 정책 제언을 할 예정이다.

또 이날 도쿄 신주쿠구의 신주쿠역 주변에서는 집단 자위권 행사 용인에 반대하는 시민 약 500명이 '해석 개헌 절대로 안 돼.', '정권의 폭주를 용납하지 말자.'는 등의 구호를 외치며 행진했다.

06월 16일

• 일본 자민당 지역 본부서 '집단 자위권 신중론' 대두

(아사히신문 06. 16, 연합뉴스 06. 16 재인용)

– 아베 신조 일본 총리가 추진하는 집단 자위권에 관해 자민당 지역 본부에서 신중하게 접근하라는 의견이 나오고 있다. 아사히신문 등 일본 언론에 따르면 자민당 기후현 지부연합회는 집단 자위권에 관해 내각회의 결정을 서두르지 말 것을 촉구하는 의견서를 채택해 달라고 현 42개 시초손 의회(기초 의회) 의장에게 최근 요청했다. 자민당 기후현 지부연합회는 의견서 문안에서 북한의 핵개발 움직임이나 센

카쿠 열도를 둘러싼 중국과의 갈등 등 안보 환경이 급변하는 가운데 집단 자위권을 논의하는 것을 부정할 수는 없지만, 최종적으로 국민의 이해를 얻는 형태로 결론을 내야 한다고 밝혔다.

06월 17일

• 日 집단 자위권 '막판 줄다리기'···정기국회 직후 처리할 듯 　　　　　(연합뉴스 06. 18)

– 아베 신조 일본 총리가 추진 중인 집단 자위권 행사 용인에 관한 집권 자민당과 연립 여당인 공명당이 막판 줄다리기를 벌이고 있다. 17일 열린 안전보장 법제 정비에 관한 여당 협의에서는 정부가 제시한 집단 자위권 관련 내각회의 결정 문안을 두고 양측의 공방이 이어졌다. 특히 '우리나라(일본)의 존립이 위협 당해 국민의 생명, 자유 및 행복추구권이 근저에서부터 뒤집힐 우려가 있는 경우 집단 자위권 행사를 용인한다.'는 원안에 대해 공명당이 이의를 제기했다. 공명당은 '우려'라는 표현이 상당히 주관적이기 때문에 정부의 자의적 판단에 따라 집단 자위권이 남용될 수 있다는 점을 문제 삼고 '절박한 사태' 등으로 표현을 수정하자고 요구했다. 또 일본 외에도 타국에 대한 무력 공격이 발생했을 때를 무력행사 요건에 추가하는 것에 관해서는 '밀접한 관계에 있는 국가' 등으로 범위를 좁히자는 의견을 제시했다. 일본 주요 언론은 양측의 공방 상황으로 볼 때 집단 자위권 등에 관한 각의 결정 시점이 이달 22일까지로 예정된 정기국회 폐회 이후가 될 것으로 18일 일제히 전망했다.

06월 18일

• 고노 "집단 자위권 추진 아베 총선에서 민의로 심판해야" 　　　　　(문화일보 06. 18)

– 자민당 소속으로 과거 일본군 위안부 강제 동원을 사죄한 '고노담화'를 발표했던 고노 요헤이 전 일본 중의원 의장이 집단적 자위권 행사 계획을 관철하려는 아베 신조 총리를 총선에서 민의로 심판해야 한다고 강도 높게 비판했다. 고노 전 의장은 18일 마이니치신문에 기고한 '집단적 자위권에 대한 나의 의견'에서 "많은 국민이 집단적 자위권 행사를 받아들이고 있는 것은 아니다."면서 "유권자 여러분이 민의와 유리된 정치를 어떻게 하면 좋은 것인지 다음 총선에서 투표로 보여 달라."고 강조했다.

06월 19일

• 일본 연립 여당, 집단 자위권 '기뢰 제거' 놓고 이견

(산케이신문 06. 19, 연합뉴스 06. 19 재인용)

– 아베 신조 일본 총리가 추진 중인 집단 자위권 용인을 둘러싸고 연립 여당인 공명당이 기뢰 제거 문제를 놓고 집권 자민당과 견해 차이를 보이고 있다. 아베 총리는 중동에 전쟁이 벌어져 원유를 실어 나르는 해상 교통로가 기뢰로 봉쇄됐을 때 자위대가 출동해 제거 작업을 벌일 수 있게 해야 한다고 강력하게 주장하고 있지만, 공명당은 집단 자위권을 한정적으로 허용한다는 방침에 어긋나는 것이라고 맞서고 있다. 현재 일본은 집단 자위권 행사를 금지한 헌법 해석에 저촉되기 때문에 전쟁 중에는 외국 해역의 기뢰를 제거하지 못하고 전쟁이 종결되고 나서야 위험물을 치우는 개념을 적용해 기뢰를 제거할 수 있다. 산케이신문은 자민당과 공명당의 조정 작업이 좀처럼 진전되지 않아 정부가 집단 자위권에 관한 내각회의 결정을 다음 달 4일 하는 방향으로 조율 중이라고 보도했다.

06월 19일

• 일본 여당 "日 연립 여당, 집단 자위권 '국회 폐회 후 결론' 합의   (연합뉴스 06. 19)

– 일본 연립 여당인 자민당과 공명당은 19일 당수 회담을 갖고 집단 자위권 문제의 결론 도출을 오는 22일까지인 정기국회 회기 이후로 미루기로 했다. 두 당의 당수인 아베 신조 총리와 야마구치 나쓰오 공명당 대표는 이날 오후 총리 관저에서 열린 회담에서 집단 자위권 행사 용인을 위한 헌법 해석 변경에 대해 국회 폐회 후에도 협의를 계속하기로 합의했다. 자민당은 다음 달 초순 안에 집단 자위권 관련 각의 결정을 마무리한다는 목표를 세웠다고 일본 언론은 전했다.

06월 20일

• 日 아베 정부 결국…고노담화 교묘한 훼손   (세계일보 06. 21)

– 일본의 아베 신조 정부가 20일 일본군 위안부 강제성을 인정한 '고노담화'의 작성 과정에서 '한·일 정부 간 광범위한 문안 조정이 있었다.'는 결론을 담은 담화 검증 결과를 내놓았다. 아베 정부는 특히 '당시 김영삼 대통령이 담화를 사전에 보고

평가했다.'거나 '문안 조정 사실을 대외에 공표하지 않는다는 데에도 뜻을 같이했다.'고 적시해 사실상 고노담화를 양국의 조율을 거친 '정치적 타협의 산물'로 격하시켰다. 일본 정부가 이날 중의원 예산위원회 이사회에 보고한 A4용지 21쪽 분량의 고노담화 검증 결과 보고서는 고노담화 문안 조정 과정에서 위안소 설치에 관한 일본군의 관여, 위안부 '모집' 시 군의 관여, 위안부 '모집' 시의 강제성 등 3가지가 논점이 되었다.

일본 선거·의회

06월 13일

• 일본 국민투표법 개정…4년 후부터 투표 연령 18세　　　　　(연합뉴스 06. 14)

– 일본에서 국민투표 연령을 만 18세로 조정하는 내용을 골자로 하는 국민투표법 개정안이 13일 국회를 통과했다. 최근 중의원에 이어 이날 참의원 의결 절차까지 마무리됨에 따라 이달 중 개정법이 공포되면 그로부터 4년 후 국민투표 유권자 연령은 현행 '20세 이상'에서 '18세 이상'으로 낮아진다. 일본 헌법에 의하면 현재 중·참의원 3분의 2 이상 찬성이 있어야 개헌 발의가 가능하며, 국회에서 발의된 개헌안을 국민투표에 부쳐 과반수의 찬성을 얻으면 개헌이 이루어진다. 1946년 공포된 일본 헌법은 개정을 위한 최종 절차를 '국민의 승인'으로 규정하고 있지만, 그 '승인' 절차를 규정하는 국민투표법은 61년이 지난 2007년에야 제정됐다. 그로부터 7년 만에 정치권의 오랜 숙제였던 선거권 연령 하향 문제까지 마무리됨에 따라 비로소 개헌과 관련한 절차법이 완비된 상황이다.

06월 16일

• 일본, 해외에서 범죄에 휘말려 숨지는 국민에게 조의금 1000만 원 지급
　　　　　　　　　　　　　(요미우리신문 06. 16, 경향신문 06. 16 재인용)

– 일본의 집권 여당인 자민당과 공명당은 해외에 나가 있는 국민이 범죄에 휘말려 숨지는 경우 유족에게 조의금 100만 엔(약 1000만 원)을 지급하도록 하는 법안을 국회에 제출하기로 했다. 자민·공명 양당은 이런 내용이 포함된 '국외 범죄 피해자

조위금(弔慰金) 지급 법안'을 마련했다. 자민당 등은 최근 해외 출장이나 여행객이 늘어나면서 각종 범죄에 의해 희생당하는 사례가 늘어남에 따라 이런 법안을 마련했다고 밝혔다. 이 조의금을 받으려면 해당 국가의 수사기관으로부터 범죄로 인해 숨졌다는 것을 인정하는 서류 등을 받아야 한다.

일본 여론

06월 09일

• "일본인 61%, 아베노믹스 긍정 평가"　　　　　　　　　　　　(연합뉴스 06. 09)

– 아베 신조 내각의 경제 정책에 관해 일본인 과반이 긍정적으로 평가하는 것으로 나타났다. NHK가 이달 6~8일 벌인 여론조사 결과에 따르면 아베 내각의 경제 정책에 관해 '매우 좋게 평가한다'는 답변이 7%, '어느 정도 좋게 평가한다'는 응답이 54%였다. '별로 좋게 평가하지 않는다'는 답변과 '전혀 좋게 평가하지 않는다'는 반응은 각각 27%, 8%였다.

집단 자위권에 관한 문항에서는 찬성 혹은 반대를 명확히 하지 않은 응답자가 많았다. 동맹국이 공격당했을 때 일본이 대신 반격하는 집단 자위권에 관해서는 행사할 수 있도록 해야 한다는 의견과 행사할 수 있게 하면 안 된다는 의견이 26%씩으로 같은 비율을 차지했다. 어느 한쪽을 택해서 답할 수 없다는 의견이 41%였다. 집단 자위권을 행사하는 것이 위헌이라는 역대 일본 정부의 헌법 해석을 변경해 집단 자위권을 행사한다는 아베 내각의 계획에 관해서는 22%가 찬성하고 33%가 반대했다. 이 역시 한쪽을 택하지 못하겠다는 응답자가 40%로 더 많았다. 아베 내각의 지지율은 지난달 조사 때보다 4%포인트 하락한 52%였고 지지하지 않는다는 답변은 3%포인트 상승해 32%를 기록했다.

06월 17일

• 아베, 집단 자위권 위한 헌법 해석 변경 요지 각의 제출, 시민들은 반대 집회

　　　　　　　　　　　　　　　　　(교도통신, 경향신문 06. 17 재인용)

– 일본 도쿄 시내의 히비야 공원에 17일 저녁 시민 5000여 명이 모여 아베 신조 정

권이 헌법의 해석을 바꿔 집단 자위권 행사를 용인하려고 하는 데 대해 반대했다. 이날 집회는 수도권 시민 단체들의 연합체인 '해석으로 헌법 9조를 부수지 말라! 실행위원회' 주최로 열렸다. 번역가 겸 작가 이케다 가요코는 이날 집회에서 연설하며 "헌법 해석을 어떻게 왜곡한들 집단 자위권을 행사할 수는 없다."며 "(헌법 해석을 변경하는) 각의 결정이 이뤄지면 국가의 본질적인 자세가 바뀌는 것"이라고 말했다. 참석자들은 집회 뒤 국회 주변을 행진하면서 아베 정부에 항의했다.

또 평화헌법을 지키기 위한 시민 단체 '히로시마현 9조의 모임 네트워크'는 이날 집단 자위권 관련 헌법 해석 변경에 반대하는 긴급 성명서를 총리 관저와 자민당의 연립 정권 파트너인 공명당 본부에 보냈다고 밝혔다.

제2장
일본의 쟁점

일본의 연립 정권과 '정권 내 야당'의 역할

김윤실

    일본 자민당 정권은 1955년부터 1993년까지 단독으로 의회 다수의 지지를 확보하며 장기 집권을 유지하였지만, 1993년 중의원 선거에서 잇따른 정치 비리와 경제 불황으로 인해 과반수 의석 확보에 실패하면서 일시적인 몰락을 경험하였다. 이후 일본 정당 정치는 유동성이 증가하면서 이전과는 상당히 다른 구도로 변화하게 되었는데, 무엇보다 연립 정권이 수시로 등장하게 되었다는 특징에 초점을 맞추어 살펴보고자 한다.

    사실상 자민당의 일당 지배 체제가 흔들리기 시작한 것은 1989년 참의원 선거에서 과반수 확보에 실패하면서부터였다. 1955년 이후 양원(중의원·참의원) 모두를 장악하고 일방적으로 정책을 추진할 수 있었던 자민당은 1989년 여야 세력 관계의 역전 현상에 직면하면서 국정 운영 방식을 변화시킬 수밖에 없었다. 참의원에서 야당이 다수 의석을 확보함에 따라 기존의 일방적인 방식에서 탈피하여 야당과의 대화와 협의를 통한 국정 운영의 원활화를 도모하게 된 것이다. 또 한편으로 자민당은 참의원에서의 여소야대 상황을 해소하고 안정적으로 국정 운영을 주도하기 위해 정당 간 연계, 더 나아가 연립 정권을 추구하기 시작하였다(이기완 2008). 그러던 중 겪게 된 1993년 자민당의 선거 참패와 정치 변동은 40년 가까이 연립 정권을 경험할 수 없었던 일본에 본격적으로 연립 정권이 등장하게 하는 계기가 되었다.

1993년 당시 8개 군소 야당으로 구성된 '비(非)자민 연립 정권'이 정권을 잡았지만, 자민당은 제1당으로서의 지위를 놓치지 않았고 결국 10개월 만인 1994년 사회당과의 연립을 통해 정권을 되찾을 수 있었다. 하지만 1994년 정치 개혁의 일환으로 단행된 소선거구−비례대표 병립제로의 선거제도 개혁은 일본 정당 체제에 불안정을 가져왔고, 정당 간의 빈번한 이합집산을 야기하였다(김용복 2012). 이에 따라 이후 10여 년 동안 자민당은 사회당(현 사민당)을 비롯한 자유당, 자유당−공명당, 보수당−공명당 등으로 상황에 따라 연립 파트너를 교체해 가면서 연립 정권을 유지할 수 있었다(김기석 2003). 연립 정권하에서의 정책 결정은 연립 여당 간의 조율과 조정을 통해 이뤄졌기 때문에, 연립 정권의 성립은 정책 대안을 둘러싼 논쟁의 장을 기존의 정당 내 파벌 정치에서 정당 간 정치로 이동시켰다(이기완 2008). 이를 통해 일본 정당 정치의 고질병이었던 파벌의 영향력이 상당히 약화되기도 하였다.

한편 2007년 참의원 선거와 2009년 중의원 선거에서 민주당이 잇따라 자민당을 제치고 제1당이 되었다. 이를 통한 정권 교체의 경험은 자민당의 일당 우위 체제가 확실하게 붕괴하였음을 의미하며, 일본 정당 구도의 일당 우위 체제에서 양당 체제로의 개편 가능성을 보여 주었다(김용복 2012). 이러한 정당 구도의 변화와 양원제의 특성으로 인해 양원에서의 다수당이 서로 다른 여소야대 상황이 언제든 발생할 수 있었고, 이는 계속해서 연립 정권이 형성될 수 있는 요인으로 작용하였다. 그리하여 2009년 중의원 선거 결과 308석을 획득하며 압승을 거둔 민주당은 단독 여당을 이루기보다 사민당, 국민신당과 3당 연립정부를 구성하였고, 지난해 말 치러진 중의원 선거에서 대승을 거둔 자민당도 단독 과반 의석을 차지하였지만 공명당과 연립 정권을 수립하였다. 선거에서 승리한 정당이 단독으로 내각을 구성할 수 있는 요건을 갖추었음에도 불구하고, 여당으로서의 지위를 다른 정당과 공유하게 되는 상황을 선택한 것이다. 이는 양원 모두에서 단독 과반 의석을 확보하기 쉽지 않은 상황에서 여야 간 세력 역전 현상을 미연에 방지하고 교착 상태를 헤쳐 나가기 위한 정치적 선택이었지만, 결과적으로 정책 결정에 있어서 정당 간의 건설적인 논쟁과 타협을 가능하게 한다는 점에서 긍정적으로 평가할 수 있다.

연립 정권의 성립은 사회가 당면한 문제에 대한 논의 과정에서 연립 여당으로 참여한 군소 정당의 역할이 비교적 중요시된다는 점에서 사회 통합에 긍정적으로 작용할 것이라 생각된다. 현재 자민당의 연립 정권 파트너인 공명당이 대표적인 사례로 설명 가능하다. 1999년 자유당을 포함한 3당 연립 정권을 형성한 이후 자민·공명 연립 관계는 공고하게 유지되었지만, 평화주의를 정책 핵심으로 내건 공명당은 자민당의 우익 정책들과 태생적으로 충돌할 수밖에 없었다. 공명당은 지난해 중의원 선거를 앞두고 자민당과 선거 연합을 합의할 당시부터 자민당의 헌법 개정 및 집단적 자위권 행사를 위한 헌법 해석 변경 정책에 반대 의사를 명확하게 표명하여 연정 이후의 갈등은 예견됐었다.

특히 집단적 자위권은 일본이 공격받지 않아도 동맹국이 공격받았다는 이유로 타국에 반격할 수 있는 권리로, 자민당이 헌법 해석을 담당하는 내각법제국 장관을 교체하면서까지 신속하게 추진하고자 했던 주요 사안 중의 하나이다. 공명당은 지난 8월 초 자민당이 상의 없이 내각법제국장관을 교체한 것에 대해 '신뢰를 깨는 행위'라며 불만의 목소리를 높였고, 심지어 야마구치 나쓰오 공명당 대표는 공식 석상에서 집단적 자위권 행사에 대해 결론이 나더라도 구속받지 않을 것이라는 강한 발언을 하기도 하였다(중앙일보 2013. 08. 06·연합뉴스 2013. 09. 25). 이러한 집권 파트너와의 대립 관계가 자민당에 압박으로 작용하였고, 결국 아베 총리는 집단적 자위권 행사와 관련한 본격적인 논의를 내년 봄 이후로 미루기로 한 것으로 알려졌다.

요컨대 자민당과 연립 정권을 구성하고 있는 공명당은 자민당 주도의 일방적인 정책 추진을 견제하면서 '정권 내 야당'으로서의 역할을 수행하고 있는 것으로 보인다. 이처럼 단독 집권의 가능성이 거의 없는 군소 정당이 선거를 앞두고 거대 정당과의 협상을 통해 연립 정권에 참여하게 되면 정책 결정 과정에서 다양한 목소리를 낼 수 있으며, 거대 정당의 독주를 제도화된 형태로 견제할 수 있다. 때문에 최근 일본 정치에서 일상화된 연립 정권의 성립은 사회 갈등이 극단으로 치닫는 상황을 사전에 예방하고 대의 민주주의가 제 기능을 하도록 하는 요인으로 작용하고 있다.

참고 문헌

김기석, 2003, "대통령제와 내각책임제하에서의 연립 정권 비교 연구: 1990년대의 한국과 일본", 『국제정치 논총』, 제43집 제2호, 151-174.

김용복, 2012, "일본 선거제도 개혁과 정당 체계의 변화: 양당제의 가능성과 한계", 『한국정당학회보』, 제11권 제1호, 229-257.

이기완, 2008, "일본 정당 구도의 재편과 전망", 『평화연구』, 제16권 제1호, 60-83, 222.

중앙일보 2013. 08. 06.

연합뉴스 2013. 09. 25.

공산당의 약진?…민주당의 부진!

김윤실

2012년 12월 실시된 일본 중의원 총선거에서 당시 여당이었던 민주당은 선거 전 의석인 230석의 4분의 1에도 못 미치는 57석을 확보하는 데 그쳤는데, 이러한 참패 원인은 2009년 정권 교체 이후 3년간 집권하였던 민주당에 대한 유권자의 회고적 심판에 있다. 당시 무상 복지 등 정책 공약의 이행 부실뿐만 아니라, 지속되는 디플레이션 등 경기 침체, 동일본 대지진 재해로부터의 복구 및 부흥의 부진, 영토 문제와 국방·외교 문제에 대한 일본 유권자들의 실망이 자민당 선택으로 연결된 것으로 보인다(이현출·김유정 2013). 지난 7월 실시된 일본 참의원 선거에서도 자민당이 압승을 거둠에 따라 아베 내각은 장기 집권할 가능성이 높아지고 있는 반면 민주당은 27석을 잃는 등 참패하였다. 이러한 선거 결과는 일본 국민의 아베노믹스에 대한 전망적 기대뿐만 아니라, 과거 민주당 정권 동안 지속되었던 정치 불안정과 약한 리더십에 대한 회고적 우려가 반영된 결과로 해석된다(김은지·서영경 2013).

참의원 선거 이후 정당별 의석수의 변화

	개선 의석수	선거 결과 획득 의석수	비개선 의석수	선거 전과 선거 후 의석수의 변화
자민당	34	65	50	84 → 115
민주당	44	17	42	86 → 59
공명당	10	11	9	19 → 20
다함께당	3	8	10	13 → 18
공산당	3	8	3	6 → 11
일본유신회	2	8	1	3 → 9
사민당	2	1	2	4 → 3
생활당	6	0	2	8 → 2
개혁당	1	0	1	2 → 1
녹색바람당	4	0	0	4 → 0
기타	2	1	0	2 → 1
무소속	5	2	1	6 → 3
합계	121(결원 5)	121	121	242

최근 일본 자민당과 대립 구도에 있었던 민주당이 극도의 침체 상태에 빠진 가운데, 오히려 공산당의 일본 내 지지율이 소폭 오르면서 일본 야권의 정당 정치 지형이 변화하는 양상을 보이고 있다. 일본 닛케이신문과 TV도쿄가 9월 말 유권자 902명을 대상으로 실시한 여론조사에서 공산당이 6%의 지지율을 보여, 55%를 획득한 자민당에 이어 두 번째 순위를 차지하였다. 이는 제1 야당인 민주당보다 1%포인트 앞선 지지율이다. 공산당은 일본에서 가장 오래된 정당으로 100년에 가까운 역사를 가졌으나 다년간 부진을 면치 못하다 최근 선거에서 연이어 승리를 거두며 지지율이 상승하기 시작했다. 특히 지난 6월 도쿄도 의회 의원 선거와 7월 참의원 선거에서 의석을 두 배 가까이 늘리면서 돌

풍을 일으켰다(조선일보 2013. 10. 01). 이러한 공산당의 약진을 전문가들은 민주당 등 여타 야당의 지지율 하락에 따른 결과라고 분석하고 있다. 실제로 앞서 언급한 여론조사에서 야당의 지지율을 모두 합쳐도 자민당의 55%의 절반에도 못 미치며, 심지어 야권 전체의 지지율은 지지 정당이 없다고 응답한 무당파층 (19%)보다도 낮았다(문화일보 2013. 09. 30).

때문에 현재 일본의 정당 정치 구도는 단순히 자민당의 안정적인 지지 확보로만 설명될 수 없으며, 야권에 대한 유권자의 실망과 우려를 엿볼 수 있다. 다시 말해 약진하고 있는 공산당이 특별히 일본 유권자를 잘 대변한다기보다는 민주당을 포함한 야당들이 아베 총리와 자민당의 독주를 제대로 견제하지 못하고 있다는 설명이 적절해 보인다. 이러한 상황 속에서 민주당·일본유신회·다함께당 등 3개 야당에 소속된 의원과 무소속 의원이 정계 개편을 위한 세력 결집 방안을 논의하기 시작하였다. 이들이 우경화 흐름 속의 일본 유권자와 어떤 방식으로 소통하고, 자민당을 견제하여 현 침체 상황을 돌파해 나갈지 지켜볼 문제이다.

참고 문헌

이현출·김유정. 2013. 『일본 중의원 총선 결과 분석 및 자민당 정권의 주요 정책 전망』. 서울: 국회입법조사처(현안 보고서, 제190호).
김은지·서영경. 2013. 『일본 참의원 선거의 평가와 아베 정권의 경제 정책 전망』. 서울: 대외경제정책연구원(지역경제포커스, 제7권 제45호).
문화일보 2013. 09. 30.
조선일보 2013. 10. 01.

일본 우경화와 집단적 자위권

김윤실

2012년 12월 중의원 선거에서 민주당에 비해 우경화된 공약을 내세운 자민당이 결과적으로 압승을 거두었다. 오랜 경기 침체, 양극화와 고령화 등에 따른 사회불안 그리고 정치적 측면에서 반세기 만의 정권 교체였던 민주화 정권에 대한 국민들의 실망감이 일본 우경화에 복합적인 원인으로 작용했을 것이다(한국일보 2013. 11. 03). 물론 우경화를 일본 사회 전체의 변화라 할 수는 없겠지만, 3년여 만에 아베 총리가 재집권하면서 전반적인 추세로 평가되고 있다(안보전략연구센터 일본연구팀 2013).

아베 총리와 자민당 정권의 우경화 혹은 보수적 성향의 안보 외교 및 방위 정책은 '적극적 평화주의'를 표방하고 있으며, 이에 대한 우려 섞인 논의가 일본 안팎에서 이뤄지고 있다. 제2차 세계대전 패배 이후 일본은 평화헌법에 따라 전쟁을 포함한 무력행사를 영구히 포기하였고, 자국이 공격받았을 때만 군사적으로 대응할 수 있는 소극적인 개념의 '개별적 자위권'만을 가지고 있었다. 하지만 아베 정권이 내건 적극적 평화주의는 결과적으로 일본이 '집단적 자위권'을 확보하기 위해 내건 슬로건이다. 집단적 자위권이란 개별적 자위권과는 달리 자국이 공격받지 않아도 동맹국이 공격받았다는 이유로 타국에 반격할 수 있는 적극적인 권리를 의미한다.

일본 정부는 적극적 평화주의 실현을 위한 다양한 정책 추진과 논의를 진행하고 있는데, 첫 단계라 할 수 있는 국가안전보장회의(NSC)창설법안은 이미 11월 초 중의원을 통과하였다. 특정비밀보호법안은 야당의 반대로 주춤하고 있지만, 중의원과 참의원 양원 모두에서 연립 여당이 단독으로 법안을 처리할 수 있는 의석수를 확보하고 있기 때문에 여당의 의지에 따라 언제든지 법안 통과는 가능하다. 최근에는 일본 정부가 무기 수출 3원칙에 대한 수정 견해를 정리한 사례집을 여당 자민당에 제시하기도 하였다. 이러한 일본 정부의 움직임들은 궁극적으로 집단적 자위권 확보를 향하고 있으며, 일본이 국제사회에서 전범 국가가 아닌 보통 국가로 인정을 받고, 방위력 확보는 물론 군사력 증강을 정당화하고자 하는 데 있다.

한편 아베 정부가 추진하는 집단 자위권 정책에 대한 일본 현지 언론들의 여론조사 결과에 따르면, 일본 국민들의 찬반은 비슷하지만 대체로 반대 의견이 더 많은 것으로 나타나고 있다(연합뉴스 2013. 08. 25·경향신문 2013. 10. 09). 이는 적극적 평화주의 정책에 대한 국민들의 이해가 정부와 같은 방향으로 합의되고 있지 않음을 보여 준다. 그럼에도 주목할 것은 아베 정권에 대한 일본 국민들의 지지율은 여전히 60% 내외의 높은 수치를 기록하고 있다는 점이다. 정부가 추진하고 있는 일련의 우경화된 정책들에 유권자들이 신중한 태도를 보이고는 있지만, 장기 불황으로 자신감을 상실한 상황에서 강한 일본을 내세운 아베 정권의 경제 정책에 대한 기대감과 전반적인 신뢰가 유지되고 있는 것이다.

이러한 상황에서 일본 정부는 높은 지지율에 힘입어 집단적 자위권을 포함한 구체적인 정책들을 신속하게 처리하려 해서는 안 된다. 관련 정책들에 대한 일본 사회의 충분한 의견 교류와 통합이 이뤄지지 않았다는 점을 유의해야 한다. 특히 집단적 자위권 행사를 위한 헌법 해석 변경 및 개헌은 연립 여당을 이루고 있는 공명당 및 야당, 그리고 여론을 충분히 반영하여 추진 속도를 조절할 필요가 있다.

참고 문헌

안보전략연구센터 일본 연구팀(송화섭·김두승·이강규·장혜진), 2013, "아베 정권의 재등장과 일본의 우경화 가능성 전망", 『주간 국방논단』 제1448호.

연합뉴스 2013. 08. 25.

경향신문 2013. 10. 09.

한국일보 2013. 11. 03.

아베 정권, 특정비밀보호법 강행 처리 후 지지율 추락

김윤실

최근 일본 사회의 가장 큰 현안 중 하나인 특정비밀보호법은 일본 정치권과 민심의 괴리 현상을 보여 주는 대표적인 사안이다(한겨레 2013. 11. 21). 아베 정권과 여당인 자민당이 야당과 여론의 강한 반대를 무릅쓰고 법안을 양원에서 통과시키는 데에는 불과 열흘밖에 걸리지 않았다. 일본이 동맹국인 미국으로부터 고급 정보를 제공받기 위해서는 국내에서의 안보 기밀 관련 처벌 규정을 강화할 필요가 있다고 정권은 판단하였기 때문이다(중앙일보 2013. 11. 27). 그동안 '여당 내 야당' 역할을 스스로 맡아 온 공명당조차 특정비밀보호법안의 처리 과정에서 전적으로 자민당과 협의하는 모습을 보여 그동안의 존재감에 의문이 제기되기도 했다(연합뉴스 2013. 12. 10).

자민·공명 연립 여당이 수적 우세를 앞세워 법안을 신속하게 강행 처리하는 동안 일본 각계의 반발은 거세졌고, 부정적인 여론은 지속되었다. '아베노믹스'의 기세를 타고 한때 70%대를 기록했던 아베 내각의 지지율은 출범 이후 처음으로 50% 미만을 기록했으며, 법안이 최종 통과된 이후 계속해서 하락하는 추세에 있다. 여론의 반발이 거세지자 아베 총리는 기자회견을 열어 "보다 정중하게 시간을 들여 (국민에게) 설명했어야 하는 것 아니냐는 반성을 하고 있다."고 말하기도 했다(중앙일보 2013. 12. 11). 그럼에도 법안은 이미 일본 의회를 최종 통과된 이후였으며, 예정대로 공포되었다. 법안 처리 전후로 일본 국민을 대상으로 실시한 각종 여론조사에 따르면 특정비밀보호법에 대한 반대 의견이 찬성에 비해 두 배 정도 많으며, 법안 처리 과정에 문제가 있다는 응답이 60% 이상, 법안의 국회 논의가 충분치 않았다는 견해는 75% 이상의 다수를 차지하였다 (한겨레 2013. 12. 02·연합뉴스 2013. 12. 08).

그러나 정당 지지율을 묻는 질문에는 자민당이 30% 이상의 지지를 꾸준히 얻어 민주당을 포함한 야당을 압도하고 있다는 점에 주목해야 한다. 아베 정권이 추진하는 특정비밀보호법 등에는 불만이 많지만, 이러한 반대 여론이 야당에 대한 지지 상승으로 연결되지 않았기 때문이다. 이는 딱히 지지할 야당이 없다는 일본 정치의 상황을 반영한 결과로(한겨레 2013. 12. 02), 아베 정권과 여당뿐만 아니라 일본 정치권 전반이 민심과 동떨어져 있음을 보여 준다.

참고 문헌

한겨레 2013. 11. 21.
중앙일보 2013. 11. 27.
한겨레 2013. 12. 02.
연합뉴스 2013. 12. 08.
연합뉴스 2013. 12. 10.
중앙일보 2013. 12. 11.

아베 정권에 상당한 부담된 야스쿠니 신사 참배

하종민

아베 신조 일본 총리가 계속된 과거사 발언과 우경화 정책에 이어, 지난달 26일 야스쿠니 신사 참배로 자신의 독단적 정치 행보에 방점을 찍었다. 아베의 우익 행보는 단순히 '정치적 계산'에 따른 것이 아닌 '자기 확신'에서 비롯된 것으로 추정된다(조선일보 2014. 01. 08). 하지만, 이제껏 행보와는 달리 이번 야스쿠니 신사 참배는 아베 정권에 부담감을 가중시킬 것으로 전망된다. 신사 참배 이후 일본 내의 각종 여론조사 결과 부정적 응답이 쏟아져 나왔으며, 현재 자민당과 연립 정권을 수립 중인 공명당의 야마구치 나쓰오(山口那津男) 대표 역시 아베 총리의 신사 참배에 대한 비판적 견해를 밝혔다. 대외적으로는 주변국인 한국과 중국을 비롯한 미국, EU, UN에 이르기까지 다양한 국제사회의 구성원들이 아베 총리의 신사 참배를 공개적으로 비난하고 있는 상황이다.

　무엇보다도 아베의 독단적 우경화 행보에 한 자릿수 지지율을 유지하며 아무런 힘도 쓰지 못하던 야권이 새롭게 개편될 것으로 예측된다. 다음 달 9일 치러질 도쿄 도지사 선거에 고이즈미 준이치로(小泉純一郎) 전 자민당 총리와 호소카와 모리히로(細川護熙) 전 총리가 전격 연대를 약속하면서 아베 정권에 대한 정면 도전을 선언했기 때문이다. 상이한 정치 성향에도 불구하고 호소카와 전 총리는 '탈원전' 문제와 아베의 독단적 우경화 정책에 대한 거부감을 계기로 고이즈미 전 총리와 연대하게 된 것으로 예상된다. 두 전 총리 모두 '원전 문제' 이후 '탈원전'을 주장한다는 공통점이 있다. 또한 연립 정권을 수립한 공명당이 '여당 내 야당'의 역할을 제대로 해 내지 못하면서 야권에 대한 지지율이 더욱 낮아진 점과, 신사 참배 등 아베 정권의 거침없는 독주를 방관할 수 없다는 판단이 호소카와 전 총리에게 촉매제로 작용한 것으로 판단된다. 만약 호소카와 전 총리가 당선된다면 도쿄도를 넘어 민주당을 중심으로 한 정계 개편에 상당한 영향을 끼칠 전망이다. 민주당의 노다 요시히코 전 총리를 '최고의 제자'로 부르며 애정을 쏟던 과거의 행보를 볼 때, 민주당이 노다파와 탈핵을 중심으로 새롭게 개편될 것이라는 전망이 나오고 있다(한겨레 2014. 01. 14).

　이처럼 신사 참배에 대한 국내외의 부정적 여론과 야권의 개편이 이루어 질 수 있다는 부담감이 아베 총리를 압박할 것으로 보인다. 또한 자민당 출신의 고이즈미 전 총리가 아베에게 등을 돌렸다는 것 역시 자민당 내부의 불안 요소가 될 것으로 전망된다. 또한 대외적으로는 일본의 최대 외교 파트너인 미국에서 아베 정권에 대한 불안감이 확산되고 있다는 점에서 내각의 지지도와는 별도로 아베 내각의 불안감은 고조될 것으로 예측된다. 따라서 아베가 우경화 정책의 일환으로 강행한 야스쿠니 신사 참배는 악수(惡手)가 될 전망이다.

참고 문헌

한겨레 2014. 01. 14.　　　　조선일보 2014. 01. 08.

도쿄 도지사 선거와 그 의미

김예아

　지난 2월 9일 실시된 일본 도쿄 도지사 선거에서 아베 총리와 집권 자민당의 지지를 받은 마스조에 요이치 전 후생노동상이 압도적으로 승리했다. 이번 선거에서는 총 16명의 후보가 나왔지만, 아베 총리의 정치적 스승인 고이즈미 전 총리가 적극적으로 지지한 호소카와와 아베 총리가 지지한 마스조에의 대결 구도에 유권자의 관심이 몰렸다(한국일보 2014. 02. 10). 결국 마스조에가 다른 후보들보다 월등히 많은 표를 얻으며 당선되었고, 아베 총리의 정치적 스승인 고이즈미 전 총리는 자신의 제자인 아베 총리와의 대결에서 패하고 말았다.

　호소카와 후보와 고이즈미 전 총리가 선거에서 패한 이유는 그들이 선거 기간 중 주장한 즉시 '탈원전' 이슈가 쟁점화되지 않았기 때문이다. 우쓰노미야 후보도 탈원전을 내세운데다, 아베 총리가 지지하는 마스조에 마저 즉시 탈원전은 아니지만 장기적으로 탈원전 사회로 가야 한다는 입장을 보여 호소카와의 탈원전이 상대적으로 두드러지지 못했다(한국일보 2014. 02. 10). 도쿄신문을 비롯한 일본 언론들의 출구 조사 결과, 유권자가 가장 중시한 것은 저출산 고령화 대책 및 복지 정책(32.7%), 경기 및 고용(23.4%)이었다(국민일보 2014. 02. 11). 즉 유권자들의 선택은 탈핵보다는 복지와 경제이며, 즉시 탈핵보다는 점진적 탈핵이었던 것이다(한겨레 2014. 02. 10). 호소카와 후보가 패한 또 다른 이유는 호소카와와 우쓰노미야의 막판 단일화 추진이 실패하면서 표가 분산되었기 때문이다. 그리고 도쿄 전역에 내린 폭설의 영향까지 겹치면서 투표율이 46.14%에 그친 것도 마스조에 후보에게 유리하게 작용하였다.

　한편, 이번 선거에서 주목할 점은 젊은 층의 우경화 현상이 두드러졌다는 것이다. 아사히신문 출구 조사에서 20대와 30대는 극우 성향의 다모가미 도시오 전 항공막료장(한국의 공군 참모총장)에게 호소카와 후보보다 2배 정도 많은 표를

던졌다. 특히 20대의 24%가 다모가미 후보를 지지했다(동아일보 2014. 02. 10). 이
러한 젊은 층의 우경화 현상은 아베 정권을 포함한 보수 우익 세력에 더욱 힘
을 실어 줄 것으로 보이는데, 이는 매우 우려스러운 일이다. 현재도 아베 정부
는 보수 우익 성향을 노골적으로 드러내며 '다케시마의 날'을 강행하고 집단적
자위권을 행사하려는 움직임을 보이는 등 여러 가지 우경화 정책을 펼치고 있
는데, 20대의 젊은이들이 이러한 아베 정부를 지지함으로써 앞으로 한·일 관
계를 비롯한 일본의 외교 관계가 더 악화될 것으로 보이기 때문이다. 따라서
일본 정부는 국민들에게 편향적인 역사관을 심어 주기보다는 국민들이 역사에
대해 객관적이고 균형적인 시각을 가질 수 있도록 노력해야 하고, 집단 자위권
행사나 원전 재가동 정책 등 정책 결정에 있어서는 신중론을 펴고 있는 공명당
과 야당의 의견을 충분히 수렴해야 할 것이다.

참고 문헌

동아일보 2014. 02. 10.
한국일보 2014. 02. 10.
한겨레 2014. 02. 10.
국민일보 2014. 02. 11.

아베, '고노담화' 계승?

김예아

최근 몇 달 동안 '고노담화'에 대한 논쟁이 뜨거웠다. 고노담화란 일본군 위
안부 문제에 대한 일본 정부의 조사 결과에 따라 1993년 8월 4일 고노 요헤이
당시 관방장관이 발표한 담화로, 군 위안부 동원의 강제성을 인정하고 사죄한

것이다. 이것에 대해 아베 총리는 지난 14일 참의원 예산위원회에 출석하여 일본군 위안부 강제 동원을 인정한 고노담화를 수정할 생각이 없다고 명확하게 밝혔다. 총리로 취임하기 전에, 고노담화를 수정하겠다고 여러 차례 말했던 아베 총리가 취임 이후에 처음으로 수정할 생각이 없다고 밝힌 것이다.

그렇다면 아베 총리는 왜 갑자기 고노담화를 수정할 뜻이 없다고 한 것일까? 일각에서는 미국 정부가 고노담화 검증이 한·일 관계를 악화시킨다며 아베 정권에 압력을 가했기 때문이라고 분석한다. 실제로 미국 오바마 행정부는 아베 총리의 고노담화 계승 발언을 매우 긍정적으로 평가하고 있다. 또한 윤병세 외교부장관은 최근 유엔 무대에서 일본의 역사의식을 공개적으로 비판한 바 있다.

물론 아베 정권이 이러한 미국과 국제사회의 압박에 반응한 것도 사실이지만, 아베 총리가 고노담화 계승 발언을 한 이유는 일본 내 여론을 의식한 것과도 무관치 않다. 지난 3월 7일, 일본의 일부 시민 단체와 학자들은 고노담화 재검토에 대해 거세게 반발하고 나섰다. 위안부 연구자들과 시민 단체 관계자 등 시민 140여 명이 모여 일본군 위안부의 강제성을 인정하고 사과한 고노담화를 무력화하는 것을 반대하는 집회가 열린 것이다. 위안부 연구 권위자인 요시미 요아사키 교수는 군과 일본 정부가 책임을 명확히 할 필요가 있다며 비판했고, 하야시 히로우미 교수 또한 인도네시아에서 여성을 강제로 위안부로 삼았던 것을 나타내는 새로운 자료로서 국립공문서관에 보관돼 있던 재판 기록 등을 공개하며 고노담화 계승 주장에 힘을 실었다. 정치권에서도 비판이 이어졌는데, 무라야마 전 총리도 고노담화 재검토는 국익에 도움이 되지 않는 무의미한 행동이라며 지적했다. 결국 고노담화를 계승하겠다는 아베의 발언은 고노담화 계승을 지지하는 여론에 영향을 받은 것으로도 볼 수 있는 것이다.

그런데 한편으로는 고노담화를 수정하지 않겠다는 아베의 발언에 진정성이 있는가에 의문을 갖게 된다. 일본 정부 대변인인 스가 요시히데 관방장관이 고노담화는 수정하지 않겠으나 고노담화 검증 작업은 예정대로 진행하겠다고 밝혔기 때문이다. 이것 또한 고노담화 재검토를 찬성하는 여론을 반영한 것이라고 생각된다. 실제로 몇 %가 고노담화 재검토에 찬성하고 반대하는지 정확히 알 수는 없으나, 역사에 대한 예민한 문제인 만큼 이번 결정은 아베 정부가 여론을 신중히 살피고 국민의 목소리에 귀 기울인 것으로 보인다. 즉 여론의 찬성과 반대의 절충점을 찾아 행동한 것이다. 그러나 고노담화를 수정할 의사는 없으나 검증 작업을 계속하겠다는 일본 정부의 발언이 과연 현명한 발언이었는지, 여론에 진정으로 부합하는지에 대해서는 여전히 의문이 많다. 그렇기 때문에 앞으로 일본의 여론과 일본 정부의 향후 행보에 대해 더욱더 주의 깊게 살펴보아야 할 것이다.

참고 문헌

연합뉴스 2014. 02. 27.
교도통신 2014. 03. 07.
경향신문 2014. 03. 10.
연합뉴스 2014. 03. 14.
한국일보 2014. 03. 16.
세계일보 2014. 03. 17.

|||||||||||||||||||||||||||||||||||||||||||||||||||||||||||||||||||||||||||||||||||

원전 재가동은 시기상조

김예아

일본 정부는 각의를 열고 지난 2011년 동일본 대지진을 계기로 가동이 중단된 원전의 재가동 추진 방침을 명기한 '에너지 기본 계획'을 의결했다. 이날 각의가 결정한 에너지 기본 계획에서는 원전을 화력발전과 함께 시간·계절과 상관없는 '중요한 기저부하 전원'으로 규정하고, 원자력규제위원회가 안전하다고 인정한 원전에 한해 재가동을 진행하기로 했다. 이러한 중장기 에너지 정책 방침을 담은 에너지 기본 계획은 원전을 경제 성장 전략의 하나로 여기는 아베 정권의 의중이 강하게 반영된 것으로, 민주당 정권하에서 국민적인 논의를 거쳐 결정된 원전 제로 정책을 폐기하고 원전 가동 정책으로 선회하였음을 의미한다. 또한 이번 에너지 기본 계획은 사용 후 핵연료를 재이용하는 '핵연료 주기(사이클)'를 완성한다는 기본 방침을 견지했다. 이에 따라 아오모리현 롯카쇼무라의 사용 후 핵연료 재처리 공장에서 사용 후 핵연료로부터 플루토늄을 추출하고 이를 우라늄과 섞은 '혼합 산화물(MOX)' 연료로 재활용해 추가 플루토늄 추출이 가능해진다. 이에 대해 중국과 미국은 일본이 이미 44t 이상의 플루토늄을 보유하고 있어 핵무기를 만들 가능성이 있다며 우려하고 있다.

한편, 일본 정부가 원전의 재가동 정책을 명기한 에너지 기본 계획을 의결하기 전부터 비판 여론은 만만치 않았다. 교도통신이 11~12일 진행한 전국 여론조사 결과에 따르면 정부의 에너지 기본 계획에 대해서 '평가한다'는 응답이 39%, '평가하지 않는다'는 답은 53.8%였다. 지난달에 실시한 또 다른 여론조사에서도 마찬가지였다. 니혼TV가 3월 14~16일 실시한 여론조사 결과에 따르면 원전 재가동 정책에 대해서 57.7%가 '지지하지 않는다'고 답했고, '지지한다'는 응답은 32%였다. 또한 지난 4일에는 일본의 지방자치단체가 정부의 핵·원전 정책에 반대하는 의사를 표명했다. 홋카이도 하코다테시는 지자체로서는 처음으로 도쿄 지법에 혼슈 최북단인 아오모리현 시모키타에 추진 중인 오마 원전 건설 중단을 요구하는 소송을 제기했고, 일본 중부 시즈오카현은 사용 후 핵연료를 재처리해서 추출한 플루토늄과 우라늄을 섞은 '혼합 산화물(MOX)' 연료를 현내 하마오카 원전에서 사용한다는 계획을 철회했다. 이렇듯 비판 여론이 우세한 가운데 아베 정부가 의결한 에너지 기본 계획은 시기상조라고 생각된다. 일본 국민들은 아직 동일본 대지진으로 인한 후쿠시마 원전 사고에 대한 트라우마가 남아 있기 때문에 원전 재가동 정책에 대해 강한 거부감을 가지고 있는 것이 사실이다. 게다가 아베 정부는 원전 의존도를 '가능한 한 줄인다.'고만 적시하고 구체적 목표치는 제시하지 않았으며, 사용 후 핵연료의 최종 처분장 문제에 대한 해결책도 마련하지 않은 상태이다. 이러한 상황에서 원전 재가동 정책의 추진은 단기적으로 일본의 경제 성장에 기여할지 모르나 장기적으로는 또 다른 원전 사고의 발생 가능성이 있으며, 정부에 대한 국민의 반감을 더욱 더 불러일으킬 수 있다. 따라서 아베 정부는 한시라도 빨리 구체적인 원전 의존도와 사용 후 핵연료의 최종 처분장 문제에 대한 해결책, 그리고 원전 건설을 반대하는 지방자치단체에 대한 해결책을 제시해야 하며, 조속히 정책을 실행하기보다는 여론을 충분히 반영하여 더욱 신중히 원전 재가동 정책을 검토해야 한다.

참고 문헌

문화일보 2014. 03. 17.
한국일보 2014. 04. 04.
국민일보 2014. 04. 11.
세계일보 2014. 04. 11.
연합뉴스 2014. 04. 12.

집단적 자위권, 정당한가?

김예아

지난 15일 아베 신조 일본 총리는 자신의 자문 기구인 '안전보장 법적 기반 재구축 간담회'가 "집단 자위권을 한정적으로 행사할 수 있다."는 보고서를 내놓았다고 강조하면서 집단적 자위권 행사가 가능하도록 평화헌법의 해석을 변경하겠다는 방침을 공식적으로 발표했다. 이로써 일본은 사실상 전후 국시로 여겨진 전수 방위 원칙을 폐기하고 평화 국가의 이미지를 포기한 채 '보통 국가'로 가는 길에 한 발짝 더 다가섰다. 아베 총리는 이날 기자회견에서 집단적 자위권을 행사하려는 이유로 최근 중국의 해양 진출 확대와 북한의 핵미사일

위협 등 안보 환경의 변화를 꼽았다. 또한 미국은 일본이 아시아 지역 안보에 적극적으로 참여해 주기를 바라고 있기 때문에 일본은 더욱더 군사력을 강화할 것으로 보인다.

하지만 문제는 아베 정부가 선택한 수단과 절차이다. 아베는 헌법 개정이 가장 확실하지만 중·참 양원에서 3분의 2의 찬성을 얻어야 하는 절차의 어려움 때문에 해석 변경이라는 정당하지 못한 방법을 택했다. 각의 결정만으로 헌법 해석 변경이 가능해진다면 앞으로 집단적 자위권 행사뿐만 아니라, 그 어떤 사안도 총리의 자의적인 해석 변경을 통해 추진할 수 있게 된다. 이런 점에서 자의적인 헌법 해석은 일본의 우경화 행보를 가속화시킬 수 있기 때문에 매우 위험하다.

또 다른 문제는 소극적인 야당의 태도이다. 제1 야당인 민주당은 철저한 심의를 강조하고 있지만 아직까지도 찬반 여부를 결정하지 못한 것으로 알려졌다. 정권 비판에 가장 적극적이어야 하는 제1 야당인 민주당이 찬반 여부조차 결정하지 못한 것은 매우 우려스러운 일이다. 또한 제2 야당, 제3 야당인 일본 유신회와 다함께당이 자민당을 옹호하는 상황에서 공산당, 생활당, 사민당 등 군소 정당들이 거대 정권에 맞서 그들을 비판하기에는 역부족인 게 현실이다.

한편 각종 시민 단체들은 아베 정권에 맞서 끊임없이 집단적 자위권을 반대하는 집회를 열고 있다. 아베 총리가 집단적 자위권 행사 용인을 위한 헌법 해석 변경을 공식화한 15일에도 도쿄 국회의사당 근처에서 약 2천 명이 참석하여 집단적 자위권 행사 용인에 대하여 항의하였다. 또한 아베의 공식 표명 이후 반대 여론도 점점 더 증가하고 있다. 지난달에 마이니치신문이 실시한 여론조사에서 집단 자위권 행사에 관해 '찬성한다'는 응답(60%)이 '반대한다'는 응답(38%)보다 더 많았지만, 이번 달에 마이니치신문이 실시한 여론조사에서는 반대(54%)가 찬성(39%)보다 더 많았다.

이러한 상황에서 우선 야당은 적극적으로 자민당을 견제하고 감시하는 역할을 해야 한다. 그럼에도 불구하고 아베 정부가 집단적 자위권 행사 용인을 공식화한 이후에도 제1 야당인 민주당이 찬반 여부를 결정하지 못했다는 것은 비난받아 마땅한 일이다. 또한 앞으로 있을 여야 간의 집단 자위권에 대한 집중 심의에서 민주당을 비롯한 야당들은 아베 정권에 적극적으로 비판의 목소리를 내야 한다. 앞서 말했듯이, 적지 않은 시민 단체들이 아베 정부의 정당하지 못한 방법에 대해 반기를 들고 항의하고 있으며, 그 수 또한 점차 증가하고 있는 추세이다. 따라서 아베 내각은 여론을 고려하여 추진 속도를 늦춰야 하며, 방법에 있어서도 올바른 절차를 모색할 필요가 있다. 특히 반대하는 여론이 득세하는 상황에서 이대로 자의적인 헌법 해석 변경을 통해 집단적 자위권을 도입한다면, 아베 내각에 대한 신뢰와 지지율이 지금보다 더 하락할 수 있다는 사실을 아베 정부는 명심해야 한다.

참고 문헌

연합뉴스 2014. 04. 21.
아시아투데이 2014. 05. 15.
한국일보 2014. 05. 15.
문화일보 2014. 05. 19.

헌법 9조 개정, 가능한가?

김예아

지난 13일 일본에서 국민투표 연령을 만 18세로 조정하는 내용을 골자로 하는 국민투표법 개정안이 국회를 통과했다. 사실 일본 여야는 오랫동안 국민투표 연령을 18세로 낮추는 방안에 대해 협의를 진행해 왔는데, 중의원에 이어 이날 참의원 본회의에서도 찬성 다수로 국민투표법 개정안을 처리하게 된 것이다. 이에 따라 이번 달 중 개정법이 공포되면 일본 국민투표 유권자 연령은 4년 후부터 현행 '20세 이상'에서 '18세 이상'으로 낮아진다.

일본의 헌법에 따라 헌법 개정이 이루어지려면 중·참의원 3분의 2 이상 찬성이 있어야 개헌 발의가 가능하고, 국회에서 발의된 개헌안을 국민투표에 부쳐 과반수의 찬성을 얻어야 한다. 이렇기 때문에 아베 신조 총리는 헌법 9조를 개정하기 위해 헌법 개정의 최종 승인 절차인 국민투표 제도를 재정비해야 한다는 주장을 계속해서 해 왔다. 그런데 이날 국민투표법 개정안이 통과됨에 따라 아베 정부는 헌법 9조 개정에 한 발자국 더 가까이 다가서게 된 것이다. 이에 대해 일본 내의 호헌 세력은 평화헌법의 개정이 더 신속히 이루어질지도 모른다는 위기감을 느끼고 있으며, 개헌을 위한 절차법이 완료된 것에 대해 극심한 거부감을 가지고 있는 것으로 나타났다. 국민투표법 자체가 개헌에 유리하고, 호헌에는 불리하다는 평가가 지배적이기 때문이다.

그럼에도 불구하고 전력 보유와 교전권을 부정하는 헌법 9조의 개정이 쉽게 이루어지지는 않을 것으로 보인다. 진보 세력은 물론이고 자민당의 일부 원로 정치인, 심지어 일부 극우 인사들까지 일본의 번영이 전쟁과 군대 보유를 금지한 현행 평화헌법 9조의 기초 아래서 이뤄졌다고 믿고 있기 때문이다. 이들은 또한 개별적 자위권의 강화가 우선이라는 의견을 보이고 있고, 헌법 9조의 개정은 최후의 수단으로 미루고 있다. 그리고 지난 5월 3일 NHK가 실시한 여론 조사에 따르면, 헌법 9조를 개정해야 한다는 의견은 23%로 나타났고 개정할 필요 없다는 의견은 38%로 나타났다. 이는 일본 여론도 헌법 9조의 개정에 대해 부정적인 의견이 더 많다는 의미이다.

아베 총리는 국민투표법이 국회를 통과한 뒤, "많은 사람들이 논의에 참가해 헌법 개정에 대한 국민적 논의를 심화해 나갔으면 좋겠다."고 말했다. 그런데 아베 총리가 말한 '국민적 논의'가 과연 잘 이루어질 수 있을까? 국민적 논의가 심화되기 위한 첫 번째 조건은 다양한 집단들과 여론의 목소리를 듣는 것이다. 아베 정권은 이를 바탕으로 더 신중하게 헌법 개정에 접근하려는 태도가 필요해 보인다.

제5부

한국의 동향 및 쟁점

통합 신당의 등장과 극단적 대립 정치의 지속

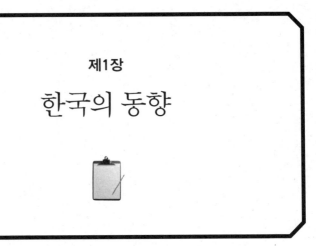

제1장

한국의 동향

1차 (2013년 7월~9월 말)

박병훈

　실타래처럼 꼬인 정국이 풀릴 기미가 보이지 않고 있다. 지난 8월 1일 국정조사 파행에 반발해 장외투쟁을 선언한 민주당이 여전히 장외투쟁을 고수하고 있고, 새누리당은 민주당의 국회 복귀를 주장하며 압박하고 있지만 여야 간 타협점을 찾기가 쉽지 않은 상황이다. 더군다나 추석을 앞두고 국회에서 열린 박대통령과 여야 대표 간 3자 회담이 이견만을 확인한 채 성과를 거두지 못하면서 정국 정상화는 더욱 어려워졌다. 오히려 청와대가 대치 정국의 중심에 서면서 꼬일 대로 꼬인 모양새다. 그나마 최근 민주당이 '원내외 병행 투쟁'을 선언하며 국회 복귀를 예고한 것이 위안이라면 위안이다.

　정국이 얼어붙으면서 국회도 파행에 파행을 거듭하고 있다. 국정원 국정조사 특위의 활동은 민주당 소속 위원의 제척 문제와 증인 채택 문제를 놓고 여야 간 신경전을 벌이면서 보름 가까이 공전되었을 뿐만 아니라, 결국 보고서 채택도 하지 못한 채 활동을 마무리했다. 또한 민주당이 국회 소집에 응하지 않으면서 결산 심사가 미루어지고 있어 국정감사와 새해 예산안 처리 등 정기국회 의사일정 차질에 대한 우려가 커지고 있다. 9월 정기국회 4주차에 접어든

25일 여야 원내 대표가 향후 국회 일정을 조율하기 위해 만났지만 합의 도출에 실패했다. 이와 같이 여야 간 극한 대치와 국회 파행의 장기화가 전망되는 가운데, 결국 그에 대한 피해는 고스란히 국민에게 전해질 것으로 예상된다.

한편, 3자 회담 결렬 후 KBS가 미디어리서치에 의뢰해 실시한 여론조사에 따르면 3자 회담이 결렬된 것에 대해 국민들의 34.3%는 민주당의 책임이 크다고 답했으며, 대통령의 책임이 크다는 의견은 20.7%였다. 또한 민주당이 장외투쟁을 접고 국회로 복귀해야 한다는 응답이 54.4%로 과반을 넘어 국회 파행이 조속히 끝나길 바라는 국민들이 다수인 것으로 조사됐다. 다른 한편으로 같은 시기의 각종 여론조사에서 박근혜 대통령의 지지율은 하락했다. 새누리당 여의도연구소가 추석 연휴 기간 동안 실시한 자체 여론조사 결과에 따르면 박 대통령에 대한 긍정 평가는 62.2%로 전주보다 4.5%포인트 하락했으며, 리얼미터 조사에서는 추석 연휴 직전 59.8%까지 하락했다. 이달 초순까지 대통령 지지율이 70%에 육박하던 데 비하면 일주일 만에 10%P가 하락한 셈이다. 이는 채동욱 검찰총장 사퇴 파동과 야당 대표와 회동에서 보여 준 '불통 논란' 때문으로 풀이된다.

한국 정당

08월 01일

• 민주당, 장외투쟁 돌입…서울광장서 의원총회   (연합뉴스 08. 01)
– 민주당이 국정원 댓글 의혹 사건 국정조사 파행에 반발해 비상 체제를 선언, 1일 장외투쟁에 돌입했다. 민주당은 이날 오전 서울광장에서 '민주주의 회복과 국정원 개혁 국민운동 본부'를 설치하고 현장에서 의원총회를 개최한다. 다만 새누리당과의 국정조사 증인 채택 등 협상을 중단하지 않고 원내 투쟁도 병행할 방침이다.

08월 01일

• 새누리, "장외투쟁은 떼법의 극치" 민주당 비판 총공세   (노컷뉴스 08. 01)
– 새누리당은 1일 민주당의 장외투쟁에 대해 "떼법의 극치"라며 비판의 목소리를

쏟아 냈다. 김기현 정책위 의장은 이날 국회에서 열린 원내 대책 회의에 참석해 "민주당의 장외투쟁은 대선을 통해 증명된 국민의 선택을 거부하고 대선 불복 운동을 펼치겠다는 것"이라고 말했다. 한편, 민주당의 장외투쟁을 "떼법의 극치"로 규정한 대표 비서실장 여상규 의원은 "국정조사를 마무리해야 하고, 8월 결산 국회도 시급하며, 9월 정기국회도 즉각 준비해야 할 때"라면서 "당장 떼쓰기를 그만하고 국회로 돌아와야 한다."고 촉구했다.

08월 04일

• 민주당 김한길 대표, 이틀째 영수 회담 제의, 靑·與는 '싸늘'   (조선일보 08. 05)

– 민주당 김한길 대표는 지난 3일에 이어 4일에도 박근혜 대통령과의 여야(與野) 영수 회담을 요구했다. 김 대표는 이날 서울시청 앞 광장에서 열린 당 회의에서 "박 대통령만이 현 정국을 풀 수 있는 열쇠를 갖고 있다."며 "국민의 함성에 이제 박 대통령이 답할 차례"라고 말했다. 김 대표는 전날에는 "사전 조율이나 의제도 필요 없다. 언제든지 박 대통령을 만나겠다."며 영수 회담을 제안했었다.

그러나 청와대와 새누리당 모두 회담 제안에 싸늘하다. 황우여 대표는 이날 "여야 대표 회담을 위해 지속적으로 야당과 접촉할 것"이라고 말했고, 최경환 원내 대표는 "국정조사 문제는 여야가 국회에서 협의할 사안이지 대통령과 담판으로 풀 문제가 아니다."라고 했다. 청와대는 이틀째 아무 반응을 보이지 않았다.

08월 07일

• 靑, 5자 회담 제안에 민주당 다시 양자 회담 제안, 與는 3자 회담으로…

(연합뉴스 08. 07 · 뉴시스 08. 08)

– 민주당이 7일 여야 대표와 원내 대표가 참여하는 5자 회담을 열자는 박근혜 대통령의 역제안에 영수 회담을 통한 '일대일 담판'이라는 원안 고수로 맞섰다. 김 대표는 전날 청와대의 5자 회담 제안을 받아들고 고민을 거듭했으나 "제1 야당 대표를 무시하는 처사"라는 당내 반대 기류가 거세자 결국 5자 회담 형식 수용 불가 쪽으로 입장을 정리했다.

한편, 새누리당은 정국을 풀 수 있는 해법으로 3자 회담을 다시 제안하고 나섰다. 8일 새누리당 황우여 대표는 "3권 분립에 비춰 보더라도 국회 일을 대통령과의 담판으로 종결짓겠다거나 정당이 해야 할 일을 대통령과 담판으로 풀려는 생각은 민주주의 발전 과정에서 문제"라고 지적했다.

08월 17일

• 민주당, 서울광장서 3차 대중 집회…촛불 집회도 참석   (연합뉴스 08. 17)

– 민주당은 17일 오후 5시30분 장외투쟁 천막 본부가 있는 서울광장에서 지난 1일과 3일 행사에 이어 '민주주의 회복과 국정원 개혁 촉구 3차 국민 보고대회'를 개최한다.

08월 20일

• 국정원 국정조사 끝낸 與野, 정책 행보 속도 낸다   (아시아경제 08. 20)

– '국정원 댓글 의혹 사건 등의 진상 규명을 위한 국정조사'가 사실상 마무리됨에 따라 여야의 행보가 '정책'으로 빠르게 옮겨 가고 있다. 새누리당은 20일 '손톱 밑 가시 제거 특위(손가위)'를 출범시켰다. 손가위는 당 정책위 산하에 설치된 특위로 민생 현장 방문, 정책 토론회 등을 통해 9월 정기국회에서 논의될 정책, 입법안 등을 마련할 계획이다. 민주당 역시 정책 행보를 강조하고 있다. 민주당은 이날 '을지로(을을 지키는 길)위원회 100일 평가 토론회'를 열어 그동안의 활동 내역을 중간 점검할 계획이다. 을지로위는 그동안 신문고 접수 120여 건, 현장 조사 40건, 문제 해결 7건 등의 실적을 내고 있다.

08월 28일

• 국정원, 진보당 이석기 의원실 등 압수 수색 착수   (연합뉴스 08. 28)

– 국가정보원이 28일 오전 6시 30분부터 통합진보당 이석기 의원과 김홍열 경기 도당위원장을 포함한 통합진보당 현역 의원 및 당직자 등 관련 인사의 자택 또는 사무실 10여 곳에 대한 압수 수색에 전격 착수했다. 압수 수색 대상자들에 대한 혐의는 아직 구체적으로 파악되지 않고 있지만 변란죄, 내란죄 등의 혐의가 적용된 것으로 안다고 홍성규 대변인은 전했다.

09월 09일

• **與野 싱크탱크, 첫 공동 세미나…연구소 발전 방향 모색** (머니투데이 09. 09)

– 여야 싱크탱크가 9일 국회 역사상 처음으로 공동 세미나를 개최, 정당 정책 연구소가 나아가야 할 방향에 대해 머리를 맞댔다. 새누리당 여의도연구소와 민주당 민주정책연구소가 함께 세미나를 개최한 것은 이번이 처음으로, 지난 6월 황우여 새누리당 대표와 김한길 민주당 대표의 조찬 회동을 계기로 추진됐다.

09월 13일

• **민주, 靑 '국회 3자 회담' 제안 수용** (연합뉴스 09. 13)

– 민주당이 13일 청와대가 전날 제안한 박근혜 대통령과 여야 대표 간의 '국회 3자 회담'을 수용했다. 김한길 대표는 이날 오전 서울광장 천막 당사에서 열린 최고위원 회의에서 "어제 청와대가 제안한 대통령과 여야 대표의 3자 회담에 응하겠다."면서 "국정원 개혁 등 민주주의 회복에 대한 대통령의 확고한 의지가 담보되는 회담이 돼야 한다."고 강조했다.

09월 16일

• **박근혜 대통령과 與野 대표 3자 회담 개최…성과 없이 끝나** (한국일보 09. 16)

– 박근혜 대통령과 여야 대표의 16일 국회 3자 회담이 성과 없이 끝났다. 박 대통령은 국가정보원 대선 개입 의혹과 채동욱 검찰총장 사태 등의 현안에 대해 기존 청와대 입장을 되풀이하며 민주당의 요구를 대부분 일축했다. 민주당은 회담 직후 '회담 결렬'을 선언하고 장외투쟁으로 돌아갔다. 이로써 여야 대치 정국은 추석 이후에도 장기간 지속될 전망이다.

09월 23일

• **민주당, 강도 높은 '원내외 투쟁' 선언** (아시아경제 09. 23)

– 김한길 민주당 대표는 23일 오전 당 의원총회에서 "원내 투쟁 강도를 높여야 한다."며 "단언컨대 국회의원은 어떤 경우에도 국회에서 열심히 일해야 한다."고 밝혔다. 김 대표는 "야당 국회의원의 원내 투쟁은 특권이자 의무"라며 "민심을 얻는

바른 길"이라고 강조했다. 그는 이어 "박근혜 대통령의 불통 정치에 맞서는 우리의 결기 있는 모습을 보여야 한다."면서 "이제까지와는 다른 방식으로 우리의 결기를 국민께 보여야 한다."고 말했다. 김 대표는 "민주당의 원내 투쟁을 이끌 24시간 비상 국회 본부를 즉각 설치하고, 원내 대표가 본부장을 맡고 원내 투쟁을 이끌어 주시길 바란다."고 당부했다. 아울러 김 대표는 "원외 투쟁도 강화해야 한다."면서 "당 대표가 직접 이끌 것"이라고 밝혔다.

한국 선거·의회

08월 12일

• 여야, 원포인트 본회의…국정원 국정조사 연장 의결　　　　　　　(뉴시스 08. 12)

– 여야는 12일 본회의를 열고 '국가정보원 댓글 의혹 사건 진상 규명 국정조사특별위원회' 활동 기간을 오는 23일까지로 연장하는 안건을 의결했다. 당초 국정원 국정조사는 7월 2일부터 8월 15일까지 활동하게 돼 있었지만 충실한 국정조사를 위해 활동 기간을 8일 늘리는 것으로 여야가 합의한 데 따른 것이다. 이 안건은 재석 234명 중 찬성 212명, 반대 7명, 기권 15명으로 가결됐다.

08월 14일

• 원세훈, 김용판 16일 청문회…동행명령 발부　　　　　　　　　(연합뉴스 08. 14)

– 국회 국정원 국정조사특위는 오는 16일 핵심 증인인 원세훈 전 국정원장과 김용판 전 서울경찰청장을 대상으로 '별도 청문회'를 실시키로 했다. 국조특위는 14일 두 증인의 불출석으로 청문회가 무산되자 청문회 일정을 하루 더 추가하기로 했다. 특히 원 전 원장과 김 전 청장의 16일 청문회 출석을 강제하기 위해 격론 끝에 표결로 동행명령장 발부를 결정했다.

08월 21일

• 국정원 국조특위 민주당 단독 청문회, "국정원 특검" 촉구　　　(머니투데이 08. 21)

– 민주당 국가정보원 댓글 의혹 특위 위원들이 21일 국정원 정치 개입에 대한 실체

적 진실을 밝히기 위해 국정원에 대해 특검을 실시할 것을 주장했다. 국정원 국정조사 보고서 채택은 어려울 전망이다.

08월 26일
• 새누리 단독 소집 결산 국회 민주 불참 속 파행 　　　　　　　　(경향신문 08. 26)
– 새누리당이 26일 결산 심사를 위한 국회 상임위 단독 가동을 강행했다. 장외투쟁 중인 민주당이 국회 소집에 응하지 않으면서 국회는 첫날부터 파행 운영을 거듭했다. 여야 입장 차가 좁혀지지 않으면서 결산 심사는 물론 9월 정기국회도 파행이 우려되는 상황이다.

09월 04일
• 통합진보당 이석기 의원 체포 동의안 본회의 통과 　　　　　　　(한국일보 09. 04)
– 국회는 4일 오후 3시 이 의원에 대한 체포 동의안 처리를 위해 원포인트 본회의를 열어 무기명 비밀투표로 체포 동의안을 표결에 붙였다. 총 289명이 투표에 참여해 찬성 258표, 반대 14표, 기권 11표, 무효 6표로 이 의원 체포 동의안이 가결됐다.

09월 25일
• 정기국회 일정 지연 불가피…여야 원내 대표 만났지만 이견만 확인 (아이뉴스 09. 25)
– 새누리당과 민주당이 정기국회 일정 합의를 위해 만났지만 이견만 확인한 채 협상이 결렬됐다. 양당 원내 대표와 새누리당 윤상현 원내 수석부대표, 민주당 정성호 원내 수석부대표는 25일 국회 운영위원장실에서 약 1시간여 회담했지만 향후 국회 일정에 합의하지 못해 정기국회 일정은 지연이 불가피할 전망이다.

한국 여론

08월 01일
• 민주당 장외투쟁 찬반 여론조사, 찬성 39.7% vs 반대 40.3%…'팽팽' 　　(JTBC 08. 01)
– JTBC와 중앙일보 조사연구팀이 8월 1일 긴급 실시한 여론조사 결과 민주당이

국가정보원 국정조사 파행에 반발해 장외투쟁에 나선 것을 어떻게 생각하느냐는 질문에 '장외투쟁에 찬성한다'가 39.7%, '지나친 행동으로 반대한다'가 40.3%인 것으로 나타났다. 한편, 국정원 국정조사 파행을 둘러싼 책임 논란의 여론은 새누리당의 책임이 더 크다가 44.2%로 야당인 민주당에 책임을 돌린 응답자 34.5%보다 10%포인트 가까이 더 많아 새누리당이 잘못하고 있다는 의견이 우세했다.

08월 22일

• 국민 60% "국정원 특검해서라도 진실 규명"　　　　　　　　(국민일보 08. 22)

– 국민일보와 글로벌리서치 공동 여론조사에서 23일로 마무리되는 국정원 국정조사 이후 이 사건의 바람직한 진행 방향을 물은 결과 '민주주의 근간이 흔들린 만큼 특검을 통해서라도 반드시 진실 규명이 필요하다'는 의견이 59.8%로 과반을 넘었다. 반면 '국회를 정상화해야 한다'는 답변은 35.5%에 머물렀다. 그러나 민주당이 박 대통령의 책임론을 거론하면서 사과와 남 원장 해임을 요구하고 있는 데 대해서는 35.0%가 '정치 공세', 24.7%가 '대선 결과에 승복하지 않는 것으로 비친다'고 답했다. 반면 '국정원 개혁을 위한 정당한 요구'란 응답은 31.4%에 그쳤다.

09월 23일

• 3자 회담 결렬, "민주당 책임 커"　　　　　　　　　　　　(뉴시스 09. 23)

– 23일 KBS가 미디어리서치에 의뢰해 전국 성인 남녀 1000명을 대상으로 조사해 발표한 여론조사 결과에 따르면 3자 회담이 결렬된 것에 대해 응답자 34.3%는 '민주당의 책임이 크다'고 답했으며, '대통령 책임이 크다'는 의견은 20.7%였다. 또 '민주당이 장외투쟁을 접고 국회로 복귀해야 한다'는 응답은 54.4%로 나타났으며, '장외투쟁과 국회 등원을 동시에 진행해야 한다'는 의견은 31.2%로 집계됐다.

09월 24일

• 박 대통령 지지율 50%대로 하락…새누리 자체 조사도 급락세　　(내일신문 09. 24)

– 여의도연구소가 지난 16일부터 5일간 여론조사를 실시한 결과 박 대통령에 대한 긍정 평가는 62.2%로 전주보다 4.5%P 하락했다. 3자 회담 당일인 16일 65.6%였던

긍정적 응답은 이튿날 61.6%(17일)로 급락했다. 추석 당일(19일)에는 58.3%로 최저 점을 찍었다. 채동욱 검찰총장 사퇴 파동과 야당 대표와 회동에서 보여 준 '불통 논란' 때문으로 풀이된다. 비슷한 시기 실시된 각종 여론조사에서도 마찬가지 추세를 보였다. 이달 초순까지 대통령 지지율이 70%에 육박하던 리얼미터 조사에서는 추석 연휴 직전 59.8%까지 하락했다. 일주일 만에 10%P가 하락한 셈이다. 리서치앤 리서치의 지난 16일 여론조사 결과도 66.6%였다. 지난 11일 역대 최고치인 72.7% 였던 박근혜 대통령의 지지율이 3자 회담 직후 6.1%P가 하락한 것이다.

2차 (9월 말~10월 말)

박병훈

지난여름 국정원 대선 개입 논란을 중심으로 치열한 신경전을 벌이던 여야의 전선이 채동욱 검찰총장의 사퇴 파동과 박근혜 정부의 기초연금 공약 후퇴 논란 등 전방위적으로 확대되는 모양새다.

26일 박근혜 대통령이 국무회의 말미에서 기초연금 공약 후퇴와 관련 "기초연금을 어르신들 모두에게 지급하지 못하는 결과에 죄송한 마음"이라며 사과의 뜻을 표명했고, 새누리당 역시 같은 날 "국민 여러분께 죄송하다."고 사과하며 미래 세대에 과도한 부담을 주지 않기 위한 불가피한 선택이었다고 정부안을 옹호했다. 그러나 민주당을 비롯한 야권은 이를 '공약 파기'로 규정하고 정부와 새누리당을 향해 총공세에 나서고 있어 여야의 공방은 더욱 치열해질 것으로 보인다.

정국이 얼어붙으면서 공전을 거듭하던 국회는 정기국회 개회에 맞춰 민주당이 '원내외 병행 투쟁'을 선언하고, 노숙 투쟁을 주도하던 김한길 대표가 국회로 복귀하면서 정상화되고 있다. 7일과 8일에는 본회의에서 새누리당의 황우여 대표와 민주당 전병헌 원내 대표의 교섭 단체 대표 연설이 있었으며, 14일부터 박근혜 정부에 대한 국회의 첫 국정감사가 20일간 대장정의 막을 올렸다. 올해 국감은 새 정부 정책의 공과를 처음으로 따지는 무대라는 점에서 여야의 한 치의 양보 없는 치열한 공방이 예상된다. 특히 국가정보원 개혁안, 2007년 남북정상회담 대화록 미(未)이관, 기초연금 공약 후퇴 논란, 채동욱 전 검찰총장 사퇴를 비롯한 인사 파동 등이 주요 쟁점으로 다루어질 것으로 보인다.

또한 10월 30일 경기 화성 갑과 포항 남·울릉 두 곳에서 치러지는 재보선의 공식 선거운동이 17일 시작되면서 여야는 총력 태세를 갖추고 선거 체제에 돌입했다. 이번 재보선은 선거 지역이 두 군데여서 규모는 크지 않지만 수도권인 화성에 친박 원로 서청원 전 대표가 출사표를 던지면서 정치적 의미가 커졌다. 이에 따라 새누리당은 '박근혜 정부 중간 평가'라는 의미로 확대되는 것을 경계하며 철저하게 지역 밀착형 '나홀로 선거'를 치르겠다는 입장인 반면, 민주당은 공식 선거운동 전부터 현장 최고위를 개최하는 것을 비롯해 '공중전'을 펼치며 초반 여론조사의 열세 뒤집기를 시도하고 있다.

한편, 고공 행진을 하던 박근혜 대통령의 지지율은 10월 들어 하락세를 보였다. 한국갤럽이 지난달 30일부터 사흘간 전국 성인 남녀 1021명을 대상으로 실시한 여론조사에서 박 대통령의 직무 수행에 대해 '잘하고 있다'고 답한 이는 전체의 56%로 같은 기관의 지난주 조사였던 60%보다 4%P가량 낮았고, '잘 못하고 있다'고 답한 응답자는 34%로 나타나 취임 후 처음으로 부정적 평가가 30%를 넘어섰다. 기초연금 공약 후퇴 논란과 채동욱 검찰총장, 진영 보건복지부장관의 사퇴 파동이 지지율 하락에 영향을 준 것으로 보인다. 그러나 공약 후퇴 논란을 빚은 기초연금과 관련, 응답자의 82%는 '소득을 고려해 선별적으로 지급해야 한다'는 입장을 보였으며, 기초연금에 대한 정부 최종안에 대해서도 찬성 62%, 반대 26%로 정부의 안을 지지하는 의견이 더욱 많았다. 이러한 사실을 반영하듯, 한국갤럽이 14~17일 실시한 여론조사에서의 정당 지지율은 새누리당 42%, 민주당 22%로 새누리당이 약 2배가량 앞섰으며, 민주당이 '야당으로서의 역할을 제대로 하지 못한다'고 답한 응답자는 무려 77%에 이르는 것으로 조사됐다.

한국 정당

09월 25일

• 상황실 vs 24시간 본부…여야 '비상 체제' 돌입   (노컷뉴스 09. 25)

- 새누리당과 민주당이 정기국회 본격 가동을 앞두고 '비상 체제'에 돌입했다. 민주당은 24일 서울광장 천막 당사에서 열린 의원총회에서 고강도 원내 투쟁을 위한 정기국회 행동 지침을 하달하며 '민주·민생 살리기 24시간 국회 운영 본부'를 출범시켰다. 한편, 새누리당은 '정기국회 상황실' 설치로 맞대응하기로 하고 26일 오전 10시 원내 수석 부대표실에서 현판식을 가질 예정이다. 정기국회 상황실에는 원내 부대표들이 당번제로 상주하면서 상임위별 수석 전문위원들로부터 매일 쟁점 현안 처리 과정을 보고받는 등 민주당의 원내 투쟁에 대한 대응 전략을 짜게 된다.

09월 26일

• 朴 대통령, 기초연금 공약 후퇴 사과에…野, 강력 비판 　　　　(연합뉴스 09. 26)

– 박근혜 대통령은 26일 기초연금 축소 등 '복지 후퇴' 논란과 관련, "(기초연금을) 어르신들 모두에게 지급하지 못하는 결과에 죄송한 마음"이라고 말했다. 박 대통령은 이날 국무회의 말미에 "세계 경제 침체와 맞물려 유례를 찾을 수 없을 정도의 세수 부족과 재정 건전성의 고삐를 죄어야 하는 현실에서 불가피했다."며 이같이 밝혔다. 그러나 야권은 이를 '공약 파기'로 규정하며 강력히 반발하고 나서 파장은 불가피할 전망이다. 김한길 민주당 대표는 "박 대통령은 경제 민주화와 복지라는 시대정신을 따르겠다는 조건부로 대통령이 된 것이다. 국민을 이렇게 무시하면 머지않아 박 대통령이 국민으로부터 무시당할 것"이라며 강하게 비판했다.

09월 26일

• 與 지도부, 복지 공약 후퇴 사과 　　　　(뉴시스 09. 26)

– 새누리당 지도부는 26일 기초연금 등 복지 공약 후퇴 논란과 관련 "국민 여러분께 죄송하다."고 사과했다. 새누리당은 미래 세대에 과도한 부담을 주지 않기 위한 불가피한 선택이라며 정부안을 옹호했다. 그러면서 공세를 퍼붓고 있는 민주당을 향해서는 "비판할 자격이 없다."고 날을 세웠다.

10월 02일

• 새누리당 싱크탱크 여의도연구소, 연구원 격상 　　　　(노컷뉴스 10. 02)

– 새누리당은 2일 상임전국위원회를 열어 '정책연구소 설립 및 운영에 관한 규정'에 대한 당규 개정안을 상정해 의결했다. 이에 따라 여의도연구소는 여의도연구원으로 명칭을 변경하고, 새누리당 대표가 여의도연구원 이사장을 겸임하게 됐다. 여의도연구원은 또 헌법 가치와 정강 정책 범위 안에서 독자적인 정책 연구 수행을 보장받게 됐다. 특히 ▲ 정책 정당을 선도하는 '정책 연구소' ▲ 헌법적 가치 구현을 위한 자유 민주주의 '교육 연구소' ▲ 젊은이들에게 꿈과 희망을 주는 '청년 연구소' ▲ 지식 사회의 중추 역할을 하는 '허브 연구소' ▲ 활발한 국제 교류를 통해 세계로 뻗어 가는 '글로벌 연구소' 등 5대 혁신 목표를 정립했다.

10월 09일

• 민주당 김한길 대표, 45일 만에 원내 복귀…'전국적 연대 기구' 추진 (연합뉴스 10. 09)
– 국정원 개혁 등을 요구하며 지난 8월 27일부터 장외투쟁을 벌여 온 민주당 김한
길 대표가 45일 만에 국회로 복귀한다. 김 대표는 지난 8월 27일부터 서울광장에서
노숙 투쟁을 시작한 데 이어 지난달 24일부터 전국 순회 투쟁에 돌입, 버스를 타고
제주도를 제외한 전국 16개 시·도를 방문하는 대장정을 마쳤다. 한편, 국회로 복귀
하는 김 대표는 시민사회 대표, 종교계 등 여론 주도층과 전국적인 연대 기구를 만
들어 범국민적 차원에서 국정원 개혁과 민주주의 회복 운동을 펼쳐 나갈 구상인 것
으로 전해졌다.

10월 10일

• 민주, "NLL 대화록 정쟁 중단" 제안 (뉴시스 10. 10)
– 민주당이 10일 2007년 남북정상회담 대화록 및 NLL(서해 북방 한계선) 관련 정쟁
을 중단하자고 새누리당에 제안했다. 전병헌 원내 대표는 이날 오전 국회에서 열린
24시 비상 국회 운영 본부 회의에 참석해 "NLL을 둘러싼 정쟁을 이제 중지, 아니
라 종결하자고 제안한다."고 밝혔다. 전 원내 대표는 "NLL을 수호하라는 노무현 전
대통령의 원칙이 2번, 3번, 4번, 5번째 반복돼 확인되고 있다."며 "새누리당은 대화
록 장사를 그만하길 바란다."고 새누리당을 비난했다. 이어 그는 "NLL 포기 여부는
지난번 6월 국회에서 김장수 실장이 밝혔고, 이번 운영위에서도 김 실장이 거듭 밝
혔다. NLL은 포기되지 않았음이 확인됐다."며 "전해철 의원의 국감 자료로도 명징
하게 확인됐다. 그리고 NLL은 지금도 어제도 앞으로도 한치의 틈새 없이 현행대로
고수되고 있다."고 강조했다.

10월 14일

• 새누리, "정쟁 중단·민생 우선 대국민 선언하자" (연합뉴스 10. 14)
– 새누리당 최경환 원내 대표는 14일 정쟁을 중단하고 민생 정책 대결에 주력하자
는 내용의 대국민 선언을 여야 공동으로 하자고 민주당에 제안했다. 최 원내 대표
는 14일 국회에서 열린 최고위원 회의에서 "야당에 정쟁 중단 및 민생 우선 대국민

선언을 제안한다."면서 "양당 대표와 원내 대표 4자 회동을 통해 정쟁을 중단하고 민생에 집중할 것을 약속하는 대국민 선언을 하자는 것"이라고 밝혔다.

한국 의회·선거

09월 30일
• 정기국회 시작···與野 '입법 전쟁' 예고 　　　　　　　　　　　(연합뉴스 09. 30)

– 여야는 30일 본회의를 열어 제320회 정기국회 의사일정을 의결하고 본격적인 입법 활동과 예산 심의에 착수한다. 새누리당과 민주당 등 여야는 이날 대정부 질문을 위해 국무총리를 비롯한 국무위원의 출석 안건을 처리할 예정이다. 이번 정기국회에서는 기초연금 공약 후퇴 논란과 채동욱 검찰총장 사퇴, 세제 개편안, 전·월세난 대책, 부동산 시장 활성화 정책 등을 놓고 여야 간 치열한 공방이 예상된다.

10월 07일
• 새누리당 황우여 대표, 교섭 단체 대표 연설 　　　　　　　　　(연합뉴스 10. 07)

– 새누리당 황우여 대표가 '증세 없는 복지론'과 '혁명적 정치 쇄신'을 역설했다. 황 대표는 "증세 없는 재원 마련에 최선을 다하겠다."면서 "부패 척결과 지하경제 양성화로 세제의 사각지대를 줄이고, 조세 형평성을 높이고, 재정을 절약해 (복지) 재원을 마련하고자 한다."고 강조했다. 황 대표는 정치 쇄신에 대해서도 강한 의지를 드러냈다. 특히 자신이 주도적으로 입법화한 '국회선진화법'이 여야 대결의 수단으로 전락할 가능성을 경계하며 여야 대표 회담 정례화, 원내 대표·정책위의장의 여야 6인 협의체 가동, 정치 선진화 여야 공동 선언, 본회의·예결산 심사 등 각종 기일과 기한의 강제화 및 위반 시 정당 국고보조금 삭감, 상임위·본회의 불참 시 의원 세비 삭감 등을 폭넓게 제안했다.

10월 08일
• 민주당 전병헌 원내 대표, 교섭 단체 대표 연설 　　　　　　　(머니투데이 10. 08)

– 민주당 전병헌 원내 대표는 8일 "우리 사회의 발전 모델로 '2+2 사회 경제 발전

담론'을 마련해 나가자."고 제안했다. 전 원내 대표는 이날 오전 국회 교섭단체 대표 연설에서 "민주주의를 기반으로 민주당은 경제 민주화와 보편적 복지를 사회 경제 망으로 구축하고, 임금 주도 성장과 편안한 맞벌이 사회 시스템을 통해 '2+2 사회 경제 발전 담론'을 마련해 나갈 것"이라고 밝혔다. 그는 "우선 경제 민주화와 보편적 복지를 통해 약육강식의 차갑고 각박한 사회에서 따뜻한 복지국가로 나아가는 길잡이 역할을 다해 가겠다."며 "여기에 개발과 투기가 성장을 주도했던 낡은 신자유주의적 경쟁 체제를 마무리하고, 임금과 소비가 성장의 동력이 되는 패러다임 전환을 추진하겠다."고 말했다.

10월 13일

• 박근혜 정부 첫 국감 시작…여야 치열한 대결 예고　　　　　(연합뉴스 10. 13)

- 박근혜 정부의 국정 운영 전반에 대한 국회의 첫 국정감사가 14일 20일간 대장정의 막을 올린다. 이번 국정감사는 지난해보다 73곳 늘어난 630개 기관을 감사하는 헌정 사상 최대 규모로 진행될 예정이다. 이에 따라 국정의 구석구석을 들여다보는 폭넓은 감사가 될 것이란 긍정적 전망과 피감 기관이 너무 많아 부실이 우려된다는 부정적 전망이 교차한다.

　올해 국감은 지난 8개월간 드러난 새 정부 정책의 공과를 처음으로 따지는 무대라는 점에서 여야의 치열한 공방이 예상된다. 특히 국가정보원 개혁안, 2007년 남북 정상회담 대화록 미(未)이관, 기초연금 공약 후퇴 논란, 역사 교과서 개정 방향, 채동욱 전 검찰총장 사퇴를 비롯한 인사 파동, 동양그룹 부실 사태, 세제 개편안, 4대강 사업 평가 등을 놓고 여야가 한 치의 양보 없는 일전을 예고하고 있다. 한편, 여야는 13일 일제히 소모적 정쟁을 지양하고 '정책 국감·민생 국감'에 주력하겠다는 각오를 밝혔다.

10월 17일

• 10·30 재보선 '13일간 열전' 개막…與 "나홀로" 野 "공중전"　　(연합뉴스 10. 17)

- 여야는 '10·30 국회의원 재보선' 공식 선거운동 첫날인 17일 총력 태세를 갖추고 13일간의 열전에 돌입했다. 경기 화성 갑 보궐선거와 경북 포항 남·울릉군 재선거

의 여야 후보들은 이날 일제히 출정식을 열어 저마다 승리를 다짐했다. 이번 재·보선은 선거 지역이 두 군데여서 규모는 크지 않지만 수도권인 화성에 친박 원로 서청원 전 한나라당 대표가 출사표를 던지면서 정치적 의미가 커졌다. 이에 따라 새누리당은 '박근혜 정부 중간 평가'라는 의미로 확대되는 것을 경계하며 철저하게 지역 밀착형 '나홀로 선거'를 치르겠다는 입장인 반면, 민주당은 공식 선거운동 전부터 현장 최고위를 개최하는 것을 비롯해 '공중전'을 펼치며 초반 여론조사의 열세 뒤집기를 시도하고 있다. 한편, 새누리당과 민주당은 앞서 경기 화성 갑에 서청원 전 대표와 오일용 지역위원장을 포항 남·울릉군에 박명재 전 행자부장관과 허대만 지역위원장을 각각 후보로 임명했다.

한국 여론

10월 05일

• 朴 대통령 지지율 50%대로 하락…복지 공약 후퇴 여파　　　　　(이데일리 10. 05)

– 박근혜 대통령의 지지율이 50%대로 떨어졌다. 한국갤럽이 지난달 30일부터 사흘간 전국 성인 남녀 1021명을 대상으로 실시한 여론조사에서 박 대통령의 직무 수행에 대해 '잘하고 있다'고 답한 이는 전체의 56%였고, '잘못하고 있다'고 답한 응답자는 34%로 나타나 취임 후 처음으로 부정적 평가가 30%를 넘어섰다. 이는 복지 공약 후퇴 논란과 채동욱 전 검찰총장, 진영 전 보건복지부장관 사퇴 여파로 풀이된다.

한편, 공약 후퇴 논란을 빚은 기초연금과 관련, 응답자의 82%는 '소득을 고려해 선별적으로 지급해야 한다'는 입장을 보였고, '소득에 상관없이 모든 어르신들에게 지급해야 한다'는 의견은 16%였다. 기초연금에 대한 정부 최종안에 대해서는 찬성 62%, 반대 26%로 찬성이 압도적이었다.

10월 18일

• 정당 지지율 새누리 42%, 민주 22%…민주 야당 역할 못해 77%　　(아이뉴스 10. 18)

– 한국갤럽이 14~17일 전국의 유권자 1천215명을 대상으로 실시한 여론조사 결과

정당 지지율은 새누리당 42%, 민주당 22%, 지지 정당 없음이 33%로 조사됐다. 새누리당 지지도는 전주 대비 2%P 내렸고, 민주당 지지도는 1%P 올랐다. 추석 이후 한 달간 새누리당 지지도는 45%에서 42%로 소폭 하락했고, 민주당 지지도는 19%에서 22%로 점진적으로 상승했다. 그러나 민주당이 야당으로서 역할을 잘하고 있는지에 대해서는 응답자의 12%만이 '잘하고 있다'고 답했다. '잘못하고 있다'는 답이 무려 77%였다. 야당 역할에 대한 긍정 평가는 5개월째 20%를 넘지 못했다.

3차 (10월 말~11월 말)

박병훈

국정원의 대선 개입 논란을 놓고 치열한 공방을 벌이고 있는 여야의 대립은 국정감사에서 군 기관의 대선 개입 의혹과 윤석열 수사팀장의 수사 배제 문제가 새롭게 드러나면서 더욱 격화되고 있다. 28일과 31일 각각 정홍원 국무총리와 박근혜 대통령이 국정원 대선 개입 사건과 관련 엄정한 조치와 재발 방지를 약속했음에도 논란은 수그러들지 않는 모양새이다.

민주당을 비롯한 야권은 "정국 호도용 물타기"라고 거세게 비판하고 대통령의 직접적인 사과를 요구하면서 11월 12일 '국정원 등 국가기관 선거 개입 진상규명과 민주 헌정 질서 회복을 위한 각계 연석회의'를 열고 특검법 공동 발의를 추진해 나가기로 약속했다. 반면 새누리당은 "총리와 대통령의 발언이 적절했다."고 옹호하면서 특검을 공동으로 추진하기로 한 야권 연대에 대해서는 종북 문제를 부각하며 "정치적 야합에 불과하다."고 강력 비판했다.

이와 같이 여야가 한 치의 양보도 없이 대립하면서 향후 정기국회 일정도 난항이 불가피할 것으로 보인다. 당장 인사 청문회 기간 타(他) 상임위 보이콧을 선언했던 민주당이 다시 국회로 복귀했지만 감사원장 임명 동의안과 문형표 보건복지부장관 후보자 사퇴 문제를 연계 처리하기로 해, 15일 본회의 처리가 예정됐던 황 후보자에 대한 임명 동의안 인준 표결은 무산됐다. 이런 상황에서 강창희 국회의장이 임명 동의안 직권 상정 가능성을 여야에 통보하고, 새누리당이 국회선진화법 개정 움직임을 보이면서 국회 상황은 더욱 악화되고 있다.

10월 30일 경기 화성 갑과 포항 남·울릉에서 치러진 재보선 개표 결과 새누리당 서청원·박명재 후보가 민주당 오일용·허대만 후보를 누르고 당선이 확정되면서 새누리당이 두 곳 모두에서 승리를 가져갔다. 이번 선거 결과로 인해 박근혜 대통령과 새누리당은 향후 정국에서 안정적인 입지를 확보할 전망이다. 반면 민주당 입장에선 애초 두 지역 모두 새누리당 지역구였던 데다 처음부터 이기기 어려운 선거였다고 치더라도 예상보다 큰 표 차이로 패배함으로써 지도부의 리더십 상처 및 대여 공세 동력 약화 등 정치적 타격이 불가피해 보인다.

한편, 정부는 지난 5일 통합진보당에 대한 정당 해산 심판을 헌법재판소에 청구했다. 또한 진보당 소속 국회의원들에 대한 의원직 상실 결정도 청구키로 했으며, 각종 정당 활동 정지 가처분 신청 절차도 조속히 진행할 예정이어서 정국에 파장이 예상된다. 당사자인 통합진보당은 "정부의 조치가 헌법을 정면으로 위반하고 민주주의를 파괴하는 것"이라며 강력히 반발하고 있다. 이러한 정부의 통합진보당 해산 심판 청구에 대해 한국갤럽이 11월 11일부터 14일까지 전국 성인 남녀 1208명을 대상으로 실시한 주간 정례 여론조사 결과, 절반에 가까운 45%가 "통합진보당을 강제 해산해야 한다."고 답했다. 반면 "강제 해산할 필요가 없다."는 응답은 33%, 22%는 의견을 유보했다. 또한 진보당 의원들의 의원직 박탈과 관련해서는 37%가 '모두 박탈', 23%가 '비례 대표만 박탈', 17%는 '모두 유지' 등의 답변을 내놓았다. 아울러 같은 조사에서 정당에 대한 지지율은 새누리당 43%, 민주당 21%를 나타냈으며, 박근혜 대통령에 대한 직무 수행 지지율은 57%를 기록했다.

이번 한 달 박근혜 대통령에 대한 지지율은 등락을 반복했다. 10월 말에서 11월 초 기간 박 대통령의 지지율은 한국갤럽 53%, 리얼미터 56.9%, 여의도연구원 53.7% 등 모든 기관의 조사에서 하락세를 보였다. 최근 거세지고 있는 국정원과 국방부 사이버사령부 등 국가기관의 대선 개입 의혹이 지지율에 악영향을 끼친 것으로 분석됐다. 그러나 박 대통령의 지지율은 유럽 순방 직후 그 효과로 하락세를 멈추고 반등했다. 한국갤럽이 8일 발표한 여론조사 결과 대통령 직무 수행 지지율은 전주 조사보다 5%P나 상승한 58%로 나타났다.

한국 정당

10월 22일

• '윤석열 사태'로 국정원 댓글 사건 확산 기로…여야 총력전　　　　(뉴시스 10. 22)
  - 21일 서울 고검 등에 대한 국회 법제사법위원회 국정감사에 출석한 조용곤 서울 중앙지검장과 윤 전 팀장이 수사에 대한 외압 문제, 수사 보고 문제 등을 놓고 서로

엇갈린 입장을 나타내면서 그 후폭풍이 정치권을 강타하고 있다. 여야는 국가정보원 댓글 사건 수사를 지휘한 윤석열 전 서울중앙지검 특별수사 팀장이 수사팀에서 배제된 것과 관련, 각각 항명과 외압으로 엇갈리게 판단하고 상대에 대한 공세를 강화하고 있다.

10월 24일

• 문재인 발언 놓고, 與 "대선 불복" vs 野 "부정선거"　　　　　(연합뉴스 10. 24)

– 여야는 24일 민주당 문재인 의원이 지난 대선을 '불공정 선거'로 규정한 것을 놓고 '대선 불복이냐 아니냐'에 대한 거센 설전을 벌였다. 새누리당은 이 같은 입장이 '대선 불복'이라며 문 의원과 민주당을 몰아세웠지만, 민주당은 '부정선거는 맞지만 대선불복은 아니다.'라며 새누리당을 강하게 비판했다. 새누리당은 문 의원과 민주당을 '대선 불복 프레임' 속에 넣고 대대적인 반격에 나선 것이고, 민주당은 지난 대선을 '부정선거'로 보고 정부의 진상 규명, 박근혜 대통령의 사과를 촉구하는 입장이다.

10월 28일

• 정홍원 총리 대국민 담화에 與 "적절" vs 野 "정국 호도"　　　　(연합뉴스 10. 28)

– 여야는 28일 정홍원 국무총리가 대국민 담화를 발표, 국가정보원 대선 개입 의혹 사건에 대해 사법부의 최종 판단이 나오는 대로 조치를 취하겠다고 밝히면서 국회에 민생 법안 처리를 위한 협조를 요청한 데 대해 현격한 시각차를 드러냈다. 새누리당은 "적절했다."며 정 총리의 담화를 옹호했으나 민주당은 '정국 호도용 물타기'라고 거세게 비판했다.

10월 31일

• 박 대통령, 국정원 의혹 언급…與 "적절" vs 野 "사과부터 해야"　(연합뉴스 10. 31)

– 박 대통령은 이날 수석비서관 회의를 주재한 자리에서 모두 발언을 통해 국정원 선거 개입 사건과 관련해서 "개인적으로 의혹을 살 일을 하지 않았음에도 불구하고 선거에 국가기관이 개입했다는 의혹이 제기되고 있는데, 그 의혹들에 대해서는

반드시 국민들께 정확히 밝히고 책임을 물을 것이 있다면 물을 것"이라고 말했다. 또 "앞으로 정부는 모든 선거에서 국가기관은 물론이고 공무원 단체나 개별 공무원이 혹시라도 정치적 중립을 위반하는 일이 없도록 엄중히 지켜 나갈 것"이라고 약속했다.

이에 대해 민주당 등 야권은 박 대통령에게 먼저 국민에게 사과할 것을 요구한 반면, 새누리당은 박 대통령의 발언이 적절했다고 평가하며 야권의 정치 공세 중단을 촉구했다.

11월 05일

• 정부, 통합진보당 해산 심판 청구키로…통합진보당 강력 반발 　　(연합뉴스 11. 05)

– 정부는 5일 오전 정부 서울 청사에서 정홍원 국무총리 주재로 열린 국무회의에서 법무부가 상정한 '위헌 정당 해산 심판 청구의 건'을 의결했다. 황교안 법무부장관은 국무회의 직후 브리핑에서 "진보당의 목적과 활동이 우리 헌법의 민주적 기본 질서에 위배된다고 판단했다."며 "법무부는 앞으로 관련 절차를 마친 후 제반 서류를 갖춰서 신속히 정당 해산 심판을 청구하겠다."고 밝혔다. 이에 대해 진보당은 "헌법을 정면으로 위반하고 민주주의를 파괴하는 것"이라며 강력히 반발했다.

한편, 새누리당은 "정부가 합당한 증거와 근거를 갖고 통합진보당에 대한 정당 해산 청구안을 통과시킨 것으로 보인다."며 정부의 결정을 옹호했고, 민주당은 "어떤 경우에도 대한민국의 자유 민주주의 기본 질서가 유지돼야 하고, 모든 정당의 목적과 활동도 보호돼야 한다. 헌법재판관들의 책임 있는 역사의식에 기초한 현명한 판단을 기대한다."고 밝혔다.

11월 12일

• 민주 · 정의 · 안철수 '특검법' 공동 발의 추진…새누리, '신야권 연대' 맹비난

(뉴스1 11. 12 · 뉴시스 11. 12)

– 민주당과 정의당, 안철수 무소속 의원 등과 야권 성향 시민 단체 및 종교계 주요 인사가 참여하는 '국정원 등 국가기관 선거 개입 진상 규명과 민주 헌정 질서 회복을 위한 각계 연석회의'는 12일 첫 공식 회의를 열어 △특검 즉각 실시 △김기춘 청

와대 비서실장, 남재준 국정원장, 황교안 법무부장관 해임 △국정원법 전면 개혁
및 국가기관의 정치 개입을 막기 위한 개혁 입법 단행 등에 합의했다. 이에 대해 새
누리당은 11일 오전 열린 최고위원 회의에서 작심한 듯 민주당과 야권을 향한 비판
의 발언을 쏟아 냈다. 특히 최경환 원내 대표는 "민주당이 어제 101일간의 거리의
천막을 접었다. 그러나 여전히 민생과 대한민국의 내일을 볼모로 삼아 정치적 욕심
을 채우려는 반민생 대선 불복 행진을 이어 가고 있다."며 "지리멸렬한 투쟁이 국민
들의 호응과 성과를 못 얻자 시민 단체까지 가세시켜 대대적인 투쟁을 하겠다고 했
다."고 질타했다.

11월 13일

• 새누리당, '국회선진화법' 개정 공식화…민주, "경색 정국은 법 아닌 여권 탓"

(연합뉴스 11. 13)

‒ 여야가 다수당의 법률안 단독 처리를 막기 위해 지난해 개정한 국회법의 재개정
문제를 놓고 정면충돌로 치닫고 있다. '국회선진화법'으로 불리는 이 법에 대해 새
누리당 지도부는 야당의 비협조로 각종 법률안과 새해 예산안 처리가 불투명해진
상황론을 내세우며 개정을 공식화했다. 반면, 민주당을 포함한 야권은 단독 처리와
이에 따른 고질적인 몸싸움 등 국회 폭력을 차단하기 위해 여야가 합의로 통과시킨
법을 제대로 시행도 않은 채 고치려는 것은 여당이 필요에 따라 입장을 바꾸는 것
에 불과하다며 새누리당을 강력 비판했다.

한국 의회·선거

10월 23일

• 국가기관 대선 개입 논란 증폭…정기국회 '암초'   (연합뉴스 10. 23)

‒ 국가정보원과 군의 대선 개입 논란이 정국의 뇌관으로 다시 부상하면서 박근혜
정부 첫 국정감사가 격랑 속으로 빠져들고 있다. 여야는 23일에도 국감 일정과 관
계없이 대선 개입 의혹을 둘러싼 공방을 이어 갔다. 민주당은 국가기관의 대선 개
입 의혹을 '신(新)관권 선거'로 규정하고 박근혜 대통령의 책임론을 정면으로 제기

하는 등 공세를 강화했다. 새누리당은 이를 '대선 불복'으로 몰아가면서 민주주의 선거 절차마저 부정하는 세력의 이미지를 덧씌우는 데 진력했다.

10월 30일

• 서청원 · 박명재, 당선 확정…與 두 곳 모두 승리 (연합뉴스 10. 30)

– 10·30 재·보궐선거 개표 결과 새누리당이 경기 화성 갑과 경북 포항 남·울릉 두 곳 모두에서 승리했다. 중앙선관위 집계에 따르면 화성 갑의 경우 새누리당 서청원 후보는 62.7%의 득표율로 29.2%를 얻은 민주당 오일용 후보를 누르고 당선이 확정됐다. 또 포항 남·울릉에선 새누리당 박명재 후보가 78.6%의 득표를 얻어 18.3%에 그친 민주당 허대만 후보를 누르고 당선됐다.

이번 재·보선은 비록 두 곳에 불과한 '초미니 선거'로 치러졌지만 친박 핵심인 서 의원의 출마로 처음부터 정권 심판의 성격이 가미됐다는 점에서 선거 결과는 국가기간 대선 개입 의혹을 둘러싼 여야 대치 정국의 흐름에 적잖은 영향을 미칠 것으로 보인다. 이번 선거 결과로 인해 박근혜 대통령과 새누리당은 향후 정국에서 안정적인 입지를 확보할 전망이다. 반면 민주당 입장에선 애초 두 지역 모두 새누리당 지역구였던 데다 처음부터 이기기 어려운 선거였다고 치더라도 예상보다 큰 표 차이로 패배함으로써 김한길 지도부의 리더십 상처 및 대여 공세 동력 약화 등 정치적 타격이 불가피해 보인다.

11월 13일

• 민주, 청문 기간 他상임위 전면 보이콧…14일 다시 복귀키로 (연합뉴스 11. 13)

– 황찬현 감사원장, 문형표 보건복지부장관, 김진태 검찰총장 후보자에 대한 인사청문회가 열리는 11~13일 청문회를 제외한 상임위 활동을 전면 보이콧한 민주당은 14일부터 정기국회 의사일정에 참여, 국회를 정상화하기로 결정했다.

10월 25일

• 한국갤럽 조사, 朴 대통령 지지율 53%…20주 만에 최저치   (뉴시스 10. 25)
– 여론조사 전문 기관인 한국갤럽이 25일 발표한 10월 넷째 주 주간 정례조사 결과에 따르면 '박 대통령이 직무를 잘 수행하고 있다'는 응답은 53%로 전주 대비 3%포인트 하락한 수치를 기록했다. 이는 6월 둘째 주 조사 이후 20주 만에 최저치며, 최고치(67%)를 기록한 추석 직전 9월 둘째 주 조사와 비교했을 때 14%포인트 하락한 수치다. 이번 조사에서 '박 대통령이 직무를 잘못 수행하고 있다'는 응답은 34%로 전주 대비 3%포인트 올랐다. 최근 거세지고 있는 국정원과 국방부 사이버 사령부 등 국가기관의 대선 개입 의혹이 지지율에 영향을 미친 것 아니냐는 분석이 나온다.

10월 28일

• 朴 대통령 지지율 56. 9%…리얼미터 조사 2주 연속 ↓   (뉴시스 10. 28)
– 여론조사 전문 기관 리얼미터가 28일 밝힌 10월 넷째 주 주간 집계에 따르면 박근혜 대통령의 취임 35주차 국정 수행 지지도는 1주일 전 대비 1.0%P 하락한 56.9%를 기록했다. 국정 수행을 잘못하고 있다는 응답은 3.1%P 상승한 36.4%로, 지난 5월 이후 최고치를 기록했다. 한편, 정당 지지율에서는 새누리당이 46.1%, 민주당은 26.4%로 나타나, 양당 격차는 19.7%P를 기록했다.

11월 06일

• 여연 조사 결과, 朴 대통령 지지도 53. 7% 3주째 ↓…고민 깊은 與 (국민일보 11. 06)
– 새누리당 싱크탱크인 여의도연구원이 지난달 28일부터 지난 1일까지 조사한 결과에 따르면 박 대통령의 국정 운영에 대한 긍정 평가는 53.7%를 기록했다. 이는 3주 연속 하락한 것으로 박 대통령 지지도는 10월 들어 60%대 밑으로 내려온 뒤 50%대 초반까지 하락했다. 10월 한 달 동안 박 대통령의 국정 운영에 대한 부정 평가도 39.1%에서 42.3%로 꾸준히 상승했다. 주된 하락 요인으로는 여야의 대치 정

국과 국정감사 기간 제기된 국가기관의 정치 개입 추가 의혹, 공약 후퇴 논란이 악영향을 끼친 것으로 분석됐다.

11월 11일

• 유럽 순방 효과로 朴 대통령 지지율 반등세…'잘하고 있다' 58. 1%　　　(뉴스1 11. 11)

– 8일 한국갤럽이 발표한 여론조사에서 58%로 1주 전 조사보다 5%P나 상승한 것으로 나타났던 박근혜 대통령의 국정 수행 지지율이 여론조사 전문 기관 리얼미터가 11일 발표한 주간 정례조사에서도 비슷한 결과를 보였다. 박 대통령의 취임 37주차 국정 수행 지지율은 전주 대비 1.9%포인트 상승한 58.1%를 기록했다. 리얼미터 측은 "지난 한 주간 2007년 남북정상회담 회의록 '실종' 논란과 관련한 문재인 민주당 의원의 검찰 소환, 그리고 통합진보당에 대한 정부의 정당 해산 심판 청구 등으로 국내 정치는 혼란스런 상황이었지만, 박 대통령의 지지율은 유럽 순방(11월 2~9일)의 효과로 오르면서 4주 만에 하락세를 멈췄다."고 분석했다.

　한편, 정당 지지율은 새누리당이 47.4%, 민주당은 24.9%를 보였다. 이어 정부의 정당 해산 심판 청구에 맞서 장외투쟁을 벌이고 있는 통합진보당이 0.8%P 오른 3.0%를 기록했고, 정의당은 1.5%, 그리고 '지지 정당이 없다'는 무당파는 20.0%로 집계됐다.

11월 15일

• 한국갤럽 조사, 통합진보당 해산, '찬성' 45% vs '반대' 33%　　　(뉴스1 11. 15)

– 한국갤럽이 11일부터 14일까지 전국 1208명을 대상으로 여론조사를 실시한 결과 절반에 가까운 45%가 '통합진보당을 강제 해산해야 한다'고 답했다. 반면 '강제 해산할 필요가 없다'는 응답은 33%였으며, 22%가 의견을 유보했다. 진보당 의원들의 의원직 박탈과 관련해서는 37%가 '모두 박탈', 23%가 '비례 대표만 박탈', 17%는 '모두 유지' 등의 답변을 내놓았다. 한편, 박근혜 대통령의 직무 수행에 대한 지지율은 지난주보다 1%포인트 떨어진 57%를 기록했다. 부정 평가는 전주 대비 1%포인트 늘어난 30%였다. 정당 지지율은 새누리당 43%, 민주당 21%를 나타냈다.

4차 (11월 말~12월 말)

박병훈

대통령 선거가 끝난 지 1년이 지났지만 정치권의 시계는 여전히 대선에 머물러 있는 듯하다. 이번 달 역시도 국가기관의 대선 개입 의혹 사건을 중심으로한 여야의 치열한 신경전은 천주교 정의구현사제단의 시국 미사, 민주당 장하나·양승조 의원의 '대선 불복', '선친 전철' 발언 파문 등이 불거지면서 더욱 격화됐다. 이에 더해 19일 국군 사이버사령부에 대한 국방부 조사 본부의 "정치중립 의무는 위반했지만 대선 개입은 없었다."는 중간 수사 결과가 발표되면서다시금 대선을 중심으로 하는 여야의 극한 대립이 예상된다. 당장 민주당을 비롯한 야권은 수사 결과에 대해 '꼬리 자르기'라고 비판하면서 '국방부장관의 사퇴'와 '특검 도입'을 강력히 촉구하고 나섰으며, 새누리당은 "독립적이고 공정한 수사가 이뤄진 만큼 최종 수사 결과와 사법부의 판단을 지켜봐야 한다."고국방부의 수사 결과를 옹호하고 있다.

국회의 상황도 녹록지 않다. 정기국회 폐회를 10일 남짓 남긴 시점인 지난달28일, 새누리당이 황찬현 감사원장 후보자에 대한 임명 동의안을 단독으로 표결 처리하면서 또다시 공전과 파행을 거듭한 국회는 12월 3일 진행된 여야 대표 및 원내 대표 4자 회담에서 '국정원개혁특위'와 '정치개혁특위' 설치, 연내예산안 처리에 전격 합의하고 첨예한 쟁점이었던 특검 도입 문제를 앞으로 계속 논의해 나가기로 함에 따라 4일 정상화됐다. 그러나 가까스로 합의한 국정원개혁특위와 정치개혁특위 활동에서 세부 쟁점을 놓고 여야의 입장이 첨예하게 맞서고 있어 최종 합의까지는 상당한 진통이 예상된다. 또한 12월 10일부로2013년도 정기국회를 마감한 국회는 11일부터 내년 1월 3일까지 임시국회를열어 새해 예산안과 각종 민생 법안을 심의하기로 했지만, 이 역시도 사안마다여야 간 입장 차가 커 난항이 불가피해 보인다.

이처럼 여야가 한 치의 양보도 없이 극과 극으로 대립하면서 올해 정기국회는 지난 9월부터 무려 99일간의 회기 동안 단 한 건의 법안도 처리하지 못하고마지막 날에서야 34개의 법안을 서둘러 통과시키며 폐회됐다. 국회가 끝없는 정쟁을 치르면서도 정작 본연의 역할인 법안 처리와 예산안 심사를 제대로 수행하지 못했다는 점에서 역대 최악의 국회라는 오명과 국민의 비난을 피하기는 어려울 것으로 보인다.

한편, 대통령 당선 1년을 맞은 박근혜 대통령의 지지율은 등락을 거듭하다 50%대 중반으로 고착화되어 가는 양상을 보이고 있다. 한국갤럽이 12월 둘째 주에 실시한 여론조사에 따르면 박 대통령에 대한 지지율은 54%로 9월 넷째 주 이후 11주 연속 50%대에 머무르고 있는 것으로 나타났다. 같은 조사에서 정당 지지율은 새누리당 44%, 민주당 19%로 조사됐으며, 2013년 한 해 동안 두 정당 간의 지지율 역전 현상은 한 번도 일어나지 않았다.

한국 정당

11월 18일

• 朴 대통령, 시정연설에…여야 온도 차, 새누리 '긍정' vs 민주 '실망'

(뉴시스 · 연합뉴스 11. 18)

– 박근혜 대통령은 18일 오전 시정연설에서 국가정보원 대선 개입 의혹과 관련한 야권의 요구와 관련해 "여야가 충분히 논의해 합의점을 찾아 주면 존중하고 받아들일 것"이라고 입장을 밝혔다. 이에 대해 새누리당은 "여야 간 합의를 존중하겠다는 전향적인 자세 속에서 많은 현안들에 대한 해법을 포괄적으로 제시했다."며 긍정적인 평가를 내놓은 반면, 민주당은 실망감을 나타내면서 시정연설 직후 국회에서 규탄 집회를 열고 박 대통령에게 국가기관 대선 개입 의혹 특검 도입 등 현안에 명확한 입장을 밝힐 것을 촉구했다.

11월 19일

• 여야 끝없는 '강 대 강' 대치…'대선 의혹 특검' 기싸움   (연합뉴스 11. 19)

– 국가기관 대선 개입 의혹에 대한 '원샷 특검'과 국회 국가정보원개혁특위 설치를 한꺼번에 받아들이라는 야당의 요구를 놓고 여야가 첨예한 대치를 이어 가고 있다. 국회 정상화를 전제로 '특위'만 수용하겠다는 새누리당의 제안에 대해 민주당

이 '특위–특검'을 한 묶음으로 수용할 것을 촉구하면서 여야 대치가 풀리기는커녕 더 꽁꽁 얼어붙는 형국이다.

11월 23일

• 여야, 시국 미사 놓고 대립각…'불순 극단' vs '비판 수용'　　　(뉴시스 11. 23)

– 여야는 23일 천주교 정의구현사제단 전주 교구 사제들의 박근혜 대통령 사퇴 촉구 미사를 둘러싸고 대립각을 세웠다. 새누리당은 전날 시국 미사를 "소수 세력의 극단적 움직임"이라며 반발했고, 민주당은 "정의 구현을 위한 비판"이라며 정부 여당의 불통을 지적했다. 다만 민주당은 대선 불복 입장에 동의하는지 밝히라는 새누리당의 요구에는 전주 교구와 선긋기를 하며 한발 물러섰다.

11월 26일

• 與野, 정국 정상화 '4인 협의체' 제안에 온도 차　　　(뉴시스 11. 26)

– 민주당이 26일 새누리당을 향해 정국 정상화를 위한 여야 협의체 제안을 받아들이라고 재차 요구했다. 민주당 김한길 대표는 원내 대책 회의에 참석해 "여야 지도부가 한자리에 앉아서 특검과 특위 법안과 예산, 기초 지방선거에서의 정당 공천 폐지 등 정치 개혁안을 구체적으로 논의하자."고 제안했다. 하지만 새누리당은 미온적인 반응을 보였다. 새누리당 전략기획본부장인 김재원 의원은 "조금이라도 여유를 주고 어떤 선택지를 줘야 하는데 기존의 주장을 전혀 바꾸지 않아 아쉽다."고 말했다.

12월 02일

• 여야 4자 회담 개최…정국 정상화 논의　　　(뉴스1 12. 02)

– 국가기관 대선 개입 의혹 사건과 황찬현 감사원장 임명 동의안 강행 처리 등으로 날이 갈수록 심화되고 있는 대치 정국을 정상화하기 위해 여야 대표 및 원내 대표가 4자 회담을 갖는다. 황우여 새누리당 대표는 이날 정국 정상화 방안을 논의하기 위해 대표 및 원내 대표가 참석하는 4자 회담을 민주당에 제안했고, 김한길 민주당 대표는 이를 수락했다. 한편 황 대표가 이날 언급한 '4자 회담'은 김 대표가 제안한

형태의 '4인 협의체'와는 다른 차원으로 풀이되고 있다.

12월 03일

• 여야 4자 회담…국정원개혁특위 · 정개특위 및 연내 예산안 처리 전격 합의

(연합뉴스 12. 03)

– 여야는 3일 국회 국가정보원개혁특위와 정치개혁특위 설치에 전격 합의했다. 첨예한 쟁점이었던 국가기관 대선 개입 의혹 수사를 위한 특별검사 도입 문제는 앞으로 계속 논의하기로 했다. 여야는 또 내년도 예산안과 예산 부수 법률안은 연내에 합의해 처리하고, 민생 관련 법안도 최대한 신속하게 심사를 완료키로 했다. 이에 따라 4일부터 정기국회 일정이 정상화, 예산결산특위를 비롯한 각 상임위원회가 재가동될 예정이다.

12월 09일

• 대선 불복 선언 · '선친 전철' 발언 파문…'정국 급랭'　　　(연합뉴스 12. 09)

– 민주당 장하나 의원의 '대선 불복 선언'에 이어 민주당 지도부인 양승조 최고위원이 박정희 전 대통령 암살 사실을 언급하며 박근혜 대통령도 선친의 전철을 밟을 수 있다고 말해 파문이 일고 있다. 새누리당은 격앙된 반응 속에 양 최고위원에게 당장 의원직을 사퇴하라고 요구하고 나섰다. 아울러 장 의원에 대해서도 국회 윤리위원회 제소 방침을 확정하고 의원직 제명안 제출까지 검토하면서 '4자 회담' 타결로 가까스로 안정을 찾아가던 연말 정국이 다시 빠르게 얼어붙고 있다. 반면 민주당은 즉각 진화에 나섰지만 초선 의원을 중심으로 한 강경파가 오히려 대선 불복에 동조하고 나서자 곤혹감을 감추지 못하고 있는 상황이다.

12월 18일

• 철도 파업에…與 "민주당, 개입하지마" vs 野 "불신 현상 반성해야"　(뉴시스 12. 18)

– 철도 노조의 파업이 계속되고 있는 가운데 여야가 철도 노조 총파업과 관련, 뚜렷한 입장 차를 드러내며 대치를 이어 가고 있다. 새누리당 최경환 원내 대표는 최고 중진 연석회의에 참석해 "자회사 설립은 철도 민영화가 아니며 경영 효율화를

위한 최소한의 조치라는 걸 누구보다 잘 아는 민주당이 합심해 저항을 막아 내지는 못한 채 코레일 노조의 명분 없는 파업에 숟가락을 얹는다면 국민이 용납하지 않을 것"이라고 경고했다. 반면 민주당 전병헌 원내 대표는 최고위원 회의에서 "이번 사태의 근원은 대통령과 정부에 대한 불신이다. 대통령이 민영화가 아니라고 하는데 믿지 못하는 심각한 불신 현상의 근본이 어디 있는지 진지하게 성찰하고 반성해야 한다."고 충고했다.

12월 19일

- 사이버司 조사 결과 발표에…與 "수사 공정" vs 野 "특검 도입해야"
  (뉴스1 12. 19 · 연합뉴스 12. 19 · 헤럴드경제 12. 19)

  – 국군 사이버사령부의 정치 개입 의혹을 수사해 온 국방부 조사 본부는 19일 사이버사에서 심리전을 총괄하는 이모 530심리전 단장과 10명의 요원이 군의 정치적 중립 의무를 위반하기는 했지만 대선 개입은 없었다는 중간 수사 결과를 발표했다. 이에 대해 야당은 즉각 반발에 나서며 "즉각적인 김관진 국방부장관의 사퇴와 특검 도입을 강력히 촉구한다."고 밝혔다. 반면 새누리당은 국방부의 중간 수사 발표와 관련해 "독립적이고 공정한 수사가 이뤄진 만큼 최종 수사 결과와 사법부의 판단을 지켜봐야 한다."고 평가했다.

한국 의회 · 선거

11월 19일

- 민주, 황교안 · 남재준 · 박승춘 해임안 제출 (연합뉴스 11. 19)

  – 민주당은 19일 오후 국가기관 대선 개입 의혹 사건과 관련해 황교안 법무장관에 대한 해임 건의안, 남재준 국가정보원장과 박승춘 국가보훈처장에 대한 해임 촉구 결의안을 제출했다. 그러나 새누리당이 황 법무장관의 해임에 반대 입장이어서 여야 합의로 안건을 상정할 가능성은 적다. 또한 의장이 직권 상정하더라도 해임 건의안이 통과되려면 재적 의원 과반수가 찬성해야 해 새누리당 의원들이 표결에 불참하거나 반대표를 던지면 안건이 폐기될 공산이 크다.

11월 23일

• 여야 해법 '극과 극', '임명안 직권 상정' vs '해임안 再제출'　　　　　(뉴스1 11. 23)

– 황찬현 감사원장 후보자 임명 동의안과 황교안 법무부장관 해임 건의안을 함께 처리하려던 여야의 협상이 일단 무산됐다. 새누리당과 민주당은 23일 임명 동의안과 해임 건의안 일괄 처리가 전날 무산된 것과 관련, 각각 임명 동의안의 직권 상정과 해임 건의안 재(再)제출을 내세우며 맞섰다. 이런 상황에서 민주당이 다시 감사원장 임명 동의안을 법무부장관 해임 건의안이 아닌, 문형표 보건복지부장관 후보자 사퇴와 연계시킬 움직임을 보이고 있어 고위직 인사를 둘러싼 갈등이 더욱 꼬일 조짐도 나타나고 있다.

11월 28일

• 與 '감사원장 인준안' 단독 처리에 野는 "표결 무효"　　　　　(연합뉴스 11. 28)

– 황찬현 감사원장 후보자에 대한 임명 동의안이 지난 2주간의 표류 끝에 28일 국회 본회의를 통과했다. 국회는 이날 오후 본회의를 열어 임명 동의안 상정에 반대하는 민주당 등 야당 의원들의 불참 속에 임명 동의안에 대한 무기명 투표를 실시, 재석 의원 159명 가운데 찬성 154표, 반대 3표, 무효 2표로 가결시켰다. 민주당은 임명 동의안이 가결되자 이날 표결 자체가 여러 면에서 국회법을 위반한 것이라며 강력히 반발했다.

11월 29일

• 국회 예결위, 민주당 불참 속 예산안 '반쪽 심사' 착수　　　　　(연합뉴스 11. 29)

– 국회 예산결산특별위원회는 29일 전체회의를 열어 내년도 예산안 심사에 착수한다. 그러나 전날 황찬현 감사원장 후보자 임명 동의안의 여당 단독 처리에 반발하며 국회 의사일정 전면 거부를 선언한 민주당이 불참키로 해 사실상 새누리당 의원들만 참석한 가운데 '반쪽 회의'가 열릴 예정이다. 예결위는 이날부터 7일간 정부를 상대로 종합 정책 질의(경제·비경제 질의 포함)를 진행한 뒤 다음 달 9일부터 예산안 조정소위를 가동한다.

11월 29일

• 감사원장 인준 후폭풍…국회는 다시 '개점 휴업'　　　　　　　(연합뉴스 11. 29)

– 폐회를 불과 10일 남짓 남긴 정기국회가 다시 멈춰 섰다. 여당의 황찬현 감사원장 후보자 임명 동의안 단독 처리에 반발한 민주당이 29일 의사일정을 전면 거부하고 상임위와 특위 회의에 불참하면서 국회는 다시 공전과 파행 운영을 거듭하게 됐다. 이미 정기국회 회기(100일) 가운데 90일 정도를 허비하다시피한 상황이어서 올해는 실제로 헌정 사상 초유의 준예산 편성 사태가 현실화될 수도 있다는 우려가 커지고 있다.

12월 04일

• 국회 오늘부터 정상화…예산안 연내 처리 시동　　　　　　　(뉴스1 12. 04)

– 파행을 거듭한 국회 의사일정이 4일 예산결산특별위원회 새해 예산안 상정을 시작으로 정상화될 전망이다. 새누리당과 민주당은 전날 4자 회담을 통해 여야 대치 정국 정상화를 위한 합의를 도출했다. 이에 따라 양당 원내 대표단은 이날부터 국회 정상화를 위한 실무 협의를 진행, 새해 예산안 상정 등 미뤄진 의사일정을 진행할 계획이다. 따라서 각 상임위원회별 새해 예산안 예비 심사와 법안 심사 일정 등도 정상적으로 진행될 것으로 예상된다.

12월 08일

• 국정원 · 정개특위 9일부터 활동 시작…진통 예고　　　　　　(연합뉴스 12. 08)

– 여야가 가까스로 합의한 국회 국정원개혁특위와 정치개혁특위가 9일부터 본격 활동에 들어가지만, 세부 쟁점을 놓고 여야의 입장이 첨예하게 맞서 최종 합의까지 상당한 진통을 예고하고 있다. 국정원개혁특위의 경우 여야가 국정원의 정치적 중립성 확보와 최고 정보기관으로서의 본령 강화라는 총론에는 대체로 주파수를 맞추려 하고 있으나, 이를 담보하기 위한 세부 방안에는 견해차가 커 난항이 예상된다. 정치개혁특위의 경우도 지방선거를 앞두고 여야가 공정한 게임의 룰을 정하는 데 치중하기보다 당리당략 차원에서 개선 방안을 모색할 수 있어 이해관계가 엇갈리는 사안에 대해선 충돌을 피하기 어려울 전망이다.

12월 09일

• 98일 허비한 정기국회⋯뒤늦게 '벼락치기'   (한국일보 12. 09)

– 정기국회 폐회일(10일)을 코앞에 두고 여야가 뒤늦게 민생 법안 통과 '벼락치기'에 나서고 있다. 여야는 9일과 10일 법제사법위원회 전체회의와 본회의를 잇달아 열고 견해차가 없는 법안을 중심으로 신속하게 입법을 마무리 짓기로 8일 의견을 모았다. 이미 예산안 법정 처리 시한(12월 2일)을 넘긴 국회 예산결산특별위원회도 7일과 8일 주말과 휴일을 반납한 채 각 부처 예산안 심사에 속도를 내고 있다. 지난 98일 동안 정기국회가 처리한 안건은 감사원장 후보자 임명 동의안, 필리핀 태풍 피해 지원 촉구 결의안 등 15건뿐이며, 법안은 단 한 건도 없다.

12월 11일

• 12월 임시국회 '스타트'⋯예산안 처리 난항 예상   (아이뉴스24 12. 11)

– 국회가 11일부터 내년 1월 3일까지 임시국회를 열어 새해 예산안과 각종 법안을 심의한다. 예산안은 이미 법정 처리 시한을 넘겼고 시급한 민생 법안이 산적하지만 사안마다 여야 간 입장 차가 커 난항이 불가피해 보인다. 예산안 심의에 있어 새누리당은 박근혜 정부 공약 실천을 위한 예산을 적극 반영하겠다는 입장인 반면, 민주당은 '박근혜표 예산'을 삭감해 복지 예산을 늘린다는 방침을 정해 두고 있다.

12월 19일

• 국정원특위, 여야 평행선⋯합의 도출 '가시밭길'   (연합뉴스 12. 19)

– 국회 국가정보원개혁특위가 여야 단일 개혁안 마련을 목표로 간사 협의에 들어갔으나 개혁 방향에 대한 양측의 이견을 좀처럼 좁히지 못하고 있다. 특위는 19일 전체회의를 열고 위원들의 의견을 청취했으나, 국회의 예산 통제 강화·사이버 심리전 금지·정부 기관 정보관 상시 출입제 폐지 등을 두고 양측의 의견이 첨예하게 갈리면서 진통을 겪었다. 여야 간사는 이날 회의에서 취합한 의견을 바탕으로 23일까지 단일안 도출을 위한 협의를 이어 가기로 했으며, 특위는 24일 전체회의를 열어 단일안에 대한 의결을 시도할 계획이다.

11월 22일

· '특검 도입', 찬성 51% vs 반대 36% (아이뉴스24 11. 22)

– 여론조사 기관 리서치뷰가 전국의 유권자 2천 명을 대상으로 지난 19~20일 실시한 여론조사에서 51%의 응답자들이 국가기관의 대선 개입 의혹에 대한 특별검사제 도입에 찬성하는 것으로 나타났다. 반대 의견은 36.0%였고, 무응답은 13.1%였다.

11월 25일

· 朴 대통령 지지율 50% 중반대로 굳어지나 (뉴스1 11. 25)

– 취임 9개월째를 맞은 박근혜 대통령의 국정 수행 지지율이 50% 중반대에서 고착화되는 양상을 보이고 있다. 여론조사 전문 기관 리얼미터가 25일 발표한 11월 셋째 주 주간 정례조사 결과에 따르면, 박 대통령의 취임 39주차 국정 수행 지지율은 56.8%를 기록했다. 한국갤럽의 주간 정례조사 결과에서도 박 대통령의 지지율이 10월 첫째 주 이후 8주 연속 53~58%대를 오가며 비슷한 흐름을 보이고 있다. 한편, 정당 지지율은 새누리당이 48.1%, 민주당이 26.1%였고, 통합진보당 2.4%, 정의당 1.9%의 순이었다.

11월 29일

· 朴 대통령 국정 수행 지지율, 53%…정당 지지율, 새누리 43% 민주 20%(뉴스1 11. 29)

– 여론조사 전문 기관인 한국갤럽에 따르면, 11월 넷째 주 박근혜 대통령의 국정 수행 지지율은 53%를 기록하며 일주일 전보다 4%포인트 더 떨어졌다. 9주째 50%대 지지율이다. '잘못 수행하고 있다'는 부정 평가는 2%포인트 상승한 33%를 나타냈고 응답자의 14%는 의견을 유보했다.

한편, 정당 지지도 조사에서는 새누리당 43%, 민주당은 20%로 조사됐으며, 안철수 의원이 신당을 창당할 경우를 가정한 지지도 조사에서는 새누리당 35%, 안철수 신당 26%, 민주당 11%, 의견 유보 27%로 나타났다.

12월 13일

• 朴 대통령 지지율 54%…취임 후 가장 높은 부정 응답률 기록 (뉴스1 12. 13)

– 한국갤럽이 12월 둘째 주에 실시한 박근혜 대통령 국정 수행 지지율이 54%로 나타났다. 지난 9월 넷째 주 기록한 60% 지지율 이후 11주 연속 50%대에 머무르고 있다. 부정적 평가는 전주 대비 1%포인트 올라 취임 후 가장 높은 35%를 기록했다. 한편, 정당 지지도 조사에서는 새누리당이 44%로 지난주보다 1%포인트 올랐고, 민주당은 19%로 전주 대비 1%포인트 떨어졌다.

12월 18일

• 박근혜 대통령 당선 1년…악재에도 지지율은 54%대로 견고 (한국일보 12. 18)

– 박근혜 대통령도 취임 첫해 굴곡이 적지 않았다. 호재와 악재가 교차하면서 지지율도 등락을 거듭했다. 하지만 대선 1년을 즈음해선 50% 중반대의 견고한 지지율을 유지하고 있다. 국가정보원 대선 개입 의혹을 둘러싼 장기간의 국가적 내홍을 감안하면 상당히 선전하고 있는 셈이다.

대선 당시 박 대통령의 지지율은 51.55%였다. 하지만 출범 직후 정부 고위직 인사 과정에서 후보자들의 잇단 낙마로 '불통 인사' 논란이 확산되면서 지지율은 40%대로 급락했다. 특히 미국 순방 도중 불거진 윤창중 전 청와대 대변인의 성추행 사건은 불통 인사 이미지를 극대화시켰고 민심은 극도로 이반했다. 지지율 반전은 박 대통령의 대외 행보에서 싹을 틔웠다. 박 대통령은 이른바 '세일즈 외교' '한복 외교'로 회자되는 실리·감성 외교와 원칙을 고수한 대북 정책으로 일거에 분위기를 역전시켰다. 5월과 6월 한미·한중 정상회담을 잇따라 성사시키면서 지지율은 50%선을 회복했고 8월 개성공단 정상화 합의를 이끌어 낸 뒤로는 60%의 지지율로 정점을 찍었다. 하지만 고공 행진을 이어 가던 지지율은 11월 말을 기점으로 또 한 번 출렁거렸다. 기초연금 공약 후퇴 논란, 국가기관의 대선 개입 의혹 등이 확산되면서 내리막길을 걷기 시작해 현재는 50%대 중반에서 고착화되어 가는 상황이다.

5차 (12월 말~2014년 1월 말)

김윤실

국회의 새해 예산안이 결국 해를 넘겼다. 여야는 외국인투자촉진법 개정안과 각종 법안·예산안을 연계하여 협상과 결렬을 반복했다. 특히 민주당은 외촉법을 '재벌 특혜 법안'이라 규정하고 법사위 상정조차 거부하였다. 결국 예산안은 해를 넘긴 새벽까지도 처리되지 못했고, 여야 간 '빅딜'과 민주당의 의원총회를 거친 후에야 국정원 개혁안과 예산안뿐만 아니라 외촉법 개정안도 본회의를 통과할 수 있었다. 한편 철도 민영화 논란과 관련해서도 여야는 엇갈렸다. 민주당은 철도사업법에 민영화 금지를 명문화하자고 제안했으나, 새누리당은 공동 결의를 통해 일단락 짓자고 일축했다. 결국 여야는 국회 국토교통위원회 내에 철도산업발전소위를 구성하기로 합의하였지만, 철도산업발전소위는 첫 회의부터 불법 파업 여부와 민영화 논란을 둘러싼 공방으로 출발했다.

여야의 신경전은 박근혜 대통령이 지난 2012년 대선 후보 시절 공약으로 내세웠던 '기초 선거 정당 공천제 폐지'를 둘러싸고 극에 달했다. 새누리당은 최근 국회 정치개혁특위에서 위헌 소지와 검증 안 된 후보 난립 등의 부작용으로 공천 폐지가 어렵다는 점을 거듭 강조해 왔지만, 민주당은 한시적 폐지를 제안하며 새누리당을 압박하였다(연합뉴스 2014. 01. 12; 2014. 01. 15). 또한 새누리당이 6·4 지방선거를 앞두고 광역단체장의 연임을 두 번으로 축소하고, 구의회를 폐지하는 등 개선안을 마련하는 한편 공천 폐지의 대안으로 오픈프라이머리를 제안하자, 민주당은 '물타기'라며 반발하고 나섰다. 무소속 안철수 의원도 기초 선거 정당 공천제 폐지 논란과 관련해 국회 정치개혁특위의 즉각 해산과 전면 재구성을 요구하는 등 강경한 입장을 밝혔다. 결국 새누리당은 의원총회를 열었지만 공약 파기를 공식적인 당론으로 결정하지는 못하였다. 공식적인 공약 철회로 확정지을 경우 새누리당은 물론 공약의 당사자인 박근혜 대통령에 대한 야당의 거센 공격과 논란 확산을 우려하기 때문이다(연합뉴스 2014. 01. 15).

한편 무소속 안철수 의원이 '3월 신당 창당' 방침을 발표하면서 지방선거에서 17개 광역단체장에 모두 후보를 내겠다고 밝혔다. 안철수 신당의 창당을 가

정한 각종 여론조사에서 신당은 새누리당에 이어 정당 지지율 2위를 기록하고 있으며, 따라서 이번 지방선거는 3자 구도로 치러질 전망이다. 한국갤럽이 지난 12월 중순에 실시한 여론조사 결과에 따르면 새누리당이 35%, 안철수 신당이 32%, 민주당이 10% 등의 지지를 얻어, 안철수 신당과 새누리당의 격차도 크지 않은 것으로 나타났다. 한편 동일한 기관에서 실시한 여론조사에서 박근혜 대통령에 대한 지지율은 12월 당시 48%까지 떨어진 것으로 나타났으나, 신년 기자회견 이후 재상승하여 50% 초반대를 유지하였다.

한국 정당

12월 23일

• 엇갈리는 철도 민영화 해법…與 "공동 결의" 野 "법에 명시"

(연합뉴스 12. 22 · 세계일보 12. 23)

– 여야가 '철도 민영화' 논란과 관련해 서로 엇갈리는 해법을 내놓았다. 민주당 김한길 대표는 철도 노조 지도부 체포를 위한 정부의 공권력 투입과 관련해 "대화로 풀 수 있는 문제를 강경 진압하는 것은 옳지 않다. 국회에서 여야 합의를 통해 철도 민영화를 하지 않겠다는 조항을 철도사업법에 명시함으로써 이 문제를 풀 수 있다."라고 강조했다. 반면 새누리당 황우여 대표는 23일 최고위원회에서 "야당은 국민을 불안하게 하는 정치 개입을 중단하고, 대신 여야가 철도 민영화를 하지 않기로 다짐하는 공동 결의를 합의 처리함으로써 이 문제를 매듭짓자."고 제안하였다.

12월 31일

• 정당들, 5년간 국고보조금 부당 사용   (조선일보 12. 31 · 문화일보 01. 01)

– 시민 단체인 '바른사회 시민회의'가 중앙선관위의 정보공개를 통해 입수한 자료에 따르면, 2008년부터 2012년까지 5년간 새누리당과 민주당, 통합진보당 등 주요 정당들이 국고보조금을 부당 사용하다 적발된 사례가 20여 건에 달하는 것으로 밝혀졌다. 차명 계좌 개설 및 유용, 유흥비 사용 등으로 모두 2억5000여 만 원의 보조금을 부정 지출해 이후 2배인 5억여 원의 국고보조금이 감액된 것으로 나타났다.

정당의 국고보조금은 인건비, 사무용 비품 및 소모품비, 정책 개발비 등 법이 정한 용도로만 사용해야 한다.

01월 05일

• 새누리, 지방자치 개선안 마련…민주 "전형적 물타기" 반발

(조선일보 01. 05 · 경향신문 01. 05)

– 새누리당이 6·4 지방선거를 앞두고 지방자치제도 개선안을 추진하기로 했다. 새누리당 당헌·당규개정특위(위원장 이한구 의원)는 현재 세 번 연임이 가능한 광역단체장 연임을 두 번으로 줄이고, 특별·광역시 기초 의회(구의회)를 폐지하고 광역단체장과 교육감이 공동 후보로 등록하거나 러닝메이트로 뛰도록 하는 지방자치제도 개선안을 마련해 조만간 당 최고위원회에 보고할 예정이다. '불필요한 지방 행정을 쇄신하겠다.'는 여당의 움직임에 야당은 "대선 공약이었던 기초 선거 정당 공천 폐지 요구를 물타기 하려는 것"이라며 반발하고 있다.

01월 12일

• 민주당, 기초 선거 정당 공천 '한시적 폐지' 제안   (연합뉴스 01. 12)

– 민주당은 12일 기초 선거 정당 공천제 문제와 관련, 이번 6·4 지방선거에서 한시적으로 폐지하는 방안을 제안했다. 박기춘 사무총장은 이날 국회에서 국회 정치개혁특위 소속 민주당 의원들과 기자회견을 열어 "정당 공천제 유지는 풀뿌리 민주주의를 끊고 지자체장을 정부가 컨트롤하겠다는 것으로, 이번에도 폐지되지 않는다면 그 책임은 전적으로 새누리당에 있다."고 말했다. 여권 일각의 위헌 주장에 대해서도 "국민 눈높이에 맞추겠다고 공약해 놓고, 지금 와서 위헌이라고 하는 것은 전혀 근거도 없고 말이 안 된다."며, 현재 국회 정개특위에 계류 중인 6개의 기초 선거 정당 공천 폐지 법안 중 5개가 여당 발의안이라고 소개했다.

01월 13일

• 김한길 민주당 대표 신년 회견 "북한인권민생법 黨 차원서 마련"   (연합뉴스 01. 14)

– 민주당 김한길 대표는 13일 국회에서 신년 기자회견을 열어 "북한의 인권과 민

생을 개선하기 위한 '북한인권민생법'을 당 차원에서 마련할 것"이라고 밝혔다. 민주당 대표가 북한 지도부를 자극할 것을 우려해 꺼려 온 북한 인권법의 필요성을 언급한 것은 처음이다. 또 김 대표는 민주당의 대표 정책이었던 '햇볕정책'을 수정할 수 있음을 시사했다. 그는 "햇볕정책 입안 당시에는 북한이 핵을 갖췄다는 것이 전제되지 않았다. 따라서 변화가 있을 수밖에 없다."며 "민주당의 대북 정책이 더는 국론 분열의 빌미가 돼서는 안 된다."고 설명했다.

01월 14일

• 황우여 새누리당 대표, 오픈프라이머리 제안…공약 이행 사실상 접어

(연합뉴스 01. 15)

– 황우여 대표가 14일 신년 기자회견에서 개방형 예비 경선(오픈프라이머리)의 입법화를 제안하면서 "무공천을 입법으로 채택하지 못하더라도 철저한 상향식 공천을 통해 공천 폐해를 말끔히 제거해 국민의 걱정을 덜어 드리려고 한다."고 말했다. 새누리당은 현재까지 공식적으로 기초 선거 정당 공천 폐지 공약의 파기를 선언하지 않지만 사실상 접기로 방침을 정하고, 정당 공천 유지를 전제로 한 상향식 공천 개혁 등을 민주당에 압박하는 것으로 보인다.

01월 14일

• 정의당, 상징 노란색으로…"따뜻한 복지국가 표현"   (연합뉴스 01. 14)

– 정의당은 14일 국회에서 새로운 상징색과 로고 등으로 구성된 정당 이미지(PI, Party Identity)를 발표했다. 새 PI는 노란색 바탕에 검은색 '정의당' 글자, 그 위에 흰색 알파벳 L무늬 등으로 구성됐다. 천호선 대표는 이날 발표회에서 "노란색은 우리가 지향하는 따뜻한 복지국가를 가장 잘 표현하는 색"이라면서 "거대 양당 체제를 벗어나야 하는 시기에, 새 출발의 계절인 봄을 나타낼 수도 있다."고 말했다. 한편 L무늬에 대해서는 "노동(Labor)을 상징하는 것으로, 노동을 기반으로 복지국가를 실현하겠다는 뜻을 담았다."며 "이 무늬는 체크 표시로도 볼 수 있는데 복지국가가 앞당겨지기를 바란다면 선거에서 정의당을 선택해 달라는 의미"라고 덧붙였다.

01월 14일

• 정당 기탁금 역대 최고…통진당에도 7억 6400만 원 배분

(연합뉴스 01. 14 · 경향신문 01. 14 · 동아일보 01. 14)

– 중앙선관위는 작년 한 해 동안 국민으로부터 기탁 받은 정치자금이 총 107억100만 원으로, 제도가 시행된 지난 1997년 이후 최고를 기록했다고 14일 밝혔다. 특히 지난해 선관위에 정치자금을 기탁한 사람의 99.9%가 10만 원 이하의 소액 기부를 한 것으로 나타났다. 기탁금은 국회의원 등 정치인의 개별 후원회에 직접 기부하는 후원금과 달리 선관위에 기탁하는 정치자금으로, 공무원을 포함해 국민 누구나 참여할 수 있다. 선관위는 정당의 교섭단체 구성 여부, 국회 의석수, 직전 국회의원 선거에서의 득표수 비율 등에 따라 매분기 각 정당에 기탁금을 배분하고 있으며, 2013년도 4분기 기탁금은 새누리당(48억 원), 민주당(44억 원), 통합진보당(7억6천만 원), 정의당(5억6천만 원) 등 4개 정당에 전달됐다.

01월 15일

• 與 경북 · 野 전남 의원들, DJ 생가 방문　　　　(연합뉴스 01. 14 · 01. 15)

– 새누리당 경북 의원과 민주당 전남 의원의 모임인 '동서화합포럼'이 15일 전남 신안군 하의도에 있는 고(故) 김대중 전 대통령의 생가를 방문했다. 이 모임은 지난해 말 양당이 각자의 '텃밭'에서부터 화합의 흐름을 만들자는 취지에서 발족됐으며, 오는 3월에는 경북 구미에 있는 고 박정희 전 대통령의 생가도 찾을 예정이다.

01월 21일

• 安, 3월까지 창당…지방선거 다자 구도 전환　　　　(연합뉴스 01. 21)

– 무소속 안철수 의원 측이 21일 '내달 창당 준비위 발족–3월 신당 창당' 방침을 발표했다. 특히 안 의원 측이 17개 광역단체장 선거에서 전원 후보를 내겠다며 지방선거 전면 참여 의사를 밝힘에 따라 이번 선거는 새누리당과 민주당, 안철수 신당 간 3자 구도로 급전환됐다. 지방선거가 명실상부한 '3자 구도'로 치러지는 것은 지난 1998년 지방선거 이후 16년 만이다.

01월 22일

• 기초 공천 유지하겠다던 與…당론 채택 불발   (연합뉴스 01. 22)

– 새누리당은 22일 대선 공약 사항이었던 기초 선거 정당 공천 폐지 여부를 놓고
의원총회를 열었지만, 내부 진통 끝에 공식적인 당론을 정하지 못하고 결론을 정치
개혁특위에 일임하기로 했다.

한국 선거·의회

12월 23일

• 국회 정무위 공정거래법 개정안 합의…여당·재계 반대   (경향신문 12. 23)

– 국회 정무위원회에서 여야가 신규 순환 출자 금지를 골자로 한 공정거래법 개정
안에 합의하면서 재벌 총수 일가가 적은 지분으로 그룹 전체를 지배해 온 관행에
제동이 걸리게 됐다. 다만 기존 순환 출자 금지는 기업의 투자 위축을 우려하는 여
당과 재계의 반대에 부딪혀 제외하기로 했다.

12월 25일

• 여야 모두 지방선거 의식…무려 11조 5000억 원 증액 요구   (한국일보 12. 25)

– 국회 예산안 심사 과정에서 2014년 지방선거를 의식한 예산들이 대폭 늘어났다.
대부분 의결을 마친 각 상임위 차원의 예산안 증액 요구는 1,700여 건 사업에 11조
5,000억 원으로, 지난해 증액 요구액(10조 9,000억 원)을 6,000억 원이나 뛰어넘는 수
치다.

12월 26일

• 여야, 국회의원 후보자 선거 공약서 배부 허용 추진   (연합뉴스 12. 26)

– 국회 매니페스토연구회 소속 여야 의원은 26일 대통령·지방자치단체장 선거 후
보자 외에도 국회의원·지방의회 의원 선거 후보자도 선거 공약서를 배부할 수 있
도록 하는 내용의 공직선거법 개정안을 발의했다. 개정안은 현행법상 대선 및 지자
체장 선거 예비 후보자만 발간하도록 돼 있는 예비 후보자 공약집을 국회의원 선거

및 지방의회 의원 선거 예비 후보자도 발간·배부할 수 있게 했다. 개정안에는 모든 선거의 후보자 및 예비 후보자가 홍보에 필요한 사항을 A4 규격 1장으로 작성한 후보자 홍보지를 유권자들에게 직접 줄 수 있게 하는 내용도 담겼다. 이번 법 개정에는 새누리당 김무성 의원과 민주당 문재인 의원을 비롯한 연구회 소속 의원 25명 외에도 여야 의원 20명 등 총 45명이 참여했다.

12월 26일
• 국회 법사위, 상설특검 · 특별감찰관제 합의 불발…연내 입법 불투명

(연합뉴스 12. 26)

- 국회 법제사법위원회는 지난 26일 제1 법안심사소위를 소집하여 상설특검제 및 특별감찰관제 도입 등 검찰 개혁에 대한 절충을 시도했으나 특검 실시 요건 등 일부 쟁점 사항에서 입장 차를 좁히지 못했다. 민주당은 특검 실시를 위한 국회 본회의 의결 요건과 관련, '3분의 1'이라는 기존 주장에서 한 발짝 물러서 '2분의 1'로 수정 제안했으나 새누리당은 국회 의결을 거치더라도 법무장관의 동의 절차를 거쳐야 한다고 맞섰다. 다만 특별감찰관의 감찰 대상과 관련, 당초에는 국회의원은 제외되는 방안이 논의됐으나 특권·기득권 고수를 위한 정치권의 담합이라는 여론의 역풍을 감안하여 국회의원도 그 대상에 포함시키는 쪽으로 어느 정도 의견 접근이 이뤄졌다.

12월 31일
• 국회 철도산업발전소위, 여야 '불법 파업 vs 철도 민영화' 공방　　(연합뉴스 12. 31)
- 철도 파업을 계기로 구성된 국회 철도산업발전소위원회는 31일 첫 회의부터 불법 파업 여부와 민영화 논란을 둘러싼 거센 공방으로 출발했다. 새누리당은 철도 노조 파업을 불법으로 규정하고 정부와 사측의 강경 대응을 주문한 반면, 민주당과 통합진보당은 수서발 KTX 법인의 민영화 방지 법제화와 파업 참여 노조원에 대한 선처를 요구했다.
　한편 여야 정치권과 철도 노조 지도부는 국회 국토교통위원회 안에 철도산업발전소위를 구성하는 조건으로 철도 노조 파업을 철회키로 30일 합의했다.

12월 31일

• 여야, 국정원 개혁안 타결…사이버 정치 활동 처벌 명문화　　　(연합뉴스 12. 31)

- 국회 국정원개혁특별위원회 여야 간사는 31일 국가정보원의 정치 개입 논란 재발을 막기 위한 국정원 개혁안에 합의하였고, 7개의 관련법 개정안을 국정원개혁특위 전체회의에 제출했다. 여야는 논란이 됐던 사이버 심리전 활동과 관련, 국정원 직원이 정보 통신망을 이용해 정치 활동에 관여하는 것을 금지토록 국정원법 제9조 '정치 관여 금지 조항'에 포함해 명문화하기로 하고, 정치 관여죄의 처벌 조항(국정원법 18조)을 적용해 7년 이하 징역을 부과하도록 합의했다. 국정원 직원(IO)의 정보 수집 활동과 관련, 여야는 "(국정원) 직원이 다른 국가기관과 정당, 언론사 등의 민간을 대상으로 하는 정보 활동을 할 때는 법률과 내부 규정에 위반하는 파견과 상시 출입을 할 수 없도록 한다."고 법에 명시하기로 했다. 한편 정치에 관여한 공무원들에 대한 법적 처벌 수위도 대폭 강화하여, 국정원 직원의 경우 정치에 관여하면 현재 5년 이하 징역형을 받지만 앞으로는 7년 이하 징역형이 부과되도록 했다. 여야는 특위에서 국정원 개혁 관련 법안을 의결하는 대로 법사위를 거쳐 본회의에 상정, 처리할 계획이다.

01월 01일

• 예산안 · 국정원 개혁안 · 외촉법 진통 끝 본회의 통과

(연합뉴스 01. 01 · 중앙일보 01. 02)

- 국회의 새해 예산안과 국가정보원개혁법안이 여야 간 협상과 결렬을 반복한 끝에 해를 넘긴 1일 새벽 5시 처리됐다. 여야는 외국인투자촉진법 개정안과 각종 법안·예산안을 연계하면서 31일 하루 종일 팽팽하게 맞섰다. 외촉법은 현재 지주회사의 손자회사가 외국 회사와 합작 투자해 자회사(증손회사)를 설립할 때 100% 지분을 보유하도록 규정한 것을 50%로 완화하는 것을 주요 내용으로 하며, 이날 오전 10시에야 본회의를 통과했다. 새누리당은 외촉법에 대해 경제 활성화를 위해 연내에 반드시 처리할 것을 주장한 반면, 민주당 일부 의원들은 '재벌 특혜 법안'으로 규정하여 처리 반대 입장을 고수하였다. 특히 민주당 소속 박영선 국회 법제사법위원장이 법사위 상정 자체를 거부하여, 법안 처리에 난항을 겪었다. 하지만 민주당의

의원총회 결과 모든 법안·예산안 처리를 지도부에 일임하기로 의견을 모았고, 김한길 대표는 "만족스럽지 못하지만 예산만 통과되는 것은 바람직하지 않다. 외촉법은 우리에게 나쁜 법이지만 이번은 대표에게 맡겨 달라."고 호소했다. 이에 법사위 차원에서 상설특검법과 특별감찰관법 등 검찰 개혁 법안의 '2월 내 합의 처리'에 대한 여야 합의가 이뤄졌고, 법안도 통과됐다.

01월 05일

• '정치 휴지기' 1월…여야 의원 해외 출장 러시　　　　　　　(연합뉴스 01. 05)
- 12월 임시국회가 끝나고 '정치 휴지기'인 1월로 접어들자 여야 의원들이 속속 외유에 나서고 있다. 정기국회가 끝나자마자 곧바로 12월 임시국회가 이어진데다, 작년 하반기 내내 국가기관 대선 개입 의혹 등 대형 이슈가 끊이질 않은 탓에 그동안 미뤄 온 외국 출장을 한꺼번에 떠나는 것이다. 그러나 관행적인 외유성 나들이에 국민 혈세를 낭비하는 게 아니냐는 비판의 시선을 의식하여, 상임위원회별로 소관 업무를 벗어나지 않는 범위에서 일정을 짜는 경우가 많으며 일정을 무조건 보안에 부치는 경우도 나타났다. 한편 예산결산특별위원회는 작년 해외 시찰이 '외유 논란'에 휩싸였던 것을 의식해서인지 올해는 아예 1억 원 안팎의 해외 출장 예산을 불용 처리했다.

01월 16일

• 대법원, 국회의원 3명 당선 무효…2명 무죄 확정　　　　　　(연합뉴스 01. 16)
- 2012년 제19대 총선과 관련해 공직선거법 위반 등 혐의로 기소된 국회의원 5명에 대한 대법원 판결이 16일 일제히 선고됐다. 이 가운데 의원 3명(새누리당 이재영, 민주당 신장용, 무소속 현영희)은 당선 무효형 확정으로 의원직을 상실했으며, 2명(새누리당 박덕흠·윤영석)은 무죄가 확정돼 희비가 엇갈렸다.

01월 16일

• 민주당, 선거 연령 '19→18세 하향'·투표 시간 연장 제안　　(연합뉴스 01. 16)
- 민주당은 6·4 지방선거부터 국민의 참정권을 확대하고 투표율을 높이기 위해

현행 19세 이상인 선거 연령을 18세 이상으로 낮추고, 오후 6시까지인 투표 시간을 오후 8시까지로 2시간 연장할 것을 당 원내 대책 회의에서 결정하였다. 또한 민주당은 같은 날 열린 국회 정치개혁특위 회의에서 이 같은 내용을 새누리당에 공식 제안했다.

01월 17일

- '7월 재보선 시기 조정'…여야 이견 속 '없었던 일로'   (연합뉴스 01. 17)

– 17일 오전까지만 해도 여야는 선거비용 절감 등을 위해 7·30 재·보선을 올해 예정된 6·4 지방선거 때로 앞당길지 10·29 재·보선 때로 미룰지 시기를 두고 의견이 갈릴 뿐이지, 일정 자체를 바꾸는 데에는 공감대를 이룬 것으로 보였다. 그러나 민주당이 이날 오후 "당의 공식 입장은 이 문제를 논의할 수 없다는 것"이라며 여당의 제안에 대해 거부하기로 당론을 최종 정리하면서 여야의 의견 차이가 드러났다.

01월 19일

- 安 "기초 선거 공천 폐지하고, 정개특위 즉각 해산해야"   (연합뉴스 01. 19)

– 무소속 안철수 의원은 19일 국회에서 기자회견을 열어 기초 선거 정당 공천제 폐지 논란과 관련, "국회 정치개혁특위의 즉각 해산과 전면 재구성을 요구한다."고 밝혔다. 안 의원은 이날 국회 정론관에서 기자회견을 열어 "지금 정개특위는 국민을 위한 개혁이 아니라 기득권 정치 세력의 이익만을 대변하려 하고 있기에 국민 입장에서는 존재할 이유가 없다."며 이같이 촉구했다. 이처럼 정치 개혁 문제에 관한 강도 높은 비난과 파격적인 제안을 한 것은 기성 정치권과 차별화를 시도하고 자신이 추구하는 새 정치를 부각시키려는 의도로 풀이된다.

01월 22일

- 與 "北 인권법 처리 합의" vs 野 "논의에만 합의"   (연합뉴스 01. 22)

– 여야는 22일 북한인권법의 2월 임시국회 처리 문제와 관련해 엇갈린 입장을 보였다. 새누리당은 공식 회의에서 여야가 북한인권법의 2월 임시국회 처리에 합의했다고 밝혔지만, 민주당은 처리가 아니라 논의하자는 데에만 합의했다고 부인했다.

01월 22일

• '박근혜 시계' 선거법 위반 논란으로 비화   (연합뉴스 01. 22)

– 박근혜 대통령이 최근 새누리당 국회의원들과 원외 당협위원장들에게 설을 앞두고 선물한 '박근혜 시계'가 6·4 지방선거를 앞두고 선거법 위반 논란에 휩싸였다. 박 대통령의 친필 사인이 새겨진 이 손목시계는 1인당 남성용·여성용 5세트(개수로는 10개)씩 전달됐는데, 새누리당 홍문종 사무총장이 지난 21일 원외 당협위원장들과의 조찬 간담회에서 "아무 데나 쓰지 마시고 좋은 데 잘 쓰셔서 당협 운영에 도움이 됐으면 한다. 활용을 잘하시라고 말씀드린다."고 언급하면서 구설에 올랐다. 이 같은 얘기가 전해지자 민주당 김현 의원은 같은 날 '박근혜 시계'가 선거법 위반이 아닌지 판단을 해 달라며 중앙선관위에 질의서를 냈다.

01월 23일

• 여야, 올해부터 국감 상·하반기 분산 실시 잠정 합의   (연합뉴스 01. 23)

– 매년 정기국회 때 실시해 온 국정감사가 올해부터 상반기와 하반기에 한 번씩 연 2회 실시된다. 여야는 최근 원내 지도부 간 접촉을 통해 이 같은 내용에 잠정 합의한 것으로 23일 확인됐다. 민주당 정성호 원내 수석부대표는 이날 국회에서 열린 의원총회에서 "올해부터 예산안이 국회에 제출되는 시기가 당겨진다."면서 "그 일정에 맞춰서 국정감사를 상반기에 한 번 실시하고, 후반기에 종합 국감을 하는 식으로 실시하기로 (여야 간에) 얘기했다."고 말했다.

이에 따라 그동안 매년 정기국회 때 20일간 실시돼 온 국정감사는 상반기에 10일, 하반기에 각각 10일 정도씩 나눠서 실시될 것으로 예상된다.

01월 23일

• 새누리 안덕수·민주 최원식 선거법 파기 환송…의원직 유지   (한겨레 01. 23)

– 19대 국회의원 선거에서 회계 책임자가 선거법 위반으로 기소된 새누리당 안덕수 의원과 본인이 기소된 민주당 최원식 의원이 당분간 의원직을 유지할 수 있게 됐다. 상고심에서 각각 징역 8월에 집행유예 2년, 벌금 300만 원을 선고받았지만, 대법원이 원심 판결을 깨고 사건을 서울고법으로 돌려보냈기 때문이다.

12월 20일

• 박근혜 대통령 지지율 50% 무너져 　　　　　　　　　　(경향신문 12. 20)

- 한국갤럽이 지난 16~19일 나흘간 박근혜 대통령의 직무 수행에 대한 여론조사를 실시한 결과, 박 대통령의 지지율이 대선 득표율(51.6%)보다 낮은 48%로 급락한 것으로 조사됐다. 국정 운영 지지율이 50% 밑으로 내려간 것은 지난 5월 이후 7개월여 만이다.

12월 20일

• 안철수 신당, 지지율 조사 결과 새누리당과 3% 차이 　　　(조선일보 12. 20)

- 한국갤럽이 지난 16~19일 '만약 무소속 안철수 의원이 신당을 창당할 경우 어느 정당을 지지할 것이냐?'고 질문한 결과 새누리당이 35%, 안철수 신당이 32%, 민주당이 10% 등으로 나타나 안철수 신당이 여당인 새누리당을 3%포인트 차이로 추격 중인 것으로 확인됐다.

12월 30일

• 철도 파업 관련 정부 논리에 공감하는 비율 높아 　　　　(중앙일보 12. 30)

- 중앙일보 조사연구팀이 27~28일 실시한 긴급 여론조사 결과, 철도 파업과 관련해 정부가 내세우고 있는 논리에 대해서도 공감하는 비율이 전반적으로 높았다. '민영화를 않겠다는데 파업하는 건 명백히 불법'이라는 답변이 59.0%, '파업을 즉각 중단하고 업무에 복귀해야 한다'는 의견이 71.8%였다. 그러나 이번 파업과 관련한 정부의 대응과 해결 노력에 대해선 '적절하지 못했다'는 평가가 59.2%로 '적절했다'(40.1%)는 답변보다 높았다. 한편 국민 여론은 정치적 성향에 따라 극단적으로 나누어지는 양상을 나타냈다. 박 대통령 지지자라고 응답한 사람 중 89.6%, 새누리당 지지층 중 93.6%가 파업에 반대 의사를 나타냈다. 반면 박 대통령을 지지하지 않는다고 답한 사람의 72.1%가 파업에 대해 긍정적 반응을 보였다.

12월 30일

• 대통령 · 새누리 · 민주당 지지율 동반 하락 (중앙일보 12. 30)

- 중앙일보에서 지난 27~28일 실시한 여론조사 결과, 박근혜 대통령 지지율은 51.4%인 것으로 나타났다. 이는 지난 9월 조사에 비해 17.7%포인트 하락한 수치로 대선 때 얻었던 득표율(51.6%) 수준이다. 한편 박 대통령에 대한 지지도는 빠졌지만 그것이 야당 지지도 상승으로 연결되지는 않고 있어 오히려 정치권 전체에 대한 불신과 냉소가 확산되는 추세다. 지난 9월에 비해 새누리당은 37.7%에서 30.7%로, 민주당은 12.1%에서 9.9%로 각각 지지율이 하락한 반면 "지지 정당 없음", 즉 '무당파'라고 응답한 비율이 26.3%에서 34.1%로 상승했다. '안철수 신당'을 지지하겠다는 응답은 거의 변화가 없는 것으로 나타났다(22.8→23.6%).

01월 01일

• 10명 중 9명 "국회 잘못하고 있다."…'정치 혐오' 수준

(동아일보 01. 01 · 문화일보 01. 01)

- 동아일보의 신년 여론조사에 따르면 '올해(2013) 국회 활동에 대해 어떻게 평가하느냐?'는 질문에 긍정적으로 평가한 응답자는 9.1%에 그쳤다. 반면 '다소 또는 매우 잘못하고 있다'는 평가는 88.1%나 됐다. 국회에 대한 부정적 평가는 나이, 세대, 성별, 지역을 떠나 비슷했다.

　문화일보 여론조사의 국회의원 의정 활동 평가 질문에서도 '매우 잘못하고 있다'(47.5%), '잘못하는 편이다'(40.3%) 등으로 답해 부정적인 평가가 87.8%에 달한 반면, 긍정적으로 평가하는 목소리는 8.5%에 불과했다.

01월 06일

• 박 대통령, 집권 2년차 첫 주 지지율 50%대 회복 (조선일보 01. 06 · 세계일보 01. 06)

- 여론조사 기관 리얼미터가 발표한 조사 결과에 따르면, 지난해 말 40%대까지 떨어졌던 박근혜 대통령의 지지율이 전주 대비 6%포인트 상승하여 54.5%를 기록했다. 또한 박 대통령이 국정 수행을 잘못하고 있다는 부정적 평가는 전주 대비 3.4%포인트 하락한 41.1%를 기록했다. 한편 정당 지지율에서는 새누리당 46.6%, 민주

당 21.3%, 정의당 3%, 통합진보당 2.8%, 무당과 21.7%를 보였고, 안철수 무소속 의원이 신당 창당을 가정한 정당 지지율에선 새누리당 42.3%, 안철수 신당 26.7%, 민주당은 13.2%로 나타났다.

01월 10일
• 신년 기자회견 후 박근혜 지지율 상승세　　　　(조선일보 01. 10 · 중앙일보 01. 10)

– 한국갤럽이 7~9일 실시해 10일 발표한 여론조사 결과에 따르면, 박근혜 대통령의 직무 수행에 대해 53%는 긍정적인 평가를, 39%는 부정적인 평가를 했다. 직무를 잘 수행하고 있다는 응답률은 53%를 기록했다. 박 대통령의 취임 후 첫 신년 구상 발표와 기자회견에 대해 여론의 43%가 '좋았다'는 반응을 보였으며, '통일은 대박' 발언에 대해서는 인상적이라는 의견이 28%로 가장 많았다. 정당 지지도에 대해서는 새누리당 41%, 민주당 22%이었고, 무소속 안철수 의원이 신당을 창당할 경우를 가상한 정당 지지도는 새누리당 36%, 안철수 신당 31%, 민주당 13%의 순이었다.

01월 17일
• 박 대통령 지지율 52%…기초 선거 정당 공천제 찬성 25%-반대 49%
　　　　　　　　　　　　　　　　　　　　　　　　　　　　(세계일보 01. 17)

– 여론조사 전문 기관인 한국갤럽이 13~16일 나흘간 실시해 17일 발표한 조사 결과에 따르면, 박근혜 대통령의 국정 수행 지지율이 52%로 나타났다. 갤럽 조사 기준으로 박 대통령에 대한 지지율은 지난해 12월 셋째 주 48%까지 떨어졌으나 올해 들어 50% 초반대로 다시 올라섰다. 정당 지지율의 경우 새누리당 41%, 민주당 21%, 통합진보당과 정의당, 기타 정당 각 2%의 순이었고 '지지 정당이 없다'는 응답도 32%에 달했다.

한편 기초 선거 정당 공천제에 대해선 응답자의 25%만이 '하는 게 좋다'고 답했고, 49%는 '하지 않는 게 좋다'고 답했다.

6차 (2014년 1월 말~2월 말)

김윤실

지난 1월 말 여야 원내 대표가 2월 임시국회 의사일정 등에 합의하면서 '입법 전쟁'을 예고했었다. 하지만 2월 국회 역시 여야의 입장 차이만을 확인하고 마무리될 것으로 보인다. 국정원개혁특위와 정치개혁특위는 활동 기한을 연장했음에도 이견을 좁히지 못했고, 기초연금 관련 여·야·정 협의체도 2월 국회 내에 합의를 도출하기 힘들 듯하다. 카드사의 개인 정보 유출 사건에 대한 조사 방식을 두고 이견을 보이던 여야가 정무위에서 국정조사를 실시하기로 합의하기도 했지만, 신용정보법 개정을 둘러싼 여야의 입장 차이는 2월 내 법안 처리를 불투명하게 하고 있다. 이외에 부동산 관련 법안, 단말기 유통법, 소득세법 개정 등 국민 생활과 연결된 민생 법안들 역시 정치적 사안에 가려 속도를 내지 못하고 있다.

지방선거를 100일 남짓 앞두고 예비 후보 등록이 시작됨에 따라 예비 후보자의 제한된 선거운동이 가능하게 되었다. 그럼에도 불구하고, 기초 선거 정당 공천을 둘러싼 여야의 입장은 여전히 엇갈리고 있다. 민주당과 무소속 안철수 의원은 기초 선거 정당 공천 폐지를 관철하는 데 협력하는 등 박근혜 대통령과 여권을 압박하는 데에 다시 손을 잡았다(연합뉴스 2014. 02. 20). 이에 새누리당은 현행 공천제 유지를 고수하는 대신 상향식 공천제의 전면 도입 등을 내세운 공천 개혁안을 제시하고 나섰다. 한편 민주당 내부에서는 기초 선거 정당 공천 폐지의 제도화가 실패하더라도 민주당만이라도 6·4 지방선거에서 공천 폐지를 실천해야 한다는 주장이 제기되고 있다. 하지만 선거에서의 승리를 생각하면 정당 공천이라는 기득권을 포기할 수 없기에, 민주당 지도부로서는 명분과 현실 사이에서 딜레마에 처한 형국이다(연합뉴스 2014. 02. 06). 그러던 중 안철수 의원 측의 새정치연합은 24일 기자회견을 통해 지방선거에서 기초단체장과 기초의원에 대한 공천을 하지 않겠다고 밝히기에 이른다. 새정치연합의 이러한 결정은 정당 공천 유지 쪽으로 사실상 결정했거나 기울고 있는 새누리당 및 민주당과 차별화를 둔 행보이다(연합뉴스 2014. 02. 24).

한편 6·4 지방선거 관련 각종 여론조사 결과, 새누리당 후보에 투표하겠다는 응답이 대체로 많은 반면, 민주당에 투표하겠다는 유권자는 안철수 신당의 절반에도 미치지 못하는 것으로 나타났다. 특히 안철수 신당의 출범을 가정한 조사에서 민주당 지지자의 절반 가까이가 신당으로 이동하는 것으로 조사됐다. 그러나 안철수 신당의 공식 명칭이 '새정치연합'으로 결정된 이후, 신당의 지지율이 눈에 띄게 하락했다. 심지어 안 의원의 이름을 전혀 거론하지 않은 한 여론조사 결과, 새정치연합에 대한 지지도가 한 자릿수(8.8%)에 그치기도 했다(조선일보 2014. 02. 24). 이는 설문조사 시 '안철수 신당'으로 질문하는 것과 안 의원의 이름을 거론하지 않고 '새정치연합'으로 질문하는 것의 차이로 보인다.

한국 정당

01월 24일

• 김한길-안철수 회동, "정당 공천 폐지·특검 도입 관철 계속 협력" (연합뉴스 01. 24)
– 민주당 김한길 대표와 무소속 안철수 의원은 24일 여의도의 한 중식당에서 오찬 회동을 하고 국가기관 불법 대선 개입 의혹 진상 규명을 위한 특검 도입과 기초 선거 정당 공천 폐지를 관철하는 데 계속 협력하기로 했다. 한편 6·4 지방선거 야권 연대에 관해서는 양측 모두 "논의가 없었다."고 부인했다.

02월 03일

• 김한길 민주당 대표, 국회의원 특권 방지법 등 정치 혁신안 발표

(한겨레 02. 03 · 국민일보 02. 03)

– 김한길 민주당 대표는 3일 오전 국회에서 기자회견을 열어 '국회의원 특권 방지법', '김영란법'의 제정과 국회의원 국민소환제 도입을 통해 정치 혁신을 추진하겠다고 밝혔다. 김 대표가 설명한 구체안을 보면 △국회의원 윤리감독위원회 신설 및 독립적 조사권 부여 △출판기념회의 회계 투명성 강화 △국회의원이 받는 선물과 향응 규제 강화 △축·부의금 등 경조 금품 규제 강화 △국회의원 세비심사위원회 설치 △의원 회관 활동 비용 공개 등이 '국회의원 특권 방지법'의 주요 내용이다. 그

러나 민주당이 지난 18대 대선에서 내걸었던 의원 세비 30% 삭감 공약이 아직 실천되지 않고 있다는 점에서 이번 혁신안도 실현 가능성은 미지수다. 특히 민주당 의원총회에서 결의문 채택이 일단 무산돼 혁신 방안을 둘러싼 내부 갈등도 예고됐다.

02월 05일

• 민주당, 혁신 결의안 '지각 채택'…갈등 일단 봉합   (연합뉴스 02. 05)

– 민주당은 5일 당내 진통 끝에 국회의원 특권·기득권 포기 방안 등 혁신안에 대한 실천 의지를 담은 결의문을 '지각 채택'했다. 앞서 민주당은 김한길 대표가 국회의원 특권 방지법 추진 계획을 발표한 지난 3일 결의문을 채택할 예정이었으나 당내 반발이 터져 나오면서 불발됐었다.

02월 06일

• 민주당 혁신파 일각서 '기초 선거 무(無)공천론' 고개   (연합뉴스 02. 06)

– 민주당 내 혁신파를 중심으로 기초 선거 정당 공천 폐지 문제와 관련, '자발적 무공천론'이 제기되고 있다. 새누리당의 반대로 정당 공천 폐지의 제도화가 끝내 무산될 경우, 민주당만이라도 6·4 지방선거에서 공천 폐지를 실천하여 기득권 포기를 이행해야 한다는 주장이다. 그러나 야권 성향 후보 난립에 따른 '필패' 가능성 우려 등을 내세운 반대 의견도 당내에 만만치 않다.

02월 09일

• 여야 대선 개입 의혹 '특검·해임안' 정면 충돌   (연합뉴스 02. 09)

– 국정원 대선 개입 의혹 축소 수사 혐의를 받던 김용판 전 서울경찰청장에 대한 법원의 1심 무죄 판결을 두고 여야가 갈등하고 있다. 야권은 국가기관 대선 개입 의혹에 특검 도입을 주장하면서 황교안 법무부장관과 서남수 교육부장관에 대한 해임 건의안까지 제출하는 등 총공세에 나섰다. 이에 맞서 새누리당은 야권의 특검 도입 요구를 '법치주의·삼권 분립에 대한 도전'으로 일축하면서 민주당을 "사법제도와 선거제도의 정당성 자체를 부정하는 세력"이라 비판했다. 한편 민주당은 대정부 질문에서도 특검 관철을 위한 대여 공세를 강화하기로 했다.

02월 11일

• 민주당, 광역단체장 회의 긴급 소집…공천 폐지 의견 수렴   (연합뉴스 02. 11)

– 민주당 김한길 대표는 11일 당 소속 광역단체장 회의를 긴급 소집해 새누리당의 반대로 기초 선거 정당 공천 폐지가 끝내 불발될 경우 민주당의 대응책에 대한 의견 수렴에 나섰다. 이 자리에서 박원순 서울 시장은 정당 공천제가 현행처럼 유지될 경우 민주당만이라도 '무(無)공천'해야 한다는 입장을 밝히는 등 명분론을 내세웠다고 알려졌다.

02월 14일

• 선관위, 4개 정당에 1분기 보조금 97억 지급   (연합뉴스 02. 14)

– 중앙선거관리위원회는 14일 올해 1분기 경상 보조금 97억 2천 900여 만 원을 4개 정당에 지급했다고 밝혔다. 정당별로는 교섭단체를 구성한 새누리당과 민주당이 각각 45.7%, 41.8%를 받았다. 이어 통합진보당은 7.2%를, 정의당은 5.3%를 수령했다. 한편 진보당은 정당 해산 심판 및 정당 활동 정지 가처분 사건의 대상이 됐지만 아직 헌법재판소의 결정이 나지 않아 국고보조금을 지급받았다.

02월 16일

• 安 신당 명칭 '새정치연합'으로…3월 말 공식 출범   (연합뉴스 02. 16)

– 무소속 안철수 의원의 신당 창당 준비 기구인 새정치추진위원회(새정추)는 16일 비공개 회의를 열어 신당의 공식 명칭을 '새정치연합'으로 결정했다. 새정추 금태섭 대변인은 "국민에게 많이 알려진 '새 정치'의 의미를 담고 합리적 보수와 성찰적 진보를 포괄한다는 의미로 '연합'이라는 이름을 붙이기로 결정했다."고 전했다. 한편 신당은 3월 말 공식 출범한다.

02월 20일

• 문대성 의원, 사실상 새누리당 복당 확정…민주당 "국민 기만"   (조선일보 02. 20)

– 새누리당이 20일 최고위원 회의에서 박사 논문 표절 논란 때문에 자진 탈당했던 문대성 의원의 복당 건에 대해 합의했다. 참석자들은 문 의원이 국제올림픽위원회

(IOC) 위원으로 체육계에서 역할이 크다는 점 등을 들어 복당에 동의한 것으로 알려졌다.

이와 관련하여 민주당 한정애 대변인은 국회 정론관 브리핑에서 "19대 총선 이후 당시 새누리당 비대위원장이었던 박근혜 대통령은 '국민과의 약속을 지키는 데 걸림돌이 되거나, 지키지 않는 사람이 있다면 결코 그냥 넘어가지 않을 것'이라며 문 의원에 대한 제재를 예고했고 문 의원은 탈당했었다."고 탈당당한 배경을 설명했다. 한 대변인은 이어 "오늘 문 의원의 복당으로 그것이 진정성 없는 말과 수사에 불과했고, 국민 기만이었다는 것이 여실히 드러났다."라고 격정적으로 비판했다.

02월 20일

• 민주-安, 공천 폐지 공조…선거 연대는 '안갯속' (연합뉴스 02. 20)

- 민주당 김한길 대표와 새정치연합 창준위 안철수 중앙운영위원장은 '정당 공천 폐지 시민 행동' 주최로 20일 국회에서 열린 기자회견에서 "박근혜 대통령은 취임 1주년인 25일까지 기초 선거 정당 공천 폐지에 대한 분명한 입장을 밝히기 바란다."고 촉구했다. 양측이 국가정보원 대선 개입 의혹 규명을 위한 특검에 이어 정당 공천 폐지 문제로 여권을 압박하며 다시 손을 잡은 것이다. 그러나 사안별 정책 연대가 6·4 지방선거에서의 선거 연대 수준으로까지 진화할지는 여전히 '안갯속'이다.

02월 23일

• 민주당, 비리 혐의자 공천 배제…'당 혁신안' 발표 (한겨레 02. 23 · 국민일보 02. 23)

- 민주당 김한길 대표가 3차 정치 혁신안을 발표했다. 혁신안에 따르면 민주당은 6·4 지방선거부터 비리 혐의로 형사 기소된 자는 원칙적으로 전국 선거 공천에서 배제하고, 공천 과정에서도 금품 수수 등 비리가 확인되면 공천 취소와 출당 조치 등을 내리기로 했다.

또한 상향식 선출 제도를 통해 당직은 당원에게, 공직은 당원과 국민에게 선출권을 주는 원칙을 확립하기로 했다. 이 밖에 부정부패로 의원직을 상실한 지역구의 재·보궐선거에서 해당 정당의 공천을 금지하고, 부정부패로 물러난 비례대표 의원직을 해당 정당이 승계하는 것을 금지하는 방안을 추진키로 했다.

02월 24일

• 與 진통 끝 '전략 공천' 회귀…"현실 고려"했다지만…   (연합뉴스 02. 24)

– 새누리당은 24일 최고위원 회의를 열어 상향식 공천제 전면 도입과 전략 공천 폐
지를 골자로 하는 당헌·당규 개정안을 사실상 전략 공천을 유지하도록 수정해 의
결했다. 지난 20일 최고위원 회의에서 '상향식 공천제 전면 도입'을 골자로 하는 개
정안을 의결한 지 나흘 만에 번복한 것이다. 이날 최고위는 개정안에서 여성과 장
애인을 우대하는 '우선 공천'의 대상에 '경쟁력이 현저히 낮다고 판단되는 후보나
지역'을 추가했는데, 이는 사실상 '전략 공천'을 '우선 공천'으로 용어만 바꾼 셈이
다. 한편 민주당도 상향식 공천의 현실적 한계를 고려하여, 전날 발표한 정치 쇄신
안에서 상향식 공천 '전면 도입'이 아니라 '대폭 확대'를 선언하며 여지를 뒀다.

02월 24일

• 安 "기초 선거 정당 공천 않겠다."…지방선거 승부수

(연합뉴스 02. 24 · 경향신문 02. 24)

– 새정치연합 창당 준비위 안철수 중앙운영위원장은 24일 국회에서 기자회견을
통해 6·4 지방선거에서 기초단체장과 기초의원에 대한 공천을 하지 않겠다고 밝
혔다. 안 위원장은 기초 선거 정당 공천 폐지가 지난 대선 당시 여야 대선 후보의
공약이었음을 언급한 뒤 "정치의 근본인 '약속과 신뢰'를 지키기 위해 이번 지방선
거에서 기초단체장과 기초의원에 대한 정당 공천을 하지 않기로 결정했다."고 말
했다. 안 위원장의 이 같은 선택은 기초 선거 정당 공천 쪽으로 사실상 결정했거나
기울고 있는 새누리당 및 민주당과의 차별화 행보로 받아들여진다.

한국 선거·의회

01월 28일

• 여야 원내 대표 회담…2월 국회 의사일정 등 합의   (연합뉴스 01. 28)

– 새누리당 최경환, 민주당 전병헌 원내 대표는 28일 오후 회담을 통해 2월 3일부
터 28일까지 2월 임시국회를 열기로 합의했다. 그리고 국회 정무위에서 카드사의

개인 정보 유출 사고에 대한 국정조사를 실시하기로 했다. 한편 정기국회 기간에 한차례 실시하던 국정감사를 6월과 9월로 나눠 각 10일씩 총 20일간 실시하기로 했다. 또한 기초연금 관련 법안을 논의하기 위한 여·야·정 협의체를 구성하고, 2월 국회에서 합의 처리키로 했다.

01월 28일

• 국회 정개특위, 교육감 선거에 '교호 순번제 도입' 합의　　　　　(동아일보 01. 29)

－ 국회 정치개혁특별위원회는 28일 전체회의를 열어 6·4 지방선거부터 교육감 선거에 교호(交互) 순번제를 도입하기로 결정했다. 그동안 교육감 선거는 정당 공천이 없으며 후보들은 추첨에 의해 투표용지에 적히는 순서를 배정받았다. 하지만 맨 위나 두 번째 자리는 유권자들에게 거대 정당의 번호를 연상시키는 폐해가 지적되어 왔다. 이를 개선하기 위해 도입하는 교호 순번제는 개별 후보의 이름을 가로로 나열하는 방식으로 기초의원 선거구마다 투표용지를 달리해 순서를 바꾼다.

02월 04일

• 정치개혁특위 연장 가동…기초의원 또 1명 증원　(연합뉴스 01. 28 · 연합뉴스 02. 04)

－ 국회는 당초 1월 말까지 활동 기한인 국회 정치개혁특위를 4일 재가동했다. 이는 여야 합의에 따른 것으로, 정치개혁특위의 경우 기초 선거 정당 공천 문제와 교육감 선출 방식 변경 문제 등 핵심 쟁점을 놓고 이견이 계속됨에 따라 2월 28일까지 연장해 계속 절충키로 한 것이다.

　한편 특위는 이날 충북 청원군 기초의원 수를 11명에서 한 명 더 늘리기로 의결했다. 특위는 지난 1월 28일 광역 및 기초의원 선거구 조정을 통해 광역의원과 기초의원 수를 각각 13명(비례 1명 포함)과 21명씩 증원하기로 한 바 있어 기초의원 수는 총 22명이 증가하게 됐다.

02월 11일

• 6·4 지방선거부터 가림막 없는 기표대 전면 도입(경향신문 02. 09 · 연합뉴스 02. 11)

－ 6·4 지방선거에서부터 가림막이 없는 '개방형 기표대'가 사용된다. 중앙선거관

리위원회는 11일 보도자료를 통해 "선거인이 기표소를 이용할 때 가림막을 들어 올려야 하는 불편을 해소하기 위해 이같이 결정했다."고 밝혔다. 가림막 없는 신형 기표대는 앞면과 옆면이 막혀 있으며, 기표대를 기존 방식과는 달리 측면 방향으로 설치하고 기표대 사이에 거리를 둬서 투표 비밀이 침해되지 않도록 했다. 한편 일각에서는 개방형 기표대 도입이 젊은 층에 확산된 '스마트폰을 이용한 투표소 인증샷' 문화를 차단하고 투표 심리를 위축시킬 수 있다는 우려도 나오고 있다.

02월 12일

• 황교안 · 서남수 해임 건의 의결정족수 미달로 표결 무산   (연합뉴스 02. 12)

– 국회는 12일 본회의를 열어 민주당이 제출한 황교안 법무부장관과 서남수 교육부장관에 대한 해임 건의안을 무기명 표결에 부쳤으나 '재적 의원 과반 찬성' 의결정족수를 충족하지 못해 무산됐다. 이에 따라 두 장관에 대한 해임 건의안은 표결 자체가 성립되지 않아 자동 폐기됐다. 해임 건의안이 가결되려면 전체 재적 의원 과반의 찬성을 얻어야 하는데, 이날 표결에 참석한 의원은 총 120명에 불과했다.

02월 17일

• '이석기 제명안' 재부상…與 '압박' 野 '곤혹'   (연합뉴스 02. 17)

– 법원이 17일 내란 음모 혐의를 받는 통합진보당 이석기 의원에 중형을 선고하면서 국회 윤리특별위원회에 계류 중인 이 의원에 대한 의원직 제명 동의안의 처리 여부가 다시 초미의 관심사로 떠올랐다. 새누리당은 1심 판결이 나오자 기다렸다는 듯 "최대한 신속히 처리하겠다."며 제명안 처리 작업에 착수했다. 반면 "판결 때까지 기다리자."며 제명안 처리에 사실상 반대해 온 민주당은 상당히 곤혹스러워하는 분위기다.

02월 17일

• 법사위 '간첩 증거 조작 의혹' 난타전…끝내 파행   (연합뉴스 02. 17)

– 국회 법제사법위원회의 17일 전체회의에서는 이른바 '서울시 공무원 간첩 사건' 증거 조작 의혹을 둘러싼 여야 간 첨예한 공방이 벌어졌다. 민주당 등 야권은 국정

원을 이번 사건의 '몸통'으로 지목하고, 검찰의 공동 책임론을 내세워 국정조사를 촉구한 반면, 새누리당은 "사실 규명부터가 먼저"라는 신중론을 주장했다. 특히 이 과정에서 황교안 법무장관의 답변 태도 등을 둘러싸고 여야 간 거친 설전 끝에 회의가 중단되는 등 파행을 겪었다.

한국 여론

01월 24일

• 박 대통령 지지율 상승…해외 순방 효과   (경향신문 01. 24)

– 박근혜 대통령 지지율이 해외 순방 효과로 2%포인트 상승했다. 한국갤럽이 지난 20~23일 실시한 여론조사에 따르면 박 대통령의 직무 수행에 대해 54%는 긍정 평가했고 37%는 부정 평가했다. 긍정 평가 이유에서 '외교·국제 관계' 응답(12%→20%)이 가장 많이 올라 지지율 상승을 주도했다.

01월 26일

• 민주-안철수 새 정당 만들면…새 정당 45%-새누리 34%   (한겨레 01. 26)

– 리서치앤리서치가 실시한 여론조사 결과, 6·4 지방선거에서 민주당과 '안철수 신당'이 합쳐서 새로운 정당이 만들어진다면 34.4%는 새누리당, 45.4%는 새로운 정당의 후보를 찍겠다고 응답했다. 그러나 민주당과 안철수 신당이 제각각 후보를 내면 34.1%는 새누리당, 13.6%는 민주당, 30.4%는 안철수 신당의 후보를 찍겠다고 응답했다. 한편 기초의회와 기초단체장 정당 공천제 폐지는 59.8%가 찬성, 20.1%가 반대했다.

01월 26일

• 6·4 지방선거, 새누리당 지지율 36%…민주당은 옻 신당 절반 밑돌아

(세계일보 01. 26)

– 세계일보가 최근 여론조사 기관 R&R과 공동으로 실시한 여론조사에 따르면, 6·4 지방선거에서 새누리당 후보에 투표하겠다는 유권자가 36.7%로 가장 많은 것

으로 조사됐다. 반면 민주당에 투표하겠다는 유권자는 10.1%에 불과했다. 이는 안철수 신당에 투표하겠다는 유권자(23.4%)의 절반에도 미치지 못하는 수치다. 하지만 '모름·무응답'이라고 대답한 유권자도 24%에 달하는 것으로 나타났다.

01월 30일
• 국민 61% "기초의회 없애야"　　　　　　　　　　　　　　　　(조선일보 01. 30)

－ 조선일보가 지난 25~26일 미디어리서치와 실시한 여론조사에서 기초의회를 폐지해 시·도 의회 같은 광역의회에 통합(38.6%)하거나 기초의회와 광역의회 모두를 폐지해야 한다(22.7%)는 응답은 합쳐서 61.3%였다. 반면 기초의회와 광역의회를 지금처럼 유지해야 한다는 유권자는 28.5%였다.

한편 현재 직선제로 시행되는 시·도 교육감 선출 방식에 대해 53.5%는 지금처럼 직선제를 유지해야 한다고 답했고, 정당에서 공천하는 시·도 지사와 교육감을 함께 선출하는 '러닝메이트' 방식에 대해선 25.4%가 찬성했다. 또한 여야가 논란을 벌이고 있는 기초단체장·의회에 대한 정당 공천 폐지에 대해선 50%가 찬성했다.

02월 03일
• '안철수 신당'으로 민주당 지지자 44% 이동 조사돼　　　　　　　(한겨레 02. 03)

－ 한상진 서울대 명예교수가 소장으로 있는 '한상진사회연구소'와 여론조사 기관 '한국리서치'가 공동 조사한 결과, '안철수 신당'이 창당되면 2012년 박근혜 투표자의 17.5%만이 신당 지지로 이동한 반면, 문재인 투표자 가운데 49.7%가 신당으로 옮겨 가는 것으로 나타났다. 또 '안철수 신당'이 출범하면 새누리당 지지자의 13.5%, 민주당 지지자의 44.2%가 신당으로 이동하는 것으로 조사됐다. 하지만 '안철수 신당'도 무당파의 절반 이상을 흡수하지 못하는 것으로 조사됐다. '지지 정당이 없다'는 응답자의 58.3%는 신당이 창당돼도 여전히 무당파로 남겠다고 답했다.

02월 19일
• 10명 중 8명 "민주당 야당 구실 못 한다"　　　　　　　　　　(한겨레 02. 19)

－ 한국 사회여론연구소(KSOI)가 19일 발표한 여론조사 결과, 민주당이 '야당으로

서 제구실을 못 한다'는 응답이 83.7%에 달했다. 이유는 '대안 없이 반대만 한다' (50.6%), '어려운 서민을 잘 대변하지 못 한다'(19.6%) 순으로 나타났다. 한편 정당 지지율은 새누리당(40.2%), 새정치 신당(20.2%·현 새정치연합), 민주당(17.3%) 순으로 나타났다. 또한 박근혜 대통령이 국정 운영을 '잘하고 있다'는 응답은 62.9%였다.

02월 24일

• 박 대통령 1년, 지지율 63%…50%대인 취임 초보다 높아   (중앙일보 02. 24)

– 중앙일보 조사연구팀이 지난 21~22일 실시한 여론조사 결과, 박근혜 대통령의 국정 수행 지지율은 62.7%로 조사됐다. 이는 50%대 초반을 기록했던 취임 초보다 더 높은 지지율이다. 국정 평가에선 외교·안보 분야가 100점 만점에 70.6점으로 가장 높게 평가됐다. 개별 국정 과제 평가에서도 대북 정책(80.9%)과 주요 동맹국과의 외교 관계(75.6%) 등에 대해 국민 5명 중 4명가량이 긍정적으로 응답했다.

한편 정당 지지율에선 새누리당이 43.0%로 가장 높았고, 민주당은 11.1%, 안철수 의원이 추진 중인 '새정치연합'은 13.9%를 기록했다. 새정치연합의 경우 지난해 '안철수 신당'으로 질문했던 세 차례의 여론조사(6월 25.3%, 9월 26.3%, 12월 23.6%)에 비해 지지율 하락세가 뚜렷해졌다.

02월 24일

• 안철수 신당, 지지율 급락…안철수 이름 빼니 한 자릿수

(한국일보 02. 24 · 조선일보 02. 24)

– 한국일보가 여론조사 기관 코리아리서치와 지난 21~22일 실시한 여론조사 결과에 따르면, 한때 30%를 넘었던 '안철수 신당' 지지율이 10%대로 급락한 것으로 조사됐다. 새누리당의 정당 지지율은 45.1%로 1위를 차지했고, 이어 새정치연합(17.1%)과 민주당(16.1%)이 오차 범위 내에서 접전을 벌이고 있는 것으로 나타났다.

또한 CBS 노컷뉴스와 여론조사 전문 업체인 포커스컴퍼니가 지난 22~23일 실시한 여론조사에 따르면, 안 의원의 이름을 전혀 거론하지 않았을 경우에는 새정치연합에 대한 지지도가 한 자릿수(8.8%)에 그쳤다.

7차 (2월 말~3월 말)

김윤실

2월 임시국회의 마지막 본회의가 열린 28일, 국회는 상설특검·특별감찰관제 도입을 위한 특별검사임명법 및 특별감찰관법 제정안을 포함하여 총 139건의 법안을 처리했다. 하지만 미래창조과학방송통신위원회는 방송법 개정안에 대한 여야 이견을 좁히지 못하여 방송법 개정안은 물론 단말기 유통법, 원자력안전법 등 계류 법안들을 모두 처리하지 못했다. 기초연금법 제정안 역시 소관 상임위인 보건복지위원회의 문턱조차 넘지 못했다(연합뉴스 2014. 02. 28). 이후 원자력방호방재법 개정안 처리를 위한 3월 임시국회가 새누리당의 단독 소집으로 개의되었지만, 방송법 개정안도 함께 처리해야 한다는 민주당의 요구로 인해 합의를 보지 못하고 결국 무산됐다.

한편 3월 2일, 김한길 민주당 대표와 안철수 새정치연합 창당 준비위 중앙운영위원장이 신당 창당을 통한 통합을 선언했다. 김 대표는 6·4 지방선거 기초선거에서 무공천하기로 2월 28일 결정하였고, 이를 안 위원장 측에 전달하는 과정에서 통합 논의가 본격적으로 시작된 것으로 보인다. 새정치연합과 민주당은 5대 5 지분으로 참여하여 창당 준비단을 구성한 뒤 정강 정책 등 신당 창당을 위한 토대를 마련하고, 이후 순차적으로 합류하는 방식으로 신당 창당 및 통합을 진행할 계획이다(연합뉴스 2014. 03. 02). 이와 관련해 새누리당은 "야합이자 저급한 정치 시나리오"라며 강하게 비판했다(연합뉴스 2014. 03. 02).

양측은 통합 발표 이후 곧바로 실무단 회의 등을 통해 구체적인 창당 일정 및 추진 방안을 논의하였다. 본격적인 첫 공식 행보인 통합 신당 창당 준비위원회 발기인 대회에서 신당의 당명을 '새정치민주연합'으로, 약칭은 '새정치연합'으로 확정했다(연합뉴스 2014. 03. 16). 한편 통합 신당의 정강 정책을 두고 의견 차이를 보이기도 하였는데, 새정치연합이 '6·15 남북공동선언과 10·4 남북정상선언 등을 존중·승계한다.'는 내용을 제외할 것과, 대한민국 임시정부와 4·19 혁명, 5·18 광주민주화운동, 6월 항쟁 등 역사적 사건을 빼는 대신 '산업화와 민주화에 성공한 긍정적인 역사'라는 표현을 넣을 것을 제안했지만 민주당의 반발에 부딪혀 대부분 철회하였다.

한편 통합 신당 선언 이후 실시된 여론조사 결과에 따르면, 민주당과 새정치 연합의 정당 지지율을 단순 합산한 것보다 통합 신당의 지지율이 소폭 상승하여 새누리당에 바짝 다가서는 것으로 나타났다. 지지하는 정당이 없다고 응답한 유권자의 경우 통합 선언 이후 각종 여론조사에서 10%가량 줄어들어, 무당파의 일부를 신당이 흡수한 것으로 보인다. 하지만 일부 여론조사(한국갤럽)에서는 오히려 통합 신당인 새정치민주연합의 지지율이 지속적으로 하락한 것으로 나타났는데, 통합 선언 직후 31%를 기록했던 지지율이 지난 21일 발표된 결과에 따르면 처음으로 20%대를 기록하기도 하였다(조선일보 2014. 03. 21).

한국 정당

02월 26일
• 安 신당 "기초 비례 의원은 공천"　　　　　　　　　　　　　　(동아일보 02. 27)
– 6·4 지방선거에서 기초 선거 무공천을 선언한 무소속 안철수 의원의 새정치연합이 기초의회 비례 의원은 정당 공천을 하기로 했다. 새정치연합 창당 준비위원회 윤여준 의장은 26일 "기초 선거 정당 공천 폐지 논의는 지역구에서의 '돈 공천' 등 때문에 이뤄졌던 것"이라며 "기초의회 비례 의원 공천은 사회적 약자, 전문성 있는 인사들의 지방의회 진출을 위한 것인 만큼 광역·기초 비례대표 의원은 공천을 하겠다."고 말했다.

03월 02일
• 김한길 · 安 신당 창당 전격 선언　　　　　　　　　　　　　　(연합뉴스 03. 02)
– 김한길 민주당 대표와 안철수 새정치연합 창당 준비위 중앙운영위원장은 2일 3월 말을 목표로 제3 지대 신당 창당 방식의 통합을 전격 선언했다. 양측은 또한 지방선거에서 기초 선거 '무(無)공천'을 공동으로 실천하기로 했다고 발표했다. 김 대표는 지난달 28일 기초 선거 무공천 방침을 결정한 뒤 이를 안 위원장 측에 전달하면서 통합을 제의했고, 두 사람은 1일 두 차례 회동을 거쳐 2일 새벽 0시 40분께 최

종적으로 '제3 지대 신당'을 통한 통합에 합의했다.

양측은 5 대 5 지분으로 참여, 창당 준비단을 구성한 뒤 정강 정책 등 신당 창당을 위한 토대를 마련하면 새정치연합과 민주당이 순차적으로 이에 합류하는 방식으로 신당 창당 및 통합을 마무리할 방침이다. 양측은 이날 오후 곧바로 실무단 회의를 가진 데 이어 3일 신당 추진단 회의를 열어 신당 창당 일정과 구체적인 추진 방안 등을 논의한다.

03월 03일

• 영호남 의원들, 박정희 전 대통령 생가서 '동서 화합'　　　　　(연합뉴스 03. 03)

– 새누리당 경북 지역 의원들과 민주당 전남 지역 의원들의 모임인 '동서화합포럼'이 3일 경북 구미에 있는 박정희 전 대통령 생가를 방문했다. 이번 방문은 경북 지역 새누리당 의원들이 지난 1월 전남 신안군에 있는 김대중 전 대통령 생가를 찾은 데 대한 답방이다. 여야가 각자의 '텃밭'에서부터 화합의 흐름을 만들자는 취지에서 지난 연말 발족한 이 모임에는 현재 새누리당 경북 지역 국회의원 15명과 민주당 전남 지역 국회의원 10명이 참여하고 있다.

03월 16일

• '새정치연합' 발기인 대회…130석 제2당 발진　　　　　　　(연합뉴스 03. 16)

– 민주당과 새정치연합은 16일 오후 세종문화회관 세종홀에서 통합 신당 창당 준비위원회 발기인 대회를 열고 야권 통합과 '새 정치' 실현을 위한 본격적인 행보를 공식 시작했다. 양측은 이날 발기인 대회에서 신당의 당명을 '새정치민주연합'으로, 약칭은 '새정치연합'으로 확정하고, 민주당 김한길 대표와 새정치연합 안철수 중앙운영위원장을 공동 창당 준비위원장으로 만장일치 선출했다.

한편 창당 발기 취지문에서 새정치민주연합은 ▲민주적 시장경제를 지향하고, ▲민생을 보장하는 정의로운 복지국가를 추구하며, ▲튼튼한 안보를 바탕으로 비핵화와 평화 체제를 추진하고 자유 민주적 기본 질서에 의한 평화 통일을 준비하겠다고 선언했다.

특히 "함께 잘사는 정의로운 대한민국을 만들어야 한다."면서 "이를 위해 새정치민주연합은 언제나 국민과 함께 동행할 것이며 개혁과 성찰을 통해 새 정치를 실천하겠다."고 다짐했다.

03월 18일

• 민주 · 安측, 신당 정강 정책 놓고 한때 충돌 　　　　　　　　　 (연합뉴스 03. 18)

– 새정치연합이 18일 통합 신당의 정강 정책에서 '6·15 남북공동선언과 10·4 남북정상선언 등을 존중·승계한다.'는 내용을 제외할 것을 민주당에 제안했다가 반발에 부딪히자 사실상 애초 입장을 철회하는 등 혼선을 일으켰다. 또 민주당 정강 정책에 언급된 대한민국 임시정부와 4·19 혁명, 5·18 광주민주화운동, 6월 항쟁 등 역사적 사건을 빼는 대신 '산업화와 민주화에 성공한 긍정적인 역사'라는 표현을 넣을 것을 주장했으나, 이 역시 대부분 거두어들였다.

　한편 새정치연합 측은 통일 외교 안보, 북한 인권, 복지 등 정강 정책의 다른 부문에서도 민주당에 비해 전반적으로 보수 또는 중도적 성향의 정책을 제시했다. 다만 경제 부문에서는 재벌 소유 지배 구조 개선, 금산 분리 강화, 부당 내부 거래 해소 등 재벌 개혁 추진 등을 강조했다.

한국 선거·의회

02월 28일

• 미방위, 방송법 · 단말기법 또 무산…2월도 '입법 제로' 　　　 (연합뉴스 02. 28)

– 국회 미래창조과학방송통신위원회가 작년 9월 정기국회 이후 단 한 건의 법안도 통과시키지 못하며 파행을 겪은 데 이어, 2월 임시국회에서도 법안 처리에 실패했다. 미방위는 28일 오전 법안심사소위를 열었으나 방송법 개정안을 둘러싼 여야의 이견을 좁히지 못한 채 정회했다. 그사이 국회 법제사법위원회가 산회해 2월 국회 막바지 법안 처리의 길이 원천 차단됐다. 이에 따라 방송법 개정안은 물론 휴대전화 시장 투명화를 위해 추진해 온 단말기유통개선법안, 원자력안전위원회의 감독·규제 권한을 확대하는 원자력방호방재법안 등 미방위의 계류 법안 처리가 줄줄이 무산됐다.

02월 28일

• 상설특검 · 특별감찰관 도입법 국회 본회의 통과　　　　　　　　　(연합뉴스 02. 28)

- 국회는 28일 본회의를 열어 상설특검·특별감찰관제 도입을 위한 특별검사임명
법과 특별감찰관법 제정안을 통과시켰다. 특검임명법안은 특검 수사의 인적 대상
과 범죄의 종류에 제한을 두지 않았으나, 특별감찰관법은 대통령의 배우자 및 4
촌 이내의 친족, 청와대 수석비서관급 이상으로 감찰 대상을 정했으며, 국회의원은
위헌 요소를 이유로 제외했다.

　이들 법안은 공포일로부터 3개월 후 시행되므로 법제처 심의 등의 과정을 고려
하면 7월부터 적용될 전망이다. 새누리당은 이들 법안에 대해 권력형 비리를 차단
하는 제도적 틀을 마련했다고 평가했으나, 야당과 시민사회 일부에서는 특검·특
별감찰 수위와 대상이 당초 민주당의 원안에서 후퇴해 도입 취지가 퇴색했다고 비
판했다.

02월 28일

• 기초연금법 처리 무산…3월 '원포인트' 국회 열리나　　　　　　　(연합뉴스 02. 28)

- 국회는 28일 본회의를 열어 139건의 법안을 처리했지만 기초연금법 제정안은
소관 상임위인 보건복지위원회의 문턱조차 넘지 못했고, 2월 임시국회 처리가 결
국 무산됐다. 이로 인해 7월부터 65세 이상 노인에게 연금을 지급하려던 정부의 일
정에도 차질이 불가피해졌다. 기초연금 문제는 그동안 여야 원내 지도부 간의 현격
한 입장 차로 인해, 복지위 차원에서의 실무적인 논의를 제대로 하지 못했다. 제정
안에 대한 심의와 처리는 4월 임시국회로 넘어가게 됐지만, 여야가 원내 지도부의
합의에 따라 다음 달 기초연금법 제정안 처리만을 위한 이른바 '원포인트 임시국
회'를 열 가능성도 있다.

03월 06일

• "朴 대통령 발언, 선거법 위반 아니다."…野 반발　　　　　　　(연합뉴스 03. 06)

- 중앙선거관리위원회는 6일 박근혜 대통령이 6·4 지방선거 인천 시장에 출마하
는 유정복 전 안전행정부장관에게 '잘되길 바란다.'는 취지의 발언을 한 것이 선거

법 위반이라는 논란이 제기된 데 대해 "선거법 위반이 아니다."라는 유권해석을 내렸다. 선관위는 ▲대통령은 행정부 수반이면서 동시에 정당의 공천을 받아 당선된 당원이라는 이중적 지위에 있는 점, ▲대통령의 발언은 직무 수행과 관련하여 일반 국민을 상대로 한 것이 아니라 장관직 사의를 표명하는 자리에서 당사자에게 행한 것이라는 점, ▲발언 내용도 의례적인 수준의 의사 표현으로 볼 수 있는 점 등을 판단의 근거로 제시했다.

03월 10일

• 정의당, 서울 시장·경기 지사 후보 안 내기로 　　　　　　　　(연합뉴스 03. 10)
- 정의당 천호선 대표는 10일 "정의당은 이번 6·4 지방선거에서 서울 시장과 경기도지사 후보를 내지 않기로 결정했다."고 밝혔다. 천 대표는 이날 국회 정론관에서 기자회견을 열고 "당내 논의를 거쳐 이같이 결정했으며, 저의 서울 시장 불출마와 심상정 원내 대표의 경기 지사 불출마도 이에 포함된다."고 밝혔다. 이로써 서울 시장과 경기 지사 선거는 사실상 여야 1 대 1 대결 구도로 치러지게 됐다.

03월 13일

• '乙 신세' 지방의원·단체장, 국회의원 후원 '여전' 　　　　　　(연합뉴스 03. 13)
- 중앙선거관리위원회가 13일 정치자금법에 따라 공개한 '2013년 300만 원 초과 기부자 명단'에 따르면 지역구 여야 국회의원 6명이 자신의 지역구에 속한 전·현직 기초단체장·지방의원들로부터 300만 원 이상 고액 정치 후원금을 받은 사례가 여전한 것으로 나타났다. 국회의원은 지역구 지방의원이나 단체장의 공천에 막강한 영향력을 행사할 수 있는 만큼 이 같은 고액 후원은 지방자치제의 자율성 강화나 국회의원 특권 내려놓기 차원에서라도 시정돼야 한다는 지적이 끊이지 않고 있다.

03월 17일

• 3월 임시국회 20일 개의…與 단독 소집 　　　　　　　　　(연합뉴스 03. 17)
- 국회 사무처는 새누리당이 최경환 원내 대표를 비롯한 소속 의원 155명 명의로

임시회 소집을 요구해 옴에 따라 20일 3월 임시국회를 집회한다고 17일 밝혔다. 임시국회는 재적 의원 4분의 1(75명) 이상의 요구가 있으면 소집되는데, 3월 임시국회는 원내 과반 의석을 지닌 새누리당 단독 소집으로 열린다. 이는 박근혜 대통령이 오는 24~25일 네덜란드 헤이그에서 열리는 제3차 핵안보정상회의 참석하기에 앞서 원자력방호방재법 개정안을 처리하려는 조처이다. 그러나 민주당은 여야 간 최대 쟁점 중 하나인 방송법 개정안을 함께 처리해야만 원자력법 통과에 협조해 줄 수 있다는 입장이어서 임시국회가 열리더라도 안건 없이 공전할 가능성이 적지 않다.

03월 18일

• 與, 男 후보들 "역차별" 반발…女 우선 공천 철회 요구　　　　(연합뉴스 03. 18)

– 새누리당이 6·4 지방선거 기초단체장 여성 우선 추천 지역을 선정한 것과 관련해 해당 지역 남성 예비 후보들을 중심으로 거센 반발이 터져 나오고 있다. 새누리당은 17일 밤 긴급 최고위원회를 열어 서울 종로·용산·서초구와 부산 중구, 대구 중구, 경기 과천·이천시를 여성 우선 추천 지역으로 선정했다. 여성·장애인 약자 배려 조항을 근거로 이들 지역에 경선 절차 없이 여성을 전략 공천하겠다는 것이다. 그러자 종로구청장 남성 예비 후보 4명은 18일 보도자료를 내고 "남성에 대한 역차별 공천", "명백한 정치적 사기 행위"라고 비판하며 여성 우선 추천 지역 철회를 요구했다. 당이 거부할 경우 탈당과 함께 무소속 출마를 강행하겠다고 밝혔다. 반면 새누리당 전국 여성 출마자 30여 명은 이날 서울 여의도 당사 앞에서 집회를 갖고 여성에 대한 공천 확대를 촉구했다.

03월 19일

• 따로 도는 국회…與 미방위 · 野 법사위 단독 개최　　　　(연합뉴스 03. 19)

– 새누리당과 민주당은 19일 상대방의 요구에는 귀를 닫은 채 자신들이 관심을 두고 있는 국회 상임위를 단독 개최하는 '당파성'을 보였다. 원자력방호방재법 처리에 비상이 걸린 새누리당은 미방위 법안소위를, 서울시 공무원 간첩 사건의 증거조작 의혹에 맹공을 퍼붓고 있는 민주당은 법사위 전체회의를 각각 따로 개최한 것

이다. 새누리당은 이날 오후 원자력방호방재법 처리를 위해 미방위 법안소위 개최를 요구했지만 야당이 수용하지 않자 여당 단독으로 소위를 소집해 야당의 협조를 압박했다. 한편 민주당은 미방위 법안소위에 불참하면서 서울시 공무원 간첩 사건 증거 조작 의혹과 관련해 법사위 전체회의를 단독 개최했다.

03월 24일

• 원자력법 통과 무산…내달 1일 임시국회 개회　　　　　　　(연합뉴스 03. 24)

− 원자력방호방재법 개정안의 3월 임시국회 통과가 결국 무산됐다. 새누리당 최경환·민주당 전병헌 원내 대표는 24일 오후 국회 운영위원장실에서 회동해 원자력법 개정안 처리 문제를 협상했지만, 방송법 개정안도 함께 처리해야 한다는 민주당의 요구를 놓고 의견이 맞서 합의를 보지 못했다. 이에 따라 이날 밤 네덜란드 헤이그에서 개막하는 핵안보정상회의에 박 대통령이 참석하기 전까지 개정안을 처리한다는 여권의 계획도 수포가 됐다. 다만, 여야는 다음 달 1일부터 30일간 임시국회를 열어 원자력법 개정안과 방송법 개정안을 우선 처리하도록 노력하기로 의견을 모았다.

한국 여론

02월 28일

• 안철수 '새정치연합' 지지율 한 주 만에 8%P 폭락(조선일보 02. 28 · 경향신문 02. 28)

− 한국갤럽이 지난 24~27일 실시한 여론조사 결과에 따르면, 무소속 안철수 의원이 주도하는 새정치연합 지지율이 일주일 만에 8%포인트 급락한 것으로 나타났다. 구체적인 정당 지지율은 새누리당 40%, 새정치연합 18%, 민주당 15%, 정의당 2%, 통합진보당 1% 순이었고, 없음·의견 유보(무당파)는 25%로 나타났다. 호남에서 민주당 지지율은 35%로 새정치연합(27%)보다 8%포인트 앞질렀다. 지난주에는 새정치연합(39%)이 민주당(21%)보다 18%포인트 높았지만 1주일 만에 크게 뒤집어진 것이다. 한편 박근혜 대통령의 지지율은 지난주보다 1%포인트 높아진 57%로 나타났다.

03월 03일

• 통합 신당 선언 이후 지지율…새누리당 40% 통합 신당 36%　　　(중앙일보 03. 04)

– 중앙일보 조사연구팀이 3일 실시한 긴급 여론조사 결과, 민주당과 새정치연합의 통합 신당 추진이 '잘된 일'이란 응답은 37.9%, '잘못된 일'이란 응답은 42.0%로 나타났다(모름·무응답 20.1%). 지지 정당별로 의견이 크게 달랐는데, 새누리당 지지자들은 '잘못된 일'(71.0%), 야권 지지자들은 '잘된 일'(70.0%)이란 응답이 더 많았다. '무당파'의 경우엔 반대 응답이 36.6%로 찬성(27.6%)보다 많았다.

한편 정당 지지율에선 통합 신당이 35.9%를 기록해 새누리당(40.3%)에 바짝 다가선 지지율을 나타냈다. '지지 정당 없음'은 19.9%였다. 지난달 21~22일 실시한 중앙일보 여론조사에선 새누리당 43.0%, 민주당 11.1%, 새정치연합 13.9%, '지지 정당 없음' 30.5%였다.

03월 07일

• "안철수·민주당 통합, 새 정치 아니다." 49%　　　(한겨레 03. 07·조선일보 03. 07)

– 한국갤럽이 민주·새정치연합의 '창당·통합' 선언 이후인 지난 4~6일 실시한 여론조사 결과, '기초 선거에서 정당 공천을 하지 않고, 민주당과 함께 신당을 만들기로 한 안철수 의원의 행보를 새 정치로 보느냐?'는 물음에 응답자의 49%가 '새 정치가 아니다'라고 대답했다. '새 정치로 본다'는 응답은 32%에 그쳤고, 19%는 의견을 유보했다. 연령별로는 20대에서만 '새 정치로 본다'는 의견이 우세했고, 나머지 모든 연령층에서는 '새 정치가 아니다'라는 평가가 더 많았다. 한편 정당 지지율은 새누리당 39%, 통합 신당 31%, 통합진보당 2%, 정의당 2%로 나타났다. 26%는 의견을 유보했다. 통합 신당 지지율은 지난주 민주당(15%)과 새정치연합(18%)의 지지율을 합한 33%에 비교했을 때 2%포인트 낮은 것으로 나타났다.

03월 14일

• 통합 신당, 창당 본격화에도 지지도 소폭 하락　　　(연합뉴스 03. 14)

– 여론조사 전문 기관인 한국갤럽이 10~13일 정당 지지도를 조사한 결과 새누리당이 41%, 통합 신당이 30%로 집계됐다고 14일 밝혔다. 새누리당이 지난주 39%

에서 2%포인트 올라 40%선을 회복한 반면, 신당은 통합 발표 후 첫 조사인 지난 7일 31%에서 1%포인트 하락한 것이다. 한편 박근혜 대통령 직무 수행 지지도는 지난주보다 2%포인트 떨어진 55%를 기록했다.

03월 21일
• 위기의 새정치민주연합…통합 신당 창당 선언 후 지지율 첫 20%대 추락

(조선일보 03. 21 · 중앙일보 03. 21)

– 한국갤럽이 지난 17~20일 실시해 21일 발표한 여론조사 결과에 따르면, 새누리당의 정당 지지율은 42%로 1위를 유지했고, 새정치민주연합 28%, 통합진보당 2%, 정의당 1%, 기타 정당 1%, '없음·의견 유보' 26%로 나타났다. 민주당과 새정치연합의 통합 신당인 새정치민주연합의 지지율은 통합 선언 직후 31%를 기록했지만, 지난주 30%에 떨어진 뒤 이번 주에는 창당 선언 후 처음으로 20%대로 추락했다.

8차 (3월 말~4월 말)

김윤실

민주당과 새정치연합이 '제3 지대 신당 창당'을 통한 통합을 선언한 지 24일 만인 3월 26일, 야권 통합 신당인 새정치민주연합이 창당 대회를 열고 공식 출범했다(연합뉴스 2014. 03. 26). 신당 출범 직후 여야는 새정치민주연합의 약칭을 두고 신경전을 벌였다. 새누리당이 '새민련'으로 줄여서 부르자 새정치민주연합은 "새정치민주연합이라는 정식 당명을 쓰고, 필요할 경우 '새정치연합'으로 약칭해 달라. 세 글자로 줄여야 한다면 '새정치'라고 쓰는 것은 무방하다."고 공식 요구한 것이다.

4월에도 기초 선거 정당 공천 폐지를 둘러싼 여야 간의 공방이 계속되었다. 최경환 새누리당 원내 대표는 4월 1일 국회 본회의 교섭단체 대표 연설에서 대선 당시 공천 폐지 공약을 파기한 것과 관련해 '잘못된 약속'이었다며 공식적으로 사과하였다. 이에 야당은 박근혜 대통령이 사과해야 한다며 강하게 반발했다. 특히 다음 날인 2일 새정치연합 안철수 공동 대표가 교섭단체 대표 연설에서 "왜 대선 공약 폐기를 여당의 원내 대표께서 대신 사과하시는가?"라며 "충정인가, 월권인가."라고 비판했다. 그러자 본회의장에서 연설을 듣고 있던 최 원내 대표가 연단을 향해 "너나 잘해."라고 소리쳤다(연합뉴스 2014. 04. 02). 이후 논란이 되자 최 원내 대표는 4일 자신의 발언에 대해 국민들과 안 대표에게 사과하기도 했다.

새정치연합 안철수 공동 대표는 3월 30일 박 대통령에게 기초 선거 정당 공천 폐지 문제를 논의하기 위한 회담을 공개적으로 제안한 데 이어, 4월 4일에는 청와대 면회실을 방문하여 박 대통령과의 면담을 직접 신청하며 7일까지 답을 달라는 최후 통첩을 했다. 이에 새누리당에서는 안 대표가 책임을 회피하려는 수법이라며 비판했고, 박 대통령은 안 대표와의 회동 수용 여부에 대해 침묵으로 일관했다. 그러자 4월 8일, 새정치연합은 6·4 지방선거에서 기초 선거 정당 공천 여부를 결정하는 전(全) 당원 투표와 국민 여론조사를 실시해 50%씩 반영하는 방식으로 합산한 결과를 최종적 결론으로 따르겠다고 발표했다. 새

정치민주연합은 9일 당원 투표와 여론조사를 실시하였고, 10일 애초 당론을 뒤집고 기초단체장 및 기초의원 후보를 공천하기로 최종 결정했음을 공식 발표했다. 당원 투표와 여론조사를 합산한 결과 '공천해야 한다'는 의견이 전체적으로 더 많았던 것이다.

4월 16일 여객선 세월호가 진도 해상에서 침몰하는 사고가 발생하자 여야는 6·4 지방선거 경선 일정과 선거운동은 물론 국회 상임위 활동을 중단했고, 지방선거 주자들 역시 대외 일정을 전면 취소했다. 하지만 선거가 한 달가량 앞으로 다가오면서 여야는 선거 준비를 조심스럽게 재개하는 모습을 보이고 있다. 한편 세월호 참사에도 불구하고 박 대통령의 지지율은 60%대를 유지하는 듯했지만, 정부의 부실 대응과 총체적인 무능이 드러나자 비판 여론이 높아지면서 박 대통령 지지율도 큰 폭으로 하락세를 보이고 있다(한국일보 2014. 04. 24).

한국 정당

03월 26일

• 새정치민주연합 출범…"정권 교체 위한 전진" 다짐　　　　　　(연합뉴스 03. 26)

– 민주당과 새정치연합의 야권 통합 신당인 새정치민주연합이 26일 오후 중앙당 창당 대회를 열고 공식 출범했다. 신당은 이날 창당 대회에서 김한길·안철수 공동 창당 준비 위원장을 공동 대표로 선출했다. 지도부 구성과 관련, 신당은 공동 대표를 포함해서 양측에서 9명의 최고위원을 각각 지명해 모두 18명의 지도부를 구성할 방침이다. 한편 정강 정책에서는 산업화 시대의 압축 성장 성과를 인정하는 동시에 경제 민주화와 더불어 '혁신적 성장 경제'를 추구한다고 명시했다. 또 '튼튼한 안보'와 '한미 동맹'을 강조했으며, 6·15 및 10·4 남북선언뿐 아니라 7·4 남북공동성명과 남북기본합의서 정신 계승도 천명했다.

03월 27일

• 무주 공산 '민주당' 당명 쟁탈전 조짐　　　　　　　　　　(연합뉴스 03. 27)

– 새정치민주연합의 출범으로 민주당이 사라지자, 민주당의 당명을 사용하겠다는

정당 등록 신청이 중앙선관위에 접수됐다. 선관위는 민주당이 안철수 의원 측과의 통합으로 새정치민주연합에 흡수 합당된 하루 뒤인 27일 '민주당 창립 준비 위원회'의 창준위 등록 신청을 2건 접수했다고 밝혔다.

03월 30일

• 野 "새정치"-與 "새민련"…신당 약칭 논란   (연합뉴스 03. 30)

– 야권 통합 신당인 새정치민주연합의 약칭을 두고 여야가 신경전을 벌이고 있다. 여당인 새누리당이 '새민련'으로 줄여서 부르자 당사자인 새정치연합이 발끈하면서 '새정치'로 부르라고 맞섰다. 정치권에서는 새누리당이 '새민련'이라고 호칭한 것에 대해 통합 신당이 민주당의 후계임을 부각시키기 위한 의도라는 분석이 제기됐다. 그러자 새정치민주연합은 "새정치민주연합이라는 정식 당명을 쓰고, 필요할 경우 '새정치연합'으로 약칭해 달라. 세 글자로 줄여야 한다면 '새정치'라고 쓰는 것은 무방하다."고 공식 요구했다.

04월 04일

• 安, 대통령 면회 신청 '파격'…與 "安, 靑 방문은 책임 회피"   (연합뉴스 04. 04)

– 새정치민주연합 안철수 공동 대표가 4일 기초 선거 공천 폐지 관련 논의를 요구하며 청와대를 방문하는 파격 행보를 보였다. 이날 안 대표는 청와대 면회실을 찾아 박 대통령과의 면담을 신청한 뒤 박준우 정무수석과 만나 "다음 주 월요일(7일)까지 가부만이라도 답을 달라."고 최후 통첩을 했다.

이와 관련해 새누리당 윤상현 원내 수석부대표는 이날 오후 기자 간담회를 자청해 "안 대표는 당 내부와 다른 야당으로부터 기초 선거에서 정당 공천을 해야 한다는 압박을 받고 있다."면서 "어려운 처지에 몰리자 국가 원수에게 책임을 회피하려는 옹색한 수법을 쓰고 있다."고 비판했다.

04월 04일

• 野, '지지 정당 묻지마' 경선 여론조사…'安 배려' 반발   (연합뉴스 04. 04)

– 야권 통합 신당인 새정치민주연합은 4일 최고위원 회의에서 6·4 지방선거 경선

시행 세칙을 확정했다. 이에 따르면 여론조사 대상자에게는 연령과 주소지만 사전 질문하고 지지 정당은 묻지 않아, 새누리당 지지자의 의견도 조사 결과에 반영되게 된다. 새누리당 지지층은 성향상 안 대표 쪽 후보자를 선호할 가능성이 크다는 점에서 안 대표측을 배려한 조치라는 평가다.

한편 경선 방식은 당초 알려진 대로 ▲공론 조사 투표 50%+국민 여론조사 50% ▲공론 조사 투표 100% ▲국민 여론조사 100% ▲권리 당원 투표 50%+국민 여론조사 50% 등 4가지가 최종 채택됐다.

04월 07일

• 朴 대통령, 安 회동 요구에 침묵…野 "대국민 선전 포고" (연합뉴스 04. 07)

– 박근혜 대통령은 새정치민주연합 안철수 공동 대표가 기초 선거 정당 공천 폐지 문제 논의를 위한 회동을 요구하면서 '응답의 시한'으로 정한 7일에도 회동 수용 여부에 대해 공개적으로 언급하지 않았다. 이에 새정치연합은 "대국민 선전 포고", "반쪽 대한민국 선언"이라고 강력 반발하고 나섰다.

04월 08일

• 새정치민주연합, '여론조사+당원 투표'로 무공천 결정

(연합뉴스 04. 08 · 연합뉴스 04. 09)

– 새정치민주연합은 6·4 지방선거에서 기초 선거 정당 공천 여부를 결정하는 전(全) 당원 투표와 국민 여론조사를 실시하기로 했다. 김한길·안철수 공동 대표는 8일 기초 선거 정당 공천제 폐지 문제와 관련, "당원과 국민의 뜻을 (다시) 물어 결론이 나오면 최종적 결론으로 알고 따르겠다."고 말했다.

새정치민주연합은 9일 여론조사와 전 당원 투표를 실시해 50%씩 반영하는 방식으로 합산한 뒤 10일 공식 발표키로 했다. 여론조사는 여론조사 기관 2곳을 선정해 전국 성인 2천 명을 대상으로 전화 자동응답시스템(ARS) 방식으로 실시하며, 여당인 새누리당 지지자가 아닌 새정치연합 지지자와 무당파층만을 대상으로 이뤄진다. 전 당원 투표는 지난 1년간 1회 이상 당비를 납부한 36만여 명의 권리 당원을 대상으로 전화 투표 방식으로 진행된다.

04월 10일

• 새정치연합, 기초 후보 공천키로…기호 2번 부활 　　　　　(연합뉴스 04. 10)

– 새정치민주연합은 10일 애초 당론을 뒤집고 6·4 지방선거에서 기초단체장 및 기초의원 후보를 공천하기로 최종 결정했다. 새정치연합은 전날 하루 동안 전(全) 당원 투표와 국민 여론조사를 실시, 기초 선거 정당 공천 여부를 다시 물은 결과 이 같은 결론을 얻었다고 이날 오전 공식 발표했다. 이석현 관리위원장은 이날 기자 회견에서 "당원 투표와 여론조사를 합산한 결과 '공천해야 한다'는 의견이 53.44%, '공천하지 말아야 한다'는 견해가 46.56%로 나왔다."고 밝혔다. 당원 투표의 경우 '공천해야 한다'는 견해가 57.14%로 '공천하지 말아야 한다'는 입장 42.86%보다 높게 나타났다. 그러나 국민 여론조사에서는 '공천하지 말아야 한다'는 의견이 50.25%로, '공천해야 한다'는 의견(49.75%)을 약간 앞섰다.

04월 10일

• 安, 無 공천 불이행 사과…"선거 승리 앞장서겠다." 　　　　　(연합뉴스 04. 10)

– 새정치민주연합 안철수 공동 대표는 10일 기초 선거 후보를 공천하기로 당론을 번복한 데 대해 국민에게 사과하고 지방선거 승리를 위해 앞장서서 최선을 다하겠다는 의지를 밝혔다. 안 대표는 이날 김한길 공동 대표와 함께한 기자회견에서 "과정이나 이유야 어떠했든 저희들마저 약속을 지키지 못하게 된 것에 대해 국민께 사과드린다."고 말했다. 이어 전날 실시한 당원 투표와 국민 여론조사에서 기초 선거 후보를 '공천해야 한다'는 견해가 더 높게 나타난 데 대해 "정치인 안철수의 신념이 당원 전체의 뜻과 같은 무게를 가질 수 없다는 것만은 분명하다."면서 "당원의 뜻은 일단 선거에서 이겨 정부 여당을 견제할 힘부터 가지라는 명령이라고 생각한다."고 밝혔다. 그러면서 "제가 앞장서서 최선을 다해 선거를 치르겠다. 당원 여러분도 힘을 모아 주시기를 부탁드린다."고 당부했다.

04월 13일

• 군소 정당, 새정치연합에 "우리 당명 도용 말라." 　　　　　(연합뉴스 04. 13)

– 군소 정당인 새정치국민의당 김현수 대변인은 13일 보도 자료를 내고 "새정치

연합은 (우리 당의) 명칭을 도용하지 말라."며 "15일까지 새정치연합의 간판을 내리지 않으면 유사 당명 사용 금지 가처분 신청을 비롯한 법적·정치적 무효 투쟁을 벌이겠다."고 밝혔다. 최근 새정치연합은 정치권과 언론에 약칭을 '새정치'로 불러 줄 것을 주문했는데, 이 이름이 새정치국민의당의 약칭인 '새정치당'과 헷갈린다는 주장이다. 한편 새정치국민의당은 지난 2012년 11월 '희망한나라당'으로 창당한 후 지난해 7월 당명 변경을 신청해 현재의 이름을 쓰고 있다. 새정치국민의당은 앞서 2012년 4월엔 '한나라당'이란 이름으로 19대 총선에도 참여했는데, 당시 원조 한나라당이었던 새누리당과 당명을 놓고 갈등을 빚기도 했다.

한국 선거·의회

03월 27일

• 새정치민주연합, 첫 입법 행보는 '세 모녀 법' 1호 법안 발의　　　　(조선일보 03. 27)

– 새정치민주연합은 27일 첫 입법 활동으로 '세 모녀 자살 사건'에서 드러난 복지 사각지대를 해소하고 사회 빈곤층을 지원하기 위한 복지 관련 3개법 개정안을 발의했다. 안철수 대표가 대표 발의한 기초생활보장법안은 부양 의무자가 있을 경우 기초생활보장제의 수혜 대상에서 제외되는 점을 고려, 부양 의무자의 범위를 축소해 수혜 범위를 넓히는 것을 골자로 하고 있다. 김한길 대표가 대표 발의한 긴급복지지원법안은 원활한 지원이 이뤄질 수 있도록 지방자치단체장에게 긴급 지원 대상자 선정 권한을 부여했다. 최동익 의원이 대표 발의한 사회보장수급권자지원법안은 보호 대상자에 대한 신고를 의무화하고 단전·단수 가구 정보나 건강보험료 체납 가구 정보 등을 활용, 지원이 필요한 소외 계층을 정부가 적극적으로 발굴하게 하는 내용이다.

03월 28일

• 불황 속 국회의원 65% 재산 늘어…1억 이상 증가 78명　　　　(연합뉴스 03. 28)

– 국회 공직자윤리위원회가 28일 공개한 2013년 국회의원 재산 변동 신고 내역에 따르면, 국회의원 10명 중 6명 이상은 계속되는 경기 부진에도 불구하고 재산이 늘

어난 것으로 나타났다. 지난 2월 말 재산을 등록한 의원 295명 가운데 64.5%인 190명의 재산이 증가했다. 1억 원 이상 재산을 불린 의원은 모두 78명에 달했고, 이 가운데 5억 원 이상 재산이 늘어난 의원도 10명이나 됐다. 재산 증식은 주로 주식과 현금보다 토지와 건물 등 부동산을 통해 이뤄진 것으로 나타났다.

04월 01일

• 기초 공천 폐기 '잘못된 약속'…새누리 최경환 '자기부정'　　　　(한겨레 04. 01)

- 최경환 새누리당 원내 대표는 1일 국회 본회의 교섭단체 대표 연설에서 대선 때 내놓은 기초 선거 정당 공천 폐지 공약을 파기한 것과 관련해 '잘못된 약속'이었다며 "(그래서) 결과적으로 지키지 못하게 됐다. 고개 숙여 사과드린다."고 밝혔다. 새누리당이 기초 선거 공천 폐지 공약 파기와 관련해 공식 사과한 것은 처음이지만, 애초 잘못된 공약을 내세운 이유에 대해서는 밝히지 않았다. 또 기초연금, 국회선진화법 등 대선 전 새누리당이 주도한 주요 공약과 법안도 '세금 폭탄', '국회 마비법'이라며 스스로를 부정하는 듯한 태도를 보였다. 이에 야당은 거세게 반발했다. 한정애 새정치민주연합 대변인은 "기초 공천 사과는 대독 사과가 아니라, 박근혜 대통령이 해야 한다. 또 사과가 아니라 약속을 지키면 될 일"이라고 지적했다.

04월 02일

• 여야, "월권" – "너나 잘해." 발언 놓고 공방　　　　(연합뉴스 04. 02)

- 새정치민주연합 안철수 공동 대표가 2일 교섭단체 대표 연설에서 전날 새누리당 최경환 원내 대표가 '기초 선거 공천 폐지 불이행'과 관련해 박근혜 대통령 대신에 사과를 했다고 지적했다. 안 대표는 "왜 대선 공약 폐기를 여당의 원내 대표께서 대신 사과하시는가?"라며 "충정인가, 월권인가."라고 비판했다. 그러자 본회의장에서 연설을 듣고 있던 최 원내 대표가 연단을 향해 "너나 잘해."라고 소리쳤다.

새정치연합은 즉각 최 원내 대표의 발언을 문제 삼고 나섰다. 이윤석 수석대변인은 본회의가 끝나자마자 국회 브리핑을 통해 "도저히 있을 수 없는 일"이라며 최 원내 대표의 공식 사과를 요구했다. 새누리당도 반격에 나섰다. 박대출 대변인은 브리핑에서 "전쟁을 벌이는 장수 간에도 예의를 갖추는 법"이라며 "당 대표가 상대당 (원내) 대표에게 월권이니, 충정이니 비아냥거리며 직접 인신공격하는 것은 구태 정치를 하던 옛날 야당에서도 본 적이 없다."라고 비판했다.

04월 04일

• 최경환, 安에 "너나 잘해." 발언 사과 (연합뉴스 04. 04)

– 새누리당 최경환 원내 대표는 4일 이틀 전 교섭단체 대표 연설에서 자신을 비판한 새정치민주연합 안철수 공동 대표에게 "너나 잘해."라고 고함을 친 데 대해 직접 사과했다. 최 원내 대표는 국회에서 열린 주요 당직자 회의에서 "안 대표의 교섭단체 연설에서 나의 부적절한 발언으로 국민 여러분께 심려를 끼쳐 드리게 됐다."면서 "국민 여러분과 안철수 대표에게 사과드린다."고 말했다. 그러면서 "나도 할 말이 많지만, 여당 원내 대표로서 말의 품격을 지켰어야 했는데 그렇지 못해서 송구스럽게 생각한다."고 덧붙였다.

04월 09일

• 여야정, 기초연금 협상 결렬…4월 국회 처리 먹구름 (연합뉴스 04. 09)

– 정부와 새누리당, 새정치민주연합은 9일 국회에서 기초연금 도입을 위한 여야정 협의체 실무 회의를 열고 법안 제정과 관련한 막판 절충을 시도했으나 끝내 합의에 이르지 못했다. 문형표 보건복지부장관과 여야 의원 각 2인이 참석한 이날 회의에서 정부·여당은 기초연금과 국민연금 가입 기간을 연계한다는 원칙을 재확인한 채 국민연금 사각지대를 축소하는 '두루누리 사업'의 확대 방안을 제안했다. 이에 야당은 기초연금과 국민연금 수급액을 연계하는 새로운 대안을 제시했으나 정부·여당이 난색을 보여 합의안 도출에 실패했다.

04월 13일

• 野, 경기 지사 여론조사 경선 방식 갈등 봉합…세 후보 수용 (연합뉴스 04. 13)

– 새정치민주연합의 당 선거관리위원장인 양승조 최고위원은 13일 기자회견을 열어 6·4 지방선거 경기 지사 후보 선출을 위한 여론조사 대상을 새정치연합 지지자 및 무당층으로 하되, 조사 결과에 대해 연령별 투표율 보정을 적용하는 내용의 최

종안을 확정·발표했다. 연령별 투표율 기준은 2012년 대선 때의 경기도 선거 결과를 적용키로 했다. 이는 김상곤 예비 후보와 김진표 예비 후보 간 입장을 일정 부분씩 반영해 조정한 절충안이다.

새정치연합은 당초 여론조사 대상에 새누리당 지지자를 포함키로 했다가 김상곤, 원혜영 후보 측의 문제 제기를 받아들여 번복했으나, 이에 김진표 후보가 반발하며 지난 11일부터 선거운동을 중단했다. 김진표 후보는 그러면서 연령별 투표율 보정을 여론조사에 적용해 줄 것을 마지노선으로 제시했다. 당 선관위는 김진표 후보의 연령별 투표율 보정 요구를 수용하되, 투표율 보정 기준에 대해서는 김상곤 후보의 주장을 받아들였다. 당 지도부의 이날 결정에 대해 일단 세 후보 측 모두 수용 입장을 표명하여, 한때 파행 위기로까지 치닫던 경기 지사 경선은 다시 정상화하게 됐다.

04월 15일
• 여야, 후보 경선 '돈 선거'에 강력 대응 방침   (연합뉴스 04. 15)
‒ 여야가 6·4 지방선거를 앞두고 경선을 통한 상향식 후보 결정을 전면 도입하면서 일부 현장에서는 금권 선거 등 불법 행위가 고개를 들고 있어 선거 관리에 비상이 걸렸다. 여당인 새누리당은 자체 진상 조사에 나서는 한편 경선 과정에 금품 제공 등 공직선거법 위반 혐의가 드러난 후보자에 대해 후보 자격 박탈 등 강경 조치를 불사하겠다며 불·탈법 행위에 대한 엄벌을 경고했다. 야당인 새정치민주연합도 당비 대납, 선거인단 동원 등 불법 행위에 대해 '무관용 원칙'하에 엄벌하겠다는 방침을 각 시·도당에 전달하는 한편 당 차원의 불법 선거 감시 활동을 강화하기로 했다.

04월 16일
• 기초연금 본회의 처리 무산…野, 절충안 수용 유보   (연합뉴스 04. 16)
‒ 여야가 16일 기초연금 도입 방안에 대해 최종 합의를 이루지 못해 기초연금법 제정안의 국회 본회의 처리가 일단 무산됐다. 새누리당은 이날 오전 여야 원내 대표 회담에서 기초연금을 국민연금 가입 기간과 연계해 월 10만~20만 원 차등 지급하

되, 가입 기간이 긴 저소득층 12만 명에 대해서는 연금액을 증액해 20만 원을 지급하는 방안을 최종 절충안으로 제시했다. 이렇게 될 경우 기초연금 최고액인 20만 원을 받는 수급자수는 당초 353만 명에서 365만 명으로 늘어나게 된다는 게 새누리당의 설명이다.

이에 새정치연합은 이날 오후 의원총회를 열고 절충안을 수용할지 여부를 논의했으나 일부 의원이 반대 의견을 제시한데다, 이날 발생한 진도 여객선 침몰 참사 대응에 당력을 집중하기 위해 토론을 중단, 수용 여부 결정을 유보했다. 야당이 기초연금 절충안 수용을 결정하지 않아 당초 새누리당이 계획했던 이날 국회 본회의에서의 기초연금법 제정안 처리는 무산됐다.

04월 17일

• 여객선 침몰…지방선거 · 국회 일정 중단 (연합뉴스 04. 17)

– 진도 여객선 침몰 사고 이틀째인 17일, 여야 정치권은 50일도 채 남지 않은 6·4 지방선거 경선 일정과 선거운동은 물론 국회 상임위 활동도 중단했고, 지방선거 주자들 역시 대외 일정을 전면 취소했다. 당 지도부는 소속 의원들에게 신중한 발언과 처신을 주문하는 동시에 골프 및 음주 자제령도 내렸고, 의원들이 트위터 등 소셜 네트워크 서비스(SNS)상에서 여객선 침몰 사고와 관련한 게시물을 올릴 때 신중을 기할 것을 당부하기도 했다.

04월 23일

• 환노위, '법사위 월권 금지' 결의안 채택…첫 사례 (연합뉴스 04. 23)

– 국회 환경노동위원회는 23일 다른 상임위에서 의결한 법률안에 대한 법제사법위원회의 월권적 심사 중단을 촉구하는 내용의 '법제사법위원회의 체계 · 자구 심사 권한의 월권 금지 및 산업재해보상보험법 개정안의 조속한 처리를 위한 촉구 결의안'을 채택했다. 그동안 국회에서 법사위의 권한과 역할을 둘러싸고 논란이 많았지만 다른 상임위에서 법사위의 권한을 제한하는 결의안을 채택한 것은 이번이 처음이다. 새누리당 김성태 의원이 마련하고 이날 환노위 전체회의에서 가결된 결의안은 환노위를 통과해 현재 법사위에 계류 중인 산업재해보상보험법 개정안 내용을

법사위가 다시 고치려는 것을 반대하는 내용을 담고 있다.

04월 24일

• 여야, 조문 속 선거 활동 신중 재개 　　　　　　　　　　　　(연합뉴스 04. 24)

– 여야는 24일 세월호 참사의 조문 분위기 속에서도 6·4 지방선거 준비를 조심스럽게 재개하고 있다. 세월호 침몰 사고 후 당내 경선과 선거운동 등을 전면 중단했지만, 선거가 41일 앞으로 성큼 다가온 마당에 마냥 미루기도 어려운 상황이기 때문이다.

한국 여론

04월 04일

• 朴 대통령 지지율 61%…역대 대통령 2년차 2분기 중 최고 　　　　(조선일보 04. 05)

– 한국갤럽이 4일 발표한 여론조사에서 박근혜 대통령의 국정 수행 지지율이 61%로 조사됐다. 1주 전의 59%에 비해 2%포인트 올랐고, 작년 10월 이후 6개월 만에 다시 60%를 상향 돌파했다. 갤럽이 실시한 역대 대통령 조사에서 취임 2년차 2분기 지지율이 60%를 넘은 것은 박 대통령이 처음이다. 김영삼 전 대통령이 55%였고, 김대중(52%), 노무현(34%), 노태우(28%), 이명박(27%) 전 대통령 순이었다. 한편 정당 지지율은 새누리당 43%, 새정치민주연합 27%였다. 야권이 통합 신당 창당을 발표한 3월 초에는 새누리당(39%)과 새정치연합(31%) 간 지지율 차이가 8%포인트였지만, 이후 양당 간 지지율 격차가 벌어지면서 이번엔 16%포인트 차이가 됐다.

04월 11일

• 정당 지지율, 새누리 44% 올해 최고치 경신 　　　　　　　　　(중앙일보 04. 11)

– 여론조사 전문 기관 한국갤럽이 공개한 조사 결과에 따르면, 정당 지지율은 새누리당 44%, 새정치민주연합 26%, 통합진보당 2%, 정의당 1%의 순이다. 지지 정당 없음 또는 의견 유보는 26%로 집계됐다. 갤럽은 자체 조사 기준으로 "새누리당의 지지율이 올해 최고치를 경신했다."고 밝혔다. 한편 지난달 네덜란드·독일 순방을

전후로 꾸준한 상승세를 보이던 박근혜 대통령의 지지율이 소폭 하락한 것으로 나타났다.

04월 21일

• 세월호 참사, 朴 대통령 지지율 5주 연속 60%대 (중앙일보 04. 21)

− 여론조사 기관 리얼미터가 21일 발표한 4월 셋째 주(14~18일) 주간 정례조사 결과에 따르면, 세월호 침몰 참사에도 박근혜 대통령의 국정 수행 지지율은 전주보다 1.6%P 상승한 64.7%로 나타났다. 새누리당 지지율도 동반 상승한 것으로 조사됐다. 새누리당은 전주보다 0.9%P 오른 53.4%를 기록했고, 새정치민주연합은 1.6%p 하락한 26.9%를 기록해 양당 격차가 26.5%P로 벌어졌다.

04월 24일

• 세월호 참사 직격탄 맞은 박 대통령 지지율 (한국일보 04. 24)

− 박근혜 대통령의 지지도가 5일 만에 큰 폭으로 하락했다. 지난 16일 진도 앞바다에서 발생한 세월호 침몰 사고를 수습하는 과정에서 박근혜 정부가 부실 대응과 총체적인 무능을 드러내자 비판 여론이 높아지며 박 대통령 지지율이 직격탄을 맞은 것이다. 여론조사 전문 기관인 리얼미터의 이택수 대표는 23일 밤 자신의 트위터에 글을 올려 "박 대통령의 지지율이 진도 방문 직후인 18일(금) 71%까지 상승했으나, 이번 주 들어 67.0%(월), 61.1%(화), 56.5%(수)로 하락세를 보이고 있다."고 밝혔다. 그는 "정부의 위기관리 능력에 대한 국민들의 불만이 커지면서 하락한 듯싶다."고 분석했다.

9차 (4월 말~5월 말)

김윤실

세월호 참사를 둘러싼 여야의 신경전이 계속되고 있다. 새정치민주연합은 세월호 참사에 대한 수사와 관련해 정부 중심이 아닌 국회 차원의 철저한 진상 규명과 특별검사 도입이 필요하다며 정부와 여당을 압박했다. 진상 규명과 국정조사는 사고 수습 이후 논의하자는 새누리당 지도부에 대해 책임을 회피하고 있다며 강하게 비판했으며, 정홍원 국무총리가 세월호 참사에 대한 책임을 지고 4월 27일 사의를 표명하자 '무책임한 결정'이라는 입장을 밝히기도 했다.

5월 중순에 들어서면서 여야는 세월호 국정조사 요구서를 공동으로 발의키로 합의하는 등 이견을 좁히는 듯했다. 하지만 국회 차원의 진상 규명 방식이나 대상, 목적 등 구체적인 내용을 둘러싸고 좀처럼 입장 차이를 좁히지 못했다. 특히 새정치민주연합은 국정조사와 별개로 5월 중 상임위별 청문회 개최, 긴급 현안 질의 등을 요구했지만, 새누리당은 청문회와 법안 심의권이 부여된 특위를 구성하자는 입장인 것으로 알려졌다(연합뉴스 2014. 05. 14). 이러한 상황에서 새누리당 이완구, 새정치연합 박영선 원내 대표는 15일 국회에서 회동을 통해 의견을 나눴고, 27일 본회의를 열어 세월호 침몰 사고 국정조사 계획서를 처리하기로 합의하였다.

여야는 19일 박 대통령의 세월호 관련 대국민 담화 이후 후속 대책에 대한 논의에 본격적으로 착수했지만, 국정조사 대상의 범위를 둘러싸고 이견을 보였다. 새정치연합은 전·현직 대통령을 염두에 둔 '성역 없는 조사'를 요구했지만, 새누리당은 정치 공세의 장으로 전락할 수 있다며 맞서 왔다(연합뉴스 2014. 05. 21). 결국 여야는 21일 세월호 국정조사 대상에 청와대의 국가안전보장회의(NSC)만 포함하는 것을 골자로 하는 '세월호 침몰 사고의 진상 규명을 위한 국정조사 요구서'를 본회의에 보고했다. 이후 국조특위를 구성해 구체적인 내용을 협의할 계획이다.

6월 4일 치러질 지방선거를 앞두고 여야는 여론을 의식한 행보를 보였다. 중앙선거관리위원회가 공개한 지방선거 10대 정책 공약에 따르면, 국고보조금을 지원받는 정당 4곳 중 3곳인 새누리당과 새정치민주연합, 정의당의 1번 정책 공약은 모두 '국민 안전보장'이었다. 뿐만 아니라, 여야 후보들은 세월호 참사에 따른 추모 분위기에 맞춰 로고송과 율동 등이 없는 조용한 선거운동을 다짐했다. 특히 박원순 서울 시장 후보는 새누리당 경쟁자(정몽준)에게 조용하고 반성하는 선거, 돈 안 드는 선거, 네거티브 없는 선거를 제안하기도 했다.

한편, 세월호 침몰 이후 박 대통령과 여당인 새누리당의 지지율은 각종 여론조사에서 동반 하락하는 것으로 나타났다. 특히 한국갤럽의 여론조사 결과에 따르면, 40대의 박 대통령 지지율은 한 달 만에 23%포인트나 급락한 것으로 확인되었으며, 새누리당의 지지율은 지난 18대 대선 이후 처음으로 30%대로 떨어져 38.1%를 기록하기도 했다.

한국 정당

04월 27일

• 정 총리 사퇴에 與 "사고 수습 진력"…野 "무책임한 결정"   (연합뉴스 04. 27)

– 여야는 27일 정홍원 국무총리가 세월호 참사에 책임을 지고 사의를 전격 표명한 것과 관련해 엇갈린 반응을 보였다. 새누리당은 정 총리의 사퇴 표명과 관계없이 사고 수습에 전력을 다할 때라는 입장을 보인 반면, 새정치민주연합은 국면 전환용 사퇴이자 무책임한 결정이라고 비판했다.

05월 08일

• 새정치연합 새 원내 대표 박영선…헌정사상 첫 여성 대표

(연합뉴스 05. 08 · 중앙일보 05. 08)

– 새정치민주연합의 새 원내 대표에 박영선 의원이 선출됐다. 헌정사상 첫 여성 원내 대표다. 박 의원은 8일 오후 국회에서 열린 새정치연합 원내 대표 경선에서 결선투표까지 가는 대결 끝에 전체 투표 참여자 128명 가운데 69표를 얻어, 59표를 득표한 노영민 의원을 누르고 원내 대표에 당선됐다. 세월호 참사 국면에 제1 야당의 원내 사령탑으로 뽑힌 박 원내 대표는 이날 오전 선출된 새누리당의 이완구 신

임 원내 대표와 함께 19대 국회 후반기 원 구성 협상과 세월호 참사 진상 규명 및 재발 방지 대책 마련 협상 등을 주도하게 된다. 박 원내 대표는 "정부 여당이 바른 길로 가면 협조하겠지만 그렇지 못하면 국민을 대신해 단호하게 견제하고 감시할 것"이라고 밝혔다.

05월 08일

• 野 "국정조사 6월에"…與 '수습 후 국조' 견제 　　　　　　 (연합뉴스 05. 08)

– 새정치민주연합은 8일 세월호 참사에 대한 정부 중심의 진상 규명과 수사는 '셀프 조사'라며 국회 차원의 철저한 진상 규명과 특별검사 도입이 필요하다고 새누리당을 압박했다. 진상 규명과 국정조사는 사고 수습 이후 논의하자는 새누리당 지도부에 대해서는 책임을 회피하고 있다며 강하게 비판했다. 당 사고 대책 위원장을 맡은 우원식 최고위원은 이날 사고 대책위와 상임위 간사 위원장단 연석회의 직후 브리핑을 통해 "5월 국회는 상임위를 열어서 진상 조사에 들어가고 6, 7월에는 국정조사에 들어가자는 게 입장"이라고 재차 강조했다.

05월 15일

• 여야, 세월호 국조 계획서 27일 본회의 처리 합의 　　　　　 (연합뉴스 05. 15)

– 새누리당 이완구, 새정치민주연합 박영선 원내 대표는 15일 국회 회동에서 오는 27일 본회의를 열어 세월호 침몰 사고 국정조사 계획서를 처리키로 합의했다. 양당 원내 대표는 오는 19일부터 한 달간 임시국회를 개최하고 오는 20일 본회의에 세월호 침몰 사고 국정조사 요구서를 보고하기로 했다. 또 오는 20일과 21일 이틀간 본회의를 열어 긴급 현안 질의를 실시하기로 했다. 이와 함께 19일부터 후반기 원 구성을 위한 협의를 진행, 27일 본회의에서 국회 의장단 및 상임 위원장, 상설 특위 위원장 선거를 실시하기로 했다.

05월 22일

• 與 "환골탈태 의지" vs 野 "김기춘 교체 없어 무의미" 　　　　 (연합뉴스 05. 22)

– 여야는 22일 박근혜 대통령이 후임 총리에 안대희 전 대법관을 지명하고, 남재준

국가정보원장과 김장수 국가안보실장을 전격 경질한 데 대해 상반된 반응을 보였다. 새누리당은 "환골탈태의 의지를 보인 인사"라며 환영했지만, 새정치민주연합은 김기춘 청와대 비서실장의 유임을 비판하며 "기대에 어긋난 인사"로 평가했다.

한국 선거·의회

04월 29일

• 세월호 참사: 국회 '추모 공원·추모비 건립 결의안' 본회의 가결   (연합뉴스 04. 29)
− 국회는 29일 본회의를 열어 세월호 참사 피해 지원과 진상 규명을 위한 결의안을 재석 253명 가운데 찬성 250명, 기권 3명으로 통과시켰다. 결의안은 먼저 남은 실종자 구조에 모든 노력을 기울일 것을 주문하고, 사고 대응·수습 과정에서 많은 문제점을 노출해 피해 규모를 줄이지 못한 정부에 대해 진정성 있는 사과를 촉구했다. 또 피해 당사자와 가족, 피해 지역 주민에 대한 긴급 구호와 심리 치료, 경제적 안정을 위한 지원을 추진할 것을 결의했다. 이와 함께 피해자가 많은 경기도 안산시에 피해자들의 넋을 추모하기 위한 추모 공원과 추모비 건립을 추진하겠다고 결의했다. 새누리당과 새정치민주연합은 전날 비슷한 내용의 결의안을 각각 당론 발의했지만, 원내 지도부 협의를 통해 단일 대안을 만들었다.

04월 30일

• '식물 미방총', 2시간 만에 법안 120여 건 무더기 처리   (조선일보 05. 01)
− 작년 7월 이후 10개월간 법안 처리 실적이 전무(全無)해 '식물 상임위'로 불렸던 국회 미래창조과학방송통신위원회가 30일 법안심사소위원회와 전체회의를 잇달아 열고 120여 건 법률안을 2시간 만에 처리했다. 미방위는 지난 2월 이후 위헌 논란을 빚었던 방송법 개정안의 '민영 방송사에 노사 동수(同數) 편성위원회 설치' 조항을 두고 여야가 맞서면서 파행을 계속해 왔다. 새정치민주연합이 29일 편성위 설치 주장을 포기하기로 당론을 정하면서 이날 연계돼 있던 단말기유통구조개선법, 원자력방재·방호법, 개인정보보호법 등의 민생 관련 법안이 한꺼번에 처리된 것이다.

05월 02일

• 기초연금법 본회의 통과…새정치, 여당안 수용 '후폭풍'

(연합뉴스 05. 02 · 경향신문 05. 02)

– 정부·여당이 4월 국회 처리를 위해 마련한 기초연금법 제정안의 절충안이 2일 국회 본회의를 통과했다. 보건복지위원회와 법제사법위는 이날 대부분의 야당 의원이 불참한 가운데 전체회의를 열고 기초연금법 제정안을 표결에 부쳐 의결했다. 새누리당이 과반인 다수당임을 감안하면 정부·여당의 절충안 처리를 방조한 격이 됐으며, 새정치연합 지도부가 기존 당론을 포기하고, 정부·여당안을 수용한 것이라는 비판도 일고 있다.

05월 02일

• '특권 지키기' 논란 국회의원 겸직 금지안 처리 제동   (연합뉴스 05. 02)

– 국회의원의 겸직 금지 범위에 지나치게 많은 예외 조항을 넣어 '특권 지키기' 논란을 일으킨 '국회의원 겸직 및 영리 업무 종사 금지 규칙안'이 2일 국회 법제사법위에서 제동이 걸려 이번 임시국회에서 처리되지 않게 됐다. 지난달 29일 운영위 전체회의를 통과했던 규칙안은 국회의원의 겸직 허용 분야를 문화·체육·학술·종교·장학·안전·자선·기예·복지 등 비영리 공공 법인 또는 단체로 규정하여, 정치권의 '특권 내려놓기' 분위기에 역행한다는 비판에 휩싸였다. 법사위는 당초 이날 전체회의에서 규칙안을 심의할 예정이었으나 새정치민주연합 등 야당 의원들의 반대로 아예 상정하지 못했다.

05월 08일

• 與 'KBS 수신료 인상' 단독 상정…野 "참사 와중 날치기"   (연합뉴스 05. 08)

– 국회 미래창조과학방송통신위원회가 8일 KBS 수신료 인상 승인안을 둘러싼 여야 간 충돌로 파행됐다. 미방위원장인 새누리당 소속 한선교 의원은 이날 오전 전체회의를 열고 '텔레비전 수신료 인상 승인안', '방송통신심의위원회 위원 추천' 등을 안건으로 상정했다. 그러나 새정치민주연합 소속 의원들은 수신료 인상안을 안건으로 다룰 수 없다며 회의장 입장을 거부했으며, 회의는 여당 의원들만 참석해

수신료 인상안에 대한 토론을 한 후 30여분 만에 정회됐다. 수신료 인상안은 법안 심사소위원회로 회부해 추후 논의를 계속하기로 했다. 이에 대해 새정치연합에서는 "여당이 세월호 참사 와중에 날치기로 상정을 한 것"이라고 강력히 반발했다.

05월 11일
• 여야, 세월호 참사 여파 속 앞다퉈 '안전 공약'   (연합뉴스 05. 11)
– 여야가 내건 6·4 지방선거의 주요 정책 공약의 화두는 세월호 참사의 충격파 속에 '개발'이 아닌 '안전'으로 급전환한 것으로 나타났다. 중앙선거관리위원회가 11일 홈페이지를 통해 공개한 국고보조금 지원 정당 4곳의 지방선거 10대 정책 공약에 따르면, 새누리당과 새정치민주연합, 정의당의 1번 정책 공약은 모두 '국민 안전 보장'이었다. 통합진보당만 10대 공약에서 안전 공약을 제외하고 무상 복지에 초점을 맞췄다.

05월 12일
• 박원순, 與 후보에 '조용하고 돈 안 드는 선거' 제안   (연합뉴스 05. 12)
– 박원순 서울 시장은 12일 새누리당 서울 시장 후보로 이날 오후 선출되는 본선 경쟁자에게 조용하고 반성하는 선거, 네거티브 없는 선거를 제안했다. 새정치민주연합 서울 시장 후보로 지난 9일 확정돼 재선 도전에 나서게 된 박 시장은 "세월호 참사로 온 국민이 슬픔에 잠긴 지금 애도 분위기에 맞게 작고 조용하고 돈 안 드는 선거를 치르자."면서 "유세 차량을 없애고 사람을 동원해 세를 과시하는 선거운동을 하지 않겠다."고 말했다. 또한 "선거 비용을 확 줄이고 시민 참여와 봉사로 이뤄진 진정한 시민 선거를 하겠다."고 약속했다.

05월 12일
• 野 "주요 대학 등에 사전 투표소 설치 확대해야"   (연합뉴스 05. 12)
– 새정치민주연합은 12일 전국 단위로는 처음으로 이번 6월 지방선거에 도입되는 '사전 투표제'와 관련, 투표소 설치 및 홍보 확대를 중앙선관위에 요구했다. 사전 투표제는 부재자 신고를 하지 않아도 주소와 관계없이 신분증만 있으면 전국 모

든 읍·면·동사무소에서 투표할 수 있는 제도로 이달 30~31일 이틀간에 걸쳐 진행된다. 새정치연합 사전 투표 준비 위원회는 이날 국회 정론관에서 기자회견을 열어 "사전 투표제가 전국 단위로는 처음 실시되고 부재자 투표제를 대신하는 만큼 제도 취지에 맞도록 사전 투표 장소를 더 늘려야 한다."고 주장했다. 특히 "새누리당의 비협조적 태도로 인해 사전 투표소를 읍·면·동사무소별로 1곳에만 설치하고, 18대 대선 당시 부재자 투표소가 설치됐던 주요 대학 등 다중 이용 시설에 투표소가 설치되지 못했다."면서 주요 대학 등에도 투표소를 설치해야 한다고 강조했다.

05월 12일

• **새누리당 서울 시장 후보에 정몽준…박원순과 대결**　　　　　(연합뉴스 05. 12)

– 6·4 지방선거의 새누리당 서울 시장 후보로 7선의 비박(비박근혜)계 정몽준 의원이 확정됐다. 정 의원은 12일 오후 서울 송파구 올림픽체조경기장에서 열린 '새누리당 서울 시장 후보자 선출 대회'에서 경쟁 후보인 김황식 전 총리와 이혜훈 최고위원을 누르고 새누리당 서울 시장 후보로 선출됐다. 이로써 정 의원은 본선 무대에서 새정치민주연합 박원순 현 시장과 대결을 벌이게 됐다. 정 의원은 국민 참여 선거인단의 현장 투표(대의원 20%, 당원·국민선거인단 각 30%)와 여론조사(20%)를 합쳐 총 4천497표 가운데 71.1%인 3천198표를 얻어 애초 예상을 깨고 압도적 표차로 1위를 차지했다. 정 의원은 후보 수락 연설에서 세월호 참사와 관련한 막내아들의 페이스북 글 논란과 관련, "제 아들의 철없는 짓에 진심으로 사과드린다."면서 말을 잇지 못하고 눈물을 보이기도 했다.

05월 13일

• **野 소집 요구 미방위, 與 불참으로 파행**　　　　　(연합뉴스 05. 13)

– 국회 미래창조과학방송통신위원회가 13일 KBS의 세월호 참사 보도를 둘러싼 여야의 이견과 충돌로 파행됐다. 야당은 KBS의 보도가 논란이 된 만큼 긴급 현안 질의가 필요하다며 미방위 소집을 요구했고, 국회법에 따라 이날 전체회의가 열리기는 했지만 '부당한 방송 간섭'이라는 새누리당의 불참으로 정상적인 회의가 이뤄지지 못했다. 이에 따라 회의는 야당 단독으로 1시간여 진행된 후 산회됐다.

05월 20일

• 여야, '율동 금지'등 조용한 선거운동 다짐   (연합뉴스 05. 20)

— 여야는 20일 6·4 지방선거에서 율동을 금지하는 등 '조용한 선거운동'을 나란히 다짐했다. 세월호 참사로 조성된 국가적 애도 분위기를 고려해 22일부터 시작되는 공식 선거운동 기간에 최대한 튀지 않는 캠페인을 펼쳐야 한다는 데 인식을 같이 했다.

05월 21일

• '세월호 국조 요구서' 본회의 보고…靑 조사 대상 포함   (연합뉴스 05. 21)

— 여야는 21일 세월호 국정조사 대상에 청와대를 포함하는 것을 골자로 하는 '세월호 침몰 사고의 진상 규명을 위한 국정조사 요구서'를 본회의에 보고했다. 여야는 국조 요구서에서 "철저한 진상 조사를 통하여 사고 원인과 책임 소재를 명백히 규명하고, 제도적 개선책을 마련해 국민의 안전을 보장하기 위한 것"이라고 밝혔다. 여야는 국조특위를 구성해 구체적인 조사 범위와 대상, 방식, 절차, 기간 등을 담은 국조 계획서를 27일 본회의에서 처리하고 본격적인 국조에 나설 예정이다.

05월 23일

• 의원 체육 단체장 겸직 전면 금지…100명 안팎에 통보   (연합뉴스 05. 23)

— 국회 사무처가 최근 체육 관련 단체의 이사장이나 회장을 맡은 현역 의원들에게 '겸직 불가' 결정을 일괄 통보한 것으로 알려졌다. 이에 따라 정치인들이 주로 겸직해 온 체육 관련 단체장 판도에 적잖은 변화가 예상된다.

한국 여론

04월 28일

• 세월호 침몰, 박 대통령과 새누리당 지지율 동반 하락

(동아일보 04. 28 · 경향신문 04. 28)

— 박근혜 대통령과 여당인 새누리당 지지율이 동반 하락했다는 여론조사 결과가

나왔다. 여론조사 전문 기관 리얼미터가 28일 공개한 정례조사 결과에 따르면, 박 대통령의 취임 61주차 지지율은 57.9%로 전주 대비 6.8%P 떨어진 것으로 나타났다. 박 대통령이 '국정 수행을 잘못하고 있다'는 응답은 33.8%에 달했다. 박 대통령이 세월호 사고가 발생한 진도 현지를 방문, 사고 실종자 가족들과 만난 다음 날인 18일엔 지지율이 71%까지 치솟기도 했지만, 이후 "정부의 위기관리 능력에 대한 국민의 불만이 커지면서 박 대통령의 지지율 또한 크게 하락했다."는 것이 리얼미터의 분석이다. 정당 지지율 조사에서 새누리당의 지지율은 1주일 전 조사 때보다 4.7%P 하락한 48.7%였고, 새정치민주연합은 1.2%P 오른 28.1%였다. '지지 정당이 없다'는 무당파는 18.2%로 집계됐다.

05월 02일

• 朴 대통령 지지율 갤럽 조사도 40%대로 추락…여야도 동반 하락

(조선일보 05. 02 · 한겨레 05. 02)

– 한국갤럽이 2일 발표한 여론조사에서 박근혜 대통령의 국정 수행 지지율이 2주 전에 비해 11%포인트 하락한 48%인 것으로 나타났다. 갤럽 조사에서 박 대통령의 지지율이 50% 이하로 하락한 것은 지난해 12월 이후 처음이다. 부정 평가 이유로는 '세월호 사고 수습 미흡'이 35%로 가장 많았고, '리더십 부족·책임 회피'(17%) 등이 뒤를 이어 세월호 침몰 사고와 관련해 박 대통령과 정부에 대한 실망과 불만이 반영된 것으로 분석됐다. 정당별 지지도는 새누리당 39%, 새정치민주연합 24%로, 2주 전에 비해 각각 6%, 1%포인트 떨어졌다. 반면 지지 정당이 없는 무당파는 8%포인트 늘었다. 한편 세월호 침몰 사고에 대한 정부의 수습과 대응에 대해서는 82%가 '적절하지 못했다'고 평가했으며, 8%만이 '적절했다'고 답했다. 지난달 27일 정홍원 국무총리의 사의 표명에 대해서는 73%가 '적절하지 못했다'고 답했고, '적절했다'는 의견은 14%에 그쳤다.

05월 07일

• 세월호 후폭풍…정몽준, 박원순과 차이 벌어져 (연합뉴스 05. 07 · 중앙일보 05. 07)

– 세월호 참사 이후 각종 여론조사에서 새정치민주연합 소속 박원순 현 서울 시장

과 정몽준 의원을 비롯한 새누리당 예비 후보 간의 지지율 격차가 더 벌어진 것으로 파악됐다. 특히 중앙일보와 한국갤럽이 지난 1~5일 실시한 여론조사에 따르면 정몽준 후보 39.2%, 박 후보 45.6%로 박 후보가 6.4%포인트 앞서고 있다. 이는 3월 15일에 실시한 여론조사(정 후보 42.1%, 박 후보 42.5%)에 비해 지지율 격차가 더 벌어진 것이다.

05월 09일

• 朴 대통령 지지율 연일 하락…40대 부정 평가 기류 강해져

(조선일보 · 경향신문 05. 09)

– 한국갤럽이 9일 발표한 여론조사 결과에 따르면 세월호 참사 여파로 박근혜 대통령의 국정 수행 지지율이 계속 하락하고 있는 것으로 나타났다. 특히 40대의 박 대통령 지지율은 한 달 만에 23%포인트나 급락해 40대의 민심이 박 대통령에게 등을 돌리고 있는 것으로 드러났다. 박 대통령의 국정 수행에 대한 긍정 평가는 46%로 전주(48%)보다 2%포인트 하락한 반면 국정 수행을 '잘못하고 있다'는 부정 평가는 40%에서 41%로 1%포인트 상승했다. 부정 평가 이유로는 '세월호 사고 수습 미흡'이 30%로 가장 큰 비중을 차지했다. 한편 정당별 지지도는 새누리당이 39%를 유지했고, 새정치민주연합은 전주보다 1%포인트 하락한 23%를 기록했다.

05월 12일

• 새누리당 지지율, 대선 후 처음으로 30%대로 떨어져

(연합뉴스 05. 12 · 조선일보 05. 12)

– 세월호 참사 이후 새누리당의 지지율이 계속해서 하락하여, 지난 18대 대통령 선거 이후 약 1년 6개월 만에 처음으로 30%대로 떨어졌다. 여론조사 전문 기관 리얼미터가 12일 전화 조사한 결과, 5월 첫째 주 새누리당 지지율이 한 주 전보다 5.4%포인트 하락한 38.1%였다고 밝혔다. 새정치민주연합 지지율은 1.7%포인트 상승한 25.6%였다. 리얼미터의 조사에 따르면 새누리당 지지율은 18대 대선 이전인 2012년 10월 둘째 주 38.7%로 저점을 찍은 후 줄곧 40%를 넘겨 왔다. 한편 박근혜 대통령의 지지율도 51.8%로 전주보다 1.1%포인트 떨어졌다.

05월 14일

• 세월호 관련 여론, "세월호 참사 정부 비판 당연" 57%   (한겨레 05. 14)

– 한겨레가 12~13일 여론조사를 통해 '정부 책임이 크기 때문에 정부가 비판받는 것은 당연하다'와 '세월호 참사를 정치적으로 선동하려는 것은 문제가 있다'는 견해 중 어느 쪽에 공감하느냐고 물어본 결과, 응답자 절반 이상(56.6%)은 비판이 당연하다고 했다. '정치적 선동'이라고 보는 이들은 41.9%였다. 그러나 '대통령과 정부에 대해 야당이 어떻게 대응해야 한다고 보느냐?'고 물어본 결과, 응답자 72.8%는 '위기 수습을 위해 비판은 자제하고 협력해야 한다'는 쪽을 택했다. '야당으로서 비판과 견제 역할을 강화해야 한다'는 응답은 27.2%에 그쳤다. 여러 모로 쉽게 이겨 내기 힘든 국가적 난국을 앞에 두고, 정치권이 서로 싸우거나 경쟁하기보다 극복을 위해 협력하기를 기대하는 사회 정서가 반영된 것으로 풀이된다.

05월 16일

• 박 대통령 지지율 하락세 멈췄다…부정 평가는 상승   (중앙일보 05. 16)

– 16일 여론조사 전문 기관 한국갤럽이 공개한 5월 둘째 주 주간 정례조사 결과에 따르면, 박근혜 대통령이 대통령 직무를 잘 수행하고 있다는 평가가 46%를 기록했다. 이는 전주와 같은 수치로, '세월호' 침몰 사고의 여파로 인한 박 대통령의 지지율 하락세가 멈춰 선 것이다. 반면 박 대통령이 직무를 잘못 수행하고 있다는 평가는 42%로, 전주 조사 때보다 1%P 상승했다. 한편 정당 지지율은 새누리당이 40%, 새정치민주연합이 24%, '지지 정당 없음' 또는 '의견 유보'가 33%를 기록했다.

05월 19일

• 安, 차기 대선 후보 지지도 3위로 하락   (연합뉴스 05. 19)

– 리얼미터가 지난 12~16일 실시한 여론조사 결과에 따르면, 새정치민주연합 안철수 공동 대표가 차기 대선 후보 지지도에서 새누리당 정몽준, 같은 당 문재인 의원에 밀려 3위를 기록했다. 리얼미터는 자체 조사만 놓고 볼 때 대선 후보 지지도에서 안 대표가 문 의원에게 뒤진 것은 2012년 대선 이후 처음이라고 밝혔다. 한편 같은 기간 정당 지지율은 새누리당이 42.4%, 새정치민주연합이 27.7%로 집계됐다.

10차 (5월 말~6월 말)

세월호 참사의 책임을 지고 사퇴한 정홍원 총리의 후임이 두 달째 정해지지 않고 있다. 5월 22일 국무총리 후보자로 지명되었던 안대희 후보자가 '전관예우' 논란으로 불과 엿새 만에 사퇴한 이후, 새롭게 지목된 문창극 후보자도 역사 인식 논란을 빚어 국민과 야당은 물론 여당으로부터도 부정적인 평가를 받고 있다. 6월 17일 예정되어 있던 문창극 국무총리 후보자에 대한 임명 동의안 및 인사 청문 요청서의 국회 제출이 무산되자, 야당인 새정치민주연합은 문 후보에 대한 임명 철회 및 자진 사퇴를 촉구하며 비판의 강도를 높이고 있다. 이러한 인사 문제를 둘러싼 논란들은 박근혜 대통령의 지지율에도 영향을 미쳤다. 5월 말 소폭 상승하는 듯했던 박 대통령에 대한 지지율은 6월 들어 각종 여론조사에서 급락하기 시작했다. 특히 한국갤럽의 발표에 따르면 박 대통령의 국정 수행에 대한 부정 평가가 취임 후 가장 높은 수치인 48%를 기록하기도 했다.

6월 4일 있었던 지방선거 결과는 '압도적인 승자'는 없는 것으로 마무리되었다. 전국 광역단체장 17곳 중 새누리당이 8곳, 새정치연합이 9곳에서 승리하였고, 기초단체장 226개 선거구 중 새누리당이 117곳, 새정치연합이 80곳을 차지하였다. 수도권의 경우에는 새누리당이 24곳, 새정치연합이 40곳에서 당선자를 배출하였다.

한편 19대 국회의 후반기 신임 국회의장으로 5선의 새누리당 정의화 의원이 5월 29일 선출되었다. 후반기 국회의장이 전반기 의장 임기 내에 선출된 것은 지난 1994년 국회법 개정에 따라 국회의장 임기가 정해진 이후 처음이다(연합뉴스 2014. 05. 29). 하지만 19대 후반기 국회의장이 결정된 후 한 달이 지나도록 원 구성은 파행을 거듭하고 있다. 새누리당 이완구, 새정치민주연합 박영선 원내대표가 매주 월요일마다 주례 회담을 열기로 하는 등 후반기 원 구성과 국회 운영에 대한 협상에 노력을 기울였지만, 국정감사 시기를 놓고 이견을 좁히지 못했다. 여야는 국정감사를 두 차례에 걸쳐 분리 실시하는 데는 공감했지만,

상반기 국감 시기를 놓고 새누리당은 6월, 새정치민주연합은 6월 이후를 주장하며 합의에 이르지 못했다.

한편 세월호 침몰 사고 진상 규명을 위한 국회 국정조사특위는 증인 채택 등을 둘러싼 여야의 이견으로 진통을 계속하던 중 5월 29일 첫 회의를 열어 국정조사 계획서를 의결하였다. 이후 6월 17일 예비 조사팀을 구성하기에 이르렀지만, 기관 보고 일정 등을 둘러싸고 입장을 좁히지 못했다. 야당은 월드컵이 끝난 후인 7월에 기관 보고를 실시해야 한다는 입장인 반면, 여당은 7·30 재·보선에 영향을 미칠 수 있기 때문에 6월 23일부터 실시해야 한다는 주장이다. 이에 여당인 새누리당은 23일부터 기관 보고를 강행하겠다는 방침을 밝히기도 했으나, 여야 간사 간 논의를 통해 진행하겠다며 이를 번복하기도 했다. 결국 여야는 6월 26일부터 기관 보고를 받기로 일정에 합의하였다.

한국 정당

05월 28일

- 안대희 사퇴에 與 "안타깝다."…野 "당연한 일"　　　　　(연합뉴스 05. 28)
– '전관예우' 논란에 휘말렸던 안대희 국무총리 후보자가 28일 후보 지명 불과 엿새 만에 결국 사퇴했다. 이에 새누리당은 당혹감을 감추지 못하면서 야당의 공세 차단에 주력한 반면, 새정치민주연합은 당연한 결과라며 청와대의 인사 검증 시스템 난맥상을 지적했다. 안 후보자는 지난 22일 세월호 참사의 대처 실패에 책임을 지고 사의를 표명한 정홍원 총리의 후임으로 전격 지명됐다. 그러나 대법관 퇴직 후 지난해 변호사 사무실을 개업한 뒤 5개월간 16억 원의 수입을 얻은 것으로 드러나 '전관예우' 논란에 휩싸였으며 야당의 사퇴 공세에 직면해 왔다.

06월 09일

- 野, 대화록 유출 수사 결과에 "친박 무죄, 봐주기 수사"　　(연합뉴스 06. 09)
– 새정치민주연합은 9일 검찰이 2007년 남북정상회담 대화록을 입수해 낭독했다는 의혹을 받은 새누리당 김무성 의원에 대해 '혐의 없음' 처분을 한 것과 관련, "친

박(친박근혜) 인사들에게 면죄부를 준 불공정 수사"라고 반발했다. 검찰은 이날 새누리당 정문헌 의원만 벌금 500만 원에 약식기소했을 뿐, 야당이 고발한 다른 인사들은 모두 무혐의 처분했다.

06월 10일

• 野, 지방 연정에 경기 "논의 가능"…제주는 "안돼"　　　　　(연합뉴스 06. 10)

– 새정치민주연합은 새누리당의 경기도·제주도 광역단체장 당선인들이 새 지방 정부에 여야가 힘을 합치자는 '연정(聯政)'을 제안한 것과 관련, 경기와 제주에서 각각 다른 반응을 보였다. 새정치연합 경기 도당은 10일 남경필 경기 지사 당선인이 사회 통합 부지사직에 야당 인사를 임명하는 방식의 연정을 제안한 것과 관련, 정책 협의가 우선된다면 충분히 논의할 수 있다는 입장을 밝혔다. 그러나 새정치연합 제주 도당은 새누리당 원희룡 제주 지사 당선인이 경쟁자였던 새정치연합 신구범 후보에게 지사직 인수 위원장을 맡기겠다고 제안한 것에 대해 "야당의 분열을 조장하는 행위"라며 수용 불가 입장을 분명히 밝혔다.

06월 13일

• 與 "국정 연속성·일신 조화" vs 野 "소통 無·헌법 무시"　　　　(연합뉴스 06. 13)

– 여야는 13일 박근혜 대통령이 단행한 경제부총리 겸 기획재정부장관을 포함한 7개 부처 개각에 대해 상반된 반응을 보이며 날선 공방을 벌였다. 새누리당은 "국정 연속성과 국정 일신의 조화를 맞춘 것"이라며 긍정적 평가를 내린 반면, 새정치민주연합은 "변화의 모습이 전혀 보이지 않은 개각"이라며 혹평했다.

06월 15일

• 여야, '새정치민주연합' 약칭 놓고 신경전　　　　　　　　　(연합뉴스 06. 15)

– 여야는 15일 '새정치민주연합'의 약칭을 놓고 또 한차례 신경전을 벌였다. '새정치'로 불러 달라는 새정치연합의 요구에도 '새민련'을 고수해 온 새누리당이 앞으로 제1 야당을 존중하는 뜻에서 '새정연'으로 칭하겠다고 밝혔으나, 새정치연합은 여전히 오만함으로 평가절하하며 '새정치민주연합'이나 '새정치연합'을 고수했다.

새누리당 박대출 대변인은 이날 여의도 당사 브리핑에서 "새정치민주연합에 대해 언론사에서 사용하는 약칭을 조사한 결과 '새정연'을 가장 많이 쓰는 점을 고려해 앞으로 새누리당도 '새정연'이라는 약칭을 사용하려 한다."고 밝혔다.

06월 17일

• 野 "대통령 뜻은 사퇴…文 결자해지 해야" (연합뉴스 06. 17)

– 새정치민주연합은 17일 이날 예정됐던 문창극 국무총리 후보자에 대한 임명 동의안 및 인사 청문 요청서의 국회 제출이 무산되자 "대통령의 뜻은 자진 사퇴"라면서 문 후보자의 거취 결정을 거듭 촉구하며 압박 수위를 높였다. 문 후보자 임명 동의안의 국회 제출 시점은 당초 16일에서 이날로 하루 미뤄졌다 또다시 연기된 것이다. 박범계 원내 대변인은 국회 브리핑에서 "눈치도 없는 문 후보자는 내일 오전까지 거취를 결정해 달라."며 "청와대도 더 이상 오락가락하지 말고 임명 동의안을 국회에 보내지 말기 바란다. 이는 전 국민의 요청"이라고 잘라 말했다.

한국 선거·의회

05월 27일

• '세월호 국조' 진통 계속…후반기 원 구성도 차질 (연합뉴스 05. 27)

– 세월호 침몰 사고에 대한 국회 국정조사가 증인 채택의 순서 문제에 대한 여야 이견으로 첫 회의도 열지 못한 채 진통을 계속하고 있다. 여야는 당초 27일 오후 본회의를 열어 국조 계획서를 채택하고 국조특위를 중심으로 본격 활동에 들어가기로 합의했지만, 국조 계획서 합의에 제동이 걸리면서 차질이 불가피해졌다. 국조 계획서의 본회의 처리를 위해서는 국조특위가 이를 먼저 의결해야 하는데 여야 이견으로 특위 전체회의조차 열리지 못했다. 새정치연합은 국조 계획서에 증인(참고인)을 먼저 명시할 것을 주장한 반면, 새누리당은 일단 특위에서 위원장과 간사 선출을 마친 뒤 국조 계획서를 일단 의결하고, 증인 문제는 추후 특위 운영 과정에서 논의하자고 맞섰다. 한편 본회의가 열리지 못하면서 이날 함께 처리할 예정이었던 국회 의장단 및 상임위 위원장 선출도 지연돼 후반기 원 구성도 미뤄졌다.

05월 27일

• 광역단체장 후보 45%가 '前科'   (조선일보 05. 28)

− 시민 단체인 '바른사회 시민회의'가 27일 선관위의 지방선거 후보자 등록 사항을 분석해 발표한 자료에 따르면, 6·4 지방선거 광역단체장 후보 61명 중 절반에 가까운 45%인 28명, 교육감 후보 72명 중 26%인 19명이 전과가 있는 것으로 나타났다. 전과 내용은 뇌물, 횡령, 음주 운전에서 분묘 도굴, 음란물 유포까지 다양했다. 한편 광역단체장 후보의 전과자 비율이 가장 높은 정당은 통합진보당(42%, 12명)이었다. 다음으로는 새정치민주연합(8명, 28%), 정의당(3명, 10%), 새누리당(2명, 7%) 순이었다.

05월 29일

• 세월호 국조특위 첫 회의…국조 계획서 의결   (연합뉴스 05. 29)

− 세월호 침몰 사고 진상 규명을 위한 국회 국정조사특위는 29일 밤 첫 회의를 열고 여야가 이날 합의한 국정 조사 계획서를 의결했다. 국조 계획서는 이날 밤 9시 30분으로 예정된 본회의에서 의결될 예정이다. 이에 따라 세월호 국조는 오는 6월 2일부터 8월 30일까지 90일간 청와대 비서실과 안보실, 국가정보원, 해양수산부, 해경, 해양경찰청, 안전행정부 등 최소 20여 개 기관을 대상으로 본격적인 활동에 들어간다. 한편 합의 과정에서 최대 쟁점이었던 김기춘 청와대 비서실장의 증인 포함 문제와 관련, 조사 대상 기관에 '청와대 비서실'을 적시하고 '기관 보고는 각 기관의 장(長)이 보고한다.'고 명시했다. 이에 따라 김 실장의 이름을 적시하지는 않았지만, 김 실장이 비서실장직을 유지할 경우 국회 특위에 참석해 보고해야 할 것으로 보인다.

05월 29일

• 후반기 국회의장 정의화…부의장 정갑윤 · 이석현   (연합뉴스 05. 29)

− 19대 국회 후반기 2년간 입법부를 이끌 신임 국회의장에 5선의 새누리당 정의화 의원이 선출됐다. 또 국회 부의장에는 새누리당 정갑윤·새정치민주연합 이석현 의원이 각각 선출됐다. 정의화 의원은 29일 전반기 마지막 본회의에서 무기명 비

밀투표로 진행된 국회의장 선출 투표에서 재석 231표 중 207표를 얻어 요건인 과반을 가뿐히 넘겼다. 후반기 국회의장이 전반기 의장 임기 내에 선출된 것은 지난 1994년 국회법 개정에 따라 국회의장 임기가 정해진 이후 처음이다.

05월 31일

- 6·4 지방선거: 사전 투표율 최종 '11.49%'　　　(연합뉴스 05.31 · 조선일보 05.31)
- 전국 단위 선거로는 처음으로 30~31일 이틀간 실시된 6·4 지방선거 사전 투표가 11.49%로 높은 투표율이 기록됐다. 여야는 모두 '환영한다'면서도 유불리에 대해서는 신중한 반응을 보였다. 새누리당은 통상 '2030'으로 대변되는 젊은 층 참여가 높은 사전 투표의 성격상 높은 투표율이 여권에 불리한 징후라는 견해를 나타내며 긴장감을 나타냈다. 반면 새정치연합 핵심 인사는 "일부 지역의 모니터링 결과 5060세대가 대거 몰렸다고 한다. 대도시보다 농어촌에서 사전 투표율이 강세인 것도 불안한 요인"이라며 보수층 결집 가능성을 경계한 뒤 "일부 투표소 주변에선 관광 버스 행렬도 있었다는 제보도 들어왔다."고 주장했다.

06월 01일

- 박원순, 급식 논란 차단 주력…포지티브 전략 고수　　　　　(연합뉴스 06.01)
- 새정치민주연합 박원순 서울 시장 후보는 선거 전 마지막 주말인 1일 직접 기자회견을 열어 '농약 급식' 논란에 대응하며 막판 굳히기에 나섰다. 새누리당 정몽준 후보가 급식 문제에 올인하며 막판 공세를 퍼붓자 박 후보는 이를 부당한 네거티브로 규정하고, 자신은 포지티브 전략을 고수하겠다며 도덕적 우위를 부각하는 데 힘썼다. 박 후보는 이날 기자회견에서 "자신 있게 말씀드릴 수 있는 건 서울시 친환경 농산물 급식 시스템은 전국 어느 곳보다 안전하다는 사실"이라며 "일부 미비한 부분은 단계적으로 100% 정밀 검사 체계를 갖추도록 정비하고 있다."고 강조했다.

06월 04일

- 기초단체장, 與 117곳 vs 野 80곳　　　　　　　　　　(연합뉴스 06.05)
- 6·4 지방선거 기초단체장 투표 결과는 4년 전과 달리 여당의 약진과 야당의 퇴

조로 마무리됐다. 중앙선거관리위원회에 따르면 전국 기초단체장 226개 선거구 중 새누리당이 117곳, 새정치민주연합이 80곳에서 1위에 각각 올랐다. 지난 2010년 지방선거에서 한나라당(현 새누리당) 당선자가 82명에 그치고, 민주당(현 새정치민주연합) 당선자가 92명에 이른 것과 정반대 양상이다.

최대 격전지인 수도권의 경우에는 새누리당이 24명, 새정치연합이 40명의 당선자를 각각 배출해 야당의 우세가 뚜렷했다. 그러나 4년 전과 비교하면 새누리당 당선자가 15명에서 24명으로 늘어난 반면, 새정치연합은 46명에서 40명으로 감소해 희비가 교차했다.

06월 08일

• 여야 원내 대표 정례 회동 공감…내일 첫 주례 회담 (연합뉴스 06. 08)

- 새누리당 이완구, 새정치민주연합 박영선 원내 대표가 9일 회담을 하고 19대 국회 후반기 원 구성 문제 등 정국 현안 전반을 논의할 예정이다. 이번 회담은 박 원내 대표가 8일 "매주 월요일 정례적으로 만나자."고 회담 정례화를 제안하고, 이 원내 대표가 "빨리 만나자."고 화답하면서 성사된 것으로, 양측은 앞으로 주례 회담을 여는 데 원칙적으로 합의한 것으로 알려졌다.

06월 12일

• 정 의장, 여야에 "후반기 원 구성, 내일까지 완료해야" (연합뉴스 06. 12)

- 정의화 국회의장은 12일 국회 본회의 발언과 여야 원내 대표 면담을 통해 조속한 후반기 원 구성 완료를 촉구했다. 정 의장은 이날 교섭단체 대표 연설을 위한 국회 본회의에서 "각 교섭단체 대표 위원 및 지도부는 원 구성 협상을 가능하면 오늘 중에 끝내 내일 본회의에서 원 구성이 완료될 수 있도록 각별한 노력과 관심을 기울여 달라."고 밝혔다. 정 의장은 "지난달 30일 19대 국회 후반기가 시작됐고, 이제 보름째 되는 날"이라면서 "그런데 아직 원 구성이 완료되지 못하고 있다."고 지적했다. 한편 여야 원내 대표가 매주 월요일 갖기로 한 주례 회동에 정 의장이 한 달에 한 번은 자리를 같이하기로 이날 면담에서 의견을 모았다.

06월 16일

• 여야, 원 구성 합의 또 불발…국감 시기 걸림돌　　　　　　　(연합뉴스 06. 16)

– 여야는 16일 후반기 원 구성과 국회 운영에 대한 협상을 계속했지만 국정감사 시기를 놓고 첨예하게 맞서면서 합의에 이르지는 못했다. 새누리당 이완구, 새정치연합 박영선 원내 대표는 이날 오전 두 번째 주례 회담을 가진 데 이어 오후에도 양당 원내 수석부대표 등이 배석한 가운데 협상을 계속했다. 여야는 이날 회담에서 기존 정기국회 기간에만 실시했던 국정감사를 두 차례에 걸쳐 분리 실시하는 데는 공감했다. 그러나 상반기 국감 시기를 놓고 새누리당은 6월에, 새정치연합은 6월 이후를 주장하며 맞선 것으로 알려졌다. 새누리당은 새정치연합의 '6월 이후' 주장에 대해 7·30 재·보선을 의식한 것 아니냐는 의혹을 제기했고, 새정치연합은 증인 채택·자료 제출 요구 등 국감 준비에 시간이 필요한 만큼 6월 실시는 너무 촉박하다고 맞선 것으로 전해졌다. 여야는 이날 합의문 문구 조정 작업까지 일부 진척됐지만, 국감 시기에서 막히면서 협상 완전 타결에 이르지는 못했다.

06월 17일

• 세월호 특위 예비 조사팀 구성…기관 보고 일정은 이견　　　　　(연합뉴스 06. 17)

– 국회 '세월호 침몰 사고 진상 규명 국정조사특별위원회'는 17일 오후 전체회의를 열고 전문가·유가족 대표 등이 참여하는 예비 조사팀 구성을 의결했다. 예비 조사팀은 여야가 추천한 각 21명의 전문가, 유족 대표 2명, 유족이 추천한 전문가 2명 등 46명으로 구성됐다. 이들은 향후 참사 현장이나 관련 기관을 방문해 사고 원인을 조사하는 활동을 벌인다. 그러나 여야는 최대 쟁점인 기관 보고 일정에 대해서는 이날도 입장 차를 좁히지 못했다.

06월 18일

• 물러나는 총리·장관 앞 '김빠진' 대정부 질문　　　　　　　(연합뉴스 06. 18)

– 국회의 18일 정치·외교·통일·안보 분야 대정부 질문은 이미 사의를 밝힌 국무총리 및 퇴임이 예정된 국무위원들 앞에서 다소 김빠진 모습으로 진행됐다. 일부 의원은 아예 물러날 예정인 총리나 국무위원에게는 질문을 하지 않겠다고 선을 그

었고, 총리에게 질의할 내용을 퇴임하지 않는 다른 장관에게 질의하는 상황도 연출됐다. 특히 정홍원 국무총리는 핵심 주제인 문창극 총리 후보자 논란에 대해 "현직 총리가 차기 총리 후보자에 대해 말하는 것은 적절치 않다."며 말을 아꼈다. 이 탓에 의원들은 총리나 국무위원들의 답변을 듣기보다 자신의 정견을 펴는 데 많은 시간을 할애했다.

06월 19일

• '따로 도는' 세월호 특위…與 대책 회의-野 현장 조사　　　　(연합뉴스 06. 19)
- 국회 '세월호 침몰 사고 진상 규명 국정조사특별위원회'가 여야 이견으로 기관 보고 일정을 잡지 못한 가운데, 여야는 19일 따로 특위 활동을 벌였다. 이날 야당 위원들은 인천을 찾아 세월호와 비슷한 구조로 설계돼 '쌍둥이 배'로 불리는 오하마나호를 살펴보는 등 현장 조사를 벌였다. 한편 여당 위원들은 이날 현장 조사 대신 국회에서 내부 대책 회의를 열고 위원장에게 23일 전체회의를 요구하기로 했다.

06월 20일

• 여야, 26일부터 세월호 국조 기관 보고 실시 합의　　　　(연합뉴스 06. 20)
- 국회 '세월호 침몰 사고 진상 규명 국정조사특별위원회'는 오는 26일부터 다음 달 7일까지 기관 보고를 받기로 결정했다. 특위 여야 간사인 새누리당 조원진, 새정치민주연합 김현미 의원은 20일 오전 국회에서 만나 26, 27일 해양수산부와 해양경찰청으로부터 보고 받는 것을 시작으로 하는 특위 기관 보고 일정을 확정했다.

06월 20일

• 꽉 막힌 여야 협상 뚫어 줄 국회 '원로 회의체' 첫걸음　　　　(연합뉴스 06. 20)
- 정의화 국회의장은 20일 국회 사랑재에서 여야 중진들이 참석한 가운데 '국회 원로 회의체' 구성을 위한 첫 모임을 했다. 원로 회의체는 여야의 협상이나 교섭이 교착 상태에 빠졌을 때 국회 의장단을 중심으로 여야 원내 대표와 5선 이상의 중진 의원들이 머리를 맞대 해법을 모색하자는 취지에서 나온 구상이다. 정 의장은 간담회에서 "국회가 교착 상태에 빠졌을 때 원로 회의체가 의장 자문 기구로서 갈등을

해소하고 의견 차를 좁히는 역할을 해 줄 것"이라고 제안하고 "원로 회의체를 일단 국회 규정으로 제도화한 후 효과가 있으면 국회법으로 (제도화)할 것을 연구하겠다."고 밝혔다.

한국 여론

05월 30일

• 수도권 朴 대통령 지지율 55. 4%로 소폭 올라　　　　　　(조선일보 05. 30)

– 조선일보가 27~28일 미디어리서치에 의뢰해 실시한 여론조사에 따르면, 수도권(서울·인천·경기)에서 박근혜 대통령에 대한 지지도는 55.4%로 하락세가 멈춘 것으로 나타났다. 수도권에서 박 대통령 지지도는 세월호 사고(4월 16일) 이전인 4월 11~12일 조사에서 67.2%를 기록하다 사고 이후인 5월 9~12일 조사에서 52.8%로 급락했다. 하지만 대통령 대국민 담화 발표(5월 19일)와 안대희 총리 후보자 지명(5월 22일) 이후 55.4%로 소폭 상승했다. 한편 수도권의 정당 지지율은 새누리당이 38.8%, 새정치민주연합 29.8%, 무응답이 24.4%로 박 대통령의 대국민 사과 이전과 비교해 거의 변화가 없었다.

06월 13일

• 朴 대통령 부정 평가 43% 취임 후 최고치…이유는 '인사 문제'가 1위

(조선일보 06. 13 · 경향신문 06. 13)

– 한국갤럽이 13일 발표한 정기 여론조사 결과 박근혜 대통령의 국정 수행에 대한 부정 평가가 취임 후 가장 높은 43%를 기록했다. 특히 서울에서는 부정 평가가 53%에 달해 긍정 평가(39%)보다 14%포인트 높았다. 그동안 부정 평가 이유는 '세월호 사고 수습 미흡'이 가장 큰 비중을 차지해 왔지만 이번 주에는 '인사 잘못함·검증되지 않은 인사 등용'(20%), '세월호 사고 수습 미흡'(17%), '소통 미흡'(13%) 순이었다.

　한편 지난 6·4 지방선거에서는 여권의 '정부 지원론'과 야권의 '정부 심판론'이 팽팽히 맞섰던 것으로 조사됐다. '현 정부에 힘을 보태기 위해 여당 후보가 많이 당

선돼야 했다'는 지원론과 '현 정부의 잘못을 심판하기 위해 야당 후보가 많이 당선
돼야 했다'는 심판론은 모두 40%였다. 지방선거 결과에 대해서는 43%가 '어느 쪽
의 승리도 아니다'고 답했고, '여당 승리'는 28%, '야당 승리'는 20%였다.

06월 16일

• '문창극 논란'에 박 대통령 지지율 '급락'　　　　(동아일보 06. 16 · 경향신문 06. 16)

– 여론조사 기관인 리얼미터가 지난 9~13일 실시하여 16일 발표한 여론조사 결과
에 따르면 박 대통령의 국정 수행 지지도는 48.7%로 1주일 전보다 3.1%포인트 하
락한 것으로 나타났다. 리얼미터 조사를 기준으로 박 대통령의 지지율이 40%대로
떨어진 것은 지난해 12월 말 철도 노조 파업 사태 당시 48.5%를 기록한 이후 5개월
만에 처음이다. 박 대통령의 지지율은 '세월호' 참사 이후 4월 셋째 주 64.7%에서 5
월 넷째 주 50.9%까지 떨어졌다. 6월 첫째 주에 잠깐 반등했다가 문창극 총리 지명
자 지명 이후 다시 하락세로 돌아선 것이다.

06월 18일

• 문창극 파문 속 여야 지지율 '동일'　　　　　　　　　　　　(경향신문 06. 19)

– 여론조사 전문 기관인 리얼미터가 18일 조사한 정례조사에서 새누리당 지지율
36.9%, 새정치연합 36.7%로 나타나, 두 정당 간 지지율 격차가 2년 3개월 만에 가
장 적은 것으로 나타났다. 새누리당 지지율은 문창극 총리 지명자가 총리 후보로
지명된 다음 날인 11일 조사(45.1%)보다 8.2%포인트 떨어져, 문 지명자 파문으로 새
누리당 지지층이 대거 '무당파'로 빠진 것으로 보인다.

06월 20일

• 문창극 논란에 朴 대통령 부정 평가 48% 최고치　(조선일보 06. 20 · 연합뉴스 06. 20)

– 한국갤럽이 20일 발표한 정기 여론조사에서 박근혜 대통령의 국정 수행에 대한
부정 평가가 취임 후 가장 높은 48%를 기록하여, 취임 후 처음으로 부정 평가가 긍
정 평가(43%)를 앞선 것으로 나타났다. 부정 평가 이유로는 '인사 잘못함·검증되
지 않은 인사 등용'이 39%로 가장 높았고, '소통 미흡'(11%), '세월호 사고 수습 미흡'

(10%), '국정 운영이 원활하지 않다'(8%) 순이었다. 이때 '인사 문제'를 지적한 비율은 지난주 20%에서 배 가까이 늘어난 것이다. 한편 문 후보자가 신임 총리로 적합한지에 대한 질문에는 64%는 '적합하지 않다'고 답했고, 9%만 '적합하다'고 응답했다. 정당별 지지도는 새누리당 42%, 새정치민주연합 31%, 통합진보당과 정의당이 나란히 3%를 기록했다.

제2장
한국의 쟁점

정당들 하방(下枋)해야…

박병훈

수많은 민생 현안이 산적해 있음에도 불구하고 여야 간의 이전투구(泥田鬪狗)는 계속되고 있다. 진보와 보수로 나뉜 현재의 양당 체제가 당리당략과 진영 논리에 빠져 사회의 다양한 갈등과 이해관계를 조정 또는 반영하지 못해 왔다는 것은 오랜 주지의 사실이다. 정치권이 싸움에만 매몰돼 민생 현안을 외면한 결과, 그 피해는 고스란히 국민들에게 전달됐고, 이는 결국 정치권 전반에 대한 실망과 불신으로 이어졌다. 이러한 정치에 대한 실망과 불신은 자연인 안철수에 대한 호감과 맞물려 '안철수 현상'으로 나타났고 정당에 큰 위기를 불러왔다. 정치 경력이 전무한 안철수에 대한 국민들의 지지는 그동안 양당 체계로 이루어진 우리나라 정당 정치에 경종을 울렸다. 2011년 서울 시장 재·보궐선거에서부터 작년의 총·대선까지 '안철수 현상'이 거세게 불어 닥친 데에는 안철수 개인의 성공적인 인생 스토리나 기존 정치인과는 다른 신선함이 한몫을 담당한 것도 있지만, 무엇보다 우리 정당들이 자초한 측면이 크다는 점에서 정치권 전반에 반성이 요구된다.

사회 내 다양한 갈등과 이해관계를 조정하고 구체적인 정책을 통해 사회를 통합하는 것이 정치 본연의 임무임에도 불구하고, 우리의 경우 반대로 정치권에서 사회 갈등이 시작돼 시민사회로 증폭되어 나가고 있는 실정이다. 사회 통합의 첨병 역할을 해야 할 정치권이 오히려 사회 통합의 저해 요소로 지목되고 있다는 것은 매우 큰 문제가 아닐 수 없다. 사회 통합은 결국 정치가 그 본연의 역할을 회복하는 데서부터 출발점을 삼아야 하며, 그러자면 정치적 영역의 핵심 행위자로서 정당의 역할은 무엇보다 중요하다. 다시 말해 정당이 시민과의 연계 강화를 통해 사회의 다양한 갈등과 이해관계를 조정하고 풀어 나가는 데 앞장선다면 우리 사회의 갈등은 대폭 줄어들 것이고, 정당들은 다시금 국민의 신뢰를 회복할 것이며, 사회 통합은 한층 빨라질 것으로 예상된다.

그렇다면 정당이 사회 내 다양한 갈등과 이해관계를 조정하고 국민들의 신뢰를 회복하기 위한 방안에는 무엇이 있을까? 그 가운데 하나는 정당의 하방(下枋)에서 답을 찾을 수 있을 것이다. 우리 정당들이 현재 강력한 중앙당의 권한을 슬림화하고 하방(下枋)을 통해 시민과 연계를 강화하는 생활 밀착형 민생 정당으로 거듭난다면, 정당이 정치 본연의 임무를 충실히 수행할 수 있음은 물론 국민의 신뢰를 회복할 것으로 생각된다. 그러나 현재 우리 정당들의 현주소는 어떠한가? 각 시·도당 및 지역위원회에서는 예산과 일할 사람이 턱없이 부족해 지역 현안 해결이나 자체적인 정책 개발은커녕 중앙당의 지침을 제대로 수행할 만큼의 역량마저 부족한 것이 엄연한 현실이다. 따라서 우리 정당들이 생활 밀착형 민생 정당으로 거듭나기 위해서는 중앙당 중심의 인력과 예산 운용을 탈피해 시·도당 및 지역위원회가 자체적 역량을 갖출 수 있도록 하는 방안이 시급하다.

현재 새누리당과 민주당은 아직 부족하기는 하지만 위의 논의에 부합하는 행동을 보여 주고 있다. 새누리당 황우여 대표는 지역을 찾아 민생 현안을 챙기기 위한 이른바 '하방(下枋) 운동'을 공식화했으며, 지역 곳곳을 돌며 현장 최고위원 회의를 개최하고 있다. 한편, 민주당 역시 김한길 대표가 지난 6월 중앙당 인력을 대폭 감축하고 정책 요원 파견을 통한 시·도당 정책 기능을 활성화하는 내용의 당 혁신안을 발표한 바 있다.

정당의 '싱크탱크' 경쟁 본격화

박병훈

새누리당과 민주당, 독자 세력화를 준비하는 무소속 안철수 의원까지 최근 정치권을 중심으로 기존의 정당 연구소를 확대·개편하거나 새롭게 연구소를 설립하는 등 싱크탱크 경쟁이 본격화되고 있다.

새누리당은 지난 10일 당의 싱크탱크 역할을 하던 여의도연구소를 확대·개편해 '여의도연구원'으로 새롭게 문을 열었다. 그동안 선거 여론조사 등 단기 과제만 수행하던 여의도연구소와는 달리 여의도연구원은 당의 중장기 전략과 비전을 연구하게 되며, 특히 정책 연구와 개발에 중점을 두고 연구소를 운영해 나갈 예정이다.

민주당 역시도 당의 싱크탱크인 '민주정책연구원'의 역할 강화를 당 혁신의 핵심 과제로 삼고 전면적인 개편 작업에 착수했다. 지난해 대선 패배의 주요 원인으로 제기된 선거 전략과 정책 역량 부족이 곧 민주정책연구원의 역할 부재와 맞물린 사안이라고 생각해서다. 민주정책연구원은 그간 여론조사나 단기 용역 수행 정도의 업무를 하는 데 그쳐 중앙당 사무처 보조 기구에 불과하다는 지적이 적지 않았다.

한편, 신당 창당을 모색 중인 무소속 안철수 의원도 지난 5월 '정책네트워크 내일'을 출범시켰다. '정책네트워크 내일'은 정책 전문가뿐 아니라 모든 국민에게 열려 있는 완전 개방형으로 향후 안철수 의원의 신당 창당 시 싱크탱크로 그 역할을 전환하여 국민과의 소통을 강화하고 현장 목소리를 최대한 정책화한다는 구상이다(노컷뉴스 2013. 10. 02·한국일보 2013. 05. 24).

이처럼 각 정당들이 '싱크탱크' 경쟁에 뛰어든 원인은 최근 치러진 여러 차례 선거에서 찾아볼 수 있다. 2010년 지방선거에서의 무상 급식, 지난해 총선과 대선에서 반값 등록금, 경제 민주화와 복지 등 정책들이 선거의 주요 이슈로 대두되면서 정책에 대한 관심이 더욱 높아졌다는 점이다. 뿐만 아니라, 정당의 주요 정책들이 유권자들의 후보 선택에 중요한 요인이 되고 있다는 점도 정당들의 싱크탱크 경쟁을 가속화시키고 있다. 최근의 유권자들이 소속 정당이나 학벌, 출신 지역 등을 보고 단순하게 투표하던 관행에서 벗어나 정당의 정책을 비교하고 자신에게 도움이 되는 정책이 무엇인지를 판단한 후 투표하는 모습을 보이고 있는 것이다. 다시 말하면 이는 유권자에게 보다 매력적인 정책을 내놓는 정당이 선거에서 승리할 가능성이 더욱 높다는 것으로, 그만큼 좋은 정책을 생산해 낼 수 있는 싱크탱크의 존재와 역량이 중요해졌다는 것을 의미한다.

싱크탱크의 모범적인 활동과 역할은 외국의 사례에서 찾아볼 수 있다. 미국과 독일의 경우에는 브루킹스연구소, 헤리티지재단, 콘라드아데나워재단 등이미 오래 전부터 수많은 싱크탱크들이 정부나 의회의 정책 결정 과정에 큰 영향력을 행사해 오고 있다. 예를 들어 미국의 브루킹스연구소는 1916년에 세워진 가장 오래되고 대표적인 싱크탱크로 주로 진보적인 정책들을 다루며, 1930년대 뉴딜 정책과 유엔 탄생, 마셜플랜, 주요 20개국(G20) 정상 회의 등 굵직굵직한 정책들을 탄생시켰다(중앙일보 2013. 04. 01).

미국과 독일의 주요 정책 정당 싱크탱크

	미국		독일	
	헤리티지재단	브루킹스연구소	콘라드아데나워재단	프리드리히에버트재단
설립 연도	1973년	1916	1964	1925
주요 활동	정책 연구	정책 연구	시민 정치 교육 ·국제 협력	시민 정치 교육 ·국제 협력
정치 성향 (정·연 분리)	보수주의	비당파 중립 (자유주의)	기독교 민주주의	사회민주주의
	공화당 성향	민주당 성향	기독민주당	사회민주당
재원 조달	개인·기업 후원금 등		국고 지원금	
	민간 공공 정책 연구소		정당 재단(공익 재단 성격)	
예산(달러)	8100만(2011년)	1억 3200만(2012)	1억 6900만(2012)	1억 7400만(2012)
직원 수(명)	334(2011년)	377(2012)	563(2012)	620(2010)

출처: 중앙일보 2013. 04. 01.

반면에 우리나라 싱크탱크의 기반은 미국과 독일에 비해 상당히 열악한 수준이다. 일단 새누리당의 여의도연구소, 민주당의 민주정책연구원을 제외하고는 싱크탱크라고 불릴 만한 정책 연구소도 없을 뿐만 아니라, 예산 면에 있어서도 비교가 되지 않을 정도로 부족하다. 그나마 존재하는 이 두 연구소의 경우에도 수입의 대부분을 국고보조금에서 충당하고 있으며, 총 지출의 60% 이상을 인건비에 사용하고 있다. 상황이 이렇다 보니 연구소가 당의 장기적인 전략이나 비전, 정책 개발에 몰두하기보다는 단기 용역 수행이나 선거용 여론조사에 더 많은 비중을 두고 운영될 수밖에 없는 것이다.

　이처럼 싱크탱크의 기반이 열악한 상황에서 최근 우리 정당들의 '싱크탱크' 경쟁은 상당히 반갑게 느껴진다. 사회 내 다양한 갈등과 이해관계를 조정하고 구체적인 정책을 통해 풀어내는 것이 정치와 정당 본연의 임무라고 할 때, 이와 같은 정당들의 싱크탱크 경쟁은 정책 선거를 만들고 정책 정당을 유도한다는 점에서 매우 바람직한 발전 방향이라고 할 수 있다. 따라서 우리 정당들이 일회성 또는 단발성에 그칠 것이 아니라 지속적인 관심과 투자를 통해 싱크탱크를 육성하고 발전시켜 나가야 한다.

참고 문헌

중앙일보 2013. 04. 01.
한국일보 2013. 05. 24.
세계일보 2013. 07. 11.
노컷뉴스 2013. 10. 02.

통합진보당의 정당 해산 가능할까?

박병훈

정부는 지난 5일 오전 국무회의를 열고 통합진보당에 대한 정당 해산 심판을 헌법재판소에 청구하기로 결정했다. 또 진보당 소속 국회의원들에 대한 의원직 상실 결정도 청구키로 했으며, 정당 활동 정지 가처분 신청 절차도 진행해 나갈 예정이다. 정부의 통합진보당 해산 심판 청구는 이석기 의원이 포함된 RO(Revolutionary Organization, '혁명대오'라는 비밀 조직)의 내란 음모 사건이 결정적인 계기가 된 것으로 보인다. 황교안 법무부장관은 국무회의 직후 브리핑에서 "진보당의 목적과 활동이 우리 헌법의 민주적 기본 질서에 위배된다고 판단했다."며 "관련 절차를 마친 후 제반 서류를 갖춰서 신속히 정당 해산 심판을 청구하겠다."고 밝혔다(연합뉴스 2013. 11. 05).

우리 헌법 제8조는 4항에서 '정당의 목적이나 활동이 민주적 기본 질서에 위배될 때에는 정부는 헌법재판소에 그 해산을 제소할 수 있고, 정당은 헌법재판소의 심판에 의하여 해산된다.'고 규정하고 있으며, 헌법재판소법 제55조는 '정당의 목적이나 활동이 민주적 기본 질서에 위배될 때 정부는 국무회의의 심의를 거쳐 헌법재판소에 정당 해산 심판을 청구할 수 있다.'고 명시하고 있다. 그러나 정부가 정당에 대한 해산 심판을 청구하는 것은 헌정사상 처음 있는 일이다. 정당 해산 제도는 1960년 헌법에 정당 조항과 함께 도입되었지만 현재까지 정당 해산 심판을 청구하거나 받아들여진 사례는 전무하다. 다만 이승만 정부 시절인 1958년 죽산 조봉암 선생이 이끌던 '진보당'이 공보실에 의해 정당 등록이 취소되고 행정청 직권으로 강제 해산된 적은 있다(연합뉴스 2013. 11. 05·법률저널 2013. 11. 08).

정당 해산의 사례는 외국에서도 매우 드문 일이다. 실제로 정당 해산을 실행한 나라는 독일과 터키 단 두 곳뿐이다. 민주주의를 제한할 수 있다는 우려 때문에 정당 해산 제도를 도입한 나라가 우리나라와 독일, 터키, 러시아 등 일부 국가들에 국한돼 있기 때문이다. 독일은 1956년 독일 공산당(KPD)에 대해 당의 목적과 활동이 자유 민주적 기본 질서를 침해하고 연방 공화국의 존립을 위태롭게 하려 했다는 이유로 해산 결정을 내린 바 있다. 또한 터키의 경우에는 1998년 복지당에 대해 정교 분리에 적대적이고 정당 대표와 당원의 언동이 성전(holy war)에 관여됐으며, 이슬람 율법에 충실한 신정주의(theocracy)를 추구했다는 이유로 해산이 결정됐다(뉴시스 2013. 11. 05·서울신문 2013. 11. 06).

정부의 통합진보당 해산 심판 청구에 대해 학계와 법조계는 엇갈린 의견을 드러내고 있다. 정부의 이번 결정이 전 세계적으로 이례적인데다 아직 내란 음모 사건으로 재판을 받고 있는 이석기 의원에 대한 1심 결과도 나오지 않은 만큼 "신중치 못했다."는 의견이 우세한 가운데, 정부가 주장한 대로 통진당의 목적과 활동이 헌법에 규정된 민주주의 기본 질서에 위배되는지 여부를 두고 따져 봐야 할 쟁점이 많아 "신중하게 지켜봐야 한다."는 의견도 적지 않았다. 또한 법리적 판단 여부를 떠나 정부의 심판 청구 자체가 민주주의에 역행한다는 의견도 존재했다. 김정범 한양대 로스쿨 겸임 교수는 "정당의 다양성이야말로 민주주의 국가가 지향하는 최고의 선"이라며 정부의 행동을 비판했고, 김두식 경북대 법학전문대학원 교수도 "정당의 목적이나 활동이 민주적 기본 질서에 위배될 때와 같은 요건을 아무 데나 들이대는 것이야말로 민주적 기본 질서를 뿌리부터 흔드는 행위"라고 우려의 목소리를 나타내기도 했다(뉴시스 2013. 11. 05·세계일보 2013. 11. 06).

정치권의 반응 역시 엇갈리고 있다. 이해 당사자인 통합진보당은 이번 정부의 결정이 "헌법을 정면으로 위반하고 민주주의를 파괴하는 것"이라고 강력히 비판하면서 소속 의원들이 삭발과 단식 농성을 감행하고 있다. 반면 새누리당은 "정부가 합당한 증거와 근거를 갖고 통합진보당에 대한 정당 해산 청구안을 통과시킨 것으로 보인다."며 정부의 결정을 옹호했고, 민주당은 "어떤 경우에도 대한민국의 자유 민주주의 기본 질서가 유지돼야 하고, 모든 정당의 목적과 활동도 보호돼야 한다. 헌법재판관들의 책임 있는 역사의식에 기초한 현명한 판단을 기대한다."며 신중한 입장을 보였다(연합뉴스 2013. 11. 05).

국무회의 직후 정부가 통합진보당 해산 심판 청구안과 정당 활동 가처분 신청서를 헌법재판소에 제출하면서 이제 모든 공은 헌법재판소로 넘어갔다. 헌법재판소는 정당 해산 심판 청구가 접수된 날로부터 180일 안에 심리를 마쳐야 하며, 재판관 9인 중 6명의 찬성이 있을 경우 통합진보당 해산이 결정된다. 이번 헌법재판소의 통합진보당 해산 심판은 한 정당의 존폐 여부를 넘어 자유민주주의 헌법적 가치와 본질을 규정하는 역사적 심판이다. 또한 헌정사상 유례가 없고 향후 국제적 선례로 남을 수도 있는 만큼 헌법재판소의 결정에 귀추가 주목된다.

참고 문헌

뉴시스 2013. 11. 05.
연합뉴스 2013. 11. 05.
서울신문 2013. 11. 06.
세계일보 2013. 11. 06.
법률저널 2013. 11. 08.

안철수 신당, 성공할 수 있을까?

박병훈

무소속 안철수 의원이 신당 창당을 공식화했다. '안철수 현상'에 힘입어 대선 출마를 선언한 지 14개월 만의 일이다. 안철수 의원은 지난 11월 28일 국회에서 기자회견을 열고 "이제 저는 뜻을 같이하는 분들과 함께 가칭 '새정치추진위원회'를 출범하고 공식적인 정치 세력화를 시작하려고 한다."고 선언했다. 이어 12월 8일에는 새정치추진위원회 위원장 인선을 발표하고, 첫 회의를 개최하는 등 창당을 위한 발 빠른 움직임을 보이고 있다. 안 의원은 28일 기자회견에서 "지금 우리나라 정치는 건강하지 않다."며 "낡은 틀로는 더 이상 아무것도 담아낼 수 없고, 이제는 새로운 정치 세력이 나설 수밖에 없다는 결론에 이르게 됐다."고 신당 창당의 배경을 설명했다(뉴스1 2013. 11. 28·아이뉴스24 2013. 11. 28·중앙일보 2013. 11. 28).

이와 같이 안철수 의원이 독자적인 정치 세력화를 공식 선언함에 따라 향후 '안철수 신당'이 현실 정치 세력으로 자리매김할 수 있을지 여부에 관심이 집중되고 있는 상황이다. 우선 각 기관의 여론조사에 나타난 민심은 안철수 신당에 상당히 긍정적이다. 한국사회여론연구소가 지난 23일 전국의 유권자 700명을 대상으로 전화번호 RDD 방식의 여론조사를 실시한 결과 각 정당의 지지율은 새누리당 37.9%, 안철수 신당 27.3%, 민주당 12.1%로 나타났으며, 리얼미터와 한국갤럽의 조사에서도 안철수 신당의 지지율은 23.8%와 27%로 나타나 새누리당에 이어 2위를 기록했다. 창당 시 경쟁이 불가피할 것으로 예상되는 민주당과 신당의 지지율 격차는 2배 이상을 보였으며, 특히 민주당의 텃밭인 호남 지역에서는 민주당을 누르고 1위를 차지하는 기염을 토하기도 했다.

그러나 이러한 여론조사의 긍정적인 결과와는 반대로 안철수 신당의 성공 여부는 조금 더 시간을 두고 지켜봐야 할 필요가 있다는 의견도 적지 않다. 많은 전문가들은 지금 안철수 신당의 지지율은 현재 정당들의 잘못으로 인한 반사 효과가 강하다고 지적하며 "새누리당과 민주당이 정신을 차리고 제대로 된 모습을 보여 준다면 안철수 신당의 지지율은 지금보다는 낮아질 것"이라고 설명했다. 또한 내년 치러지는 지방선거에서 어느 정도의 파괴력을 보여 주느냐에 따라 민주당과의 주도권 싸움과 신당의 성공 여부가 달라질 것이라고 진단하기도 했다(헤럴드경제 2013. 12. 02).

양당제 중심의 우리 정치 현실에서 '제3의 정당'이 자생력을 갖고 뿌리내리기란 쉽지 않다. 그동안 우리 정치사에서 다양한 제3 정당 시도가 적지 않았지만 모두 실패로 돌아간 것만 봐도 그 현실적 어려움을 알 수 있다. 제3 정당의 실패 사례는 어렵지 않게 찾아볼 수 있다. 1992년 고 정주영 전 현대그룹 회장이 이끈 통일국민당도 제3 정당 창당의 한 사례인데, 당시 통일국민당은 정주영 회장의 막강한 재력으로 이주일·최불암·강부자 등 인지도 높은 인물을 영입, 그해 3월 총선에서 바람몰이를 하며 31석을 차지하였으나, 이후 부침을 반복하다 채 3년을 넘기지 못하고 소멸되었다. 기존 정치권에 대한 실망과 반감을 흡수해 출발 좋게 시작했지만 딱 거기까지였다. 왜냐하면 출현과 동시에 그들 역시 기존 정치권이 되어 버렸기 때문이다.

안철수 신당이 넘어야 할 기성 정치권의 벽은 만만치 않다. 적지 않은 인기로 제3 정당으로 출발한다손 치더라도 집권하지 않는 이상 제3 정당이 보여 줄 수 있는 것에는 한계가 있다. 정치의 중심은 국회다. 국회는 교섭단체를 중심으로 운영되고 교섭단체의 구성 요건은 국회의원 20석이다. 더군다나 의원 발의 법률안도 국회의원 10명의 동의가 있어야 가능하다. 그러나 안철수 신당이 보유한 의석수는 단 2석뿐으로 적어도 다음 총선에서 교섭단체를 구성하기 전까지 안철수 신당이 보여 줄 수 있는 것은 거의 없다고 해도 과언이 아니다.

뿐만 아니라, 지지 세력이 민주당과 상당 부분 겹친다. 국가기관의 대선 개입 사건에 대한 공동 대응 등으로 지지자들의 대부분이 비(非)새누리당 성향의 잠재적 야권 지지층이라는 점도 풀어 나가야 할 숙제다. 현재 안철수 신당을 지지하는 상당수가 야권 성향의 기존 민주당 지지층이었음은 자명한 사실이다. 따라서 이들을 100% 안철수 신당 지지자로 보기 어렵다. 향후 지방선거 과정에서 이들이 신당의 승리보다는 야권 전체의 승리를 위해 강한 연대 요구 세력이 될 가능성도 적지 않다(아이뉴스24 2013. 11. 28).

안철수 신당이 당장 헤쳐 나가야 할 문제는 한두 가지가 아니다. 이제 주사위는 던져졌다. 과연 안철수 신당이 제3 정당의 성공을 허락하지 않아 온 우리의 정치 풍토에서 어떻게 자리매김해 나갈지 귀추가 주목된다.

참고 문헌

뉴스1 2013. 11. 28.
아이뉴스24 2013. 11. 28.
중앙일보 2013. 11. 28.
헤럴드경제 2013. 12. 02.

올해도 해넘이 예산 처리, 방법은 이미 있다

김윤실

지난해에 이어 올해도 예산안은 새해 첫날 새벽이 되어서야 국회 본회의를 통과했다. 지난해에는 제주도 해군 기지 예산 문제가 돌발 변수였다면, 올해는 외국인투자촉진법이었다(한겨레 2014. 01. 03). 하지만 예산안의 해넘이 통과를 순전히 돌발 변수 때문이라고는 할 수 없다. 예산안 통과의 법정 기한은 12월 2일이지만, 국회가 본격적으로 예산안 심의에 나선 것은 그 이후였기 때문이다. 여야는 정부가 예산안을 국회에 제출한 10월 2일 이후 석 달 동안 국정원 개혁법안, 외촉법, 검찰 개혁법 등 쟁점 법안을 두고 팽팽한 신경전을 벌이기에 바빴다.

답답한 것은 국민만이 아니었을 것이다. 2013년 12월 31일에서 2014년 1월 1일로 넘어가는 1박 2일 동안 국회는 정회와 속개, 파행을 겪으며 숨 가쁘게 돌아갔다. 여야 지도부가 외촉법을 처리하기로 이미 '빅딜'을 마친 상황에서 법사위원장인 박영선 민주당 의원이 "절대 안 된다."고 버텼다. 그러자 한 여당 의원은 박 의원을 방문해 법안 처리를 촉구했고, 박 의원이 주장을 꺾지 않자 "박 의원 하나 때문에 의원 300명이 기다린다. 의원들이 다 볼모인가?"라고 소리치기도 했다(중앙일보 2014. 01. 02·한겨레 2014. 01. 03). 하지만 철야 예산안 처리가 모두 박 의원의 고집 때문만은 아니다. 예산안에 각종 법안을 엮어 일괄 타결하려는 정치 관행, 소속 의원을 제대로 설득하지 못한 채 법안을 강행하려는 여야 지도부의 리더십 부재, 그리고 새해 예산안을 급하게 처리하려는 국회의 안일한 태도가 문제이다.

예산안의 늑장 처리 사태를 막을 방법은 이미 만들어져 있다. 2012년 5월에 개정되어 올해 5월부터 시행되는 국회법 제85조 3항에 따르면 헌법상 의결 기한의 48시간 전인 11월 30일까지 예산안 심사를 마치지 못할 경우 정부가 제출한 예산안이 본회의에 자동으로 부의된다. 때문에 국회가 자신들에게 부여된 예산 심사권을 행사하기 위해서는 지금보다 빨리 예산안 심사에 나서야 할 것이다(한겨레 2014. 01. 03). 그러나 이 자동 부의제에도 빠져나갈 구멍은 있다. 바로 "다만, 의장이 각 교섭단체 대표 의원과 합의한 경우에는 그러하지 아니한다." 는 조문이 본회의 자동 부의를 막을 수 있기 때문이다(최민수 외 2012). 그럼에도 불구하고 예산안의 해넘이보다는 국회의 진정한 선진화를 기대한다.

참고 문헌

최민수 외. 2012. 개정 국회법 소개: 안건 처리 절차 개선 및 질서유지 관련. 국회운
    영위원회 수석전문위원실(2012년 6월).
중앙일보 2014. 01. 02.
한겨레 2014. 01. 03.

정당 공천, 명분과 현실 사이

김윤실

6·4 지방선거를 위한 예비 후보 등록은 이미 시작됐다. 하지만 여야는 기초 선거 정당 공천제를 놓고 여전히 서로 다른 목소리를 내고 있다. 지난 대선 당시 기초 공천 폐지는 여야의 공통된 후보 공약이었지만 현실적으로 실천에 옮기기에는 여야 모두 부담스러운 것이 사실이다.

새누리당은 일찌감치 정당 공천 유지 방침을 결정하고 상향식 공천을 내세워 작은 명분이라도 잡아 보려 애쓰고 있다.

하지만 안철수 신당인 새정치연합은 현실을 버리고 '약속과 신뢰'라는 명분을 택했다. 이는 새로 출범하는 신당이기에 가능한 모험이다. 기성 정치와 차

별화를 두고 명분을 앞세워 오던 새정치연합 입장에서는 국민의 기대에 부응하는 참신한 후보를 영입하는 것이 어렵던 차였다. 앞으로 신당이 겪을 수많은 선거와 정쟁을 생각하면 '무(無)공천'이라는 강수를 두는 것이 오히려 국민의 신뢰를 얻을 수 있는 기회가 될 수도 있다. 공식 출범 후 처음 치르게 될 지방선거에서 기초 공천을 포기하면, 잃는 것보다 얻을 것이 더 많다는 결론을 신당은 비교적 쉽게 내렸을지도 모른다.

민주당의 입장은 사뭇 다르다. 신당과 손을 잡고 박근혜 대통령에게 분명한 입장을 밝히라 큰소리치긴 했지만, 속으로는 이러지도 저러지도 못하는 난감한 상황이다. 기초 선거에서 공천을 포기하면 선거에서의 승리 또한 포기해야 한다. 지난 총·대선에 이은 선거 패배는 민주당을 깊은 슬럼프에 빠지게 할 것이다. 그렇다고 정당 공천 유지를 선뜻 택할 수도 없다. 새누리당과 달리 민주당은 지난해 7월 전 당원 투표를 통해 기초 선거 정당 공천 폐지를 당론으로 확정했다(한겨레 2014. 02. 25). 더 나아가 박 대통령이 공약을 파기했다며 장외투쟁까지 나섰던 민주당이다. 하지만 민주당은 은근슬쩍 박 대통령에게 책임을 돌리며 끝내 정당 공천을 포기하지 않을 가능성이 크다. 제1 야당인 민주당이 얻을 수 있는 명분보다 잃게 될 현실이 더 크고 무겁기 때문이다.

지방선거의 정당 공천제는 지방 정치의 중앙 정치에 대한 예속을 가져오고, 각종 부정부패와 비리의 원인이 될 수 있지만, 한편으로는 책임 정당 정치를 실현하게 하고, 정치 신인과 여성, 그리고 소수 정당의 의회 진출을 가능하게 한다(정회옥·윤종빈 2013). 때문에 정당 공천 폐지가 지방 정당 정치의 발전을 위한 '필승법'만은 아니다. 그래서 명분을 앞세운 계산적인 논쟁보다 현실적으로 지방 정치의 문제를 해결하고 정치 개혁을 가져다줄 정치권의 논의가 필요한 이유이다.

참고 문헌

정회옥·윤종빈, 2013, "정당 공천제와 지방 정치개혁", 『한국정당학회보』제12권 제2호, 99-125.

한겨레 2014. 02. 25.

민주당＋새정치연합＝새정치민주연합?

김윤실

민주당과 새정치연합의 신당 창당 소식은 3월 2일 일요일 오전 깜짝 발표되었다. 말 그대로 뜻밖이고 갑작스러웠다. 민주당 김한길 대표가 6·4 지방선거 기초 선거에서 무공천하기로 결정한 것은 2월 28일 밤이었고, 이튿날 김 대표와 안철수 새정치연합 창당 준비위 중앙운영위원장은 두 차례 회동을 가졌다. 그리고 양측이 최종적으로 지방선거 전 '제3 지대 신당'을 통해 통합하기로 합의한 것은 3월 2일 새벽 0시 40분께였다. 사실상 김 대표와 안 위원장, 두 사람이 제3 지대 신당 창당 방식의 통합에 대해 본격적으로 논의하고 합의하여 발표하기까지는 이틀이 채 걸리지 않은 것이다. 물론 양측 모두 내부적으로 충분한 사전 협의를 거치지 못했고, 특히 새정치연합 측의 경우 안 위원장의 독자적인 결정이나 마찬가지라 할 수 있다.

민주당과 새정치연합의 '신당 창당·통합' 자체만을 두고 본다면, 비밀리에 신속하게 처리되었기 때문에 공식적인 발표까지 순조롭게 일사천리로 진행되었다. 양측이 공식적인 채널을 통해 의견을 주고받고 협상을 진행했다면, 내부 인사들과 여론의 반발로 인해 통합을 선언하기까지 순탄치 않았을 것이다. 하지만 한국의 정당 정치라는 큰 틀에서 본다면 정당 내 충분한 사전 협의 없이 소수 지도자 간의 극비 협상으로 하루아침에 발표된 신당 창당을 칭찬할 수는 없다. 또한 신당 '새정치민주연합'이 하나의 정당으로서 제대로 운영되고, 당명처럼 진정한 민주주의를 실현하는 새 정치를 펼칠 수 있을지 우려스럽다.

우선 민주당과 새정치연합이 내부 혼란을 추스르고 어떻게 융합하느냐의 문제이다. 민주당의 경우 갑작스러운 발표에 술렁이기는 했지만 정권 교체와 선거 승리를 위한 결단이라는 점에서 대체로 환영하는 분위기이다. 하지만 새정치연합은 상황이 다르다. 특히 안 위원장의 독자적인 신당 출범을 위해 새누리당·민주당에서 탈당하여 새정치연합에 합류한 인사들은 민주당과의 통합을 반길 수 없다. 창당 작업을 진두지휘했던 김성식 공동위원장은 창당 합의 다음 날 열린 중앙운영위원회 회의에 불참했으며, 곧이어 신당에 합류하지 않을 것이라 선언하기도 했다. 이 밖에도 새정치연합 측의 여러 핵심 인물들이 신당 합류에 대해 심각한 고민을 하고 있다. 주목할 것은 새정치연합뿐만 아니라 국민들도 그러한 저항감을 느끼고 있다는 점이다. 한 여론조사 결과에 따르면, '민주당과 함께 신당을 만들기로 한 안철수 의원의 행보를 새 정치로 보느냐?'는 물음에 응답자의 절반(49%)이 '아니다.'라고 대답했다(조선일보 2014. 03. 07·한겨레 2014. 03. 07). 이는 기득권 세력이라 비난해 왔던 민주당과의 통합으로 새 정치를 실현할 수 있을지에 대한 의문 때문일 것이다.

참고 문헌

조선일보 2014. 03. 07.
한겨레 2014. 03. 07.

‖‖

'새 정치'를 위한 기초 선거 정당 공천

김윤실

새정치민주연합이 기존 당론을 뒤집고 6·4 지방선거에서 기초단체장 및 기초의원 후보를 공천하기로 최종 결정했다. 이에 기초 선거 투표용지에서 사라질 뻔했던 기호 2번이 부활하게 됐지만, '새 정치'는 사라지는 것이 아니냐는 우려의 목소리도 있다. 옛 민주당과 새정치연합이 새정치민주연합으로 통합함에 있어서 기초 선거 무공천이라는 공통점은 직접적인 계기이자 명분이었다. 하지만 기초 선거 공천으로 방향을 전환함에 따라 이러한 명분이 사라지게 된 것이다. 4월 초까지만 하더라도 안철수 공동 대표는 박 대통령에게 공천 폐지 문제를 논의하자며 공개적으로 제안하고, 청와대를 방문하여 직접 면회를 신청하는 등 국민과의 약속과 소신을 지키겠다는 적극적인 모습을 보였다. 그런데 새정치민주연합의 기초 선거 정당 공천을 둘러싼 입장 변화는 신당 창당을 발표했던 때처럼 어느 날 갑자기 진행됐다.

새정치연합은 4월 8일 당원 투표와 국민 여론조사를 실시하여 기초 선거 정당 공천 여부를 결정하겠다고 선언했다. 당원과 국민의 뜻을 다시 묻겠다고 말했지만, 사실상 기초 선거 무공천 방침을 고수하던 기존 입장에서 한발 물러난 것으로 보였다. 당원 투표와 여론조사는 바로 다음 날인 9일 이뤄졌으며, 결과는 그다음 날인 10일 발표됐다. 국민 여론조사에서는 공천하지 말아야 한다는 의견이 50.25%로 공천해야 한다는 의견을 약간 앞섰지만, 당원 투표에서 공천해야 한다는 견해가 57.14%로 높게 나타났다. 이에 당원 투표와 여론조사를 50%씩 반영하여 합산한 결과, 새정치민주연합은 기초 선거에서 정당 공천을 하기로 결정했다.

정당 공천이 결정되자 안 대표는 당론을 번복한 데 대해 국민에게 직접 사과했고, 당원의 뜻을 지방선거에서 승리하여 정부 여당을 견제하라는 명령이라 생각한다며 최선을 다해 선거를 치르겠다는 의지를 밝혔다. 하지만 선거에서의 승리만을 강조하고 '새 정치'에 대한 의지를 버려서는 안 된다. 애초에 새정치연합이 기초 선거 무공천을 주장한 가장 큰 이유는 '돈 선거'의 폐해와 지방 정치의 중앙 정치에의 예속이었다. 그렇다면 새정치민주연합은 이번 지방선거 공천 과정에서 부정부패를 근절하고 상향식의 공천 개혁을 실천하는 '새 정치'의 모습을 보여 주어야 한다. 안 대표는 스스로가 기성 정치라 비난하던 민주당과 느닷없이 손을 잡았고, 통합의 명분이었던 기초 선거 정당 무공천마저 지키지 못했다. 이번 지방선거에서 선거·공천 개혁마저 흐지부지된다면 비난을 피하기 어려울 것이다. 이름뿐인 새 정치가 아닌 진정한 '새 정치'만이 선거에서 승리를 가져다 줄 것이며, 야당과 안 대표에 대한 국민들의 신뢰를 회복시켜 줄 것이다.

기초연금 법안, 이게 최선입니까?

김윤실

기초연금법 제정안이 5월 2일 국회 본회의를 재석 195명 중 찬성 140명, 반대 49명, 기권 6명으로 통과됐다. 해당 법안은 정부·여당이 4월 국회 처리를 위해 마련한 절충안으로 오는 7월부터 65세 이상 노인 중 소득 하위 70%에 대해 국민연금 가입 기간과 연계해 기초연금으로 월 10만~20만 원을 차등 지급하는 내용을 담고 있다. 특히 국민연금 수급액이 30만 원 이하인 저소득층에겐 20만 원을 지급하도록 하고 있다(경향신문 2014. 05. 02). 기초연금 법안은 2012년 대통령 선거 당시 여야 모두 공약으로 내걸었던 사안이었으나 법안을 둘러싼 입장 차이는 오랫동안 좁혀질 기미를 보이지 않았다.

하지만 협상이 장기화되면서 상황이 달라지기 시작했다. 특히 6월 지방선거를 앞두고 또다시 기초연금 도입이 무산될 경우 '야당 책임'에 대한 여당의 공세가 예상되는 상황이었다(연합뉴스 2014. 04. 28). 야당 내부에서는 사실상 여당이 최후 통첩한 절충안에 대한 반발이 거셌지만, 일부에서는 수용하자는 분위기도 형성되었다. 결국 새정치연합은 의원총회 결과에 따라 당 지도부에 법안 처리를 위임했고, 당 지도부는 정부·여당의 절충안과 함께 새정치연합의 수정안도 상정하기로 결정했다. 여당인 새누리당이 원내 과반 의석을 차지하고 있음을 감안하면, 끝까지 야당으로서의 목소리를 냈지만 정부·여당의 절충안 처리를 방조한 격이라 할 수 있다.

공약 후퇴니 야당 리더십 부재니 많은 논란이 있었지만, 어찌되었든 우여곡절 끝에 기초연금법안이 국회에서 통과됐다. 그런데 복지의 사각지대를 줄이고 노인 빈곤율을 낮추겠다는 기초연금의 취지와는 달리, 기초생활수급자인 극빈층 노인들에게는 아무런 혜택이 없는 것으로 나타났다. 현행 기초노령연금 제도에 따라 9만 9100원의 생계비를 지원받던 노인의 경우 오는 7월부터 최대 20만 원의 기초연금을 받게 되더라도, 늘어난 10만 원이 소득으로 인정되기 때문에 그만큼 기초생활보장 수급액이 줄어들게 된다(경향신문 2014. 05. 14). 보건복지부에서는 기초수급자에게 기초연금을 추가로 지급하게 되면 차상위 계층보다 결과적으로 소득이 많아져 형평성에 어긋난다는 설명을 내놓았다. 하지만 기초연금 수급자의 대부분이 20만 원을 추가로 받는 상황에서, 오히려 기초수급자는 기초연금에 따른 추가 혜택이 없다는 사실을 어떻게 설명하여야 할까? 기초수급자와 차상위 계층의 상생을 위한 보완책이 필요해 보인다.

참고 문헌

연합뉴스 2014. 04. 28.
경향신문 2014. 05. 02.
경향신문 2014. 05. 14.
중앙일보 2014. 05. 22.

6·4 지방선거가 하는 말, 소통과 통합

김윤실

6·4 지방선거의 승자는 유권자가 아닐까? 유권자는 여야 중 어느 한 쪽에 일방적인 승리를 안겨 주기보다는 여당과 야당을 동시에 견제하는 현명한 선택을 하였다. 당초 세월호 참사가 최대 변수로 떠오르면서 정권 심판론에 힘이 실려 여당인 새누리당에 불리한 선거가 될 것이라 예상되었지만, 결과는 그렇지 않았다. 여당은 전국 광역단체장 8곳, 기초단체장 117곳에서 승리하며 참패를 면했다. 이는 새누리당이 선거 막판에 위기에 몰리자 "박근혜를 지켜 달라." 며 '박근혜 마케팅'을 펼친 결과라는 평가도 있고, 새정치연합이 지나치게 세월

호 심판론에만 의존한 한계라는 지적도 있다(연합뉴스 2014. 06. 05).

원인이 어디에 있든, 결과적으로 유권자들은 여당과 야당에 기회와 동시에 경고를 주었다. 이는 여야가 서로 견제하여 균형 잡힌 국정을 운영하라는 국민의 명령일 것이다. 그러한 점에서 여야의 이완구·박영선 원내 대표가 매주 월요일마다 정례적으로 만나 정치 현안에 대해 논의하기로 결정한 것은 지방선거에서 나타난 민심을 제대로 읽은 것이다. 하지만 19대 국회의 후반기 원 구성이 한 달 가까이 여야 간 합의에 이르지 못하고 있다는 점은 실망스럽다. 또한 여야 원내 대표가 주례 회담을 통해 지속적으로 합의를 시도하고 있음에도 불구하고, 국정감사의 시기를 둘러싼 이견을 좁히지 못하고 있다. 오히려 여야는 원 구성의 지연을 서로의 탓으로 돌리며 책임을 회피하고 있다. 국민이 요구한 여야 간의 상호 견제는 이런 것이 아니다. 국민들은 '파행', '결렬', '무산'에 지쳐 있다. 국민들은 소통을 전제로 한 생산적인 여야 관계를 원하고 있다.

때문에 원희룡 제주 지사 당선자와 남경필 경기 도지사 당선자의 파격적인 통합 행보가 반갑게 느껴진다. 원 당선자는 6·4 지방선거 당시 경쟁자였던 신구범 전 후보에게 지사직 인수위원장을 제안했으며, 남 당선자도 야당 인사를 사회 통합 부지사에 임명하는 방식의 연정을 제안했다. 야당인 새정치연합의 일각에서는 두 사람이 모두 새누리당의 차기 대권주자라는 점에서 향후 정치적 행보를 의식한 '이미지 정치'이자 '정치 쇼'라며 비판의 목소리도 내고 있다. 두 사람이 속마음에 어떤 의도와 계산을 가지고 있는지는 알 수 없으나, 국민의 마음은 잘 읽은 것이다. 유권자들이 한 표를 행사하며 원했던 것은 정치권의 대립과 갈등이 아니라, 소통과 화합이다. 여당 당선자의 뜻밖의 제안에 새정치연합은 난감해하며 책임 정치에 맞지 않는다는 답변을 내놓았다. 그러나 여야 화합과 협치가 처음에는 익숙하지 않고 어렵겠지만, 6·4 지방선거에서 유권자가 내보인 절묘한 표심을 생각하면 그리 어려운 선택이 아닐 것이다.

참고 문헌

연합뉴스 2014. 06. 05.
경향신문 2014. 06. 15.

이 책을 기획하고 쓴 사람들

윤종빈	명지대학교 정치외교학과 교수
정회옥	명지대학교 정치외교학과 교수
박경미	전북대학교 정치외교학과 교수
유성진	이화여자대학교 스크랜튼학부 교수
장승진	국민대학교 정치외교학과 교수
한의석	중앙대학교 정치국제학과 교수
한정훈	숭실대학교 정치외교학과 교수
김윤실	명지대학교 정치외교학과 박사 과정
박병훈	명지대학교 정치외교학과 석사 수료
김진주	명지대학교 정치외교학과 석사 과정
박해림	명지대학교 정치외교학과 학부생
윤서영	명지대학교 정치외교학과 학부생
하종민	명지대학교 정치외교학과 학부생
박다은	명지대학교 정치외교학과 학부생
김예아	명지대학교 정치외교학과 학부생